„Slujirea lui John MacArthur a avut un impact mondial. MacArthur și Mayhue prezintă într-un mod clar doctrinele aflate la temelia unei lucrări care i-a influențat pe mulți. Prin această carte descoperim o lucrare zidită pe adevăr, adevărul Cuvântului lui Dumnezeu și adevărul Evangheliei. O resursă minunată pentru studenți, păstori și profesori.”

Thomas R. Schreiner, profesor Catedra de Interpretare a Noului Testament și de Teologie Biblică, James Buchanan Harrison, The Southern Baptist Theological Seminary, Louisville, Kentucky

„Această carte este rodul unei îndelungate vieți de studiu și al sondării înțelepciunii acumulate timp de secole. Prin combinarea devoțiunii față de Scriptură cu dedicarea față de doctrinele Bibliei, ea se adresează unei nevoi contemporane majore. Crezurile solide generează biserici solide. Cititorul nu trebuie să fie de acord cu prestigioșii autori în privința tuturor subiectelor ca să fie recunoscător pentru un volum de o bogăție și importanță durabile.”

Iain H. Murray, *Jonathan Edwards: A New Biography* și *Evangelical Holiness* Membru al Comitetului de conducere și fondator la Banner of Truth Trust

„Această nouă resursă este o prezentare bogată și convingătoare a fundamentelor teologice ale creștinismului, prin care cititorilor li se oferă o sistematizare accesibilă, dar convingătoare a adevărului biblic. În timp ce ultimele vestigii ale influenței creștine din lumea apuseană se erodează, resurse mănoase teologic, precum *Doctrinele Bibliei,* vor edifica și vor consolida Biserica în confruntarea cu opoziția înverșunată a lumii.”

R. Albert Mohler Jr., rector și profesor Catedra de Teologie Creștină, „Joseph Emerson Brown”, The Southern Baptist Theological Seminary

„Este o delectare să recomand din toată inima cartea *Doctrinele Bibliei* scrisă de John MacArthur și Richard Mayhue. Ea va fi apreciată pentru claritatea structurii și pentru maniera de prezentare a doctrinelor biblice. Pur și simplu este prea bună pentru a nu o avea.”

Walter C. Kaiser Jr., rector emerit și profesor emerit Catedra de Studiu al Vechiul Testament, „Colman M. Mockler”, Gordon-Conwell Theological Seminary

„Slujirea lui John MacArthur a accentuat întotdeauna predicarea – răspândirea adevărului lui Dumnezeu prin predicarea Cuvântului lui Dumnezeu. În tot acest timp, slujirea lui a fost întemeiată pe doctrine, care au fost extrase atent și consecvent din Biblie. Cele câteva mii de predici expozitive sunt o dovadă a credincioșiei lui în munca de predicator; cartea Doctrinele Bibliei este o dovadă a credincioșiei lui în munca de teolog. Îmi doresc ca ambele sale activități să fie folosite spre a încuraja o nouă generație de predicatori-teologi să-și consacre viețile înaltei chemări de a învăța și a echipa Biserica lui Cristos."

Tim Challies, blogger, Challies.com

„Claritatea ar trebui să fie o cerință esențială pentru cărțile de teologie sistematică. Iar lucrarea de față o etalează din plin! Un sumar cuprinzător care acoperă tot ceea ce trebuie să știe un creștin – este ceva ce orice creștin ar trebui să aibă la dispoziție, nu-i așa? În plus, este scrisă de cineva al cărui nume comunică respectul pentru învățătura sănătoasă și pentru adevăr – John MacArthur. Nu mai e nevoie să adaug altceva. Cartea vorbește pentru ea însăși."

Derek W. H. Thomas, slujitor principal la First Presbyterian Church, Columbia, South Carolina. Profesor la Catedra de Teologie Sistematică și Pastorală, „Robert Strong", Reformed Theological Seminary-Atlanta. Decan al Programului Doctor of Ministry, Ligonier Academy

„Decenii la rând, John MacArthur a reprezentat un exemplu de predicare expozitivă și a prezentat clar Cuvântul lui Dumnezeu pentru poporul lui Dumnezeu. În colaborare cu Richard Mayhue și cu corpul profesoral de la Master's Seminary, MacArthur a scris o teologie sistematică prin care demonstrează că predicarea sa expozitivă verset cu verset se dezvoltă natural formând un mozaic teologic robust și bogat. Cartea de față este desertul teologic de la finalul unei mese expozitive. Oricare ar fi zestrea teologică pe care o ai, te încurajez să te așezi sub învățătura doctrinară a teologilor MacArthur și Mayhue. Fără îndoială că, la final, vei fi unul care s-a ospătat din Scriptură, și vei rămâne într-o stare de uimire completă, întrucât ai gustat din măreția și gloria îndurătorului nostru Dumnezeu."

Matthew Barrett, profesor de teologie sistematică și istorie a Bisericii Oak Hill Theological College

„Pe lângă prezentarea unei teologii conforme cu cea a protestanților din istorie, MacArthur și Mayhue apără o combinație neobișnuită de perspective prezente în dezbaterile evanghelicilor, precum creaționismul pământului tânăr, soteriologia calvinistă, credobaptismul, conducerea bisericii prin prezbiteri, complementarismul, cesaționismul și dispensaționalismul tradițional (sau ceea ce ei numesc premilenism futurist). Ei își prezintă argumentele într-un mod clar și ordonat, ceea ce face ca interacțiunea să fie profitabilă, chiar dacă opiniile tale nu vor coincide întotdeauna cu ale lor."

Andrew David Naselli, profesor asistent la cursul de Noul Testament și Teologie Biblică, Bethlehem College & Seminary, Minneapolis, Minnesota

„În calitate de profesor de teologie, le sugerez studenților mei să aleagă acest volum de teologie sistematică scris de MacArthur și Mayhue, și le pot spune cu încredere că aceasta este o carte pe care o pot recomanda de la o copertă la cealaltă. Apreciez în mod aparte aspectele dispensaționaliste ale prezentei lucrări și modul în care autorii înrădăcinează în mod consecvent și solid doctrinele în textul biblic."

Kevin D. Zuber, profesor de teologie, Moody Bible Institute, Chicago, Illinois. Colaborator pentru *Evidence for the Rapture: A Biblical Case for Pretribulationism* și *The Moody Bible Commentary*

DOCTRINELE BIBLIEI

DOCTRINELE BIBLIEI

O prezentare sistematică a adevărului biblic

Volumul 1
Cuvântul lui Dumnezeu: Bibliologie
Dumnezeu Tatăl: Teologie propriu-zisă
Dumnezeu Fiul: Cristologie

JOHN MACARTHUR și RICHARD MAYHUE

Editori generali

Traducere din limba engleză de
DANIEL SUCIU
Editor coordonator
DINU MOGA

2019

Originally published under the title:
Biblical Doctrine - A Systematic Summary of Bible Truth
©2017 by John MacArthur and Richard Mayhue
Published in English by Crossway, 1300 Crescent Street, Wheaton, Illinois 60187, USA
This edition is published by arrangement with Crossway

Prima ediție în limba română, 2019
The Master's Academy International Edition ISBN: 978-1-967358-06-9
© Editura Făclia, 2019 pentru ediția în limba română

Toate citatele biblice au fost preluate din versiunea noii traduceri a Bibliei produsă de Societatea Biblică Trinitariană din Londra (TBS) - ediția 2017.

Imnurile incluse în prezenta lucrare sunt preluate din „Jubilate – Culegere de imnuri creștine", vol. I (2007) și vol. II (2017). Folosite cu permisiune.

EDITURA FĂCLIA
Str. Făcliei, nr. 36D, Oradea, 410181, Bihor
www.faclia.ro

Redactor: Florica Tod
Tehnoredactare: Andrei Moga
Design copertă: Marius Bonce
Corectură: Lidia Moga

Comenzi online: www.faclia.ro
Comenzi prin e-mail: comenzi@faclia.ro
Comenzi telefonice: 0359 410906; 0259 419318; 0722 609746

Descrierea CIP a Bibliotecii Naționale a României
MACARTHUR, JOHN
    Doctrinele Bibliei : o prezentare sistematică a adevărului biblic / ed. generali:
John MacArthur și Richard Mayhue ; trad. din lb. engleză de Daniel Suciu ; ed. coord.
Dinu Moga. - Oradea : Făclia, 2019-
    Vol. 1
    TMAI Edition: 978-1-967358-06-9
    Vol. 1 : Cuvântul lui Dumnezeu, Dumnezeu Tatăl, Dumnezeu Fiul. - 2019. -
Conține bibliografie. - ISBN 978-606-8247-94-6

I. Mayhue, Richard
II. Suciu, Daniel (trad.)
III. Moga, Dinu (ed. coord.)

Tuturor absolvenților credincioși de la Master's Seminary
care-L slujesc pe Cristos în toată lumea

Voi preamări mereu pe Cel Preasfânt,

Și din toată inima voi cânta,
căci Domnul este mare.
Ești fericirea mea în orice zi
Tu ești bucuria mea și voi cânta: Aleluia!

Căci Tu îmi sprijinești dreptatea mea
Și pricina mea Tu o asculți
Tu ești Judecătorul
La vreme de necaz, puterea Ta
Se-arată mereu 'naintea omului: Aleluia!

Toți cei ce cunosc al Tău Nume scump
Se-nchină smeriți în fața Ta
și-n Tine-și pun nădejdea
Tu binecuvintezi pe cel credincios
și-n slavă-l îmbraci pe cel neprihănit: Aleluia!

(Jubilate – Culegere de imnuri creștine, vol. I, Oradea, 2007, nr. 96)

CUPRINS

Schiță analitică 13
Listă de imnuri 17
Listă de tabele 18
Prefață 19
Abrevieri 24
Despre editorii generali 27

1 Introducere: Prolegomene 31
2 Cuvântul lui Dumnezeu: Bibliologie 77
3 Dumnezeu Tatăl: Teologie propriu-zisă 169
4 Dumnezeu Fiul: Cristologie 287

Schiță Analitică

1. Introducere: Prolegomene 31

Ce este teologia? 32

De ce să studiezi teologia? 33

Care sunt tipurile majore de teologie? 34

Ce este teologia sistematică? 34

Care sunt categoriile teologiei sistematice? 36

Care este relația dintre teologia exegetică, biblică și sistematică? 37

Care sunt beneficiile și limitele teologiei sistematice? 38

    Beneficii 39

    Limite 39

Care este relația dintre teologie sistematică și doctrină? 40

Care este tematica principală și unificatoare a Scripturii? 43

Care sunt subiectele majore ale Scripturii? 46

    Revelarea caracterului lui Dumnezeu 49

    Revelarea judecății divine pentru păcat și neascultare 50

    Revelarea binecuvântării divine pentru credință și ascultare 50

    Revelarea Domnului Mântuitor și a jertfei Lui pentru păcat 51

Revelarea Împărăției și gloriei Domnului Mântuitor 52

Care este relația dintre teologia sistematică și concepția despre lume
a unei persoane? 53

Care este relația dintre teologia sistematică și mintea
fiecăruia dintre noi? 56

    Mintea răscumpărată 57

    Mintea înnoită 57

    Mintea iluminată 58

    Gândirea cristică 58

    Mintea încercată 59

    Mintea folositoare 61

    Mintea echilibrată 63

Care este relația dintre teologia sistematică și viața personală
a unui om? 64

Intimitate și maturitate 65
   Sfinţenie 66
   Sfinţire 67
Care este relaţia dintre teologia sistematică și slujirea personală?.............. 70
Rugăciune 70
Bibliografie... 74
   Lucrări principale de teologie sistematică 74
   Lucrări specifice 74

2. Cuvântul lui Dumnezeu: Bibliologie.................................77
Inspiraţia Scripturii... 79
   Revelaţie și inspiraţie 80
   Definirea inspiraţiei 84
   Pregătiri pentru inspiraţie 92
   Dovezi ale inspiraţiei 97
Autoritatea Scripturii.. 114
   Surse secundare... 116
   Sursa primară.. 118
Ineranţa Scripturii.. 123
   Adaptare și ineranţă.. 123
   Infailibilitate și ineranţă 125
   Isus și ineranţa 127
   Explicarea ineranţei 128
Păstrarea Scripturii... 131
   Explicarea păstrării 131
   Canonicitate și păstrare... 137
   Critica textuală și păstrarea 146
Predarea și predicarea Scripturii 151
   Predarea 152
   Predicarea... 154
Obligaţii faţă de Scriptură 157
   Primire 158
   Rugăciune 159
   Hrănire... 159
   Ascultare 159
   Onorare.. 159
   Studiere.. 159
   Predicare/Predare.. 160
   Convingere.. 160
   Ucenicie 160

Cutremurare.. 160
Rugăciune 161
Bibliografie.. 164
    Lucrări principale de teologie sistematică 164
    Lucrări specifice... 164

3. Dumnezeu Tatăl: Teologie propriu-zisă 169
Existența lui Dumnezeu.. 170
    Afirmații scripturale.. 170
    Cognoscibilitatea și incomprehensibilitatea lui Dumnezeu 172
    Evaluarea „Dovezilor naturale”...................................... 174
Numele lui Dumnezeu 183
    Iahve și termenii compuși.. 184
    El și termenii compuși... 187
    Adon/Adonai: Domnul... 189
    Țur: Stâncă.. 189
    Ab: Tată... 190
Atributele (Perfecțiunile) lui Dumnezeu................................... 191
    Metode de identificare... 192
    Relația cu esența lui Dumnezeu...................................... 193
    Clasificări.. 197
    Perfecțiunile incomunicabile.. 201
    Perfecțiunile comunicabile.. 215
Trinitatea... 228
    Explicare 229
    Indicii din Vechiul Testament.. 234
    Dovezi din Noul Testament 243
    Istoria timpurie a dezvoltării teologice 252
Decretele lui Dumnezeu.. 255
    Caracteristici... 255
    Răspunsuri la obiecții... 256
Creația... 258
    Creația divină... 258
    Creaționismul prin „fiat”.. 261
Minunile divine... 262
Providența divină 264
    Anvergură... 265
    Avertizări privitoare la „legile naturii”............................ 265
    Păstrarea divină a universului....................................... 266
    Cooperarea divină cu toate evenimentele 267

Guvernarea divină peste toate lucrurile spre scopuri prestabilite......... 268
Problema răului și teodiceea 269
Teodiceea biblică... 270
O perspectivă biblică asupra răului 271
Teodiceea compatibilistă... 273
Teodiceea în evanghelizare 274
Glorificarea lui Dumnezeu 275
Activități îndreptate spre Dumnezeu 275
Activități îndreptate spre creștini... 277
Activități îndreptate spre necredincioși 278
Rugăciune 279
Bibliografie... 282
Lucrări principale de teologie sistematică 282
Lucrări specifice... 283

4. Dumnezeu Fiul: Cristologie **287**
Cristosul preîntrupat... 287
Eternitatea anterioară întrupării... 288
Fiul etern al lui Dumnezeu.. 290
Apariții în Vechiul Testament... 293
Activități din Vechiul Testament 294
Profeții din Vechiul Testament 299
Cristosul întrupat.. 312
Întruparea 312
Învățături 341
Minuni 349
Arestarea și judecarea.. 352
Moartea și ispășirea... 375
Învierea și înălțarea 387
Cristosul glorificat.. 395
Mijlocitor ceresc 396
Răpirea.. 396
Scaunul de judecată 397
Domnia milenară... 398
Judecata de la marele tron alb 400
Eternitatea viitoare 400
Rugăciune 401
Bibliografie... 405
Lucrări principale de teologie sistematică 405
Lucrări specifice... 406

Listă de imnuri

Epigraf..9
„Voi preamări mereu" Jub. I nr. 96.. 10

1. Introducere: Prolegomene 31
„Crezul apostolic" Jub II nr. 148.. 29
„Un tron înalt e-n cer" Jub II nr. 232 72

2. Cuvântul lui Dumnezeu: Bibliologia 77
„Sfânt Cuvânt" Jub I nr. 80 76
„Temelie pe veci" Jub II nr. 255.. 162

3. Dumnezeu Tatăl: Teologie propriu-zisă 169
„Preaînalte Dumnezeu" Jub II nr. 262..................................... 168
„Înțelepciunea din vecii" Jub II nr. 169 280

4. Dumnezeu Fiul: Cristologie... 287
„În fața tronului de sus" Jub II nr. 213.................................... 286
„Ce oceane de iubire" Jub II nr. 244.. 404

Listă de tabele

2.1 Simboluri ale Bibliei 79

2.2 Revelația generală și specială în Scriptură............................... 84

4.1 Cristos în Psalmi (Luca 24:44).. 300

4.2 Profeții mesianice din Vechiul Testament................................ 301

4.3 „Vlăstarul" din perspectiva evangheliilor................................. 311

4.4 Asemănarea divină a lui Isus... 314

4.5 Concilii ale bisericii din primele secole.................................. 333

4.6 Pildele lui Isus.. 346

4.7 Minunile lui Isus... 349

4.8 Procesele lui Isus 357

4.9 Cronologia răstignirii lui Cristos 366

4.10 Cristos în jertfele levitice 379

4.11 Compararea jertfelor din Vechiul Testament cu jertfa lui Cristos ... 380

4.12 Cristos împlinește sărbătorile lui Israel................................. 380

4.13 Arătările lui Cristos de după înviere 391

Prefață

Profesorul Eugene Merrill și-a prevenit studenții spunându-le că o teologie derivată biblic este „o îndeletnicire potrivită unui vârstnic". El explică:

Prin aceasta, vreau să spun că ea implică atât de multe alte discipline și o acumulare atât de vastă de cunoștințe, încât puțini erudiți sunt avizați să-și asume o asemenea sarcină dacă nu au învestit ani mulți și grei pentru pregătirea realizării ei.[1]

Suntem de acord cu sfatul său înțelept și am așteptat până la „ceasurile de seară" ale vieților noastre ca să ne asumăm scrierea acestui volum de teologie.

Următoarele coordonate au determinat desfășurarea și alcătuirea generală a lucrării *Doctrinele Bibliei*:

1. *Biblică* în ce privește conținutul, având în vedere progresia revelației scripturale.

2. *Exegetică* în ce privește metoda, deoarece înțelesul Scripturii este extras din texte ale Bibliei.

3. *Sistematică* în ce privește prezentarea, prin focalizarea pe o sinteză ordonată a tuturor învățăturilor Scripturii din fiecare domeniu doctrinar.

4. *Cuprinzătoare* în ce privește amploarea, prin acoperirea în mod simetric a elementelor majore din teologia sistematică.

5. *Pastorală* în ce privește aplicarea, prin orientarea către predicarea expozitivă și trăirea sfântă.

---

1 Eugene H. Merrill, *Everlasting Dominion: A Theology of the Old Testament* (Nashville: Broadman, 2006), xv.

6. *Practică* în ce privește convenabilitatea, portabilitatea și utilitatea.

Cinci principii interpretative ne-au determinat modalitatea de explicare a revelației și doctrinelor biblice:[2]

1. *Principiul literal.* Scriptura trebuie înțeleasă în sensul ei literal, natural și normal. Deși Biblia conține figuri de stil și simboluri, acestea sunt menite să transmită un adevăr literal. În general, însă, Biblia vorbește în termeni literali și trebuie lăsată să vorbească în nume propriu.

2. *Principiul istoric.* Un pasaj trebuie interpretat în contextul lui istoric. Ceea ce autorul a intenționat și ceea ce textul a însemnat pentru prima audiență trebuie luate în considerare. În felul acesta, o înțelegere adecvată, contextuală a sensului original al Scripturii poate fi însușită și articulată.

3. *Principiul gramatical.* Această sarcină impune o înțelegere a structurii gramaticale elementare a fiecărei propoziții din limbile originale. La cine se referă pronumele? La ce timp este verbul principal? Prin punerea unor întrebări simple ca acestea, înțelesul textului devine mai limpede.

4. *Principiul sintetic.* Acest principiu, numit și *analogia scriptura*, spune că Scriptura trebuie să se interpreteze pe sine.[3] El presupune că Biblia nu se contrazice pe sine. Astfel, dacă înțelegerea unui pasaj intră în conflict cu adevărul afirmat în altă parte în Scriptură, interpretarea aceea nu poate fi corectă. Pentru a descoperi sensul ei acurat și plenar, Scriptura trebuie comparată cu Scriptura.

5. *Principiul clarității.* Dumnezeu a intenționat ca Scriptura să fie înțeleasă. Însă, nu toate porțiunile din Scriptură sunt la fel de clare. De aceea, porțiunile mai clare trebuie folosite pentru interpretarea celor mai puțin clare.

Deși s-ar putea ca mulți să ne catalogheze drept *fundamentaliști*, acest termen poate induce în eroare prin asociere istorică, devenit astfel unul peiorativ. Timp de aproape patru decenii, ne-am străduit să găsim acel singur cuvânt care ne-ar putea descrie cel mai bine. *Futuriști, normaliști* și *suveraniști*, au fost luate în calcul, dar au fost lăsate deoparte întrucât niciunul dintre acestea nu cuprinde

---

2 Primele patru principii sunt extrase din John MacArthur, ed., *The MacArthur Study Bible: English Standard Version* (Wheaton, IL: Crossway, 2010), xxx. Tabelele și notele din *The MacArthur Study Bible: English Standard Version* își au originea în *The MacArthur Study Bible*, copyright © 1997 by Thomas Nelson. Folosite cu permisiunea dată de Thomas Nelson. www.thomasnelson.com.

3 R. C. Sproul, "Biblical Interpretation and the Analogy of Faith," în *Inerrancy and Common Sense*, ed. Roger R. Nicole și J. Ramsey Michaels (Grand Rapids, MI: Baker, 1980), 119–35.

adecvat elementul particular și cel esențial al teologiei noastre. Deși nu este un termen perfect, l-am ales pe cel de *bibliști*, deoarece la baza convingerilor noastre stă o încredere neclintită în Biblia inerantă și infailibilă a lui Dumnezeu, interpretată corect.

Volumul de față este caracterizat de următoarele elemente distinctive remarcabile:[4]

1. O abordare presupozițională a Scripturii care afirmă (1) existența eternă a Dumnezeului atotputernic și (2) revelația Lui progresivă, scrisă și adunată în canonul Scripturii format din șaizeci și șase de cărți, care este inerantă și infailibilă la nivelul autografelor

2. O afirmare a creaționismului recent, și anume, a unui pământ tânăr și a unui potop global.

3. O accentuare a legămintelor care sunt derivate biblic, nu construite teologic

4. O soteriologie care oglindește suveranitatea lui Dumnezeu în răscumpărarea păcătoșilor

5. O convingere despre încetarea tuturor darurilor miraculoase la încheierea canonului biblic, care coincide cu finalul epocii apostolice

6. O înțelegere fundamentată biblic a Bisericii din Noul Testament

7. O abordare complementară a rolurilor bărbaților și femeilor în familie și în biserică

8. O înțelegere premilenistă futuristă a escatologiei în conformitate cu planul suveran al lui Dumnezeu pentru întreaga lume, care include Israelul

În plus, o listă substanțială de referințe bibliografice îi va ajuta pe cititori să-și continue studiile dincolo de acest volum.

Formatul lucrării *Doctrinele Bibliei* are în vedere mai multe tipuri de audiență:

1. Profesori de seminar, colegiu și institut biblic

2. Studenți la seminar, colegiu și institut biblic

3. Predicatori pentru audiențe naționale și internaționale[5]

---

4 *Doctrinele Bibliei* realizează o combinație distinctă de trăsături. Aceste aspecte specifice pășesc, în general, pe urmele unor bărbați de seamă, precum Allan A. MacRae (1902-1997), James Montgomery Boice (1938-2000) și S. Lewis Johnson (1915-2004).

5 R. Albert Mohler Jr., "The Pastor as Theologian," în *A Theology for the Church*, ed. Daniel L. Akin (Nashville: B&H Academic, 2007), 927–34; John Murray, "Calvin as Theologian and Expositor," în *The Collected Writings of John Murray* (Edinburgh:

4. Învățători din biserica locală

5. Laici care doresc să cunoască Scriptura în ansamblul ei

Toate manualele de teologie ar trebui să înceapă de la un conținut biblic aranjat sistematic, care mai apoi să-i motiveze pe creștini să trăiască vieți sfinte de ascultare față de Cuvântul lui Dumnezeu, spre gloria lui Dumnezeu (1 Cor. 10:31; Col. 4:17; 1 Pet. 4:11). În vederea realizării acestui obiectiv, nutrim speranța vie că lucrarea *Doctrinele Bibliei*

va extinde cunoștința biblică a cititorului, care la rândul ei...
va facilita înțelegerea sănătoasă a doctrinei cuiva, care la rândul ei...
va îmbogăți înțelepciunea divină a cuiva, care la rândul ei...
va amplifica ascultarea după modelul lui Cristos a cuiva, care la rândul ei...
va înălța închinarea sfântă a cuiva.[6]

Valoarea acestui volum va fi sporită de utilizarea complementară a (1) Bibliei de studiu MacArthur (în versiunile ESV, NASB, NIV și NKJV), (2) a Concordanței tematice MacArthur, și (3) a seriei de comentarii MacArthur pe Noul Testament. O mini-bibliotecă formată din aceste patru unelte de studiu va echipa o persoană cu resursele fundamentale necesare studiului Bibliei pentru întreaga viață (2 Tim. 2.15).

O lucrare de o asemenea amploare este dusă la bun sfârșit doar prin implicarea semnificativă a mai multor persoane. Apreciem într-un mod aparte viziunea și încurajarea pentru volumul *Doctrinele Bibliei* ale celor de la Editura Crossway, îndeosebi menționându-i pe dr. Lane Dennis (președinte), dr. Justin Taylor (vicepreședinte executiv al departamentului de publicare), Dave DeWit (vicepreședinte al departamentului de publicare), dr. David Barshinger (editor, departamentul de carte) și Jill Carter (administrator editorial). Mulțumirile noastre se îndreaptă spre membrii Consiliului de conducere de la Master's University and Seminary, care cu multă amabilitate ne-au încurajat și s-au rugat pentru acest proiect. Colegii noștri de la Master's Seminary, dr. Bill Barrick, dr. Nathan Busenitz, dr. Jim Mook, dr. Bryan Murphy, dr. Michael Vlach și profesorul Michael Riccardi ne-au ajutat întocmind schițele pentru câteva secțiuni. Mulțumiri speciale se îndreaptă spre Jeremy Smith pentru asistența acordată. Ne exprimăm profunda recunoștință față de Michael Riccardi și Nathan Busenitz

---

Banner of Truth, 1976), 1:305–11.

6 „Scopul teologiei este închinarea înaintea lui Dumnezeu. Postura teologiei este punerea pe genunchi. Modelul teologiei este pocăința." Sinclair B. Ferguson, citat în James Montgomery Boice and Philip Graham Ryken, *The Doctrines of Grace* (Wheaton, IL: Crossway, 2002), 179.

pentru editarea finală a întregului volum. Janice Osborne a pregătit cu voioșie nenumărate ciorne care au precedat versiunea finală și s-a ocupat inclusiv de varianta finală care a fost trimisă spre tipărire.

Publicăm acest material alături de rugăciunea ca

Dumnezeul Domnului nostru Isus Cristos, Tatăl slavei, să vă dea un duh de înțelepciune și de descoperire în cunoașterea Lui și să vă lumineze ochii inimii, ca să pricepeți care este nădejdea chemării Lui, care este bogăția slavei moștenirii Lui în sfinți și care este față de noi, credincioșii, nemărginita mărime a puterii Sale, după lucrarea puterii tăriei Lui. (Ef. 1:17-19)

John MacArthur, DD, LittD
Păstor, Grace Community Church
Rector, The Master's University and Seminary

Richard Mayhue, ThD
Prorector, decan
și profesor cercetător emerit de teologie
The Master's Seminary

Abrevieri

Abrevieri standard

î.Cr.	înainte de Cristos
d.Cr.	după Cristos
cca.	circa, aproximativ
cf.	compară
cap.	capitol
e.g.	*exempli gratia*, latinescul pentru „de exemplu"
gr.	greacă
fl.	latinescul „floruit", perioada de timp în care a trăit o persoană sau a înflorit o mișcare
ebr.	ebraică
i.e.	*id est*, latinescul pentru „adică"
lat.	latină
lit.	literal
p.	pagină
v.	versetul, versetele

Abrevieri ale resurselor

BECNT	Baker Exegetical Commentary on the New Testament
BETS	Bulletin of the Evangelical Theological Society
BSac	Bibliotheca Sacra
CTR	Criswell Theological Review
EEC	Evangelical Exegetical Commentary
ICC	International Critical Commentary
JETS	Journal of the Evangelical Theological Society
JTS	Journal of Theological Studies
MNTC	MacArthur New Testament Commentary
MSJ	The Master's Seminary Journal
NAC	New American Commentary
NICNT	New International Commentary on the New Testament

NICOT	New International Commentary on the Old Testament
NIGTC	New International Greek Testament Commentary
NTC	New Testament Commentary
PNTC	Pillar New Testament Commentary
RevExp	Review and Expositor
SNTSMS	Society for New Testament Studies Monograph Series
TJ	Trinity Journal
WTJ	Westminster Theological Journal

Abrevieri ale cărților Bibliei

Vechiul Testament

Gen.	Geneza	Dan.	Daniel
Exod	Exod	Osea	Osea
Lev.	Levitic	Ioel	Ioel
Num.	Numeri	Amos	Amos
Deut.	Deuteronomul	Ob.	Obadia
Ios.	Iosua	Iona	Iona
Jud.	Judecători	Mica	Mica
Rut	Rut	Naum	Naum
1 Sam.	1 Samuel	Hab.	Habacuc
2 Sam.	2 Samuel	Țef.	Țefania
1 Regi	1 Regi	Hag.	Hagai
2 Regi	2 Regi	Zah.	Zaharia
1 Cron.	1 Cronici	Mal.	Maleahi
2 Cron.	2 Cronici		
Ezra	Ezra	**Noul Testament**	
Neem.	Neemia	Mat.	Matei
Est.	Estera	Mc.	Marcu
Iov	Iov	Luca	Luca
Ps.	Psalmi	Ioan	Ioan
Pv.	Proverbe	Fapt.	Faptele Apostolilor
Ecl.	Eclesiastul	Rom.	Romani
C.c.	Cântarea cântărilor	1 Cor.	1 Corinteni
Is.	Isaia	2 Cor.	2 Corinteni
Ier.	Ieremia	Gal.	Galateni
Pl.	Plângerile lui Ieremia	Ef.	Efeseni
Ez.	Ezechiel	Fil.	Filipeni
		Col.	Coloseni

1 Tes.	1 Tesaloniceni	1 Pet.	1 Petru
2 Tes.	2 Tesaloniceni	2 Pet.	2 Petru
1 Tim.	1 Timotei	1 Ioan	1 Ioan
2 Tim.	2 Timotei	2 Ioan	2 Ioan
Tit	Tit	3 Ioan	3 Ioan
Flm.	Filimon	Iuda	Iuda
Evr.	Evrei	Apoc.	Apocalipsa
Iac.	Iacov		

Despre editorii generali

John MacArthur, DD, LittD

Dr. John MacArthur este pastor principal la Grace Community Church din Sun Valley, California (1969-până în prezent) și rector la Master's University and Seminary, precum și autor de cărți, conferințiar și învățător principal la programele din mass-media ale organizației Grace to You. În 1985, a devenit rector la Master's College (anterior Los Angeles Baptist College), în prezent aceasta fiind o universitate creștină acreditată, cu programe de patru ani, din Santa Clarita, California. În 1986, John a fondat the Master's Seminary, o școală pentru absolvenți de colegiu dedicată pregătirii studenților pentru lucrarea pastorală și slujirea misionară.

De la publicarea primei sale cărți devenite best-seller, *Evanghelia după Isus*, în 1988, Dr. MacArthur a mai scris aproximativ patru sute de cărți și ghiduri de studiu, inclusiv *Ashamed of the Gospel, The Jesus You Can't Ignore, The Murder of Jesus, One Perfect Life, Our Sufficiency in Christ, Slave, Strange Fire, A Tale of Two Sons, The Truth War*, și *Twelve Ordinary Men*. Cărțile lui John au fost traduse în peste douăzeci de limbi. Biblia de Studiu MacArthur, piatra de căpătâi a lucrării sale, este disponibilă în arabă, chineză, engleză (ESV, NASB, NIV și NKJV), franceză, germană, italiană, portugheză, rusă și spaniolă. Cele treizeci și trei de volume care compun seria de Comentarii MacArthur asupra Noului Testament au fost finalizate în 2015.

Dacă dorești să afli mai multe despre slujirea lui MacArthur, vezi lucrarea lui Iain H. Murray, *John MacArthur: Servant of the Word and Flock* (Edinburgh: Banner of Truth, 2011) și *The Master's Seminary Journal 22*, nr. 1 (2011), o ediție în onoarea lui John MacArthur.

Richard Mayhue, ThD

Între 1980 și 1984, dr. Richard Mayhue a fost membru al echipei pastorale de la Grace Community Church, unde a slujit drept colaborator al lui MacArthur cu responsabilități de învățătură, precum și ca director al bine-cunoscutei conferințe pastorale Shepherds' Conference. Între 1984 și 1989, a păstorit biserica istorică

Grace Brethren Church din Long Beach, California. Dr. Mayhue s-a alăturat corpului profesoral de la Master's Seminary în 1989 și a fost desemnat decan al seminarului în anul următor (1990–2014). Dr. Mayhue a slujit și ca prorector la Master's College între 2000 și 2008. A scris, a contribuit și a editat peste treizeci de cărți, inclusiv *1 & 2 Thessalonians, Bible Boot Camp, Christ's Prophetic Plans, The Healing Promise, How to Interpret the Bible for Yourself, Practicing Proverbs, Seeking God, Unmasking Satan* și *What Would Jesus Say about Your Church?*, precum și numeroase articole în jurnale academice.

În 2016, Dr. Mayhue a încheiat patruzeci de ani de slujire pastorală și academică, retrăgându-se din funcțiile de prorector, decan și profesor-cercetător emerit de teologie la Master's Seminary. Dacă dorești să afli mai multe despre lucrarea sa, vezi *The Master's Seminary Journal 25*, nr. 2 (2014), un elogiu adus activității sale de slujire, și vezi pagina sa personală de pe internet, RichardMayhue.net.

CREZUL APOSTOLIC

Cred în Unul Domn puternic, Tată-a toate Creator,
Cred în Unul, Fiu al slavei, Dumnezeu Mântuitor.
Zămislit a fost prin Duhul, din fecioară S-a născut,
Trei în Unul, de-o Ființă, Tată, Fiu, Duh, Una sunt.
Da, eu cred, o, Doamne, cred! Da, eu cred, o, Doamne, cred!

Sub Pilat din Pont muri El, răstignit de-al meu păcat,
L-a primit mormântul rece și în moarte a călcat.
Dar a treia zi cu slavă dintre morți a înviat!
Și cu Tatăl El domnește, căci la ceruri S-a 'nălțat!
Da, eu cred, o, Doamne, cred! Da, eu cred, o, Doamne, cred!

Da, Cristos e-acum în ceruri, mijlocește pentru toți,
Însă iarăși va să vină, judecând pe vii și morți
Cred în Duhul ce sfințește, Domn de viață dătător
Care-a fost trimis prin Fiul, pentru noi Mângâietor.
Da, eu cred, o, Doamne, cred! Da, eu cred, o, Doamne, cred!

În Biserica cea vie unde -s sfinții adunați,
Cred, căci iată-n părtășie ei, de veacuri, sunt legați
Cred că vina mi-e iertată și în trup voi învia
Pentru viața ce-o să vină, lângă Domnu-n slava Sa.
Da, eu cred, o, Doamne, cred! Da, eu cred, o, Doamne, cred!

(Jubilate – Culegere de imnuri creștine, vol. II, Oradea, 2017, nr. 148)

1

Introducere

Prolegomene

Subiecte majore prezentate în Capitolul 1

Ce este teologia?

De ce să studiezi teologia?

Care sunt tipurile majore de teologie?

Ce este teologia sistematică?

Care sunt categoriile teologiei sistematice?

Care este relația dintre teologia exegetică, biblică și sistematică?

Care sunt beneficiile și limitele teologiei sistematice?

Care este relația dintre teologia sistematică și doctrină?

Care este tematica principală și unificatoare a Scripturii?

Care sunt subiectele majore ale Scripturii?

Care este relația dintre teologia sistematică și concepția despre lume a creștinului?

Care este relația dintre teologia sistematică și mintea unei persoane?

Care este relația dintre teologia sistematică și viața personală a creștinului?

Care este relația dintre teologia sistematică și slujirea personală?

Termenul *prolegomene* provine din două cuvinte grecești, *pro*, care înseamnă „înainte" și *legō*, care înseamnă „a spune", și ele transmit împreună sensul general de „a spune în prealabil" sau „a spune dinainte". Un capitol de prolegomene îndeplineşte rolul unui prolog sau al unei discuţii preliminare prin care sunt prezentate şi definite principalele aspecte de conţinut ale lucrării în cauză. Aceste comentarii introductive includ premise, definiţii, metodologie şi scopuri, astfel fiind stabilit cadrul pentru înţelegerea conţinutului care urmează. În lucrarea de faţă, materialul din prolegomene este organizat sub forma oferirii de răspunsuri la o serie de întrebări semnificative. Acestea îl vor pregăti pe cititor pentru materialul care decurge de aici şi care constituie conţinutul de bază al lucrării *Doctrinele Bibliei.*

CE ESTE TEOLOGIA?

Teologia – de la grecescul *theos,* „dumnezeu" şi *logia,* „cuvânt" – nu este un termen exclusiv creştin. Verbul grecesc *theologeō* se referă la acţiunea de a vorbi despre un dumnezeu, în vreme ce substantivul *theologos* se referă la o persoană care se implică în *theologeō,* adică un teolog. Adjectivul *theologikos* descrie ceva *teologic,* în vreme ce substantivul *theologia* se referă la „o rostire despre dumnezeu" – literal, *teologie.* Aceste cuvinte au fost folosite în religiile păgâne cu secole înainte de apariţia Noului Testament. Niciunul dintre aceste patru cuvinte nu este găsit în Noul Testament sau în Septuaginta. Cea mai timpurie utilizare creştină cunoscută a unuia dintre aceşti termeni este o referire la apostolul Ioan ca fiind un *teolog,* aceasta la începutul secolului al doilea d.Cr.

Teologia creştină este studiul revelaţiei divine în Biblie. Aceasta Îl are pe Dumnezeu drept esenţă perpetuă, Cuvântul lui Dumnezeu drept izvor şi evlavia drept scop. Potrivit exprimării lui Halva McClain,

> Din Dumnezeu izvorăsc toate lucrurile – El este originea. Prin Dumnezeu există toate lucrurile – El este susţinătorul tuturor lucrurilor. Spre Dumnezeu – înapoi la Dumnezeu – El este scopul. Există acest ciclu al eternităţii: din, prin şi înapoi.[1]

David Wells a conceput o remarcabilă definiţie de lucru a teologiei creştine:

> Teologia este efortul susţinut de a cunoaşte caracterul, voinţa şi acţiunile Dumnezeului întreit aşa cum le-a dezvăluit şi le-a explicat pentru poporul Lui în Scriptură… cu scopul de a-L cunoaşte, de a învăţa să gândim conform Lui, de a trăi în lumea Lui în termenii Lui, şi ca prin gând şi acţiune să etalăm adevărul Lui în vremea şi în cultura în care trăim.[2]

---

1 Alva J. McClain, *Romans: The Gospel of God's Grace* (Chicago: Moody Press, 1973), 204.
2 David Wells, "The Theologian's Craft," în *Doing Theology in Today's World: Essays in Honor of Kenneth S. Kantzer,* ed. John D. Woodbridge and Thomas Edward McComisky (Grand Rapids, MI: Zondervan, 1991), 172.

Apostolul Ioan a murit aproximativ prin anul 98 d.Cr. Odată ce a scris cartea Apocalipsa, canonul Scripturii a fost completat și încheiat. N-a durat mult ca generațiile ulterioare să înceapă să scrie despre adevărul scriptural. Lista unora dintre cei mai importanți autori și a lucrărilor acestora îi include pe următorii:

- Autor necunoscut, *Didahia* (cca. 110)
- Irineu (cca. 120-202), *Demonstrația propovăduirii apostolice*
- Clement din Alexandria (cca. 150 – cca. 215), *Stromata*
- Origen (cca. 184 – cca. 254), *Despre principii*
- Grigorie de Nazianz (cca. 330 – cca. 389), *Cele cinci cuvântări teologice*
- Augustin (354-430), *Enchiridion*
- Ioan Damaschin (cca. 675 – cca. 749), *Expunerea exactă a credinței ortodoxe*
- Petru Lombard (cca. 1095 – cca. 1169), *Cele patru cărți ale sentințelor*
- Toma d'Aquino (1225-1274), *Summa theologica*
- John Calvin (1509-1564), Învățătura religiei creștine
- Thomas Watson (cca. 1620 – 1689), *Corpus de credință*
- Francis Turretin (1623-1687), Învățăturile teologiei *elenctice*
- John Gill (1697-1771), *Corpus de teologie dogmatică*
- John Dick (1764-1833), *Prelegeri de teologie*

În bibliografia de la finalul acestui capitol sunt enumerate lucrări proeminente de teologie din secolele al nouăsprezecelea, al douăzecilea și al douăzeci și unulea.

DE CE SĂ STUDIEZI TEOLOGIA?

Păstorul și teologul reformator scoțian John Dick a dat răspuns la această întrebare pătrunzătoare oferind șapte răspunsuri profunde. Ar fi dificil de găsit o manieră de răspuns mai bună și mai succintă:[3]

1. „Pentru a stabili caracterul lui Dumnezeu în maniera Sa de raportare la noi."
2. „Pentru a contempla etalarea atributelor Lui în lucrările și acțiunile Lui."
3. „Pentru a descoperi planurile Lui față de om în starea inițială și actuală."
4. „Pentru a cunoaște această Ființă măreață, atât cât poate fi cunoscută, [și care] este cel mai nobil țel al înțelegerii umane."
5. „Pentru a afla care ne este responsabilitatea față de El, mijloacele de a ne

---

3 John Dick, *Lectures on Theology* (Cincinnati, OH: Applegate, 1856), 6.

bucura de bunăvoința Lui, speranțele care ne sunt permise să le nutrim și soluția minunată prin care rasa noastră umană își recapătă curăția și fericirea."

6. „Pentru a-L iubi, aceasta fiind cea mai nobilă exercitare a sentimentelor noastre."

7. „Pentru a-I sluji, acesta fiind cel mai onorabil și încântător scop căruia îi putem dedica timpul și talentele noastre."

CARE SUNT TIPURILE MAJORE DE TEOLOGIE?

1. *Teologia biblică:* organizarea tematică a Scripturii în funcție de cronologia biblică sau de autorul biblic, ținându-se cont de revelația progresivă a Bibliei (propriu-zis, o componentă a teologiei sistematice)

2. *Teologia dogmatică:* organizarea Scripturii care pune accent pe anumite crezuri preferate sau selectate ale bisericii.

3. *Teologia exegetică:* organizarea metodică a Scripturii prin abordarea exegetică a unor texte individuale ale Bibliei (propriu-zis, o componentă deopotrivă a teologiei biblice și sistematice)

4. *Teologia istorică:* studierea istorică a dezvoltării doctrinelor de la perioada post-apostolică la cea actuală

5. *Teologia naturală:* studierea a ceea ce se poate cunoaște despre Dumnezeu doar cu ajutorul rațiunii, folosindu-se o analiză empirică a lumii naturale

6. *Teologia pastorală/practică:* organizarea Scripturii care pune accent pe aplicarea personală a adevărului doctrinar în viața bisericii și a fiecărui creștin în parte

7. *Teologia sistematică:* organizarea Scripturii printr-o sinteză a învățăturii scripturale, sumarizată potrivit categoriilor majore care cuprind totalitatea revelației scrise a lui Dumnezeu (dezvoltată din teologia exegetică și cea biblică)

CE ESTE TEOLOGIA SISTEMATICĂ?

Termenul *sistematic* provine de la cuvântul grecesc compus din *syn*, „împreună", și *histanai*, „a așeza", sensul fiind de „a așeza împreună" sau „a sistematiza". Așa cum a fost menționat anterior, termenul *teologie* își are originea în grecescul *theologia*, „un cuvânt despre Dumnezeu". Etimologic, *teologia sistematică* implică aducerea laolaltă în mod ordonat a cuvintelor despre Dumnezeu sau o aducere laolaltă a teologiei într-o manieră organizată. Să luăm în considerare răspunsul lui Spurgeon dat celor care se opun unei abordări sistematice a teologiei:

Teologia sistematică este pentru Biblie ceea ce este știința pentru natură. A presupune că toate celelalte lucrări ale lui Dumnezeu sunt ordonate și sistematice, a presupune că, cu cât este mai mare lucrarea, cu atât este mai armonios sistemul, dar, cu toate acestea, a presupune că cea mai măreață dintre toate lucrările Lui, în care toate perfecțiunile Lui sunt etalate transcendent, nu trebuie să aibă niciun plan sau sistem, este o absurditate completă.[4]

Teologia sistematică răspunde la următoarea întrebare: care este învățătura dată de canonul complet al Scripturii despre un anumit subiect sau o anumită tematică? De exemplu, care este învățătura dată de Biblie, de la Geneza la Apocalipsa, despre divinitatea lui Isus Cristos? Astfel, o definiție de bază a teologiei sistematice ar fi „expunerea ordonată a doctrinelor creștine".[5]

O teologie sistematică trebuie să dovedească (1) integritate hermeneutică, (2) coerență doctrinară, (3) relevanța etică, (4) claritate cosmologică și (5) continuitate tradițională. Acolo unde acestea sunt prezente și operaționale, va putea fi găsită o bună sistematizare care va fi valoroasă pentru predicator. Atunci când el analizează atent fiecare detaliu al textului pregătit în vederea predicării, teologia sistematică îi permite să vadă de asemenea întreaga imagine teologică – una care a luat în calcul nu doar concluziile studiate din istoria bisericii, ci și progresia revelației care culminează cu revelația completă a lui Dumnezeu.[6] (Pentru o perspectivă cronologică de ansamblu asupra progresiei revelației, vezi Anexa).

Înțelegerea teologiei sistematice poate fi încadrată de următoarele observații ale lui John Murray:

Dacă noi cumpănim corect ideea că Scripturile sunt depozitul revelației speciale, că ele sunt oracolele lui Dumnezeu, că în ele Dumnezeu Se întâlnește cu noi și ni se adresează, că ne dezvăluie măreția Sa incomprehensibilă, că ne cheamă la cunoașterea și împlinirea voii Sale, că ne descoperă taina sfatului Său și că ne devoalează scopurile harului Său, atunci teologia sistematică, dintre toate științele și disciplinele, ajunge să fie văzută ca fiind cea mai nobilă, nu una a reflecției reci, impasibile, ci una care stârnește o uimire plină de adorare și care pretinde cea mai intensă întrebuințare a tuturor capacităților noastre. Ea este cea mai nobilă dintre toate formele de studiu întrucât sfera ei cuprinde tot sfatul lui Dumnezeu și ea încearcă, spre deosebire de toate celelalte discipline, să prezinte bogățiile revelației lui Dumnezeu într-o manieră ordonată și plăcută, potrivit metodei și funcției ei specifice. Toate celelalte domenii ale disciplinei teologice contribuie cu descoperirile lor la

---

4 Charles Spurgeon, potrivit citării din Iain H. Murray, *The Forgotten Spurgeon* (London: Banner of Truth, 1973), 9.

5 James L. Garrett, *Systematic Theology: Biblical, Historical, and Evangelical* (Grand Rapids, MI: Eerdmans, 1990), 1:8.

6 Ideea aceasta aparține colegului nostru Trevor Craigen, profesor pensionar de teologie de la Master's Seminary.

teologia sistematică; aceasta, la rândul ei, face ca toată bogăția de cunoaștere derivată din aceste discipline să influențeze sistematizarea cuprinzătoare pe care și-o asumă.[7]

Teologia sistematică are ca scop prezentarea, într-o manieră cuprinzătoare și organizată tematic, a doctrinelor biblice care au de-a face cu persoanele Dumnezeului triunic, cu scopurilor Lor și cu planurilor Lor în relație cu lumea și omenirea. Ea pornește de la informarea intelectului (cunoaștere și înțelegere). Intelectul modelează ceea ce credem și iubim în inimile noastre. Voința noastră dorește ceea ce iubim și respinge ceea ce urâm. Mai apoi, acțiunile noastre se armonizează cu ceea ce nutrim cel mai mult. Mintea modelează sentimentele, care modelează voința, care direcționează acțiunile. Teologia nu și-a încheiat lucrarea decât atunci când a încălzit inima (sentimentele) și a îmboldit volițiunea (voința) ca să acționeze în ascultare față de conținutul ei.[8]

CARE SUNT CATEGORIILE TEOLOGIEI SISTEMATICE?

1. *Bibliologia*: doctrina despre inspirația, ineranța, autoritatea și canonicitatea Bibliei (gr. *biblion*, „carte")

2. *Teologia propriu-zisă*: doctrina despre existența și ființa lui Dumnezeu, inclusiv Triunitatea lui Dumnezeu (gr. *theos*, „Dumnezeu")

3. *Cristologia*: doctrina despre persoana și lucrarea Domnului Isus Cristos (gr. *christos*, „Cristos")

4. *Pneumatologia*: doctrina despre persoana și lucrarea Duhului Sfânt (gr. *pneuma*, „Duh")

5. *Antropologia*: doctrina despre om (gr. *antrōpos*, „om")

6. *Hamartologia*: doctrina despre păcat (gr. *hamartia*, „păcat")

7. *Soteriologia*: doctrina despre mântuire (gr. *sōtēria*, „mântuire")

8. *Angelologia*: doctrina despre sfinții îngeri, despre Satan și despre îngerii căzuți (gr. *angelos*, „înger")

9. *Eclesiologia*: doctrina despre biserică, universală și locală (gr. *ekklēsia*, „adunare" sau „biserică")

10. *Escatologia*: doctrina privitoare la întreaga sferă a profeției biblice predictive, îndeosebi evenimentele de la finalul timpului, incluzând destinul celor mântuiți și al celor nemântuiți, cerul și iadul (gr. *eschatos*, „lucrurile finale")

---

7 John Murray, "Systematic Theology," în *The Collected Writings of John Murray* (Edinburgh: Banner of Truth, 1982), 4:4.

8 William Ames observă că teologia ar trebui să aibă drept final *eupraxia*, lit. „buna practică". *The Marrow of Theology*, trans. and ed. John Dykstra Eusden (1629; repr., Grand Rapids, MI: Baker, 1997), 78.

CARE ESTE RELAȚIA DINTRE TEOLOGIA EXEGETICĂ, BIBLICĂ ȘI SISTEMATICĂ?[9]

Întreaga teologie biblică este sistematică în natura ei; întreaga teologie sistematică este biblică în conținutul ei; și deopotrivă teologia biblică și cea sistematică sunt exegetice în procesul de interpretare. Prin urmare, o întrebare cheie nu este care abordare a teologiei este cea mai bună, ci, mai degrabă, în ce fel cele trei se relaționează una la cealaltă?

Pentru a folosi o metaforă din domeniul construcțiilor,

* teologia exegetică furnizează materialele de construcții pentru temelie și structură
* teologia biblică furnizează suportul fundamental pentru structură; și
* teologia sistematică reprezintă structura construită pe acea temelie.

Teologia exegetică implică organizarea metodică a Scripturii prin abordarea exegetică a unor texte din Biblie. Aceasta este, propriu-zis, o componentă inițială deopotrivă a teologiei biblice și a celei sistematice. Drept rezultat, fiecare cuvânt, propoziție și paragraf al Scripturii este examinat în detaliu.

Teologia biblică este caracterizată de organizarea tematică a Scripturii în funcție de cronologia biblică sau de autorul biblic, ținându-se cont de revelația progresivă a Bibliei. Aceasta este, propriu-zis, o componentă a teologiei sistematice. Ea slujește drept punte dinspre teologia exegetică înspre teologia sistematică.

Teologia sistematică este organizarea Scripturii printr-o sinteză a învățăturii scripturale, sumarizată potrivit categoriilor majore care cuprind totalitatea revelației scrise a lui Dumnezeu. Teologia sistematică este dezvoltată din teologia exegetică și din cea biblică, și ea aduce laolaltă ca un întreg toată învățătura Scripturii. Din nou, Murray ne ajută în a desluși toate aceste legături:

> Astfel, prezentarea Scripturii este fundamentală pentru teologia sistematică. Sarcina ei nu se reduce la prezentarea unor pasaje specifice. Aceasta este

---

9 Următoarele resurse prezintă unele dintre cele mai clare definiții, distincții și funcții ale celor trei accentuări teologice aflate în discuție: Richard B. Gaffin Jr., "Systematic Theology and Biblical Theology," *WTJ* 38, no. 3 (1976): 281–99; Eugene Merrill, *Everlasting Dominion: A Theology of the Old Testament* (Nashville: Broadman, 2006), 1–27; Murray, "Systematic Theology," 4:1–21; Roger Nicole, "The Relationship between Biblical Theology and Systematic Theology," in *Evangelical Roots: A Tribute to Wilbur Smith*, ed. Kenneth S. Kantzer (Nashville: Thomas Nelson, 1978), 185–93; și Charles Caldwell Ryrie, *Biblical Theology of the New Testament* (Chicago: Moody Press, 1959), 11–24.

sarcina exegezei. Teologia sistematică trebuie să armonizeze învățătura pasajelor specifice și să sistematizeze această învățătură, încadrând-o la tematica potrivită. Prin urmare, există o anumită sintetizare care aparține teologiei sistematice, și care nu aparține exegezei ca atare. Dar, în măsura în care teologia sistematică sintetizează învățătura Scripturii, și acesta este scopul ei principal, este limpede cât de mult depinde ea de știința exegezei. Ea nu poate armoniza și asocia învățătura pasajelor specifice fără a ști care este acea învățătură. Prin urmare, exegeza este fundamentală pentru obiectivul acesteia. Aspectul acesta trebuie subliniat. Teologia sistematică a suferit cumplit, ba chiar și-a abandonat vocația, atunci când a fost despărțită de atenția meticuloasă acordată exegezei biblice. Acesta este un motiv pentru care eșecul de mai sus se face responsabil de întărirea acelei învinuiri. Teologia sistematică ajunge neînsuflețită și își ratează în mandatul dacă se detașează de exegeză. Și ceea ce poate preveni o dogmatică a stereotipurilor este ca teologia sistematică să fie în mod constant îmbogățită, aprofundată și extinsă prin comorile extrase progresiv din Cuvântul lui Dumnezeu. Exegeza nu doar ține teologia sistematică într-o raportare directă la Cuvânt, ci îi și furnizează acesteia puterea derivată din acel Cuvânt. Cuvântul este viu și lucrător.[10]

Ar trebui adăugată încă o abordare a teologiei. Teologia istorică analizează felul în care convingerile exegetice și teologice s-au dezvoltat în timp. Aceasta ia în considerare concluziile la care au ajuns precedentele generații de comentatori evlavioși ai Scripturii.

CARE SUNT BENEFICIILE ȘI LIMITELE TEOLOGIEI SISTEMATICE?

Beneficii
Limite

Fie că este analizată exegetic, la nivelul unor texte specifice, fie la nivelul categoriilor din întreg spectrul Bibliei, toată Scriptura este folositoare în plan spiritual pentru a atinge cel puțin patru scopuri divine (2 Tim. 3:16):

1. Pentru așezarea „învățăturii" sau doctrinei, adică a descoperirii inspirate a lui Dumnezeu despre Sine, despre lumea creată de El și despre planul Său răscumpărător de mântuire și sfințire a păcătoșilor
2. Pentru confruntarea sau „mustrarea" păcatului, înfățișat sub forma învățăturii false sau a trăirii în neascultare
3. Pentru „îndreptarea" erorii de la nivelul gândirii și comportării, astfel încât cel care se pocăiește să poată fi readus într-o stare plăcută lui Dumnezeu
4. Pentru „instruire" astfel încât credincioșii să se poată deprinde cu prac-

---

10 Murray, "Systematic Theology," 4:17.

38

tica neprihănirii Domnului Isus Cristos – să păcătuiască mai puțin și să asculte mai mult

Scriptura ne oferă singura învățătură completă, pe deplin acurată și vrednică de încredere despre Dumnezeu, și ea va fi suficientă în îndeplinirea acestor patru lucruri pentru a-l echipa pe „omul lui Dumnezeu" (2 Tim. 3:17).

Beneficii

Teologia sistematică poate oferi câteva beneficii:
1. O colecție integrală a adevărului biblic
2. O sinteză și o sumarizare ordonate ale doctrinei biblice
3. Imperativul de a duce Evanghelia până la marginile pământului
4. Un depozit al adevărului pentru predicarea expozitivă și pentru învățarea altora
5. O temelie scripturală pentru conduita creștină în biserică, în familie și în lume
6. O apărare a doctrinei biblice împotriva învățăturii false
7. Un răspuns biblic față de delictele etice și sociale din lume

Potrivit exprimării lui James Leo Garrett Jr.,

Teologia sistematică este benefică în postura de extensie a funcției didactice a bisericilor, pentru formularea ordonată și integrată a adevărurilor biblice, pentru întărirea propovăduirii predicatorilor și laicilor creștini, pentru apărarea adevărului Evangheliei de falsitățile care au invadat biserica, pentru legitimarea Evangheliei în fața filosofiei și culturii, ca temelie a eticii creștine personale și sociale, și pentru răspândirea universală mai eficientă a Evangheliei și interacțiunea cu adepții altor religii necreștine.[11]

Limite[12]

Teologia sistematică poate fi limitată de următorii factori:

1. Tăcerea Bibliei pe un anumit subiect (Deut. 29:29; Ioan 20:30; 21:25)
2. Cunoașterea/înțelegerea parțială a unui teolog în ce privește Biblia ca întreg (Luca 24:25-27, 32; 2 Pet. 3:16)
3. Inadecvarea limbajului uman (1 Cor. 2:13-14; 2 Cor. 12:4)

---

11 James Leo Garrett Jr., "Why Systematic Theology?," *CTR* 3, no. 2 (1989): 281.

12 Acest material este adaptat după Augustus Hopkins Strong, *Systematic Theology: A Compendium and Commonplace-Book Designed for the Use of Theological Students* (Old Tappan, NJ: Fleming H. Revell, 1907), 34–36 (domeniu public).

4. Finitudinea minții umane (Iov 11:7-12; 38:1-39:30; Rom. 11:33-35)
5. Lipsa discernământului/creșterii spirituale (1 Cor. 3:1-3; Evr. 5:11-13)

CARE ESTE RELAȚIA DINTRE TEOLOGIA SISTEMATICĂ ȘI DOCTRINĂ?

Doctrina reprezintă învățătura considerată ca având autoritate. Atunci când Cristos a dat învățătură, mulțimile au fost uimite de autoritatea Lui (Mat. 7:28-29; Mc. 1:22, 27; Luca 4:32). Declarația „doctrinară" a unui biserici conține un grup de învățături folosite drept standard al învățăturii sănătoase și cu autoritate.

În Vechiul Testament, cuvântul ebraic *laqakh* înseamnă „ceea ce este primit" sau „învățătură acceptată" (Deut. 32:2; Iov 11:4; Pv. 4:2; Is. 29:24). El poate fi tradus diferit prin „îndrumare", „cunoștința" sau „învățătură".

În Noul Testament, două cuvinte grecești sunt traduse drept „doctrină", „îndrumare" sau „învățătură": *didachē* (care se referă la conținutul învățăturii) și *didaskalia* (care se referă la activitatea de învățare). Pavel le-a folosit pe amândouă împreună în 2 Timotei 4:2-3 și în Tit 1:9.

În latină, *doceo*, „a da învățătură", *doctrina*, „ceea ce este dat ca învățătură", și *doctor*, „cel care dă învățătură", toate contribuie la sensul termenului *doctrină*. Conținutul ar putea fi informațional (care trebuie crezut), sau practic (care trebuie trăit). Nu se referă neapărat la adevărul pus în anumite categorii.

Biblic vorbind, termenul *doctrină* este mai degrabă unul amorf, care îmbracă o anumită formă în funcție de context. Se referă la învățătura generală (sistematizată sau nu, adevărată sau falsă), precum „învățătura lui Balaam" (Apoc. 2:14) sau „învățăturile oamenilor" (Col. 2:22), în contrast cu învățătura biblică precum învățătura lui Cristos (Mat. 7:28) sau învățătura lui Pavel (2 Tim. 3:10).

Prin urmare, doctrina biblică se referă la învățătura Scripturii, indiferent că este de natură proclamatoare, expozitivă sau categorială. Aceasta face ca toată Scriptura să fie de natură „doctrinară", indiferent că este citită, predată, predicată sau sistematizată în categorii teologice. Doctrina biblică sistematică (teologia sistematică) se referă la o rezumare categorială a învățăturii biblice care urmează tematici ori structuri utilizate în mod obișnuit.

O privire de ansamblu asupra Scripturii ne arată că, în general, în funcție de proveniență, întreaga doctrină sau învățătură poate fi încadrată în una dintre cele două categorii:

- în ce privește originea – de la Dumnezeu Creatorul (Ioan 7:16; Fapt. 13:12) sau de la creația lui Dumnezeu (Col. 2:22; 1 Tim. 4:1)
- în ce privește conținutul adevărul (2 Tes. 2:11-12) – adevărat sau fals
- în ce privește proveniența umană (1 Tes. 2:13) – biblică sau nebiblică
- în ce privește calitatea (1 Tim. 1:10; 6:3) – sănătoasă sau nesănătoasă

- în ce privește acceptarea (1 Tim. 1:3; Evr. 13:9) – familiară sau străină
- în ce privește păstrarea (Apoc. 2:24) – de ținut sau de respins
- în ce privește beneficiul (1 Tim. 4:6) – bună sau rea
- în ce privește valoarea (2 Tim. 3:16) – folositoare sau nefolositoare

Uzanța teologică modernă a termenului *doctrină* este prea restrânsă, distorsionează utilizarea biblică principală a termenului și poate induce în eroare. Când se discută despre *doctrină*, este mult mai bine ca acest termen să fie folosit cu sensul lui mai amplu de „învățătură" (care, în mod cert, include sistematizarea adevărului, dar nu se limitează la această utilizare), mai degrabă decât a se folosi termenul *doctrină* în sensul lui secundar, ca și cum acesta ar fi singurul sens. Învățătura Scripturii slujește drept etalon, reper, standard, paradigmă, model, măsură și fir cu plumb, în funcție de care se stabilește dacă o anumită învățătură, pe un subiect dat, este adevărată sau falsă, dacă trebuie primită sau respinsă, dacă este sănătoasă sau nesănătoasă, dacă este corectă sau eretică.

Doctrina biblică sănătoasă are multe implicații pentru viața bisericii lui Cristos:

1. Doctrina sănătoasă demască și confruntă păcatul și doctrina falsă (1 Tim. 1:8-11, îndeosebi 1:10; 4:1-6).
2. Doctrina sănătoasă îl caracterizează pe un bun slujitor al lui Cristos Isus (1 Tim. 4:6; vezi și 1 Tim. 4:13, 16; Tit 2:1).
3. Doctrina sănătoasă este răsplătită cu o cinste mai mare în cazul prezbiterilor (1 Tim. 5:17).
4. Doctrina sănătoasă este în armonie cu evlavia (1 Tim. 6:3; Tit 2:10).
5. Doctrina sănătoasă este inclusă în exemplul apostolic care trebuie urmat (2 Tim. 3.10).
6. Doctrina sănătoasă este esențială pentru echiparea păstorilor (2 Tim. 3:16-17).
7. Doctrina sănătoasă este mandatul permanent dat predicatorilor (2 Tim. 4:2-4).
8. Doctrina sănătoasă este o trăsătură fundamentală pentru slujba de prezbiter (Tit 1:9).

Scriptura ne arată că doctrina sănătoasă va avea parte întotdeauna de opoziție, atât din partea oamenilor (Mat. 15:2-6; Mc. 11:18; 1 Tim. 1:3, 10; 2 Tim. 4:3; Tit 1:9), cât și din partea lui Satan și a demonilor (1 Tim. 4:1). Biblia enumeră câteva antidoturi sau modalități de contracarare a doctrinei false:

1. A rosti în dragoste adevărul doctrinei sănătoase (Ef. 4:15)

2. A-i învăța pe alții doctrina sănătoasă (1 Tim. 4:6; 2 Tim. 4:2)
3. A rămâne lângă doctrina sănătoasă (Tit 1:9; Apoc. 2:24-25)
4. A combate doctrina falsă (Tit 1:9)
5. A respinge și a întoarce spatele învățătorilor doctrinei false (Rom. 16:17; 2 Ioan 9-10)

Există o legătură directă, inseparabilă între doctrina sănătoasă și conduita sfântă, iar lucrul acesta este afirmat limpede și invariabil în Biblie (Rom. 15:4; 1 Tim. 4:16; 6:1, 3; 2 Tim. 3:10; Tit 2:1-4, 7-10). Reversul este de asemenea valabil – acolo unde se aderă la un crez fals, se va vedea un comportament păcătos (Tit 1:16). În pofida accentului clar pus de Scriptură, deopotrivă pe puritatea doctrinei și pe puritatea vieții, s-au ivit mai multe noțiuni eronate cu privire la relația dintre ceea ce crede o persoană și cum ar trebui să trăiască acea persoană. Printre ideile greșite se numără următoarele:

1. Doctrina corectă conduce automat la evlavie.
2. Nu contează cum trăiește o persoană, atât timp cât crede doctrina corectă.
3. Din punct de vedere spiritual, doctrina sufocă dezvoltarea.
4. Nu există nicio legătură între ce crede cineva și cum se comportă.
5. Creștinismul înseamnă viață, nu doctrină.
6. Doctrina este irelevantă.
7. Doctrina dezbină.
8. Doctrina creează uneori disensiuni.

În contrast cu negativitatea proiectată asupra doctrinei, absența doctrinei sănătoase și prezența doctrinei false vor duce întotdeauna la o conduită păcătoasă. În absența doctrinei sănătoase, lipsește orice temei scriptural de a putea distinge între bine și rău, lipsește orice autoritate doctrinară de a corecta păcatul și lipsește orice stimulent biblic care să îndemne la o trăire sfântă.

Pe de altă parte, valoarea spirituală a doctrinei sănătoase este inestimabilă:

1. Doctrina sănătoasă este folositoare din punct de vedere spiritual (2 Tim. 3:16-17).
2. Binecuvântările spirituale sunt o promisiune pentru cei ascultători (Apoc. 1:3; 22:7).
3. Doctrina sănătoasă îl păzește pe om de păcat (e.g. Iov, Iosif, Daniel, Cristos).
4. Doctrina sănătoasă face delimitarea între adevăr și eroare (2 Cor. 11:1-15; 2 Tim. 3:16-17).
5. Doctrina sănătoasă a ocupat un loc central în lucrarea lui Cristos (Mat. 7:28-29; Mc. 4:2; Luca 4:32).

6. Doctrina sănătoasă a ocupat un loc central în biserica primară (Fapt. 2:42; 5:28; 13:12).
7. Doctrina sănătoasă a ocupat un loc central în lucrarea apostolică (Pavel: Fapt. 13:12; 17:19; Gal. 2:11-21; Ioan: 2 Ioan 9-10).
8. Martirii și-au dat viața pentru doctrina sănătoasă (Cristos: Mc. 11:18; Ștefan: Fapt. 7:54-60; Iacov: Fapt. 12:2; Pavel: 2 Tim. 4:1-8).
9. Cristos și apostolii au dat directive privitoare la transmiterea doctrinei sănătoase către generația următoare (Cristos: Mat. 28:20; Pavel: 2 Tim. 2:2).
10. Bisericile au fost lăudate pentru aderarea la doctrina sănătoasă sau condamnate pentru lipsa susținerii doctrinei sănătoase (Efes, lăudată: Apoc. 2:2, 6; Pergam și Tiatira, condamnate: Apoc. 2:14-15, 20).
11. Însușirea unei doctrine sănătoase bine definite este o bună pregătire și o anticipare a vremurilor când doctrina sănătoasă va fi considerată inoportună (2 Tim. 4:3).
12. Doctrina sănătoasă protejează biserica de învățători falși (Tit 1:9).
13. Doctrina sănătoasă este o adevărată podoabă spirituală a celor credincioși (Tit 2:10).
14. Doctrina biblică sănătoasă și doctrina sistematică sănătoasă sunt legate inseparabil de „teologie". Fie că se recurge la o abordare expozitivă, prin folosirea unui anumit text din Scriptură, fie la una tematică amplă, prin folosirea întregii Scripturi, învățătura biblică nu poate fi separată de identificarea ei cu teologia. Într-o altă exprimare, toată învățătura biblică este teologică în natura ei, și toată teologia creștină este biblică în conținutul ei.

CARE ESTE TEMATICA PRINCIPALĂ ȘI UNIFICATOARE A SCRIPTURII?[13]

Tematica generală a împăratului/împărăției (de natură umană și divină) apare pe tot parcursul Bibliei. Cu excepția cărților Levitic, Rut și Ioel, Vechiul Testament menționează explicit această tematică în treizeci și șase dintre cele treizeci și nouă de cărți ale sale. Cu excepția cărților Filipeni, Tit, Filimon și 1, 2, 3 Ioan, Noul Testament o menționează direct în douăzeci și una dintre cele douăzeci și șapte de cărți ale sale. Cu totul, cincizeci și șapte dintre cele șaizeci și șase de cărți canonice includ tematica împărăției (86 de procente).

Cuvintele evreiești pentru „împărat", „împărăție", „domnie" și „tron" apar de peste trei mii de ori în Vechiul Testament, în vreme ce termenii grecești pentru acestea apar de o sută șaizeci de ori în Noul Testament. Cea dintâi menționare din Vechiul Testament apare în Geneza 10:10, iar cea din urmă în Maleahi

---

13 Adaptat după Richard L. Mayhue, "The Kingdom of God: An Introduction," *MSJ* 23, no. 2 (2012): 167–72. Folosit cu permisiunea *MSJ*.

1:14. Utilizarea inițială din Noul Testament apare în Matei 1:6, iar cea finală în Apocalipsa 22:5.

Expresia exactă „împărăția lui Dumnezeu" nu apare în Vechiul Testament. În Noul Testament, doar Matei folosește sintagma „împărăția cerurilor", însă el o întrebuințează interschimbabil cu „împărăția lui Dumnezeu" (Mat. 19:23-24). Acolo unde Matei folosește „împărăția cerurilor", în pasaje care prezintă paralele ale textelor din celelalte evanghelii, respectivii evangheliști folosesc „împărăția lui Dumnezeu" (cf. Mat. 13:11 cu Luca 8:10), astfel stabilindu-se corespondența între aceste două expresii.

Isus n-a definit niciodată precis „împărăția cerurilor/lui Dumnezeu" în evanghelii, deși a ilustrat-o adesea (e.g. Mat. 13:19, 24, 44, 45, 47, 52). În mod surprinzător, nimeni nu I-a cerut niciodată lui Cristos o definiție. Se poate presupune că, cel puțin, contemporanii Lui s-au gândit că au înțeles ideea de bază din Vechiul Testament, chiar dacă ideile lor erau eronate.

Probabil că cea mai grăitoare este multitudinea de titluri atribuite lui Cristos în Noul Testament, care include termenul Împărat:

- „Împăratul lui Israel" (Ioan 1:49; 12:13)
- „Împăratul iudeilor" (Ioan 18:39; 19:3, 19, 21)
- „Împăratul împăraților" (1 Tim. 6:15; Apoc. 17:14; 19:16)
- „Împăratul veșniciilor, nemuritorul, nevăzutul" (1 Tim. 1:17)
- „Împăratul neamurilor" (Apoc. 15:3)

Se spune despre domnia Lui că va dăinui în veci de veci (Apoc. 11:15; 22:5).

Dacă cineva ar întreprinde un studiu biblic despre împărăția lui Dumnezeu, ar concluziona că aceasta are fațete multiple, dimensiuni multiple, focalizări multiple, elemente multiple și forme multiple. În mod cert, nu poate fi considerată monolitică în natura ei.

Conceptul de împărăție a lui Dumnezeu cuprinde toate etapele revelației biblice. De pildă,

- Dumnezeu este Împăratul veșniciei (pre-Geneza 1, Apocalipsa 21-22, post-Apocalipsa 22)
- Dumnezeu este Împăratul creației (Geneza 1-2)
- Dumnezeu este Împăratul istoriei (Geneza 1- Apocalipsa 20)
- Dumnezeu este Împăratul răscumpărării (Geneza 3 – Apocalipsa 20)
- Dumnezeu este Împăratul pământului (Geneza 1 – Apocalipsa 20)
- Dumnezeu este Împăratul cerurilor (pre-Geneza 1, Geneza 1 – Apocalipsa 22, post-Apocalipsa 22)

Toate pasajele care vorbesc despre *împărăția lui Dumnezeu* pot fi sumarizate prin recunoașterea câtorva aspecte. În primul rând, vorbim despre *împărăția universală*, care include stăpânirea lui Dumnezeu, care a fost, este și va fi peste tot ce există în timp și spațiu. În al doilea rând, vorbim despre *împărăția mijlocită* a lui Dumnezeu, în cadrul căreia El stăpânește peste pământ prin reprezentanți umani aleși în mod divin. În al treilea rând, vorbim despre *dimensiunea spirituală sau răscumpărătoare a împărăției lui Dumnezeu*, care vizează în mod unic mântuirea unei persoane și relația personală cu Dumnezeu prin Cristos. Atunci când Scriptura folosește cuvântul „împărăție" spre a se referi la împărăția lui Dumnezeu, ea poate indica oricare dintre aceste dimensiuni ale împărăției, sau unele dintre ele cumulativ. Interpretarea atentă făcută în context va determina aspectele specifice ale unui text biblic dat.

Având în minte aceste idei, teza noastră este că sintagmele *Dumnezeu ca Împărat* și împărăția lui Dumnezeu luate împreună trebuie considerate la modul cel mai serios ca fiind subiectul major și unificator al Scripturii. Din această perspectivă, în trecut au fost luate în discuție mai multe concepte nobile, precum gloria lui Dumnezeu, răscumpărarea, harul, Cristos, legământul și promisiunea. Fiecare dintre aceste posibilități explică o anumită parte care privește împărăția lui Dumnezeu, însă doar conceptul împărăția lui Dumnezeu explică întregul.

Din veșnicii în veșnicii, de la început și până la sfârșit, deopotrivă în și dincolo de timp și spațiu, Dumnezeu ni Se înfățișează ca Împăratul suprem. Dumnezeu ocupă locul central și este esența tuturor lucrurilor, veșnice și vremelnice. În mod convingător, conceptul de împărăție a lui Dumnezeu este îndreptățit să fie considerat subiectul unificator al Scripturii.

John Bright a captat succint și elocvent acest gând prin următoarele cuvinte:

> Astfel, Vechiul Testament și Noul Testament stau împreună ca două acte ale unei singure drame. Actul I indică spre concluzia din Actul II, și, fără cel dintâi, piesa este incompletă și nesatisfăcătoare. Însă, Actul II trebuie citit în lumina Actului I, altminteri nu va fi pricepută semnificația lui. Aceasta deoarece piesa este, în mod organic, una singură. Biblia este o singură carte. Dacă ar fi să punem un singur titlul cărții, am putea fi îndreptățiți să o numim „Cartea Împărăției Viitoare a lui Dumnezeu." Cu adevărat, acesta este subiectul ei central pretutindeni.[14]

---

14 John Bright, *The Kingdom of God: The Biblical Concept and Its Meaning for the Church* (New York: Abingdon-Cokesbury, 1953), 197; vezi și 7, 244. Vezi Alva J. McClain, *The Greatness of the Kingdom: An Inductive Study of the Kingdom of God* (Chicago: Moody Press, 1959), 4–53; George N. H. Peters, *The Theocratic Kingdom of Our Lord Jesus, the Christ, as Covenanted in the Old Testament and Presented in the New Testament* (1884; retip., Grand Rapids, MI: Kregel, 1978), 1:29–33; Erich Sauer, *From*

Autorii prezentului volum ar dori să editeze rezumatul strălucit al John Bright, dar să elimine cuvântul, „Viitoare". Motivul este că împărăția lui Dumnezeu a fost, este și va dăinui pentru totdeauna.

Împărăția lui Dumnezeu poate fi explicată în următorul mod: Eternul Dumnezeu triunic a creat o împărăție și doi cetățeni ai acesteia (Adam și Eva), care urmau să-i devină stăpâni. Însă, un dușman i-a înșelat, i-a ademenit ca să-și încalce loialitatea față de Împărat, și i-a făcut să se răzvrătească împotriva Creatorului lor suveran. Dumnezeu a intervenit aducând blesteme covârșitoare, care sunt în vigoare și astăzi. De atunci încoace, El a răscumpărat oameni păcătoși și răzvrătiți, redându-le statutul de cetățeni ai împărăției, deopotrivă acum, din perspectiva lucrurilor spirituale, și, la o vreme ulterioară, din perspectiva împărăției coborâte pe pământ. În cele din urmă, dușmanul va fi nimicit pentru totdeauna, la fel și păcatul. Astfel, Apocalipsa 21-22 descrie expresia finală și eternă a împărăției lui Dumnezeu, în care Dumnezeul triunic va reda împărăției puritatea ei originală, când blestemul va fi îndepărtat, iar cerul cel nou și noul pământ vor deveni locuința veșnică a lui Dumnezeu și a poporului Său.

CARE SUNT SUBIECTELE MAJORE ALE SCRIPTURII?[15]

Revelarea caracterului lui Dumnezeu
Revelarea judecății divine pentru păcat și neascultare
Revelarea binecuvântării divine pentru credință și ascultare
Revelarea Domnului Mântuitor și a jertfei Lui pentru păcat
Revelarea Împărăției și gloriei Domnului Mântuitor

Biblia este o colecție de șaizeci și șase de cărți inspirate de Dumnezeu. Aceste documente sunt adunate în două Testamente, Vechiul (treizeci și nouă) și Noul (douăzeci și șapte). Profeți, preoți, regi și conducători din națiunea Israelului au scris cărțile Vechiului Testament în ebraică (cu câteva pasaje în aramaică). Apostolii și asociații lor au scris cărțile Noului Testament în greacă.

Ceea ce consemnează Vechiul Testament începe cu crearea universului și se încheie cu aproximativ patru sute de ani înainte de prima venire a lui Isus Cristos. Derularea istoriei din Vechiul Testament parcurge următoarele etape:

Eternity to Eternity: An Outline of the Divine Purposes (1954; retip., Grand Rapids, MI: Eerdmans, 1994), 89.

15 Această secțiune este adaptată după John MacArthur, ed., *The MacArthur Study Bible: English Standard Version* (Wheaton, IL: Crossway, 2010), xi–xv. Listele și notele preluate din *The MacArthur Study Bible: English Standard Version* își au originea în *The MacArthur Study Bible*, copyright © 1997 aparținând editurii Thomas Nelson. Folosite cu permisiunea editurii Thomas Nelson. www.thomasnelson.com.

1. Crearea universului
2. Căderea omului
3. Judecarea pământului prin potop
4. Avraam, Isaac, Iacov (Israel) – părinții poporului ales
5. Istoria lui Israel
   a. Exilul în Egipt (430 de ani)
   b. Exodul și pribegia în pustie (40 de ani)
   c. Cucerirea Canaanului (7 ani)
   d. Epoca judecătorilor (350 de ani)
   e. Împărăția unită – Saul, David, Solomon (110 ani)
   f. Împărăția divizată – Iuda și Israel (350 de ani)
   g. Exilul în Babilon (70 de ani)
   h. Reîntoarcerea și reconstruirea țării (140 de ani)

Detaliile acestei istorii sunt explicate în cele treizeci și nouă de cărți, care pot fi împărțite în cinci categorii:

1. Legea – 5 (Geneza – Deuteronom)
2. Istoria – 12 (Iosua – Estera)
3. Înțelepciunea – 5 (Iov – Cântarea Cântărilor)
4. Profeții Mari – 5 (Isaia – Daniel)
5. Profeții Mici – 12 (Osea – Maleahi)

Finalizarea Vechiului Testament a fost urmată de patru sute de ani de tăcere, timp în care Dumnezeu n-a vorbit prin profeți și nici n-a inspirat scrierea vreunei părți din Scriptură. Acea tăcere a fost curmată de ivirea lui Ioan Botezătorul, care a anunțat că Mântuitorul așteptat a venit. Noul Testament consemnează restul istorisirii, de la nașterea lui Cristos, până la culminarea întregii istorii și la starea finală eternă. Așadar, cele două Testamente se întind de la creație până la zilele de pe urmă, de la eternitatea trecută, la eternitatea viitoare.

Dacă cele treizeci și nouă de cărți ale Vechiului Testament acordă un loc proeminent istoriei lui Israel și promisiunii Mântuitorului care urma să vină, cele douăzeci și șapte de cărți ale Noului Testament scot în evidență persoana lui Cristos și întemeierea bisericii. Cele patru evanghelii prezintă consemnarea nașterii, vieții, morții, învierii și înălțării Lui. Fiecare dintre cei patru scriitori descrie cel mai măreț și mai important eveniment din istorie, venirea Dumnezeului-om, Isus Cristos, dintr-o perspectivă diferită. Matei Îl descrie din perspectiva împărăției Lui, Marcu din cea a posturii Lui de slujitor, Luca din cea a umanității Lui, iar Ioan din cea a divinității Lui.

Faptele Apostolilor relatează despre impactul vieții, morții și învierii lui Isus

Cristos, Domnul Mântuitor – cu începere de la înălțarea Lui la cer, continuând cu pogorârea ulterioară a Duhului Sfânt și cu nașterea bisericii, și parcurgând anii de început ai predicării Evangheliei săvârșită de apostoli și asociații lor. Faptele Apostolilor consemnează întemeierea bisericii în Iudeea, în Samaria și în Imperiul Roman.

Cele douăzeci și una de epistole au fost adresate unor biserici sau unor oameni pentru a explica semnificația persoanei și lucrării lui Isus Cristos, alături de implicațiile pentru viață și mărturie, până la revenirea Lui.

Noul Testament se încheie cu Apocalipsa, care începe cu descrierea perioadei premergătoare reîntoarcerii lui Cristos pentru a-Și întemeia împărăția pământească, a aduce judecată asupra celor nelegiuiți și slavă peste cei credincioși. După împărăția milenară a Domnului Mântuitor, va avea loc ultima judecată, care va duce la starea eternă. Toți credincioșii din toată istoria vor păși în gloria eternă supremă pregătită pentru ei, iar toți nelegiuiții vor fi destinați iadului spre a fi pedepsiți pentru totdeauna.

Pentru a înțelege Biblia, este esențial să pricepi derularea acestei istorii de la creație și până la consumare. De asemenea, este crucial să ai în vedere subiectul unificator al Scripturii. Subiectul invariabil, care se dezvoltă pe tot parcursul Bibliei, este acesta: pentru slava Lui, Dumnezeu a ales să creeze și să adune la Sine un grup de oameni care să fie supușii împărăției Lui eterne, care-L vor lăuda, cinsti și sluji veșnic, și prin care-Și va etala înțelepciunea, puterea, mila, harul și slava. Pentru a-I aduna pe ai Lui, Dumnezeu trebuie să-i răscumpere din păcat. Biblia descoperă planul lui Dumnezeu pentru această răscumpărare, de la plămădirea din eternitatea trecută, până la finalizarea din eternitatea viitoare. Legămintele, promisiunile și epocile sunt aspecte secundare față de planul de răscumpărare aflat în desfășurare.

Există un singur Dumnezeu. Biblia are un singur Izvor divin. Scriptura este o singură carte. Ea conține un singur plan al harului, consemnat de la inițierea lui, parcurgând aplicarea lui, și mergând până la finalizarea lui. De la predestinare la glorificare, Biblia este istorisirea despre Dumnezeul care-Și răscumpără aleșii spre lauda slavei Sale.

Pe măsură ce scopurile lui Dumnezeu și planul de răscumpărare se desfășoară în Scriptură, sunt accentuate în mod constant cinci motive recurente. Tot ce este revelat pe paginile Vechiului și Noului Testament are legătură cu aceste cinci categorii. Pretutindeni Scriptura ne oferă învățături sau ilustrări despre (1) caracterul și atributele lui Dumnezeu; (2) tragedia păcatului și a neascultării față de standardul sfânt al lui Dumnezeu; (3) binecuvântarea credinței și a ascultării față de standardul lui Dumnezeu; (4) nevoia unui Mântuitor prin a Cărui neprihănire și substituire păcătoșii pot fi iertați, declarați drepți și transformați ca să asculte de standardul lui Dumnezeu; (5) iminența finalului glorios al istoriei răscumpărării, concretizat prin împărăția pământească a Domnului Mântuitor, și prin domnia și gloria ulterioară, pentru eternitate, aparținând lui Dumnezeu și lui Cristos. Cel care citește Biblia, ar trebui să poată pune fiecare pasaj scriptural în legătură cu aceste tematici majore, recunoscând că ceea ce este prezentat în Vechiul Testament este, de asemenea, făcut mai clar în Noul Testament. Prezentarea în mod separat a acestor cinci categorii va conferi o privire de ansamblu asupra Bibliei.

REVELAREA CARACTERULUI LUI DUMNEZEU

Mai presus de orice, Scriptura este revelarea de Sine a lui Dumnezeu. El Se revelează pe Sine ca Dumnezeul suveran al universului care a ales să-l creeze pe om și să i Se facă de cunoscut. Prin intermediul acestei revelări de Sine, El a stabilit standardul sfințeniei absolute. De la Adam și Eva, continuând cu Abel și Cain, și până la toți cei care au precedat și au succedat legii lui Moise, standardul dreptății a fost statornicit și este susținut în Scriptură până la ultimele pagini ale Noului Testament. Încălcarea acestuia generează judecată, deopotrivă vremelnică și veșnică.

În Vechiul Testament, Dumnezeu S-a revelat pe Sine prin următoarele mijloace:

1. Creație (cerurile și pământul)
2. Crearea omenirii făcute după chipul Lui
3. Îngeri
4. Semne, minuni și lucrări pline de putere
5. Vedenii
6. Cuvinte rostite de către profeți sau de către alte persoane
7. Scriptura scrisă (Vechiul Testament)

În Noul Testament, Dumnezeu S-a revelat pe Sine din nou prin aceleași mijloace, însă într-o manieră mult mai clară și plenară:

1. Creație (cerurile și pământul)
2. Întruparea Dumnezeului-om, Isus Cristos, care este chipul lui Dumnezeu
3. Îngeri
4. Semne, minuni și lucrări pline de putere
5. Vedenii
6. Cuvinte rostite de către Cristos, apostoli și profeți
7. Scriptura scrisă (Noul Testament)

REVELAREA JUDECĂȚII DIVINE PENTRU PĂCAT ȘI NEASCULTARE

Scriptura se ocupă în mod repetat de chestiunea păcatului omului, care atrage judecata divină. Rând pe rând, relatările Scripturii demonstrează efectele nimicitoare în timp și în eternitate ale încălcării standardului lui Dumnezeu. În Biblie sunt 1.189 de capitole. Doar patru dintre ele nu vorbesc despre o lume decăzută: primele două și ultimele două – înainte de cădere și după crearea noului cer și al noului pământ. Celelalte consemnează tragedia produsă de păcat și harul răscumpărării oferit de Dumnezeu omenirii, în Cristos Isus.

În Vechiul Testament, Dumnezeu a arătat dezastrul produs de păcat – începând cu Adam și Eva, continuând cu Cain și Abel, patriarhii, Moise și Israel, împărații, preoții, unii profeți și națiunile de neevrei. Pe tot cuprinsul Vechiului Testament se găsește consemnarea implacabilă a devastării continue produse de păcat și de neascultarea de legea lui Dumnezeu.

În Noul Testament, tragedia generată de păcat devine și mai limpede. Învățătura lui Isus și a apostolilor începe și se încheie cu o chemare la pocăință. Regele Irod, conducătorii evrei și națiunea lui Israel – alături de Pilat, de Roma și de restul lumii – Îl resping pe Domnul Mântuitor, nesocotesc adevărul lui Dumnezeu și astfel se condamnă pe ei înșiși. Cronica păcatului continuă neabătută până la finalul veacului și revenirea lui Cristos pentru judecată. Neascultarea consemnată de Noul Testament este chiar mai flagrantă decât cea din Vechiul Testament deoarece implică respingerea adresată Domnului Isus Cristos Mântuitorul, în pofida luminii mult mai clare a revelației din Noul Testament.

REVELAREA BINECUVÂNTĂRII DIVINE PENTRU CREDINȚĂ ȘI ASCULTARE

Scriptura promite în mod repetat răsplătiri minunate, atât pentru efemeritate, cât și pentru eternitate, celor care se încred în Dumnezeu și caută să asculte de El. În Vechiul Testament, Dumnezeu a demonstrat natura binecuvântată a pocăinței de păcate, a credinței în El și a ascultării de Cuvântul Său – de la Abel, continuând cu patriarhii și ajungând la rămășița lui Israel, ba chiar la neevreii care au crezut (precum oamenii din Ninive).

Voia lui Dumnezeu, legea Sa morală, și standardul Său pentru om au fost întotdeauna făcute de cunoscut. Au fost dezvăluite celor care s-au confruntat cu incapacitatea lor de a respecta standardul lui Dumnezeu, care și-au recunoscut păcatul, care și-au mărturisit neputința de a-L mulțumi pe Dumnezeu prin faptele lor și care I-au cerut iertare și har – aceștia au avut parte, prin har, de răscumpărare și binecuvântare pentru efemeritate și pentru eternitate, în egală măsură

În Noul Testament, Dumnezeu a demonstrat din nou natura pe deplin binecuvântată a răscumpărării de păcat pentru oamenii care se pocăiau. A fost cazul celor care au răspuns la predicarea pocăinței de către Ioan Botezătorul. Alții s-au pocăit la predicarea lui Isus. Alții din Israel au ascultat de Evanghelie în urma predicării apostolilor. Și, în final, mulți neevrei de pretutindeni din Imperiul Roman au crezut Evanghelia. Tuturor acestora și tuturor celor care vor crede pe tot parcursul istoriei, Dumnezeu le promite binecuvântare, deopotrivă în această lume și în lumea care va veni.

REVELAREA DOMNULUI MÂNTUITOR ȘI A JERTFEI LUI PENTRU PĂCAT

Acesta este miezul atât al Vechiului Testament, despre care Isus a spus că vorbește despre El prin tipologie și profeție, cât și al Noului Testament, care oferă consemnarea biblică a venirii Lui. Promisiunea binecuvântării depinde de harul și mila acordate păcătosului. Milă înseamnă că păcatul nu este ținut în socoteală împotriva păcătosului. O astfel de iertare depinde de o plată pentru pedeapsa păcatului care să satisfacă dreptatea sfântă și care cere un înlocuitor – cineva care să moară în locul păcătosului. Înlocuitorul ales de Dumnezeu – singurul care era calificat – a fost Isus. Mântuirea este acordată întotdeauna prin aceleași mijloace ale îndurării, fie că a fost vorba de vremurile Vechiul Testament sau de cele ale Noului Testament. Atunci când orice păcătos vine la Dumnezeu cu o credință însoțită de pocăință, recunoaște că nu are putere să se mântuiască pe sine de judecata meritată a mâniei divine, crede în Cristos și imploră milă, acestuia îi este acordată promisiunea iertării lui Dumnezeu. Mai apoi, Dumnezeu îl declară drept deoarece jertfa și ascultarea lui Cristos îi sunt socotite în contul lui. În Vechiul Testament, Dumnezeu îi îndreptățea pe păcătoși în același mod, în anticiparea lucrării ispășitoare a lui Cristos. Prin urmare, există o continuitate a harului și a mântuirii de-a lungul întregii istorii a răscumpărării. Diferitele legăminte, promisiuni și epoci nu alterează acea continuitate fundamentală, și nici discontinuitatea dintre poporul-mărturie al Vechiului Testament, Israelul, și poporul-mărturie al Noului Testament, Biserica. O continuitate fundamentală este centrată pe cruce, care n-a fost o întrerupere în planul lui Dumnezeu, ci elementul spre care toate celelalte indicau.

Pe întreg cuprinsul Vechiului Testament este promis Mântuitorul-jertfă. În Geneza, El este sămânța femeii care-l va distruge pe Satan. În Zaharia, El este Cel „străpuns" la care se întoarce Israelul și prin care Dumnezeu deschide un izvor al iertării tuturor celor care își plâng păcatul (Zah. 12:10). El este cel simbolizat în sistemul jertfelor din legea mozaică. El este substitutul suferind despre care vorbesc profeții. De-a lungul Vechiului Testament, El este Mesia care urma să moară pentru nelegiuirile poporului Său; de la început până la sfârșit, Vechiul Testament prezintă tema Domnului Mântuitor ca jertfă pentru păcat. Exclusiv datorită jertfei Sale perfecte pentru păcat Dumnezeu este îndurător și îi iartă pe cei ce cred și se pocăiesc.

În Noul Testament, Domnul Mântuitor a venit și a adus pe cruce jertfa promisă pentru păcat. După ce a împlinit toată neprihănirea prin viața Sa desăvârșită, El a împlinit dreptatea prin moartea Sa. Astfel, Dumnezeu Însuși a făcut ispășire pentru păcat, cu un preț prea mare pentru a putea fi priceput de mintea umană. Acum, El asigură cu îndurare toate meritele necesare pentru ca toți cei din poporul Lui să devină beneficiarii bunăvoinței Sale. La această jertfă se referă Scriptura când vorbește despre mântuirea prin har.

REVELAREA ÎMPĂRĂȚIEI ȘI GLORIEI DOMNULUI MÂNTUITOR

Această componentă esențială a Scripturii aduce întreaga narațiune la finalizarea planului de mântuire rânduit de Dumnezeu. Istoria răscumpărării se află sub stăpânirea lui Dumnezeu, astfel încât să culmineze cu gloria Sa eternă. Istoria răscumpărării se va încheia cu aceeași precizie și exactitate cu care a început. Adevărurile escatologiei nu sunt nici vagi, nici neclare – nici lipsite de importanță. Ca în orice altă carte, modul în care se încheie narațiunea este deopotrivă captivantă și de o importanță crucială - și la fel stau lucrurile și în privința Bibliei. Scriptura evidențiază câteva trăsături aparte ale sfârșitului planificat de Dumnezeu.

În Vechiul Testament, se menționează în mod repetat o împărăție pământească aflată sub stăpânirea lui Mesia, Domnul Mântuitor, care va veni să domnească. Această împărăție este asociată cu mântuirea Israelului, mântuirea neevreilor, reînnoirea pământului de sub urmările blestemului și învierea trupească a celor din poporul lui Dumnezeu care au murit. În final, Vechiul Testament prezice că Dumnezeu va crea un cer nou și un pământ nou – care vor reprezenta starea eternă a celor evlavioși - și un iad final pentru cei nelegiuiți.

Noul Testament clarifică și dezvoltă aceste trăsături. Împăratul este respins și executat, însă El promite să revină în glorie, aducând judecată, înviere și împărăția Sa tuturor credincioșilor. Neevrei fără număr din orice națiune vor fi incluși în rândul celor răscumpărați. Israelul va fi mântuit și altoit din nou în rădăcina binecuvântării din care a fost tăiat temporar. Împărăția promisă Israelului va fi experimentată avându-L pe Domnul Mântuitor pe tron domnind peste pământul reînnoit, exercitând putere peste întreaga lume și primind onoarea și închinarea cuvenite. Ulterior respectivei împărății se va produce dezintegrarea creației reînnoite, dar încă întinată de păcat, și crearea ulterioară a unui cer nou și a unui pământ nou, care va fi starea eternă, despărțită pentru totdeauna de nelegiuiții din iad.

CARE ESTE RELAȚIA DINTRE TEOLOGIA SISTEMATICĂ ȘI CONCEPȚIA DESPRE LUME A UNEI PERSOANE?[16]

Ce este o concepție despre lume? O concepție despre lume cuprinde o colecție de presupoziții, convingeri și valori pe baza cărora o persoană încearcă să înțeleagă și să confere o anumită coerență lumii și vieții. Potrivit exprimării lui Ronald Nash, „O concepție despre lume este o schemă conceptuală prin care, în mod conștient sau inconștient, aranjăm sau integrăm tot ce credem și prin care interpretăm și judecăm realitatea."[17] În mod similar, Gary Phillips și William Brown explică: „O concepție despre lume este, întâi de toate, *o explicare și o interpretare a lumii* și, în al doilea rând, *o aplicare la viață a acestei concepții.*"[18]

Cum își formează cineva o concepție despre lume? De unde începe cineva? Orice concepție despre lume începe cu niște *presupoziții* – credințe pe care acel cineva le presupune ca fiind adevărate fără a avea dovezi susținătoare din alte surse ori sisteme. A conferi coerență realității, în parte sau în ansamblu, cere ca individul să adopte o postură interpretativă, de vreme ce nu există niciun gând „neutru" în univers. Aceasta devine fundamentul pe care respectiva persoană zidește.

Care sunt presupozițiile unei concepții creștine despre lume, ferm înrădăcinată și așezată în Scriptură? Carl F. H. Henry, un gânditor creștin important din ultima jumătate a secolului al douăzecilea, răspunde foarte simplu la această întrebare prin a spune că „teologia evanghelică se încumetă să găzduiască o presupoziție și numai una: Dumnezeul viu și personal cunoscut în mod deslușit în revelația Sa."[19] Această presupoziție majoră, care stă la baza unei concepții creștine corecte despre lume, este compusă din două părți. În primul rând, Dumnezeu există în mod etern în calitate de Creator personal, transcendent și triunic. În al doilea rând, Dumnezeu Și-a revelat caracterul, scopurile și voința în paginile infailibile și inerante ale revelației Sale speciale, Biblia.

Care este concepția creștină despre lume? Următoarea definiție este oferită ca model de lucru:

---

16 Această secțiune este adaptată după Richard L. Mayhue, "Introduction," în *Think Biblically: Recovering a Christian Worldview*, ed. John MacArthur (Wheaton, IL: Crossway, 2003), 13–16. Folosită cu permisiunea Crossway, o editură care ține de Good News Publishers, Wheaton, IL 60187, www.crossway.org.

17 Ronald H. Nash, *Faith and Reason: Searching for a Rational Faith* (Grand Rapids, MI: Zondervan, 1988), 24.

18 W. Gary Phillips and William E. Brown, *Making Sense of Your World from a Biblical Viewpoint* (Chicago: Moody Press, 1991), 29.

19 Carl F. H. Henry, *God, Revelation, and Authority*, vol. 1, *God Who Speaks and Shows: Preliminary Considerations* (Waco, TX: Word, 1976), 212.

Concepția creștină despre lume Îl privește și Îl înțelege pe Dumnezeu și cre-
ația Lui – adică, omul și lumea – în principal prin lentilele revelației Sale
speciale, Sfintele Scripturi, și secundar prin revelația naturală a lui Dumnezeu
în creație așa cum este interpretată de rațiunea umană și armonizată de și cu
Scriptura, cu scopul de a crede și de a acționa în acord cu voia lui Dumnezeu
și, prin urmare, glorificându-L pe Dumnezeu cu mintea și viața, deopotrivă
acum și în veșnicie.

Care sunt beneficiile adoptării unei concepții creștine despre lume? O con-
cepție biblică despre lume oferă răspunsuri convingătoare la cele mai importante
întrebări ale vieții:

1. Cum au ajuns în ființă lumea și tot ce este în ea?
2. Care este etalonul prin care pot stabili dacă o afirmație epistemologică
    este adevărată sau falsă?
3. Cum funcționează/ar trebui să funcționeze lumea?
4. Care este natura ființei umane?
5. Care este scopul personal al existenței unui om?
6. Cum ar trebui să trăiască acel om?
7. Există vreo speranță personală pentru viitor?
8. Ce se întâmplă cu o persoană la moarte și după moarte?
9. De ce este posibil să știm ceva?
10. Cum stabilește un om ce este bine și ce este rău?
11. Ce semnificație are istoria umană?
12. Ce ne rezervă viitorul?

Creștinii din secolul douăzeci și unu se confruntă cu aceleași întrebări fun-
damentale privitoare la această lume și viață cu care s-au confruntat oamenii de
la început, încă din Geneza. Și ei la rândul lor au fost nevoiți să cearnă diferite
concepții despre lume ca să dea răspuns la întrebările de mai sus. Lucrul acesta
a fost valabil de-a lungul întregii istorii. Gândiți-vă cu ce s-au confruntat Iosif
(Geneza 37-50) și Moise (Exod 2-14) în Egipt, sau Ilie când s-a întâlnit cu
Izabela și cu profeții ei păgâni (1 Împărați 17-19), sau Daniel în Babilon (Daniel
1-6), sau Neemia în Persia (Neemia 1-2), sau Pavel în Atena (Faptele Apostolilor
17). Ei au făcut deosebire între adevăr și eroare, între bine și rău, întrucât și-au
pus încrederea în Dumnezeul cel viu și în Cuvântul Său revelat.

Ce anume deosebește la nivel fundamental concepția creștină despre lume de
alte concepții despre lume? În esență, o concepție creștină despre lume este în
contrast cu alte concepții rivale despre lume prin faptul că (1) Îl recunoaște pe

Dumnezeul Bibliei ca sursa unică a întregului adevăr și (2) raportează întregul adevăr la o înțelegere a lui Dumnezeu și a scopurilor Lui pentru viața din prezent și cea din viitor.

Există vreo înțelegere eronată cu privire la concepția creștină despre lume, îndeosebi în rândul creștinilor? Sunt cel puțin două noțiuni înțelese greșit. Prima este că o perspectivă creștină asupra lumii și vieții va fi diferită în toate privințele de alte concepții despre lume. Deși afirmația aceasta nu este întotdeauna adevărată (e.g. toate concepțiile despre lume acceptă legea gravitației), concepția creștină despre lume va diferi și va fi unică în cazul celor mai importante chestiuni, îndeosebi în ce privește caracterul lui Dumnezeu, natura și valoarea Scripturii și exclusivitatea lui Isus Cristos ca Mântuitor și Domn. A doua înțelegere eronată este că Biblia conține tot ceea ce trebuie să știm în toate privințele. Simțul natural ar trebui să pună capăt acestui gând eronat; de pildă, Scriptura nu ne dă instrucțiuni despre cum să-și schimbe cineva uleiul din mașină. Însă, este adevărat că Biblia singură conține tot ceea ce creștinii trebuie să știe despre viața lor spirituală și despre evlavie prin cunoașterea singurului Dumnezeu adevărat, acesta fiind cel mai înalt și mai important nivel de cunoaștere (2 Pet. 1:2-4).

Cum și în ce contexte ale vieții se dovedește necesară o concepție creștină despre lume? În primul rând, în lumea *erudiției* concepția creștină despre lume este oferită nu ca una dintre multele variante egale sau posibilități, ci ca singura perspectivă asupra vieții ale cărei singure surse de adevăr și realitate este Dumnezeul Creator. Astfel, ea slujește drept lumină strălucitoare care oglindește slava lui Dumnezeu în mijlocul întunericului intelectual.

În al doilea rând, o concepție creștină despre lume trebuie folosită ca o unealtă esențială în *evanghelizare* pentru a se da răspuns la întrebările și obiecțiile necredinciosului. Însă, trebuie să se înțeleagă că, în ultimă instanță, Evanghelia este cea care are putere să aducă pe cineva la mântuire (Rom. 1:16-17).

În final, o concepție creștină despre lume este fundamentală în domeniul *uceniciei*. Se are în vedere informarea și, cu precădere, maturizarea în Cristos a unui credincios autentic sub aspectul implicațiilor și ramificațiilor credinței creștine. Ea stabilește cadrul prin care cineva (1) poate înțelege lumea și întreaga ei realitate din perspectiva lui Dumnezeu și (2) își poate ordona întreaga viață în conformitate cu voia lui Dumnezeu.

Care ar trebui să fie scopul final al adoptării concepției creștine despre lume? De ce merită recuperată concepția creștină despre lume? Ieremia ne transmite răspunsul direct, așa cum ni-l oferă Dumnezeu:

> Așa vorbește Domnul: Înțeleptul să nu se laude cu înțelepciunea lui, cel tare să nu se laude cu tăria lui, bogatul să nu se laude cu bogăția lui. Ci, cel ce se laudă să se laude că Mă înțelege și că Mă cunoaște, că știe că Eu sunt

Domnul, care fac milă, judecată și dreptate pe pământ! Căci în acestea Îmi găsesc Eu plăcerea, zice Domnul! (Ier. 9:23-24).

Scopul principal al omului este să-L cunoască și să-L glorifice pe Dumnezeu. Însă cunoașterea lui Dumnezeu este imposibilă în absența unei concepții creștine despre lume.

Unde se intersectează teologia sistematică și concepția despre lume a unui individ? În primul rând, ambele sunt clădite pe aceeași presupoziție comună care are două părți: (1) existența personală a Dumnezeului veșnic și (2) descoperirea de Sine în Scriptură. În al doilea rând, o concepție creștină despre lume depinde de teologia sistematică pentru a cunoaște și a înțelege adevărul lui Dumnezeu, întrucât teologia sistematică nu face altceva decât să organizeze tot ceea ce a revelat Dumnezeu cu scopul cunoașterii și trăirii drepte pentru El. În al treilea rând, o concepție creștină despre lume depinde de teologia sistematică pentru a cunoaște și a adopta concepția despre lume a lui Dumnezeu așa cum a fost revelată în Scriptură, întrucât doar în măsura în care gândim creștinește învățăm să raționăm potrivit gândirii lui Dumnezeu. În final, teologia sistematică depinde de o concepție creștină despre lume pentru a aplica în mod consecvent și corect adevărul Scripturii și pentru a trăi în conformitate cu voia lui Dumnezeu, spre slava lui Dumnezeu.

CARE ESTE RELAȚIA DINTRE TEOLOGIA SISTEMATICĂ ȘI MINTEA UNEI PERSOANE?[20]

Mintea răscumpărată
Mintea înnoită
Mintea iluminată
Mintea cristică
Mintea încercată
Mintea folositoare
Mintea echilibrată

Teologia sistematică are în întregime de-a face cu gândirea lui Dumnezeu așa cum este prezentată în Scriptură. Nu are de-a face cu ceea ce oamenii gândesc independent de Biblie. Caracteristicile necesare ale gândirii creștine sunt discutate în cele ce urmează deoarece ele califică o persoană să învețe și să predea teologia creștină, al cărei izvor este Scriptura și al cărei centru este Dumnezeul triunic.

---

20 Această secțiune este adaptată după Mayhue, "Cultivarea unui tipar de gândire biblic," în MacArthur, *Think Biblically*, 42–53. Folosită cu permisiunea Crossway.

Mintea răscumpărată

În urma mântuirii, mintea proaspăt răscumpărată a unei persoane cunoaște și înțelege slava lui Dumnezeu (2 Cor. 4:6). Dacă înainte persoana respectivă a fost orbită de Satan (2 Cor. 4:4), de acum ea are „coiful mântuirii" (Ef. 6:17) pentru ca mintea să-i fie protejată de „uneltirile" (în greacă e un termen care privește mintea, Ef. 6:11) lui Satan. O astfel de persoană nu mai este lăsată la discreția Diavolului, așa cum se întâmpla înainte de a fi mântuită. Această persoană nouă (2 Cor. 5:17) deține de acum cunoașterea lui Dumnezeu și a voii Lui de care era lipsită anterior (1 Ioan 5:18-20).

Mintea înnoită

Atunci când o persoană intră într-o relație personală cu Isus Cristos, ea devine o creație nouă (2 Cor. 5:17), care cântă „o cântare nouă" (Ps. 98:1). Mintea se deprinde cu un mod nou de a gândi și de a părăsi modalitățile vechi, păcătoase de a judeca lucrurile. Fără îndoială că Dumnezeu este preocupat să înnoiască mintea creștinilor (Rom. 12:2; Ef. 4:23; Col. 3:10).

Biblia ne spune să ne gândim „la lucrurile de sus, nu la lucrurile de pe pământ" (Col. 3:2). Pavel a folosit un limbaj preluat din domeniul militar: „Să răstoarne argumentele minții și orice lucru înalt care se ridică împotriva cunoașterii lui Dumnezeu, și orice rod al minții să-l aducem în robia ascultării de Cristos" (2 Cor. 10:5). Cum procedăm? Scriptura ne revelează gândirea lui Dumnezeu (1 Cor. 2:16) – desigur că nu întreaga Sa gândire, dar tot ceea ce, în înțelepciunea Sa, Dumnezeu a decis să ne descopere. Cel care dorește să gândească asemenea lui Dumnezeu trebuie să gândească asemenea Scripturii. Iată de ce Pavel i-a încurajat pe coloseni să lase Cuvântul lui Cristos să locuiască din belșug în ei (Col. 3:16).

Harry Blamires, un englez cu o percepție extraordinară asupra gândirii creștine, se exprimă într-o manieră deosebit de abilă:

A gândi creștinește înseamnă a gândi în termenii revelației. Pentru omul secular, Dumnezeu și teologia sunt niște jucării ale minții. Pentru omul creștin, Dumnezeu este real și teologia creștină descrie adevărul Lui revelat nouă. Pentru gândirea seculară, religia este în esență o chestiune a teoriei; pentru gândirea creștină, creștinismul este o chestiune a acțiunilor și a faptelor. Acestea, care constituie temelia credinței noastre, sunt consemnate în Biblie.[21]

Când sunt mântuiți, creștinii primesc o abilitate mentală regenerată pentru

---

21 Harry Blamires, *The Christian Mind: How Should a Christian Think?* (1963; repr., Ann Arbor, MI: Servant Books, 1978), 110–11.

a putea înțelege adevărul spiritual. După ce sunt mântuiții, creștinii trebuie să-și reajusteze gândirea în principal prin a-și înnoi mintea, folosind Biblia ca mijloc pentru a face această reînnoire. Scopul final este dobândirea unei cunoașteri plenare a lui Dumnezeu și a voii Sale (Ef. 1:17-18; Col. 1:9-10).

Mintea iluminată

Biblia afirmă despre cei credincioși că au nevoie de ajutorul lui Dumnezeu pentru a înțelege Cuvântul lui Dumnezeu (1 Cor. 2:12-13). În consecință, Duhul lui Dumnezeu aruncă lumină peste mințile credincioșilor astfel ca ei să priceapă, să primească și să asculte de adevărurile revelate în Scriptură. Teologii numesc acest ajutor *iluminare*.

O rugăciune deosebită care poate fi făcută atunci când cineva studiază Scriptura este următoarea: „Deschide-mi ochii, ca să văd lucrurile minunate din Legea Ta!" (Ps. 119:18). Aceasta recunoaște că omul are o nevoie indispensabilă de a primi lumina lui Dumnezeu în Scriptură. La fel fac și texte precum Psalmul 119:33-34, „Învață-mă, Doamne, calea orânduirilor Tale și o voi păzi până la sfârșit. Dă-mi înțelepciune și voi ține Legea Ta; da, o voi păzi cu toată inima" (vezi și Ps. 119:102).

În ceea ce-i privește pe creștini, Dumnezeu dorește ca ei să ajungă să cunoască, să înțeleagă și să asculte. De aceea El le dă ajutorul de care au nevoie prin Duhul Său cel Sfânt. Credincioșii, asemenea bărbaților cărora Isus le-a vorbit pe drumul spre Emaus, au nevoie de asistența lui Dumnezeu: „Atunci El le-a deschis mintea ca să înțeleagă Scripturile" (Luca 24:45). Lucrarea lui Dumnezeu de iluminare, prin care El revarsă lumină asupra înțelesului Bibliei, este afirmată în texte precum Psalmul 119:130; Efeseni 1:18-19 și 1 Ioan 2:27.

Adevărul privitor la iluminarea Scripturii dată de Dumnezeu creștinilor ar trebui să-i încurajeze foarte mult pe aceștia. Deși astfel nu se anulează rolul celor înzestrați cu darul învățării (Ef. 4:11-12; 2 Tim. 4:2), nici studierea Bibliei cu sârguință și seriozitate (2 Tim. 2:15), adevărul acesta promite că omul va putea să nu ajungă înrobit de dogma Bisericii, nici dus în rătăcire de învățători falși. Dependența primordială pentru a învăța din Scripturi trebuie să-L vizeze pe Autorul Scripturii – Dumnezeu Însuși.

Gândirea cristică

Atunci când o persoană gândește și acționează așa cum dorește Dumnezeu, aceasta va primi binecuvântarea dată de Dumnezeu pentru ascultare (Apoc. 1:3). Într-un limbaj spiritual, creștinul va fi acel copil ascultător, acea mireasă curată și acea oaie sănătoasă din turma lui Cristos care experimentează cea mai intimă apropiere de Dumnezeu.

Respingerea gândirii lui Dumnezeu şi închinarea la altarul gândirii independente a omului dovedeşte o idolatrie neruşinată. Cea mai intimă apropiere de Dumnezeu se petrece atunci când gândurile lui Dumnezeu predomină şi când purtarea omului o urmează pe cea a lui Cristos.

Creştinii ar trebui să fie pe deplin voioşi să adopte gândirea sigură şi autentică a lui Dumnezeu Tatăl (Rom. 11:34), a lui Dumnezeu Fiul (1 Cor. 2:16) şi a lui Dumnezeu Duhul (Rom. 8:27). În contrast cu Petru, care a fost ispitit de Satan să se gândească la lucrurile oamenilor, credincioşii trebuie să-şi îndrepte gândurile spre lucrurile lui Dumnezeu (Mat. 16:23; Col. 3:2). Aceasta nu are de-a face atât de mult cu diferite categorii sau discipline ale gândirii, cât mai degrabă cu modul în care lucrurile sunt privite dintr-o perspectivă divină. Creştinii ar trebui să admire gândirea lui Dumnezeu, aşa cum a făcut apostolul Pavel (Rom. 11:33-36).

Perspectiva lui Dumnezeu este singura care se armonizează pe deplin cu întreaga realitate cu acurateţe. Gândirea lui Dumnezeu reprezintă standardul spre care trebuie să tindă credincioşii, dar pe care nu-l vor atinge niciodată. Într-o altă exprimare, gândurile omului niciodată nu vor întrece, egala şi nici măcar nu se vor apropia de cele ale lui Dumnezeu. Cu mai bine de 2.500 de ani în urmă, profetul Isaia făcea tocmai această precizare (Is. 55:8-9).

Modelul suprem de gândire creştină este Domnul Isus Cristos. Iată ce afirmă Pavel: „Noi însă avem gândul lui Cristos" (1 Cor. 2:16). Cum se poate aşa ceva? Îl avem în Biblie, care este revelaţia suficientă şi specială a lui Dumnezeu (2 Tim. 3:16-17; 2 Pet. 1:3). În Filipeni 2:5, Pavel dă acest îndemn: „Să aveţi în voi gândul acesta, care era şi în Cristos Isus." Apostolul indică în mod specific spre tiparul de gândire al lui Cristos, o gândire a jertfirii pentru slava lui Dumnezeu (Fil. 2:7) şi a supunerii faţă de voia lui Dumnezeu (Fil. 2:8). Urmând modelul lui Cristos, creştinii îşi pot antrena minţile să devină mai asemănătoare gândirii lui Cristos.

Mintea încercată

Mintea creştină ar trebui să devină un depozit al adevărului revelat al lui Dumnezeu. Ea n-ar trebui să se clatine, să şovăie, să recurgă la compromis şi nici să se încline în faţa ideilor opuse sau a argumentelor aparent superioare (2 Tim. 1:7). Adevărul nu-şi are originea în fiinţele umane, ci în Dumnezeu. Prin urmare, creştinii ar trebui să fie promotorii adevărului într-o lume plină de minciuni care sunt deghizate înşelător şi declarate eronat ca fiind adevărul.

Dumnezeu a adresat Israelului următoarea invitaţie: „Veniţi acum să ne înţelegem" (Is. 1:18). Chestiunea aflată în discuţie era pocăinţa de păcat şi mântuirea (Is. 1:16-20). Dacă aplicăm îndemnul anterior, aceeaşi invitaţie îi este făcută fiecărei fiinţe vii. Dar în calea acesteia va apărea o serie de piedici pe care le va pune Satan.

A fi avertizat dinainte înseamnă a fi echipat dinainte. Deși angajamentul de a gândi creștinește Îl onorează pe Cristos, acesta nu este lipsit de opoziție. În ceea ce-i privește pe credincioși, Satan vrea ca ei să aibă o gândire contrară Cuvântului lui Dumnezeu și mai apoi să nu dea ascultare, să nu se supună voii lui Dumnezeu.

Să nu uităm că înainte ca o persoană să devină creștină, mintea ei a fost orbită de Diavolul, așa cum spune și Pavel: „[A cărei] minte necredincioasă a orbit-o dumnezeul veacului acestuia, ca lumina Evangheliei gloriei lui Cristos, care este chipul lui Dumnezeu, să nu strălucească" (2 Corinteni 4:4). Chiar și după mântuire, Satan își continuă asaltul intelectual. Iată de ce Pavel s-a frământat mult pentru biserica din Corint: „Dar mă tem ca nu cumva, după cum șarpele a amăgit pe Eva prin viclenia lui, gândurile voastre să fie rătăcite de la curăția și credincioșia care este în Cristos" (2 Cor. 11:3). Eva i-a îngăduit lui Satan să gândească în locul ei. Apoi ea a început să nutrească niște gânduri independente față de Dumnezeu. Atunci când concluziile ei au diferit de ale lui Dumnezeu, ea a decis să acționeze în baza propriilor concluzii, nu în baza poruncilor lui Dumnezeu, ceea ce este păcat (Gen. 3:1-7).

Satan își îndreaptă săgețile sale arzătoare (Ef. 6:16) spre mințile credincioșilor (2 Cor. 11:3), transformând domeniul gândurilor într-un câmp de luptă spiritual pe care vrea să-l cucerească. Relatările scripturale abundă în exemple de persoane înfrânte, cum ar fi Eva (Geneza 3) și Petru (Mat. 16.13-23). Alții au ieșit victorioși din acel conflict, așa cum s-a întâmplat cu Iov (Iov 1:1-2:10) și cu Cristos (Mat. 4:1-11). Atunci când creștinii se prăbușesc, cel mai probabil este din cauză că au uitat să poarte coiful mântuirii sau să mânuiască sabia adevărului (Ef. 6:17).

Atunci când îi avertizează pe credincioși cu privire la lupta necurmată din viață cu Satan, de două ori, Pavel menționează planurile sau strategiile Diavolului, folosind doi termeni grecești diferiți, însă ambii având de-a face cu mintea (2 Cor. 2:11; Ef. 6:11). Întrucât nimeni nu este imun la aceste atacuri, creștinul are cu adevărat nevoie să ia aminte la îndemnul ferm al lui Petru: „De aceea, echipați-vă mințile pentru acțiune, fiți treji și puneți-vă toată speranța în harul care vă va fi adus la descoperirea lui Isus Cristos" (1 Pet. 1:13; vezi 3:15).

Până aici, discuția s-a focalizat asupra posturii militare preventive sau defensive în ce privește mintea. Majoritatea textelor scripturale se ocupă de protecția personală. Însă, Pavel ia în discuție și modalitatea de a trece la ofensiva intelectuală (2 Cor. 10:4-5). Fără îndoială că aceste „arme" ofensive (10:4) pun în prim-plan Cuvântul lui Dumnezeu folosit de mintea creștinului în contextul conflictului dintre concepțiile despre lume. În această conjunctură a bătăliei pentru minte, „întăriturile" (10:4) sunt „argumentele minții" (10:5) și „orice lucru înalt care se ridică împotriva cunoașterii lui Dumnezeu" (10:5).

Cu alte cuvinte, orice filozofie, orice concepție despre lume, orice apologie sau orice alt tip de învățătură care subminează, minimalizează, contrazice sau care încearcă să elimine concepția creștină despre lume ori o parte a acesteia, trebuie întâmpinată frontal cu un plan de luptă agresiv, ofensiv. Intenția finală a lui Dumnezeu este distrugerea (termenul „distrugere" este folosit de două ori în 10:4-5) a ceea ce nu corespunde cu învățătura clară a Scripturii despre Dumnezeu și lumea creată de El.

În contextul istoric al epistolei 2 Corinteni, Pavel s-a opus oricărei învățături pe orice subiect care a pătruns în biserică și care nu corespundea cu îndrumarea sa apostolică. Chiar dacă responsabil de aceasta era un necredincios sau un credincios, chiar dacă ideea provenea de la erudiți sau de la neînvățați, ori dacă învățătura respectivă câștigase mai mulți sau mai puțini adepți, toate gândurile și opiniile care nu erau în favoarea cunoașterii lui Dumnezeu trebuiau considerate împotriva cunoașterii lui Dumnezeu. Prin urmare, trebuiau luate în vizor pentru a fi atacate intelectual și în final eliminate. Astfel, în contextul actual, toate activitățile intelectuale (e.g. cititul, ascultarea radioului, urmărirea programelor de televiziune și a filmelor, studiul în mediile universitare, implicarea în conversații uzuale) trebuie întotdeauna desfășurate folosind lentilele concepției teologice creștine despre lume pentru a stabili dacă ce ne stă înainte se aliniază adevărului Scripturii sau dacă sunt inamici față de care trebuie să fim vigilenți.

Mintea folositoare

Psalmul 119 ne oferă descrieri amănunțite ale noii relații pe care o dezvoltă creștinul cu Biblia, cea care-i descoperă gândirea lui Cristos. În primul rând, un credincios va dezvolta o dragoste imensă și o delectare extraordinară în Scripturi (119:47-48). În al doilea rând, cel care crede în Cristos va avea o dorință puternică de a cunoaște Cuvântul lui Dumnezeu, acesta fiind cel mai bun mod de a-L cunoaște pe Dumnezeu (119:16, 93, 176). În al treilea rând, cunoașterea voii lui Dumnezeu îl va conduce pe credincios la ascultarea de El (119:44-45).

Meditare

Celor mai mulți oameni nu le este îndeajuns să audă ceva o singură dată. A cumpăni succint un adevăr profund nu conferă suficient timp pentru a-i cuprinde și a-i înțelege plenar semnificația. Veridicitatea acestei idei se dovedește cel mai clar în privința gândirii lui Dumnezeu expuse în Scriptură. Psalmul 119 mărturisește despre importanța și binecuvântarea de a zăbovi asupra Cuvântului lui Dumnezeu.

Ideea de meditare stârnește uneori înțelegeri eronate. Meditarea presupune o gândire sau o cumpănire îndelungă. Figura de stil folosită uneori pentru meditare este „a mesteca" un gând. Unii au asemănat-o cu procesul de rumegare care

are loc în stomacul cu patru compartimente din sistemul digestiv al vitelor. O imagine grăitoare este cea a unui filtru de cafea. Apa urcă pe un tub îngust și apoi se varsă peste pulberea de cafea. După suficiente cicluri, aroma boabelor de cafea se transferă în apă, care mai apoi este numită „cafea". Tot așa, creștinii trebuie să-și treacă gândurile prin pulberea Cuvântului lui Dumnezeu până când încep să gândească asemenea lui Dumnezeu și mai apoi să acționeze evlavios.

Scriptura le poruncește credincioșilor să mediteze la trei domenii:

1. La Dumnezeu (Ps. 27:4; 63:6)
2. La Cuvântul lui Dumnezeu (Ios. 1:8; Ps. 1:2)
3. La lucrările lui Dumnezeu (Ps. 143:5; 145:5)

Toate cele 176 de versete ale Psalmului 119 înalță virtutea de a trăi potrivit gândirii lui Dumnezeu. Meditarea este menționată de cel puțin șapte ori ca un obicei al celui care-L iubește pe Domnul și care-și dorește o intimitate sporită cu El: „Cât de mult iubesc eu Legea Ta! Toată ziua meditez la ea... O iau înaintea străjilor de noapte și deschid ochii, ca să cuget la cuvântul Tău" (119:97, 148; vezi și 119:15, 23, 27, 48, 78, 99). În contrast, o parte a păcătuirii Evei poate fi atribuită incapacității ei de a medita în mod adecvat la Cuvântul clar și suficient al lui Dumnezeu (Gen. 2:16-17).

Meditarea la Cuvântul lui Dumnezeu va purifica mintea de vechile gânduri care nu provin de la Dumnezeu și o va umple de gânduri noi din Scriptură. De asemenea, va așeza un scut protector în jurul minții care va bloca și va respinge intrarea gândurilor contrare lui Dumnezeu. Acesta este procesul scriptural de înnoire a minții.

LA ACESTEA GÂNDIȚI-VĂ

Cineva a sugerat că mintea este rădăcina sufletului. Dacă așa stau lucrurile, atunci omul trebuie să-și hrănească sufletul într-un mod atent și sănătos prin a-și cufunda rădăcina în gândirea lui Dumnezeu relevată în Scriptură. Cineva ar putea întreba: „Ce anume îmi poate hrăni sufletul?" Meniul lui Pavel pentru minte include un antreu de gânduri descris ca fiind (1) „adevărat", (2) „vrednic de cinste", (3) „drept", (4) „curat", (5) „vrednic de iubit", (6) „vorbit de bine", (7) „orice virtute" și (8) „orice laudă" (Fil. 4:8). Prin faptul că meditează la Cuvântul lui Dumnezeu și reflectă asupra acestor lucruri, creștinii evită să se gândească la lucrurile de pe pământ (Fil. 3:19) și se protejează contra riscului de a avea o minte împărțită (Iacov 1:6-8).

Mintea echilibrată

Sunt oare revelația divină și rațiunea umană ca uleiul și apa – adică nu se pot amesteca niciodată? Creștinii au apucat-o uneori spre două extreme eronate în raportarea la revelația divină și la rațiunea umană. Într-o parte a spectrului stă *antiintelectualismul,* care în esență concluzionează că, dacă un subiect nu este discutat în Biblie, atunci nu merită să fie supus unei analize și unei gândiri temeinice. Această abordare nebiblică a învățăturii și gândirii conduce spre o retragere culturală și intelectuală. La extrema opusă se găsește *hiperintelectualismul,* care îi atribuie revelației naturale o valoare și o credibilitate superioare revelației speciale a lui Dumnezeu din Scriptură; atunci când cele două intră în conflict, revelația naturală este preferată drept sursă a adevărului. Această abordare nebiblică va favoriza o împingere a Scripturii în plan secund.

Ambele erori trebuie respinse. Credinciosul trebuie să asimileze cunoștințe deopotrivă din revelația specială și din cea generală. Însă, creația și capacitățile noastre de rațiune și deducție prin care studiem creația (i.e., revelația generală) sunt decăzute, failibile și pângărite de păcat. Scriptura, pe de cealaltă parte, este infailibilă și inerantă și, de aceea, trebuie să capete întâietate în detrimentul revelației generale. Acolo unde Biblia vorbește despre o disciplină, adevărul ei este superior. Acolo unde Biblia nu vorbește, Dumnezeu ne-a dat o lume întreagă creată pe care să o explorăm spre cunoaștere – însă ținând cont de avertizarea că abilitatea omului de a trage concluzii pe baza naturii nu este infailibilă, așa cum este Cuvântul lui Dumnezeu. Lucrul acesta este valabil îndeosebi în privința gânditorilor care, în permanență, refuză să admită că au nevoie de mântuirea lui Cristos. Aceasta nu înseamnă neapărat că informațiile pe care le au sunt eronate, și nici măcar că ideile lor fundamentale sunt greșite. Totuși, privitor la concepția lor despre lume, se certifică faptul că aceasta nu este în armonie cu perspectiva lui Dumnezeu și, prin urmare, concluziile lor trebuie supuse unei evaluări critice în conformitate cu Scriptura.

Fără îndoială că, din perspectiva unei concepții creștine despre lume, credincioșii trebuie să-și întrebuințeze mintea și trebuie să interacționeze cu gândirea celorlalți potrivit putinței maxime și oportunităților ivite. Cu toate acestea, se impun câteva avertizări înțelepte:

1. Nu este absolut necesar ca cineva să devină un erudit și să încerce să schimbe modul în care gândește o generație. Mai important este să devină creștin și să-și schimbe modul în care gândește el în mod personal cu privire la Cristos.
2. Nu contează în primul rând educarea formală într-o varietate de discipline. Mai importantă este educarea în ce privește Evanghelia – și anume, ascultarea de Marea Trimitere (Mat. 28:18-20) și ducerea Evangheliei până la marginile pământului, la orice făptură.

3. Revelația generală *indică* spre o putere superioară, în vreme ce revelația specială *prezintă în mod personal* această putere superioară ca fiind Dumnezeul triunic al Scripturii, Care a creat lumea și tot ce este în ea (vezi Isaia 40-48, unde Iahve îi reamintește lui Israel de acest adevăr esențial), și Care ni L-a oferit pe singurul Răscumpărător în persoana Domnului Isus Cristos.

4. A cunoaște despre adevărul nu este nici pe departe atât de important precum a fi în mod personal și răscumpărător în părtășie cu Adevărul, Isus Cristos (Ioan 14:6), Care este singura sursă de viață veșnică.

5. Biserica Noului Testament n-a fost mandatată să intelectualizeze lumea din vremea ei, nici n-a făcut așa ceva. Mai degrabă, a evanghelizat-o prin proclamarea harului mântuitor al lui Isus Cristos tuturor, fără deosebire, de la conducători politici esențiali, precum regele Agripa (Fapt. 25:23-26:32), până la robi umili întemnițați, precum Onisim (Flm. 10).

6. A moraliza, a politiza sau a intelectualiza societatea fără a vedea mai întâi o convertire spirituală înseamnă a garanta doar o schimbare fugitivă și în general neconsistentă care este superficială, nu profundă; temporară, nu durabilă; și, în cele din urmă, osânditoare, nu mântuitoare. Trebuie repetat că atât revelația specială, cât și cea generală sunt necesare pentru a cultiva un tipar de gândire biblic. Însă, studiul revelației speciale este prioritar, urmat pe locul secund de învățarea în baza revelației naturale. Solomon, cel mai înțelept om care a trăit vreodată (1 Regi 3:12; 4:29-34), a dat același sfat cu aproape trei mii de ani în urmă. Afirmațiile lui sunt cele mai competente pe subiectul minții și cunoașterii, întrucât sunt parte din Scriptură (Pv. 1:7; 9:10; vezi și 1 Cor. 1:20-21). Alfa și omega teologiei creștine este *o cunoaștere a lui Dumnezeu* (2 Cor. 2:14; 4:6; Ef. 1:17; Col. 1:10; 2 Pet. 1:2-3, 8; 3:18) și *o cunoaștere a adevărului* (1 Tim. 2:4; 2 Tim. 2:25; Tit 1:1). Mai presus de toate, în însuși miezul concepției creștine despre lume stă Domnul Isus Cristos, „în Care sunt ascunse toate comorile înțelepciunii și ale cunoașterii" (Col. 2:3). Nimic nu poate fi înțeles pe deplin dacă mai întâi Dumnezeu nu este cunoscut.

CARE ESTE RELAȚIA DINTRE TEOLOGIA SISTEMATICĂ ȘI VIAȚA PERSONALĂ A UNUI OM?[22]

Intimitate și maturitate

Sfințenie

Sfințire

---

22 Pentru mai multe informații pe acest subiect, vezi Benjamin B. Warfield, "The Religious Life of Theological Students," în *Selected Shorter Writings of Benjamin B. Warfield*, ed. John E. Meeter (Nutley, NJ: Presbyterian and Reformed, 1970), 1:411-25.

Evlavia, asemănarea cu Cristos și spiritualitatea creștină, toate acestea descriu procesul prin care un creștin devine tot mai asemănător cu Dumnezeu. Cel mai eficient mod de a realiza această schimbare este ca acel om să îngăduie Cuvântului lui Dumnezeu să locuiască din abundență în el (Col. 3:16). Atunci când o persoană își deschide inima față de Scripturi fără rezerve, ele vor înfăptui cu vigoare voia lui Dumnezeu în viața respectivei ființe (1 Tes. 2:13). În esență, procesul acesta ar putea fi definit astfel:

> Spiritualitatea creștină presupune sporirea în asemănarea cu Dumnezeu la nivelul caracterului și conduitei prin supunerea personală față de lucrarea transformatoare a Cuvântului și Duhului lui Dumnezeu.

Intimitate și maturitate

Nu există un mod mai bun de saturare a minții cu învățătura Scripturii decât prin a avea parte de predicare expozitivă și prin a studia teologie sistematică – ambele vor spori maturitatea spirituală a unei persoane. Autorul Epistolei către Evrei s-a bucurat că destinatarii acesteia, niște creștini evrei, dovedeau o intimitate specifică unui copilaș (Evr. 5:12-13), dar a deplâns lipsa lor de dezvoltare pentru a ajunge la o hrană mai tare. Așa că i-a îndemnat astfel: „De aceea, să lăsăm adevărurile începătoare ale lui Cristos, să mergem spre cele desăvârșite" (Evr. 6:1). Pavel le-a scris corintenilor cu o dezamăgire similară (1 Cor. 3:1-3).

Intimitatea are de-a face în mod fundamental cu relația unei persoane cu Tatăl, cu Fiul și cu Duhul Sfânt, în încercarea de a raporta totul la Dumnezeu. Maturitatea este rezultatul intimității care oglindește prezența locuitoare, crescândă a lui Dumnezeu în inima și viața creștinilor și este vizibilă prin evlavie (Ioan 15:1-11). După cum un bebeluș sau un copilaș, deși nu este încă matur, se poate bucura de intimitate cu un părinte, tot așa ar trebui să se întâmple și în relația nou stabilită între un creștin începător și Mântuitorul tocmai descoperit. O astfel de intimitate alimentează procesul de maturizare, prin care un copil crește în asemănare cu părintele său.

Intimitatea fără maturitate generează un comportament spiritual infantil, în locul unor reacții spirituale chibzuite. În contrast, maturitatea fără intimitate generează un creștinism searbăd, mohorât care poate ușor să decadă în legalism și, uneori chiar să provoace o cădere cumplită în păcat. Scriptura ne învață însă că, atunci când intimitatea și maturitatea se completează și se susțin reciproc, rezultatul este o viață creștină solidă, vibrantă. De aceea, adevărata spiritualitate trebuie să fie caracterizată deopotrivă de intimitate și de maturitate.

Scriptura este esențială pentru creșterea în maturitate spirituală. Isus, Pavel și Iacov au comunicat cu toții cerința clară și mereu arzătoare a lui Dumnezeu privind dezvoltarea spirituală a adevăratului creștin, oferind cuvinte cheie pentru a înțelege acest tip de maturitate. Noi avem datoria să fim desăvârșiți (Mat. 5:48), să ajungem la starea de om matur (Ef. 4:11-13), să fim înfățișați ca fiind desăvârșiți în Cristos (Col. 1:28), pregătiți și echipați pentru orice lucrare bună (2 Tim. 3:16-17) și neducând lipsă de nimic (Iacov 1:2-4).

Cel mai rapid mod de însușire a esenței maturității este prin a citi în Geneza despre ascultarea unor oameni precum Abel, Noe, Avraam, Sara, Isaac, Iacov și Iosif. Însă nu trebuie să ne oprim acolo. Alte șaizeci și cinci de cărți ale Bibliei conțin relatări suplimentare incitante despre maturitatea spirituală. Această „galerie a credinței" din canonul biblic slujește drept exemplu suprem al aprecierii lui Dumnezeu față de credința intimă și credincioșia matură.

Evrei 11 descrie maturitatea spirituală la superlativ. Însă, observați că Evrei 11 este urmat de îndată de un îndemn spre același tip de maturitate în privința celor care au primit epistola (12:1-3). Acel îndemn este însoțit de o avertizare privitoare la disciplinarea de către Tatăl a celor care persistă în imaturitate (12:4-11). Rolul de părinte pământesc este imperfect deoarece nu e decât o oglindire a raportării perfecte și constante a lui Dumnezeu la cei care, prin credința în Domnul Isus Cristos, au fost născuți din nou în familia lui Dumnezeu (Ioan 1:12-13).

Epafra, un sfânt din vechime, s-a rugat pentru creștinii din Colose ca să fie desăvârșiți și deplin încrezători în voia lui Dumnezeu (Col. 4:12). Tot astfel, este de dorit ca Dumnezeu să poată lăuda pe cât mai mulți creștini pentru astfel de adevăruri biblice fascinante, adevăruri ale maturității spirituale văzute prin închinare și ascultare, spre slava Lui măreață!

Sfințenie

Creștinii au fost mântuiți ca să fie sfinți și să trăiască vieți sfinte (1 Pet. 1:14-16). Ce înseamnă să fii sfânt? Ambele cuvinte din ebraică și greacă pentru „a fi sfânt" (care apar de aproximativ două mii de ori în Scriptură) în esență înseamnă „a fi pus deoparte pentru ceva special." Astfel, Dumnezeu este sfânt prin faptul că este separat de creație, omenire și de toți zeii păgâni în virtutea divinității și perfecțiunii Lui. De aceea, îngerii Îi cântă lui Dumnezeu: „Sfânt, sfânt, sfânt" (Is. 6:3; Apoc. 4:8), și de aceea Scriptura declară că El este sfânt (Ps. 99:9; Is. 43:15).

Astfel, ideea de sfințenie dobândește o semnificație spirituală în rândul poporului lui Dumnezeu pe baza caracterului sfânt al lui Dumnezeu. De pildă, marele preot al lui Dumnezeu avea inscripționat pe placa de aur: „Sfințenie Domnului" (Exod 39:30). Marele preot a fost pus deoparte pentru Domnul într-un mod special. Rolul lui era ca, înaintea unui Dumnezeu sfânt, să mijlocească pentru iertarea nelegiuirilor unei națiuni păcătoase.

Sfinţenia întruchipează însăşi esenţa creştinismului. Mântuitorul cel sfânt i-a răscumpărat pe păcătoşi ca să fie un popor sfânt (1 Pet. 2:4-10). Iată de ce unul dintre cele mai frecvente nume biblice pentru un credincios este cel de *sfânt*, care denotă într-un mod simplu şi elegant „mântuit şi pus deoparte" (Rom. 1:7; 1 Cor. 1:2).

Atunci când cineva ia în considerare faptul că Dumnezeu mântuieşte, nu este surprins să afle că, în momentul mântuirii, El dăruieşte fiecărui credincios Duhul Său cel Sfânt. Un scop primordial al acestui dar este înzestrarea credincioşilor cu puterea de a trăi o viaţă sfântă (1 Tes. 4:7-8; 1 Ioan 3:24; 4:13).

Astfel, Dumnezeu doreşte pentru creştini să fie părtaşi sfinţeniei Lui (Evr. 12:10) şi să devină robi ai neprihănirii, care va duce la sfinţenie (Rom. 6:19) „Deci, fiindcă avem astfel de promisiuni, preaiubiţilor, să ne curăţăm de orice întinăciune a cărnii şi a duhului, practicând sfinţenia în frica de Dumnezeu" (2 Cor. 7:1). În consecinţă, autorul Epistolei către Evrei ne îndeamnă să urmărim pacea cu toţi şi sfinţenia „fără de care nimeni nu va vedea pe Dumnezeu" (12:14). Sfinţenia este esenţa experienţei unui creştin.

Maturitatea creştină izvorăşte din sfinţenie. Teologul scoţian John Brown reduce sfinţenia la o definiţie pe care o putem înţelege cu toţii şi o putem urmări:

Sfinţenia nu constă în speculaţii mistice, pasiuni înflăcărate sau austerităţi neporuncite; ea constă în a gândi aşa cum gândeşte Dumnezeu, şi a voi aşa cum voieşte Dumnezeu. Gândirea şi voia lui Dumnezeu pot fi cunoscute din Cuvântul Său; şi, atât cât voi înţelege şi voi crede cu adevărat Cuvântul lui Dumnezeu, gândirea lui Dumnezeu va deveni gândirea mea, voinţa lui Dumnezeu va deveni voinţa mea, şi, în conformitate cu măsura mea de credinţă, voi deveni sfânt.[23]

Sfinţire[24]

Strâns legată de sfinţenie este *sfinţirea*. Potrivit multor utilizări din Noul Testament, cuvântul înseamnă „mântuire" (Fapt. 20:32; 1 Cor. 1:2). Sfinţirea, sau a fi pus deoparte în mântuire, ar trebui să ducă la punerea deoparte a credincioşilor pentru o trăire creştină.

Sfinţirea nu include doar acţiunea efectivă a mântuirii, ci şi o experimentare progresivă sau crescândă a unei sfinţenii tot mai mari şi a unei păcătoşenii din ce în ce mai mici. Ea exprimă voia lui Dumnezeu şi împlineşte scopul chemării lui Dumnezeu la mântuire (1 Tes. 4:3-7). Sfinţirea include responsabilitatea omului de a lua parte la continuarea lucrării începute de Duhul lui Dumnezeu odată cu mântuirea (2 Tim. 2:21; Apoc. 22:11).

23 John Brown, *Expository Discourses on the First Epistle of Peter* (Edinburgh: William Oliphant, 1866), 1:117.
24 Pentru o discuţie mai detaliată despre sfinţire, vezi „Sfinţirea", în cap. 7.

Creștinii sunt îndemnați în mod constant să caute să experimenteze ceea ce Dumnezeu a declarat adevărat în dreptul lor la mântuire. De asemenea, credincioșilor li se promite că ceea ce acum este incomplet, Dumnezeu va finaliza la sfârșit în slavă (Fil. 2:12-13; 1 Tes. 5:23). Aceste pasaje exprimă unul dintre cele mai mari paradoxuri ale Scripturii: creștinii trebuie să devină ceea ce sunt deja și ceea ce vor deveni într-o zi. O astfel de certitudine cu privire la viitorul creștinului este surprinsă în texte precum acestea:

Fiindcă oricine va chema Numele Domnului va fi mântuit. (Rom. 10:13)

Fiindcă predicarea crucii este o nebunie pentru cei care pier, dar pentru noi, care suntem mântuiți, este puterea lui Dumnezeu. (1 Cor. 1:18)

Și faceți aceasta, știind vremea, că acum este ceasul să ne trezim din somn; căci acum mântuirea este mai aproape de noi decât atunci când am crezut. (Rom. 13:11)

Sfințirea poate fi comparată cu acel proces spiritual descris prin dezvoltarea unui trup până la vârsta adultă (Evr. 5:11-14), sau a unui pom care aduce rod (Ps. 1:3). Creșterea nu este întotdeauna ușoară sau uniformă; însă, ar trebui să fie direcția vieții unui creștin adevărat.

Câteva obstacole îi stau în cale creștinului în această căutare de durată. Creștinii trebuie să afle despre ele și să fie vigilenți ca să le evite sau să le corecteze, atunci când devin parte din gândirea lor:

1. Cineva ar putea avea gânduri mai înalte despre sine decât s-ar cuveni și astfel nu va urmări sfințenia așa cum ar trebui (Rom. 12:3).
2. Cineva ar putea lua mântuirea ca pe ceva de apucat, și ar putea presupune că, din moment ce este mântuit, trăirea sfântă este opțională (Rom. 6:1-2).
3. Cineva ar putut fi greșit învățat despre natura trăirii creștine și astfel să ajungă să neglijeze domnia lui Cristos (1 Pet. 3:15).
4. Cineva ar putea fi lipsit de zelul sau de energia de a face din sfințenie o prioritate (2 Cor. 7:1).
5. Cineva ar putea crede că este mântuit, dar să nu fie așa, și astfel să încerce să trăiască o viață sfântă în puterea firii pământești (Mat. 13:5-7, 20-22).

Natura ne învață că dezvoltarea este ceva normal și de așteptat; în consecință, lipsa dezvoltării ar trebui să tragă un semnal de alarmă indicând că ceva este de-a dreptul greșit. Scriptura, la rândul ei, vorbește despre acest principiu într-un sens spiritual. În mod frecvent, cartea Faptele Apostolilor consemnează că Biserica primară a crescut și s-a multiplicat (vezi 2:41; 4:4; 5:14; 6:7; 9:31, 35, 42; 11:21; 14:1, 211; 16:5; 17:12). De asemenea, Dumnezeu așteaptă creștere de la viața unui creștin. Astfel de îndemnuri ale Scripturii trebuie luate în serios (1 Pet. 2:2; 2 Pet. 3:18).

Mijloacele principale ale acestei creșteri sunt Cuvântul lui Dumnezeu (Ioan 17:17; 1 Pet. 2:2) și Duhul lui Dumnezeu (Ef. 5:15-21). Atunci când creșterea se petrece, omul poate să recunoască numaidecât că Dumnezeu este cauza ei (1 Cor. 3:6-7; Col. 2:19). Duhul Sfânt joacă un rol proeminent în a-i oferi unui creștin adevărat siguranța mântuirii. Această siguranță are o legătură directă cu creșterea (Rom. 8:16-17; 1 Ioan 3:24).

După ce odinioară a fost mort din punct de vedere spiritual, iar în prezent este viu datorită lui Dumnezeu, credinciosul poate să-și verifice semnele vitale pentru a i se confirma că într-adevăr trăiește, ca unul care umblă în faptele pregătite de Dumnezeu (Ef. 2:1-10). Pentru ca un om să-și poată verifica sănătatea spirituală, poate urmări câteva dintre cele mai importante semne vitale ale unui creștin autentic:

1. Rodirea creștinului (Ioan 15:8)
2. Dragostea pentru poporul lui Dumnezeu (Ioan 13:35)
3. Preocuparea pentru sfințenia personală (1 Pet. 1:13-21)
4. Dragostea pentru Cuvântul lui Dumnezeu (1 Pet. 2:2-3)
5. Dorința de a asculta (Ioan 14:15, 21, 23)
6. Un simțământ al intimității cu Dumnezeu (Rom. 8:14-17)
7. Perseverența (Fil. 1:27-28)
8. Părtășia cu poporul lui Dumnezeu (Evr. 10:24-25)
9. Dorința de a-L glorifica pe Dumnezeu (Mat. 5:13-16)
10. Mărturie despre realitatea personală a lui Cristos (1 Pet. 3:15)

În urma verificării semnelor vitale spirituale, creștinii nu mai trebuie să zăbovească sau să rămână la nivelul prunciei, ci trebuie să crească în toate privințele. Atunci când se produce această maturizare sau creștere a individului, ea se extinde și spre edificarea și dezvoltarea trupului lui Cristos (Ef. 4:14-16).

Spiritualitatea constă în faptul că Duhul lui Dumnezeu folosește Cuvântul lui Dumnezeu și îi maturizează pe cei din poporul lui Dumnezeu, prin lucrarea slujitorilor lui Dumnezeu, spre creșterea spirituală a credincioșilor individuali, care duce la creșterea trupului lui Cristos. Acesta este scopul final al teologiei sistematice – tot mai mult a gândi și apoi a acționa în conformitate cu voia lui Dumnezeu pe măsură ce omul se maturizează în credința creștină.

CARE ESTE RELAȚIA DINTRE TEOLOGIA SISTEMATICĂ ȘI SLUJIREA PERSONALĂ?

Renumitul teolog Benjamin Warfield a dat următorul răspuns la această întrebare vitală:

Dacă atât de mare este valoarea și utilitatea doctrinei, atunci teologul siste-matician este întâi de toate un predicator al Evangheliei; iar scopul muncii sale, în mod evident, nu este simpla aranjare logică a adevărurilor aflate la îndemâna lui, ci a-i determina pe oameni, prin puterea acestor adevăruri, să-L iubească pe Dumnezeu cu toată inima lor, și pe aproapele lor ca pe ei înșiși; a-i determina să facă din Mântuitorul sufletelor lor moștenirea lor; a-i determina să-L descopere și să-L vadă mai departe ca fiind prețios; și a-i determina să recunoască și să se supună îmbierilor plăcute ale Duhului Sfânt pe care L-a trimis El. Teologul nu va cuteza să se raporteze într-un mod rece și cu o atitudine pur științifică, ci, într-un mod adecvat și necesar, va îngădui naturii lor prețioase și destinației lor practice să influențeze duhul cu care le mânuiește, și să stârnească dragostea reverențioasă cu care ar trebui întotdeauna să investigheze relațiile reciproce dintre ele. Pentru aceasta, el trebuie tot timpul să fie inundat de un simțământ al valorii inexprimabile a revelației care îi stă înainte drept sursă a materialului său, și al implicațiilor personale ale adevărurilor separate asupra propriei inimi și vieți; trebuie ca el să fi avut și să se bucure în continuare de o experimentare plenară, bogată și profundă a doctrinelor glorioase de care se ocupă; trebuie să trăiască aproape de Dumnezeul său, să se odihnească mereu pe pieptul Răscumpărătorului său, să fie umplut tot timpul de înrâurirea evidentă a Duhului Sfânt. Cel care studiază teologie sistematică are nevoie de o natură religioasă deosebit de sensibilă, de o inimă consacrată pe de-a-ntregul și de o revărsare a Duhului Sfânt peste el, în așa fel încât să fie umplut cu discernământ spiritual, fără de care orice inteligență nativă este zadarnică. Trebuie să fie nu doar un student, nu doar un gânditor, nu doar un sistematician, nu doar un profesor – trebuie să fie, în sensul cel mai înalt, autentic și sacru, ca și ucenicul preaiubit, un teolog.[25]

Rugăciune[26]

Dumnezeule etern și Tată ceresc,
spunem alături de psalmist: „Lăudați pe Domnul!"
Nu ne-am pus încrederea în conducători umani, în ființe muritoare;
în toți aceștia nu este mântuire.

---

25 Benjamin B. Warfield, "The Idea of Systematic Theology," în *The Works of Benjamin B. Warfield*, vol. 9, *Studies in Theology* (1933; repr., Grand Rapids, MI: Baker, 2003), 86–87.

26 Această rugăciune este redată literal din John MacArthur, *At the Throne of Grace:*

Ci ne-am pus încrederea în Tine, Domnul și Dumnezeul nostru.
Creator al cerului și al pământului.
Tu ești credincios pe veci. Într-o zi vei face dreptate în mod desăvârșit
pe tot pământul.

Până atunci, vei îngriji de toate nevoile poporului Tău.
Îți mulțumim că i-ai săturat pe cei flămânzi, că i-ai eliberat pe cei captivi,
că le-ai dat vedere celor orbi, că i-ai ridicat pe cei căzuți
și că i-ai mângâiat pe cei oprimați.
Într-adevăr, ferice de cel care are ca ajutor pe Dumnezeul lui Iacov,
de cel a cărui nădejde este Domnul Dumnezeul lui!
Îți mulțumim că îi iubești desăvârșit și veșnic
pe cei care sunt îmbrăcați în neprihănirea Ta
Ne închinăm Ție, Doamne, Creatorul și Susținătorul tuturor lucrurilor.
Îți aducem mulțumiri, Doamne; Te glorificăm pentru lucrările Tale
minunate!

Oricât de binecuvântați ne simțim sub protecția harului Tău,
trebuie să mărturisim că am păcătuit. Am călcat legile Tale,
care sunt scrise în inimile noastre, precum și în Scripturi.
Am nesocotit glasul conștiinței și am ignorat
îndrumarea limpede a Duhului Tău. Mai mult, uneori
am respins poruncile clare ale sântului Tău Cuvânt.
Și totuși, zilnic ne arăți har și îngăduință
și în Cristos ne faci parte de iertare.
Purifică inimile noastre de păcat
curăță sufletele noastre de vinovăție
izbăvește-ne de atașamente pământești
îndreaptă-ne pasul departe de căile rele
și fă-ne să umblăm pe cărarea neprihănirii
de dragul Numelui Tău sfânt.
Fă-ne să tânjim după frumusețea sfințeniei Tale
și după siguranța nădejdii pe care ne-ai pus-o înainte
Și fie ca niciodată să nu ne pierdem încredințarea fermă în mântuirea cea
veșnică.

A Book of Prayers (Eugene, OR: Harvest House, 2011), 48–50. Rugăciunile de la sfâr-
șitul fiecărui capitol al acestei cărți sunt preluate din *At the Throne of Grace*. Copyright
© 2011 aparținând lui John MacArthur. Publicată de către Harvest House Publishers,
Eugene, Oregon 97402, www.harvest house publishers .com. Folosită cu permisiunea
editurii Harvest House.

Îți mulțumim că ne echipezi cu armura spirituală potrivită care ne protejează
de josniciile celui rău.
Îți mulțumim pentru un Mare Preot atât de glorios
care mijlocește pururi pentru noi.
Îți mulțumim pentru Cuvântul Tău,
care ne îndrumă și ne învață.
În îndurarea Ta, împuternicește-ne să-l strângem în inimile noastre,
și astfel să ne gândim la lucrurile Tale.
Tânjim să înțelegem adevărurile Tale și pricepem cum lucrezi
așa încât să vedem în fiecare încercare o binecuvântare, și în fiecare necaz o
bucurie.

Umple-ne inimile cu recunoștință și laudă,
și fie ca să vedem planul Tău în toate!
Ajută-ne, Doamne, să proclamăm Evanghelia Ta tuturor care vor s-o asculte
și fă-ne vrednici să fim ascultați de alții prin a avea o învățătură
și o purtare care să arate slava lui Cristos în lucrarea Sa mântuitoare.
În toate împrejurările vieții,
când suntem frământați sau binecuvântați,
când suferim sau ne bucurăm,
fă să cunoaștem că în mâinile Tale
toate acestea lucrează împreună
pentru binele nostru și slava Ta veșnică.
Socotim un privilegiu să ne numim copiii Tăi, și ne vărsăm inimile
în rugăciune înaintea Ta, Tată iubitor.
În Numele Fiului Tău ne rugăm. Amin.

„Un tron înalt”

Un tron înalt e-n cer cum nu s-a mai văzut
Și-n fața lui vor fi chemați cei ce-au crezut
Acolo noi vom sta, de Mielul sfânt iertați
Prin Fiul, harul l-am primit și-am fost salvați

Refren:
În slavă îngerii Îl preamăresc în cor
Răsună cerul de safir de cântul lor
Puterea, gloria, onoarea, lauda
Acelui ce domnește-n veci, lui Dumnezeu!

În fața tronului, acasă noi vom fi
Pe Domnul sfânt Îl vom sluji și-L vom slăvi
Va șterge lacrima și setea va pieri
Divinul Miel va fi Păstor, și va domni

(Jubilate – Culegere de imnuri creștine, vol. II, Oradea, 2017, nr. 232)

BIBLIOGRAFIE

Lucrări principale de teologie sistematică

Bancroft, Emery H. *Christian Theology: Systematic and Biblical*. 2nd ed. Grand Rapids, MI: Zondervan, 1976. 13–20.

Buswell, James Oliver, Jr. *A Systematic Theology of the Christian Religion*. 2 vols. Grand Rapids, MI: Zondervan, 1962–1963. 1:13–26.

Culver, Robert Duncan. *Systematic Theology: Biblical and Historical*. Fearn, Ross-shire, Scotland: Mentor, 2005. 2–11.

Erickson, Millard J. *Christian Theology*. Grand Rapids, MI: Baker, 1986. 15–149.

*Grudem, Wayne. *Systematic Theology: An Introduction to Biblical Doctrine*. Grand Rapids, MI: Zondervan, 1994. 21–43.

Hodge, Charles. *Systematic Theology*. 3 vols. 1871–1873. Reprint, Grand Rapids, MI: Eerdmans, 1975. 1:1–150.

Lewis, Gordon R., and Bruce A. Demarest. *Integrative Theology*. 3 vols. Grand Rapids, MI: Zondervan, 1987–1994. 1:7–58.

Reymond, Robert L. *A New Systematic Theology of the Christian Faith*. Nashville: Thomas Nelson, 1998. xxv–xxxvi.

Shedd, William G. T. *Dogmatic Theology*. 3 vols. 1889. Reprint, Minneapolis: Klock & Klock, 1979. 1:3–58; 3:1–25.

Strong, August Hopkins. *Systematic Theology: A Compendium Designed for the Use of Theological Students*. Rev. ed. New York: Revell, 1907. 1–51.

Thiessen, Henry Clarence. *Introductory Lectures in Systematic Theology*. Grand Rapids, MI: Eerdmans, 1949. 23–46.

Turretin, Francis. *Institutes of Elenctic Theology*. 3 vols. Edited by James T. Dennison Jr. Translated by George Musgrove Giger. 1679–1685. Reprint, Phillipsburg, NJ: P&R, 1992–1997. 1:1–54.

* Le indică pe cele mai folositoare.

Lucrări specifice

*Carson, D. A. "The Role of Exegesis in Systematic Theology." In *Doing Theology in Today's World: Essays in Honor of Kenneth S. Kantzer*, edited by John D. Woodbridge and Thomas Edward McComisky, 39–76. Grand Rapids, MI: Zondervan, 1991.

Gaffin, Richard B., Jr. "Systematic Theology and Biblical Theology." *Westminster Theological Journal* 38, no. 3 (1976): 281–99.

Garrett, James Leo, Jr. "Why Systematic Theology?" *Criswell Theological Review* 3, no. 2 (1989): 259–81.

Holmes, Arthur F. *Contours of a World View*. Grand Rapids, MI: Eerdmans, 1983.

Macleod, Donald. "Preaching and Systematic Theology." In *The Preacher and Preaching: Reviving the Art*, edited by Samuel T. Logan Jr., 246–72. Phillipsburg, NJ: P&R, 2011.

*McCune, Rolland. *A Systematic Theology of Biblical Christianity*. Vol. 1, *Prolegomena and the*

Doctrines of Scripture, God, and Angels. Detroit, MI: Detroit Baptist Theological Seminary, 2009.

*Murray, John. "Systematic Theology." In *Collected Writings of John Murray*, 4:1–21. Edinburgh: Banner of Truth, 1982.

Phillips, W. Gary, and William E. Brown. *Making Sense of Your World from a Biblical Viewpoint*. Chicago: Moody Press, 1991.

Warfield, Benjamin B. "The Indispensibleness of Systematic Theology to the Preacher." In *Selected Shorter Writings of Benjamin B. Warfield*, edited by John E. Meeter, 2:280–88. Nutley, NJ: Presbyterian and Reformed, 1973.

Wells, David F. *No Place for Truth: Or, Whatever Happened to Evangelical Theology?* Grand Rapids,

MI: Eerdmans, 1993.

* Le indică pe cele mai folositoare.

Sfânt Cuvânt din veşnicii,

Ne conduci, ne susţii
Inima lui Dumnezeu
Ne arăţi în versul Tău

Sfânt Cuvânt la noi venit
Tu ni Te-ai descoperit
În viaţa lui Isus
Ce pentru noi a fost străpuns

Refren:
Sfânt Cuvânt neschimbat
Viaţa tu ne-ai transformat
Ne deschidem inima
Să ascultăm de vocea ta

Sfânt Cuvânt şi credincios
Toarnă-ţi harul glorios
Să purtăm victorios
Chipul sfânt al lui Cristos

Sfânt Cuvânt de viaţă plin
Dă-ne ajutor deplin
Să păşim pe calea Ta
Până-n ceruri vom intra

(Jubilate – Culegere de imnuri creştine, vol. I, Oradea, 2007, nr. 80)

2

Cuvântul lui Dumnezeu

Bibliologie

Subiecte majore prezentate în Capitolul 2
Inspirația Scripturii
Autoritatea Scripturii
Ineranța Scripturii
Păstrarea Scripturii
Predarea și predicarea Scripturii
Obligații față de Scriptură

Doctrina despre Scriptură este absolut fundamentală și esențială deoarece ea identifică singura sursă autentică a întregului adevăr creștin.[1] Scriptura pretinde în mod repetat că este Cuvântul lui Dumnezeu. Profeții au apelat la ea ca fundament al promisiunilor și judecăților lui Dumnezeu. Cristos și apostolii Săi au așezat temelia întregii doctrine creștine pe Scripturi. De peste 2.500 de ori numai în Vechiul Testament, Biblia afirmă că Dumnezeu a rostit cele scrise pe paginile ei (Is. 1:2). De la început (Gen. 1:3) până la sfârșit (Mal. 4:3), și în permanență în toată desfășurarea ei, Biblia afirmă lucrul acesta.

1 Această introducere este adaptată după John MacArthur, ed., *The MacArthur Study Bible: English Standard Version* (Wheaton, IL: Crossway, 2010), xvii–xviii. Tabelele și notele din *The MacArthur Study Bible: English Standard Version* provin din with *The MacArthur Study Bible*, copyright © 1997 by Thomas Nelson. Folosită cu permisiunea editurii Thomas Nelson. www .thomas nelson .com.

Expresia „Cuvântul Domnului" apare de peste patruzeci de ori în Noul Testament. Ea este echivalată cu Vechiul Testament (Mc. 7:13). Este ceea ce Isus a predicat (Luca 5:1). A fost mesajul pe care apostolii l-au vestit (Fapt. 4:31; 6:2). A fost cuvântul primit de samariteni (Fapt. 8:14), așa cum a fost dus de apostoli (Fapt. 8:25). A fost mesajul pe care l-au primit neevreii în urma predicării lui Petru (Fapt. 11:1). A fost cuvântul pe care Pavel l-a predicat în prima sa călătorie misionară (Fapt. 13:5, 7, 44, 48-49; 15:35-36), în a doua sa călătorie misionară (Fapt. 16:32; 17:13; 18:11) și în a treia sa călătorie misionară (Fapt. 19:10). A fost punctul focal al lui Luca în cartea Faptele Apostolilor, care a relatat răspândirea amplă și rapidă a acestuia (Fapt. 6:7; 12:24; 19:20). Pavel a fost de asemenea atent ca să le spună corintenilor că el vestea cuvântul așa cum fusese dat de Dumnezeu, că nu fusese alterat și că era o manifestare a adevărului (2 Cor. 2:17; 4:2). Și Pavel l-a recunoscut drept sursă a predicării sale (Col. 1:25; 1 Tes. 2:13).

Psalmii 19 și 119 și Proverbe 30:5-6 fac afirmații puternice despre Cuvântul lui Dumnezeu, deosebindu-l de orice altă scriere sau învățătură religioasă din istoria omenirii. Aceste pasaje justifică desemnarea Bibliei drept „sacră" (2 Tim. 3:16) și „sfântă" (Rom. 1:2).

Biblia pretinde autoritatea spirituală supremă în ce privește învățătura, mustrarea, îndreptarea și instruirea în dreptate deoarece ea este Cuvântul inspirat al Dumnezeului Atotputernic (2 Tim. 3:16-17). Scriptura își afirmă propria suficiență spirituală, într-o asemenea măsură încât pretinde exclusivitate în privința învățăturii ei (vezi Is. 55:11; 2 Pet. 1:3-4).

Cuvântul lui Dumnezeu declară că este inerant (Ps. 12:6; 119:140; Pv. 30:5; Ioan 10:35) și infailibil (2 Tim. 3:16-17). Cu alte cuvinte, din moment ce este adevărat în mod absolut, este și vrednic de încredere în mod deplin. Toate aceste calități se bazează pe faptul că Scriptura a fost dată de Dumnezeu (2 Tim. 3:16; 2 Pet. 1:20-21), ceea ce garantează calitatea sursei ei și scrierii ei inițiale.

În Scriptură, persoana lui Dumnezeu și Cuvântul lui Dumnezeu sunt într-un raport de interconectare, până acolo încât ceea ce este adevărat despre caracterul lui Dumnezeu, este adevărat despre natura Cuvântului lui Dumnezeu. Dumnezeu este adevărat, ireproșabil și credibil; prin urmare, așa este și Cuvântul Său. Ceea ce o persoană gândește despre Cuvântul lui Dumnezeu, de fapt oglindește ceea ce respectiva persoană gândește despre Dumnezeu.

Biblia deține multe trăsături importante și unice care o deosebesc de o manieră incomensurabilă de orice altă lucrare literară scrisă de vreun om. Șapte dintre cele mai semnificative caracteristici ale ei o descriu ca fiind (1) activă (1 Tes. 2:13; Evr. 4:12); (2) sigură (Is. 55:10-11; Luca 16:17); (3) puternică (Rom. 1:16-17; 1 Cor. 1:18); (4) vie (Ioan 6:63; Evr. 4:12; 1 Pet. 1:23); (5) purificatoare (Ef. 5:26); (6) hrănitoare (1 Pet. 2:2) și (7) sfințitoare (Ioan 17:17-19). Tabelul 2.1 enumeră diferite simboluri pe care Scriptura le folosește pentru a reprezenta o varietate de adevăruri spirituale privitoare la Cuvântul lui Dumnezeu.

INSPIRAȚIA SCRIPTURII

Revelație și inspirație
Definirea inspirației
Pregătirea pentru inspirație
Dovezi ale inspirației

Dumnezeu a inițiat descoperirea și revelarea de Sine față de omenire (Evr. 1:1).[2] Mijloacele au variat; uneori a fost prin intermediul ordinii create și alteori, prin viziuni/vise sau prin rostiri profetice (Evr. 1:1-3). Însă cele mai detaliate și mai inteligibile dezvăluiri de Sine au fost prin afirmațiile scrise ale Scripturii (1 Cor. 2.6-16). Cuvântul scris al lui Dumnezeu este unic prin faptul că reprezintă singura revelație a lui Dumnezeu care afirmă în mod limpede păcătoșenia omului și asigurarea de către Dumnezeu a unui Mântuitor.

*Tabelul 2.1 Simboluri ale Bibliei**

Simbol	Realitate	Texte
Isus Cristos	Personificarea Cuvântului	Ioan 1:1; Apoc. 19:13
Metale prețioase	O valoare inestimabilă	Argint: Ps. 12:6 Aur: Ps. 19:10; 119:127
Sămânță	Sursa vieții noi	Mat. 13:10-23; Iac. 1:18; 1 Pet. 1:23
Apă	Curățirea de păcat	Ef. 5:25-27; Apoc. 21:6; 22:17
Oglindă	Autoexaminare	Iac. 1:22-25
Mâncare	Hrană pentru suflet	Lapte: 1 Cor. 3:2; 1 Pet. 2:1-3 Pâine: Deut. 8:3; Mat. 4:4 Carne: 1 Cor. 3:2; Evr. 5:12-14 Miere: Ps. 19:10
Îmbrăcăminte	O viață înveșmântată în adevăr	Tit 2:10; 1 Pet. 3:1-5
Candelă	Lumină care dă direcție	Ps. 119:105; Pv. 6:23; 2 Pet. 1:19

2 Următoarele două paragrafe sunt adaptate după MacArthur, *MacArthur Study Bible: English Standard Version*, xviii–xix. Folosite cu permisiunea editurii Thomas Nelson.

Sabie	Armă spirituală	În exterior: Ef.. 6:17 În interior: Evr. 4:12
Fir cu plumb	Etalon al realității spirituale	Amos 7:8
Ciocan	Judecată aprigă	Ier. 23:29
Foc	Judecată dureroasă	Ier. 5:14; 20:9; 23.29

* Adaptat după MacArthur, *MacArthur Study Bible: English Standard Version*, xviii–xix. Folosit cu permisiunea editurii Thomas Nelson.

Revelarea lui Dumnezeu a fost captată în scrierile Scripturii prin intermediul *inspirației*, care are de-a face mai mult cu procesul prin care Dumnezeu S-a revelat pe Sine, decât cu realitatea revelației de Sine. În 2 Timotei 3:16 este făcută această afirmație când se spune că „Toată Scriptura este insuflată de Dumnezeu". Petru explică procesul acesta: „Nicio profeție din Scriptură nu vine din propria interpretare a cuiva. Căci nicio profeție n-a venit vreodată prin voia omului, ci oameni sfinți ai lui Dumnezeu au vorbit călăuziți de Duhul Sfânt" (2 Pet. 1:20-21). În felul acesta, Cuvântul lui Dumnezeu a fost protejat, atunci când a fost consemnat inițial, de orice eroare umană prin ajutorul lucrării Duhului Sfânt (cf. Deut. 18:18; Mat. 1:22). Procesul inspirației este descris cel mai clar de către Zaharia, când descrie Scriptura drept „legea,... cuvintele... [trimise de] Domnul oștirilor, prin Duhul Său, prin profeții de mai înainte." (Zah. 7:12). Această lucrare a Duhului a cuprins deopotrivă părțile componente (cuvintele) și întregul scrierilor originale.

Revelație și inspirație

Prin definiție și potrivit raportării la revelație, creatura finită și Creatorul infinit diferă fundamental. Dumnezeu Se bucură de o cunoaștere infinită și perfectă, în vreme ce omenirea deține o cunoaștere finită și imperfectă. În absența Scripturii, omenirea nu poate cunoaște pe deplin ceea ce creația revelează. Revelația presupune că Dumnezeu (Creatorul) transmite omenirii adevărul despre Sine. Potrivit Scripturii, această revelație vine în două forme: revelația generală (Ps. 19:1-6) și revelația specială (Ps. 19:7-14).

REVELAȚIA GENERALĂ[3]

Revelația generală este mărturia despre Sine a lui Dumnezeu comunicată făpturilor Lui prin creație. David o explică în felul următor: „Cerurile vestesc

3 Pentru o discuție mai detaliată despre revelația generală, vezi Richard Mayhue, "Is Nature the 67th Book of the Bible?," în *Coming to Grips with Genesis: Biblical Authority and the Age of the Earth*, ed. Terry Mortenson and Thane H. Ury (Green Forest, AR: Master Books, 2008), 105–29.

gloria lui Dumnezeu și întinderea lor arată lucrarea mâinilor Lui" (Ps. 19:1). Atunci când o persoană își ridică ochii și privește cerul, constată că universul atestă că are un Creator - și Unul care este măreț. Termenul „glorie" vorbește literal despre măreția și importanța lui Dumnezeu, și tocmai aceasta scoate la iveală admirația pe care cerul I-o arată ziua sau noaptea. Cel care a creat acest univers este cu adevărat uimitor și puternic dacă le-a adus pe toate acestea în ființă. Mărturia creației despre Creator este continuă. După cum spune David, „Zi de zi ea rostește acest lucru și noapte după noapte îl face cunoscut" (Ps. 19:2). Cu toate că este o mărturie limitată întrucât este nonverbală, ea este accesibilă în mod universal:

Nu există vorbire și nu sunt cuvinte
al căror sunet să nu fie auzit,
Răsunetul lor străbate tot pământul
și cuvintele lor merg până la marginile lumii.
(Ps. 19:3-4; cf. Fapt. 14:17; 17:23-31; Rom. 1:18-25; 10:18).

Tipurile de informații care pot fi deslușite din revelația generală includ o apreciere a înțelepciunii și puterii lui Dumnezeu. Cu cât o persoană va examina mai mult vastitatea spațiului sau cele mai uluitoare particule din structura sa moleculară, cu atât mai mult se va vedea silit să recunoască uimit și admirativ adevărata măreție a Creatorului. Nu este ceva diferit de modul de a privi o pictură splendidă și a aprecia genialitatea artistului prin a admira totul, de la alegerea culorilor și până la unghiurile date urmelor pensulei. În mod similar, o persoană poate observa nenumărate urme de pensulă și alegeri de culori în creație. Întinderea oceanului, adâncul de necuprins al mării, sunetul și forța fiecărui val la izbirea de țărm – toate acestea și multe altele vorbesc despre puterea lui Dumnezeu. În același timp, felul în care se desfășoară ciclul hidrologic în așa fel încât pământul este udat și viața păstrată atestă bunătatea Creatorului său. Faptul că ploaia cade peste pământul celor care manifestă dragoste și închinare față de Dumnezeu, precum și peste al celor care nu fac așa, descoperă dragostea pe care Dumnezeu o are față de toate făpturile (Mat. 5:45). Pentru credincioși, grija providențială a lui Dumnezeu, care face ca toate lucrurile să lucreze împreună spre binele lor, poate fi de asemenea inclusă în categoria revelației Sale generale (Rom. 8:28) – deși doctrina providenței este derivată din promisiunile făcute în cadrul revelației speciale. Toate acestea, și multe altele, atestă măreția Creatorului.

O altă formă a revelației generale completează ceea ce poate fi observat în creație cu ceea ce poate fi observat în ființa umană: cunoașterea inerentă a binelui și răului, precum și lucrarea conștiinței, care-i acuză pe păcătoși, astfel că ei se găsesc într-o stare a condamnării înaintea Creatorului și Judecătorului lor. Pavel se exprimă astfel: „Când Neamurile, care n-au Lege, fac din fire lucrurile Legii, prin aceasta ei, care n-au o Lege, își sunt singuri lege, și ele arată că lucrarea Legii este scrisă în inimile lor, conștiința lor mărturisind acest lucru, și gândurile lor se învinovățesc sau se dezvinovățesc între ele" (Rom. 2:14-15). Creația atestă nu doar puterea și înțelepciunea infinite ale Creatorului ei, ci și lucrează împreună cu percepția nativă pe care Dumnezeu a sădit-o în om spre a genera o conștientizare a păcatului și a judecății. Potrivit lui Solomon, omul știe că viața nu se reduce la existența fizică. Conform explicațiilor sale, Dumnezeu a așezat o conștientizare a veșniciei în inima omului (Ecl. 3:11). Încă de la începutul vieții lui, fiecare om deține o înțelegere lăuntrică a faptului că, deși este finit, existența lui depășește cu mult această realitate temporală.

Deși revelația generală comunică multe despre puterea, înțelepciunea, bunătatea, dreptatea și măreția Creatorului, ea este limitată la ceea ce poate fi observat de către omul păcătos. Scopul final al revelației generale este ca oamenii să nu aibă nicio scuză pentru neputința de a recunoaște natura Creatorului lor. Însă aceasta nu comunică nimic despre modul în care o ființă umană decăzută poate dobândi intrare în prezența Creatorului sau reconciliere cu El pentru a scăpa de judecată. Iată de ce Dumnezeu a considerat necesar să Se reveleze pe Sine în mod direct prin intermediul revelației speciale. El a procedat astfel încât ființele umane decăzute să poată cunoaște (1) plinătatea lui Dumnezeu, (2) modul de răscumpărare de sub mânia lui Dumnezeu destinată păcătoșilor și (3) cum să trăiască și să-l fie pe plac Domnului.

Pe baza Bibliei, pot fi făcute câteva observații finale cu privire la revelația generală:

1. Amploarea conținutului cuprinde doar cunoașterea lui Dumnezeu, nu toată cunoașterea fără limite.
2. Intervalul de timp acoperă toate vremurile, nu doar pe cele recente.
3. Mărturia este adresată tuturor oamenilor, nu doar celor cu pregătire științifică.
4. Culegerea datelor se face prin văz și percepție umană, nu prin echipament sau tehnică științifică.
5. Întregul corpus al revelației generale a fost disponibil imediat după actul creației; el nu s-a constituit în decursul timpului și nici în urma acumulării progresive de cunoștințe.

Prin urmare, scopul revelației generale din natură, așa cum este definit de Scriptură, nu ar trebui lărgit sau extins dincolo de ceea ce permite revelația specială a Scripturii. A proceda astfel, ar însemna să se facă ceva de neconceput – să se adauge la Scriptură fără a avea autorizare divină. Nimeni nu poate fi mântuit pe baza revelației generale (Rom. 10:5-17; 1 Cor. 1:18-2:5).

Revelația specială

Dumnezeu folosește revelația specială atunci când Se revelează pe Sine în mod direct și mai amănunțit. Dumnezeu S-a făcut cunoscut prin (1) acțiuni directe, (2) vise și vedenii, (3) întruparea lui Cristos și (4) Scriptură. Dumnezeu S-a revelat pe Sine prin acțiuni directe, în momente diferite și în modalități diferite, de-a lungul istoriei răscumpărării (Evr. 1:1). El i-a vorbit direct lui Adam în grădina Eden (Gen. 2:16-17; 3:9, 11). S-a adresat poporului Israel în mod audibil la Sinai (Deut. 5:4). I-a vorbit lui Moise în mod personal, și mărturia dată acestuia a fost confirmată prin semne și minuni pline de putere (Deut. 34:10-12). Dumnezeu a săvârșit minuni la momente cheie în istoria răscumpărării pentru a-Și atesta mărturiile (Exod 3-14), inclusiv confirmarea vocală dată Fiului de către Tatăl în trei împrejurări distincte (Mat. 3:17; 17:5; Ioan 12:28).

De asemenea, Dumnezeu S-a revelat pe Sine în mod direct prin vise și vedenii. Lui Isaia i-a dat o vedenie despre Fiul lui Dumnezeu, în gloria Sa pre-întrupată (Is. 6:1-4). Lui Daniel i s-a făcut parte de mai multe experiențe revelatorii, inclusiv una ca răspuns direct la o rugăciune făcută de el pentru poporul Israel (Dan. 9:20-21). Pe insula Patmos, apostolul Ioan a avut o vedenie a Domnului Isus Cristos cel înviat în plinătatea gloriei Sale (Apoc. 1:10-16). În fiecare caz, când Dumnezeu S-a revelat pe Sine unui profet uman, Și-a propus să-i dea aceluia o revelație specială.

Manifestarea supremă a revelației speciale s-a concretizat în întruparea Fiului. Dumnezeul Creator a luat asupra Sa limitările trupului uman și a locuit în mijlocul făpturilor Lui (Ioan 1:1-5, 14). Deși, în general, identitatea Lui reală n-a fost recunoscută cu adevărat (Ioan 1:10-11), El a revelat oamenilor plinătatea persoanei lui Dumnezeu (Ioan 14:9-10). Isus este descris drept „chipul Dumnezeului celui nevăzut" (Col. 1:15) și „întipărirea Ființei Lui" (Evr. 1:3). Isus a fost revelația perfectă a lui Dumnezeu pentru oameni. El a fost întipărirea exactă a identității și naturii lui Dumnezeu.

O formă la fel de plină de autoritate a revelației speciale este Biblia. În vreme ce Cuvântul întrupat este întruchiparea Creatorului divin, Scriptura este de asemenea o revelație specială și divină dată de Dumnezeu oamenilor (Evr. 1:1). Ea este o mărturie scrisă și neschimbătoare din partea Creatorului către creaturile Lui. A fost alcătuită de-a lungul unei perioade de peste o mie cinci sute de ani de către patruzeci de autori umani diferiți. Însă ceea ce s-a format a fost mai mult decât cuvântul oamenilor. Erau cuvintele inspirate ale lui Dumnezeu Însuși. Superioritatea revelației speciale a Bibliei față de revelația generală a fost atestată de David (Ps. 19:7-11). Scripturile revelează omului gândirea lui Dumnezeu, căile lui Dumnezeu, dreptatea lui Dumnezeu și modalitatea prin care omul Îi poate fi pe plac lui Dumnezeu. Este superioară revelației generale întrucât este specifică și verbală. Este o revelație scrisă din partea lui Dumnezeu dată prin apostoli și profeți (Deut. 8:3; Mat. 4:4) și, prin urmare, este o mărturie veșnică și definitivă despre un Dumnezeu neschimbător (2 Sam. 22:31; Ps. 18:30; Pv. 30:5-6; Ier. 26:2).

Dacă cineva dorește să înțeleagă pe deplin diferențele calitative și funcționale dintre revelația generală și revelația specială, trebuie să ia în considerare următoarele trei contraste dintre acestea două. În primul rând, natura ca mijloc al revelației generale este pieritoare (Is. 40:8; Mat. 24:35; Mc. 13:31; Luca 21:33; 1 Pet. 1:24; 2 Pet. 3:10), însă Cuvântul revelației speciale nu va trece, deoarece este veșnic (Ps. 119:89; Is. 40:8; Mat. 24:35; Mc. 13:31; Luca 21:33; 1 Pet. 1:25). În al doilea rând, natura ca mijloc al revelației generale a fost blestemată și se află în robia stricăciunii (Gen. 3:1-24; Rom. 8:19-23). Prin urmare, aceasta nu este lumea desăvârșită pe care Dumnezeu a creat-o inițial (Gen. 1:31). Însă, Cuvântul revelației speciale a lui Dumnezeu este inspirat de Dumnezeu și, astfel, este perfect și sfânt (Ps. 19:7-9; 119:140; 2 Tim. 3:16; Rom. 7:12). În al treilea rând, anvergura revelației speciale în natură este extrem de limitată în comparație cu întinderea multidimensională a revelației speciale în Scriptură. În vederea dezvoltării și clarificării acestei linii de gândire, în tabelul 2.2 sunt enumerate câteva diferențe suplimentare.

Tabelul 2.2 Revelația generală și specială în Scriptură

Revelația generală în Scriptură	Revelația specială în Scriptură
Doar condamnă	Condamnă și răscumpără
Se armonizează cu revelația specială, însă nu oferă informații noi	Nu doar că sporește și lămurește în amănunțime conținutul revelației generale, ci și merge mult dincolo de acele explicații
Mesajul primit din partea ei trebuie confirmat de Scriptură	Se autentifică și se confirmă pe sine în pretenția că este Cuvântul lui Dumnezeu
Necesită o interpretare în lumina revelației speciale	Nu necesită nicio altă revelație ca să fie interpretată întrucât se interpretează pe sine
Niciodată nu echivalează Scriptura prin ea însăși	Nu are egal

Definirea inspirației

PERSPECTIVE ASUPRA INSPIRAȚIEI

Erudiții au propus numeroase teorii pentru explicarea procesului divin al inspirației. În cele ce urmează, le vom sumariza pe cele mai elocvente.

Teoria dictării inspirației.[4] Această perspectivă sugerează că Dumnezeu le-a dat autorilor umani ai Bibliei exact cuvintele pe care să le scrie. Procesul inspirației presupune ca ei să aștearnă doar în scris acele cuvinte în mod literal. Autorul uman a fost numai un instrument pe care Dumnezeu l-a folosit asemenea unui stilou spre a-Și așeza cuvintele pe o pagină. Fără îndoială că Scriptura menționează situații de dictare divină, precum instrucțiunile date de Dumnezeu lui Moise, când a consemnat Legea pe Muntele Sinai (Ex. 34:27), cuvintele date lui Ieremia, prin care trebuia să se adreseze poporului din Ierusalim (Ier. 30:2), și cele către Ioan, pe insula Patmos, destinate celor șapte biserici din Asia Mică (Apoc. 2:1, 8, 12, 18; 3:1, 7, 14). În toate aceste cazuri, Dumnezeu le-a dat autorilor umani cuvintele exacte prin intermediul dictării. În situațiile de mai sus, inspirația a presupus efectiv scrierea revelației lui Dumnezeu cuvânt cu cuvânt.

Cu toate acestea, dacă întreaga Biblie ar fi fost compusă prin dictare divină, atunci ne-am fi așteptat să găsim un singur stil și un vocabular consecvent de la un capăt la altul. Am fi avut o consemnare lipsită de individualitatea limbajului și stilului autorilor umani. Însă, în textele Scripturii, tocmai opusul poate fi constatat (Deut. 3:23-25; Rom. 9:1-3). Argumentul cheie împotriva dictării mecanice este că fiecare carte a Bibliei oferă dovezi lămuritoare despre personalitatea scriitorului. Fiecare carte etalează o natură și o modalitate de exprimare diferite. Fiecare autor are un stil aparte. Dumnezeu ar fi putut folosi în mod exclusiv dictarea pentru a comunica adevărul în felul acesta. De fapt, El nu avea nevoie să Se folosească de oameni. Însă stilul de scriere al Bibliei dovedește variații. Limbajul și vocabularul de asemenea evidențiază diversitate. De la un autor la altul, personalitatea fiecăruia răzbate sesizabil. Cititorul poate simți emoțiile care i-au încercat pe autorii umani atunci când au așezat în scris Cuvântul lui Dumnezeu.

Însă, persistă întrebarea: cum e posibil ca, în același timp, cuvintele Bibliei să fie ale unor oameni precum Petru și Pavel, dar să fie și cuvintele lui Dumnezeu? O parte a răspunsului la această întrebare complexă este pur și simplu că Dumnezeu i-a făcut pe Petru și Pavel, și pe ceilalți scriitori ai Scripturii, să fie tocmai oamenii pe care i-a dorit, formându-i fiecăruia personalitatea. El le-a influențat ereditatea și cadrul existenței. Le-a influențat viețile și, în același timp, le-a oferit libertatea de alegere și de voință. Iar atunci când bărbații aceștia au fost exact ceea ce El a dorit ca ei să fie, le-a direcționat alegerea liberă și benevolă a cuvintelor, astfel încât au scris întocmai cuvintele lui Dumnezeu.

Dumnezeu i-a modelat pentru a deveni acei bărbați pe care putea să-i folosească spre a exprima adevărul Lui, iar pe urmă, Dumnezeu a selectat în mod

---

4 Prezenta secțiune și următoarea sunt adaptate după John MacArthur, *Why Believe the Bible?*, Baker Books ed. (Grand Rapids, MI: Baker, 2015), 40, 43–44, copyright © 2015 by Baker Books, a division of Baker Publishing Group. Folosite cu permisiune.

literal cuvintele din viețile, din personalitățile, din vocabularul și din emoțiile lor. Cuvintele au fost ale lor, însă, în realitate, viețile lor au fost modelate de Dumnezeu într-un asemenea mod încât au consemnat cuvintele lui Dumnezeu Însuși. Prin urmare, este posibil să spui că Pavel a scris cartea Romani și, de asemenea, să spui că Dumnezeu a scris-o, și să ai dreptate în ambele privințe.

Teoria parțială sau conceptuală a inspirației. Unii teologi, predicatori și erudiți biblici susțin inspirația conceptuală. Cu alte cuvinte, ei spun că Dumnezeu nu le-a dat niciodată scriitorilor Bibliei cuvintele exacte pe care urmau să le scrie; mai degrabă, Dumnezeu le-a făcut parte de idei generale sau de impresii, iar aceștia le-au exprimat prin propriile cuvinte. De pildă, El a sădit conceptul de dragoste în gândirea lui Pavel, iar într-o zi acesta a început să scrie 1 Corinteni 13.

Această perspectivă asupra inspirației susține că Dumnezeu a sugerat o direcție generală în ce privește revelația, însă bărbații au primit libertatea de a spune ceea ce au dorit, aceasta fiind explicația (în opinia celor care adoptă această poziție) pentru care Biblia ar conține atât de multe greșeli. Această perspectivă este o negare a inspirației verbale. Ea neagă că Dumnezeu a inspirat chiar și cuvintele Scripturii. Teoria conceptuală a inspirației a fost populară în rândul teologilor neo-ortodocși, care cred că Biblia conține Cuvântul lui Dumnezeu, dar că nu este Cuvântul lui Dumnezeu.

Potrivit acestei teorii, Dumnezeu a inspirat idelle în mintea autorilor, dar nu le-a comunicat aceste concepte în cuvinte propriu-zise. Într-o altă formulare, Dumnezeu Și-a transmis adevărul către scriitori, însă inspirația nu se aplică și cuvintelor, ci doar doctrinei comunicate prin intermediul scrierilor respective. O astfel de abordare Îi îngăduie lui Dumnezeu să fie veridic în ceea ce le-a comunicat autorilor umani, în același timp lăsând loc unor imperfecțiuni în ceea ce a fost scris efectiv. Conform acestei perspective, fie că Dumnezeu S-a adaptat la limitările scriitorilor umani, fie că a lăsat în seama lor transmiterea adevărului Său prin cuvintele lor, se poate explica rezonabil motivul pentru care ceea ce autorii umani au scris nu este neapărat factual exact.

Totuși, Scripturile afirmă în mod repetat că sunt în întregime veridice (Ps. 119:43, 160; 2 Tim. 2:15). Isus Însuși afirmă despre Cuvântul lui Dumnezeu că este adevărul (Ioan 17:17). Mai mult, Biblia nu spune niciodată că autoritatea și mesajul Scripturii s-ar limita doar la conceptele sau ideile comunicate într-o manieră generală prin cuvintele de pe fiecare pagină. Dimpotrivă, Dumnezeu are o mare preocupare față de Cuvântul Său și interzice orice imixtiune în poruncile Lui (Deut. 4:2; 12:32). Scriptura confirmă inspirația la nivelul cuvintelor atunci când spune: „Orice cuvânt al lui Dumnezeu este încercat. El este scut pentru cei ce se încred în El. Nu adăuga nimic la cuvintele Lui, ca să nu te pedepsească și să fii găsit mincinos" (Pv. 30:5-6). Această grijă este exprimată la fel de serios în ultima carte a Bibliei, așa cum se întâmplă și în Legea lui Moise (Apoc. 22:18-19). O interdicție similară prezentă în Ieremia (26:1-2) face ca această restricție divină să fie un element notabil în toate cele patru secțiuni majore ale revelației scrise: în Lege, în Profeți, în Scrieri și în Noul Testament. Dumnezeu o repetă în fiecare secțiune majoră, într-o manieră categorică și limpede: preocuparea lui Dumnezeu nu este ca doar conceptele să fie adevărate, ci și cuvintele să fie pe deplin inspirate. Inspirația divină este prezentă la nivelul fiecărui cuvânt.

Teoria naturală a inspirației. Cei care susțin această perspectivă afirmă că autorii divini au găsit inspirație pentru scrierea Scripturii nu la Dumnezeu, ci în ei înșiși. După cum compozitorii, artiștii, arhitecții și scriitorii au fost inspirați în realizarea mărețelor lor capodopere, tot așa scriitorii biblici au fost purtați într-un mod natural în procesul de scriere a Scripturii. Autorii au fost bărbați care au dobândit o înțelegere spirituală uluitoare prin intermediul sensibilității și înzestrării lor excepționale. Drept urmare, operele lor au avut calitatea unor scrieri inspirate.

Obiecția evidentă față de această perspectivă este că, în vreme ce recunoaște paternitatea umană a Scripturii, neagă sau ignoră pretenția biblică privind paternitatea divină (2 Tim. 3:16; 2 Pet. 1:20-21). Această perspectivă îi ridică la loc de cinste pe autorii umani ai Bibliei, însă neagă că Dumnezeu a avut efectiv vreo legătură cu paternitatea ei. Potrivit acestei teorii, nu Dumnezeu a scris Biblia, ci niște bărbați inteligenți și spirituali.

O altă deficiență fatală a acestei perspective este că niște oameni inteligenți, religioși n-ar fi scris o carte care să condamne omenirea în totalitate. Astfel de oameni n-ar fi scris o carte care vestea că mântuirea vine doar de sus. Astfel de oameni încearcă să-și asigure singuri mântuirea. Toate celelalte religii promovează minciuna mortală potrivit căreia omul își aduce propria contribuție la mântuire prin fapte ale moralității, generozității sau ale ritualurilor. Ei nu vor să se încreadă exclusiv în jertfa desăvârșită adusă de Fiul lui Dumnezeu. Ca o mențiune finală, nici chiar cei mai nobili dintre oameni n-ar fi putut vreodată să născocească o persoană precum Isus Cristos. Nici chiar cele mai abile minți n-ar fi putut inventa un personaj care să întreacă în înțelepciune, curăție, dragoste, dreptate și perfecțiune orice ființă umană care a trăit vreodată.

Perspectiva biblică: inspirația verbală, plenară. Dumnezeu, prin Duhul Său, a inspirat fiecare cuvânt scris de autorii umani în fiecare dintre cele șaizeci și șase de cărți ale Bibliei în documentele originale (i.e., autografe). Inspirația descrie procesul cauzalității divine din spatele paternității Scripturii. Se referă la acțiunea directă a lui Dumnezeu asupra autorului uman respectiv care a avut drept urmare crearea unei revelații scrise perfect. Ea vorbește despre lucrarea tainică a Duhului Sfânt prin care El a folosit personalitatea, limbajul, stilul și contextul istoric individual al fiecărui scriitor pentru a produce niște scrieri cu autoritate divină. Aceste lucrări au fost cu adevărat rezultatul atât al autorului uman, cât și al Duhului Sfânt. Adevărul acesta este în armonie cu termenul folosit de Pavel în 2 Timotei 3:16 (*theopneustos*). Acest cuvânt grecesc transmite ideea că „Dumnezeu a suflat" Scripturile prin intermediul scriitorilor biblici. „Toată Scriptura este suflată de Dumnezeu" (ESV) ar putea fi cea mai exactă modalitate de a traduce 2 Timotei 3:16. Este de primă importanță aici recunoașterea că pretenția biblică privitoare la inspirație este una a supravegherii divine. Dumnezeu a produs Scripturile influențând direct gândurile autorului uman. Rezultatul s-a concretizat în cuvintele cu autoritate divină și inerante scrise în autografe.

PROCESUL INSPIRAȚIEI

Etapele efective, în urma cărora au fost scrise cărțile Bibliei, sunt numeroase și variate. Moise a scris Pentateuhul sub directa coordonare a lui Dumnezeu. Uneori, Dumnezeu i-a dat cuvintele specifice pe care să le scrie (Ex. 34:27); alteori, Moise și-a inclus propriile gânduri (Deut. 3:23-26). David a scris mulți psalmi, care au fost adunați în cartea Psalmilor. Unii au fost rezultatul unor evenimente specifice din viața lui (Psalmul 32; 51), în vreme ce alții s-au născut din experiențele sale generale de viață (Psalmul 23). Unii scriitori au studiat subiectul înainte de a scrie. Solomon a cercetat și a strâns multe proverbe (Ecl. 12:9), iar după aceea, el și alții le-au compilat în ceea ce este astăzi cartea Proverbe (Pv. 1:1; 10:1; 25:1).

Matei și Ioan și-au scris evangheliile pe baza experiențelor personale cu Isus. Luca n-a fost un martor ocular al evenimentelor consemnate în evanghelia sa. El le-a investigat în amănunțime înainte de a le scrie atent și ordonat (Luca 1:1-4). Aproape sigur că această investigație a presupus intervievarea multora dintre apostoli și alți martori oculari. Unor scriitori biblici li s-a făcut parte de revelație specială printr-un vis sau printr-o vedenie, al cărei rezultat a fost alcătuirea Scripturii. Apostolul Ioan a primit o vedenie a Domnului Isus înviat pe când era în exil, pe insula Patmos, iar pe urmă i s-a cerut să scrie celor șapte biserici tot ceea ce a auzit și văzut (Apoc. 1:9-11).

Chiar și procesul de scriere în sine a fost uneori unic în ce privește autorii și cărțile compuse de aceștia. Ieremia i-a dictat scribului său, Baruc, cel care a înfăptuit scrierea propriu-zisă, cuvintele primite de la Dumnezeu (Ier. 36:32). Pavel s-a folosit în mod frecvent de un amanuensis (i.e., un scrib sau un secretar specializat pe scris) care să-i scrie epistolele după dictare. Acesta este motivul pentru care, în câteva situații, Pavel își încheie epistolele cu o notă scrisă de propria-i mână – prin care se certifica faptul că epistola vine de la el (1 Cor. 16:21;

Col. 4:18; 2 Tes. 3:17). Epistola sa adresată sfinților din Roma include chiar și un salut din partea lui Terțiu, cel care a așternut-o în scris (Rom. 16:22). În câteva ocazii, Pavel a scris cu mâna lui întreaga epistolă (Gal. 6:11; Flm. 19). Dincolo de toate aceste trăsături numeroase și variate de compoziție, Dumnezeul Duhul Sfânt coordona scrierea fiecărui cuvânt din Scriptură.

Petru definește cel mai bine procesul inspirației în 2 Petru 1. În contextul propriului martiraj iminent, el vorbește mai întâi despre nevoia rămânerii lângă adevăr (2 Pet. 1:12-14). Înainte de a avertiza cu privire la învățătorii falși, el afirmă veridicitatea Scripturii care nu este produsul scriitorilor umani, ci al Duhului Sfânt care a lucrat prin ei. El își începe explicația prin a face referire la propria experiență de martor al transfigurării lui Cristos (Mc. 9:1-13; 2 Pet. 1:18). Pe baza acesteia, el spune: „Și avem cuvântul profeției făcut și mai sigur, la care bine faceți că luați aminte, ca la o lumină care strălucește într-un loc întunecos, până se va lumina de ziuă și va răsări luceafărul de dimineață în inimile voastre" (2 Pet. 1:19). Dat fiind modul în care este dezvoltată în versetul 20, sintagma „cuvântul profeției" este în mod clar o referire la Scriptură. Expresia „făcut și mai sigur" poate fi înțeleasă în două moduri: în sens confirmativ sau comparativ. Dacă este luată într-un sens confirmativ (ca predicativ), atunci semnificația este că acel cuvânt al profeției este chiar mai credibil datorită experiențelor oculare de care au avut parte Petru și ceilalți scriitori. Astfel de semne fac „cuvântul profeției" și mai cert și credibil în totalitate. O alegere mai bună ar fi să urmăm sensul comparativ (ca atributiv). Deși o experiență precum cea trăită de Petru pe Muntele Transfigurării este o mărturie uluitoare despre Cristos, există o mărturie chiar mai trainică despre Dumnezeu „cuvântul prorociei" Sale – adică Scriptura. Motivul vizează modalitatea în care a fost compusă.

„Cuvântul profeției" (Scriptura) este mai cuprinzător, mai durabil și mai cu autoritate decât experiența.[5] Chiar mai specific, Cuvântul lui Dumnezeu este o revelație și mai temeinică a învățăturilor despre persoana, ispășirea și a doua venire a lui Cristos, chiar mai autoritară decât experiențele autentice oculare ale apostolilor.

Petru descrie procesul compoziției în felul următor: „Știind aceasta mai întâi de toate, că nicio profeție din Scriptură nu vine din propria interpretare a cuiva. Căci nicio profeție n-a venit vreodată prin voia omului; ci oameni sfinți ai lui Dumnezeu au vorbit călăuziți de Duhul Sfânt" (2 Pet. 1:20-21). Expresia „profeție din Scriptură" identifică în mod definitiv „cuvântul profeției" ca fiind textul biblic. Ideea „nu vine din propria interpretare a cuiva" înseamnă că ceea ce au scris autorii biblici nu s-a identificat cu opiniile, ideile sau interpretările lor personale despre evenimentele pe care le-au văzut sau despre mesajele pe care

---

5 Acest paragraf este adaptat după MacArthur, *MacArthur Study Bible: English Standard Version*, 1904. Folosit cu permisiunea editurii Thomas Nelson.

le-au redactat. Consemnarea lucrurilor scrise de ei „n-a venit vreodată prin voia omului". Cu alte cuvinte, în spatele întocmirii cărților biblice n-a stat o inițiativă umană. În schimb, Petru afirmă foarte direct că, atunci când autorii umani scriau, de fapt, Dumnezeu vorbea prin ei. Lucrul acesta este similar mărturiei lui David: „Duhul Domnului vorbește prin mine și Cuvântul Lui este pe limba mea" (2 Sam. 23:2). A fost un proces miraculos care a implicat în mod direct atenția personală și puterea direcționată a Duhului Sfânt. Termenul „călăuziți" este cel utilizat în Faptele Apostolilor pentru a descrie o corabie purtată de vânt (Fapt. 27:15, 17). În procesul de scriere a Scripturii, profetul comunica, prin penița sa, Cuvântul lui Dumnezeu. De asemenea, Duhul Sfânt Se mișca în permanență pentru a transmite Cuvântul lui Dumnezeu prin acel profet. La final, cele scrise au fost pe deplin cuvintele autorilor umani, în limbajul și stilul propriu, și din perspectivele lor personale; însă, sub directa coordonare a lui Dumnezeu, prin Duhul Său, pe fiecare pagină au fost așezate chiar cuvintele lui Dumnezeu. Astfel, la final, avem pe fiecare pagină a celor șaizeci și șase de cărți ale Bibliei cuvintele divine, inspirate și autoritare ale lui Dumnezeu.

O EXPLICARE A INSPIRAȚIEI

Unul dintre cele mai importante pasaje din tot Noul Testament în privința inspirației Scripturii este 2 Timotei 3:16, unde Pavel afirmă deopotrivă o revendicare a inspirației lui Dumnezeu îndeosebi cu privire la scrierile Vechiului Testament (și, prin extensie, la cele ale Noului Testament) și o perspectivă ine rantă asupra Scripturii. Dar, din pricina importanței acestui text, aproape fiecare cuvânt din declarația lui Pavel a fost atacat de sceptici. Câteva decizii specifice vor determina felul dominant în care se poate interpreta acest verset.

Prima este expresia „toată Scriptura". În original, adjectivul feminin la singular „toată", alături de substantivul feminin la singular „Scriptura", pot fi înțelese în mai multe moduri. Este aproape dincolo de orice îndoială că termenul tradus prin „Scriptură" se referă efectiv la Scriptură. Însă, comentatorii dezbat sfera acestui sens. Să fie oare o referire la un anumit pasaj din Scriptură, așa cum insistă unii, sau să fie o referire la Scriptură ca întreg, așa cum afirmă alții? Prima variantă are avantajul absenței articolului hotărât care să-i susțină pledoaria în ambele situații. Dacă aceasta este cea corectă, atunci Pavel subliniază utilitatea „tuturor pasajelor individuale care alcătuiesc întregul". Însă, varianta a doua pare cea mai potrivită. Este adevărat că „toată" înseamnă de regulă „fiecare", atunci când este atașată unui substantiv lipsit de articol, însă regula aceasta nu este absolută. Un substantiv poate fi la forma hotărâtă fără articol. Aproape sigur că aceasta este situația aici. Cuvântul „Scriptură" (gr. *graphe*) mai este folosit de cel puțin două ori (Rom. 1:2; 16:26) într-un sens hotărât – chiar și fără articol. Utilizarea acestui cuvânt pe tot parcursul Noului Testament pare a confirma că termenul „Scriptura" este folosit în mod colectiv ca o denumire adecvată pentru Biblie în întregul ei. Aceste considerații fac ca sintagma „toată Scriptura" să fie varianta de preferat. Drept urmare, mărturia lui Pavel din acest pasaj este, întâi de toate, una care vizează totalitatea Scripturii. Însă, chiar dacă este adoptată varianta cealaltă, nu există prea mare diferență în a evidenția natura inspirată a „totalității" sau a „părților individuale". Ideea pe care Pavel o subliniază fără echivoc este că, întregul și părțile Scripturii, fără excepție, sunt inspirate de Dumnezeu.

A doua chestiune importantă care trebuie lămurită ar putea fi și cea mai vitală pentru discuția de față. Ea vizează definirea acestui *hapax legomenon* biblic, care este tradus de regulă prin „inspirată de Dumnezeu" (*theopneustos*), și, în special, sensul lui în relație cu „toată Scriptura". Termenul în sine este un cuvânt compus, care este redat cel mai bine prin „suflată de Dumnezeu". Ideea de *inspirație* provine, de fapt, așa cum este bine atestat, de la redarea *inspirata* (latinescul pentru „inspirație") în Vulgata. Prin urmare, cuvântul desemnează acțiunea divină din procesul de scriere a textului biblic.

Dincolo de definirea termenului în sine, discuția se deplasează spre relația dintre acest termen și expresia precedentă, „toată Scriptura". Unii consideră că „insuflată de Dumnezeu" este un adjectiv atributiv. Dacă așa stau lucrurile (și, sintactic, este posibil), atunci expresia sună astfel: „toată Scriptura care este insuflată de Dumnezeu". Însă, o astfel de redare implică faptul că unele pasaje din Scriptură nu ar fi inspirate. Perspectiva corectă este ca această structură să fie considerată un adjectiv predicativ. Într-o astfel de situație, expresia poate fi redată, așa cum este cazul în majoritatea traducerilor moderne englezești, astfel: „toată Scriptura este insuflată de Dumnezeu". Redarea aceasta este susținută de dovezile sintactice sensibil superioare care sunt în favoarea acestei perspective, de argumente contextuale și de multe afirmații biblice similare. Prin urmare, în baza mărturiei lui Pavel către Timotei, toată Scriptura este insuflată de Dumnezeu. Astfel, se poate afirma în mod absolut despre ea că este folositoare omului lui Dumnezeu. Paternitatea ei divină o face folositoare. De aceea, prin extensie, aceeași paternitate divină implică ineranță și infailibilitate. Concluzia că unele pasaje scripturale nu ar fi inspirate ar compromite integritatea Dumnezeului Căruia i-a fost atribuită paternitatea ei - și nu doar a câtorva părți ale Scripturii, ci a totalității ei.

În legătură cu sfera expresiei „toată Scriptura", este suficient să aruncăm o privire scurtă în Prima Epistolă a lui Pavel către Timotei, unde apostolul scrie: „Căci Scriptura zice: Să nu legi gura boului când treieră bucatele, și: Vrednic este lucrătorul de plata lui" (1 Tim. 5:18). Pavel citează atât din Legea lui Moise (Deut. 25:4), cât și din Evanghelia după Luca (Luca 10:7), și ambelor le atribuie titlul de „Scriptură". Cu toate că accentul principal al textului din 1 Timotei nu este inspirația, nu poate fi trecut cu vederea faptul că afirmația lui Pavel, potrivit căreia „toată Scriptura este insuflată de Dumnezeu", așază calitatea paternității divine a scrierilor lui Luca pe același nivel cu cel al Vechiului Testament. Lucrul acesta este în deplină armonie cu descrierea făcută de Petru procesului de inspirație și autentificării prealabile făcute de Isus Noului Testament.

OBIECȚII LA ADRESA INSPIRAȚIEI

Este adevărat că Dumnezeu a folosit oameni failibili pentru a produce Scriptura. Însă, în același timp, Dumnezeu a făcut ca prin ei să fie aduse cuvinte infailibile și inerante. După cum o persoană poate trasa o linie dreaptă cu un băț strâmb, tot așa Dumnezeu a produs o Biblie inerantă prin niște oameni imperfecți. Cea mai evidentă și directă paralelă este întruparea. Scriptura consemnează zămislirea miraculoasă a Fiului fără de păcat al lui Dumnezeu în pântecele Mariei (Mat. 1:18-25; Luca 1:26-38). Maria a fost o păcătoasă, asemenea tuturor celorlalți descendenți ai lui Adam, și totuși Dumnezeu a folosit-o pentru a-L aduce pe Isus pe pământ. Faptul că Dumnezeu a recurs la o unealtă failibilă și păcătoasă n-a limitat în niciun fel abilitatea lui Dumnezeu de a-L aduce în lume pe Mântuitorul cel fără de păcat (2 Cor. 5:21). Isus a fost pe deplin fiul Mariei (Mat. 1:25) și pe deplin Fiul lui Dumnezeu (Ioan 1:14) - și totuși n-a fost întinat de natura păcătoasă a Mariei. În același mod, Dumnezeu a folosit mijloace omenești pentru redactarea Scripturilor fără a compromite integritatea revelației.

Lucrul acesta este adevărat cu toate că El a folosit diferite tipuri de eforturi umane în procesul de scriere. Atunci când Moise a scris cuvintele lui Dumnezeu pe care El i le-a poruncit Dumnezeu (Exod 24:4; Lev. 1:1; 4:1; 6:1, 8, 24; Num. 1:1; 2:1) sau atunci când a scris profetic pe baza propriilor experiențe, totul s-a făcut sub inspirație divină (Deut. 31:24-29). Luca și-a scris lucrarea sa în două volume pe baza cercetării personale (Luca 1:1-4; Fapt. 1:1-3). Matei și Ioan au scris pe baza experiențelor lor oculare și a reamintirii inspirate de Duhul a ceea ce s-a spus și s-a întâmplat (Ioan 14:26). În unele cazuri, Pavel le-a comunicat altora cu multă autoritate propriile raționamente, acestea fiind parte din componența Scripturii (1 Cor. 7:25; 14:37). Dumnezeu a utilizat mijloace omenești în vederea compunerii Cuvântului Său inerant. Însă Biblia nu este doar produsul unor oameni failibili; reprezintă în același timp totalitatea cuvintelor Duhului Sfânt pe deplin infailibil (1 Tes. 2:13; 2 Tim. 3:16; 2 Pet. 1:20-21).

Pregătiri pentru inspirație

În spatele compunerii celor șaizeci și șase de cărți ale Bibliei a stat cârmuirea divină care a orchestrat providențial fiecare aspect al creării lor. Aceasta a cuprins totul, de la ocazia scrierii, până la structura personală unică și la experiențele autorilor individuali. Prezentarea acestor factori ne va face să dobândim o apreciere plenară a magnitudinii puterii și înțelepciunii divine etalate în Scriptură.

PREGĂTIREA SCRIERILOR

Pregătirea scrierii fiecărei cărți a Bibliei include în mod evident contextul istoric în care s-a petrecut respectiva lucrare. Multe dintre situații sunt ușor de identificat. Pentateuhul a fost scris de către Moise în contextul imediat al exodului și pe parcursul primelor etape de cucerire a Țării Făgăduinței. Psalmii au fost scriși adesea în împrejurările imediate ale autorilor umani sau ca o expresie a închinării derivate din anumite lucrări făcute de Dumnezeu pentru poporul Său. Eclesiastul oferă o relatare inspirată despre lecțiile spirituale învățate de Solomon de-a lungul vieții sale. Cărțile profetice sunt pline de referințe istorice prin care pot fi identificate împrejurările în care au fost scrise, precum și chestiunile specifice imediate și din viitor despre care discută.

O privire de ansamblu asupra cărților Noului Testament scot la iveală același lucru. Evanghelia după Luca este singura dintre cele patru care îl identifică în mod concret pe autor. Însă, toate patru prezintă limpede persoana și lucrarea lui Isus ca o dovadă că El este Cristosul. De asemenea, ele îl îndrumă pe cititor către concluzia că mântuirea este disponibilă prin credința în El și în lucrarea Lui de pe cruce. Doar Luca indică faptul că scrie nu în calitate de martor ocular, ci pe baza unei cercetări minuțioase care a stat la baza lucrării sale în două volume (Luca 1:1-4; Fapt. 1:1-3). Cu toate acestea, este clar, pe baza conținutului tuturor celor patru evanghelii, că toate au la bază aceleași evenimente istorice.

Fiecare epistolă a Noului Testament izvorăște dintr-un context istoric specific care l-a determinat pe autorul uman să o scrie. Epistola către Romani a fost scrisă de Pavel ca o prezentare a persoanei sale și a lucrării sale cu Evanghelia pentru sfinții din Roma – în parte pentru că a intenționat să le ceară sprijinul în călătoria sa spre Spania (Rom. 1:11-13; 15:22-25). Pavel a scris ambele epistole către corinteni în urma numeroaselor chestiuni care s-au ivit în biserica din Corint. Epistolele pastorale (1, 2 Timotei și Tit) au fost adresate unora dintre colegii săi de slujire. Fiecare a fost scrisă dintr-o situație de viață și de lucrare distinctă, și toate cele trei scrisori oferă instrucțiuni specifice privitoare la rezolvarea problemelor din slujirea de la Efes și Creta. Până și cartea Apocalipsa a fost scrisă în contextul exilului lui Ioan (Apoc. 1) și în cel istoric valabil la jumătatea anilor 90 d.Cr. în cele șapte biserici cărora li se adresează Cristos (Apoc. 2-3).

Fiecare dintre aceste contexte istorice a fost folosit de Dumnezeu pentru a pregăti cadrul în care urma să fie redactat Cuvântul Său inspirat divin. Aranjarea providențială a tuturor persoanelor, problemelor, laudelor, personalităților, culturilor, guvernărilor și provocărilor sociale și seculare – și toate celelalte – au lucrat împreună spre a asigura contextul intenționat de Dumnezeu în care să fie scrisă fiecare carte a Bibliei.

PREGĂTIREA SCRIITORILOR

Pe lângă orchestrarea evenimentelor istorice, care au pregătit contextul scrierii cărților biblice, Dumnezeu i-a pregătit și pe autori. Ca ilustrare a acestui aspect, să luăm în considerare cartea Psalmilor. Acolo găsim unele dintre cele mai emoționante, mișcătoare și glorificatoare porțiuni ale Bibliei. Ele descriu cu însuflețire cele mai diverse stări, de la exclamații de laudă și până la implorări disperate pentru izbăvire. Psalmii au fost scriși explicit și implicit în contexte istorice numeroase și variate. Unii au la bază împrejurări tragice sau potențial fatale. Alții au fost compuși în mod specific pentru a stârni atitudinea adecvată în poporul lui Dumnezeu când urca spre Ierusalim ca să ia parte la închinare. În totalitate, psalmii sunt încărcați de emoții și cugetări ale oamenilor, ivindu-se din experiențe reale ale vieții.

Mulți dintre psalmi au fost scriși de David – cântărețul plăcut al lui Israel. Așa că, atunci când el spune că Duhul Domnului a vorbit prin el și că pe limba lui a fost însuși cuvântul Domnului atunci când și-a compus psalmii, implicația este că procesul de inspirație a presupus mai mult decât doar a-i fi date cuvintele pe care să le scrie (2 Sam. 23:2). Cuvintele acestea, care au fost pe limba lui și care au fost transcrise de mâna lui, au fost efectiv cuvintele lui Dumnezeu Însuși. În același timp, aceste cuvinte au fost rezultatul lucrării Duhului Sfânt prin David, unealta umană. Dumnezeu S-a folosit de această unealtă, cu toate elementele personalității, limbajului, experiențelor, trăirilor, afecțiunilor și stilului.

Așadar, de pildă, în Psalmul 23 sunt articulate chiar cuvintele personale ale lui David. Atunci când, în versetele introductive, el descrie grija iubitoare a Domnului ca Păstor al său, Cel care „mă paște pe pășuni verzi", sunt exprimate simultan credința personală a lui David și cuvintele inspirate ale lui Dumnezeu (Ps. 23:2). Atunci când David trece la persoana a doua și I se adresează lui Dumnezeu direct spunând: „Nu mă tem de niciun rău, căci Tu ești cu mine" (Ps. 23.4), acestea sunt tot cuvintele lui David, însă sunt totodată și cuvintele Duhului lui Dumnezeu care a produs acest text scriptural inspirat. Nicăieri procesul de inspirație nu încalcă personalitatea, limbajul ori stilul autorului uman. Dimpotrivă, include toate aceste elemente, precum și contextul istoric imediat în care a fost scris textul. Dumnezeu i-a pregătit pe autorii umani să fie folosiți ca instrumente ale Sale pentru alcătuirea Cuvântului Său.

Dumnezeu a pregătit în mod providențial pe fiecare autor uman ca să fie exact instrumentul de care El a avut nevoie pentru a scrie cartea (sau cărțile) respective. Începutul a fost crearea omului după chipul Său. Astfel, omului i-a fost conferită abilitatea gândirii și comunicării cu Dumnezeu într-un mod care face revelația divină posibilă și inteligibilă. Dumnezeu poate să comunice cu omul întrucât l-a creat într-un asemenea mod încât să faciliteze interacțiunea verbală și gândirea rațională. Această pregătire a cuprins descendența și experiențele de viață ale fiecărui autor – cele apropiate și cele îndepărtate.

Providența lui Dumnezeu a cuprins strămoșii îndepărtați ai fiecărui autor. Zestrea personală a multor scriitori biblici este vizibilă în mod frecvent în textele Scripturii. Probabil că toți scriitori biblici, cu excepția lui Luca, au fost evrei. Unii au avut o descendență preoțească. Alții au avut origini regale. Toți au fost destinați pentru lucrările rânduite în mod divin cu mult înainte de venirea lor pe lume (Ier. 1:5; Gal. 1:15). Aceasta ne arată că selectarea de către Dumnezeu a autorilor umani n-a fost o urgență de ultim minut. Dumnezeu a cârmuit până și pe toți strămoșii profeților ca să fie exact cine a dorit El să fie. A făcut această selecție ca să-Și poată transmite Cuvântul Său inspirat prin zestrea unică a fiecăruia.

Această pregătire providențială i-a conferit fiecărui scriitor o perspectivă unică, un punct de vedere care includea aproape fiecare domeniu al vieții. Fiecare scriitor a fost influențat de factori care aveau de-a face cu locul și timpul său. Fiecare a avut o ereditate, un mediu, o educație, o creștere aparte, precum și interese, experiențe și chiar relații personale aparte. Fiecare scriitor și-a avut propriul vocabular și stilul unic de scriere ca urmare a influenței tuturor acestor factori diverși.

Mai presus de toate aceste experiențe contextuale, stă însă lucrarea directă a lui Dumnezeu. El i-a pregătit și i-a păstrat în mod providențial pe scriitorii biblici ca să devină poporul Său și profeții Săi în curgerea naturală a vieții. Dumnezeu le-a asigurat profeților resursele materiale astfel încât să trăiască și să ajungă la maturitate. I-a păzit pe fiecare dintre ei de orice rău descalificant anterior chemării lor. I-a oprit pe cei care, altminteri, i-ar fi nimicit. La vremea Sa potrivită, i-a chemat la slujirea pe care o rânduise pentru ei. Și a făcut toate acestea după ce anterior orchestrase fiecare împrejurare a vieților lor ca să-i atragă la Sine. Dumnezeu a făcut ca toate lucrurile să lucreze împreună spre binele lor, pregătindu-i pentru scrierea Cuvântului inspirat (Rom. 8.28), conform planului Său. Warfield a exprimat adevărul de mai sus într-un mod precis, explicând că pregătirea pe care Dumnezeu a acordat-o autorilor umani a fost „fizică, intelectuală, spirituală, care a avut de-a face cu toată derularea vieților lor și, fără îndoială, a început cu strămoșii lor îndepărtați, obiectivul fiind de a-i aduce pe oamenii potriviți în locurile potrivite la timpurile potrivite, cu înzestrările, impulsurile, cunoștințele potrivite spre a scrie tocmai acele cărți care le-au fost rânduite."[6]

Un exemplu excelent al acestui întreg proces este ilustrat de Moise și scrierea

---

6 Benjamin B. Warfield, *The Inspiration and Authority of the Bible* (Louisville: SBTS Press, 2014), 155.

Pentateuhului. Moise s-a născut în seminția lui Levi, din părinți aflați în robia din Egipt. Însă, edictul lui Faraon anterior nașterii lui Moise a fost cel care i-a determinat creșterea și educația. Pentru a-i păstra viața, mama lui a fost constrânsă să-l predea în mod subtil în mâinile fiicei lui Faraon ca să fie crescut ca fiu al ei. Această întorsătură a evenimentelor a făcut ca, în primii patruzeci de ani ai vieții sale, Moise să primească cea mai înaltă și cea mai strălucită pregătire pe care o putea oferi Egiptul (Fapt. 7:22). Dar el și-a cunoscut și obârșia. A fost martor ocular la suferința și nedreptățile aduse de Faraon asupra poporului său. Aceste suferințe l-a făcut să ia situația în propriile mâini, însă eforturile sale s-au încheiat cu fuga din Egipt, care la rândul ei l-a determinat să petreacă următorii patruzeci de ani ca cioban (Exod 1-2).

Aceasta este etapa în care devine vizibilă intervenția divină providențială în viața lui Moise. În Exodul 3, Dumnezeu i S-a arătat lui Moise într-un rug aprins. L-a chemat pe Moise să fie unealta prin care urma să-Și elibereze poporul din robia Egiptului. Totuși, Moise era într-o stare atât de umilă încât nu era convins că el era omul potrivit pentru respectiva lucrare. Cei optzeci de ani de până atunci ai vieții lui l-au învățat un lucru: nu putea să facă această lucrare prin propriile puteri. Dumnezeu îl pregătise pe deplin pentru această chemare. Și totuși, nu Moise I-a scos poporul din robie, ci Dumnezeu Însuși, folosindu-se de o unealtă omenească pe care a pregătit-o optzeci de ani pentru această însărcinare. Următorii patruzeci de ani ai vieții și slujirii lui Moise sunt relatați în cărțile Exod, Levitic, Numeri și Deuteronom. Acestea consemnează realizările divine printr-un instrument uman. Dumnezeu n-a depins niciodată de Moise ca să-Și înfăptuiască planurile, aspect evidențiat clar de interdicția adresată lui Moise de a intra în Țara Făgăduinței din pricina păcatului său (Num. 27:12-14). Dumnezeu n-a avut nevoie de Moise ca să-Și îndeplinească scopurile Sale mărețe; cu toate acestea, El a fost pe deplin în stare să folosească un profet uman failibil și chiar păcătos ca să-Și realizeze planul Său perfect.

Același lucru este valabil în ce privește scrierea Pentateuhului de către Moise. Educația și pregătirea formală amplă primite de Moise ca urmare a creșterii în casa lui Faraon sunt evidente numaidecât în scrierea Torei. Primele cinci cărți ale Legii au fost compuse în mod formal ca niște documente legale și consemnări istorice detaliate. Este posibil ca Moise să fi compus Geneza, în parte, pe baza consemnărilor la care ar fi avut acces în timpul studiilor sale din Egipt. De asemenea este posibil ca pregătirea lui Moise să fi inclus accesul la alte tratate antice ale Orientului Apropiat și la alte coduri legale care, într-o anumită măsură, să-l fi influențat în compunerea secțiunilor judiciare din Lege. În același timp, Moise a avut parte de o experiență recurentă a apropierii directe de Dumnezeu în timpul cât a scris Pentateuhul. Drept urmare, n-a depins în ultimă instanță de surse externe. Primele cinci cărți ale Bibliei constituie lucrarea lui Dumnezeu și, în același timp, a lui Moise. Sentimentele pe care Moise le descrie arată că aceste cărți conțin întru totul cuvintele lui (e.g. Deut. 1:37; 3:23-26), și totuși, într-o manieră perfectă, acele cuvinte transmit prin penița lui Moise chiar cuvintele lui Dumnezeu.

Dovezile acestei paternități duale sunt multiple și evidente pe întreg cuprinsul Bibliei. Scriptura evidențiază în mod clar unicitatea fiecărui autor. Moise a fost educat în Egipt. Pavel a avut parte de o pregătire rabinică de cel mai înalt nivel ca discipol al lui Gamaliel (Fapt. 22:3) și chiar a fost versat în filosofiile grecești ale stoicilor și epicurienilor. Luca a fost medic (Col. 4:14). David a fost păstor, soldat și rege. Solomon a fost crescut ca prinț și a trăit ca rege. Daniel a fost format ca om de stat. Petru și Ioan au fost pescari. Matei a fost colector de taxe. Iacov și Iuda au fost fiii unui tâmplar. Fiecare scriitor a avut o zestre, o creștere și un mediu de factură unică. Fiecare este un amestec de experiențe de viață prin care Dumnezeu l-a trecut în mod providențial. Și toți acești factori au lucrat împreună spre a-i modela pe acești oameni devenind tocmai acele instrumente pe care le-a intenționat Dumnezeu, ca să producă acele scrieri cu autoritate divină. Această unicitate este vizibilă în fiecare carte a Bibliei. De pildă, fiecare dintre cele patru evanghelii conține relatări și informații similare, și totuși fiecare oglindește perspectiva și deciziile de conținut unice ale autorului lor – sub influența cârmuitoare a Duhului Sfânt. Nu există contradicții între cei doi autori, uman și divin.[7]

Toate aceste elemente distinctive, unice în plan social, cultural, istoric, emoțional, existențial, educațional și practic, sunt reflectate de limbajul și stilul lucrării fiecărui autor uman. În același timp, o influență divină constantă umbrește cărțile Scripturii, indicând faptul că în scrierea acestor șaizeci și șase de cărți, Dumnezeu a folosit profeți umani care să-I compună scrierile cu autoritate divină. Aceste elemente pregătitoare ale inspirației afirmă în mod inevitabil că Scriptura este o lucrare pe deplin providențială și miraculoasă, o revelație inerantă scrisă care a fost produsă de Dumnezeu.

Dovezi ale inspirației

Dovezi ale inspirației în Vechiul Testament

Natura inspirației cere ca procesul de verificare a inspirației Bibliei să fie în egală măsură unul divin. Aceste dovezi care se autoatestă sunt numeroase pe parcursul Scripturilor.

Vechiul Testament este identificat ca fiind Cuvintele lui Dumnezeu.

Scriptura afirmă de mii de ori despre cuvintele ei că sunt chiar cuvintele lui

---

7 Vezi John MacArthur, *One Perfect Life: The Complete Story of the Lord Jesus* (Nashville: Thomas Nelson, 2012), 13–15.

Dumnezeu. De multe ori, textul afirmă în mod specific: „Dumnezeu a spus" (e.g., Exod 17:14; 19:3, 6-7; 20:1; 24:4; 34:27). Ezra a numit Vechiul Testament „cuvintele Dumnezeului lui Israel" (Ezra 9:4; cf. 10:3). În cele 176 de versete ale Psalmului 119, de douăzeci și patru de ori Scriptura este numită „Cuvântul (cuvintele) Domnului", și de 175 de ori acesta înalță Cuvântul lui Dumnezeu folosind câteva sinonime diferite. Profeții și-au identificat mesajele scrise ca fiind Cuvântul Domnului, prin afirmații precum: „Ascultă cuvântul Domnului" (1 Regi 22:19; 2 Regi 20:16) și prin alte expresii asemănătoare. De la început până la sfârșit, Vechiul Testament pretinde că este în întregime Cuvântul lui Dumnezeu. Majoritatea teologilor se referă la această caracteristică a întregii Scripturi (i.e., a fiecărui cuvânt) ca fiind *inspirație plenară*.

Vechiul Testament consemnează vorbirea directă a lui Dumnezeu. Narațiunea introductivă din Geneza afirmă că Dumnezeu a creat prin declarații verbale directe. Pur și simplu, El Și-a exprimat dorința ca un element al creației să existe, și acel ceva a venit în ființă din nimic (Gen. 1:3, 6, 9, 11, 14, 20, 24). Găsim porunci divine care transmit cu autoritate așteptările lui Dumnezeu de la făpturile create de El (Gen. 1:26, 28-29; 2:16-17). Găsim aplicarea unor judecăți divine care consemnează evaluarea faptelor săvârșite de făpturile Lui și care scot la iveală consecințele acelor fapte (Gen. 3:13-19). De asemenea, găsim consemnate în Vechiul Testament mai multe discuții între Dumnezeu și anumite persoane. Dumnezeu l-a chemat pe Avram din țara Ur și i-a vorbit direct în mai multe rânduri despre detaliile legământului pe care l-a făcut cu el (Gen. 12:1-3; 15:1-21). Chemarea lui Moise este o relatare amănunțită a conversației pe care Dumnezeu a avut-o cu el și în care i-a explicat rolul său în eliberarea Israelului din robia egipteană (Exod 3:1-4:23). Imediat după moartea lui Moise, Dumnezeu i-a vorbit direct lui Iosua, dându-i învățătură despre rolul său în cucerirea Țării făgăduinței (Ios. 1:8-9). Vechiul Testament consemnează multe afirmații directe ori discuții pe care Dumnezeu le-a avut cu profeții Săi (1 Regi 14:5). Unele dintre aceste revelații sunt verbale (1 Sam. 3:21). Altele sunt sub forma viselor sau a vedeniilor (1 Regi 3:5). Toate sunt consemnări ale vorbirii divine.

Vechiul Testament consemnează vorbiri profetice din partea lui Dumnezeu. Începând cu Moise (Exod 3:15), profeții Domnului au fost recunoscuți ca mesageri învestiți cu autoritate și trimiși de Dumnezeu, care vorbeau direct din partea Lui. Autoritatea lor era de așa natură încât rostirile lor venite din partea Domnului erau considerate ca vorbirea lui Dumnezeu Însuși. Lui Moise i s-a spus să meargă direct la Faraon și să i se adreseze din partea Domnului spunând: „Așa vorbește Domnul" (Exod 4:22). Acest tipar este urmat pe tot parcursul

Vechiului Testament de către profeții lui Dumnezeu (vezi Ios. 7:13; 24:2, 27; Ghedeon, Jud. 6:7-18; Samuel, 1 Sam. 2:27; 10:18; 15:2; Natan, 2 Sam. 12:7, 11; și mulți alții, 1 Regi 11:31; 12:24; 13:1-2; 13:21; 14:3-7). Atunci când un profet vorbește din partea Domnului, formula folosită tipic pentru decretul lui Dumnezeu este „Așa vorbește Domnul", și de multe ori, profetul vorbește la persoana întâi (e.g., 1 Regi 20:13). Formula standard de încheiere este „zice Domnul", împreună cu folosirea repetată a afirmațiilor la persoana întâi, pentru a demonstra că ceea ce profetul declara, de fapt Dumnezeu declara prin el (Ez. 20:1-45).

În același mod în care Dumnezeu i-a dat lui Moise tocmai cuvintele pe care le-a dorit rostite sau scrise, El i-a capacitat și pe alți profeți să vorbească din partea Lui (Exod 4:11-12). David a recunoscut că Dumnezeu vorbea prin el atunci când a spus: „Duhul Domnului vorbește prin mine și cuvântul Lui este pe limba mea" (2 Sam. 23:2). Însuși faptul că profeții vorbeau direct în Numele Domnului a impus ca Dumnezeu să ofere instrucțiuni privind modalitatea deosebirii între profeții adevărați și cei falși (Deut. 12:32; 13:1-5; 18:15-22)

Vechiul Testament consemnează cuvântări dictate de Dumnezeu. În Vechiul Testament se găsesc câteva relatări care au fost scrise în urma instrucțiunilor date de Dumnezeu (Exod 34:27). La finalul vieții sale, lui Moise i s-a poruncit să scrie în cartea finală a Legii toate cuvinte pe care Domnul i le-a poruncit (Deut. 31:24-26). Cu alte ocazii, Dumnezeu l-a îndemnat pur și simplu să scrie ceea ce s-a petrecut (Exod 17:14). Ambele forme sunt în egală măsură autoritare și inspirate divin în ce privește compoziția lor. În cazul lui Ieremia, el a fost îndemnat să scrie toate cuvintele pe care Dumnezeu i le-a spus (Ier. 30:1-4). Atunci când David și-a redactat psalmii, a știut că Dumnezeu era Cel care vorbea prin el, și totuși, psalmii davidici sunt în mod clar rezultatul gândurilor, cuvintelor și emoțiilor lui David. Indiferent de procesul efectiv de compoziție, cele scrise au fost considerate întocmai cuvintele lui Dumnezeu transmise prin profetul Său uman. Ceea ce profetul a scris, Dumnezeu a revelat.

DOVEZI ALE INSPIRAȚIEI EXISTENTE ÎN NOUL TESTAMENT

Noul Testament oferă o mărturie clară și coerentă despre inspirația Vechiului Testament, aceste scrieri fiind considerate vorbirea lui Dumnezeu. Matei spune că cele scrise de Isaia cu privire la Mesia au fost vestite de Dumnezeu prin profet (Is. 7:14; Mat. 1:22-23). O comparație cu celelalte citate date de el ne arată că, din perspectiva lui Matei, ceea ce profeții au scris a fost echivalentul vorbirii lui Dumnezeu (vezi Mat. 2:15, 17-18; 4:14-16). Inspirația divină dată lui David de Duhul merge până la nivelul cuvintelor individuale (Ps. 110:1; Mat. 22:44-45;

cf. Fapt. 2:29-31). Până și detaliile minore citate în textele profetice ale Vechiului Testament sunt văzute ca împlinindu-se în Cristos (Mica 5:2; Mat. 2:5).

Narațiunile istorice din Vechiul Testament sunt considerate, de către scriitorii Noului Testament, în mod universal, drept relatări ale unor întâmplări reale, atât evenimentele majore miraculoase (distrugerea Sodomei și a Gomorei, 2 Pet. 2:6; Iuda 7; potopul global, Evr. 11:7; 1 Pet. 3:20; 2 Pet. 2:5), cât și detaliile minore (gestul lui David de a mânca pâinile sfințite pentru punerea înainte, Mat. 12:3-4). Discursul lui Ștefan consemnat în Faptele Apostolilor 7 demonstrează cu claritate istoricitatea Scripturilor Vechiului Testament, de la Avram și până în ziua respectivă. Isus Și-a bazat întreaga pledoarie pentru lucrarea Sa de răscumpărare pe mărturia Vechiului Testament, de la Legea lui Moise și până la Profeți și Psalmi (Luca 24:25-27, 44-47). Practica universală a scriitorilor Noului Testament urmează cu precizie această mărturie, de la consemnarea predicării lor în Faptele Apostolilor și până la textele inspirate pe care ei le-au scris și care compun Noul Testament. Pe baza practicilor lui Isus (consemnate în evanghelii), a predicilor apostolilor (consemnate în Faptele Apostolilor) și a scrierilor Noului Testament (epistolele), se poate afirma dincolo de orice îndoială că, pentru Cristos și apostolii Săi, cele treizeci și nouă de cărți ale Vechiului Testament (în forma actuală) au fost (1) inspirate de Dumnezeu și (2) constituiau textele scripturale existente până atunci.

De asemenea, Noul Testament mărturisește în mod limpede despre sine ca fiind Cuvântul lui Dumnezeu. El prezintă câteva relatări în care găsim o vorbire directă din partea lui Dumnezeu, aici incluzându-se confirmarea audibilă a lui Cristos la botezul Său de către Dumnezeu (Mat. 3:16-17; Luca 3:22) și schimbarea la față (Mat. 17:5-7; Mc. 9:7; Luca 9.35). Ioan consemnează confirmarea credincioșiei dată de Dumnezeu Fiului Său într-un cadru public, chiar dacă cei mai mulți n-au reușit să deslușească decât că a fost un tunet sau că un înger I-a vorbit (Ioan 12.27-30). Luca relatează adresarea directă, dialogul Domnului Isus cel înviat cu Saul, pe drumul Damascului (Fapt. 9:3-7). Deși însoțitorii lui nu L-au văzut pe Domnul, I-au auzit vocea. Imediat după aceea, el consemnează modul în care Domnul i-a vorbit lui Anania într-o vedenie, în care îl îndemna să-l primească pe Saul ca pe un ucenic (Fapt. 9:10-16). De asemenea, Isus I se arată lui Ioan într-o vedenie glorioasă și prin el li se adresează celor șapte biserici din Asia Mică, dându-i lui Ioan aprecieri și acuzări specifice care aveau legătură directă cu fiecare biserică în mod individual (Apocalipsa 1-3). Mai mult, Noul Testament echivalează cuvintele lui Isus anterioare înălțării Sale la cer cu cele ale lui Dumnezeu (Luca 5:1; Ioan 3:34; 6:63, 68). Aceeași autoritate și aceeași împuternicire le-au fost atribuite apostolilor în ocazii speciale (Fapt. 4:29-31) – până acolo încât Pavel afirmă că, atunci când li se adresează bisericilor, de fapt Cristos vorbește prin el (2 Cor. 13:2-3).

PERSPECTIVA LUI CRISTOS ASUPRA SCRIPTURILOR

Pentru a înțelege corect caracterul, natura și autoritatea Scripturii, pentru un creștin nu poate exista o mărturie mai bună decât cea a lui Cristos Însuși. Perspectiva Lui trebuie să fie perspectiva credinciosului. Pe măsură ce o persoană parcurge numeroasele referiri la Scriptură pe care le face Isus, se ivește o perspectivă clară. Isus a folosit Scriptura în toate chestiunile de doctrină și trăire. El Și-a bazat identitatea și misiunea pe aceasta. El a definit-o în mod personal ca fiind adevărul. Toate acestea confirmă că Isus a înțeles Scripturile ca fiind Cuvântul inspirat, inerant și cu autoritate al lui Dumnezeu, în ambele Testamente. Din Scripturi se poate arăta că Isus (1) a afirmat calitatea de Scriptură a Vechiului Testament (afirmând autoritatea, inspirația și istoricitatea lui) și (2) a preautentificat calitatea de Scriptură a Noului Testament.

Isus a afirmat autoritatea Vechiului Testament. Ori de câte ori a folosit Scripturile, Isus a declarat autoritatea și veridicitatea Vechiului Testament.

Isus a apelat la autoritatea Vechiului Testament împotriva lui Satan (Mat. 4:1-11; Luca 4:1-13). Atunci când a fost provocat să transforme pietrele în pâini, Isus a răspuns astfel: „Omul nu va trăi numai cu pâine", citând din Deuteronom 8:3. Atunci când Satan a făcut referire la Psalmul 91 și la promisiunea protecției divine pentru cel care se încrede în Dumnezeu, Isus i-a răspuns prin porunca dată în Deuteronom 6:16 de a nu-L ispiti pe Dumnezeu. La final, Isus l-a izgonit pe Satan spunându-i: „Pleacă, Satano, căci este scris: Domnului, Dumnezeului tău să te închini, și numai Lui să-I slujești" (Mat. 4:10, citat din Deut. 6:13; 10:20). Recurgând la Vechiul Testament în fiecare caz, Isus face declarația finală adeverind că acesta este Cuvântul plin de autoritate al lui Dumnezeu.

Isus a apelat la autoritatea Vechiului Testament pentru rezolvarea tuturor disputelor privitoare la credință și practică. Atunci când ucenicii Lui au fost acuzați de încălcarea Sabatului, Isus S-a referit la principiile derivate din legea mozaică, citând din 1 Samuel 21:6, ca temei biblic al acțiunilor lor (Mat. 12:1-8). Atunci când a fost întrebat despre divorț, Isus a răspuns astfel: „Oare n-ați citit?" și apoi a invocat în răspunsul Său (Mat. 19:3-9) textele din Geneza 2:23-24 și din Deuteronom 24:1-4. În ambele cazuri, El a folosit Scriptura nu doar pentru a afirma principiul care era pus în discuție, ci și pentru a confirma autoritatea divină inerentă a textului Vechiului Testament. Atunci când Isus a curățit a doua oară templul, la finalul lucrării Sale pământești (Mat. 21:12-13), a elaborat un argument compus pe baza a două pasaje din Vechiul Testament spre a-Și justifica acțiunile și a osândi poporul (Is. 56:7; Ier. 7:11). Isus a citat din Vechiul Testament atât de frecvent, folosind expresii precum „Oare n-ați citit?", încât în felul acesta a afirmat nu doar că este în acord cu învățătura acestuia, ci și că îi recunoaște autoritatea divină. În toate aceste situații (și în multe altele), Isus n-a corectat nici măcar o dată vreo eroare factuală sau vreo învățătură practică; Isus a considerat Vechiul Testament ca fiind Cuvântul lui Dumnezeu caracterizat de acuratețe factuală și autoritate divină.

Isus a apelat la autoritatea Vechiului Testament pentru a-I fi mărturisită identitatea. Atunci când conducătorii religioși I-au contestat lucrarea de vindecare din ziua Sabatului, El a pretins egalitate cu Dumnezeu (Ioan 5:17-18). Pe urmă, a adus câteva dovezi în sprijinul afirmației Sale. A început prin a menționa mărturia lui Ioan Botezătorul (5:33-35), însă, în contextul dat, a mers dincolo de aceasta, deoarece nu era în sine o mărturie divină. În continuare, a furnizat trei mărturii divine care atestă persoana Sa: (1) mărturia lucrărilor Lui (5:36); (2) mărturia Tatălui Său ceresc (5:37-38) și (3) mărturia Scripturilor Vechiului Testament, îndeosebi a cărților lui Moise (5:39-47). În felul acesta, Isus a spus că ceea ce Moise a scris este identice cu ceea ce Dumnezeu a afirmat. Este la fel de mult o mărturie divină pe cât sunt cuvintele lui Dumnezeu rostite audibil din cer, sau acțiunile miraculoase săvârșite de Dumnezeu pe pământ. De fapt, când Și-a concluzionat învățătura despre bogatul și Lazăr, a definit mărturia Vechiului Testament ca fiind una superioară față de cea a minunilor – ba chiar față de cea a minunii învierii (Luca 16:27-31).

Isus S-a supus în mod personal autorității Vechiului Testament. În Predica de pe munte, El a afirmat că n-a venit să anuleze Legea sau Profeții (i.e., Scripturile Vechiului Testament), ci să le împlinească (Mat. 5:17). A continuat prin a spune că orice încălcare a Scripturilor sau instigarea altora să facă astfel va avea consecințe eterne (Mat. 5:18-19). Isus a mers chiar până acolo încât să definească Regula de Aur ca fiind adevărul esențial al Scripturilor (Mat. 7:12). Atunci când Și-a încheiat cuvântările, cei care L-au auzit au recunoscut că învățătura Lui era diferită de cea a cărturarilor. El îi învăța ca unul care avea autoritate (Mat. 7:28-29). Isus a vorbit cu autoritatea divină inerentă persoanei Lui ca Dumnezeu venit în trup uman, și, în același timp, a confirmat și S-a conformat în mod consecvent autorității Scripturilor. Chiar și în privința mărturiei despre identitatea Sa, El S-a supus principiilor și dispozițiilor Scripturilor Vechiului Testament. Astfel, în Ioan 5:31 a spus: „Dacă Eu mărturisesc despre Mine Însumi, mărturia Mea nu este adevărată." Isus nu nega veridicitatea propriei Sale mărturii (vezi Ioan 8:14-20), ci Se supunea cerinței Vechiului Testament de a avea doi sau trei martori (Deut. 17:6; 19:15).

Isus Și-a păstrat aceeași perspectivă asupra Scripturilor Vechiului Testament înainte și după învierea Sa. Luca este cel care consemnează două ocazii în care Isus S-a întâlnit cu ucenicii Săi imediat după înviere. Prima a fost cu cei doi ucenici pe drumul care duce de la Ierusalim la Emaus (Luca 24:13-35). A doua s-a petrecut în Ierusalim, într-o încăpere unde se adunaseră mulți dintre ucenici (Luca 24:36-

37). În ambele situații, Isus a dovedit că are aceleași convingeri despre autoritatea Scripturilor și despre necesitatea împlinirii lor. În prima împrejurare, a confirmat necesitatea împlinirii tuturor celor scrise în Vechiul Testament cu privire la El – tot așa cum s-a întâmplat cu cele scrise și împlinite despre moartea, îngroparea și învierea Lui (Luca 24:26-27). În a doua împrejurare, n-a afirmat doar aspectul anterior, ci și faptul că lucrarea ulterioară a ucenicilor Lui de mărturisire despre El și lucrarea Lui aveau la bază Scripturile Vechiului Testament (Luca 24:44-47). Perspectiva lui Isus asupra Vechiului Testament, a inspirației, ineranței și autorității acestuia nu s-a schimbat în urma glorificării Lui. Faptul acesta are o greutate semnificativă în acțiunea de respingere a teoriilor eronate care vorbesc despre o adaptare.

Isus a afirmat inspirația Vechiului Testament. Din perspectiva lui Isus, autoritatea Vechiului Testament s-a bazat pe natura acestuia de Cuvânt inspirat al lui Dumnezeu.

Isus a afirmat paternitatea divină și umană a Bibliei. El i-a identificat în mod repetat pe cei care au scris Vechiul Testament. A vorbit direct despre Moise (Ioan 5:45-47), David (Luca 20:42), Isaia (Mat. 13:14), și chiar despre Daniel (Mat. 24:15-16) ca fiind autorii textelor la care a apelat. În același timp, nu le-a atribuit scrierile exclusiv lor, ci și lucrării Duhului Sfânt, ca autor divin. Isus i-a identificat deopotrivă pe David și pe Duhul Sfânt ca autori ai Psalmului 110 (Mc. 12:36). S-a referit interschimbabil la porțiuni din Vechiul Testament ca fiind cuvintele lui Dumnezeu și lucrarea unor scriitori umani, precum Moise și Isaia (Mat. 15:1-11). Atunci când sunt comparate toate modurile în care Cristos folosește Vechiul Testament, devine limpede că perspectiva lui este aceeași când vine vorba despre sintagmele „Dumnezeu spune", „Scripturile spun" sau „David însuși, prin Duhul Sfânt, spune". Prin faptul că îi citează pe autorii umani și divin ai Scripturii, Isus a confirmat ceea ce David a spus despre sine: „Duhul Domnului vorbește prin mine și cuvântul Lui este pe limba mea" (2 Sam. 23:2).

Isus a afirmat veridicitatea Bibliei. Vechiul Testament conține peste 3.800 de afirmații directe potrivit cărora cele scrise sunt chiar cuvintele lui Dumnezeu. De asemenea, face câteva afirmații universale cu privire la natura sa veridică (Ps. 19:7, 9; 119:43, 160; 138:2; Pv. 30:5). Testul oferit pentru identificarea unui profet fals a fost direct legat de veridicitatea afirmațiilor lui și de conformarea deplină a cuvintelor lui la conținutul mereu actual al Scripturii (Deut. 13:1-5; 18:20-22). Astfel, dacă afirmațiile unui profet nu se împlineau, atunci era un profet fals. Dacă minunea pe care a prezis-o se înfăptuia, dar cuvintele lui erau contrare Scripturii, tot trebuia respins ca fiind un profet fals. Conform Vechiului Testament, ceea ce Scripturile spun, este adevărat și de o integritate și autoritate de o durabilitate absolută.

Mărturia lui Isus despre veridicitatea Vechiului Testament este identică celei depuse de el însuși despre sine. Isus a considerat că Scriptura reprezintă chiar cuvintele și poruncile lui Dumnezeu. Ca atare, trebuie recunoscută ca având autoritate deplină (Mat. 15:3-9). Mustrarea adresată cărturarilor și fariseilor în același pasaj este în acord cu mărturia Vechiului Testament, care-i identifică pe cei care neagă o astfel de credință ca fiind falși - și de aici provine etichetarea lor de către Isus drept „călăuze oarbe" (Mat. 15:14).

Spunând „Cuvântul Tău este adevărul" (Ioan 17:17), Isus a identificat în mod personal Scriptura ca fiind adevărul obiectiv. Aceasta se potrivește întocmai cu mărturia Psalmului 119:160, întrucât mărturia Domnului și cea a Vechiului Testament sunt într-o armonie desăvârșită. Această integritate absolută, asociată cu apelul la autoritatea Vechiului Testament făcut deopotrivă de către Isus și de către scriitorii Noului Testament, adeverește faptul că Isus a considerat Vechiul Testament ca fiind Cuvântul inspirat al lui Dumnezeu. Ca atare, El l-a considerat că este nu doar adevărat, ci adevărul însuși. A numit Cuvântul lui Dumnezeu „adevărul" (Ioan 17:17). A tratat fiecare mărturie adusă de Vechiul Testament ca fiind un enunț faptic. Incluzând chiar și cele mai miraculoase evenimente. Isus a tratat Vechiul Testament ca fiind Cuvântul adevărat și autentic al lui Dumnezeu.

Isus a afirmat inspirația verbală și plenară a Bibliei. Așa cum s-a menționat anterior, termenii *verbal* și *plenar* se referă la *fiecare cuvânt*, respectiv la *toate* cuvintele Scripturii. Astfel, credința în inspirația verbală și plenară vorbește despre încuviințarea faptului că fiecare cuvânt din Scriptură și întregul ei sunt inspirate de Dumnezeu. Faptul că Isus a susținut o astfel de perspectivă este evident în două privințe. În primul rând, a citat sau a făcut aluzie la multe dintre cărțile Vechiului Testament, în numeroase moduri și contexte. A citat din toate cele cinci cărți ale lui Moise și din lucrările celorlalți profeți. A făcut cel puțin opt referiri directe la Psalmi. A menționat într-un anumit fel fiecare secțiune majoră a Bibliei ebraice (Legea, Profeții și Scrierile). Chiar și după ce a înviat, S-a referit la întreg Vechiul Testament ca fiind o mărturie de inspirație dumnezeiască și cu autoritate divină, privitoare la propria Sa viață și lucrare (Luca 24:27). În al doilea rând, Isus Și-a bazat anumite argumente de mare importanță, precum cele în sprijinul divinității Sale, pe cuvinte, expresii și litere individuale din textul Vechiului Testament. Folosind în modul acesta Vechiul Testament, Domnul afirmă și demonstrează inspirația divină, verbală a Scripturii.

Isus afirmă în Matei 5:17-18 că nici măcar o literă, nici măcar o liniuță care face deosebirea între litere nu va trece până când Scriptura nu va fi împlinită. Fără îndoială că nu poate fi exprimată o perspectivă mai înaltă asupra celor mai mici detalii ale Scripturii decât aceasta. Există însă și alte exemple demne de remarcat.

La Praznicul Înnoirii, Isus Și-a afirmat divinitatea pretinzând o poziție de egalitate cu Tatăl (Ioan 10:22-30). Evreii I-au răspuns luând pietre cu care să-L împroaște întrucât au considerat că declarația Lui era o blasfemie. În Ioan 10:34-35, Isus Și-a apărat afirmația prin a le îndrepta atenția oponenților Lui spre ceea ce ar fi părut o expresie obscură din Psalmul 82:6. Forța argumentului Său se bazează pe un singur cuvânt din text: „dumnezei". Iată cuvintele Lui: „Nu este scris în Legea voastră: Eu am zis: Sunteți dumnezei? Dacă Legea a numit dumnezei pe aceia cărora le-a vorbit cuvântul lui Dumnezeu (și Scriptura nu poate fi desființată), cum ziceți voi despre Acela pe care Tatăl L-a sfințit și L-a trimis în lume: Spui blasfemii!, pentru că am zis: Sunt Fiul lui Dumnezeu?" (Ioan 10:34-36). Cristos folosește trei termeni diferiți în aceste două versete pentru a descrie Psalmul 82. Se referă la el ca fiind „Legea", „cuvântul lui Dumnezeu" și „Scriptura". Această terminologie sinonimică demonstrează o afirmare a inspirației plenare a textului. Atunci când Cristos a spus, „Scriptura nu poate fi desființată" (Ioan 10:35), declara unitatea ei, omogenitatea, evocând Matei 5:18, „Adevărat vă spun: câtă vreme nu vor trece cerul și pământul, nu va trece o iotă sau un semn de literă din Lege, până când toate se vor împlini". În situația de față, Isus Și-a bazat tot argumentul pe un singur cuvânt: „dumnezei". Dacă Dumnezeu poate folosi un astfel de cuvânt pentru a-i descrie pe judecătorii nedrepți, care vor fi condamnați de El, oare nu-l poate folosi și cu referire la Fiul Său etern? Isus Cristos a prezentat un argument în favoarea divinității Sale doar din acest singur cuvânt al Vechiului Testament, arătându-ne că El considera ineranța celor mai mici amănunte din Vechiul Testament de o importanță majoră.

Atunci când a fost provocat de saduchei cu privire la învierea din morți, Isus le-a combătut poziția bazându-Se pe timpul unui verb (Mat. 22:32). Saducheii au venit la Isus încercând să-L pună în încurcătură prin a-I prezenta o situație extremă. Era vorba despre o idee clară din legea Vechiului Testament care vorbea despre obligația unui bărbat de a se căsători cu soția văduvă și fără copii a unui frate de-al său. Întrebarea lor a fost chiar mai ridicolă decât ilustrația folosită, deoarece L-au întrebat a cui soție va fi femeia la înviere. Însă Isus a răspuns nu doar prin a afirma autoritatea și veridicitatea poruncii date de Dumnezeu prin Moise, ci și prin a identifica faptul că greșeala lor consta în neputința de a înțelege Scriptura. El le-a spus: „Cât privește învierea morților, n-ați citit ce vi s-a spus de Dumnezeu, când zice: Eu sunt Dumnezeul lui Avraam și Dumnezeul lui Isaac și Dumnezeul lui Iacov? Dumnezeu nu este Dumnezeul celor morți, ci al celor vii" (Mat. 22:31-32). El a vrut să spună că acei patriarhi sunt în viață, din moment ce după moartea lor, Dumnezeu declară: „Eu sunt" Dumnezeul lor, nu „Eu am fost" Dumnezeul lor. Din nou, expresia „Oare n-ați citit?" este o referire la autoritatea pasajului din Exod 3:6 pe care-l citează. Mai mult, argumentul aici este în sprijinul unei doctrine de mare importanță precum învierea - și se bazează pe sensul derivat din verbul copulativ (sau verb de legătură) al propoziției nominale din textul ebraic. „Eu sunt" este o înțelegere literală și exactă a construcției ebraice.

În final, Isus Și-a redus la tăcere ultimii Săi critici atunci când le-a răspuns fariseilor prin a le pune o întrebare bazată pe înțelegerea corectă a unui cuvânt din Psalmul 110:1. Matei descrie situația astfel:

> Pe când erau fariseii adunați laolaltă, Isus i-a întrebat, zicând: Ce credeți voi despre Cristos? Al cui Fiu este El? Ei I-au zis: Al lui David. El le-a zis: Cum atunci David, vorbind în Duhul, Îl numește Domn?, zicând: Domnul a zis Domnului Meu: Șezi la dreapta Mea până voi pune pe vrăjmașii Tăi așternut sub picioarele Tale. Deci, dacă David Îl numește Domn, cum este El Fiul lui?"

În acest text, Isus face o afirmație teologică profundă cu privire la divinitatea Sa. El S-a născut din genealogia lui David, ca fiu al acestuia, ceea ce înseamnă că singura posibilitate ca David să își poată numi fiul „Domn" este dacă fiul său îi este superior. Fiul lui îi poate fi superior doar dacă este în egală măsură Dumnezeu. Isus Și-a bazat întreaga argumentație pe cuvântul „Domn". David își poate numi fiul „Domn" deoarece fiul său în virtutea nașterii naturale este nimeni altul decât Domnul, Fiul întrupat al lui Dumnezeu. Din nou, un singur cuvânt slujește drept parte esențială a fundamentului pentru o doctrină atât de crucială precum cea a divinității lui Cristos.

Isus a confirmat inspirația verbală a Vechiului Testament atunci când i-a mustrat pe farisei într-o altă împrejurare, cu următoarele cuvinte: „Este mai ușor să treacă cerul și pământul decât să cadă o iotă din Lege" (Luca 16:17). Deși ideea subliniată aici este că Scriptura se va împlini până la ultima literă, aceasta nu neagă faptul că este în egală măsură esențial ca ea să fie precisă și credibilă până la literă. Aspectul acesta este reflectat în mod similar în Predica de pe munte, în care Isus a spus că fiecare literă este păstrată perfect în ceruri și se va împlini (Mat. 5:17-18). Isus a considerat că și cea mai neînsemnată porțiune din text este inspirată, că fiecare literă este esențială. El a pretins că până și cea mai mică parte este eternă. Implicațiile pentru realitatea istorică sunt uriașe. Dacă Isus a confirmat că Vechiul Testament are un asemenea nivel de acuratețe, credibilitate și integritate, atunci Biblia trebuie privită ca fiind inspirată, inerantă și adevărată pentru eternitate – până la ultimul cuvânt. În final, modul în care Isus folosește Vechiul Testament demonstrează o încredere absolută în inspirația verbală și plenară a Scripturilor – la nivel de ansamblu, la nivelul părților, și chiar la nivelul fiecărei litere.

Isus a afirmat necesitatea împlinirii Scripturii. El a atestat în mod repetat necesitatea de a împlini personal tot ceea ce Scripturile Vechiului Testament au spus despre El și lucrarea Lui (Mat. 26:31; Mc. 9:12-13; 14:27, 49; Luca 20:17;

24:25-27, 44-46; Ioan 5:39, 12:14; 13:18; 17:12). În contextul trădării de care a avut parte, El a citat Zaharia 13:7, afirmând că proprii Săi ucenici urmau să-L părăsească, deoarece Scriptura spusese deja că așa urma să se întâmple (Mat. 26:31). Această citare a stârnit obiecții mari din partea ucenicilor, dar Isus le-a explicat că era necesară, deoarece toate pasajele scripturale privitoare la El urmau să se împlinească. Chiar și atunci când a atârnat pe cruce, Isus a împlinit în mod intenționat toate pasajele scripturale până la literă (Ioan 19:28-30). Ioan merge până acolo încât afirmă că în timpul vieții lui Cristos, ucenicii n-au reușit să înțeleagă cum anume s-a împlinit Scriptura. Însă, după ce Cristos a înviat, el și ceilalți apostoli și-au adus aminte de cele scrise în Vechiul Testament și au înțeles că Isus a făcut exact cum spuseseră Scripturile că va face (Ioan 12:14-16). Isus a crezut că fiecare cuvântul din Scriptură trebuia să se împlinească. Exact despre această certitudine au mărturisit apostolii vorbind despre ceea ce s-a petrecut în viața și lucrarea lui Isus Cristos.

Isus a afirmat istoricitatea Vechiului Testament. Pe lângă afirmarea autorității și inspirației Vechiului Testament, Isus Și-a declarat încrederea în veridicitatea relatărilor istorice pe care acesta le cuprinde.

Isus a afirmat istoricitatea persoanelor din Vechiul Testament. În toate referirile pe care le-a făcut la oamenii menționați în Vechiul Testament, Isus i-a tratat ca persoane reale. Atunci când a discutat despre subiectul divorțului, Isus a confirmat realitățile istorice nu doar ale relatării creației, ci și ale existenței lui Adam și a Evei. Mai mult, Și-a construit pledoaria pentru învățătura despre căsătorie pe veridicitatea istorică a Genezei (Mat. 19:4-5). A demonstrat o încredere fermă în caracterul factual al narațiunii din Geneza 4, incluzând nu doar existența lui Abel, ci și uciderea acestuia (Mat. 23:35). El a afirmat caracterul factual al consemnărilor istorice despre numeroase persoane din Vechiul Testament, inclusiv despre Avraam, Isaac și Iacov (Mat. 8:11; 22:32; Luca 13:28; Ioan 8:56); despre Lot și soția lui (Luca 17:28, 32); despre Moise (Ioan 3:14; 5:45; 7:19); despre David (Mat. 12:3; 22:43-45); despre Solomon (Mat. 6:29; Luca 11:31); despre împărăteasa din Șeba (Mat. 12:42; Luca 11:31); despre Ilie și văduva din Sidon (Luca 4:25-26); despre Elisei și Naaman (Luca 4:27); despre Iona (Mat. 12:39-41; Luca 11:29-32); despre Zaharia (Mat. 23:35; Luca 11:51); și despre Daniel (Mat. 24:15). Isus a vorbit despre toate aceste persoane ca fiind reale și istorice, tratând detaliile pe care Scripturile le consemnează despre ele drept fapte istorice. De la Adam și Noe, până la Iona și Daniel, Isus a atestat fără ezitare istoricitatea nu doar a persoanelor, ci și a evenimentelor privitoare la ele care sunt consemnate pe parcursul Vechiului Testament. Faptul că Isus a făcut în mod obișnuit referire la aceste persoane pentru a sublinia un anumit adevăr doctrinar important demonstrează limpede că a acceptat acuratețea istorică a acestor texte.

Isus a afirmat istoricitatea locurilor și evenimentelor din Vechiul Testament. În învățăturile Sale, Isus S-a referit în mod frecvent la relatările din Vechiul Testament. Uneori, le-a folosit pentru a evidenția o anumită idee. Alteori, le-a folosit ca ilustrări sau confirmări ale învățăturii Sale. Dar în toate situațiile, a vorbit despre ele ca despre locuri și evenimente reale. Este remarcabil că a citat în mod obișnuit acele relatări care vorbeau în special despre evenimente miraculoase. El a atestat distrugerea Sodomei și Gomorei de către Dumnezeu, așa cum este consemnat în Geneza 19 (Mat. 11:20-24). A confirmat zilele petrecute de Iona în interiorul unui pește mare (Mat. 12:40) și pocăința celor din Ninive (Luca 11:30-32). A afirmat existența unui potop literal, global, în zilele lui Noe (Mat. 24:38-39). A fost convins că, în mod supranatural, Dumnezeu i-a asigurat Israelului mană din cer în timpul pribegiei prin pustie timp de patruzeci de ani (Ioan 6:49). Isus nu S-a referit la aceste evenimente doar în trecere; a folosit în mod special aceste narațiuni pentru a așeza temelia unor doctrine extrem de importante precum învierea Sa. De exemplu, a legat caracterul factual al învierii Lui de veridicitatea istorică a lui Iona 1:17 și de relatarea acestui verset despre perioada petrecută de Iona în interiorul acelui pește mare (Mat. 12:38-42). Isus i-a învățat pe alții că Scriptura nu este doar inspirată de Dumnezeu, ci și, drept consecință inevitabilă, exactă din punct de vedere istoric.

Isus a afirmat istoricitatea chiar și a autorilor Vechiului Testament. În mai multe rânduri, Isus a citat autorii cărților din Vechiul Testament pe nume. Aceasta demonstrează încrederea Lui în istoricitatea autorilor umani ai acestor lucrări, desconsiderând astfel afirmațiile contrare ale criticii superioare târzii. De pildă, Cristos a atribuit paternitatea Pentateuhului lui Moise (Mat. 8:4; Mc. 12:26; Ioan 5:45-46), chiar susținând în Ioan 5 că scrierile lui Moise mărturisesc despre El – Isus a pus în directă legătură afirmațiile Sale despre Propria persoană cu paternitatea mozaică a Pentateuhului. În plus, Isus a afirmat că David a scris Psalmul 110 (Mat. 22:43-44), că Isaia însuși a scris cartea lui Isaia (Mat. 13:14-15) și că Daniel a scris cartea care îi poartă numele (Mat. 24:15). Pe baza modului în care a folosit Vechiul Testament, în mod evident Cristos l-a considerat ca fiind o consemnare cu acuratețe din punct de vedere istoric și compusă de oameni inspirați divin, care au produs niște scrieri cu autoritate divină.

Isus a preautentificat Noul Testament ca fiind Scriptură. În vreme ce Isus a afirmat autoritatea, inspirația și istoricitatea Vechiului Testament care fusese deja dat, El a preautentificat scrierile care urmau să fie compuse și adunate după înălțarea Sa la cer, spre a alcătui Noul Testament.

Isus a pretins despre cuvintele Sale că erau cuvintele Tatălui. Cristos a declarat în mod repetat în cuvântările Lui că vorbele Sale erau chiar cele pe care Tatăl I le-a dat să le spună. Și-a așezat cuvintele pe un nivel egal cu cele rostite de

Dumnezeu și cu cele ale Scripturilor. Pe acest temei, se poate spune despre con-semnarea apostolică a cuvintelor Lui că este un mesaj cu autoritate divină din partea lui Dumnezeu. Iată cuvintele lui Isus:

> Am multe de spus și de judecat în privința voastră, dar Cel ce M-a trimis este adevărat și Eu spun lumii ce am auzit de la El. Ei n-au înțeles că le vorbea despre Tatăl. Atunci Isus le-a zis: Când veți fi înălțat pe Fiul omului, atunci veți cunoaște că Eu sunt și că nu fac nimic de la Mine Însumi, ci vorbesc după cum M-a învățat Tatăl (Ioan 8:26-28).

Potrivit afirmațiilor lui Isus, răstignirea Lui urma să dovedească veridicitatea atât a identității Sale ca Fiul omului, cât și a sursei divine a mesajului Său pentru lume (cf. Ioan 12:49-50).

În camera de sus, Isus Și-a înștiințat ucenicii că vorbele Lui erau parte din lucrările Tatălui, și că ele nu doar că-L revelau oamenilor pe Tatăl, ci le și con-firmau unitatea dintre Tatăl și Fiul: „Nu crezi că Eu sunt în Tatăl și Tatăl este în mine? Cuvintele pe care vi le spun Eu, nu le spun de la Mine, ci Tatăl, care locuiește în Mine, El face lucrările" (Ioan 14:10). În final, potrivit rugăciunii lui Cristos din noaptea în care a fost trădat, faptul că ucenicii au primit cuvintele Lui ca venind de la Tatăl este ceea ce-i deosebește de Iuda și de restul lumii necredincioase. Isus S-a rugat astfel: „Acum au cunoscut că toate pe care Mi le-ai dat sunt de la Tine. Căci lor le-am dat cuvintele pe care Mi le-ai dat Tu; și ei le-au primit și au știut cu adevărat că am ieșit de la Tine; și au crezut că Tu M-ai trimis" (Ioan 17:7-8). Cuvintele pe care Isus le-a dat ucenicilor Lui și-au avut în mod limpede originea în Dumnezeu Tatăl, Care le-a dat celor unsprezece capacitatea de a înțelege adevărata natură a lui Isus și misiunea încredințată de Tatăl (vezi Ioan 17:14, 17).

Isus a fost un profet „ca" Moise, dar mult mai mare decât Moise. Dumnezeu i-a vorbit lui Moise față în față revelându-i-Se (Exod 33:11; Deut. 34:10). Isus Cristos este Cuvântul întrupat și, ca atare, este revelația lui Dumnezeu. Cuvintele Lui au fost în mod direct cuvintele Tatălui. A-L vedea pe Isus echivala cu a-L vedea pe Tatăl. Însă Isus le-a promis ucenicilor Lui că le va da mai mult decât amintiri ale revelației divine care fusese întrupată de El și pe care le-o dăduse; le-a promis că li se va da revelație suplimentară prin Duhul Sfânt.

Isus le-a promis apostolilor revelație suplimentară. Încă de la mărturisirea făcută de Petru (Mat. 16:16), Isus Și-a pregătit ucenicii pentru plecarea Sa. În ultimele ceasuri ale vieții Sale pe pământ, Și-a adunat ucenicii în camera de sus ca să-i pregătească pentru momentul răstignirii Sale. Le spusese despre aceasta în multe ocazii anterioare – însă fără ca ei să înțeleagă. Chiar și în ultima noapte, ucenicii Lui nu au putut pricepe și primi mărturia privitoare la evenimentele care urmau să se petreacă (Ioan 13:12-38). Cu toate acestea, i-a pregătit pentru lucrarea lor viitoare făcându-le trei promisiuni importante.

În primul rând, le-a promis că Duhul îi va ajuta să-și aducă aminte cu acuratețe cuvintele Lui: „Dar Mângâietorul, Duhul Sfânt, pe care Îl va trimite Tatăl, în Numele Meu, El vă va învăța toate lucrurile și vă va aduce aminte de tot ce v-am spus Eu" (Ioan 14:26). Duhul Sfânt al lui Dumnezeu urma să le dăruiască o binecuvântare specială dublă celor unsprezece: (1) Urma să-i învețe toate lucrurile. Mai exact, Duhul Sfânt urma să-i instruiască privitor la adevărurile pe care Isus Însuși i-a învățat, astfel încât să ajungă să le înțeleagă. (2) Urma să le aducă aminte cu precizie de toate învățăturile lui Isus. Celor unsprezece bărbați li se promite că vor fi capabili să-și reamintească fiecare cuvânt spus de Isus. De aceea, aceasta este o preautentificare a veridicității și inspirației evangheliilor lui Matei, Marcu (pe baza mărturiei lui Petru) și Ioan.

În al doilea rând, Isus le-a promis că vor mărturisi despre El, și că mărturia lor va fi prin inspirația Duhului Sfânt: „Dar când va veni Mângâietorul, pe care Eu vi-L voi trimite de la Tatăl, adică Duhul adevărului care iese de la Tatăl, Acela va mărturisi despre Mine. Și voi de asemenea veți mărturisi, pentru că sunteți cu Mine de la început" (Ioan 15:26-27). Din acest text reies două observații adecvate discuției noastre: (1) Mărturia ucenicilor privitoare la Cristos urma să se bazeze deopotrivă pe consemnări oculare despre Cristos și pe revelația dată de Duhul adevărului. Semnificația acestei naturi duble a mărturiei este că, deși urma să fie o mărturie despre Domnul Isus Cristos și o mărturie de la Duhul Sfânt, ea urma să aibă totuși trăsăturile experienței lor oculare. (2) Mărturia lor urma să fie una adevărată. Isus subliniază în mod specific caracterul adevărat al acestei mărturii prin a-L descrie pe Mângâietor în acest context drept „Duhul adevărului". Prin urmare, deși mărturia celor unsprezece urma să fie mărturia lor proprie, de asemenea urma să fie și mărturia inspirată a Duhului Sfânt al adevărului.

În al treilea rând, Isus le-a promis că vor primi revelație suplimentară dincolo de ceea ce El Însuși le încredințase. Așa cum le-a spus ucenicilor Lui în camera de sus,

> Mai am să vă spun multe lucruri, dar acum nu le puteți purta. Dar când va veni El, Duhul adevărului, vă va călăuzi în tot adevărul; căci El nu va vorbi de la El Însuși, ci va vorbi tot ce va fi auzit și vă va descoperi lucrurile viitoare. El Mă va glorifica, pentru că va lua din ce este al Meu și vă va descoperi (Ioan 16:12-14).

Pe baza acestui text pot fi făcute trei observații cruciale. În primul rând, Isus a evidențiat că El personal avea revelație suplimentară pe care să le-o dăruiască, însă nu se putea din pricina incapacității lor a o primi la momentul respectiv. Fără îndoială, aici este inclus tot Noul Testament – chiar și cartea Apocalipsa, întrucât, versetul 13 se referă la „lucrurile viitoare". În al doilea rând, din nou spune că sursa acestei revelații va fi Duhul adevărului. Nu poate fi trecut cu vederea accentul pus pe *adevăr*. Prin preautentificarea Noului Testament, Isus arăta că acesta urma să fie caracterizat de aceeași veridicitate care-L caracterizează pe Cel care urma să inspire scrierea lui. În final, ca și Vechiul Testament, Noul Testament urma să-L glorifice pe Fiul. Isus a considerat Vechiul Testament drept o revelație ireproșabilă despre Sine Însuși și lucrarea Sa, chiar și după învierea Sa. Noul Testament urma să glorifice persoana și lucrarea Fiului într-o manieră superioară Scripturilor Vechiului Testament. Acesta urma să fie o revelație egală în autoritate, inspirație și ineranță de la Dumnezeu, însă urma să completeze mesajul divin al Scripturii. Asemenea Vechiului Testament, urma să fie cuvântul Trinității (Ioan 16:14-15). Astfel, Isus a preautentificat Noul Testament ca fiind Cuvântul lui Dumnezeu verbal, inspirat divin și plin de autoritate.

Isus a dat revelație suplimentară în mod personal. Noul Testament mai conține și o altă mărturie privitoare la Isus Cristos care este relevantă pentru discuția noastră. Apocalipsa sau Descoperirea lui Isus Cristos poartă un astfel de titlu deoarece este scrierea apostolului Ioan despre revelația primită direct de la Cristos Însuși, spre finalul primului secol. Cu toate că aceasta este neîndoielnic mărturia lui Ioan sub inspirația Duhului Sfânt privitoare la lucrurile care au să vină (i.e., într-un acord perfect cu promisiunea din Ioan 16:13), nu este cu nimic mai puțin decât mărturia lui Isus Însuși (Ioan 16:12, 14-15).

Isus a avut mai multe să le spună în mod personal ucenicilor Lui, și s-ar părea rezonabil să concluzionăm că El a considerat că mesajul personal dat lui Ioan în ultima carte a Noului Testament este o parte din revelația suplimentară pe care a promis-o. Aspectul acesta poate fi văzut în Apocalipsa 1:10-18, unde Ioan identifică sursa acestei revelații ca fiind Cel care a fost mort și care acum este viu, care nu poate fi altul decât Domnul Isus Însuși. Aceasta se referă la revelația inclusă în restul cărții și pe care Ioan a primit-o: mesajul personal către fiecare dintre cele șapte biserici (Apocalipsa 2-3) și revelația suplimentară privitoare la revărsarea viitoare a mâniei lui Dumnezeu (Apocalipsa 4-18), apogeul istoriei răscumpărării în a doua venire a lui Cristos (Apocalipsa 19), instituirea împărăției milenare (Apocalipsa 20) și așezarea finală a cerului nou și a pământului nou (Apocalipsa 21-22).

Scriitorii Noului Testament au afirmat perspectiva lui Cristos. Mărturia scriitorilor Noului Testament cu privire la propriile scrieri afirmă preautentificarea făcută de Isus Noului Testament. Aspectul acesta este limpede numaidecât atunci când se supune unei analize atât ceea ce ei au spus despre Vechiul Testament, cât și modul în care l-au folosit. Tot astfel, evidențierea câtorva texte cheie va demonstra că ei și-au considerat propriile scrieri ca fiind Scriptură, într-o armonie desăvârșită cu gestul de preautentificare făcut de Isus.

Scriitorii Noului Testament au recunoscut autoritatea Vechiului Testament. Pavel și-a bazat Evanghelia pe Scripturile Vechiului Testament. Sfinților din Corint le-a scris: „V-am învățat înainte de toate ceea ce am primit și eu: că Cristos a murit pentru păcatele noastre, după Scripturi; că a fost îngropat și că a înviat a treia zi, după Scripturi" (1 Cor. 15:3-4). Scripturile la care se referă Pavel sunt Vechiul Testamentul. În felul acesta, el afirmă că viața, moartea și învierea lui Cristos au fost o împlinire a Scripturilor Vechiului Testament. Afirmațiile Vechiului Testament trebuie privite ca o revelație din partea lui Dumnezeu. Aspectul acesta capătă o susținere suplimentară prin modul în care Luca îi evaluează pe bereeni. El îi descrie ca fiind cu „o inimă mai bună" decât creștinii din Tesalonic, deoarece și ei au primit Cuvântul cu toată râvna atunci când Pavel l-a predicat. Dar, au și verificat ceea ce el predicase, confruntând zilnic cele auzite cu Scripturile Vechiului Testament ca să li se confirme că se potriveau cu mesajul acestuia (Fapt. 17:10-11). Această precizare are o relevanță aparte pentru această discuție despre Noul Testament, întrucât Pavel i-a lăudat pe tesaloniceni pentru că au primit mesajul său potrivit cu ceea ce era – Cuvântul lui Dumnezeu (1 Tes. 2:13). Aceasta ne demonstrează că scriitorii Noului Testament au recunoscut autoritatea Vechiului Testament ca fiind Cuvântul lui Dumnezeu și au crezut despre mesajul lor că era în egală măsură de la Dumnezeu și în conformitate cu Scripturile Vechiului Testament.

Scriitorii Noului Testament au recunoscut Vechiul Testament ca fiind Cuvântul lui Dumnezeu. Pavel a descris Vechiul Testament prin sintagma „cuvintele lui Dumnezeu" (Rom. 3:2), una care identifică Scripturile ca mesaje transmise direct din partea lui Dumnezeu. Apostolii înșiși au declarat că Vechiul Testament trebuia să fie împlinit în toate punctele sale (Fapt. 1:16; 2:15-16; 3:18; 4:8-12), și toți scriitorii Noului Testament au urmat cu consecvență această abordare. Evangheliile și epistolele includ numeroase citate din Vechiul Testament ca fundament al Evangheliei. Dincolo de aceasta, autorii biblici s-au referit în mod repetat la învățăturile lui Isus sau la Scripturile Vechiului Testament, așezându-le drept temeiuri ale doctrinelor sau practicilor Noului Testament, și demonstrând că ei afirmau o perspectivă asupra Vechiului Testament și autorității lui care era consecventă cu perspectiva lui Isus.

Fiecare scriitor al Noului Testament a dovedit reverență față de Scripturile Vechiului Testament. Uneori, ei au citat din Vechiul Testament spunând: „Scriptura zice". Alteori, ei I-au atribuit lui Dumnezeu ceea ce afirmă Scripturile. Folosind interschimbabil formulările „Scriptura zice" și „Cuvântul lui Dumnezeu" scriitorii Noului Testament n-au văzut o distincție clară între ceea ce Dumnezeu spune și ceea ce Scripturile spun. Aceste două idei au fost, în esență, sinonime.

Așa că, atunci când scriitorii Noului Testament spun: „Scriptura zice", este la fel de potrivit să înțelegi că ei afirmă „Dumnezeu zice", indiferent cine a fost autorul uman. De pildă, în Romani 9:17, Pavel descrie mesajul transmis de Dumnezeu lui Faraon ca fiind o vorbire a Scripturii. Însă, textul inițial din Exod 9:16 arată în mod limpede că Dumnezeu Însuși a fost Cel care a vorbit. *Dumnezeu zice, Scriptura zice* sau *un autor biblic zice*, toate acestea sunt echivalente ale expresiei *Dumnezeu zice.*

Scriitorii Noului Testament au recunoscut scrierile lor ca fiind Scriptură. Matei, Petru și Ioan au fost cu toții martori oculari ai Domnului Isus cel înviat. Ei au fost incluși între apostolii aleși ai lui Cristos de la început. Scrierile lor au prezentat o relatare inspirată a vieții și lucrării lui Isus Cristos, și aceștia și-au bazat mărturia în mod frecvent pe citate sau referiri la Scripturile Vechiului Testament. Cu toate că evangheliile lor omit orice pretenții directe privitoare la inspirație, promisiunile de preautentificare făcute de Cristos, alături de selectarea acestora ca să fie apostoli, atestă autoritatea lor. De fapt, slujba apostolică și darul profeției au fost cele care au transmis autoritatea divină scriitorilor și apostolilor Noului Testament, așa cum au stat lucrurile cu profeții Vechiului Testament. Pavel, de pildă, a confirmat că predicarea lui origina în Dumnezeu (1 Tes. 2:13), iar despre scrierile sale a afirmat că erau poruncile lui Dumnezeu. El i-a prevenit cu fermitate pe corinteni spunându-le: „Dacă crede cineva că este profet sau spiritual, să înțeleagă că lucrurile pe care vi le scriu eu sunt porunci ale Domnului. Dar dacă cineva nu înțelege, să nu înțeleagă!" (1 Cor. 14:37-38). Nu doar Pavel a declarat despre scrierile sale că erau pline de autoritate; și Petru a recunoscut epistolele lui Pavel ca fiind Scriptură inspirată, atunci când a scris: „Să socotiți că îndelunga răbdare a Domnului nostru este mântuire, așa cum v-a scris și preaiubitul nostru frate Pavel, după înțelepciunea dată lui, ca și în toate epistolele lui, când vorbește în ele despre aceste lucruri. Printre ele sunt unele lucruri greu de înțeles, pe care cei neștiutori și nestatornici le răstălmăcesc, ca și pe celelalte Scripturi, spre pierzarea lor" (2 Pet. 3:15-16). Petru nu doar că a identificat inspirația divină în ce privește epistolele lui Pavel, ci a și afirmat că la procesul de compunere a Noului Testament urmau să contribuie și alții în afară de apostoli.

Ce putem spune despre scriitorii Noului Testament care n-au fost apostoli? Unii profeți ai Noului Testament (credincioși care aveau darul profeției) doar au vorbit, pe când alții au scris cărți din Scriptură. După cum unii apostoli n-au scris cărți ale Scripturii, tot așa au stat lucrurile și cu unii dintre profeți. Pavel explică faptul că taina Evangheliei a fost „revelată… prin Duhul, sfinților Săi apostoli și profeți" (Ef. 3:5). Luca ne spune că în Ierusalim au fost niște profeți care s-au coborât în Antiohia, cum ar fi Agab, care a prezis prin Duhul foametea care urma să aibă loc (Fapt. 11:27-28). Adeverirea acesteia demonstrează că darul profeției era activ. Faptele Apostolilor 13:1 identifică în conducerea bisericii profeți și învățători, și îi include în lista respectivă pe Barnaba, Simon, Luciu, Manaen și Saul (i.e., apostolul Pavel). Deși textul este ambiguu în privința deținerii darului profeției de către toți sau doar de către unii dintre ei, se menționează o pluralitate la nivelul conducerii.

De asemenea, scrierile lui Luca au fost echivalate de Pavel cu Scriptura, atunci când a menționat: „Căci Scriptura zice: Să nu legi gura boului când treieră bucatele, și: Vrednic este lucrătorul de plata lui" (1 Tim. 5:18). Aici, Pavel atribuie titulatura de „Scriptură" atât cărții Deuteronom (citând Deut. 25:4), cât și Evangheliei după Luca (citând Luca 10:7). Cu toate că accentul textului nu cade pe inspirație, nu poate fi trecut cu vederea că Pavel utilizează termenul „Scriptură" pentru a vorbi deopotrivă despre Vechiul Testament și despre scrierea lui Luca. Implicația evidentă este că afirmația lui Pavel aplică acea calitate a paternității divine scrierilor lui Luca la un nivel egal cu cel al Vechiului Testament. Faptul acesta este într-o deplină armonie cu preautentificarea de către Isus a Noului Testament. Aceasta este astfel extinsă incluzând un scriitor neapostolic, așa cum Petru a extins-o incluzându-l pe Pavel.

Alături de Pavel și Luca, la lista scriitorilor neapostolici, dar inspirați ai Noului Testament pot fi adăugați Marcu, Iacov, autorul cărții Evrei și Iuda. Fiecare dintre ei a fost într-o colaborare strânsă cu Cristos și cu apostolii. Marcu a fost un colaborator al lui Pavel în primele sale călătorii (Fapt. 12:25; 13:5). Deși disputa cauzată de Marcu a condus la despărțirea dintre Pavel și Barnaba (Fapt. 15:37-39), Pavel însuși a confirmat ulterior maturitatea și progresul spiritual al lui Marcu (2 Tim. 4:11). Evanghelia după Marcu a fost strâns legată de predicarea lui Petru, însă compunerea ei a fost rezultatul inspirației Duhului Sfânt prin intermediul darului profeției. La fel se poate spune despre epistolele scrise de Iacov și Iuda. Iacov a fost recunoscut drept stâlp al bisericii primare (Gal. 2:9), și a fost principalul reprezentant al bisericii din Ierusalim la conciliul din Faptele Apostolilor 15. El și Iuda au fost frați vitregi ai lui Isus, care au scris o parte din Scriptură sub inspirația Duhului Sfânt, prin intermediul darului profeției. La fel stau lucrurile și în privința autorului cărții Evrei. Deși identitatea lui rămâne obscură, darul profeției dat de Duhul Sfânt a reprezentat modalitatea prin care a fost compusă respectiva carte. Cele douăzeci și șapte de cărți ale Noului Testament își atestă ele însele inspirația.

AUTORITATEA SCRIPTURII

Surse secundare

Sursa primară

Doctrina autorității se reduce la o singură întrebare principală: Cum poate fi un om convins că Biblia este cu adevărat Cuvântul lui Dumnezeu?[8] Sau, cum devine o persoană sigură că Scriptura este adevărul lui Dumnezeu comunicat prin procesul inspirației, și, prin urmare, are dreptul să exercite autoritate peste viața cuiva?

Noțiunea corectă de autoritate a reprezentat întotdeauna un câmp de luptă. La începutul secolului douăzeci și unu, forme și expresii nelegitime de autoritate variau de la exercitarea ilegală și abuzivă a autoritarismului sau totalitarismului, până la autoritatea individuală care izvorăște dintr-o mentalitate postmodernă a egoismului.

Abordarea corespunzătoare a acestei discuții pornește de la o definiție de lucru a *autorității* în general, îndeosebi a autorității legitime exercitate într-o manieră cuvenită. O definiție reprezentativă din dicționar propune ideea că autoritatea este „puterea sau dreptul de a pretinde ascultare; supremație morală sau legală; dreptul de a porunci sau de a da o decizie finală."[9] Substantivul tradus cel mai adesea în Noul Testament prin „autoritate" (102 ori) – *exousia* – are o definiție similară: „putere exercitată de către conducători sau de către alții aflați în poziții înalte, în virtutea funcției lor."[10]

Concepțiile seculare despre lume oferă multe abordări cu privire la autoritate, cum ar fi următoarele:

- *Oligarhică*: autoritate exercitată de câțiva puternici
- *Democratică*: autoritate exercitată de popor
- *Ereditară*: autoritate exercitată de cei dintr-o anumită familie
- *Despotică*: autoritate exercitată de unul sau mai mulți într-o manieră abuzivă
- *Personală*: autoritate exercitată de o singură persoană

Însă, potrivit concepției biblice despre lume, autoritatea originală și finală Îi aparține lui Dumnezeu și doar lui Dumnezeu. Dumnezeu nu Și-a moștenit autoritatea – n-a fost nimeni care să I-o lase prin testament. Dumnezeu nu Și-a primit autoritatea – n-a fost nimeni care să I-o ofere. Autoritatea lui Dumnezeu n-a venit în urma unor alegeri – n-a fost nimeni care să voteze pen-

---

8 Această introducere este adaptată după Richard L. Mayhue, "The Authority of Scripture," *MSJ* 15, no. 2 (2004): 228–29. Folosită cu permisiune *MSJ*.

9 *The New Shorter Oxford Dictionary*, 4th ed. (Oxford: Oxford University Press, 1993), s.v. "authority."

10 Walter Bauer, *A Greek-English Lexicon of the New Testament and Other Early Christian Literature*, rev. and ed. Frederick W. Danker, 3rd ed., based on the previous English editions by W. F. Arndt, F. W. Gingrich, and F. W. Danker (Chicago: University of Chicago Press, 2000), 353.

tru El. Dumnezeu nu Și-a însușit autoritatea – n-a fost nimeni de la care să o fure. Dumnezeu nu Și-a câștigat autoritatea – era deja a Lui.

Autoritatea lui Dumnezeu devine evidentă și incontestabilă atunci când sunt luate în considerare trei aspecte. În primul rând, Dumnezeu a creat cerurile, pământul și tot ce există pe ele (Geneza 1-2). În al doilea rând, Dumnezeu este proprietarul pământului, al tuturor lucrurilor pe care le conține și al tuturor locuitorilor de pe el (Ps. 24:1). În al treilea rând, la final Dumnezeu le va mistui pe toate, așa cum a afirmat: „Ziua Domnului însă va veni ca un hoț noaptea; în ziua aceea cerurile vor trece cu trosnet mare și elementele se vor topi de mare căldură și pământul cu tot ce este pe el va arde" (2 Pet. 3:10).

A înțelege și a accepta autoritatea lui Dumnezeu este atât de simplu pe cât a accepta realitatea existenței lui Dumnezeu Însuși. Cartea Romani exprimă cel mai bine acest adevăr: „Fiecare persoană să se supună autorităților. Căci nu este autoritate care să nu vină de la Dumnezeu, iar autoritățile care sunt, sunt instituite de Dumnezeu" (Rom. 13:1). Acest *locus classicus* arată în mod limpede sursa oricărei autorități și articulează principiul *delegării divine* (vezi Iov 34:13; Ioan 19:11).

Numeroase afirmații din Vechiul Testament mărturisesc explicit autoritatea lui Dumnezeu. De pildă, Psalmul 62:11 afirmă că „puterea este a lui Dumnezeu", iar în 2 Cronici 20:6 se spune: „Doamne, Dumnezeul părinților noștri, nu ești Tu Dumnezeu în cer și nu stăpânești Tu peste toate împărățiile națiunilor? Și nu este în mâna Ta tăria și puterea, așa că nimeni nu Ți se poate împotrivi?"

Noul Testament Îi atribuie aceeași autoritate Domnului Isus, Care a declarat după învierea Sa că „Toată autoritatea Mi-a fost dată Mie în cer și pe pământ" (Mat. 28:18). Pavel a afirmat că, la final, „în numele lui Isus să se plece orice genunchi, al celor din ceruri, și de pe pământ, și de sub pământ" (Fil. 2:10). Iuda a scris în felul următor: „singurului Dumnezeu înțelept, Mântuitorul nostru, să-I fie glorie și măreție, putere și stăpânire, acum și în vecii. Amin." (Iuda 25).

Surse secundare

Pe parcursul istoriei bisericii, oamenii au susținut că mai multe surse demonstrează autoritatea Scripturii. Printre cele mai proeminente se află (1) dovezile raționale, (2) autoritatea bisericii și (3) impactul existențial al Bibliei asupra cititorului. Odată ce fiecare dintre acestea va fi discutată succint, va deveni limpede că niciuna nu pledează satisfăcător în favoarea autorității Scripturii.

DOVEZI RAȚIONALE

Dovezile raționale includ concluzii care pot fi trase de pe urma observațiilor făcute asupra textului Scripturii și asupra evenimentelor istoriei. Dovezile arheologice reprezintă un exemplu semnificativ. Biblia face multe referiri istorice la popoare, locuri și evenimente, și un număr considerabil dintre acestea sunt verificabile pe baza unor dovezi tangibile. Arheologii au descoperit totul, de la orașul Ierihon (având câteva dovezi că zidurile s-au prăbușit), până la stela Tel Dan (care-l menționează pe regele David cu numele). Aceste descoperiri includ artefacte care confirmă existența persoanelor istorice și derularea evenimentelor istorice menționate în Scripturi. Pe parcursul ultimelor câtorva secole, cele mai multe acuzații despre inexactitățile istorice ale Bibliei au fost respinse prin intermediul descoperirilor de felul acesta. Mai mult, nici măcar un singur eveniment sau personaj istoric din Biblie n-au fost dovedite ca fiind false. Chiar și aparentele inexactități au primit răspuns într-o manieră care confirmă veridicitatea istorică a Scripturilor.

Un alt argument rațional vizează împlinirea profețiilor. Isaia 53 oferă suficiente dovezi că Dumnezeu a revelat detalii despre răstignire pe care doar El putea să le descopere. Textul respectiv a fost scris cu aproximativ șapte sute de ani înainte de nașterea lui Cristos. Isaia 44:28 face de asemenea referire la Cir, împăratul Persiei, pe nume, și merge chiar până acolo încât afirmă că el va da ordinul de reconstruire a templului din Ierusalim. Textul acesta a fost scris cu peste o sută de ani înainte de distrugerea templului. Daniel consemnează ascensiunea și decăderea fiecărui imperiu major, de la Persia până la Roma, într-o asemenea manieră încât detaliile date pot fi explicate doar pe baza unei revelații divine pline de autoritate date de Dumnezeu oamenilor (Daniel 7-8). Adaugă la aceasta numeroasele profeții din Vechiul Testament împlinite pe parcursul istoriei răscumpărării, și pledoaria în favoarea inspirației și autorității Scripturii devine insurmontabilă. Argumentele raționale de mai sus și altele similare lor pot fi utilizate pentru a afirma în mod logic că Scriptura este Cuvântul plin de autoritate al lui Dumnezeu.

AUTORITATEA BISERICII

O a doua posibilă sursă pentru susținerea autorității Scripturii este autoritatea bisericii. Aici sunt incluse declarațiile făcute de conciliile bisericești, de părinții bisericii și de alte organisme ecleziale importante. Biserica Romano-Catolică este întemeiată pe acest principiu. Din perspectiva sa, Biblia este Cuvântul lui Dumnezeu pentru că Biserica Romano-Catolică a dat acest decret. Problema principală cu argumentul de mai sus este următoarea: Cine a autorizat biserica să facă o astfel de declarație? Care este sursa autorității bisericii? Dacă Scripturile sunt fundamentul autorității supreme a bisericii (vezi Ef. 2:20), atunci o astfel de autoritate este invalidată deoarece se bazează pe un argument circular. Dacă autoritatea supremă rezidă într-o altă sursă, precum succesiunea apostolică, atunci trebuie oferită o dovadă pentru o astfel de autoritate; însă, în cazul Bisericii Romano-Catolice, nu există nicio dovadă reală în sprijinul succesiunii apostolice. Biserica poate afirma autoritatea Scripturii, însă nu poate fi martorul suprem în favoarea ei.

IMPACTUL EXISTENȚIAL

Un al treilea argument în favoarea autorității Scripturii este impactul ei existențial în viața unui credincios. Ideea aceasta include impactul tangibil asupra vieții unui credincios care întotdeauna însoțește credința mântuitoare autentică. Ideea precedentă a fost de asemenea folosită în cercurile liberale pentru a vorbi despre Scriptură ca nefiind Cuvântul lui Dumnezeu, ci mai degrabă ca devenind Cuvântul lui Dumnezeu atunci când are un impact existențial asupra unui cititor. În oricare dintre situații, se ajunge la fundamentarea convingerii unui om că Biblia este Cuvântul lui Dumnezeu, pe efectul practic sau emoțional pe care conținutul ei îl are asupra vieții acelei persoane.

Inconvenientul tuturor acestor argumente este că toate sunt subiective. Ele lasă la discreția individului să stabilească dacă Biblia este sau nu cu adevărat de la Dumnezeu, pe baza standardelor personale de evaluare. Deși aceste abordări oferă dovezi auxiliare pentru Scriptură în calitatea sa de Cuvânt al lui Dumnezeu, ele sunt inadecvate în postura de dovezi principale sau supreme. O astfel de dovadă trebuie să fie mărturia Scripturii înseși.

Sursa primară

Chestiunea autorității este menționată frecvent pe parcursul Scripturii. Descrierile făcute lui Dumnezeu și titlurile aplicate Lui demonstrează autoritatea Sa absolută asupra creației Sale. El este identificat încă de la început drept Creatorul tuturor lucrurilor (Gen. 1:1). Titlurile „Domnul" (Deut. 10:17) și „Dumnezeul Cel Atotputernic (Gen. 17:1) demonstrează autoritatea și puterea Sa peste toate lucrurile. Natura lui Dumnezeu, exprimată prin atributele Lui, afirmă în egală măsură autoritatea Lui. Biblia confirmă că Domnul este veșnicul, nemuritorul și unicul Dumnezeu (1 Tim. 1:17). El este descris drept omniștient (Ps. 139:1-6), omnipotent (Ps. 135:5; Ier. 32:17) omniprezent (Ps. 139:7-12) și drept (Ps. 92:15). Înțelepciunea Lui este de nepătruns (Rom. 11:33-36). Suveranitatea Lui cuprinde toată creația Sa (Gen. 1:1; Ps. 89:11; 90:2), acum și pentru totdeauna (Ps. 104; 1 Cor. 15:24-28). Această autoritate este comunicată omului prin Cuvântul lui Dumnezeu, și acesta este un mesaj cu o autoritate invariabilă (Deut. 4:1-2; Pv. 30:5-6; Apoc. 22:18-19).

MĂRTURIA DUHULUI SFÂNT

Dată fiind natura lui Dumnezeu și a Cuvântului Său, El este singurul în măsură să stabilească și să ateste autoritatea divină a Scripturii. Tocmai aceasta face Dumnezeu prin mărturia lăuntrică dată de Duhul Sfânt unui credincios.

Potrivit Bibliei, Duhul Sfânt lucrează prin intermediul Scripturii ca să-i confirme credibilitatea, dăruindu-i credinciosului certitudinea că este Cuvântul lui Dumnezeu. Autoritatea este derivată din lucrarea spirituală a Duhului Sfânt – nu dintr-o determinare subiectivă a credinciosului.

Cum operează mărturia internă a Duhului? Ea pornește de la afirmațiile obiective făcute chiar de Scripturi. Biblia este o declarație presupozițională a lui Dumnezeu făcută omului. Chiar primul verset al Bibliei începe cu o expunere a realității: „La început Dumnezeu a creat" (Gen. 1:1). Scriptura nu încearcă să-și dovedească veridicitatea în fața cititorului. Nu oferă liste cu argumente raționale drept dovezi. Cuvântul lui Dumnezeu pur și simplu prezintă adevărul ca fiind adevăr, așteptând și pretinzând de la cititor să-l accepte ca atare. Aceasta nu înseamnă că nu există dovezi care să confirme că ceea ce Biblia spune este adevărat. Scripturile prezintă foarte multe informații istorice, geografice, științifice, profetice și chiar existențiale care pot fi confirmate. Mai mult, o mărturie compusă prin aportul a peste patruzeci de autori, pe parcursul unei perioade de o mie cinci sute de ani, care expun în mod coerent același mesaj, fără vreo contradicție sau eroare demonstrabile, este un temei convingător cu ajutorul căruia să dobândim încredere în ceea ce afirmă.

Totuși, în starea sa pervertită, omul se va răzvrăti întotdeauna împotriva Cuvântului lui Dumnezeu, acesta fiind adevărul care exprimă dreptul lui Dumnezeu de a exercita autoritatea absolută asupra acestuia. Așa cum Pavel atestă în scrierile sale, starea aceasta de răzvrătire este naturală, întrucât, din punct de vedere spiritual, omul se naște mort în păcatele lui (Ef. 2:1; Rom. 3:10-18; cf. Ps. 51:5), cu mintea întunecată (Ef. 4.18), incapabil să se supună din inimă legii lui Dumnezeu (Rom. 8:7) și nedispus să accepte lucrurile lui Dumnezeu deoarece ele pot fi pricepute doar spiritual (1 Cor. 2:14). Singura izbăvire glorioasă vine în urma regenerării. Atunci când Duhul Sfânt regenerează un păcătos pierdut, el este „adus la viață" într-un sens spiritual (Ioan 3:3; Ef. 2:4-5). Împreună cu această înnoire a vieții vine iluminarea – i.e., o capacitare dată de Duhul Sfânt pentru a discerne că Scripturile sunt, de fapt, Cuvântul lui Dumnezeu (1 Ioan 2:20, 27).[11] Isus Însuși a afirmat că Biblia este adevărată (Ioan 17:17). El a mai afirmat și că o convingere încrezătoare în acest sens depinde de o inimă dispusă să se supună voii lui Dumnezeu (Ioan 7:17). Această dispoziție necesită o inimă nouă pe care doar Duhul Sfânt o poate da (Ioan 3:5-8).

Mărturia internă a Duhului Sfânt îl iluminează pe credincios astfel încât știe că Scripturile sunt Cuvântul lui Dumnezeu. Temeiul biblic pentru această clari-

---

11 O discuție suplimentară despre iluminarea și interpretarea Scripturii este oferită în cap. 5, „Dumnezeu Duhul Sfânt", la secțiunea „Învățare, iluminare și confirmare".

tate este derivat din două surse.[12] În primul rând, cuvintele Scripturii se autoatestă întrucât pretind că sunt de la Dumnezeu (2 Tim. 3:16; 2 Pet. 1:20-21). În al doilea rând, puterea dinamică a Duhului Sfânt aplică adevărul Scripturii, rezultând o siguranță plină de încredere în acest Cuvânt (1 Cor. 2:4-16). Această lucrare a Duhului Sfânt este declanșată prin citirea și proclamarea Scripturii (Rom. 10:14, 17). Aceasta nu înseamnă că toți cei care aud sau citesc ajung să creadă (Rom. 10:14-21), însă înseamnă că cei care cred o fac datorită lucrării de convingere și iluminare a Duhului Sfânt.

CLARITATEA ȘI SUFICIENȚA SCRIPTURII

Iluminarea nu este o lucrare a Duhului prin care Scripturile prind viață într-o manieră subiectivă pentru fiecare credincios. Nu oferă o revelație specială nouă credinciosului individual dincolo de ceea ce textul însuși spune. De asemenea, nu garantează că orice cuvânt va fi înțeles numaidecât. Acesta este punctul la care claritatea (sau limpezimea) Scripturii intră în discuție. Biblia articulează cu claritate adevărul lui Dumnezeu. Ea nu este o colecție de scrieri sau ziceri misterioase care necesită o cheie revelatorie care să le descuie adevăratul sens spiritual. Biblia revelează cu acuratețe și comunică cu claritate mesajul lui Dumnezeu. Cu toate acestea, cititorii trebuie să studieze ca să se asigure că înțeleg Cuvântul corect (2 Tim. 2:15). Chiar și scriitorii biblici au avut nevoie de studiu pentru a discerne înțelesul Scripturii (Dan. 10:12; 1 Pet. 1:10-12). Sunt unele taine care nu sunt revelate pe deplin în Scriptură (Deut. 29:29). Cu toate că mesajul în ansamblu este clar, Dumnezeu nu a revelat în Cuvântul Său tot ce ține de gândirea și planurile Sale pentru istoria răscumpărării. Ceea ce oferă lucrarea de iluminare a Duhului este (1) o receptivitate față de autoritatea Cuvântului lui Dumnezeu, (2) o convingere că acesta este Cuvântul adevărat al lui Dumnezeu și (3) o capacitate sprijinită de Duhul de a discerne adevăratul înțeles al Cuvântului lui Dumnezeu.

Biblia își atestă de asemenea suficiența (Ps. 19:7-11).[13] Învățătura ei este o lumină pe cărarea unui om (Ps. 119:105). Este mai demnă de încredere chiar și decât cele mai uimitoare experiențe spirituale (2 Pet. 1:19-20). Este în stare să conducă o persoană la credința mântuitoare (2 Tim. 3:15). Biblia dă învățătură elitei religioase, precum și credinciosului de rând (Deut. 6:4; Mc. 12:37; Fil. 1:1). A fost dată părinților de către Dumnezeu pentru a-și instrui copiii (Deut. 6:6-7) și este în stare să-l aducă până și pe un copil la

---

12 Pentru o discuție extinsă despre fundamentul biblic, teologic și istoric al doctrinei despre claritatea Scripturii, vezi Larry D. Pettegrew, "The Perspicuity of Scripture," *MSJ* 15, no. 2 (2004): 209–25.

13 Pentru o expunere extinsă a Ps. 19:7-14, vezi John MacArthur, "The Sufficiency of Scripture," *MSJ* 15, no. 2 (2004): 165–74.

credința mântuitoare (2 Tim. 3:14-15). Pavel a scris că toată Scriptura a fost dată prin inspirație și că este folositoare pentru învățare, mustrare, îndreptare și instruire în dreptate (2 Tim. 3:16-17).

O privire mai atentă asupra fiecăreia dintre aceste patru trăsături scoate la iveală suficiența deplină a Scripturii pentru a-l echipa pe un credincios ca să trăiască viața creștină. Primul termen, „învățare", are sensul că Biblia îl învață pe credincios cum să trăiască, ce să creadă și ce așteaptă Dumnezeu de la el. Această instruire are de-a face cu conținutul și doctrina. Conceptul de mai sus se potrivește cu îndemnul lui Isus din Marea Trimitere, potrivit căruia noii ucenici trebuie învățați să păzească tot ce El a poruncit (Mat. 28:18-20). Scripturile îi instruiesc pe oamenii lui Dumnezeu cum să trăiască în ascultare de El.

Al doilea termen, „mustrare", prezintă scopul Scripturii de a dojeni. Aceasta are de-a face cu evidențierea punctului în care o persoană a greșit sau s-a îndepărtat de ceea ce Dumnezeu îi cere. Scriptura este în stare să judece inima atunci când un credincios s-a abătut, la nivelul doctrinei sau practicii, de la credința dată sfinților o dată pentru totdeauna (Evr. 4:12). Următorul termen, „îndreptare", însoțește mustrarea. Biblia nu se limitează la a-i arăta unei persoane unde greșește, ci identifică atitudinea, credința sau conduita corectă pe care ar trebui să le pună în loc (Ef. 4.20-24).

În final, „instruirea în dreptate" indică faptul că Biblia îi arată celui în cauză, prin ilustrații și exemple, cum să pună zilnic în practică învățăturile ei (Ef. 4:25-32). Având parte de Scripturi și de locuirea Duhului Sfânt în el, credinciosul nu mai are nevoie de revelație suplimentară pentru a fi înștiințat cum să trăiască viața creștină. În procesul de creștere spirituală către maturitate, sunt puși la dispoziție păstori și învățători (Ef. 4:11-12), deoarece chiar și slujirile acestora sunt întemeiate și alimentate cu atotsuficientul Cuvânt al lui Dumnezeu (2 Pet. 1:2-3; cf. 1 Pet. 5:2-3).

AMPRENTA AUTORITĂȚII LUI DUMNEZEU ASUPRA SCRIPTURII[14]

Acest principiu veridic poate fi exprimat sub forma unui silogism, folosindu-se următorul raționament:

1. Adevăruri știute
   a. Scriptura pretinde că este Cuvântul lui Dumnezeu.
   b. Dumnezeu are autoritate
2. Concluzie: Scriptura are autoritate

În Scriptură sunt afirmate atât fundamentul ontologic (Dumnezeu există),

---

14 Această secțiune este adaptată după Richard L. Mayhue, "The Authority of Scripture," *MSJ* 15, no. 2 (2004): 232–34. Folosită cu permisiunea *MSJ*.

cât și cel epistemologic (Dumnezeu vorbește numai adevărul) ale autorității Bibliei (Gen. 1:1; Ps. 119:142, 151, 160). Astfel, însăși natura lui Dumnezeu și veridicitatea Cuvântului lui Dumnezeu sunt determinate nu inductiv, pe baza rațiunii umane, ci deductiv, din mărturia Scripturii (cf. Ps. 119:89; Is. 40:8).

Adesea este ridicată următoarea obiecție: „Dacă Scripturile au fost scrise de oameni, atunci este destul de probabil ca acestea să conțină anumite greșeli!" Obiecția aceasta este combătută prin următoarele observații:

1. Nu este negată participarea umană la procesul de inscripturare biblică.
2. Ideea dictării formale nu este cerută, deși uneori a avut loc.
3. Cadrul în care s-a format scriitorul biblic nu este eliminat.
4. Puterea, scopurile și lucrările lui Dumnezeu Tatăl prin Dumnezeu Duhul Sfânt nu sunt eliminate.
5. Există un echilibru perfect între inițiativa divină și participarea umană în scrierea autografelor Scripturii (sau a manuscriselor originale).

Însă, mai presus de orice, Scriptura este întâi de toate și prin excelență „Cuvântul lui Dumnezeu", nu „cuvântul oamenilor" (Ps. 19:7; 1 Tes. 2:13).

Din moment ce originea Scripturii poate fi explicată în ultimă instanță pe baza inspirației divine (Zah. 7:12; 2 Tim. 3:14-17; 2 Pet. 1:20-21), așa cum ea a fost definită mai sus, autoritatea Scripturii este derivată în mod direct din autoritatea lui Dumnezeu. Cei care nu recunosc autoritatea lui Dumnezeu în Scriptură sunt condamnați (Ier. 8:8-9; Mc. 7:1-13). Pe de cealaltă parte, cei care, pe bună dreptate, onorează și se supun autorității lui Dumnezeu în Scriptură sunt lăudați (Neem. 8:5-6; Apoc. 3:8).

Astfel, omul lui Dumnezeu – adică heraldul lui Dumnezeu – trebuie să „predice Cuvântul" (2 Tim. 4:2). Această declarație așază autoritatea nu în dreptul predicatorului, ci în dreptul lui Dumnezeu (vezi 2 Tim. 3:16-17). Pavel îl îndeamnă pe Tit să proclame Cuvântul lui Dumnezeu cu toată autoritatea (gr. *epitages*, i.e., ca și autoritatea unui comandant militar), astfel că nimeni nu este exceptat de la a asculta – nici măcar propovăduitorul (Tit 2:15).

Implicațiile autorității lui Dumnezeu din Scriptură pot fi sumarizate printr-o serie de enunțuri negative (ce nu este) și pozitive (ce este):

1. *Nu* este o autoritate derivată acordată de oameni, ci este autoritatea *originală* a lui Dumnezeu.
2. *Nu* se schimbă odată cu vremurile, cultura, națiunea sau contextul etnic, ci este autoritatea *nealterabilă* a lui Dumnezeu.
3. *Nu* este o autoritate între mai multe posibile autorități spirituale, ci este autoritatea spirituală *exclusivă* a lui Dumnezeu.

4. *Nu* este o autoritate care poate fi contestată cu succes sau respinsă justificat, ci este autoritatea *permanentă* a lui Dumnezeu.

5. *Nu* este o autoritate relativă sau subordonată, ci este autoritatea *supremă* a lui Dumnezeu.

6. *Nu* este doar o autoritate sugerată, ci este autoritatea *obligatorie* a lui Dumnezeu.

7. *Nu* este o autoritate lipsită de gravitate în ce privește consecințele, ci este autoritatea *importantă* a lui Dumnezeu.

Ineranța Scripturii

Adaptare și ineranță
Infailibilitate și ineranță
Isus și ineranța
Explicarea ineranței

Ineranța Scripturii este o doctrină pe care necredincioșii au contestat-o îndeosebi începând cu perioada Iluminismului (caa. d.Cr. 1650-1815). Are o legătură directă cu doctrina inspirației și cu cea a veridicității absolute a Cuvântului lui Dumnezeu. În această privință, în joc nu este nimic mai puțin decât veridicitatea și credibilitatea lui Dumnezeu – caracterul și natura Lui.

Adaptare și ineranță

Distincția ontologică dintre Dumnezeu, care este Creatorul, și omul, care este creația, impune dependența omului de Dumnezeu pentru revelație. Din punct de vedere epistemologic, omul este dependent de Dumnezeu. Ceea ce omul cunoaște despre Dumnezeu este doar ceea ce Dumnezeu îi descoperă. Creatorul a inițiat în mod personal revelarea de Sine față de creaturile Sale. Pe când revelația generală devoalează adevăruri observabile despre Creator, revelația specială comunică, prin limbaj, adevăruri despre Dumnezeu care nu pot fi deslușite doar pe baza observării creației. Unii susțin că limbajul uman în mod inevitabil Îl constrânge pe Dumnezeu să Se adapteze unor mijloace failibile de comunicare. Însă, limbajul nu este o invenție umană. Este un mijloc de comunicare între Dumnezeu și om, precum și între om și om, creat în mod divin. Astfel, nu există niciun sens în care procesul comunicării prin forme verbale și scrise să fie inadecvat transmiterii adevărului lui Dumnezeu. Până și încurcarea limbilor s-a produs în urma unei acțiuni divine (Gen. 11:1-9). Revelația specială, dată ca urmare a procesului de inspirație, este o comunicare pe deplin acurată, veridică, suficientă și credibilă, din partea lui Dumnezeu, care este Creatorul, către omul, care este creația. Dumnezeu a folosit mijloace umane ca să producă niște scrieri cu autoritate divină, prin intermediul Duhului Său Sfânt.

Istoric vorbind, adaptarea s-a referit la comunicarea lui Dumnezeu prin Scriptură folosind simboluri și expresii care au fost elocvente pentru om. Aici au fost incluse forme culturale, figuri de stil, expresii antropomorfe, și altele similare. Reformatorii au văzut această adaptare ca fiind utilizarea binevoitoare de către Dumnezeu a mai multor simboluri în actul de comunicare către omenire. Pe de altă parte, erantiștii au redefinit recent adaptarea ca pe o constrângere a lui Dumnezeu de a include erori în compunerea Scripturii, întrucât a folosit un limbaj și niște autori umani failibili. Întrucât adepții erorii afirmă că, din moment ce Dumnezeu S-a folosit de niște scriitori umani finiți, care erau păcătoși, ca să-Și scrie Cuvântul, rezultă că textul este susceptibil tuturor erorilor pe care le pot face niște ființe umane finite și păcătoase. Ei merg chiar până acolo încât să spună că întrebuințarea acestor mijloace umane de compoziție face inevitabilă apariția unor erori în cadrul procesului. Ei concluzionează că Biblia spune adevărul în chestiuni ce țin de credință și practică, întrucât acestea se găsesc la nivel de principii generale. Însă, ei afirmă că se pot găsi (și chiar se găsesc) erori factuale pretutindeni în Biblie din pricina instrumentelor umane failibile pe care le-a folosit Dumnezeu pentru alcătuirea textului.

Răspunsurile de mai jos date poziției erantiste moderne demonstrează failibilitatea argumentelor ei. În primul rând, aceasta confundă finitudinea cu păcatul și eroarea. Umanitatea nu este distrusă dacă Dumnezeu a supravegheat scrierea Scripturii prin inspirație, ca să o protejeze de toate erorile ei. Oamenii păcătuiesc, comit erori și greșesc de nenumărate ori pe parcursul vieților lor, însă nu păcătuiesc și nu greșesc de fiecare dată. Este posibil ca o ființă umană failibilă să scrie o propoziție fără să greșească. Pe de o parte, supravegherea scrierii Scripturii de către Dumnezeu n-a compromis umanitatea autorilor. Pe de altă parte, procesul inspirației a inclus lucrarea lui Dumnezeu de protejare a scriitorilor umani, astfel încât ei n-au comis erori atunci când au scris Cuvântul Său – cuvânt după cuvânt, propoziție după propoziție.

În al doilea rând, mărturia unanimă a Scripturii afirmă veridicitatea ei absolută. Ea pretinde în mod repetat că afirmă adevărul (Ps. 119:43, 160; Ioan 17:17; 2 Cor. 6:7, Col. 1:5; 2 Tim. 2:15; Iac. 1:18). Ea este identificată în mod direct atât cu scriitorii umani, cât și cu Dumnezeul care a inspirat-o. Solicitările directe ale lui Dumnezeu de a o lăsa nemodificată demonstrează că ceea ce s-a scris este exact ceea ce Dumnezeu a intenționat să spună (Deut. 4:2; 12:32; Pv. 30:5-6; Apoc. 22:18-19). Simpla folosire a unor scriitori umani failibili nu I-a limitat în niciun fel lui Dumnezeu capacitatea de a transmite un adevăr absolut prin fiecare cuvânt. Inspirația dată prin implicarea directă a Duhului a facilitat apariția Cuvântului inerant al lui Dumnezeu (2 Pet. 1:20-21).

În final, poziția erantistă a adaptării este inconsecventă. Oare cum poate cineva să fie sigur că Dumnezeu îi poate comunica omului în mod corect adevăruri spirituale privitoare la credință și practică, dacă nu poate garanta că datele istorice sunt consemnate corect? Dacă cineva afirmă că Biblia este lipsită de erori care să-l conducă pe om la o cunoaștere corectă a lui Dumnezeu în mântuire, atunci ce îl împiedică să afirme în egală măsură veridicitatea celorlalte părți? Dacă Dumnezeu este în stare să-i ferească pe scriitori de orice erori în scrierea adevărurilor spirituale, atunci nu avem temeiuri rezonabile să concluzionăm că El n-a fost capabil să garanteze o redare factuală a consemnărilor științifice și istorice.

Infailibilitate și ineranță[15]

DEFINIȚII ALE INERANȚEI ȘI INFAILIBILITĂȚII

Ineranță înseamnă literal „fără eroare." Atunci când termenul este aplicat Scripturii, înseamnă că Biblia este fără eroare în exemplarele originale. Prin urmare, atunci când este interpretată adecvat, nu afirmă nimic care să fie neadevărat sau contrar realității.

Termenul *infailibilitate* a fost în mare măsură, istoric vorbind, sinonim cu o perspectivă evanghelică asupra ineranței. Infailibilitate înseamnă a fi în imposibilitatea de a duce în eroare sau de a eșua în îndeplinirea scopului divin intenționat. Articolul 11 din Declarația de la Chicago despre ineranța biblică (1978) o redă astfel: „Noi afirmăm că Scriptura, fiind dată prin inspirație divină, este infailibilă, astfel că, departe de a duce în eroare, este adevărată și credibilă în toate subiectele pe care le abordează."

Din punct de vedere istoric, ineranța și infailibilitatea au fost legate inseparabil. Însă, începând cu anii 1960, *infailibilitatea* a devenit un termen folosit într-o manieră nouă de către cei care credeau în *ineranța limitată*. Aceștia l-au confiscat dându-i sensul că Biblia este infailibilă prin faptul că nu afirmă vreo doctrină înșelătoare sau falsă în ce privește credința și practica. Însă, din perspectiva lor, aceasta nu înseamnă că Scriptura este obligatoriu exactă factual la nivelul tuturor cuvintelor ei. Motivația primordială de la rădăcina alterării definiției a avut legătură cu efortul de a nega ineranța și totuși a păstra o identificare cu cei de o credință ortodoxă. Totuși, biblic vorbind, nu este ortodox să afirmi infailibilitatea separat de ineranță. Negarea ineranței este motivată de refuzul acceptării tuturor afirmațiilor Scripturii. Tăgăduitorii caută să scuze păcatul și să afirme o purtare nebiblică prin astfel de eforturi.

15 Articolul germinativ pe această temă îi aparține lui Paul D. Feinberg, "Infallibility and Inerrancy," *TJ* 6, no. 2 (1977): 120–32.

FUNDAMENTUL BIBLIC AL INERANȚEI

În ce privește Scriptura, Pavel afirmă direct că aceasta este inspirată de Dumnezeu (2 Tim. 3:16). Ea este produsul lucrării lui Dumnezeu făcute cu ajutorul autorilor umani, prin intermediul Duhului Său (2 Pet. 1:20-21). Din moment ce aceste cuvinte sunt cuvintele Dumnezeului adevărului, ele trebuie să fie lipsite de eroare. Inspirația are de-a face cu mijloacele prin care a fost alcătuit textul, însă ea implică de asemenea în mod direct prezența lucrării lui Dumnezeu. Astfel, produsul final Îi este atribuit Lui. Indiferent de implicarea instrumentului uman în procesul de compoziție, în ce privește doctrina ineranței, în joc este însăși integritatea autorului divin. Anterior asalturilor criticii superioare asupra doctrinei Scripturii din secolul al nouăsprezecelea, ideea de inspirație a condus în mod obligatoriu la afirmația potrivit căreia cuvintele scrise ale lui Dumnezeu, Care este adevărul, au fost pe deplin adevărate și lipsite de greșeală în autografele originale. Aceasta corespunde cu poziția susținută de Isus Însuși (Ioan 17:17).

Perspectiva Bibliei asupra propriei autorități atestă ineranța. Declarațiile recurente de tipul „Așa vorbește Domnul" creează o atmosferă în care ineranța este implicită în tot Vechiul Testament. Scriitorii Noului Testament presupun în mod universal veridicitatea absolută a Vechiului Testament. Urmând un tipar stabilit de Isus, aceștia își bazează doctrina pe exprimarea literală din textele biblice pe care le citează (e.g., referirea lui Pavel la „sămânță", nu „semințe", în Gal. 3:16). Și mai important, ei își bazează credința privitoare la veridicitatea Vechiului Testament pe caracterul Dumnezeului triunic. Pentru Pavel, Tatăl este „Dumnezeu, care nu poate să mintă" (Tit 1:2). În Evanghelia după Ioan, Fiul nu este doar calea și viața, ci și adevărul (Ioan 14:6). Tot astfel, Duhul Sfânt este Duhul adevărului (Ioan 14:17; 15:26; 16:13; 1 Ioan 5:6). Ioan consemnează în dreptul lui Dumnezeu și următoarea afirmație: „Cuvântul Tău este adevărul" (Ioan 17:17). Limbajul acesta coincide cu mărturia din Vechiul Testament potrivit căreia Cuvântul lui Dumnezeu este adevărul care este așezat pentru eternitate în ceruri (Ps. 119:89, 160) – o atestare a faptului că aceasta nu este doar o mărturie pământească trecătoare dată de Dumnezeu, ci una eternă și cerească. Dacă Dumnezeu este autorul Scripturii, așa cum pretinde textul, cum să existe erori în ceea ce afirmă? Dacă există erori în ceea ce spune, cum poate Dumnezeu să fie un Dumnezeu al adevărului? Mai mult, dacă acesta este un Cuvânt etern și durabil, așa cum atestă Scriptura, atunci cum poate Dumnezeul adevărului să îngăduie ca prin acesta să fie transmise falsități? Când vine vorba despre doctrina ineranței, miza nu este alta decât caracterul și integritatea lui Dumnezeu Însuși. După cum Dumnezeu este adevărat, tot așa este și revelația Sa în Scriptură.

Isus și ineranța

Faptul că Isus a crezut într-o Biblie inerantă a fost deja arătat în secțiunea anterioară intitulată „Dovezi ale inspirației". Însă, ca o demonstrație suplimentară, putem observa că Isus n-a pus niciodată la îndoială acuratețea sau veridicitatea nici măcar a unui singur pasaj din Vechiul Testament. De fapt, nici măcar n-a luat în discuție subiectul unei Scripturi care ar conține greșeli, întrucât integritatea textului a fost presupusă întotdeauna și afirmată repetat. Nici măcar o dată Cristos n-a indicat spre cea mai măruntă nevoie de a corecta vreo afirmație din Vechiul Testament. În schimb, a afirmat veridicitatea acestuia până în cele mai mici detalii (Mat. 5:18; Ioan 10:35). De asemenea, merită evidențiat că, dintre toate întrebările puse lui Isus de către oameni, niciuna nu a vizat inspirația Vechiului Testament. Nimeni nu L-a întrebat dacă acesta conținea vreo eroare. De la ucenicii Lui, la un grup numeros al oamenilor de rând, și până la o mulțime de adversari, nici măcar o singură persoană nu a pus la îndoială inspirația și ineranța Scripturii. Mai mult, Scriptura nu prezintă nicio dovadă în sprijinul poziției conform căreia Isus ar fi crezut și i-ar fi învățat pe alții despre o inspirație pur conceptuală. Nu există nicio dovadă că Isus ar fi crezut despre Scriptură că ar conține vreo eroare cât de măruntă. Cu toate că, în general, argumentul tăcerii nu este cel mai puternic, în cazul de față tăcerea este asurzitoare. Dacă Isus ar fi avut cunoștință despre vreo eroare (chiar de vreo discrepanță factuală minoră) în text, ar fi greu de conceput cum de n-a abordat acest aspect nicăieri, îndeosebi față de ucenicii Lui, ca astfel să îi pregătească pentru o astfel de dificultate doctrinară.

Ar fi în egală măsură inexplicabil de ce Isus n-a abordat niciodată acest subiect față de oponenții Lui. Pe tot parcursul lucrării Lui, Isus nu S-a acomodat niciodată cu dușmanii Lui. El a confruntat purtarea și doctrina eronate. A obișnuit să confrunte în mod intenționat doctrinele și practicile rabinice false cu fiecare prilej. Și totuși, nici măcar o singură dată Isus n-a pus la îndoială veridicitatea Scripturii. A luat în discuție doar ignoranța și utilizarea greșită a Scripturii de către iudei. Predica de pe munte a fost o confruntare totală a celor care au prezentat sau au înțeles eronat Legea lui Dumnezeu (Matei 5-7). Cu toate acestea, pe tot parcursul discursului Său, Isus a corectat doar *interpretarea eronată* a Scripturii. Niciodată n-a făcut nici cea mai mică aluzie la posibilitatea ca integritatea biblică să fi fost sub semnul întrebării - și relatările evangheliilor arată limpede că Isus n-a ezitat niciodată să confrunte eroarea. A obișnuit să ia în discuție chiar și cele mai controversate subiecte, fie în raportarea la ucenicii Săi, fie la conducătorii religioși ai vremii. Prin urmare, este ilogic să se concluzioneze că Isus S-ar fi adaptat la opiniile dușmanilor sau ale ucenicii Săi în privința acestei chestiuni. Nu există niciun argument convingător care să poată fi prezentat spre a explica de ce ar fi neglijat Isus să abordeze acest subiect, dacă Scriptura ar fi conținut erori.

Explicarea ineranței

INERANȚA NU POATE FI DEMONSTRATĂ ȘTIINȚIFIC

Doctrina ineranței face în mod natural pereche cu doctrina inspirației. De asemenea, ea este o concluzie logică și necesară în baza caracterului lui Dumnezeu și a afirmațiilor privitoare la adevăr făcute de Scriptură. În multe situații, ea poate fi confirmată chiar și pe baza unor dovezi exterioare, empirice. Ca atare, ineranța este o doctrină care este presupusă din punct de vedere biblic și teologic.

Cu toate acestea, nu este posibil ca de fiecare dată să o demonstrezi folosind date științifice. Aceasta deoarece pur și simplu unele lucruri nu pot fi reproduse pentru a fi supuse unei analize în prezent. Evenimentele creației și potopului nu pot fi repetate. Și totuși, a existat un martor ocular de o credibilitate ireproșabilă – Dumnezeu – Care a scris o relatare inerantă. Nu sunt disponibile dovezi arheologice care să confirme fiecare fapt istoric menționat în Biblie. În ultimă instanță, în toate situațiile, evenimentele miraculoase înregistrate în Scriptură pot fi atestate doar de consemnările oculare oferite chiar de către scriitorii biblici.

În același timp, este la fel de adevărat că nu există nicio modalitate prin care consemnările biblice să poată fi dovedite ca fiind neîntemeiate. Fiecare contestare istorică a veridicității Scripturii s-a dovedit falsă. În multe cazuri, mărturiile externe au confirmat nu doar o relatare biblică în general, ci și detaliile factuale. În alte situații, o armonizare sau o soluție interpretativă similară a confirmat în mod adecvat acuratețea relatării biblice. În plus, dovezile veridicității scripturale și ale acurateței factuale depășesc cu mult confirmările externe. Simpla împlinire a Scripturii confirmă autenticitatea și veridicitatea înregistrărilor biblice. Pretenția adevărului emisă în mai multe rânduri de Scriptură, doctrina inspirației și folosirea Vechiului Testament de către scriitorii Noului Testament, toate acestea confirmă o acceptare universală a veridicității și credibilității depline a textului biblic. Pe deasupra, doctrina inspirației impune acceptarea relatării scripturale în detrimentul oricărei relatări externe, omenești, pe baza faptului că este Cuvântul lui Dumnezeu.

INERANȚA SE APLICĂ AUTOGRAFELOR

Fiecare carte a Bibliei a fost compusă original sub inspirația Duhului Sfânt de către un autor uman. Aceste lucrări originale – numite *autografe* – au fost complet lipsite de greșeală ca urmare a inspirației divine. Niciunul dintre aceste manuscrise originale nu se mai găsește astăzi. În schimb, au fost făcute copii și, la scurt timp, copii ale copiilor. Aceste copii și o mulțime de traduceri au fost transmise pe parcursul secolelor. Doctrinele transmiterii și păstrării Scripturii vor fi discutate mai târziu în acest capitol, însă aici trebuie să scoatem în evidență că procesul de copiere a avut un potențial evident de strecurare a unor erori în text. Din acest motiv, doctrina ineranței este limitată la autografe.

Spre deosebire de autografe, copiile sunt supuse erorilor din pricina contribuției umane failibile, dat fiind că Scriptura nu vorbește niciodată despre cârmuirea de către Duhul Sfânt a lucrării copiștilor. Să adăugăm la aceasta și faptul că nu s-a păstrat niciun manuscris original care să poată confirma copiile, și astfel doctrina ineranței ar putea părea nulă și neavenită. O astfel de idee ar putea fi dusă mai departe și să includă procesul de traducere. Întrucât traducerile (ca și copiile) nu sunt realizate prin inspirație, și ele sunt supuse erorii. Cum ne putem baza pe Scriptură dacă nu dispunem de textul original compus de către autorul inspirat în mod divin?

Dumnezeu nu a ales să extindă minunea inspirației și asupra proceselor de copiere și traducere. Însă, în mod providențial, Dumnezeu a păstrat copii și traduceri pentru ca astfel ele să reproducă în mod fidel conținutul autografelor. Așa cum va fi discutat mai jos, dovezile disponibile în prezent îi îndreptățesc pe eruditii textelor să susțină cu încredere că traducerile Scripturii de care dispunem în prezent cuprind peste 99 de procente din manuscrisele originale.[16] Traducerile pot fi verificate cu ușurință pe baza unui text critic spre a se stabili acuratețea cu care acestea reproduc autografele. Prin urmare, se poate spune despre copii și traduceri că reflectă cu acuratețe Cuvântul inerant scris inițial de autorii inspirați în mod divin. Procesul de copiere supravegheat de Dumnezeu păstrează doctrina ineranței. O traducere poate fi considerată în continuare ca fiind Cuvântul lui Dumnezeu atât timp cât redă cu acuratețe conținutul manuscriselor originale.

INERANȚA PERMITE FOLOSIREA UNUI LIMBAJ UZUAL

Doctrina ineranței nu înseamnă că legile uzuale ale limbajului sunt excluse. Biblia întrebuințează frecvent estimări (1 Cron. 5:21; Is. 37:36), și astfel de numere rotunde nu sunt erori factuale. Niște afirmații imprecise științific nu echivalează cu afirmații eronate; ele pur și simplu fac parte din modul în care noi folosim limbajul în mod uzual. Același lucru este valabil în privința afirmațiilor despre distanță. Mai mult, ineranța nu impune folosirea unui limbaj tehnic sau științific. Autorii biblici n-au intenționat să ofere în consemnările lor narative descrieri sau explicații științifice. De fapt, în multe cazuri, limbajul tehnic al vremii lor ar fi fost eronat. Însă modalitatea de afirmare a lucrurilor din Scriptură

---

16 Wayne Grudem, *Systematic Theology: An Introduction to Biblical Doctrine* (Grand Rapids, MI: Zondervan, 1994), 96. Pentru o introducere excelentă la subiectul criticii textuale atât pentru textele din Vechiul Testament, cât și pentru cele din Noul Testament, vezi Paul D. Wegner, *A Student's Guide to Textual Criticism of the Bible: Its History, Methods and Results* (Downers Grove, IL: IVP Academic, 2006).

se potrivește cu percepția asupra realității – chiar dacă sunt transmise printr-un limbaj uzual. Un exemplu perfect este Iov 26:7, unde se spune despre Dumnezeu că atârnă pământul pe nimic. Aceasta nu este o descriere științifică. Însă, factual vorbind, este una pe deplin acurată. Limbajul fenomenologic nu este o încălcare a ineranței. Iosua s-a rugat ca soarele să se oprească, iar versetul următor afirmă că „soarele s-a oprit și luna a rămas unde era, până când poporul s-a răzbunat pe dușmanii lui" (Ios. 10:12-13). Această descriere geocentrică nu încalcă ineranța în niciun fel. Ea este o afirmație pe deplin adevărată dintr-o perspectivă pământească. Limbajul permite ca adevărul să fie comunicat din perspectiva scriitorului sau a vorbitorului.

Ineranța permite folosirea multor tipuri de limbaj. Aici sunt incluse citările libere din Vechiul Testament de către scriitori ai Noului Testament. Cele mai vechi manuscrise grecești nu conțineau semne de punctuație. Aceasta face ca, uneori, identificarea precisă a citatelor să fie dificilă. Întrucât Vechiul Testament a fost scris în ebraică, scriitorii biblici ai Noului Testament au fost nevoiți să folosească fie o traducere existentă, fie să realizeze una proprie. Mai mult, în multe cazuri, este evident că autorul n-a intenționat să ofere o citare cuvânt cu cuvânt, ci una suficient de simplă a originalului astfel încât cititorul să o poată recunoaște. Aceasta este o practică uzuală chiar și în scrierea și predicarea din zilele noastre. O citare liberă tot va transmite cu acuratețe sensul textului menționat. Niciuna dintre practicile de mai sus nu sunt încălcări ale integrității textului biblic. În astfel de cazuri, este mai bine ca folosirea Vechiului Testament de către Noul Testament să fie descrisă în termenii aluziilor decât în cei ai citărilor, fiind limpede că scriitorii nu au încercat să repete acele cuvinte în mod literal. Întrucât cititorul cunoaște sau are acces la textul inițial din Vechiul Testament, citările libere din Vechiul Testament în Noul Testament nu-l induc în eroare pe cititor și nici nu compromit integritatea textului.

Ineranța nu impune folosirea unor structuri gramaticale perfecte în toate situațiile, nici a unor exprimări exacte (*ipsissima verba*) sau a unor detalii exhaustive. Un enunț poate fi neconvențional din punct de vedere gramatical și totuși să fie inteligibil și adevărat. De mult ori, alegerile sintactice și lexicale oglindesc pur și simplu stilul și îndemânarea autorilor umani. Relatările pe care aceștia le-au scris sunt adevărate și chiar atunci când n-au consemnat toate detaliile istorice. În cazul relatărilor paralele din ambele Testamente, scriitorii umani au făcut alegeri firești pentru a-și menține focalizarea din narațiunile lor. Consecința inevitabilă a fost includerea și excluderea anumitor detalii din fiecare relatare. Adevărul cuprinde suma tuturor relatărilor. Niciunul dintre acești factori nu neagă dimensiunea factuală a Cuvântului scris.

Biblia este Cuvântul inerant, infailibil al lui Dumnezeu. Este rezultatul inspirației divine, care a produs niște relatări cu autoritate divină și corecte factual care sunt veridice în ceea ce consemnează. Această doctrină se aplică în mod direct autografelor și în mod indirect textelor și traducerilor de astăzi.

PĂSTRAREA SCRIPTURII

Explicarea păstrării
Canonicitate și păstrare
Critica textuală și păstrarea

Când vine vorba despre Cuvântul revelat și inspirat al lui Dumnezeu, care a fost scris, și pe care biserica primară l-a recunoscut drept canonic, se pune următoarea întrebare: cum poate fi cineva sigur că acesta a fost transmis până în prezent fără ca vreo parte a conținutului să se fi pierdut?[17] Mai mult, întrucât una dintre preocupările principale ale Diavolului este subminarea Bibliei, oare Scripturile au supraviețuit acestui asalt necontenit? La început, Satan a tăgăduit Cuvântul lui Dumnezeu înaintea Evei (Gen. 3:4). Ulterior a încercat să distorsioneze Scriptura în întâlnirea din pustie cu Cristos (Mat. 4:6-7). Prin intermediul regelui Ioiachim, a încercat să distrugă efectiv Scripturile în formă materială (Ier. 36:23). A fost dezlănțuită o bătălie pentru Biblie, însă Cuvântul lui Dumnezeu a supraviețuit și va continua să reziste, tuturor atacurilor din partea inamiculei ei principal și din partea tuturor celorlalți.

Dumnezeu a anticipat acțiunile vătămătoare ale omului, ale lui Satan și ale demonilor față de Scriptură prin a formula promisiunii divine despre păstrarea Cuvântului Său. Existența continuă a Scripturii este garantată în Isaia 40:8: „Iarba se usucă, floarea cade, dar cuvântul Dumnezeului nostru rămâne în veci" (cf. 1 Pet. 1:24-25). Aceasta înseamnă chiar și că nicio parte din Scriptura inspirată nu s-a pierdut în trecut care să aștepte a fi descoperită.

Conținutul actual al Scripturii va dăinui, atât pe pământ (Is. 59:21), cât și în cer (Ps. 119:89). Astfel, scopurile lui Dumnezeu, așa cum au fost proclamate în scrierile sacre, se vor împlini, până în cele mai mici detalii (cf. Mat. 5:18; 24:35; Mc. 13:31; Luca 16:17).

Explicarea păstrării

DEFINIȚIA PĂSTRĂRII

Ca doctrină, păstrarea se referă la acțiunile lui Dumnezeu prin care El a întreținut și a transmis de-a lungul secolelor consemnarea scrisă a revelației Sale speciale pentru cei din poporul Său. Aceasta începe de la instrucțiunile specifice date lor ca să păstreze revelația. De asemenea include modalitatea providențială

---

17 Această introducere este adaptată după MacArthur, *MacArthur Study Bible: English Standard Version*, xx. Folosit cu permisiunea editurii Thomas Nelson.

în care Dumnezeu Şi-a ţinut în siguranţă Cuvântul prin eforturile sârguincioase ale factorilor umani, de-a lungul mileniilor. Punctul de început a coincis cu scrierea originală, şi a continuat pe parcursul timpului cu strângerea textelor în colecţiile scrierilor canonice existente în prezent.

Mărturisirea de credinţă de la Westminster (1646) descrie doctrina păstrării în felul următor: „Vechiul Testament în limba ebraică... şi Noul Testament în limba greacă..., fiind numaidecât inspirate de Dumnezeu, şi păstrate nealterate prin grija şi providenţa Sa specială, sunt astfel autentice; de aceea, în toate disputele privitoare la credinţă, Biserica trebuie să apeleze în ultimă instanţă la ele" (1.8). Cu alte cuvinte, Dumnezeu i-a inspirat deopotrivă pe scriitori în timpul alcătuirii textului şi a lucrat providenţial de-a lungul secolelor în vederea păstrării acelor scrieri. Iată fundamentul pe baza căruia aceste texte au autoritate şi, în limbile lor originale, pot fi invocate drept cuvântul final în toate chestiunile de credinţă şi practică.

Apare însă o întrebare inevitabilă: Oare Biblia afirmă această doctrină? Dacă da, această păstrare este una miraculoasă sau providenţială? Păstrarea este promisă într-un manuscris, sau într-un set de manuscrise, într-o ediţie grecească sau într-una evreiască? Ce rol joacă în acest proces versiunile Bibliei (i.e., traduceri în alte limbi)? Ce se poate spune despre impactul mijloacelor păstrării asupra stabilirii canonului?

ÎNVĂŢĂTURA BIBLICĂ DESPRE PĂSTRARE

Oare Scriptura afirmă ceva despre propria păstrare pe parcursul procesului de transmitere (de la o generaţie la alta) şi a celui de traducere (dintr-o limbă în alta)? O analiză concentrată pe afirmaţiile Bibliei indică faptul că Dumnezeu a promis să-Şi păstreze Cuvântul pentru veci în ceruri (Ps. 119:160). Această precizare consolidează şi imprimă siguranţă încrederii noastre că Dumnezeu este cel care păstrează nealterate Scripturile. Promisiunile scripturale vizează o păstrare providenţială divină a textului pe pământ, mai degrabă decât una miraculoasă.

Pledoaria pentru păstrarea perfectă, eternă. Biblia face o promisiune directă privitoare la păstrarea Cuvântului lui Dumnezeu în ceruri. Psalmul 119:89 afirmă: „Cuvântul Tău, Doamne, dăinuie în veci în ceruri". În original, termenul „dăinuie" înseamnă literal a fi aşezat sau pus într-un loc într-o manieră permanentă. Este similar unui stâlp care este aşezat într-un mod durabil în interiorul unei clădiri atunci când aceasta este construită. Tot aşa, Cuvântul lui Dumnezeu este aşezat pentru totdeauna. Însă aici cheia este precizarea conform căruia Cuvântul lui Dumnezeu este aşezat în ceruri, nu pe pământ. Aceasta subliniază că Dumnezeu deţine o consemnare permanentă şi perfectă a revelaţiei Sale inspirate şi scrise date omului, însă o păstrează în ceruri. Psalmistul continuă spunând: „De multă vreme am aflat din învățăturile Tale, pe care le-ai întemeiat pentru totdeauna" (Ps. 119:152). Așadar, Cuvântul lui Dumnezeu este invariabil, neschimbător și etern, însă forma sa păstrată perfect se găsește în ceruri. Isaia contrastează natura trecătoare a omului cu perfecțiunea eternă a Cuvântului lui Dumnezeu atunci când scrie: „Iarba se usucă, floarea cade, dar cuvântul Dumnezeului nostru rămâne în veci" (Is. 40:8). Cuvântul lui Dumnezeu este etern, însă acest text nu indică direct că această natură eternă include o promisiune a unei copii păstrate perfect aici pe pământ. Petru, de asemenea, se referă în mod direct la acest verset și spune: „Și acesta este cuvântul care v-a fost vestit prin Evanghelie" (1 Pet. 1:25). Această afirmație echivalează mesajul Evangheliei din Noul Testament cu mesajul Vechiului Testament în calitate de Cuvânt al lui Dumnezeu. De asemenea, face din păstrarea eternă o certitudine prin implicație. Însă tot nu găsim că Dumnezeu ar face o promisiune directă în Scriptură potrivit căreia Își va păstra Cuvântul Său aici pe pământ sub forma unei copii ireproșabile sau a unei ediții inspirate alta decât autografele.

Scriptura afirmă nu doar certitudinea păstrării Cuvântului lui Dumnezeu, ci și înfăptuirea ei. Isus vorbește despre natura permanentă a Cuvântului lui Dumnezeu în felul următor: „Căci adevărat vă spun: câtă vreme nu vor trece cerul și pământul, nu va trece o iotă sau un semn de literă din Lege, până când toate se vor împlini" (Mat. 5:18). Aici trebuie subliniate două aspecte. Primul are de-a face cu termenii „iotă" și „semn de literă". „Iota" se referă la *yodh*, care este cea mai mică literă din alfabetul evreiesc. „Semn de literă" este de fapt echivalentul pentru „un cârlig", care aici descrie chiar cea mai mică atingere a unei penițe care ar deosebi o literă de alta. Ar fi asemenea liniuței încovoiate pusă literei *R* care o deosebește de litera *P* în cadrul alfabetului. Ideea pe care o evidențiază Isus este limpede: ceea ce Dumnezeu a spus, El tratează cu seriozitate. Nimic nu-L va împiedica pe Dumnezeu să înfăptuiască în întregime cele scrise – chiar până la cel mai mic punct.

Textul de mai sus este citat adesea ca dovadă că Dumnezeu a promis că Își va păstra Cuvântului Său scris aici pe pământ. Totuși, la o analiză mai atentă, textul evidențiază că sensul cuvintelor lui Cristos nu este neapărat păstrarea aici a Cuvântului într-o formă tipărită, ci împlinirea acestuia în întregime, înfăptuirea lui. Cu toate acestea, această afirmație pare a presupune în mod inerent că Dumnezeu Își va păstra revelația Sa scrisă. Cum poate fi ea o mărturie pentru omenire dacă nu este păstrată în formă tipărită, așa încât omul să o poată citi înainte, în timpul și după împlinirea acelor cuvinte? Dar promisiunea se referă la împlinire, nu la păstrare. Isus continuă făcând aceeași afirmație cu privire la Propriile Sale cuvinte, atunci când spune: „Cerul și pământul vor trece, dar cuvintele Mele cu niciun chip nu vor trece" (Mat. 24:35). Din nou, implicația este clară: atunci când Isus vorbește, cuvintele Lui sunt sigure și obligatorii pentru veșnicie așa cum se întâmplă și când Dumnezeu Însuși vorbește. Însă, din punct de vedere contextual, Isus vorbea despre împlinirea tuturor celor spuse de El cu privire la evenimentele care urmau să aibă loc în acea generație și în veacul viitor. Nu era o promisiune care să aibă de-a face în mod direct cu consemnarea cuvintelor Lui sau a învățăturilor din Noul Testament.

Așadar, Biblia afirmă că Dumnezeu S-a angajat să împlinească fiecare cuvânt și fiecare promisiune dată în Scriptură. De asemenea, ea confirmă că Dumnezeu Își va păstra Cuvântul pentru veșnicie, neschimbat, în ceruri. Însă nu avem nicio afirmație sau garanție directă privitoare la o păstrare absolut perfectă a unei copii sau a unor copii ale Cuvântului Său aici pe pământ. Aceasta nu înseamnă că El n-a păstrat-o într-o manieră pe deplin demnă de încredere. Înseamnă însă că El a decis să păstreze consemnarea pământească a revelației Sale într-un mod providențial, prin intermediul unor eforturi umane asidue. Întrucât au fost descoperite și comparate cu atenție mii de manuscrise ale Vechiului și Noului Testament, cei mai buni erudiți creștini au concluzionat că, în mod esențial, textul biblic original a fost recuperat și reconstituit.[18] Astfel, Cuvântul lui Dumnezeu a fost păstrat în mod perfect în ceruri și în mod fidel pe pământ.

Chemarea la păstrarea pământească sârguincioasă. În ce privește tărâmul ceresc, Dumnezeu a promis să-Și păstreze Cuvântul Său într-un mod ireproșabil și pentru totdeauna. În ce privește tărâmul pământesc, El l-a păstrat într-un mod providențial prin poporul Său, a cărui responsabilitate este să-l protejeze și să-l transmită altora. Lucrul acesta este evidențiat întâi de toate prin poruncile repetate date de Dumnezeu poporului Său ca să nu adauge, nici să nu scoată nimic din Cuvântul Său (Deut. 4:2; 12:32; Pv. 30:6; Ier. 26:2; Apoc. 22:18-19). Aceste solicitări repetate arată clar că ceea ce Dumnezeu a comunicat prin penița autorilor umani a fost exact ceea ce a vrut să comunice. Poporul Său a fost răspunzător nu doar pentru ascultarea de slava acestuia, ci și pentru păstrarea lui până la ultima literă. Atunci când aceste afirmații sunt puse alături de cuvintele lui Isus din Matei 5:18, este evident că standardul final după care va fi judecat orice om sunt autografele date prin inspirație. Astfel, este esențial ca poporul lui Dumnezeu să dea dovadă de o atenție maximă față de copierea, traducerea și publicarea Cuvântului Său, ca să nu mai menționăm sârguința în interpretarea acestuia. Dumnezeu Și-a așezat Cuvântul în ceruri, însă aici îi conduce pe credincioși pe calea responsabilității care vizează păstrarea și apărarea integrității acestuia.

Cea mai bună dovadă că Dumnezeu Și-a păstrat Cuvântul ireproșabil în ceruri, în vreme ce i-a încredințat poporului Său responsabilitatea documentului pământesc, se găsește chiar în Scriptură. În Exod se spune că, atunci când

---

18 Wegner, *A Student's Guide*, 301.

Dumnezeu a terminat de vorbit, i-a dat lui Moise „cele două table ale mărturiei, table de piatră, scrise cu degetul lui Dumnezeu" (Ex. 31:18). Așadar, Dumnezeu Însuși a scris în piatră această porțiune din Scriptură și i-a dat-o lui Moise. Însă când Moise s-a coborât de pe Muntele Sinai cu acele table în mână, a văzut păcatul poporului și, la mânie, le-a zdrobit (Ex. 32:19). Dumnezeu i-a îngăduit efectiv lui Moise să distrugă singura copie a acelor porunci – chiar înainte ca poporul să le vadă sau să le audă. La momentul respectiv, și apoi pentru o scurtă perioadă, n-a existat nicio altă copie pământească a acestor porunci. Cu toate acestea, Dumnezeu a putut reface pe deplin și cuvânt cu cuvânt ceea ce se pierduse prin acțiunile oamenilor. El i-a poruncit lui Moise să taie două table asemenea celor dintâi și să se înfățișeze din nou pe Muntele Sinai. După aceea, pe parcursul următoarelor patruzeci de zile, l-a pus pe Moise să scrie pe acele table aceleași porunci pe care i le dăduse inițial (Ex. 34:1-2, 27-28). Remarcăm că Dumnezeu îi încredințează poporului Său responsabilitatea de a avea grijă de Cuvântul Său.

În cazul pierderii Cuvântului, Dumnezeu poate să-l restaureze până la ultima literă. Cel mai detaliat exemplu al disponibilității lui Dumnezeu de a-Și lăsa Cuvântul să fie distrus și al abilității Lui de a-l restaura se găsește în Ieremia 36. Contextul este anul al patrulea al domniei lui Ioiachim, regele lui Iuda. Dumnezeu i-a spus lui Ieremia să ia un sul și să-și scrie profeția sub forma unui mesaj care urma să-i fie înmânat regelui, mesaj care-l chema la pocăință. Textul spune: „Atunci Ieremia l-a chemat pe Baruc, fiul lui Neriia; și Baruc a scris pe un sul de carte toate cuvintele Domnului pe care i le spusese prin gura lui Ieremia" (36:4). Pe urmă, Baruc a dat slujbașilor sulul, pe care l-au dus înaintea regelui. Atunci când un slujitor l-a citit în fața regelui, răspunsul dat de acesta chemării lui Dumnezeu la pocăință a fost clar: „După ce Iehudi a citit trei sau patru pagini, regele a tăiat sulul de carte cu cuțitul scribului și l-a aruncat în focul din cămin, și tot sulul de carte a ars în focul din cămin" (36:23). Acest sul a fost prima ediție a cărții lui Ieremia. Din nou, Dumnezeu a îngăduit unui om să Îi distrugă Cuvântul. În situația aceasta, cauza n-a fost indignarea față de păcat (ca și în cazul lui Moise), ci o respingere fățișă și mânată de răzvrătire față de Cuvântul lui Dumnezeu! Cele întâmplate ulterior dovedesc că acest Cuvânt al lui Dumnezeu nu a fost distrus. Încă o dată, Dumnezeu l-a restaurat cuvânt cu cuvânt:

> După ce regele a ars sulul de carte, care cuprindea cuvintele pe care le scrisese Baruc după spusele lui Ieremia, Cuvântul Domnului a venit la Ieremia, zicând: Ia din nou un alt sul de carte și scrie în el toate cuvintele care erau în primul sul de carte, pe care l-a ars Ioiachim, regele lui Iuda."... Atunci Ieremia a luat un alt sul de carte și l-a dat lui Baruc, fiul lui Neriia, scribul,

care a scris în el, așa cum a dictat Ieremia, toate cuvintele din sulul de carte pe care îl arsese în foc Ioiachim, regele lui Iuda. Și multe alte cuvinte de felul acesta au mai fost adăugate în el. (36:27-28, 32)

Cartea lui Ieremia, așa cum o găsim în Biblia actuală, este textul original care a fost distrus de rege, la care au fost alipite revelații și judecăți suplimentare. Forma acestui document include consemnarea respingerii lui Ioiachim și distrugerea textului original. Cuvântul lui Dumnezeu dăinuiește în ceruri, și El este în stare să i-l reamintească unui profet și să-l inspire pe acesta să-l scrie încă o dată cu acuratețe.

Deși este adevărat că, uneori, Dumnezeu a acționat în mod direct restaurând porțiuni din Cuvântul Său care s-au pierdut sau au fost distruse pe pământ, El l-a și tăinuit făcând astfel o formă de judecată. A îngăduit ca preoții de la templu să rătăcească peste cincizeci de ani cartea Legii (2 Regi 22:8-10; 2 Cron. 34:14-16). Mai bine de o generație, poporul lui Dumnezeu a fost lipsit de Cuvântul Său ca urmare a necredincioșiei lor. Și chiar dacă o generație de oameni a fost neștiutoare în ce privește Cuvântul lui Dumnezeu, El tot i-a tras la răspundere, pedepsind națiunea pentru nelegiuirile săvârșite în timpul stării lor de nepăsare.

Dacă abordăm subiectul de față dintr-un unghi diferit, vom constata că excepția întărește regula. De exemplu, lipsesc cel puțin două cuvinte din orice copie existentă a cărții lui Samuel datată la o distanță de cel puțin două mii de ani (vezi 1 Sam. 13:1). Semnificația acestor omiteri este minimă. Cele două cuvinte care lipsesc sunt cifrele privitoare la vârsta lui Saul din vremea când a devenit rege și numărul de ani cât a domnit ca rege. Este destul de simplu să faci calculele și vei ajunge la un număr restrâns de posibile redări care au noimă în ce privește acel text. Cu toate acestea, porțiunea care lipsește dovedește că păstrarea pământească a Scripturii nu este o acțiune perpetuă, miraculoasă a lui Dumnezeu. În schimb, El i-a încredințat poporului Său responsabilitatea de a ține în siguranță Cuvântul Său prin eforturi umane sârguincioase. Practicile scribilor din Vechiul și Noul Testament dovedesc tocmai acest tip de minuțiozitate și grijă față de copiile existente și față de procesul de copiere.

Dacă Dumnezeu nu Și-a păstrat Cuvântul Său pe pământ într-o formă ireproșabilă – ci l-a lăsat în seama eforturilor oamenilor – oare mai putem considera copiile ca fiind Scriptură? Biblia consideră copiile Scripturii drept Cuvântul lui Dumnezeu. De pildă, Dumnezeu i-a dat instrucțiuni lui Moise cu privire la practicile care trebuiau urmate de viitorii regi ai lui Israel:

Când se va așeza pe tronul regatului lui, să scrie pentru el, într-o carte, o copie a acestei legi, care este înaintea preoților leviți. Și pe aceasta să o aibă cu el și s-o citească în toate zilele vieții lui, ca să învețe să se teamă de Domnul

Dumnezeul lui, să păzească și să împlinească toate cuvintele din legea aceasta și poruncile acestea, pentru ca inima lui să nu se înalțe mai presus de frații lui; și să nu se abată de la poruncă nici la dreapta, nici la stânga; așa încât să aibă multe zile în regatul lui, el și fiii, în mijlocul lui Israel (Deut. 17:18-20).

Din acest pasaj pot fi extrase două idei. În primul rând, copierea trebuia făcută sub privirea atentă a preoților, ceea ce sugerează că respectivele copii trebuiau realizate cu o grijă extremă și cu o precizie minuțioasă. Regele era învățat să realizeze o copie pe cât de exactă posibil, care după aceea era certificată de către preoți ca fiind de o acuratețe ireproșabilă. Dumnezeu așteaptă de la poporul Lui să fie zelos în păstrarea Cuvântului Său – chiar și în procesul de copiere. În al doilea rând, acea învățătură trebuia ascultată, iar ascultarea era însoțită de promisiuni la fel cum era urmarea învățăturilor din chiar documentul original. În felul acesta, Dumnezeu a legat copiile Scripturii de autografele Scripturii. O copie a Cuvântului lui Dumnezeu este Cuvântul lui Dumnezeu în măsura în care corespunde originalului.

Așa cum s-a afirmat, lucrarea de păstrare a textului Scripturii este o acțiune providențială, nu una miraculoasă. Deși, uneori, Dumnezeu a acționat în mod direct în vederea restaurării unei porțiuni distruse din Cuvântul Său, nu aceasta a fost practica standard. În schimb, El a așezat pe umerii poporului Său credincios responsabilitatea de a recunoaște, păstra și transmite Cuvântul Său. Astfel, păstrarea include două elemente distincte – canonicitate și critică textuală.

Canonicitate și păstrare[19]

Biblia este de fapt o singură carte care provine de la un singur autor, deși a fost scrisă de-a lungul unei perioade de o mie cinci sute de ani, prin penița a peste patruzeci de bărbați. De la relatarea despre creație din Geneza 1-2, scrisă de Moise în jurul anului 1405 î.Cr., și până la relatarea privind veșnicia viitoare din Apocalipsa 21-22, scrisă de apostolul Ioan în jurul anului 95 d.Cr, Dumnezeu Și-a revelat în mod progresiv persoana și scopurile în Scripturile inspirate.

Toate acestea ridică o întrebare importantă: Cum putem ști care au fost acele pretinse scrieri sacre care trebuiau incluse în canonul Scripturii, și care trebuiau excluse? De-a lungul secolelor, au fost folosite trei principii larg acceptate pentru a valida scrierile care au constituit revelația divină, inspirată. În primul rând, o scriere trebuia să fi fost compusă de un profet sau apostol recunoscut, sau de către cineva asociat cu unul dintre aceștia, așa cum a fost cazul cărților Marcu, Luca, Evrei, Iacov și Iuda. În al doilea rând, o scriere nu putea fi în dezacord sau în contradicție cu un text scriptural anterior. În al treilea rând, biserica trebuia să

---

19 Această secțiune este adaptată după MacArthur, *MacArthur Study Bible: English Standard Version*, xix–xx. Folosită cu permisiunea editurii Thomas Nelson.

dispună de un consens general potrivit căreia acea scriere era o carte inspirată. Astfel, atunci când s-au întrunit diferite concilii în istoria bisericii ca să discute despre canon, nu s-a organizat niciun fel de vot pentru canonicitatea unei cărți, ci mai degrabă s-a recunoscut în mod universal – ulterior faptului – că a fost scrisă de Dumnezeu și că locul ei era în Biblie.

În ce privește Vechiul Testament, pe vremea lui Cristos, acesta fusese scris și recunoscut de comunitatea iudaică. Ultima carte, Maleahi, fusese finalizată aproximativ prin anul 430 î.Cr. Canonul Vechiului Testament din vremea lui Cristos nu doar că este în conformitate cu Vechiul Testament din versiunile Bibliei protestante de astăzi, ci este și fără secțiunea lipsită de inspirație numită Apocrifa, grupul de paisprezece scrieri extrabiblice compuse după Maleahi și atașate Vechiului Testament în traducerea grecească a Vechiului Testament ebraic numită Septuaginta (ca. 200-150 î.Cr.). Deși au fost respinse, aceste scrieri nelegitime sunt incluse în unele versiuni ale Bibliei. Însă, nici măcar un singur pasaj din Apocrifa nu este citat de vreun scriitor al Noului Testament, și nici Isus n-a afirmat vreunul din aceste scrieri când a recunoscut canonul Vechiului Testament din acele timpuri (cf. Luca 24:27, 44).

În vremea lui Cristos, canonul Vechiului Testament fusese deja împărțit în două liste de câte douăzeci și două sau douăzeci și patru de cărți, fiecare conținând același material cu cele treizeci și nouă de cărți din versiunile moderne ale Bibliei protestante. În canonul cu douăzeci și două de cărți, unele au fost considerate ca fiind o singură carte – de exemplu, Cartea celor Doisprezece (care îi includea pe cei doisprezece așa-ziși Profeți Mici), Ieremia și Plângerile lui Ieremia, Judecători și Rut, și 1 și 2 Samuel.

Aceleași trei teste cheie ale canonicității, care au fost aplicate Vechiului Testament, au fost aplicate și Noului Testament. În cazul lui Marcu și cărților Luca - Faptele Apostolilor, s-a considerat că autorii lor neapostolici au scris pentru Petru, respectiv Pavel. Cărțile lui Iacov și Iuda au fost scrise de frații vitregi ai lui Cristos. Deși cartea Evrei este singura din Noul Testament a cărei paternitate este fără dubii necunoscută, conținutul ei se armonizează atât de mult deopotrivă cu Vechiul și cu Noul Testament, încât biserica primară a conchis că fost în mod cert scrisă de colaboratorul unui apostol. Începând de prin anii 350-400 d. Cr., cele douăzeci și șapte de cărți ale Noului Testament au fost acceptate universal ca fiind inspirate de Dumnezeu.

DEFINIREA CANONICITĂȚII

Canonicitatea se referă recunoașterea și acceptarea de către biserică a cărților Scripturii ca fiind Cuvântul inspirat al lui Dumnezeu. Termenul provine de la cuvântul grecesc *kanōn*, care inițial însemna „trestie" sau „nuia". Întrucât o nuia era folosită în mod frecvent ca instrument de măsurat, cuvântul a început să denote ideea unui „standard" sau a unei „reguli". Termenul *kanōn* este folosit de patru ori în Noul Testament, întotdeauna într-un sens figurat. Pavel îl utilizează de trei ori în 2 Corinteni 10 (v13, 15-16) ca să facă referire la o graniță geografică. În Galateni 6:16, el îl întrebuințează pentru a desemna un standard moral sau o regulă la care trebuie să se raporteze trăirea credincioșilor. Toate acestea arată lămurit că, deja la finalul epocii apostolice, termenul era în mare parte cunoscut ca unul ce făcea referire în mod figurat la o regulă, o măsură, o limită sau un standard.

Doar pe la jumătatea secolului al IV-lea d.Cr., termenul a fost utilizat spre a desemna o colecție de cărți cu autoritate, recunoscută ca produs al inspirației divine. De fapt, Atanasie (295-373) a aplicat cel dintâi termenul *canon* la Scriptură în lucrarea *Despre decretele Conciliului de la Niceea*, publicată la scurt timp după anul 350 d.Cr. În aceste scrieri, el a făcut referire la *Păstorul lui Herma* ca nefiind parte din canon. Puțin mai târziu, Conciliul de la Laodiceea a folosit termenii „canonic" și „necanonic" pentru a face referire la cărți individuale care, fie au fost acceptate ca parte din Biblie, fie au fost respinse ca nefiind inspirate de Dumnezeu. Acesta este sensul în care termenul a fost înțeles în raportarea la Scripturi.

Din perspectivă istorică, există două modalități principale în care canonul a fost definit. Perspectiva tradițională a romano-catolicismului susține că Biblia este o colecție de scrieri cu autoritate. Cu alte cuvinte, Biblia conține cărțile pe care biserica le-a adunat și pe care, cu autoritate, le-a stabilit și le-a declarat ca fiind Scriptură. Potrivit acestei perspective, biserica decide care cărți aparțin Bibliei.

Perspectiva biblică înțelege canonul ca fiind o colecție de scrieri divine și cu autoritate. Nu biserica (sau poporul lui Dumnezeu) stabilește care cărți sunt inspirate de Dumnezeu și, în consecință, sunt Scriptură. Scrierile însele sunt învestite cu autoritatea lui Dumnezeu, pe baza inspirației divine. Ele sunt Cuvântul lui Dumnezeu deoarece au fost scrise sub inspirația Duhului. Poporul lui Dumnezeu (biserica, pentru Noul Testament, respectiv Israelul, pentru Vechiul Testament) doar recunosc autoritatea prezentă în acele scrieri. Canonicitatea se bazează pe realitatea inspirației, nu pe procesul sau pe factorul care a realizat strângerea cărților.

NECESITATEA UNUI CANON

Încă de la alcătuirea Torei este dată o poruncă divină clară de a recunoaște și a păstra revelația scrisă a lui Dumnezeu. Deja în vremea lui Cristos, cele treizeci și nouă de cărți ale Vechiului Testament (probabil cuprinzând de fapt douăzeci și două în ebraică, unele cărți precum 1 și 2 Samuel fiind combinate pe un singur sul) au fost universal recunoscute ca fiind Scriptură. Nevoia unui canon al Noului Testament, care să corespundă celui al Vechiului Testament, este de asemenea evidentă. Apostolii au fost reprezentanții formali și autorizați ai lui Cristos (Luca 24:44-49; Ioan 20:19-23; Fapt. 1:4-8, 15-26; 2:42). Pe măsură ce au început să iasă din scenă (fie din cauza morții, fie a martirajului), a devenit tot mai necesar ca învățăturile lor să fie păstrate. Chiar și apostolii au fost preocupați de această chestiune (1 Cor. 11:2; 2 Tes. 2:15). Păstrarea mărturiei scrise a apostolilor a devenit chiar mai importantă pe măsură ce primul secol se apropia de final. Acest proces providențial de păstrare a început cu copierea, colectarea și distribuirea acestor scrieri de către diferite biserici individuale. Ulterior, biserica în ansamblu a recunoscut în mod categoric cele douăzeci și șapte de cărți ale Noului Testament ca fiind Scriptură. Acest proces de recunoaștere n-a stabilit canonul, ci a afirmat în mod formal ceea ce fusese deja stabilit pe baza inspirației.

Canonul Vechiului Testament. Vechiul Testament a fost scris pe parcursul unei perioade de aproximativ o mie de ani. Pentateuhul a fost compus de Moise chiar înainte de moartea sa în 1405 î.Cr., excepție făcând Deuteronom 34:5-12, care consemnează moartea lui Moise, un pasaj scris probabil de Iosua. Aceste prime cinci cărți au fost acceptate fără ezitare de Iosua și de bătrânii lui Israel drept Cuvântul cu autoritate divină al lui Dumnezeu și a fost așezat în chivot (Deut. 31:24-26). Canonul Vechiului Testament a fost stabilit din punct de vedere funcțional de către Ezra în al cincilea secol î.Cr. după întoarcerea din captivitate. În ce privește canonul Vechiului Testament, în general se recunoaște că acesta a fost stabilit prin prisma unei evaluări bazate pe trei principii. În primul rând, cartea respectivă a fost scrisă în urma procesului de inspirație – un fapt de regulă afirmat chiar de autor (2 Sam. 23:1-2; Is. 1:1; Ier. 1:1-2). În al doilea rând, contemporanii profetului au recunoscut în mod frecvent lucrarea respectivă (Ex. 24:3; Ios. 1:8; Ier. 26:18; Dan. 9:2). În al treilea rând, contemporanii profetului au decis să păstreze respectiva carte ca parte din Cuvântul lui Dumnezeu (Deut. 31:26; 1 Sam. 10:25; Pv. 25:1; 2 Regi 23:24; Dan. 9:2). Pe lângă aceste considerații esențiale, conducătorii evrei erau obligați să verifice orice revelație nouă cu Scripturile existente, așa cum cerea legea lui Dumnezeu (Deut. 12:32; 13:1-5).

Deja, în vremea lui Cristos exista o colecție de cărți universal acceptată și definitivă, recunoscută drept Vechiul Testament canonic. Aceste cărți coincid cu cele treizeci și nouă conținute în Vechiul Testament protestant; Israelul n-a acceptat niciodată Apocrifa drept canonică. Mărturiile lui Isus și ale apostolilor demonstrează că acesta a acceptat canonul evreiesc drept Scriptură. Isus citează din fiecare dintre secțiunile majore ale Vechiului Testament – incluzând Moise și Pentateuhul (Mat. 4:1-11; Ioan 3:14; 5:45-47), David și Psalmii (Luca 20:41-44), Isaia (Mat. 13:13-15) și Iona (Mat. 12:39-40) dintre Profeți. El confirmă că fiecare este o parte din Scriptura plină de autoritate a lui Dumnezeu prin faptul că fundamentează deopotrivă doctrina și practica pe ceea ce ea afirmă. Mărturia apostolilor o oglindește pe cea a lui Isus. Ei citează din Vechiul Testament în predicile lor (Fapt. 2:17-21, 25-28, 31, 34-35; 3:22, 25; 4:25-26). În mod frecvent își construiesc pledoaria pentru Evanghelia Noului Testament pe citate din Vechiul Testament (Mat. 1:22-23; 4:14-16; 8:17; 12:17-21; 13:35; 22:4-5; Ioan 12:38-41; 19:24; Rom. 1:16-17; 3:9-20; 4:1-12; 9:6-13, 15-17, 25-26, 27-29, 33). Chiar și practica evanghelistică a lui Pavel de a merge întâi la evrei, în sinagogi, și a argumenta pe baza Scripturilor Vechiului Testament atestă acceptarea fără rezerve a canonului evreiesc (Fapt. 17:2-3).

O deosebire vizibilă între Vechiul Testament evreiesc și versiunile moderne ale Bibliei în limba engleză și în alte limbi este aranjarea cărților. În general, Isus și scriitorii Noului Testament au recunoscut o aranjare dublă sau întreită a cărților Vechiului Testament – Legea și Profeții sau Legea, Profeții și Scrierile (Luca 24:44). S-ar părea că Isus a recunoscut o aranjare a cărților Vechiului Testament care începea cu Geneza și se încheia cu Cronici, fundamentată în mare măsură pe referirea Sa (Luca 11:50-51) la sângele profeților de la Abel (Gen. 4:1-6) la Zaharia (2 Cron. 24:20-22). Ordinea aceasta este în mare parte ca și cea găsită în ediția definitivă a Vechiului Testament ebraic, bazată pe textul Masoretic. Chiar dacă aranjarea din Biblia englezească este derivată în principal de la Vulgata și apoi de la Septuaginta, diferențele dintre Biblia în limba engleză și Vechiul Testament ebraic se rezumă doar la amplasare, la poziționare, deoarece prima conține aceleași cărți specifice care sunt recunoscute drept canonice în Biblia evreiască – ordinea este secundară.

Canonul Noului Testament. Noul Testament a fost scris pe parcursul unei perioade de cincizeci de ani. El cuprinde din douăzeci și șapte de cărți compuse de opt sau nouă autori umani diferiți și include patru evanghelii, cartea Faptele Apostolilor (volumul care însoțește Evanghelia după Luca), douăzeci și una de epistole și cartea Apocalipsa. Prima carte scrisă a fost Epistola lui Iacov, în anul 45 d. Cr. Ultima a fost Apocalipsa, scrisă de Ioan aproximativ în anul 95 d. Cr. Înainte de aceste cărți ale Noului Testament, biserica nu dispunea de nicio carte cu autoritate cu excepția Vechiului Testament, pe care Isus și apostolii l-au recunoscut ca fiind Cuvântul lui Dumnezeu. La vremea la care au fost scrise, cărțile Noului Testament au fost recunoscute ca fiind inspirate divin și cu autoritate, exact ca în cazul Vechiului Testament. Petru atestă epistolele lui Pavel ca fiind Scriptură (2 Pet. 3:14-16). Pavel a citat din Deuteronom și Luca, declarându-le pe ambele drept Scriptură (1 Tim. 5:18). Ioan a mărturisit că a scris Apocalipsa în urma solicitării directe a lui Cristos Însuși, ca o revelație din partea lui Dumnezeu pentru biserica Sa (Apoc. 1:11, 19; 4:1; 22:8-13). Cărțile Noului Testament au fost adăugate la Scriptură prin prisma inspirației și paternității lor originale. Ele au fost canonice chiar la momentul scrierii – nu atunci când biserica le-a acceptat ca atare. Cu toate acestea, a existat un proces îndelungat în urma căruia cele douăzeci și șapte de cărți ale Noului Testament au fost recunoscute individual și colectiv de către poporul lui Dumnezeu drept Scriptură. Acest proces al canonizării Noului Testament a inclus trei etape istorice: răspândirea, strângerea și recunoașterea.

Perioada de răspândire. Pentru biserica primară, recunoașterea celor treizeci și nouă de cărți ale Vechiului Testament drept Scriptură a fost un adevăr invariabil. Autoritatea divină a acestor cărți era incontestabilă. Acest angajament a fost demonstrat prin practica neschimbată a lui Cristos și a apostolilor de a cita din Vechiul Testament și a-l identifica drept adevăratul Cuvânt al lui Dumnezeu. La vremea când cărțile Noului Testament au fost scrise, bisericile care le-au primit inițial le-au recunoscut ca fiind Scriptură, și curând după aceea acele biserici au început să citească respectivele texte în adunările lor alături de Scripturile Vechiului Testament (1 Tes. 5:27; 1 Tim. 4:13; Apoc. 1:3). Practicile de copiere și împărtășire ale acestor texte cu alte biserici a însoțit recunoașterea acestor cărți ca fiind Scriptură, dat fiind faptul că unele cărți chiar cereau așa ceva (Col. 4:16). Procesul timpuriu de răspândire și strângere a generat o conștientizare amplă la nivelul întregii biserici a majorității celor douăzeci și șapte de cărți ale Noului Testament până în prima parte a secolului al doilea d.Cr. Însă, începuturile acestui proces au presupus în primă fază răspândirea acestor texte în mod individual.

Perioada de strângere. Slujbele comunitare de închinare ale biserlcii primaie au urmat tiparele stabilite în sinagogă. Acestea includeau citirea publică a Scripturii și expuneri sau omilii (predici) derivate adesea din respectivele texte (Luca 4:16-21; Fapt. 17:2-3; 1 Tim. 4:13). În decursul timpului, bisericile au copiat, au răspândit și au strâns tot mai multe cărți ale Noului Testament ca să poată fi citite și incluse în slujbele de închinare. Începând cu secolul al doilea d.Cr., aceste colecții au avut parte de o acceptare crescândă până la una universală în rândul bisericilor, ceea ce a dus la împărtășirea tot mai frecventă a acestor texte în postura de colecții, nu de cărți individuale.

Jumătatea secolului al doilea a cunoscut cea dintâi controversă bisericească semnificativă privitoare la identificarea canonului. Marcion, ereticul din secolul al doilea (cca. 85-160 d.Cr.) a publicat o listă formală personală a ceea ce el considera ca fiind scrierile cu autoritate ale Noului Testament. Canonul lui includea o formă scurtă a Evangheliei după Luca și zece dintre epistolele lui Pavel (excluzându-le pe cele pastorale). Probabil mai mult decât orice alt eveniment, gestul acesta făcut de un eretic a determinat biserica în care se promova învățătură sănătoasă să înceapă să răspundă în mod formal la întrebarea: Care cărți aparțin canonului Noului Testament?

Primul răspuns important dat de bisericile cu învățătură sănătoasă este reflectat de Fragmentul Muratorian. Uneori, acesta este numit Canonul Muratorian (cca 170) deoarece enumeră atât cărțile Noului Testament care trebuie acceptate ca având autoritate, cât și alte cărți care trebuie excluse. Foarte probabil că acest document oglindește un răspuns formal dat lui Marcion. Cu toate că starea documentului îl face incomplet ca martor absolut cu privire la cărțile care au fost acceptate, el identifică douăzeci și una sau douăzeci și două de cărți dintre cele douăzeci și șapte ale Noului Testament de astăzi. Între cele care lipsesc se numără Evrei, Iacov și 1 și 2 Petru. Epistolele lui Ioan sunt incluse, dar este neclar dacă referirea la ele se face ca la o singură epistolă, sau dacă una sau mai multe sunt excluse. În pofida conținutului incomplet al acestui document, este limpede că apariția controversei și considerațiile practice i-au determinat pe Părinții bisericii timpurii să ajungă la un consens în identificarea cărților Noului Testament care aveau autoritate divină și al căror loc era alături de canonul Vechiului Testament.

Perioada de recunoaștere. Începutul secolului al patrulea d.Cr. a adus cu sine deopotrivă finalul persecutării bisericii și așezarea creștinismului ca religie de stat. Această perioadă a concluzionat aproape trei secole de eforturi sporadice și concentrate de exterminare a bisericii în întreg Imperiul Roman. În ultima dintre marile persecuții, Dioclețian (245-311 d.Cr.), prin edictul său din 303 d.Cr., a cerut arderea premeditată a nenumărate lucrări creștine sacre, inclusiv copii ale Scripturilor Noului Testament. Atunci când Constantin (272-337 d.Cr.) a devenit împărat, nu s-a limitat la a legaliza creștinismul în 313 d.Cr., dar l-a și mandatat pe Eusebiu (cca. 260-cca. 340 d.Cr.) să supravegheze producerea a cincizeci de copii ale Noului Testament. Decretul acesta a dat proeminență numaidecât chestiunii de a recunoaște formal cărțile specifice care alcătuiesc canonul Noului Testament.

Eusebiu, care a îndurat mare parte din prigoana stârnită de Dioclețian, a devenit probabil cel mai important istoric al bisericii din primele secole. În istoria pe care o scrie, el consemnează nu doar multe dintre lucrurile ce țin de evenimentele istorice, ci și o parte consistentă privitoare la provocările legate de recunoașterea canonul Noului Testament. Eusebiu a împărțit scrierile bisericii primare în trei categorii: cărțile recunoscute, cărțile disputate și cărțile eretice. Așa cum sugerează această împărțire, lista lui a început prin identificarea acelor cărți acceptate universal drept canonice (i.e., cu autoritate divină). Acestea sunt toate acele cărți a căror autoritate este incontestabilă. Standardul normal includea aspectul paternității aprobate divin – adică era scrisă de un apostol sau cineva care deținea o autoritate derivată de la apostoli (e.g., Luca). Dintre cele douăzeci și șapte de cărți din Noul Testament, lista lui Eusebiu le includea pe toate la categoria celor nedisputate, cu excepția lui Iacov, 2 Petru, 2 și 3 Ioan și Iuda. De asemenea, a inclus și cartea Apocalipsa ca fiind poate îndoielnică din pricina lipsei sale de răspândire între bisericile răsăritene. În final, toate cele douăzeci și șapte de cărți ale Noului Testament au fost incluse în prima categorie.

Finalizarea procesului formal de recunoaștere a canonului Noului Testament a fost realizată în mare măsură de Atanasie (295-373 d.Cr.). În Scrisoarea Pascală din 365 d.Cr., el a afirmat dimensiunea canonului Noului Testament ca fiind redus la cele douăzeci și șapte de cărți ale Noului Testament de astăzi. De asemenea, a interzis strict folosirea oricăror alt cărți ca fiind canonice – incluzând aici *Didahia* și *Păstorul lui Herma* (ambele fiind disputate). Aceste decizii au fost ulterior ratificate de Conciliul de la Hippo din 393 d.Cr.De atunci încoace, creștinismul conservator a acceptat în mod universal cele douăzeci și șapte de cărți ale Noului Testament ca fiind canonice.

CRITERIILE CANONICITĂȚII

Așa cum s-a menționat, canonicitatea tuturor celor șaizeci și șase de cărți ale Bibliei a fost stabilită prin prisma paternității inspirate. Numai Dumnezeu Duhul Sfânt poate mărturisi despre autoritatea Cuvântului Său. Aceasta este realitatea auto-atestării Scripturii. Dintr-o perspectivă creștină, recunoașterea canonului Vechiului Testament a fosta stabilită de către Isus și apostoli pentru cele treizeci și nouă de cărți ale canonului evreiesc. În cazul Noului Testament, deși primii credincioși au trăit timp de secole pe baza adevărurilor cărților inspirate, recunoașterea istorică s-a înfăptuit treptat. Totuși, aceasta nu sugerează că n-a existat niciun canon. Înseamnă doar că un consens privitor la limitele colecției trebuia să triumfe în detrimentul altor sugestii și opțiuni.

Criteriile exterioare pentru acceptarea unei cărți ca fiind canonice au inclus calificările esențiale originale ale (1) paternității apostolice ori profetice care dovedeau inspirație, (2) armonizării doctrinare consecvente cu Scriptura existentă și (3) acceptării universale de către poporul lui Dumnezeu.

Calificările paternității umane reprezintă un criteriu valid al canonicității. Dumnezeu Și-a produs Cuvântul prin aportul unor scriitori umani autentificați în mod divin. În Vechiul Testament, acești autori și-au autentificat în mod frecvent mesajul prin înfăptuirea unor semne miraculoase sau prin enunțarea unor declarații profetice care le-au validat chemarea divină. În Noul Testament, Dumnezeu Și-a produs Cuvântul prin aportul sau autoritatea unui apostol deja autentificat (1 Cor. 14:37-38; Gal. 1:9; 1 Tes. 2:13).

În al doilea rând, Dumnezeu a afirmat clar de la început că orice revelație ulterioară trebuia examinată în lumina Scripturii deja existente, înainte de a fi acceptată drept autentică (Deut. 13:1-5). Dumnezeu S-a revelat pe Sine în mod consecvent pe parcursul cărților canonice astfel încât toate sunt în armonie între ele, dar și ca întreg (Fapt. 17:11). Alături de aceasta, Dumnezeu a pus limite în mod direct ambelor canoane atunci când le-a anunțat încheierea. Pentru a încheia canonul Vechiului Testament, Dumnezeu a anunțat că următorul profet va fi Ilie, care avea să vină (Mal. 4:4-6). În cazul Noului Testament, Isus i-a comunicat în mod definitiv lui Ioan încheierea canonului (Apoc. 22:18-19). Așa că, odată cu moartea ultimului apostol, s-a produs și oprirea unor revelații suplimentare până la revenirea Domnului.

În al treilea rând, dovezile inspirației pot fi împărțite în două categorii: (1) cartea respectivă trebuie să fie adevărată și veridică în ceea ce afirmă și (2) însăși citirea Cuvântului trebuie să demonstreze deopotrivă că este în stare să comunice adevăr și să convingă inima omului de păcat (Evr. 4:12). Dincolo de acestea, Cuvântul lui Dumnezeu ar trebui să fie în stare să convingă poporul lui Dumnezeu să recunoască și să afirme comunitar autenticitatea oricărei cărți date. Din moment ce Duhul lui Dumnezeu l-a inspirat pe autor să producă o scriere cu autoritate divină, același Duh a atestat-o în auzul poporului lui Dumnezeu.

În final, numai Dumnezeu este în stare să ofere o dovadă îndestulătoare despre Sine Însuși și despre ceea ce a inspirat (Ioan 5:33-47; Evr. 6:13). Cuvântul lui Dumnezeu se atestă singur. Este vital ca poporul lui Dumnezeu să discearnă de pe paginile Scripturii felul în care să recunoască lucrările inspirate ale lui Dumnezeu. În ceea ce privește deopotrivă canoanele Vechiului și Noului Testament, există o afirmare uluitoare, definitivă și unanimă că cele șaizeci și șase de cărți ale Bibliei protestante, și nu altele, sunt inspirate de Dumnezeu.

FINALIZAREA CANONICITĂȚII[20]

Cum știe biserica de astăzi că Dumnezeu nu va modifica Biblia actuală adăugând o a șaizeci și șaptea carte inspirată? Cu alte cuvinte, s-a închis canonul?

Textele Scripturii ne avertizează că nimeni n-ar trebui să șteargă sau să adauge ceva conținutului lor (Deut. 4:2; 12:32; Pv. 30:6). Conștientizând că au apărut cărți canonice suplimentare după aceste cuvinte de avertizare, cineva ar putea concluziona că, deși aceste avertizări n-au îngăduit vreo ștergere, de fapt au permis adăugarea unor scrieri autorizate, inspirate spre a se completa canonul protejat de aceste pasaje.

Câteva observații importante care, luate împreună, au convins biserica de-a lungul secolelor de încheierea efectivă a canonului Scripturii, fără a mai fi redeschis vreodată. În primul rând, cartea Apocalipsa este unică în Scriptură prin faptul că descrie de o manieră amănunțită inegalabilă evenimente finale care precedă eternitatea viitoare. După cum Geneza a deschis Scriptura prin așezarea unui pod între eternitatea trecută și existența actuală în timp și spațiu, oferind singura relatare detaliată despre creație (Geneza 1-2), tot așa Apocalipsa face

---

20 Această secțiune este adaptată după MacArthur, *MacArthur Study Bible: English Standard Version*, xxi–xxii. Folosită cu permisiunea editurii Thomas Nelson.

tranziția dinspre timp și spațiu înspre eternitatea viitoare (Apocalipsa 20-22). Astfel, Geneza și Apocalipsa, prin conținutul lor, constituie limitele perfect stabilite ale Scripturii.

În al doilea rând, după cum a existat o tăcere profetică după Maleahi care a încheiat canonul Vechiului Testament, tot astfel a existat o tăcere paralelă de când Ioan și-a prezentat cartea Apocalipsa. Aceasta ne conduce la concluzia că, la rândul lui, și canonul Noului Testament s-a încheiat.

În al treilea rând, întrucât n-au existat, și nici nu există în prezent profeți sau apostoli autorizați în sensul Vechiului Testament sau al Noului Testament, nu există autori potențiali ai unor altor scrieri inspirate, canonice. Cuvântul lui Dumnezeu, „dat sfinților o dată pentru totdeauna", nu trebuie niciodată completat, ci trebuie luptat cu înflăcărare pentru integritatea lui (Iuda 3).

În al patrulea rând, dintre toate cele patru avertizări biblice ca omul să nu modifice Scriptura, numai cea din Apocalipsa 22:18-19 conține atenționări ale judecății divine severe pentru neascultare. Mai mult, Apocalipsa este singura carte din Noul Testament care se încheie cu acest tip de avertizare și a fost ultima carte scrisă a Noului Testament. În consecință, aceste realități sugerează ferm că Apocalipsa a fost ultima carte a canonului și că Biblia este completă; a-i adăuga sau a șterge ceva va atrage dizgrația dură a lui Dumnezeu.

În final, biserica primară, avându-i pe credincioșii cei mai apropiați de apostoli, a crezut că Apocalipsa a concluzionat scrierile inspirate ale lui Dumnezeu, Scripturile. Prin urmare, pe baza unor raționamente biblice solide, putem concluziona despre canon că este închis și că va rămâne închis. Nu va exista a șaizeci și șaptea carte a Bibliei.

Critica textuală și păstrarea[21]

Întrucât Biblia a fost în mod frecvent tradusă în mai multe limbi și a fost distribuită în toată lumea, cum putem fi siguri că nu s-au strecurat în ea greșeli, chiar și neintenționate? Este adevărat că, pe măsură ce creștinismul s-a răspândit, oamenii au dorit să aibă Biblia în propriile limbi, ceea ce a necesitat efectuarea traducerilor din limbile originale, ebraica și aramaica pentru Vechiul Testament, și greaca pentru Noul Testament. Nu doar că munca traducătorilor a adus prilejuri de greșeli, ci și publicarea a facilitat posibilități necontenite de greșeli întrucât, până la apariția presei tipografice de prin 1450 d.Cr., copiile erau făcute de mână.

De-a lungul secolelor, practicanții criticii textuale, o știință precisă a manuscriselor, au descoperit, conservat, catalogat, evaluat și publicat o mulțime uluitoare de copii biblice deopotrivă din Vechiul și Noul Testament. De fapt,

---

21 Această secțiune este adaptată după MacArthur, *MacArthur Study Bible: English Standard Version*, xix–xx. Folosită cu permisiunea editurii Thomas Nelson.

numărul manuscriselor biblice existente îl întrece de o manieră dramatică pe cel al fragmentelor existente în cazul oricărei alte lucrări antice. Prin compararea textelor, criticul textual poate stabili cu încredere ce anume conținea scrierea originală profetică/apostolică.

Deși copiile existente ale textului evreiesc antic principal (masoretic) datează doar din secolul al zecelea d.Cr., două alte linii importante de dovezi textuale consolidează încrederea criticilor textuali că au redobândit manuscrisele originale.[22] În primul rând, putem compara textele masoretice din secolul al zecelea d.Cr. cu Septuaginta, versiunea greacă tradusă cam între 200-150 î.Cr., cu cele mai vechi manuscrise existente care datează de prin 325 d.Cr. În general, între cele două există o corespondență uimitoare, care vorbește despre acuratețea copierii textului evreiesc timp de secole. În al doilea rând, descoperirea Manuscriselor de la Marea Moartă din 1947-1956 (manuscrise datate cca. între 200-100 î.Cr.) s-a dovedit de o importanță monumentală. După compararea textelor evreiești timpurii cu cele târzii s-au descoperit doar câteva deosebiri mărunte, niciuna dintre ele nemodificând înțelesul vreunui pasaj. Deși unii au argumentat în favoarea dezvoltării unei pluralități de texte cu autoritate pentru Vechiul Testament ca urmare a diferențelor periodice semnificative între Septuaginta și textul masoretic, pare mult mai probabil că o singură bază textuală masoretică timpurie, cu autoritate a fost păstrată de scribi în urma exilului babilonean. Chiar dacă în Manuscrisele de la Marea Moartă sunt vizibile variante și versiuni diferite, consemnările existente arată o conformitate consecventă față de textul masoretic. Deși Vechiul Testament a fost tradus și copiat timp de secole, cea din urmă versiune (textul masoretic) este numaidecât recunoscută drept o reprezentare autentică și cu autoritate a documentelor autografe.

Descoperirile privitoare la Noul Testament sunt chiar mai decisive deoarece este disponibilă pentru studiu o cantitate mult mai mare de materiale. Sunt peste cinci mii de manuscrise grecești disponibile care variază în dimensiune, de la Noul Testament în întregime până la fragmente de papirus care conțin doar o parte dintr-un singur verset. Câteva fragmente datează dintr-o perioadă cuprinsă între douăzeci și cinci și cincizeci de ani de la scrierea originală. În general, eruditii Noului Testament au concluzionat (1) că peste 99 de procente din scrierile originale au fost recuperate și (2) că, dintre posibilele lecțiuni alternative rămase, nu există nicio variantă care să afecteze substanțial vreo doctrină creștină. Ba chiar s-a afirmat că dacă ar fi acceptate toate variantele posibile, mesajul fiecărui capitol al Bibliei care ar suferi modificări s-ar citi în esență la fel.

Datorită abundenței de dovezi privitoare la manuscrisele biblice din limbile originale și datorită activității disciplinate a criticilor textuali pentru a stabili cu o acuratețe aproape de perfecțiune conținutul autografelor, multe erori care au

---

22 Wegner, *A Student's Guide*, 298-301.

fost introduse ori perpetuate prin miile de traduceri de-a lungul secolelor pot fi identificate și corectate comparând traducerea sau copia respectivă cu forma reasamblată a originalului. Prin aceste mijloace providențiale, Dumnezeu Și-a împlinit promisiunea de a păstra Scripturile.

EXPLICAREA CRITICII TEXTUALE

Deși protestanții sunt în mod universal de acord în privința identificării cărților Bibliei, rămân câteva chestiuni legate de conținut care necesită atenție. Aceasta se datorează faptul că niciuna dintre lucrările originale ale autorilor biblici nu s-a păstrat până astăzi. Singura modalitate prin care cărțile biblice au fost păstrate și date mai departe a fost copierea lor de mână până prin 1450 d.Cr., când presele tipografice au început să producă în masă copii ale Bibliei. Inevitabil, acest proces de copiere manuală a introdus erori de scriere în textul biblic, ceea ce explică unele dintre chestiunile referitoare la redactarea unor pasaje individuale și chiar referitoare la unele dintre aspectele textuale cele mai controversate (e.g., Mc. 16:9-20; Ioan 7:53-8:11).

La punctul acesta, ne vine în ajutor procesul criticii textuale. Critica textuală este definită cel mai bine drept examinarea atentă a copiilor antice existente ale Scripturii cu scopul de a stabili care sunt cele mai acurate copii ale textului original. Procesul în sine este o știință, dar deciziilefundamentale de apreciere intră în discuție atunci când este aleasă o lecțiune în detrimentul altoia, iar acestea presupun un raționament uman. Procesul de bază începe cu o examinare atentă a fiecărei copii existente, credibile a textului biblic pus în discuție. Criticul textual ia în considerare diferite lecțiuni alternative și o identifică pe cea care este atestată de cele mai solide dovezi textuale ca fiind scrisă inițial de autorul biblic. Dacă mai mult de o lecțiune are în sprijinul ei dovezi solide, cele secundare sunt enumerate ca lecțiuni marginale (adesea, în majoritatea versiunilor Bibliei, incluse într-o coloană de note sau ca notă de subsol). Printre factorii tipici cu greutate în critica textuală se numără cea mai veche lecțiune, cea mai scurtă lecțiune, cea mai amplu atestată lecțiune din punct de vedere geografic și lecțiunea care explică cel mai bine varianta (variantele). Atunci când acești factori sunt puși laolaltă, criticul textual poate lua o decizie calificată în vederea prezentării lecțiunii care oglindește cel mai probabil ce anume a scris inițial autorul biblic.

Procesul criticii textuale implică aspecte cu grade diferite de complexitate în cazul celor două Testamente. Există o cantitate masivă de dovezi textuale pentru Noul Testament. Așa cum s-a menționat, unele manuscrise grecești datează dintr-o perioadă aflată la o generație distanță de scrierea propriu-zisă a textului. De asemenea, aceste dovezi acoperă o zonă geografică vastă și sunt confirmate pe tot parcursul perioadei cuprinse între 100 d.Cr. și aproximativ 1450 d.Cr, când primele prese tipografice au început să publice colecții complete ale Noului Testament grecesc. Prin comparație, Vechiul Testament a fost scris de-a lungul unei perioade de aproximativ o mie de ani, din 1400 î.Cr. până în 400 î.Cr. Există mult mai puține dovezi existente în privința textului Vechiului Testament decât pentru Noul Testament. Majoritatea dovezilor textuale datează de la o distanță de peste o mie de ani de scrierile originale. Chiar și temeinicia unora dintre dovezile cele mai timpurii (precum sulurile găsite la Marea Moartă) este contestată. În cazul textului Vechiului Testament, acești factori contribuie împreună la o dependență mai mare de dovezile din alte versiuni.

Cu toate acestea, după evaluarea tuturor dovezilor textuale pentru ambele Testamente, majoritatea e_ru_diților afirmă că Biblia, în esență, se armonizează cuvânt cu cuvânt cu textul original de la Geneza la Apocalipsa.[23] Ba mai mult, după examinarea tuturor variantelor, cele mai multe pot fi identificate rapid și soluționate ușor. Acestea includ chestiuni evidente și totodată neimportante precum erori de scriere, omiteri accidentale de cuvinte, inversare de cuvinte sau de litere într-un cuvânt, și altele asemănătoare. Alte variante sunt în mod evident inserții explicative ale unui copist sau modificări intenționate din diferite motive. Atunci când sunt luate în calcul aceste considerații suplimentare, Biblia se dovedește credibilă, fiind o copie păstrată fidel a ceea ce au scris autorii originali. Cele rămase nu conțin lecțiuni importante aflate sub semnul îndoielii, și niciuna nu modifică și nici măcar nu aruncă îndoială asupra vreunei doctrine biblice. Dumnezeu a inspirat scrierea Cuvântului Său. De asemenea, El L-a păstrat în mod providențial prin procesul copierii.

Dacă Biblia este cu adevărat Cuvântul lui Dumnezeu, atunci de ce nu există niciun manuscris original pentru niciuna dintre cele șaizeci și șase de cărți ale Bibliei de care dispunem astăzi? Oare o privire fugitivă la epistola originală scrisă de Pavel sfinților din Roma sau la sulurile propriu-zise pe care a scris Moise cartea Geneza n-ar soluționa numaidecât orice întrebări privitoare la ce spunea inițial Biblia? De ce nu s-a păstrat niciun document autograf al niciunei cărți a Bibliei? Motivul primordial este că pergamentul, pergamentul subțire și alte materiale nu rezistă mii de ani. Să adăugăm uzura normală care vine odată cu utilizarea repetată, cu neglijența, cu transportarea, cu dezastrele naturale, și chiar cu distrugerea intenționată în vremuri de persecuție. Astfel este ușor să înțelegem de ce originalele nu rezistă. Însă, este posibil ca în spatele pierderii tuturor autografelor să stea și o motivație divină. Pierderea lor elimină posibilitatea unei reverențe exagerate și a unei venerări religioase acordate documentelor în sine,

---

23 Wegner, *A Student's Guide*, 301.

și nu Dumnezeului care le-a inspirat. Această tendință umană l-a determinat pe Ezechia să distrugă șarpele de aramă deoarece oamenii au început să-l venereze în loc să se închine Dumnezeului care S-a folosit de el (2 Regi 18:4).

TRADUCERI ALE BIBLIEI

Așa cum s-a discutat anterior, Dumnezeu a legat în mod providențial copiile Scripturii de autografele Scripturii. O copie a Scripturilor în limbile originale este Cuvântul lui Dumnezeu în măsura în care corespunde originalului. În același fel, o versiune (i.e., o traducere) poate fi considerată Cuvântul lui Dumnezeu în măsura în care corespunde sensului Cuvântului exprimat în limbile originale. Iată de ce trebuie să fie acordată o grijă la fel de mare (dacă nu chiar mai mare) procesului de traducere. Ceea ce comunică o traducere într-o altă limbă trebuie să se potrivească pe cât de mult posibil cu sensul exprimat în original. Dacă se așteaptă ca procesul de copiere să fie exact (și acela este doar procesul de copiere cuvânt cu cuvânt a ceea ce spune originalul), oare nu așteaptă Dumnezeu mult mai mult de la cei care Îl redau într-o altă limbă?

Iată de ce trebuie exercitată o atenție sporită în alegerea unei versiuni a Bibliei. Lizibilitatea este importantă în alegerea unei versiuni. Dumnezeu vrea ca poporul Lui să înțeleagă cuvintele Sale și tot ce vrea să comunice prin ceea ce spune. În același timp, dacă o versiune traduce deficitar sau reprezintă eronat ceea ce afirmă Cuvântul lui Dumnezeu în limbile originale, atunci îi duce în eroare pe copiii lui Dumnezeu. Dumnezeu nu-Și va schimba standardele ca să corespundă greșelilor umane. Astfel, cu cât o traducere este mai literală și cu cât comunică mai precis ce spun limbile originale, cu atât este un martor mai credibil pentru poporul lui Dumnezeu. O traducere bună a Scripturilor în orice limbă este Cuvântul lui Dumnezeu doar dacă reflectă cu acuratețe sensul transmis în limbile originale. Traducerile formale, cuvânt cu cuvânt sunt cele mai bune. Însă, din punct de vedere biblic sau istoric, nu există nimic care să demonstreze că Dumnezeu a înzestrat în mod miraculos o anumită traducere conferindu-i inspirație. O traducere este o mărturie derivată a Cuvântului lui Dumnezeu. Nu este o corectare și nici o versiune actualizată a originalului.

De asemenea, traducerile antice pot juca un rol cheie în a confirma lecțiunea corectă dintr-un manuscris în limba originală. Motivul este că versiunile antice consemnează ceea ce traducătorul a înțeles a fi sensul comunicat de textul din limba originală aflat înaintea lui. Întrucât, în unele cazuri, aceste versiuni au fost scrise cu multe secole înaintea celor mai vechi consemnări din limba originală existente astăzi, ele au fost traduse pe baza unor texte care sunt mai vechi decât cele existente astăzi. Astfel, ele pot fi utile în a confirma o lecțiune alternativă preferată.

Cele mai importante versiuni antice sunt Septuaginta grecească, Vulgata latină și Peshita siriană. Septuaginta este cea mai remarcabilă dintre acestea deoarece este o traducere grecească a Vechiului Testament din care părinții bisericii au citat adesea. Uneori se citează din ea chiar și în Noul Testament. Datarea ei precedă nașterea lui Cristos cu aproximativ două secole. Vulgata a început ca o revizuire făcută de Ieronim vechii versiuni în latină. Datează din vremea părinților bisericii timpurii, de la începutul secolului al cincilea d.Cr. Cea mai importantă trăsătură a acesteia este că majoritatea conținutului Vechiului Testament s-a bazat pe examinarea textelor ebraice (mai degrabă decât pe o versiune grecească). Astfel, s-ar putea ca în unele cazuri să fie mai aproape de original decât Septuaginta. Peshita este o traducere a Bibliei în limba siriană. Este prima și cea mai veche versiune a întregii Biblii (Vechiul Testament cca. 150 d.Cr. și Noul Testament cca. 425 d.Cr.). Este uimitor că toate aceste versiuni, în esență, sunt în armonie (în majoritatea cazurilor, aproape cuvânt cu cuvânt) cu mărturia generală a copiilor manuscriselor din limbile originale existente astăzi. Chiar și atunci când apar variante, peste 90 % dintre ele sunt nesemnificative sau ușor de soluționat (incluzând aspecte ce țin de scriere sau de ordinea cuvintelor). Cu adevărat, Dumnezeu Și-a păstrat Cuvântul prin eforturile sârguincioase ale celor din poporul Său.

În ce privește Cuvântul Său, Dumnezeu a intenționat ca acesta să dăinuiască veșnic (păstrare)[24]. De aceea, descoperirea de Sine (revelația) scrisă, la nivelul fiecărei propoziții a fost ferită de eroare în procesul original de scriere (inspirație) și adunată în cele șaizeci și șase de cărți ale Vechiului și Noului Testament (canonicitate).

Pe parcursul secolelor, mii de copii și de traduceri au fost făcute (transmitere) care au introdus anumite erori. Dar, întrucât au rămas până astăzi o mulțime de manuscrise antice ale Vechiului și Noului Testament, știința captivantă a criticii textuale a reușit să recupereze conținutul scrierilor originale (revelație și inspirație) într-o măsură covârșitoare.[25]

Cartea sacră pe care astăzi creștinii o citesc, o studiază, o ascultă și o predică merită să fie numită fără rezerve Biblia sau Cuvântul lui Dumnezeu întrucât autorul ei este Dumnezeu și dovedește calitățile veridicității totale și credibilității depline, acestea caracterizând sursa ei divină.

PREDAREA ȘI PREDICAREA SCRIPTURII

Predarea

Predicarea

---

24 Următoarele trei paragrafe sunt adaptate după John MacArthur, *The MacArthur Study Bible: English Standard Version*, xxi. Folosită cu permisiunea editurii Thomas Nelson.

25 Wegner, *A Student's Guide*, 301.

Izolarea doctrinei scripturale de lucrarea creștină nu poate fi argumentată biblic. J. Gresham Machen a catalogat un astfel de mod de gândire drept „ostilitate modernă față de doctrină."[26] Creștinismul se opune separării sale de doctrină deoarece mișcarea creștină este un mod de viață fundamentat pe un mesaj biblic. Această convingere este reflectată de ceea ce Pavel îi spune lui Timotei când îl îndeamnă să fie cu luare aminte asupra propriei vieți și învățături (1 Tim. 4:16).

Predarea[27]

Cristos a deplâns starea societății din vremea Lui, așa cum a făcut și Isaia (29:13), pe motiv că „norodul acesta se apropie de Mine cu gura și Mă cinstește cu buzele, dar inima lui este departe de Mine. Degeaba Mă cinstesc ei învățând ca învățături niște porunci omenești" (Mat. 15:8-9). Învățături ciudate de toate felurile gâdilau urechile celor din secolul întâi care fuseseră depărtați de adevăr deoarece nu putuseră suporta învățătura sănătoasă (Ef. 4:14; 2 Tim. 4:3-4; Evr. 13:9).

Creștinii trebuie să se reîntoarcă cu seriozitate la întrebarea lui Pilat: „Ce este adevărul?" (Ioan 18:38), și să accepte din nou răspunsul dat de Cristos ucenicilor Lui potrivit căruia Cuvântul lui Dumnezeu este adevărul (Ioan 17:17). Dacă adevărul este scopul, atunci Scriptura este sursa. Să medităm la cuvintele lui Moise citate ulterior de Isus în disputa cu ispitele lui Satan din pustie: „Omul nu trăiește numai cu pâine, ci cu orice iese din gura Domnului trăiește omul" (Deut. 8:3; cf. Mat. 4:4). Adevărul biblic este esența vieții.

Biblic vorbind, învățătura creștină este adevărul scriptural. Două cuvinte grecești din Noul Testament sunt cel mai adesea traduse prin „doctrină", „învățătură" sau „instruire" – *didachē* și *didaskalia*. Dacă sunt analizate cele cincizeci și una de apariții combinate ale lor, se va constata că doctrina creștină se referă la Scriptură, fie că este citită. explicată sau chiar sistematizată teologic.

Probabil evitarea în contemporaneitate a doctrinei se explică îndeosebi prin faptul că *doctrina* a fost înțeleasă prea restrâns, ca o afirmare doctrinară sau un eseu teologic, mai degrabă decât în sensul scriptural mult mai amplu de conținut biblic. Însă Scripturile n-au avut niciodată în vedere ca doctrina să se refere la cugetările dintr-un turn de fildeș privitoare la speculații sau detalii teologice.

Scriptura se referă întotdeauna la „învățătura sănătoasă" în relație cu doctrina creștină care-și găsește sursa supremă în Dumnezeu, în timp ce toate celelalte doctrine provin fie de la oameni (Col. 2:22), fie de la demoni (1 Tim. 4:1). Doctrina creștină este sănătoasă – orice altă „doctrină" este nesănătoasă (1 Tim.

---

26 J. Gresham Machen, *Christianity and Liberalism* (Grand Rapids, MI: Eerdmans, 1923), 18.

27 Această secțiune este adaptată după Richard L. Mayhue, "Editorial," *MSJ* 13, no. 1 (2002): 1–4. Folosită cu permisiunea *MSJ*.

1:10; 6:3). Doctrina creştină este bună, şi astfel folositoare, pe când orice altă doctrină este rea şi inutilă (1 Tim. 4:6; 2 Tim. 3:16).

Din moment ce învăţătura creştină se referă doar la adevărul biblic, iar adevărul biblic doar la Cuvântul lui Dumnezeu, creştinii trebuie să afirme o perspectivă înaltă asupra Scripturii şi doctrinei. Însă la fel de important, ei au datoria să facă din Scriptură fundamentul transpunerii doctrinei creştine sănătoase într-o trăire evlavioasă, „ca să facă în totul cinste învăţăturii lui Dumnezeu, Mântuitorul nostru" (Tit 2:10). Într-o exprimare simplă, doctrina creştină slujeşte drept constituţie a trăirii evlavioase. După cum scheletul este indispensabil trupului şi oxigenul respiraţiei, tot aşa este şi doctrina în cazul creştinismului. În absenţa doctrinei creştine, credincioşii vor fi lipsiţi de adevăr în practicarea credinţei.

Epistolele Noului Testament abundă de îndemnuri privitoare la a face din „învăţătura sănătoasă" miezul credinţei şi slujirii creştine. Pavel le aminteşte creştinilor că trebuie (1) să fie buni slujitori ai lui Cristos Isus, instruiţi în adevărurile credinţei şi ale bunei învăţături (1 Tim. 4:6); (2) să păstreze ca îndreptar al învăţăturii sănătoase ceea ce au auzit de la el (2 Tim. 1:13); (3) să predice Cuvântul (2 Tim. 4:2); (4) să se ţină strâns de mesajul demn de încredere în timp ce-i încurajează pe alţii prin învăţătura sănătoasă (Tit 1:9); şi (5) să-i înveţe pe alţii potrivit cu ceea ce este în armonie cu învăţătura sănătoasă (Tit 2:1). Este tulburător să-ţi imaginezi unde ar fi Evanghelia dacă Pavel nu l-ar fi confruntat public pe Petru din pricina unei doctrine viciate (Gal. 2:11-21).

Lucrarea lui Cristos (Mat. 7:28-29), cea a apostolilor (Fapt. 5:29) şi a bisericii primare (Fapt. 2:42) au gravitat în jurul doctrinei sănătoase. Pe cale de consecinţă, a minimaliza sau a contesta valoarea doctrinei duce la subaprecierea lui Cristos, a apostolilor şi a bisericii primare, ca să nu-i mai menţionăm pe martirii creştini precum Ioan Botezătorul (Mc. 6:21-29) şi William Tyndale (1494-1536). De ce n-ar accepta cineva pe deplin învăţătura sănătoasă când aceasta posedă o moştenire atât de glorioasă, asigură o valoare eternă (2 Tim. 3:16) şi promite binecuvântarea lui Dumnezeu pentru ascultare (Ios. 1:8; Apoc. 1:3)?

Să ne gândim ce s-ar întâmpla dacă biserica ar abandona standardul învăţăturii sănătoase. Pe ce temei ar fi îndepărtaţi învăţătorii falşi (Rom. 16:17; 2 Ioan 9-10) sau ar fi respinsă doctrina falsă (Tit 1:9)? Cum ar şti credincioşii ce este adevărat şi vrednic de păstrat (1 Tim. 3:9; Apoc. 2:24)? Cum ar distinge creştinii între ce este corect şi ce este greşit? Cum ar putea fi confruntat şi corectat păcatul?

Un asemenea tip de dezastru trebuie prevenit cu orice preţ. Creştinii contemporani, ca şi înaintaşii lor spirituali, trebuie să lupte cu sârguinţă pentru credinţa „care a fost dată sfinţilor o dată pentru totdeauna" (Iuda 3). Din punct de vedere istoric, indiferenţa faţă de doctrina creştină a generat eretici, însă atenţia acordată doctrinei a încununat eroi. De aceea, în loc ca biserica să treacă peste doctrină, ea trebuie în mod urgent să se reîntoarcă la doctrină.

Nicio altă abordare a doctrinei nu are noimă în contextul poruncii lui Cristos date ucenicilor Lui de a-i învăța pe alții să asculte de tot ce a poruncit El (Mat. 28:20). Gândiți-vă la numeroasele exemple date în Noul Testament:

1. Lucrarea lui Pavel de proclamare a întregului plan al lui Dumnezeu înaintea prezbiterilor efeseni (Fapt. 20:27).
2. Porunca dată de înger apostolilor de a vesti „toate cuvintele vieții acesteia" (Fapt. 5:20)
3. Mandatul dat de Pavel lui Timotei ca să transmită generației următoare învățăturile apostolice (2 Tim. 2:2)
4. Aprecierea dată de Cristos bisericii din Efes pentru că a luat în serios doctrina (Apoc. 2:2, 6)

Generațiile anterioare de creștini au trudit cu credincioșie, au suferit și au murit ca să transmită credincioșilor de astăzi o doctrină sănătoasă, biblică. Nimic mai puțin decât transmiterea ei nealterată Îl va onora pe Cristos și va fi demnă de strămoșii spirituali ai creștinilor.

De aceea, rugăciunea noastră este ca abordarea utilitaristă a creștinismului să-și fi încheiat alergarea sa necorespunzătoare și ca toți cei care temporar s-au abătut să se poată întoarce la moștenirea adevărului scriptural: doctrina creștină. Numai printr-o acceptare din toată inima a acestui angajament credincioșii își vor putea proteja zestrea biblică, împiedicându-i risipa, într-o vreme când oamenii nu suportă doctrina sănătoasă.

Predicarea[28]

Doctrina sănătoasă cere deopotrivă o expunere precisă și o predicare puternică. De aceea, discuția de față începe cu cinci enunțuri înlănțuite logic și bazate pe adevărul biblic, care vor introduce și sublinia trei afirmații ulterioare:

1. Dumnezeu există (Gen. 1:1; Ps. 14; 53; Evr. 11:6).
2. Dumnezeu este adevărat (Exox 34:6; Num. 23:19; Deut. 32:4; Ps. 25:10; 31:5; Is. 65:16; Ier. 10:10; Ioan 14:6; 17:3; Tit 1:2; Evr. 6:18; 1 Ioan 5:20-21).
3. Dumnezeu vorbește în armonie cu natura Sa (Num. 23:19; 1 Sam. 15:29; Rom. 3:4; 2 Tim. 2:13; Tit 1:2; Evr. 6:18).

---

28 Această secțiune este adaptată după John MacArthur, "The Mandate of Biblical Inerrancy: Expository Preaching," *MSJ* 1, no. 1 (1990): 3–15. Folosită cu permisiunea *MSJ*.

4. Dumnezeu vorbește numai adevărul (Ps. 31:5; 119:43, 142, 151, 160; Pv. 30:5; Is. 65:16; Ioan 17:17; Iacov 1:18).

5. Dumnezeu Și-a rostit Cuvântul Său adevărat în armonie cu natura Sa adevărată spre a fi comunicat oamenilor (un adevăr evident evidențiat în 2 Tim. 3:16-17; Evr. 1:1).

De aceea, să luăm în considerare următoarele afirmații:

1. Dumnezeu a dat Cuvântul Său adevărat ca să fie comunicat în întregime așa cum L-a dat; cu alte cuvinte, planul lui Dumnezeu trebuie predicat în întregime (Mat. 28:20; Fapt. 5:20; 20:27). Totodată, fiecare porțiune a Cuvântului lui Dumnezeu trebuie analizată în lumina întregului.

2. Dumnezeu a dat Cuvântul Său adevărat ca să fie comunicat întocmai cum L-a dat. El trebuie împărțit altora exact așa cum a fost dat, fără a-i fi alterat mesajul (Deut. 4:2; 12:32; Ier. 26:2).

3. Doar procesul exegetic care produce o proclamare expozitivă va respecta afirmațiile 1 și 2.

Aceste afirmații pot fi dezvoltate oferindu-se răspunsuri la o serie de întrebări care ar trebui să canalizeze gândirea unui om de la izvoarele revelației lui Dumnezeu, până la destinația intenționată. În primul rând, de ce să se predice? Pentru că aceasta este ceea ce Dumnezeu a poruncit (2 Tim. 4:2). De asemenea, predicarea este exact ceea ce au făcut apostolii într-o ascultare personală de Dumnezeu (Fapt. 5.27-32; 6:4). În al doilea rând, ce ar trebui să se predice? Cuvântul lui Dumnezeu, adică Scriptura în exclusivitate și Scriptura în întregime (1 Tim. 4:13; 2 Tim. 4:2). În al treilea rând, cine ar trebui să predice? Bărbați sfinți ai lui Dumnezeu (Luca 1:70; Fapt. 3:21; Ef. 3:5; 2 Pet. 1:21; Apoc. 18:20; 22:6). Doar după ce Dumnezeu i-a purificat buzele, Isaia a fost trimis să predice în Numele Lui (Is. 6:6-13).

Trecând dincolo de aceste aspecte fundamentale, care este responsabilitatea predicatorului? Predicatorul trebuie să conștientizeze că în orice situație, Cuvântul lui Dumnezeu nu este cuvântul predicatorului. Acesta trebuie să se recunoască pe sine drept mesager, nu autor (1 Tes. 2:13). Este semănătorul, nu sursa (Mat. 13:3, 19). Este heraldul, nu autoritatea (1 Tim. 2:7). Este ispravnic, nu proprietar (Col. 1:25) Este îndrumătorul, nu creatorul (Fapt. 8:31). Este ospătarul care servește hrană spirituală, nu bucătarul (Ioan 21:15, 17).

Predicatorul trebuie să recunoască faptul că Scriptura este *Cuvântul lui Dumnezeu*. Atunci când va fi dedicat acestui adevăr covârșitor și acestei îndatoriri, potrivit cuvintelor lui J.I. Packer, scopul său… va fi să stea sub autoritatea Scripturii, nu deasupra ei, și să-i dea voie, ca să spunem așa, să vorbească prin el, expunând ceea ce nu este atât de mult mesajul său, pe cât este mesajul ei. Așa ceva ar trebui să se întâmple întotdeauna în predicarea noastră. În necrologul marelui dirijor german Otto Klemperer, Neville Cardus a vorbit despre modul în care Klemperer „a pus muzica în mișcare", păstrând în toată desfășurarea un stil voit anonim, discret, cu scopul ca notele muzicale să se articuleze singure în integralitatea lor prin intermediul său. La fel trebuie să stea lucrurile și în predicare; Scriptura trebuie să fie cea care să vorbească, iar responsabilitatea predicatorului este doar să „pună Biblia în mișcare".[29]

După cum au stat lucrurile în cazul lui Cristos și al apostolilor, tot așa trebuie să se întâmple și cu predicatorii de azi: ei trebuie să expună Scriptura într-o asemenea manieră încât să poată spune: „Așa vorbește Domnul". Responsabilitatea lor este să o prezinte așa cum a fost inițial dată și menită.

Care a fost originea mesajului predicatorului? A început ca un cuvânt adevărat din partea lui Dumnezeu și a fost dat ca adevăr deoarece scopul lui Dumnezeu a fost să transmită adevărul. A fost stabilit de Dumnezeu ca fiind adevărul și a fost vestit de Duhul lui Dumnezeu în cooperare cu bărbații sfinți care l-au primit întocmai ca fiind de acea calitate pură intenționată de Dumnezeu (2 Pet. 1:20-21). A fost primit ca *Scriptura Inerrantis* de către profeți și apostoli, adică fără vreo abatere de la alcătuirea originală a Scripturii în mintea lui Dumnezeu. Astfel, termenul *ineranță* exprimă calitatea sub care scriitorii canonului au primit textul numit Scriptură.

Cum va putea mesajul lui Dumnezeu să continue în forma sa originală, autentică? Întrucât mesajul lui Dumnezeu este adevărat și trebuie comunicat așa cum a fost primit, ce procese de interpretare impuse de schimbările de limbă, cultură și timp pot fi aplicate fără a-i compromite puritatea atunci când este predicat în prezent? Răspunsul este că doar o abordare exegetică poate fi acceptată pentru o expunere nealterată, când vine vorba de predicarea biblică.

Așadar, adunând toate lucrurile într-un mod practic, care sunt pașii finali în predicare? În primul rând, predicatorul trebuie să utilizeze un text autentic. Creștinii sunt îndatorați acelor erudiți care au trudit cu hărnicie pe tărâmul criticii textuale. Studiile lor au recuperat textul original al Scripturii din amploarea copiilor existente ale manuscriselor care conțin deficiențe în diferite locuri din pricina diferitelor variante textuale. Acesta este punctul de pornire. În absența

---

29 James I. Packer, "Preaching as Biblical Interpretation," în *Inerrancy and Common Sense*, ed. Roger R. Nicole and J. Ramsey Michaels (Grand Rapids, MI: Baker, 1980), 203.

textului în forma în care a fost dat de Dumnezeu, predicatorul ar fi neputincios în a-l prezenta așa cum a intenționat Dumnezeu.

Apoi, odată ce s-a început de la textul autentic, predicatorul trebuie să interpreteze textul cu acuratețe. Aceasta presupune aplicarea științei numită *hermeneutică*. O hermeneutică fără greșeală înseamnă aplicarea regulilor de interpretare pe baza exegezei pentru a găsi înțelesul unic pe care Dumnezeu a intenționat să-l comunice în text. Prin utilizarea principiilor hermeneutice ale interpretării literale, gramatical-istorice, cel ce îl studiază îi poate înțelege sensul. *Exegeza* poate fi definită drept aplicarea abilă a principiilor hermeneutice corecte la textul biblic din limbile originale cu scopul de a discerne și declara sensul intenționat de autor în ce privește audiența imediată și cea ulterioară. În tandem, hermeneutica și exegeza se focalizează asupra textului biblic pentru a stabili ce a spus și ce a însemnat el inițial. Astfel, în cea mai largă accepțiune, exegeza include diferitele discipline ale contextului literar, studiilor istorice, analizei gramaticale, precum și ale teologiei istorice, biblice și sistematice. Exegeza adecvată îl va informa pe cercetător despre ce spune și ce înseamnă textul, îndrumându-l în a discerne implicațiile personale practice ale acestuia.

În final, urmându-se această desfășurare de pași, predicarea expozitivă este cu adevărat predicare exegetică. Ca rezultat al acestui proces exegetic, care începe cu un angajament față de ineranță, predicatorul expozitiv este echipat cu un mesaj corect, cu o intenție corectă și cu o aplicație corectă. Îi conferă predicării sale o perspectivă istorică, teologică, contextuală, literară, sinoptică și culturală. Mesajul său este mesajul intenționat de Dumnezeu.

Prin urmare, sarcina predicatorului expozitiv este să predice gândirea lui Dumnezeu așa cum o descoperă în Cuvântul inerant al lui Dumnezeu. O înțelege prin intermediul disciplinelor hermeneuticii și exegezei. O proclamă expozitiv, acesta fiind mesajul pe care Dumnezeu l-a rostit și l-a mandatat să-l expună.

Ineranța impune o pregătire exegetică și o proclamare expozitivă. Numai o astfel de abordare păstrează Cuvântul lui Dumnezeu în integralitate, păzind comoara revelației și declarând însemnătatea lui exact așa cum a intenționat Dumnezeu să fie predicat acesta. Predicarea expozitivă este rezultatul esențial al procesului exegetic și al ineranței. Ea este imperativă pentru a păstra puritatea Cuvântului inerant dat inițial de Dumnezeu și pentru a fi predicat întregul plan al adevărului răscumpărător al lui Dumnezeu (Fapt. 5:20; 20:27).

OBLIGAȚII FAȚĂ DE SCRIPTURĂ

Primire

Rugăciune

Hrănire
Ascultare
Onorare
Studiere
Predicare/Predare
Convingere
Ucenicie
Cutremurare
Rugăciune

Pe parcursul scrierilor sale din Noul Testament, apostolul Ioan a sintetizat obligația unui creștin față de Scripturi. A arătat clar că umblarea în căile Cuvântului nu este opțională.

În primul rând, Cristos a spus că dacă cineva Îl iubește, acea persoană va păzi poruncile Lui (Ioan 14:15, 21, 23). Pe de altă parte, cel care nu-L iubește nu va păzi cuvintele Lui (Ioan 14:24). Ascultarea unui creștin de Biblie *demonstrează* dragostea lui pentru Cristos și autenticitatea mântuirii sale.

În al doilea rând, Isus a afirmat limpede că datoria unui creștin este să umble în același mod în care a umblat Cristos (1 Ioan 2:6). Dumnezeu *pretinde* ascultare de Cuvântul Său.

În al treilea rând, Ioan *a definit* dragostea în termeni neechivoci: „Și aceasta este dragostea: să umblăm după poruncile Lui" (2 Ioan 6).

În al patrulea rând, Ioan s-a *delectat* din plin auzind și văzând creștini care ascultă de Cuvântul lui Dumnezeu: „N-am bucurie mai mare decât să aud despre copiii mei că umblă în adevăr" (3 Ioan 4).

În final, Ioan a anunțat ce anume îl face *distinct* în mod suprem pe un creștin ascultător – binecuvântarea Mântuitorului (Apoc. 1:3). Ca să fim și mai specifici, Scriptura oferă un profil alcătuit din cel puțin zece trăsături date ca exemple pentru ceea ce a văzut Ioan.

Primire

Atunci când Pavel a predicat în Tesalonic, oamenii nu s-au limitat la a recepționa cuvântul său, ci l-au și primit. Nu l-au respins; în schimb, au acceptat cu brațele deschise ceea ce el a proclamat ca fiind Cuvântul lui Dumnezeu, nu al omului:

> Și de aceea și noi mulțumim fără încetare lui Dumnezeu, pentru că, atunci când ați primit Cuvântul lui Dumnezeu, pe care l-ați auzit de la noi, l-ați primit nu ca pe cuvântul oamenilor, ci, așa cum este cu adevărat, ca pe Cuvântul lui Dumnezeu, care și lucrează în voi cei care credeți (1 Tes. 2:13).

Rugăciune

Psalmistul a înțeles că Dumnezeu era autorul suprem al Scripturilor și astfel ar fi cel mai potrivit să-I fie solicitat ajutorul în vederea înțelegerii lor:

Deschide-mi ochii, ca să văd
lucrurile minunate din Legea Ta! (Ps. 119:18; vezi Fapt. 6:4)

Hrănire

Biblia descrie în mod figurativ Scripturile ca fiind lapte (1 Pet. 2:2), pâine (Deut. 8:3; Mat. 4:4), carne (1 Cor. 3:2) și miere (Ps. 19:10) menite să hrănească sufletul. Iov a mărturisit despre eficacitatea acestui meniu spiritual:

N-am călcat poruncile buzelor Lui;
mai mult decât hotărârile mele am păzit cuvintele buzelor Sale (Iov 23:12, vezi Ier. 15:16)

Ascultare

Caleb s-a dovedit a fi special (în contrast cu națiunea neascultătoare) datorită răspunsului său de ascultare totală față de poruncile lui Dumnezeu:

Căci niciunul dintre bărbații care au văzut gloria Mea și minunile pe care le-am făcut în Egipt și în pustiu, și care M-au ispitit de zece ori acum și n-au ascultat de glasul Meu, nu vor vedea niciunul țara pe care am jurat părinților lor că le-o voi da; și niciunul dintre cei care M-au disprețuit n-o va vedea. Dar pentru că servul Meu Caleb a fost însuflețit de un alt duh și a urmat în totul voia Mea, îl voi aduce în țara în care s-a dus, și urmașii lui o vor stăpâni (Num. 14:22-24)

Onorare

Evreii care s-au întors în țară după șaptezeci de ani de captivitate în Babilon au dat onoare cu bucurie lui Dumnezeu și Cuvântului Său:

Și Ezra a deschis cartea înaintea întregului popor, căci el era mai sus decât tot poporul. Și când a deschis-o, tot poporul s-a ridicat în picioare. Și Ezra a binecuvântat pe Domnul Dumnezeul cel mare, și tot poporul a răspuns: Amin! Amin! Și, ridicând mâinile, și-au plecat capetele și s-au închinat înaintea Domnului, cu fețele la pământ. (Neem. 8:5-6)

Studiere

Ezra a înțeles că trebuia să studieze Cuvântul lui Dumnezeu. Însă înainte de a putea vorbi, era imperativ să asculte mai întâi de ceea ce învățase. Principiul acesta se dovedește valabil deopotrivă pentru predicator și congregație:

> Căci Ezra își pusese inima să cerceteze Legea Domnului, s-o împlinească și să învețe pe Israel legile și poruncile ei. (Ezra 7:10)

Predicare/Predare

Oriunde S-a dus, Isus a dat învățătură și a predicat Cuvântul prețios al lui Dumnezeu:

> Și Isus trecea prin toată Galileea, învățând pe oameni în sinagogile lor și predicând Evanghelia împărăției și vindecând orice boală și orice neputință care era în popor. (Mat. 4:32; vezi 2 Timotei 4:2)

Convingere

Apolo n-a predicat doar pentru a transmite informații. El a proclamat cu pasiune adevărul cu scopul de a-și convinge ascultătorii și de a-i converti la calea adevărului lui Dumnezeu:

> La Efes a venit un iudeu, numit Apolo, născut în Alexandria, un vorbitor elocvent și puternic în Scripturi. El era învățat în ce privește Calea Domnului și, cu un duh înflăcărat, vorbea și învăța cu acuratețe lucrurile privitoare la Domnul, cu toate că nu cunoștea decât botezul lui Ioan. Așa că el a început să vorbească în sinagogă cu îndrăzneală. Când l-au auzit Aquila și Priscila, l-au luat cu ei și i-au explicat și mai exact Calea lui Dumnezeu. Și când a vrut să treacă în Ahaia, frații l-au îmbărbătat și au scris ucenicilor să-l primească. După ce a ajuns, a ajutat mult pe cei care, prin har, crezuseră; căci înfrunta cu putere pe iudei înaintea poporului, arătând din Scripturi că Isus este Cristosul. (Fapt. 18:24-28)

Ucenicie

Pavel a înțeles efectul continuu și cumulativ al multiplicării; așa că i l-a recomandat din inimă lui Timotei, al treilea din cinci generații din vremea respectivă (Cristos, Pavel, Timotei, oameni de încredere și alții):

> Și ce-ai auzit de la mine în fața multor martori, încredințează la oameni de încredere, care să fie în stare să învețe și pe alții. (2 Tim. 2:2)

Cutremurare

Isaia reprezintă exemplul de credincios umil, cu temere de Dumnezeu, atent și plin de râvnă față de Cuvântul Său (vezi Isaia 6:1-13):

Iată însă omul spre care Îmi voi îndrepta privirile: spre cel umil și cu duhul
mâhnit, spre cel care tremură la cuvântul Meu. (Is. 66:2)

Rugăciune[30]

Tată, fă ca viețile și părtășia noastră să fie caracterizate
de lucrări ale credinței, de osteneli ale dragostei și de statornicia nădejdii.
Prin harul Tău, noi suntem un popor sfânt, preaiubit și ales de Tine,
și atunci când Evanghelia a venit la noi,
n-a venit doar în cuvânt, ci și în putere,
în Duhul Sfânt și cu o convingere deplină..
Nu că ne simțim suficienți în noi înșine
să pretindem că ceva vine de la noi,
ci suficiența noastră vine de la Tine.
Tu ești Cel care a realizat mântuirea noastră,
întorcându-ne de la lucrurile lumești pe care le idolatrizam odinioară
ca să-Ți slujim Ție, Dumnezeul cel viu și adevărat.
Tu ești Cel care ne-ai adus la viață ca să primim Cuvântul Tău –
nu ca pe cuvântul oamenilor, ci așa cum și este:
Cuvântul lui Dumnezeu, care-și înfăptuiește lucrarea desăvârșită
în toți cei care cred.

Așadar, mântuirea noastră vine în întregime de la Tine.
Tu Ți-ai trimis Fiul ca să moară în locul nostru
pe când noi încă eram dușmani ai neprihănirii.
Cu îndurare, ai ridicat vălul de pe ochii noștri și ne-ai atras la credință.
Deschide-ne ochii ca să vedem mai mult din adevărul Tău;
deschide-ne inimile ca să-l credem mai înflăcărat;
și deschide-ne gurile ca să-l declare mai fidel.

Fă-ne imitatori ai Domnului Isus Cristos
și exemple evlavioase unii pentru alții.
Ajută-ne să creștem spre maturitate deplină și asemănare cu Cristos.
Știm că hrana necesară
pentru o astfel de creștere se găsește doar în Cuvântul Tău.
Nu putem să ne dezvoltăm doar cu pâine,

---

30 Această rugăciune este redată literal din John MacArthur, *At the Throne of Grace:
A Book of Prayers* (Eugene, OR: Harvest House, 2011), 192–93. Folosită cu permisiu-
nea editurii Harvest House.

ci cu orice cuvânt care iese din gura Ta.

De aceea, fă să cercetăm Scripturile
cu sârguință și cu o inimă neîmpărțită
căci știm că în ele avem viața veșnică.
Ele ne indică spre Cristos
Ele ne dezvăluie gloria Sa.

Ele oglindesc caracterul Său sfânt.
Din ele învățăm despre suferința, moartea, învierea, înălțarea
mijlocirea și revenirea Sa glorioasă.
Prin ele ne vorbești din ceruri.
În ele auzim glasul Duhului vorbind deslușit.

Dă-ne inimi receptive.
Fă să primim adevărul Tău cu toată umilința și ascultarea.
Deschide-ne ochii ca să vedem cu claritate,
și deschide-ne urechile ca să ascultăm cu pricepere
Fă să luăm în seamă fiecare rând cu teamă și cutremur –
nu doar învățăturile, ci și mustrările;
nu doar promisiunile, ci și avertizările.

Te binecuvântăm pentru Cuvântul Tău tradus
în limba noastră, care ne arată calea vieții.
Ajută-ne să nu tratăm niciodată cu ușurință acest privilegiu.
Ajută-ne să nu neglijăm
sfatul bogat care ne stă la dispoziție pe acele pagini.
Ajută-ne să sorbim adevărul lui
și să ne alimentăm sufletele înfometate cu hrana lui.

Și fie ca inimile noastre, ca și ale celor spre Emaus
să ardă în lăuntrul nostru în timp ce ne înveți
Ne rugăm în Numele lui Isus. Amin!

„Temelie pe veci ați găsit în Scripturi"

Temelie pe veci ați găsit în Scripturi
Pentru-a voastră credință, voi toți sfinții Lui.
Ce-i scris în Cuvânt oare nu-i îndeajuns,

Vouă, celor ce viața-n Cristos v-ați ascuns?

„Nu te teme și nu fi nicicând frământat
Dumnezeu îți sunt Eu și-ajutor necurmat.
Te voi întări și-n picioare vei sta,
Căci a Mea dreaptă sfântă te va ajuta.”

„De vei trece prin ape adânci și stihii
Șuvoiul întristării nu te va înghiți;
Voi fi lângă tine să schimb rău-n har
Să sfințesc pe deplin chiar și-acel loc amar.”

„Încercarea de foc când în cale-ți va sta
Din belșug harul Meu noi puteri îți va da
Căci focul va arde doar vechi legături
Și îți va curăți aurul de-orice zguri.”

„Orice suflet ce-odihnă-a găsit în Isus
Chiar de urlă vrăjmașii, nu va fi răpus.
Când iadul întreg să îl clatine-ar vrea
Eu nicicând, nu, nicicând, pe el nu-l voi lăsa!”

(Jubilate – Culegere de imnuri creștine, vol. II, Oradea, 2017, nr. 255)

BIBLIOGRAFIE

Lucrări principale de teologie sistematică

Bancroft, Emery H. *Christian Theology: Systematic and Biblical.* 2nd ed. Grand Rapids, MI: Zondervan, 1976. 21–58.

Buswell, James Oliver, Jr. *A Systematic Theology of the Christian Religion.* 2 vols. Grand Rapids, MI: Zondervan, 1962–1963. 1:183–220.

Erickson, Millard J. *Christian Theology.* Grand Rapids, MI: Baker, 1986. 153–259.

*Grudem, Wayne. *Systematic Theology: An Introduction to Biblical Doctrine.* Grand Rapids, MI: Zondervan, 1994. 47–138.

Hodge, Charles. *Systematic Theology.* 3 vols. 1871–1873. Reprint, Grand Rapids, MI: Eerdmans, 1975. 1:151–88.

Lewis, Gordon R., and Bruce A. Demarest. *Integrative Theology.* 3 vols. Grand Rapids, MI: Zondervan, 1987–1994. 1:61–171.

Reymond, Robert L. *A New Systematic Theology of the Christian Faith.* Nashville: Thomas Nelson, 1998. 3–126.

Shedd, William G. T. *Dogmatic Theology.* 3 vols. 1889. Reprint, Minneapolis: Klock & Klock, 1979. 1:61–147.

Strong, August Hopkins. *Systematic Theology: A Compendium Designed for the Use of Theological Students.* Rev. ed. New York: Revell, 1907. 111–242.

*Swindoll, Charles R., and Roy B. Zuck, eds. *Understanding Christian Theology.* Nashville: Thomas Nelson, 2003. 1–134.

Thiessen, Henry Clarence. *Introductory Lectures in Systematic Theology.* Grand Rapids, MI: Eerdmans, 1949. 78–115.

Turretin, Francis. *Institutes of Elenctic Theology.* 3 vols. Edited by James T. Dennison Jr. Translated by George Musgrove Giger. 1679–1685. Reprint, Phillipsburg, NJ: P&R, 1992–1997. 1:55–167.

* Le indică pe cele mai folositoare

Lucrări specifice

*Allison, Gregg R. "The Doctrine of the Word of God." In *Historical Theology: An Introduction to Christian Doctrine*, 35–184. Grand Rapids, MI: Zondervan, 2011.

*Barrick, William D. "Ancient Manuscripts and Biblical Exposition." *The Master's Seminary Journal* 9, no. 1 (1998): 25–38.

Boice, James Montgomery, ed. *The Foundation of Biblical Authority*. Grand Rapids, MI: Zondervan, 1978.

Bruce, F. F. *The Canon of Scripture*. Downers Grove, IL: InterVarsity Press, 1988.

Carson, D. A. *Collected Writings on Scripture*. Compiled by Andrew David Naselli. Wheaton, IL: Crossway, 2010.

Frame, John M. *The Doctrine of the Word of God*. A Theology of Lordship 4. Phillipsburg, NJ: P&R, 2010.

*Geisler, Norman L., ed. *Inerrancy*. Grand Rapids, MI: Zondervan, 1980.

Geisler, Norman L., and William E. Nix. *A General Introduction to the Bible*. Chicago: Moody Press, 1986.

Grier, James M., Jr. "The Apologetical Value of the Self-Witness of Scripture." *Grace Theological Journal* 1, no. 1 (1980): 71–76.

*Harris, R. Laird. *Inspiration and Canonicity of the Scriptures*. Rev. ed. Greenville, SC: Attic, 1995.

Henry, Carl F. H. *God, Revelation, and Authority*. 6 vols. Waco, TX: Word, 1976–1983.

*Kaiser, Walter C., Jr. *Recovering the Unity of the Bible: One Continuous Story, Plan, and Purpose*. Grand Rapids, MI: Zondervan, 2009.

*Lightner, Robert P. *A Biblical Case for Total Inerrancy: How Jesus Viewed the Old Testament*. Grand Rapids, MI: Kregel, 1998.

Lillback, Peter A., and Richard B. Gaffin Jr., eds. *Thy Word Is Still Truth: Essential Writings on the Doctrine of Scripture from the Reformation to Today*. Phillipsburg, NJ: P&R, 2013.

*MacArthur, John, ed. *The Scripture Cannot Be Broken: Twentieth Century Writings on the Doctrine of Inerrancy*. Wheaton, IL: Crossway, 2015.

Mayhue, Richard L. "The Authority of Scripture." *The Master's Seminary Journal* 15, no. 2 (2004): 227–36.

Metzger, Bruce M. *The Canon of the New Testament: Its Origin, Development, and Significance*. Oxford: Clarendon, 1997.

*———. *The Text of the New Testament: Its Transmission, Corruption, and Restoration*. 3rd ed. New York: Oxford University Press, 1992.

Packer, J. I. *"Fundamentalism" and the Word of God: Some Evangelical Principles*. Grand Rapids, MI: Eerdmans, 1958.

———. "The Necessity of the Revealed Word." In *The Bible: The Living Word of Revelation*, edited by Merrill C. Tenney, 31–49. Grand Rapids, MI: Zondervan, 1968.

Radmacher, Earl D., and Robert D. Preus, eds. *Hermeneutics, Inerrancy, and the Bible*. Grand Rapids, MI: Zondervan, 1984.

Thomas, Robert L. *How to Choose a Bible Version*. Rev. ed. Fearn, Ross-Shire, Scotland: Mentor, 2005.

*Warfield, Benjamin B. *The Inspiration and Authority of the Bible*. Edited by Samuel G. Craig. Philadelphia: Presbyterian and Reformed, 1948.

Weeks, Noel. *The Sufficiency of Scripture*. Edinburgh: Banner of Truth, 1988.

*Wenham, John. *Christ and the Bible*. 3rd ed. Eugene, OR: Wipf & Stock, 2009.

Woodbridge, John D. *Biblical Authority: A Critique of the Rogers-McKim Proposal*. Grand Rapids, MI: Zondervan, 1982.

*Young, E. J. *Thy Word Is Truth: Some Thoughts on the Biblical Doctrine of Inspiration*. Grand Rapids,

MI: Eerdmans, 1957.

* Le indică pe cele mai folositoare

„Preaînalte Dumnezeu"

Umple-mi sufletul umil
Fii suprem, fii Împărat,
Peste orice gând ostil
Orice viciu și păcat,
Spulberă cu dreapta Ta
M-ai iubit, M-ai cumpărat,
Fă-mă-al Tău de-a pururea!

De păcat am fost orbit,
Am respins mesajul Tău
Nu știam că M-ai iubit,
Nu gustasem cerul Tău
Însă Duhul m-a-nviat,
Mi-a făcut Cuvântul clar
Evanghelia mi-a dat
Pace și nădejde-n dar!

Dă-mi puterea de-a trăi
Dependent de harul Tău
Sufletul și inima-mi
Ocrotește-le de rău
Să fii lăudat mereu
De întreagă ființa mea
Preaînalte Dumnezeu,
Proslăvit fii pururea!

(Jubilate – Culegere de imnuri creștine, vol. II, Oradea, 2017, nr. 262)

3

Dumnezeu Tatăl

Teologie propriu-zisă

Subiecte majore prezentate în Capitolul 3
Existența lui Dumnezeu
Numele lui Dumnezeu
Atributele (Perfecțiunile) lui Dumnezeu
Trinitatea
Decretele lui Dumnezeu
Creația
Minunile divine
Providența divină
Problema răului și teodiceea
Glorificarea lui Dumnezeu

După ce am stabilit că Biblia este fundamentul inspirat, inerant al cunoașterii omului despre Dumnezeu și despre toate lucrurile care au legătură cu El, discuția noastră ajunge la doctrina despre Dumnezeu. Secțiunea de față va prezenta învățătura Bibliei privind existența, atributele (perfecțiunile), triunitatea și lucrările lui Dumnezeu de decretare, creare și stăpânire peste toate lucrurile din exteriorul Său.

EXISTENȚA LUI DUMNEZEU

Afirmații scripturale
Cognoscibilitatea și incomprehensibilitatea lui Dumnezeu
Evaluarea „Dovezilor naturale"

„La început Dumnezeu..." (Gen. 1:1). Biblia nu începe cu un argument raționalist în favoarea existenței lui Dumnezeu, ci mai degrabă presupune că El există, că a existat înainte de începutul tuturor lucrurilor din exteriorul Său, și că există doar un singur Dumnezeu. Teologia propriu-zisă, ca și toate celelalte domenii ale teologiei sistematice, este derivată în mod corect din însăși mărturia lui Dumnezeu oferită în Biblie, Cuvântul Său inspirat, inerant. Perspectiva omului asupra lui Dumnezeu nu vine „de jos", de la logica umană despre univers, întrucât rațiunea umană este finită în componentele și procesele ei, pervertită de păcatul din lăuntru, și prin urmare incapabilă ca să dobândească vreodată o înțelegere corectă a naturii lui Dumnezeu, care este infinit și sfânt. Mai înainte de orice, dovezile în favoarea existenței lui Dumnezeu trebuie să vină din mărturia lui Dumnezeu despre Sine. În Biblie, El ne-a pus la dispoziție dovezi incontestabile despre existența Sa.

Afirmații scripturale

Lucrarea de față nu încearcă să dovedească existența lui Dumnezeu pe baza rațiunii umane, ci mai degrabă presupune că Dumnezeul Bibliei există. Preocuparea este de a prezenta ceea ce Biblia afirmă despre Dumnezeu. Singura dovadă temeinică a existenței adevăratului Dumnezeu constă din afirmații de la El și despre El găsite în Cuvântul Său inspirat. Nu trebuie să I Se interzică lui Dumnezeu să mărturisească despre Sine. Dimpotrivă, mărturia Sa, dată pe baza inspirației Sale, trebuie acceptată ca fiind unică și perfect credibilă. Doar Scriptura este inspirată sau „insuflată de Dumnezeu" (gr. *theopneustos*, 2 Tim. 3:16), de aceea trebuie căutat exclusiv în Biblie pentru a găsi dovezi care sunt curate și care transcend limitele finitudinii și stricăciunii intelectuale umane. Alte dovezi în sprijinul existenței lui Dumnezeu – de pildă de pe tărâmul celor create (Rom. 1:19-20) – trebuie evaluate și acceptate doar în măsura în care se armonizează cu afirmațiile Bibliei despre Dumnezeu.

Scriptura afirmă existența Celui pe care-L numește „singurul Dumnezeu adevărat" (Ioan 17:3). Biblia începe de la presupoziția fundamentală că Dumnezeu a existat „la început" (Gen. 1:1). Astfel, fiecare afirmație din Biblie despre natura și acțiunile lui Dumnezeu este o dovadă a existenței Sale provenită de la El.

DOVADA DIN MENȚIONAREA PRECONDIȚIEI RĂSCUMPĂRĂRII

De pildă, Biblia cere ca toți cei care doresc să se raporteze corect la Dumnezeu trebuie mai întâi să creadă că El există: „Cine se apropie de Dumnezeu trebuie să creadă că El este" (Evr. 11:6). A face altfel echivalează cu a fi nebun. Cel care nu crede în inima și în mintea lui că Dumnezeu există e numit de Scriptură „nebun" și „nelegiuit":

Nebunul zice în inima lui:
nu există Dumnezeu! (Ps. 14:1; 53:1).

Nelegiuitul, în mândria feței lui, nu-L caută pe Dumnezeu;
în toate gândurile lui, zice: Nu este Dumnezeu! (Ps. 10:4).

DOVADA DIN AFIRMAREA ETERNITĂȚII LUI DUMNEZEU

Biblia afirmă în mod repetat că Dumnezeu este etern. Dumnezeu nu are înceut, nu are sfârșit și nu are o succesiune de momente la nivelul experienței Sale, a cunoașterii de Sine și a întregii realități din afara Lui. În Biblie, Dumnezeu este numit „Dumnezeul cel veșnic" (Deut. 33:27). Psalmul 90:2 spune că Dumnezeu are o existență prezentă din veșnicie, dinainte ca lumea să fi fost creată: „Înainte ca munții să se fi născut sau să se fi făcut pământul și lumea, din veșnicie în veșnicie Tu ești Dumnezeu". În Isaia 41:4, Dumnezeu declară: „Eu, Domnul, Cel dintâi și Cel de pe urmă; Eu sunt." Isaia adaugă: „Așa vorbește Domnul, Regele lui Israel, și Răscumpărătorul lui, Domnul oștirilor: Eu sunt Cel dintâi și Cel de pe urmă și afară de Mine nu este alt Dumnezeu" (Is. 44:6). Și Isaia 57:15 afirmă că Dumnezeu „domnește veșnic".

DOVADA DIN AFIRMAREA EXISTENȚEI PRIN SINE ÎNSUȘI A LUI DUMNEZEU

O ultimă dovadă a existenței lui Dumnezeu este reprezentată de afirmațiile că El „este", viața Lui nedepinzând de altcineva. Dumnezeu i-a spus lui Moise după care nume trebuia să fie cunoscut: „Dumnezeu a zis lui Moise: EU SUNT CEL CE SUNT. Și el a zis: Vei spune fiilor lui Israel: Cel ce se numește EU SUNT m-a trimis la voi" (Exod 3:14). Dumnezeu este. Astfel, El nu depinde de nimic pentru propria existență. Această concluzie trasă de pe urma Numelui Domnului din cadrul legământului este reflectată prin cuvintele apostolului Pavel: „Căci de la El, și prin El, și pentru El, sunt toate lucrurile" (Rom. 11:36), și „Dumnezeu care a făcut lumea și tot ce este în ea este Domnul cerului și al pământului și nu locuiește în temple făcute de mâini, nici nu este slujit de mâini omenești, ca și când ar avea nevoie de ceva, El, care dă tuturor viață și suflare și toate lucrurile" (Fapt. 17:24-25).

De la aceste afirmații, se poate continua și se pot multiplica dovezile biblice în favoarea existenței lui Dumnezeu extrase tot din afirmații scripturale despre ființa și lucrările Sale. Însă, cele menționate mai sus sunt suficiente ca să arate că Dumnezeu Își confirmă Propria existență prin afirmații ale Bibliei ca dovezi primare, fundamentale și supreme pe baza cărora oamenii trebuie să creadă că El există.

Cognoscibilitatea și incomprehensibilitatea lui Dumnezeu

Întrucât Dumnezeu a revelat în Scriptură realitatea existenței Sale, le-a făcut parte oamenilor de câteva afirmații pe baza cărora Îi pot cunoaște măcar întru-câtva natura divină. Biblia Îl face pe Dumnezeu de cunoscut oamenilor prin faptul că cele conținute în Biblie descoperă adevărul despre El. Scriptura ne învață că omul poate cu adevărat să-L cunoască pe Dumnezeu, dar nu exhaustiv. În terminologia clasică, Dumnezeu este cognoscibil în mod real, dar nu este inteligibil în mod exhaustiv.

COGNOSCIBILITATEA SUFICIENTĂ A LUI DUMNEZEU

Biblia afirmă că Dumnezeu poate fi cunoscut, chiar cunoscut printr-o relație personală de prietenie. El a umblat alături de Adam și Eva în grădina Eden (Gen. 3:8). I s-a arătat lui Moise în rugul aprins (Exod 3:3-4). Pe Muntele Sinai, i-a dat lui Moise Legea Sa (Exod 19). În Israelul antic, Dumnezeu Și-a mani-festat prezența în Cortul întâlnirii și în Templu peste tronul îndurării, deasupra chivotului legământului (1 Sam. 4:4; 1 Regi 8:10-11). Isus a spus că Dumnezeu poate fi cunoscut în mod personal (Ioan 17:3). Isus Însuși este întruparea lui Dumnezeu (Col. 2:9). Noul Testament ne descoperă că Dumnezeu sălășluiește în biserică (1 Cor. 3:16), locuiește în credincioși (Ioan 14:23) și este prietenul credincioșilor (Iac. 2:23).

INCOMPREHENSIBILITATEA LUI DUMNEZEU

Deși Dumnezeu poate fi cunoscut cu adevărat, Scriptura ne descoperă și fap-tul că nu poate fi cunoscut într-un mod comprehensiv sau exhaustiv de către oameni în toate aspectele ființei sau acțiunilor Sale. Oamenii sunt limitați în timp și spațiu și, în Adam, experimentează stricăciunea provocată de păcatul din lăuntru (Rom. 7:15-23), care i-a făcut răzvrătiți față de Dumnezeu și le-a întunecat înțelegerea revelației de Sine a lui Dumnezeu în Biblie și în natură (2 Cor. 4:3-4; Ef. 4:17-19). Dumnezeu este etern și sfânt, transcende timpul și spațiul, este de o omniștiență infinită și de o puritate morală absolută. Numai Dumnezeu este măreț. Omul a fost creat ca o ființă diferită și aparținând unei categorii inferioare. Chiar și în starea creației inițiale, umanitatea nu putea să-L cunoască pe Dumnezeu în mod exhaustiv, însă după căderea lui Adam, chiar și cunoașterea de Dumnezeu pe care oamenii o *pot* avea este întinată de păcat.

Biblia mărturisește fără echivoc că Dumnezeu nu poate fi cunoscut pe deplin de către oameni, nici chiar în absența factorului din stricăciunea lor internă păcătoasă care le întunecă perspectiva. Omul nu-L poate vedea pe Dumnezeu și, apoi, să trăiască (Exod 33:20; Lev. 16:2). Dumnezeu „locuiește într-o lumină de care nu te poți apropia, pe care niciun om nu L-a văzut, nici nu-L poate vedea" (1 Tim. 6:16; vezi Ioan 1:18; 6:46). Chipul spiritual al naturii lui Dumnezeu n-a fost revelat (Deut. 4:12, 15). Profunzimile lui Dumnezeu Îi sunt cunoscute doar Lui (1 Cor. 2:11).

Mergând un pas mai departe, Dumnezeu nu poate fi sondat în mod desăvârșit. Psalmul 145:3 spune: „Mare este Domnul și foarte vrednic de laudă; și măreția Lui este nepătrunsă." Cuvântul „nepătrunsă" este o traducere a celui ebraic *'en kheqer*, „fără căutare". Rădăcina ebraică, *khaqar*, de la care provine substantivul pentru „căutare" este folosită în Vechiul Testament cu referire la „a căuta exhaustiv". De pildă, aceeași sintagmă este găsită în Isaia 40:28: „Nu știi? N-ai auzit? Dumnezeul Cel veșnic, Domnul, Creatorul marginilor pământului, El nu obosește, nici nu ostenește; priceperea Lui este de nepătruns." Aceeași rădăcină a cuvântului este folosită în formă verbală pentru a discuta despre minerii care caută în mod exhaustiv în pământ după minereu: „Omul pune capăt întunericului, și în adâncurile cele mai de jos caută minereul ascuns în întuneric și în beznă adâncă" (Iov 28:3; cf. Iov 11:7-8; 36:26). Să comparăm alte expresii din Vechiul Testament cu incomprehensibilitatea lui Dumnezeu:

Iată, acestea sunt numai marginile căilor Sale,
și abia am auzit murmurul lin al lucrărilor Sale! (Iov 26:14)

El face lucruri mari pe care noi nu le putem înțelege. (Iov 37:5)

La afirmațiile biblice despre incomprehensibilitatea lui Dumnezeu adăugăm precizarea că El nu ne-a revelat tot ceea ce El este sau tot ceea ce El cunoaște. Deuteronom 29:29 spune: „Lucrurile ascunse sunt ale Domnului Dumnezeului nostru, dar lucrurile revelate sunt ale noastre și ale fiilor noștri, pe veci, ca să împlinim toate cuvintele acestei legi." Din Apocalipsa 10:4, aflăm că lui Ioan i s-a poruncit să nu scrie ceva ce văzuse: „Și când au făcut cele șapte tunete să se audă glasurile lor, eram gata să scriu, dar am auzit un glas din cer, spunându-mi: Sigilează ce au vorbit cele șapte tunete și nu scrie ce au spus."

În final, incomprehensibilitatea lui Dumnezeu este văzută prin afirmații scripturale potrivit cărora gândirea lui Dumnezeu transcende capacitatea, procesul și rezultatele din plan intelectual ale omului. Psalmul 139:6 spune despre cunoașterea lui Dumnezeu că „este prea minunată pentru mine; este prea înaltă ca s-o pot atinge." Psalmul 139:17-18 afirmă că gândurile lui Dumnezeu sunt „mai multe decât boabele de nisip". Psalmul 147:5 declară despre Dumnezeu că „înțelepciunea Lui este fără margini". Dumnezeu pune în contrast superioritatea gândurilor Lui cu inferioritatea gândurilor omului: „Cât sunt de sus cerurile față de pământ, atât de sus sunt căile Mele față de căile voastre și gândurile Mele față de gândurile voastre" (Is. 55:9). Această incomprehensibilitate a intelectului lui Dumnezeu a fost proclamată de Pavel în explozia sa de laude din Romani 11:33-34: „O, adâncul bogățiilor și înțelepciunii și cunoașterii lui Dumnezeu! Cât de nepătrunse sunt judecățile Lui și cât de neînțelese sunt căile Lui! Căci cine a cunoscut gândul Domnului? Sau cine a fost sfătuitorul Lui?"

Când cineva încearcă să sondeze natura lui Dumnezeu, descoperă că este de o manieră infinită dincolo de ceea ce poate fi învățat sau cumpănit. Lucrul acesta este valabil în privința tuturor aspectelor naturii lui Dumnezeu. Grudem face un rezumat folositor:

> Putem spune că niciodată nu-L vom putea înțelege pe deplin pe Dumnezeu; dar este adevărat și că *niciodată nu vom putea înțelege pe deplin orice lucru legat de Dumnezeu*. Măreția Lui (Ps. 145:3), priceperea Lui (Ps. 147:5), cunoașterea Lui (Ps. 139:6), bogățiile, înțelepciunea, judecățile și căile Lui (Rom. 11:33) *toate* depășesc capacitatea noastră de a le înțelege pe deplin...
> Astfel, putem cunoaște *ceva* despre dragostea, puterea și înțelepciunea lui Dumnezeu. Dar niciodată nu putem cunoaște dragostea Lui în mod complet sau *exhaustiv*. Nu putem cunoaște niciodată puterea Lui în mod exhaustiv. Nu putem cunoaște niciodată înțelepciunea Lui în mod exhaustiv, și așa mai departe. Ca să putem cunoaște un singur lucru despre Dumnezeu în mod exhaustiv ar trebui să cunoaștem acel lucru așa cum îl cunoaște Dumnezeu. Aceasta ar însemna că noi ar trebui să cunoaștem acel lucru în toate relațiile pe care le are cu absolut toate celelalte lucruri legate de Dumnezeu și în relațiile pe care le are el cu restul creației prin întreaga veșnicie. Putem doar să exclamăm împreună cu David: „O știință atât de minunată este mai presus decât puterile mele: este prea înaltă ca s-o pot prinde" (Ps. 139:6)[1]

Evaluarea „Dovezilor naturale"

Teologia propriu-zisă caută să înrădăcineze existența lui Dumnezeu în Scriptură și să confere tuturor celorlalte dovezi în favoarea existenței lui Dumnezeu un statut secundar, subordonat evaluării Scripturii. Cu toate acestea, Dumnezeu S-a revelat pe Sine și prin alte mijloace decât Scriptura. S-a revelat pe Sine într-o manieră non-verbală tuturor oamenilor prin natură, conștiință și

---

1 Wayne Grudem, *Teologie sistematică:Introducere în doctrinele biblice* (Oradea: Făclia, Zondervan, 2004), 154-55.

istorie. Acestea sunt desemnate drept revelația *generală* sau *naturală*, iar Biblia o afirmă pe un ton hotărât. Însă cunoașterea revelației naturale a lui Dumnezeu nu trebuie niciodată luată în considerare independent de Scriptură întrucât Biblia arată că, lăsat la discreția propriei gândiri, omul va perverti revelația lui Dumnezeu în natură. Chiar și creștinul are nevoie de călăuzirea Scripturii pentru a evalua corect revelarea de Sine a lui Dumnezeu în natură. John Calvin (1509-1564) a prezentat grafic această ultimă idee, comparând Scriptura cu niște „ochelari" care le oferă oamenilor o manifestare lămurită a adevăratului Dumnezeu:

> La fel ca în cazul unor oameni vârstnici sau cu privirea încețoșată și al unora cu vederea slabă, cărora le pui înainte o carte deosebit de frumoasă, chiar dacă ar recunoaște că au de-a face cu o anumită scriere, de-abia vor putea citi două cuvinte; însă, cu ajutorul unor ochelari, vor putea începe să citească deslu-șit; tot așa Scriptura, punând laolaltă cunoașterea altminteri confuză despre Dumnezeu din mințile noastre, după ce ne-a împrăștiat obtuzitatea, ni-L arată cu claritate pe adevăratul Dumnezeu.[2]

Prin urmare, așa-numitele „dovezi naturale" ale existenței lui Dumnezeu, ca un produs al observației și rațiunii umane, nu pot fi lăsate de sine stătătoare, fără a fi evaluate de Scriptură. Atunci când ne uităm la aceste „dovezi naturale", tre-buie să cumpănim dacă ele chiar Îl „dovedesc" pe Dumnezeul Bibliei. Și pe urmă trebuie să stabilim dacă ele au vreo utilitate.

Inadecvarea „Dovezilor naturale"

Abordate în și prin ele însele, „dovezile naturale" ale existenței lui Dumnezeu nu dovedesc existența Dumnezeului Bibliei. De fapt, nici măcar nu dovedesc existența vreunui alt dumnezeu. Creștinii ar trebui să se aștepte ca aceste „dovezi" să eșueze în a demonstra existența adevăratului Dumnezeu deoarece o parte dintre ele au fost deduse de unii filosofi păgâni, cum ar fi Platon (cca. 428-348 î.Cr.) și Aristotel (cca. 384-322 î.Cr.).

Argumentul ontologic. Argumentul ontologic al existenței lui Dumnezeu spune că existența lui Dumnezeu este dovedită prin gândul omului că Dumnezeu există ca ființă perfectă. Cu alte cuvinte, dacă omul poate gândi că Dumnezeu există ca ființă perfectă, atunci cu siguranță că acest Dumnezeu există, întrucât, în ceea ce-L privește, a nu exista nu L-ar face o ființă perfectă. Creștinii ar trebui să manifeste prudență întrucât Platon, filosoful grec, a sus-ținut o formă a acestui argument, deși el a concluzionat că aceasta indica spre

---

2 John Calvin, *Institutes of the Christian Religion*, ed. John T. McNeill, trans. Ford Lewis Battles, Library of Christian Classics (1559; repr., Philadelphia: Westminster John Knox, 1960), 1.6.1.

multe „forme" personale, nu spre un singur Dumnezeu. Conceptele pe care le are omul despre lucrurile perfecte, a susținut Platon, nu pot fi deduse din lucrurile acestei lumi imperfecte, prin urmare ele sunt deduse din lucruri reale din transcendenta „lume a formelor".[3]

Forma creștină clasică a argumentului ontologic a fost enunțată de Anselm de Canterbury (1033-109), în lucrările sale *Monologion* și *Proslogion*. El a susținut că noi ne putem gândi la ceva absolut perfect („ceva despre care nu poate fi gândit nimic mai măreț").[4] Însă dacă nu există, atunci nu este absolut perfect, din moment ce existența trebuie să fie un aspect al perfecțiunii. Într-o astfel de situație, ne-am putea gândi la ceva și mai măreț – ceva care există nu doar în gândurile noastre, ci și în realitate. Astfel, Anselm a concluzionat că un astfel de lucru absolut perfect trebuie în mod obligatoriu să existe, și acela este Dumnezeu.

Trebuie să fim atenționați de faptul că unii gânditori neevanghelici au susținut o formă a acestui argument, inclusiv Réne Descartes (1596-1650), Baruch Spinoza (1632-1677), Gottfried Wilhelm von Leibniz (1646-1716), George Hegel (1770-1831) și Charles Hartshore (1897-2000). Argumentul ontologic nu i-a condus pe aceștia la Dumnezeul Bibliei.

Argumentul cosmologic. O altă „dovadă naturală" este argumentul luat din domeniul creației privind Cauza Supremă a tuturor celor create. A fost redat de Toma d' Aquino (1225-1274) prin formulările sintagmei „prima cale", „a doua cale" și „a treia cale" care susțin existența lui Dumnezeu. Potrivit învățăturii lui d´Aquino, nu poate exista o înlănțuire infinită de cauze, de aceea trebuie să existe un mișcător nemișcat („prima cale"), o „cauză primară" („calea a doua"), „o ființă în mod obligatoriu inițială și absolută care este suficientă pentru a genera toate cele create („a treia cale"). Și „cauza primară" este Dumnezeu.[5]

Însă aici trebuie prudență întrucât filosoful musulman AL-Ghazali (1058-1111) a folosit o variantă a argumentului cosmologic pentru a susține existența lui Allah. Iar argumentul cosmologic a fost ulterior susținut de filosoful neevanghelic iluminist Gottfried Wilhelm von Leibniz.

---

3 John M. Frame, *Apologetics to the Glory of God: An Introduction* (Phillipsburg, NJ: P&R, 1994), 115-16; John M. Frame, *A History of Western Philosophy and Theology* (Phillipsburg, NJ: P&R, 2015), 63-70; Frederick Copleston, *A History of Philosophy* (London: Search Press, 1946), 1:163-206

4 Anselm, Proslogion, 2, în Anselm of Canterbury, The Major Works, ed. Brian Davies and G. R. Evans, Oxford World's Classics (Oxford: Oxford University Press, 1998), 87.

5 Thomas Aquinas, The Summa Theologica, trans. Fathers of the English Dominican Province, ed. Kevin Knight, 2nd ed. (Kevin Knight, 2008), 1.2.3, http:// www .new advent .org /summa /1002 .htm #article3.

Argumentul teleologic. O altă „dovadă naturală" este argumentul teleologic, argumentul luat din conceperea lucrurilor. Acesta („a cincea cale" propusă de Toma d' Aquino) susține că ordinea, conceperea, scopul și inteligența pline de complexitate din univers sunt rezultatul lucrării unui arhitect inteligent, care a avut un scop, iar acesta este Dumnezeu. Argumentul de față a fost afirmat și de necreștini: Platon, Aristotel și Immanuel Kant (1724-1804). De aceea, nici acest argument nu-i îndreaptă în mod inevitabil pe oameni spre adevăratul Dumnezeu.

Argumentul moral. Argumentul moral susține că realitățile etice din om (conștiința, răsplata și pedeapsa, valorile morale, precum și teama de moarte și de pedeapsă) presupun existența unei ființe morale care a creat și care menține ordinea morală din lume. O formă a argumentului moral este vizibilă în „calea a patra" a lui d´Aquino, care argumentează pe baza unei progresii a ființelor și ajungând la o ființă supremă perfectă, care este cauza lor. Aquino a crezut că această ființă supremă trebuie să fie cauza tuturor perfecțiunilor care caracterizează alte ființe, fie că este vorba despre bunătate, adevăr sau altceva. Și pe această ființă supremă „o numim Dumnezeu". De remarcat, totuși, că filosoful iluminist Immanuel Kant a enunțat de asemenea o variantă a argumentului moral, dar a negat deopotrivă Trinitatea și întruparea.

Alte argumente. Alte două argumente merită menționate în treacăt. Cel dintâi, argumentul „universalității religiei" afirmă că, întrucât majoritatea oamenilor din lume cred într-un anumit tip de putere personală, și întrucât majoritatea fie se închină unei zeități sau unor zeități personale, fie își exprimă devoțiunea în termeni personali, universalitatea religiei indică spre ceva existent în natura omului. Cea mai rațională explicație pentru originea acestui aspect al naturii umane este faptul că o putere superioară l-a creat pe om ca ființă religioasă. Cel de-al doilea, argumentul „progresului omenirii" susține că progresul văzut în civilizația umană de-a lungul istoriei arată că omul este pe traiectoria împlinirii planului unui stăpânitor mondial înțelept și omnipotent, care este Dumnezeu.

Răspuns la „dovezile naturale". Toate „dovezile naturale" constituie o teologie bazată pe rațiunea omului și nu conduc în mod inevitabil spre adevăratul Dumnezeu. Aceste „dovezi naturale" sunt exerciții în cadrul conceperii unei teologii „pornind de jos", sau ale aprecierii lui Dumnezeu pe baza gândirii umane. Potrivit celor sugerate mai sus, aceste argumente nu indică în mod obligatoriu, pe cale logică, spre Dumnezeul triunic al Bibliei, din moment ce mulți care le-au folosit n-au crezut în Dumnezeul adevărat. Prin ele însele, aceste „dovezi naturale" nu reprezintă dovezi ale existenței unui dumnezeu, dacă ele nu presupun mai întâi cum este acel dumnezeu.

Iată câteva critici generale față de aceste așa-zise „dovezi":

1. Niciunul dintre aceste argumente nu impune existența unui singur Dumnezeu, și niciunul dintre ele nu impune existența Dumnezeului Bibliei. Aceste argumente pot indica la fel de ușor spre o multitudine de ființe.

2. Niciunul dintre aceste argumente nu indică în mod obligatoriu spre ceva ce este bun sau neschimbabil în mod desăvârșit, din moment ce lumea este caracterizată de atâta rău și schimbare.

3. Niciunul dintre aceste argumente nu indică în mod obligatoriu spre ceea ce este perfect, întrucât perfecțiunea transcende ceea ce omul gândește, întrucât ideile umane se găsesc obligatoriu doar în om și întrucât nu toți oamenii au un concept comun al perfecțiunii.

4. Niciunul dintre aceste argumente nu dovedește că o succesiune infinită de cauze este inerent imposibilă, și niciunul dintre aceste argumente nu impun faptul că o anumită cauză sau un anumit plan inițial este un „dumnezeu", decât dacă cineva a presupus în prealabil cum îl definește pe acel „dumnezeu".

UTILITATEA „DOVEZILOR NATURALE" CA ARGUMENTE SCRIPTURALE

Răspunsul de mai sus privitor la inadecvarea „dovezilor naturale" ale existenței lui Dumnezeu ar trebui să ne avertizeze ca nu cumva să le considerăm ca având o valoare inerentă de dovezi derivate uman ale existenței lui Dumnezeu. Ca argumente născocite de oameni, ele sunt inutile; ele nu dovedesc existența Dumnezeului triunic al Scripturii. Cu toate acestea, ele pot fi utile. Atunci când sunt deduse din Biblie, ele reprezintă forme ale adevărului biblic și pot fi folosite de Duhul Sfânt ca să-i convingă pe oameni de veridicitatea lor.

Cel care ia în considerare utilitatea acestor argumente ale existenței lui Dumnezeu, trebuie mai întâi să-și pună câteva întrebări:

1. Este vreunul dintre aceste argumente veridic în absența unor presupoziții însușite?

2. Ce presupoziții conferă „funcționalitate" fiecărui argument?

3. Este susținerea logica a acestora atât de convingătoare încât să ne așteptăm ca aceste argumente să înduplece o persoană altminteri rațională? Oare susținerea lor logică implică faptul că o persoană altminteri rațională, care le respinge, acționează irațional?

4. Pot fi utile aceste argumente în lucrarea creștină? Dacă da, în ce fel?

Ca „dovezi naturale" – adică argumente bazate pe observațiile și raționamentele omului privitoare la natură – aceste „dovezi" nu dovedesc în mod logic existența adevăratului Dumnezeu. Louis Berkhof scrie că „despre niciuna dintre ele nu se poate spune că ar conține o putere absolută de convingere".[6] Desigur, faptul acesta nu înseamnă că existența lui Dumnezeu contrazice logica, ci mai degrabă că aceste argumente nu reușesc să demonstreze existența lui Dumnezeu într-o manieră convingătoare pentru cei care sufocă adevărul prin nelegiuire (Rom. 1:18). În schimb, ele trebuie tratate în armonie cu presupozițiile biblice – anume, că Dumnezeul Bibliei există, că este unul singur, și că are o putere suverană peste întreaga creație. Deși Dumnezeu a pus la dispoziție suficiente dovezi ale existenței Sale în creație și în conștiință, cel neregenerat sufocă adevărul revelației generale prin nelegiuire (Rom. 1:18-21). De aceea, toți oamenii au în ei înșiși conștientizarea faptului că Dumnezeu există, însă în păcătoșenia lor suprimă și pervertesc cunoașterea lui Dumnezeu revelată în natură.

Întrucât depravarea omului este totală, blestemul păcatului ajunge până la mintea omului, astfel că gândirea lui este deșartă, înțelegerea lui este întunecată și, astfel, umblă în necunoaștere (Ef. 4:17-18). Drept urmare, facultatea naturală a omului de raționare este pervertită de păcat. Din acest motiv, credincioșii nu pot și nu trebuie să se bazeze doar pe „dovezile naturale" ca probe în sprijinul existenței adevăratului Dumnezeu.

De fapt, pentru ca omul păcătos să ajungă la cunoașterea autentică a Dumnezeului triunic al Scripturii, este nevoie ca în el să se producă o schimbare incomparabil mai importantă. Fiind oameni ale căror minți au fost orbite față de gloria lui Dumnezeu revelată în Cristos (2 Cor. 4:4), necredincioșii n-au nevoie de dovezi suplimentare, logice sau empirice; mai degrabă, ei au nevoie de ochi noi ca să evalueze corect dovezile suficiente care deja le-au fost prezentate. Au nevoie să experimenteze minunea regenerării, prin care Dumnezeu aduce la viață inima necredincioasă făcând să strălucească lumina cunoașterii gloriei Sale (2 Cor. 4:6). Această transformare se întâmplă doar în urma proclamării Evangheliei care spune că Isus Cristos este Domnul (2 Cor. 4:5).

Astfel, la o analiză finală, numai darul credinței mântuitoare, oferit de Duhul Sfânt prin Cuvântul lui Dumnezeu (Rom. 10:17; Iac. 1:18; 1 Pet. 1:23-25), asigură fundamentul necesar cunoașterii lui Dumnezeu (Evr. 11:1, 6). Referitor la creștini, Berkhof face următoarea observație: „Convingerea lor în privința existenței lui Dumnezeu nu depinde de ele [de dovezile naturale], ci de o acceptare prin credință a revelației de Sine a lui Dumnezeu în Scriptură."[7] Creștinii cred

---

6 Louis Berkhof, *Systematic Theology*, 4th ed. (Grand Rapids, MI: Eerdmans, 1941), 27.

7 Berkhof, *Systematic Theology*, 27. Pentru un exemplu de teologi care depind mai mult de argumentele apologetice raționale pentru existența lui Dumnezeu, vezi John

că Dumnezeu există deoarece El a făcut să strălucească gloria autentificării de Sine în inimile lor, prin Cuvântul lui Dumnezeu.[8]

Cu toate acestea, „dovezile naturale" slujesc unor scopuri valide în lucrarea creștină – atunci când sunt văzute nu ca niște dovezi deduse de oameni, ci ca rezumate biblice date de Dumnezeu revelației naturale și ca mărturii ale existenței Dumnezeului Bibliei. Berkhof explică într-o manieră utilă:

> Ele sunt importante ca interpretări ale revelației generale a lui Dumnezeu și ca etalând raționalitatea credinței într-o Ființă divină. Mai mult, ele pot întrucâtva contribui la interacțiunea cu un oponent. Deși nu dovedesc existența lui Dumnezeu dincolo de posibilitatea îndoielii, așa încât să stârnească încuviințare, ele pot fi structurate astfel încât să stabilească o probabilitate mare și să-i reducă la tăcere pe mulți necredincioși.[9]

Bavinck întărește această idee: „Dar cu toate că sunt vulnerabile ca dovezi, ele sunt puternice ca mărturii. Ele nu forțează mintea necredinciosului, dar sunt semne și mărturii care nu eșuează niciodată în a lăsa o urmă asupra sufletului oricărei persoane."[10] De aceea, „dovezile naturale" îl pot instrui și încuraja pe credincios și-l pot reduce la tăcere pe necredincios, însă doar atunci când sunt extrase din Scriptură și astfel iau parte la unitatea Scripturii. Doar atunci aceste argumente vor funcționa potrivit menirii lor: vor fi o parte validă a proclamării Evangheliei ca mărturie a existenței lui Dumnezeu.

Un model important de argumentare adecvată în favoarea existenței lui Dumnezeu este predica lui Pavel adresată filosofilor greci în Areopag (Fapt. 17). Întâi de toate este important de remarcat că Pavel nu s-a angrenat într-un dialog, ci a ținut o predică. El a spus: „Căci, pe când străbăteam cetatea voastră și mă uitam cu atenție la lucrurile la care vă închinați voi, am găsit chiar și un altar, cu această inscripție: UNUI DUMNEZEU NECUNOSCUT. Deci eu vi-L vestesc pe acela căruia voi vă închinați fără să-L cunoașteți" (Fapt. 17:23). Pavel le-a predicat filosofilor. În mesajul lui, el a recurs la teologia Vechiului Testament despre Dumnezeu și creație și a aplicat-o în opoziție cu credințele false ale epicurismului, stoicismului și ale altor filosofii despre Dumnezeu, natură, scop, moarte și păcat.

Gill, *Body of Divinity* (1769–1770; repr., Atlanta, GA: Turner-Lassetter, 1950), 1–10.

8 Pentru mai multe detalii despre gloria autentificării de Sine a lui Dumnezeu văzută în Scriptură ca dovada adecvată pentru credință, vezi John Piper, *A Peculiar Glory: How the Christian Scriptures Reveal Their Complete Truthfulness* (Wheaton, IL: Crossway, 2016).

9 Berkhof, *Systematic Theology*, 28.

10 Herman Bavinck, *The Doctrine of God*, trans. William Hendriksen (1951; repr., Edinburgh: Banner of Truth, 2003), 79.

De pildă, Pavel a proclamat că Dumnezeu este Creatorul transcendent, personal, suveran care are o putere supremă: „Dumnezeu care a făcut lumea și tot ce este în ea este Domnul cerului și al pământului" (Fapt. 17:24). Afirmația aceasta oglindea teologia Vechiului Testament (cf. Gen. 1:1; Exod 20:11; Is. 42:5) și contrazicea în mod direct perspectiva epicuriană potrivit căreia totul a apărut în urma afluxului accidental al atomilor eterni.[11] De asemenea, declarația lui Pavel se opunea conceptului stoic care prevedea că toate cele din lume își au originea într-un principiu fatalist, impersonal, rațional (*logosul*).

Mai mult, Pavel i-a confruntat pe epicurieni cu adevărul Vechiului Testament potrivit căruia Dumnezeul personal, suveran există independent de zidirile făcute de om: Dumnezeu „nu locuiește în temple făcute de mâini" (Fapt. 17:24). Pavel n-a negat că Dumnezeu Își putea manifesta prezența în construcții pământești precum Cortul întâlnirii și Templul din Vechiul Testament, ci, mai degrabă, Pavel a negat că Dumnezeu avea nevoie de construcții fizice în care să locuiască. Afirmația aceasta era de asemenea un adevăr din Vechiul Testament. Când medita la Templul despre care Dumnezeu i-a cerut lui Solomon să-l zidească, regele I-a spus Domnului: „Dar oare va locui Dumnezeu cu adevărat pe pământ? Iată, cerul și cerurile cerurilor nu pot să Te cuprindă: cu cât mai puțin casa aceasta pe care Ți-am zidit-o!" (1 Regi 8:27). Ulterior, Isaia a vestit un mesaj din partea lui Dumnezeu: Așa vorbește Domnul: Cerul este tronul Meu și pământul este așternutul picioarelor Mele. Ce casă ați putea voi să-Mi construiți și care este locul odihnei Mele? (Is. 66:1). Folosind teologia Vechiului Testament, Pavel a contrazis credința epicuriană potrivit căreia zeii locuiau în temple făcute de mâini omenești.

În mod similar, Pavel s-a concentrat asupra teologiei Vechiului Testament în contrast cu credințele stoicilor și epicurienilor privitoare la datoria omului de a sluji corespunzător zeilor. Stoicii susțineau că omul ar trebui să trăiască acceptând cu indiferență și conformându-se sorții impersonale. Ei credeau că omul trebuie să trăiască pe baza principiului *apatheia* (indiferență imperturbabilă). Epicurienii susțineau că omul ar trebui să slujească zeilor pe baza principiului *atarxia* (plăcere mentală), care, pentru ei însemna lipsa dorinței oricărei plăceri. Stoicii și epicurienii aveau concepții diferite despre cum ar trebui să fie slujirea arătată zeilor, însă ambele sisteme susțineau că zeii aveau nevoie de slujirea omului. Pavel n-a negat că omul trebuie să-I slujească lui Dumnezeu, dar a negat că adevăratul Dumnezeu are nevoie de slujirea omului: „nici nu este slujit de mâini omenești, ca și când ar avea nevoie de ceva" (Fapt. 17:25). Pavel ar fi putut să arate și că potrivit conceptului Vechiului Testament despre datoria față de Dumnezeu, aceasta este o chestiune care ține de dragostea față de Dumnezeu

---

11 Pentru un sumar util al filosofiei epicuriene și stoice, vezi Carl F. H. Henry, *Christian Personal Ethics* (Grand Rapids, MI: Eerdmans, 1957), 33–36, 74.

(Deut. 6:4-25). Cu toate acestea, Pavel a predicat cu claritate teologia Vechiului Testament. Dumnezeul adevărat și suveran n-are nevoie de nimic din partea omului:

> Nu voi lua tauri din casa ta, nici țapi din staulele tale. Căci fiecare animal al pădurii este al Meu și vitele ce pasc pe o mie de dealuri. Cunosc toate păsările munților și fiarele sălbatice de pe câmp sunt ale Mele. Dacă Mi-ar fi foame, nu ți-aș spune ție, căci a Mea este lumea și tot ce cuprinde ea. (Ps. 50:9-12)

Un alt exemplu în care Pavel folosește teologia Vechiului Testament pentru a înfrunta credințele false ale epicurienilor și stoicilor este predicarea prin care subliniază că Dumnezeu, în calitate de Creator personal, suveran, guvernează viața omului și lumea prin providența Sa. El le asigură tuturor oamenilor cele necesare vieții: „El, care dă tuturor viață și suflare și toate lucrurile" (Fapt. 17:25). Și Dumnezeu le-a dăruit oamenilor viața națională cu vremurile și granițele aferente: „Și El a făcut ca dintr-un singur sânge toate națiunile de oameni să locuiască pe toată fața pământului; le-a așezat vremuri dinainte hotărâte și a pus hotare locuinței lor" (Fapt. 17:26). Mesajul acesta se opunea credinței epicuriene potrivit căreia viața a apărut în urma afluxului șansei oarbe al atomilor și toate cele din istorie se datorează faptului că omul și-a exercitat voința liberă în coope-rare cu o natură impersonală. Predicarea lui Pavel a fost și împotriva afirmațiilor stoicilor că viața depinde de principiul *logos* impersonal, fatalist, iar națiunile și toate lucrurile din istorie, în ultimă instanță, nu comportă niciun fel de distincții și sunt rezultatul unei sorți impersonale. Învățăturile lui Pavel evocă teologia Vechiului Testament. Dumnezeu a creat în mod personal toate lucrurile și a dat viață tuturor celor create (Is. 42:5), și El a stabilit dinainte existența politică și granițele națiunilor: „Când Cel Preaînalt a împărțit națiunilor moștenirea lor, când a despărțit pe copiii lui Adam, a pus granițe popoarelor după numărul fiilor lui Israel" (Deut. 32:8).

Când a proclamat o Evanghelie bazată pe o teologie a Vechiului Testament despre Dumnezeu și creație, Pavel a exprimat convingerea (1) că Dumnezeu este Cauza Primară personală și întemeietorul întregii creații, (2) că este independent de lume, dar suveran peste ea în ce îi privește direcționarea potrivit cursului pe care i l-a stabilit, (3) că orice formă de viață vine de la El și depinde de El, (4) că El este sursa și Judecătorul final al muritorilor și (5) că El a pus la dispoziție o cale prin care păcătoșii să fie scăpați de judecata finală, pe baza pocăinței de păcat și idolatrie. Așadar, Pavel a folosit diferite aspecte ale „dovezilor naturale", dar a dedus aceste concepte nu din rațiunea umană, ci din revelația de Sine a lui Dumnezeu prezentată în Vechiul Testament. Astfel, Pavel a întrebuințat un citat din poetul grec păgân Epimenide (cca. secolul al șaselea î.Cr.), nu ca pe o sursă a adevărului, ci pentru a ilustra celor din Areopag că până și modelele lor culturale cunoșteau adevărul, deși ei îl negau (Fapt. 17:28; cf. Tit 1:12). El a proclamat revelația lui Dumnezeu ca să respingă teismul fals al filosofilor greci, demonstrând că „dovezile naturale" ale existenței lui Dumnezeu nu trebuie în ultimă instanță să apeleze la percepția sau rațiunea omului, ci la revelația de Sine a lui Dumnezeu din Scriptură.[12]

Ca să rezumăm, Dumnezeu există. El există așa cum este revelat de Biblie. Motivul pentru care cineva trebuie să creadă că El există este asigurarea dată de El deoarece El a spus că există. Existența Lui nu trebuie acceptată pe baza rațiunii umane, întrucât aceasta este limitată în timp și spațiu și a fost pervertită de păcatul din lăuntru. Dumnezeu S-a revelat pe Sine într-o manieră suficientă în Biblie, însă El nu S-a revelat pe Sine într-o manieră exhaustivă. Omul poate cunoaște doar ceea ce Dumnezeu a revelat în Scriptură despre natura și lucrările Sale. Însă această revelație este suficientă pentru ca oamenii să-L cunoască prin intermediul unei relații personale, mântuitoare. O modalitate prin care Dumnezeu S-a revelat pe Sine omului într-o manieră suficientă și personală este prin a Se descrie pe Sine în Scriptură folosind câteva nume diferite. Ne vom îndrepta atenție acum spre Numele lui Dumnezeu.

NUMELE LUI DUMNEZEU

Iahve și termenii compuși
El și termenii compuși
Adon/Adonai: Domnul
Țur: Stâncă
Ab: Tată

Numele unei persoane simbolizează tot ceea ce aceasta este și face. Semnificația numelui unei persoane este mai mult decât „definiția de dicționar", pe care mulți oameni nici nu o știu în ceea ce-i privește. În schimb, semnificația numelui unei persoane cuprinde caracterul și poziția acesteia, precum și acțiunile din cadrul contextului respectivei persoane. Prin urmare, numele unei persoane este unic întrucât aceasta atribuie acelui nume o semnificație individuală.

În Biblie, îndeosebi în Vechiul Testament, numele unei persoane era important deoarece semnificația lexicală a acelui nume reflecta, sau se spera că avea să reflecte, ceva despre acea persoană. Pentru Dumnezeu și pentru poporul Israel, Numele lui Dumnezeu aveau o importanță aparte deoarece dezvăluiau aspecte

---

12 Pentru mai multe detalii despre implicațiile apologetice legitime ale textului din Faptele Apostolilor 17:16-34, vezi Greg L. Bahnsen, *Always Ready: Directions for Defending the Faith*, ed. Robert R. Booth (Nacogdoches, TX: Covenant Media Foundation, 1996), 235–76.

ale identității Sale în Sine Însuși, în acțiunile Sale în Sine Însuși și în relația cu creația Sa. Numele lui Dumnezeu Îl reprezenta pe El într-o asemenea măsură încât felul în care cineva trata Numele lui Dumnezeu era echivalent cu felul în care Îl trata pe Dumnezeu Însuși (cf. Mal. 1:6-7, 11-14). Nu este de mirare că la rugul aprins Moise a anticipat modul în care evreii din Egipt aveau să reacționeze la anunțul său că „Dumnezeul părinților voștri m-a trimis la voi": „Care este Numele Lui?" (Exod 3:13). Și nu este surprinzător că Dumnezeu Își consideră Numele ca fiind sfânt astfel că evaluează cu atenție atitudinea poporului față de Numele Său. El a promis că, în viitor, când va restaura națiunea Israel, va fi „gelos pentru Numele" Său „cel sfânt" (Ez. 39:25).

Discuția care urmează se focalizează asupra numelor și titlurilor lui Dumnezeu prezentate în Vechiul Testament. Numele și titlurile lui Dumnezeu din Noul Testament ar trebui văzute ca o continuare a semnificațiilor celor din Vechiul Testament, deși ele revelează într-o manieră progresivă mai multe detalii privind implicațiile acestora asupra acțiunilor lui Dumnezeu în timp.

Iahve și termenii compuși

IAHVE

Cel mai răspândit Nume al lui Dumnezeu este Iahve, care apare de peste 6.800 de ori și este derivat de la tetragrama (cele patru consoane transliterate în limba engleză drept „YHWH"). La rugul aprins, Dumnezeu Și-a revelat Numele ca fiind „Numele Lui" și „Numele Meu pentru veșnicie" (Exod 3:13-15). Aceasta vorbește despre natura eternă și neschimbătoare a lui Dumnezeu. Așa cum poate fi văzut din Exod 3:15, numele Iahve este ceea ce Dumnezeu a intenționat prin răspunsul Său la întrebarea lui Moise despre Numele lui Dumnezeu, din Exod 3:13. Dumnezeu a răspuns prin a spune: „EU SUNT CEL CE SUNT" și „EU SUNT" (Exod 3:14), și mai apoi prin a-L identifica pe „Domnul" (Iahve) drept „Numele Meu pentru veșnicie" (Exod 3:15). Deși acest Nume al lui Dumnezeu a fost cunoscut anterior momentului rugului aprins (e.g., Gen. 4:26; 5:29; 9:26; 14:22), potrivit precizării din Exod 6:3, Dumnezeu i-a spus lui Moise în legătură cu Avraam, Isaac și Iacov: „cu numele Meu de IAHVE nu le-am fost cunoscut". Nu există nicio contradicție între textele anterioare din Geneza și cel din Exod 6:3, întrucât verbul „a cunoaște" cel mai probabil că aici se referă la o cunoaștere relațională. Atunci când patriarhii I s-au adresat lui Dumnezeu cu Iahve, nu s-au raportat la Dumnezeu înțelegând că Iahve era „Numele Lui". O altă posibilă explicație a versetului 3 din Exod 6 este că verbul „a cunoaște" s-ar putea referi la o cunoaștere experimentală, în sensul că patriarhii n-au avut parte de „experimentarea plenară a celor cuprinse în acest nume."[13]

---

13 Gustav Friedrich Oehler, *Theology of the Old Testament,* 2nd ed. (1884; repr., n.c.: HardPress, 2012), 97.

După exilul babilonean, poporul Israel s-a deprins cu a se abține de la a rosti Numele lui Iahve, înlocuindu-l în pronunție cu numele evreiesc *adonai*, sau cu cel de *elohim*, atunci când Iahve îl preceda sau îi urma lui *adonai* în textele scrise, ca Numele lui Dumnezeu. Această schimbare în citirea orală a fost cel mai probabil datorată reverenței și temerii de a nu-l blasfemia. Traducătorii Septuagintei grecești și scriitorii Noului Testament (sub inspirația Duhului Sfânt) au respectat această tradiție iudaică, scriind numele grecesc *kyrios* („Domnul") atunci când citau un pasaj din Vechiul Testament care conținea Numele lui Iahve. Atunci când masoreții au inventat sistemul de adăugare a vocalelor pentru Biblia evreiască, ei au urmat tradiția iudaică a pronunțării numelui lui Iahve, adăugând la „YHWH" vocalele numelui *adonai* (a, o, a). Deși numele era scris „YHWH", trebuia pronunțat *adonai* („Domnul").

Introducerea vocalelor de către masoreți la „YHWH" i-a condus pe creștinii care scriau în latină să translitereze scrierea masoretică a numelui „YHWH", cu marcarea vocalelor sale, prin cuvântul „Iehova". Unii au pretins că Petrus Galatinus (cca. 1460 – cca. 1539) a inovat această transcriere în 1518, însă ea apare în scrieri latine creștine încă din secolul al doisprezecelea d.Cr. Astfel, biserica din Evul Mediu a ajuns să combine consoanele lui „YHWH" (transliterate drept „IHVH") și vocalele lui *adonai* pentru a rezulta numele Iehova. Reformatorii au adoptat această transcriere, iar William Tyndale a folosit-o la rândul său în unele pasaje când a tradus Vechiul Testament (în 1530). Mai târziu, Versiunea Autorizată (sau Versiunea King James) din 1611 (cf. Exod 6:3) și Versiunea English Revised din 1885 au folosit „Jehovah" în câteva pasaje, acceptând *J* în loc de *I*, și aceasta a fost traducerea obișnuită a numelui Iahve în Versiunea American Standard din 1901. Însă majoritatea versiunilor engleze moderne au respectat tradiția de a nu pronunța tetragrama, traducând „YHWH" drept „Domnul", în general folosindu-se majuscule reduse pentru a-l diferenția de *adonai*.

Iahve are o semnificație specială pentru teologie. Întrucât este derivat de la verbul ebraic pentru a fi (*khavah*), îndeosebi în contextul versetelor 14-15 din Exodul 3, semnificația fundamentală a lui Iahve este „El este" sau „El va fi". Așadar, numele indică faptul că Dumnezeu „este" și „voiește să fie". Numele implică faptul că El n-a avut început, nu va avea sfârșit și există de-a pururi. Numele mai implică și că ființa Lui este derivată din Propria Sa determinare de a fi și de a fi ceea ce este, astfel că este în mod etern cel ce este și ceea ce este.

Întrucât Dumnezeu i-a revelat lui Moise acest nume într-o împrejurare istorică specifică și pentru că Dumnezeu a acționat ca Iahve în evenimentele anterioare și va acționa ca Iahve în acțiunile ulterioare, Numele Său evidențiază constanța ființei Sale în mijlocul schimbărilor din creația Sa, îndeosebi cele ale poporului Său. De pildă, ca Iahve, El a fost și va fi prezent ca (1) Revelator al

Persoanei și voinței Proprii, (2) Răscumpărător (Gen. 1:1-2:3 în comparație cu Gen. 2:4-25; 9:26-27; Exod 3:15-16; 6:26; Deut. 7:9; Ps. 19:1-6 în comparație cu Ps. 19:7-14; Is. 26:4), (3) Cel veșnic (Is. 41:4; 48:12), (4) Dătătorul vieții (Gen. 2:4-25; Ez. 37:13-14, 27) și (5) Judecătorul suprem al întregii creații (Ez. 6:13-14; 7:27; 11:10; 12:16). Ulterior vor fi detaliate perfecțiunile (atributele) lui Dumnezeu, dar numele Iahve ne învață că Dumnezeu este etern, simplu, existent prin Sine Însuși și prezent la fiecare eveniment din decursul timpului.

TERMENII COMPUȘI AI LUI IAHVE

În Cuvântul Său, Dumnezeu le dezvăluie oamenilor relevanța Numelui Său de Iahve, îndeosebi poporului Său, prin intermediul termenilor compuși ai Numelui Său. Aceștia sunt revelați în legătură cu acțiunile lui Dumnezeu.

Iahve-țebaot. Dumnezeu este „DOMNUL oștirilor" sau „armatelor". Deoarece El „este" și „va fi" cel ce este, Dumnezeu a creat, guvernează și conduce îngerii ca „armate" ale cerului (Ps. 24:10; Is. 6:1-5; 9:7; Hag. 2:6-9; Zah. 4:6) și pe cei din poporul Său ca „armate" ale Sale (Exod 7:4; 12:41; 1 Sam. 17:45) spre a împlini scopurile Sale în creația Sa.

Iahve-yire. Dumnezeu este „DOMNUL" care „va purta de grijă" sau „va vedea" (Gen. 22:14). Deoarece El „este" și „va fi" cel ce este, Dumnezeu va vedea și va purta de grijă asigurând cele necesare pentru împlinirea promisiunii Sale. În Geneza 22:14, Avraam L-a ținut minte pe Dumnezeu prin prisma acestui nume pentru că Dumnezeu îi purtase de grijă oferind un berbec care a fost sacrificat în locul lui Isaac.

Iahve-rafa. Dumnezeu este „DOMNUL, vindecătorul tău" (Exod 15:26). Deoarece El „este" și „va fi" cel ce este, Dumnezeu Își va scăpa poporul pentru ca să împlinească voia Lui. În Exod 15:22-26, Moise și-a adus aminte că Dumnezeu a îndulcit apele de la Mara pentru ca poporul să poată bea și trăi. Îndurarea, compasiunea și bunătatea lui Dumnezeu sunt astfel etalate.

Iahve-nissi. Dumnezeu este „DOMNUL este steagul meu" (Exod 17:15). Deoarece El „este" și „va fi" cel ce este, Dumnezeu va fi „steagul" sau „stindardul" care-Și va conduce poporul spre victorie asupra dușmanilor lui. În Exod 17:15, Moise I s-a închinat lui Dumnezeu, Celui ce i-a dat poporului Său biruință asupra lui Amalec și care avea să-l șteargă pe Amalec de pe pământ.

Yahve-meqaddișkem. Dumnezeu este „DOMNUL" care Își sfințește poporul. Deoarece El „este" și „va fi" cel ce este, Dumnezeu Își va sfinți, va separa poporul de păcat și de națiunile înconjurătoare pentru a asculta de El. Ținerea sabatelor sfinte sau separate de către israeliți avea să fie un semn pentru popoare că Dumnezeu îi sfințește, îi separă de celelalte națiuni, pentru a aparține și a-I sluji doar Lui (Exod 31:13).

Iahve-șalom. Dumnezeu este „DOMNUL este pace" (Jud. 6:24). Deoarece El „este" și „va fi" cel ce este, Dumnezeu, prin îngerul Domnului, L-a trimis pe Ghedeon să-l „scape pe Israel" de madianiți (Jud. 6:14). Îngerul Domnului i-a dat lui Ghedeon un semn – faptul că toiagul îngerului a mistuit în foc jertfa lui Ghedeon – pentru a-l asigura că îl trimitea și că avea să meargă cu el pentru a-i da victorie. Cuvântul ebraic pentru „pace", șalom, înseamnă deplinătate și stare de bine. Prin Ghedeon, Dumnezeu avea să-i asigure poporului Său deplinătatea eliberării de dușmani și starea de bine în țara promisă.

Iahve-roiy. Dumnezeu este „DOMNUL este păstorul meu" (Jud. 6:24). Deoarece El „este" și „va fi" cel ce este, potrivit Psalmului 23, Dumnezeu va asigura poporului Său toate cele necesare în viață, în moarte și de-a pururi. El va da poporului Său călăuzire și protecție.

Iahve-țidkenu. Dumnezeu este „DOMNUL este dreptatea noastră" (Ier. 23:6). Deoarece El „este" și „va fi" cel ce este, în viitor Dumnezeu Îl va întrona pe Mesia ca Regele davidic și „El va domni ca Rege, va lucra cu înțelepciune și va face dreptate și judecată în țară" (Ier. 23:5). Când acest Rege davidic va domni în dreptate „în țară", atunci „Iuda va fi mântuit și Israel va locui în siguranță" (Ier. 23:5-6).

Iahve-șamma. Dumnezeu este „DOMNUL este aici" (Ez. 48:35). Deoarece El „este" și „va fi" cel ce este, Dumnezeu va restaura Israelul ca națiune izbăvită în țara promisă și va întemeia un nou Templu în Ierusalimul refăcut, care va fi numit „Domnul este aici".

El și termenii compuși

EL, ELOAH ȘI ELOHIM

Ca nume evreiești ale adevăratului Dumnezeu, *el, eloah* și *elohim* Îl indică pe Dumnezeu ca având puterea, tăria și forța supreme. Când Îl descrie pe adevăratul Dumnezeu, *el* este folosit în mod articulat (e.g., Gen. 31:13; 46:3; 46:3; Ps. 68:20; 77:14) sau alături de alți determinanți. De pildă, El este numit „Dumnezeul tatălui tău" (Gen. 49:25), „Dumnezeu, bucuria mea cea mare" (Ps. 43:4), „Dumnezeul cerurilor" (Ps. 136:26), „Dumnezeul cel credincios" (Deut. 7:9), „Dumnezeul cel veșnic" (Gen. 21:33) și „Dumnezeul cel viu" (Ios 3:10;

Ps. 42:2; 84:2). Dumnezeu este caracterizat de o putere deplină și, în consecință, El este viu, veșnic și credincios, și astfel oferă bucurie tuturor celor care se încred în El.

Numele *elohim* este pluralul de la rădăcina *el* (apare de peste două mii de ori) și, atunci când se referă la adevăratul Dumnezeu, probabil că reprezintă un plural al intensității,[14] indicând că puterea lui Dumnezeu este de o amploare atât de vastă încât I se cuvine atribuirea unui nume plural. Acesta este numele care apare de la începutul revelației biblice (Gen. 1:1) și în multe pasaje este întrebuințat interschimbabil cu singularul *el* și cu alte nume la singular ale lui Dumnezeu (e.g., Deut. 7:9; Ios. 24:19). Întrucât forma plurală *elohim* este folosită pentru o singură ființă, pluralitatea trebuie să se refere la altceva decât la ființe multiple. Această formă plurală nu dovedește că Dumnezeu este triunic, însă cu siguranță că este compatibilă cu revelația biblică ulterioară despre triunitatea lui Dumnezeu (cf. Gen. 1:26; 3:22; 11:7).

TERMENII COMPUȘI AI LUI EL/ELOHIM

Așa cum s-a menționat mai sus, atunci când se folosește cu referire la adevăratul Dumnezeu, numele evreiesc *el* este întrebuințat adesea cu determinanți alții decât un articol, rezultând un nume compus. Iată câteva exemple în care *el* apare în nume compuse ale lui Dumnezeu.

El Șaddai. Eruditii au dezbătut rădăcina lingvistică a lui șaddai, unii susținând că provine de la rădăcina ebraică șadah, indicând suficiența lui Dumnezeu în a purta de grijă. Însă o pledoarie mai solidă prevede că șaddai vine de la rădăcina ebraică șadad, care se referă la putere. În legătură cu adevăratul Dumnezeu, șaddai a fost tradus în mod tradițional prin „atotputernic", referindu-se la omnipotența lui Dumnezeu. Prin urmare, fiind atotputernic, Dumnezeu poartă de grijă (Gen. 17:1; 28:3-4; 35:11; 43:14; 48:3-4; 49:25). De asemenea, El acționează ca să protejeze (Ps. 91:1) dar ca să pedepsească sau să distrugă aplicând judecata (Rut 1:20-21; Iov 5:17; 6:4; 21:20; Ps. 68:14; Is. 13:6; Ioel 1:15). Noul Testament confirmă că acest nume din Vechiul Testament se referă la Dumnezeu ca fiind omnipotent, folosind termenul grecesc *pantokratōr* pentru a face referire la conceptul vechi testamental șaddai privitor la Dumnezeu (cf. 2 Cor. 6:18; Apoc. 1:8; 4:8; 11:17; 15:3; 16:7, 14; 19:6, 15; 21:22).

El Elyon. Tradus prin „Dumnezeul Preaînalt", acest titlu se referă la suveranitatea supremă a lui Dumnezeu. *El elyon* este de regulă folosit în Vechiul Testament în legătură cu neevreii și cu dușmanii lui Dumnezeu și ai poporului

14 Heinrich Friedrich Wilhelm Gesenius, Gesenius' Hebrew Grammar, ed. E. Kautzsch, rev. A. E. Cowley, 2nd ed. (1910; repr., Oxford, UK: Clarendon, 1976), 246.d.

Său (Gen. 14:18-22; Num. 24:16; Deut. 32:8; Ps. 91:1, 9; 97:9; Dan. 3:26; 4:2, 17, 24-25, 34; 5:18, 21; 7:25). Astfel, Dumnezeu deține autoritatea supremă peste cer (Is. 14:13-14; Dan. 4:35, 37) și peste pământ (Deut. 32:8; 2 Sam. 22:14-15; Ps. 9:2-5; 21:7; 47:2-4; 57:2-3; 82:6-8; 83:16-18; 91:9-12; Dan. 5:18-21). Ca *el elyon*, Dumnezeu împarte oamenii pe națiuni și stabilește granițe fiecărei națiuni (cf. Fapt. 17:26).

El/Elohey Olam. Deoarece Dumnezeu este omnipotent, El este etern. El este Dumnezeul etern sau „Dumnezeul cel veșnic" (Gen. 21:33). În Isaia 40:28, este folosită forma plurală a Numelui lui Dumnezeu (cf. Ps. 90:2; 93:2; 103:17).

El/Elohim kayyim/Kay. Esența lui Dumnezeu este o putere desăvârșită, astfel că El este viață în și prin Sine Însuși, și El este sursa vieții pentru toate ființele vii (create) și exercită autoritate asupra lor. El este „Dumnezeul cel viu" (Deut. 5:26; Ios. 3:10; 1 Sam. 17:26, 36; 2 Regi 19:4, 16; Ps. 42:2; 84:2; Is. 37:4, 17; Ier. 10:10; 23:36; Dan. 6:20, 26; Osea 1:10).

Adon/Adonai: Domnul
Deși adesea tetragramei YHWH îi sunt adăugate vocalele care corespund lui *adonai* („Domnul meu"), apare și acest nume/titlu ebraic pentru Dumnezeu (sau forma sa absolută, adon [„Domn"]). Întrucât acest nume/titlu este aplicat și oamenilor, cuvântul în și prin sine însuși nu se referă la cea mai înaltă formă de suveranitate. De multe ori, nici măcar nu indică suveranitate deloc, ci pur și simplu este un termen de respect, similar apelativului „stimabile". Însă în majoritatea uzanțelor, este adresat de cineva unei alte persoane care este superioară într-o anumită privință: este o recunoaștere generală a superiorității (Gen. 24:18; 32:5; 44:7; Rut 2:13), stăpân (Exod 21:4–8), guvernator (Gen. 45:8–9; Ps. 105:21), proprietar (1 Regi 16:24), tată (Gen. 31:35), soț (Gen. 18:12), rege (Gen. 40:1; Jud. 3:25; 1 Sam. 22:12; Ier. 22:18; 34:5), prinț (Gen. 23:6; 42:10), căpitan (2 Sam. 11:11), nobil (Neem. 3:5) și profet (1 Regi 18:7; 2 Regi 2:3; 4:16). Atunci când este utilizat cu referire la adevăratul Dumnezeu, *adonai* arată că El deține suveranitate supremă și autoritate absolută peste toate lucrurile din exteriorul Lui.

Țur: Stâncă
Biblia Îl descrie pe Dumnezeu ca fiind „Stânca", această comparație ilustrând puterea Sa invincibilă și, astfel, temeinicia Sa desăvârșită (Deut. 32:4, 15, 18, 30-31; 2 Sam. 22:3; 23:3; Ps. 18:2, 31, 46; 19:14; 28:1; 31:2–3; 42:9; 62:2, 6–7; 71:3; 78:35; 89:26; 92:15; 94:22; 95:1; 144:1; Is. 17:10; 26:4; 30:29; 44:8; Hab. 1:12). Cuvântul ebraic pentru *țur* descrie un bloc de piatră sau o cari-

eră de piatră (Is. 51:5). Uneori, Scriptura foloseşte o metaforă atât de frecvent sau în enunţuri atât de bine definite încât metafora respectivă devine un nume sau un titlu. De pildă, deşi „Cuvântul" nu este o desemnare frecventă a lui Isus, cea mai semnificativă afirmaţie a Evangheliei după Ioan Îl numeşte „Cuvântul". Întrucât această expresie este folosită în acelaşi fel în care „Dumnezeu" se referă la Tatăl, este legitim să se concluzioneze că, prin Evanghelie, „Cuvântul" devine un nume sau un titlu pentru Isus. La fel poate fi spus şi despre termenul „Stânca" folosit ca nume sau titlu etern al lui Dumnezeu. Cu toate acestea, descrierea lui Dumnezeu în felul acesta pare mai mult decât una metaforică în Vechiul Testament. Potrivit apostolului Pavel, Stânca aceasta care a avut grijă de Israel a fost Mesia cel preîntrupat, „o Stâncă spirituală care venea după ei" (1 Cor. 10:1-4). Astfel, „Stânca" din Vechiul Testament se referea deopotrivă la Iahve şi la Domnul Isus cel preîntrupat.[15] După cum Pavel a afirmat explicit că acea „Stâncă spirituală care venea după ei era Cristos" (1 Cor. 10:4), tot aşa în diferite pasaje ale Vechiului Testament, Iahve, Dumnezeul lui Israel, este numit „Stânca". Pe pildă, Deuteronom 32:3-4 spune:

Căci vestesc Numele Domnului.
Daţi slavă Dumnezeului nostru!
El este Stânca, lucrarea Sa este desăvârşită.
Căci toate căile Lui sunt drepte.
El este un Dumnezeu al adevărului şi fără nedreptate,
drept şi fără vină este El.

Un alt exemplu este găsit în Habacuc 1:12:

Nu eşti Tu din veşnicie,
Doamne, Dumnezeul meu, Sfântul meu?
Nu vom muri!
Tu, Doamne, i-ai ridicat ca să-Ţi împlineşti judecăţile Tale;
şi Tu, Stânca mea, i-ai ridicat ca să corectezi prin ei!

Deoarece Dumnezeu Tatăl şi Dumnezeu Fiul sunt în egală măsură divini în Trinitate, în Biblie, numele Iahve şi „Stânca" pot şi chiar se aplică deopotrivă Tatălui şi Fiului.

Ab: Tată
Deoarece Noul Testament aplică numele de „Tată" celei dintâi persoane

15 Robert Duncan Culver, Systematic Theology: Biblical and Historical (Fearn, Ross-shire, Scotland: Mentor, 2005), 56.

din Trinitate, atunci când Vechiul Testament Îl descrie pe Dumnezeu ca fiind „tată", acest termen ebraic ar trebui considerat un nume/titlu al lui Dumnezeu. Dumnezeu este „tatăl" lui Israel, așa cum se precizează în Deuteronom 32:6 (cf. 32:18; vezi și Ps. 89:26; Is. 63:16; 64:8; Ier. 3:4, 19). Subiectul Dumnezeu ca Tată este dezvoltat în Noul Testament, care evidențiază că cea dintâi persoană din Trinitate este în mod special Tatăl celei de-a doua persoane din Trinitate, Fiul lui Dumnezeu (Mat. 7:21; 10:32–33; 11:26–27; 12:50; 15:13; 16:17; 18:10, 14, 19, 35; 25:34; 26:39, 42, 53; Iohn 5:17; Rom. 15:6; 1 Cor. 15:24; 2 Cor. 1:3; 11:31; Ef. 1:3; Col. 1:3; 1 Pet. 1:3; Apoc. 2:27; 3:5, 21), și este Tatăl credincioșilor (Mat. 5:45, 48; 6:8–9, 14–15, 18, 26, 32; 10:20, 29; Rom. 1:7; 8:15; 1 Cor. 1:3; 8:6; 2 Cor. 1:2; 6:18; Gal. 1:3–4; 4:6; Ef. 1:2; 4:6; Fil. 1:2; 4:20; Col. 1:2; 1 Tes. 1:3; 3:11, 13; 2 Tes. 1:1–2; 2:16; Fil. 3; Iac. 3:9; 1 Pet. 1:17).

Tată este un nume etern, subliniind că n-a fost niciodată o vreme când cea dintâi persoană să nu fie Tatăl celei de-a doua persoane, singurul Său Fiu născut. Ca Tată nenăscut, cea dintâi persoană din Trinitate este Cel Dintâi Mișcător etern în toate relațiile și lucrările Sale.

ATRIBUTELE (PERFECȚIUNILE) LUI DUMNEZEU

Metode de identificare
Relația cu esența lui Dumnezeu
Clasificări
Perfecțiunile incomunicabile
Perfecțiunile comunicabile

Când am analizat numele și titlurile lui Dumnezeu, am remarcat deja multe dintre atributele sau perfecțiunile Sale (e.g., eternitate, omnipotență). Discuția care urmează le ia în considerare mai plenar pentru a încerca să descrie indescriptibilul (Is. 40:28; Rom. 11:33) în termeni fundamentali pe care oamenii îi pot înțelege.

Atributele lui Dumnezeu sunt caracteristicile Sale, aspectele felurite ale esenței sau naturii Sale. Termenul *perfecțiuni*, derivat din cuvântul grecesc *aretas* („excelențe") din 1 Petru 2:9, este mai potrivit decât *atribute* deoarece *perfecțiuni* specifică faptul că fiecare trăsătură a lui Dumnezeu este perfectă și Îl caracterizează în mod inerent pe Dumnezeu care este perfect. Termenul *atribute* nu specifică în mod inerent niște caracteristici perfecte și ar putea face aluzie la faptul că acestea își au originea în conceptul cuiva despre Dumnezeu, nu în Dumnezeu Însuși.

O definiție generală a *perfecțiunilor* este următoarea: perfecțiunile lui Dumnezeu sunt caracteristicile esențiale ale naturii Sale. Întrucât aceste caracteristici sunt necesare naturii Sale, toate atributele Sale sunt absolut perfecte și astfel numite pe drept perfecțiuni. Mai mult, întrucât aceste perfecțiuni sunt esențiale naturii lui Dumnezeu, dacă ar fi negată vreuna dintre ele, Dumnezeu n-ar mai fi Dumnezeu.

Metode de identificare

SCRIPTURA: SINGURA METODĂ GARANTATĂ DIVIN

Deoarece aceste perfecțiuni Îl caracterizează pe Dumnezeu, ele nu pot fi descoperite și definite de om, îndeosebi din cauza pervertirii sale, căci omul prin sine însuși nu-L poate cunoaște pe Dumnezeu în mod complet. În schimb, Dumnezeu trebuie să i Se reveleze omului pentru ca acesta să poată cunoaște în mod cert ceva despre Dumnezeu, inclusiv perfecțiunile Lui. Dumnezeu S-a revelat pe Sine în natură, însă omenirea pervertește acea cunoaștere. Numai Biblia oferă informații nealterate despre Dumnezeu și despre perfecțiunile Sale. Nici chiar acestea nu sunt exhaustive, dar sunt veridice întrucât sunt scrise în textul inspirat al Scripturilor.

METODE DEFICITARE

Oamenii au încercat să aplice metode omenești pentru a descoperi perfecțiunile lui Dumnezeu. Louis Berkhof schițează metodele încercate în Evul Mediu și în vremurile moderne.[16]

Metode scolastice. În Evul Mediu, teologii scolastici au căutat să deducă cunoașterea perfecțiunilor lui Dumnezeu pe baza observațiilor despre creație:
1. Calea cauzalității (patru dintre cele cinci căi ale lui d'Aquino): a privi la ordinea naturală și morală a creației și a trage concluzia existenței unei Cauze Primare și a unui conducător al creației care este atotputernic și de o moralitate absolută.
2. Calea negării: a discerne imperfecțiunile creaturilor, negând că ele ar fi caracteristici ale lui Dumnezeu și atribuindu-I lui Dumnezeu pe cele care sunt complet opuse imperfecțiunilor creaturilor (e.g., independent, infinit și imaterial).
3. Calea superiorității: a-I atribui lui Dumnezeu caracteristicile bune ale omului doar că în manieră superioară, pe baza presupoziției că trăsăturile bune, dar limitate ale omului își au originea într-o cauză perfectă.

Metode moderne. Teologii moderni au încercat la rândul lor să găsească propriile căi de a cunoaște perfecțiunile lui Dumnezeu pe calea observațiilor bazate pe rațiunea umană:

16 Berkhof, Systematic Theology, 52–54.

1. Calea intuiției: a începe de la certitudinile ilogice din experiențele perso-
nale și a deduce pe baza lor caracteristicile lui Dumnezeu.
2. Calea necesității: a începe de la nevoile omului și a deduce pe baza lor
caracteristicile lui Dumnezeu, ținând cont de presupoziția că Dumnezeu
este absolut suficient și credibil pentru a împlini toate aceste necesități.
3. Calea acțiunii: a percepe caracteristicile lui Dumnezeu pe baza acțiunilor
Lui în ordinea naturală.
4. Calea dragostei (Albrecht Ritschl [1822-1899]): a începe de la presupo-
ziția că Dumnezeu este dragoste și a deduce că Dumnezeu este personal,
are o voință suverană, este Creatorul omnipotent și este etern.

Inconveniențe ale metodelor deficitare. Toate metodele scolastice și moderne
prezentată mai sus sunt inadecvate deoarece, în loc să înceapă de la revelația de
Sine a lui Dumnezeu în Scriptură, ele încep de la propriile idei. Pe scurt, ele
practică o „teologie de jos". Își construiesc concepția despre Dumnezeu pe baza
observației și raționamentului uman, care sunt finite, în cel mai bun caz, și orbite
de păcat, în cel mai rău caz. Teologia de jos presupune că ceea ce se găsește în om,
se găsește și în Dumnezeu, și-l face pe om standardul după care-L măsoară pe
Dumnezeu, sugerând că omul poate să-L descopere pe Dumnezeu fără ajutorul
inițiat de Dumnezeu. Acest metode se bazează adesea pe presupoziții umane
viciate despre Dumnezeu, deși ar putea recurge la o terminologie biblică (accen-
tuând în mod regulat imanența lui Dumnezeu în detrimentul transcendenței
Sale). Atunci când sunt derivate pe baza Scripturii și utilizate de credincioși ale
căror minți au fost răscumpărate prin lucrarea lui Cristos, aceste metode scolas-
tice pot sluji la confirmarea învățăturilor Scripturii despre Dumnezeu. Însă în
ultimă instanță, numai Scriptura este singura autoritate infailibilă în a descoperi
cine și cum este Dumnezeu.

Relația cu esența lui Dumnezeu

Înainte de a ajunge la definirea fiecăreia dintre perfecțiunile lui Dumnezeu,
este necesar să ne întrebăm ce relație au perfecțiunile lui Dumnezeu cu esența
sau natura Sa. Oare atributele lui Dumnezeu constituie părți ale esenței lui
Dumnezeu? Sunt ele distincte sau identice cu esența lui Dumnezeu? Există vreo
perfecțiune care să iasă în evidență ca una care le definește pe toate celelalte?
Urmează să explorăm aceste întrebări.

CONCEPTE DEFICITARE ALE RELAȚIEI[17]
Perfecțiunile: părți sau caracteristici distincte de esența lui Dumnezeu.

17 Charles Hodge, Systematic Theology (1871; repr., Grand Rapids, MI: Eerdmans,
1981), 1:369–73.

Realiștii medievali au susținut că perfecțiunile lui Dumnezeu sunt părți ale esenței lui Dumnezeu din moment ce fiecare are un nume distinct, ceea ce indică niște realități distincte corespunzătoare. O idee similară este că perfecțiunile lui Dumnezeu sunt distincte de esența Sa. Herman Bavinck a menționat câteva probleme în privința acestor perspective:[18]

1. Dacă dreptatea, puterea sau dragostea ar fi doar părți ale esenței lui Dumnezeu, nu s-ar putea spune că Dumnezeu este în mod deplin drept, puternic sau iubitor, ci doar în mod parțial.
2. Dacă dreptatea, puterea sau dragostea ar fi doar părți ale esenței lui Dumnezeu, nu s-ar putea spune că Dumnezeu este în mod absolut drept, puternic sau iubitor, ci doar în mod relativ.
3. În consecință, Dumnezeu ar fi schimbător în esența Sa, din moment ce diferitele atribute care compun natura ar fluctua. Uneori El ar sublinia dreptatea Sa, iar alteori ar putea pune accent pe dragostea Sa. N-ar fi în mod perfect și absolut deopotrivă iubitor și drept la orice moment în decursul timpului.

Perfecțiunile: toate același lucru. Nominaliștii medievali au spus că toate perfecțiunile sunt același lucru, din moment ce numele perfecțiunilor sunt distincte doar la nivelul numelui, nu și la cel al realităților corespondente. De pildă, acești învățători ar spune că dragostea lui Dumnezeu *este* dreptatea Sa, care *este* puterea Sa, care *este* mila Sa, și așa mai departe. Unii teologi luterani și reformați timpurii – și, într-un mod panteist, unii teologi liberali (e.g., Baruch Spinoza [1632-1677] și Friedrich Schleiermacher [1768-1834]) – au susținut într-o manieră similară că, întrucât Dumnezeu este simplu (necompus) și, în consecință, nu poate avea vreo parte componentă, nu poate exista vreo distincție efectivă între perfecțiunile și nici între acțiunile lui Dumnezeu. S-a spus că varietatea efectelor lui Dumnezeu asupra unei game diverse de creaturi reprezintă fundamentul diversității perfecțiunilor Lui. Însă, Bavinck a răspuns prin câteva observații[19]:

1. Dumnezeu Și-a revelat numele Sale dezvăluindu-le omului. Nu omul a inventat aceste nume, și ele indică atributele Sale.
2. Esența lui Dumnezeu nu este o realitate abstractă lipsită de proprietăți, relații și caracteristici; în schimb, este „plinătatea absolută a vieții" și „bogăția infinită". De aceea nu poate fi „văzută în treacăt", ci trebuie „să ne fie revelată în legătură cu acest aspect, apoi cu un altul, văzută acum din acest unghi, apoi din altul."

---

18 Bavinck, *Doctrine of God,* 120–24.
19 Bavinck, *Doctrine of Go*d, 127–32.

3. Există distincții reale la nivelul „gândului" între diferite perfecțiuni ale lui Dumnezeu, deși ele alcătuiesc acea unitate simplă a esenței lui Dumnezeu.

4. Multele nume și atribute ale lui Dumnezeu creează o impresie a „măreției Sale atot-transcendente".

O perfecțiune centrală ca esență a lui Dumnezeu, celelalte fiind derivate.
Teiștii deschiși susțin că doar dragostea este esența lui Dumnezeu și că toate celelalte atribute sunt derivate ale acesteia, căreia i se subordonează (la urma urmei, spun ei, Dumnezeu nu este doar iubitor, ci este chiar iubirea, 1 Ioan 4:8). Teiștii deschiși cred și că Dumnezeu a ales să nu cunoască acțiunile viitoare ale omenirii întrucât o astfel de cunoaștere ar stabili acțiunile oamenilor, astfel anulându-le voința liberă. Ei mai cred și că Dumnezeu nu ar stabili niciodată acțiunile omului întrucât, a face astfel, ar compromite orice relație autentică cu omul; Dumnezeu n-ar putea răspunde cu iubire la alegerea liberă a omului de a-L iubi. Perspectiva teismului deschis conform căreia dragostea este perfecțiunea superioară singulară a lui Dumnezeu este deficitară din următoarele motive:

1. Scriptura nu afirmă doar că Dumnezeu *este* dragoste (1 Ioan 4:8), ci și că *este* lumină (1 Ioan 1:5), astfel subliniind sfințenia Sa în egală măsură cu dragostea Sa (cf. Is. 6:3; Apoc. 4:8).

2. Această perspectivă tinde să facă mai puțin necesare celelalte perfecțiuni ale lui Dumnezeu.

3. Din punct de vedere istoric – de pildă, în rândul liberalilor din secolul al nouăsprezecelea – această perspectivă a tins să diminueze dreptatea lui Dumnezeu, conducând la o respingere a ispășirii lui Cristos ca pedeapsă substitutivă, legală și sacrificială.

Conceptul corect al relației
Esența lui Dumnezeu este identică cu perfecțiunile Sale. Nu există nicio distincție esențială între esența lui Dumnezeu și perfecțiunile Sale, și nu există nicio diferență esențială între perfecțiunile lui Dumnezeu în raportarea uneia la alta. Fiecare perfecțiune caracterizează esența completă a lui Dumnezeu, în mod simplu și etern. Cu alte cuvinte, Dumnezeu este ceea ce are. El nu doar deține dragoste, dreptate și bunătate; El este dragoste și dreptate, în mod etern, plenar și complet. Dumnezeu este în mod etern atotputernic, atotsfânt și atotiubitor.

Raționament. Dacă perfecțiunile lui Dumnezeu n-ar fi identificate cu esența Sa, ci ar fi mai degrabă percepute ca părți sau proprietăți care compun esența lui Dumnezeu, simplitatea lui Dumnezeu ar fi subminată. Într-un astfel de caz, perfecțiunile însele n-ar fi divine, ci doar părți care compun natura divină. Însă așa ceva este în dezacord cu învățătura Scripturii. De asemenea, Scriptura nu discută niciodată despre esența (ființa) lui Dumnezeu într-un limbaj abstract, ci întotdeauna în legătură cu perfecțiunile Sale. Chiar și prezentarea Propriei existențe a lui Dumnezeu din Exod 3:14 este în contextul vizitei Sale personale ca să-Și aducă aminte de legământul Său și să-Și răscumpere poporul din sclavie. Mai mult, termeni precum „dumnezeire" (Col. 2:9-10), „natură dumnezeiască" (Rom. 1:20; 2 Pet. 1:4) și „chipul lui Dumnezeu" (Fil. 2:6) vorbesc despre esența lui Dumnezeu în legătură cu perfecțiunile Sale, cum ar fi „autoritate" (Col. 2:10), „putere" (Rom. 1:20), „glorie" (2 Pet. 1:3) și „dragoste" (Fil. 2:2). De asemenea, Scriptura menționează anumite perfecțiuni alături de un verb al existenței, indicând că Dumnezeu este în totalitate acea perfecțiune; de pildă, 1 Ioan 4:8 și 16 afirmă că „Dumnezeu este dragoste", iar 1 Ioan 1:5 declară că „Dumnezeu este lumină", desemnând sfințenia Sa. Scriptura mai specifică și câteva perfecțiuni adjectivale (e.g. „Dumnezeul cel viu", „Dumnezeul cel veșnic", „Dumnezeul cel sfânt").

Ramificații. Acest mod de a înțelege perfecțiunile lui Dumnezeu conduce spre câteva ramificații:

Dumnezeu este pe deplin fiecare dintre perfecțiunile Lui. Ceea ce Dumnezeu este, El este în mod total în esența Sa. Dacă Dumnezeu nu este iubitor în mod deplin și absolut, sau sfânt în mod deplin și absolut, sau bun în mod deplin și absolut, atunci El nu este Dumnezeu în mod deplin și absolut. Perfecțiunile lui Dumnezeu trebuie să-L caracterizeze în mod total, etern și infinit pentru că, altminteri, Dumnezeu n-ar fi nici neschimbător, nici simplu. Natura Lui S-ar schimba cu trecerea timpului deoarece El ar trebui să treacă de la a fi „iubitor" într-un moment, la a fi „sfânt" într-un altul. Esența Sa n-ar putea fi considerată ca fiind necompusă și simplă, întrucât El ar fi doar parțial dragoste, parțial dreptate, parțial milă și așa mai departe. Nu, Dumnezeu *este* ceea ce *deține*; El este tot ce sunt perfecțiunile Lui, în mod deplin și complet.

Perfecțiunile lui Dumnezeu se completează una pe alta. Întrucât Dumnezeu este în toată esența Sa ce este fiecare dintre perfecțiunile Lui, fiecare dintre perfecțiunile Lui se completează și se armonizează cu toate celelalte perfecțiuni ale Sale, întărindu-se reciproc. De pildă, dreptatea Sa este o dreptate sfântă, iar dragostea Sa este o dragoste neprihănită.

Perfecțiunile lui Dumnezeu sunt active. Fiecare dintre perfecțiunile lui Dumnezeu este pe deplin activă în esența Sa. Dumnezeu nu este niciodată pasiv sau inactiv în vreun aspect al esenței Sale. Dacă toate perfecțiunile lui Dumnezeu nu ar fi continuu și complet active în esența Sa, Dumnezeu nu ar fi în mod activ Dumnezeu în niciun aspect, întrucât atunci un anumit aspect al întregii Sale esențe nu ar fi activ și celelalte perfecțiuni ar fi lipsite de completarea sau de limitarea divină necesare. Ceea ce Dumnezeu este, trebuie să fie în mod perfect activ în esența Sa.

Perfecțiunile lui Dumnezeu ar trebui studiate în armonie una cu alta. Întrucât Dumnezeu este în mod total ceea ce este fiecare dintre perfecțiunile Sale, n-ar trebui să se studieze nici măcar o singură perfecțiune în izolare față de toate celelalte perfecțiuni ale Sale. Fiecare perfecțiune ar trebui studiată ca fiind completată și mărginită (i.e., integrată cu) de toate celelalte perfecțiuni și invers. Toate perfecțiunile lui Dumnezeu ar trebui studiate ca influențându-se una pe alta.

Perfecțiunile lui Dumnezeu sunt reflexive. O altă ramificație a identificării totale a perfecțiunilor lui Dumnezeu cu esența Sa este că perfecțiunile lui Dumnezeu sunt reflexive. Cu alte cuvinte, ele sunt focalizate pe El; fiecare dintre perfecțiuni este activă față de Dumnezeu ca obiectul ei perfect. Ceea ce Dumnezeu este, El este către și pentru Sine înainte ca perfecțiunile Lui să fie îndreptate spre orice altceva sau spre oricine altcineva.

Clarificare. Deși Dumnezeu este în mod etern, infinit și complet tot ceea ce sunt perfecțiunile Lui, oamenii se focalizează în mod conștient doar pe câte un singur atribut la un moment în timp, prezentat în Scriptură. Această mono-focalizare se datorează faptului că Dumnezeu binevoiește să Se reveleze pe Sine în Scriptură unor oameni finiți. Însă ori de câte ori Se revelează pe Sine în timp prin prisma uneia dintre perfecțiunile Lui, El rămâne în mod deplin și activ ceea ce sunt toate perfecțiunile Lui. Astfel, ori de câte ori Dumnezeu Își dezvăluie o anumită perfecțiune printr-un eveniment sau într-un enunț din Scriptură, El subliniază acea perfecțiune în acel context specific, fără să le excludă pe toate celelalte.

Clasificări

Mai trebuie analizată încă o chestiune înainte de a defini în mod specific perfecțiunile lui Dumnezeu. De-a lungul timpului, teologii au încercat să clasifice perfecțiunile divine. Biblia nu stabilește în mod explicit anumite categorii, așa că acestea sunt rodul împărțirilor făcute de teologi. Aspectul acesta ar trebui să-l prevină pe cel ce studiază Scriptura ca nu cumva să accepte fără discernământ orice fel de categorisire. Însă, întrucât în istoria teologiei au fost propuse diferite tipuri de categorii, se impune să se analizeze care este valoarea acestora.

CLASIFICAREA DUPĂ NEGATIV ȘI POZITIV

Urmând cele trei căi de cunoaștere a lui Dumnezeu propuse de scolasticism (cauzalitate, negare și superioritate), această clasificare (negativă și pozitivă) se bazează pe (1) perfecțiuni exclusive (negative) sau cele care sunt opusul limitări-lor creaturii (e.g., infinit, imaterial), și (2) perfecțiuni pozitive sau cele care sunt prezente în om, dar sunt caracteristici ale lui Dumnezeu într-o manieră perfectă infinită (e.g., bunătate, sfințenie, neprihănire, dreptate).

Problema cu aceste categorii este că se suprapun. Atunci când cineva face o afirmație negativă despre Dumnezeu, are un concept pozitiv în minte, deși s-ar putea să nu fie în stare să-l articuleze. De pildă, când cineva spune că Dumnezeu este imuabil (negativ), acea persoană presupune că știe în mod lucid că Dumnezeu este constant și credincios (pozitiv). Reversul este valabil în egală măsură. Atunci când cineva face o afirmație pozitivă despre Dumnezeu, acea persoană sugerează un enunț negativ. De pildă, a spune că Dumnezeu este omniprezent (pozitiv) înseamnă a spune că El este infinit (negativ; i.e., nu este finit) în raportarea la spațiu.

CLASIFICAREA DUPĂ NATURAL ȘI MORAL (MĂREȚIE ȘI BUNĂTATE; CONSTITUȚIE ȘI PERSONALITATE)

Perfecțiunile naturale sunt cele care aparțin constituției lui Dumnezeu (e.g., existența prin Sine, simplitate, infinitate), în vreme ce perfecțiunile morale sunt cele care aparțin voinței Sale și, în consecință, Îl fac o ființă morală (e.g., bunăta-tea, adevărul, dragostea, sfințenia).

Inconvenientul acestei clasificări este că atributele morale sunt la fel de mult aspecte ale esenței lui Dumnezeu pe cât sunt atributele naturale. Perfecțiunile bunătății sunt de asemenea perfecțiuni ale măreței lui Dumnezeu (Psalmul 145), iar perfecțiunile personalității sunt și perfecțiuni ale constituției lui Dumnezeu.

CLASIFICAREA DUPĂ ABSOLUT ȘI RELATIV

Perfecțiunile absolute caracterizează esența lui Dumnezeu socotită în și prin Sine Însăși (e.g., existența prin Sine, infinitatea, spiritualitatea), în vreme ce per-fecțiunile relative caracterizează esența lui Dumnezeu din perspectiva relației lui Dumnezeu cu creația Sa (e.g., omniscienta, omniprezența).

Problema în acest caz este că o astfel de clasificare presupune că omul Îl poate cunoaște pe Dumnezeu în esența Sa, dar adevărul este că toate perfecțiunile lui Dumnezeu sunt relative, revelate în relație cu creația Sa. Chiar și așa-numitele perfecțiuni relative sunt absolute, întrucât ele sunt active în mod etern în relațiile dintre membrii Trinității, în existența esenței pure, de bază a lui Dumnezeu.

CLASIFICAREA DUPĂ IMANENT / INTRANZITIV / CVIESCENT / EXISTENT VERSUS EMANENT / TRANZITIV / ACTIV / CAUZAL

Pentru a explica această clasificare, este important să definim mai întâi urmă-torii termeni:

imanent: care există sau rămâne în interior; inerent
emanent: care își are originea în interior, dar produce rezultate exterioare
intranzitiv: care nu necesită un obiect direct pentru a-și întregi acțiunea sau înțelesul
cviescent: inactiv

Potrivit acestei clasificări, primele sunt perfecțiunile care funcționează în afara esenței divine, dar rămân imanente în Dumnezeu (e.g., imensitate, eternitate, simplitate), pe când ultimele sunt perfecțiuni care generează aspecte exterioare lui Dumnezeu (e.g., omnipotență, bunătate, dreptate).

Contrar acestei clasificări, omul nu poate cunoaște nicio caracteristică a lui Dumnezeu așa cum sunt ele în esența Lui, ci doar potrivit felului în care ne este revelat caracterul Său în lucrările Sale. Mai mult, perfecțiunile operative și cauzale trebuie de asemenea să fie imanente și intranzitive în Dumnezeu; altminteri, Dumnezeu ar avea nevoie de ceva din afara Lui pentru a fi complet. În plus, nicio perfecțiunea de-a lui Dumnezeu nu poate fi inactivă; altminteri, Dumnezeu n-ar fi în mod constant și activ tot ceea ce este ființa/esența Sa.

CLASIFICAREA DUPĂ INCOMUNICABILE ȘI COMUNICABILE

Cea mai bună clasificare este cea care face distincție între perfecțiunile incomunicabile și cele comunicabile. Perfecțiunile incomunicabile sunt caracteristicile unice lui Dumnezeu (e.g., existența prin Sine, simplitatea, imensitatea), pe când perfecțiunile comunicabile sunt caracteristicile transferabile în parte oamenilor (e.g., bunătatea, dreptatea, dragostea).

O problemă a clasificării după incomunicabile și comunicabile este că, întrucât omul nu-L poate cunoaște pe Dumnezeu în esența Sa separat de relația Sa cu creația Sa, este imposibil să cunoști vreo caracteristică a lui Dumnezeu separat de acele relaționări. Chiar și perfecțiunile incomunicabile sunt cel puțin întrucâtva asemenea caracteristicilor umane, altminteri nimeni n-ar putea înțelege nimic despre perfecțiunile lui Dumnezeu. De asemenea, perfecțiunile comunicabile ale lui Dumnezeu nu sunt pe de-a-ntregul asemenea caracteristicilor umane, altminteri Dumnezeu n-ar fi superior omului în privința tuturor caracteristicilor.

De pildă, în privința perfecțiunii incomunicabile a imuabilității (neschimbabilitatea), omul poate avea o înțelegere limitată întrucât știe ce înseamnă ca o altă persoană să dovedească gânduri, principii și comportamente consecvente în decursul unei perioade îndelungate de timp. Dar o astfel de înțelegere este limitată deoarece niciun om nu știe ce înseamnă să fim lipsiți de abilitatea de a ne schimba la nivelul naturii și caracterului. În ce privește perfecțiunea comunicabilă a dragostei, oamenii au o imagine parțială deoarece știu ce a revelat

Dumnezeu în Scriptură despre dragostea Sa în relațiile Sale cu oamenii, dar ei nu știu cum este dragostea lui Dumnezeu față de Sine Însuși în sânul Trinității, nici nu cunosc exhaustiv cum este dragostea lui Dumnezeu pentru poporul Său.

Clasificarea după perfecțiuni incomunicabile versus comunicabile este folosită aici din următoarele motive:

1. O clasificare poate fi o unealtă folositoare pentru a studia perfecțiunile lui Dumnezeu întrucât îi poate ajuta pe oameni să se focalizeze asupra modurile în care se vede unicitatea lui Dumnezeu comparativ cu omenirea.
2. Această clasificare s-a păstrat de-a lungul anilor în cercurile teologilor de diferite tradiții.
3. Această clasificare subliniază deopotrivă transcendența și imanența lui Dumnezeu, negând deopotrivă panteismul și deismul.
4. Această clasificare este cea mai folositoare dacă cel ce o studiază nu desparte în mod strict cele două grupuri de perfecțiuni, ci înțelege că atributele incomunicabile le determină pe cele comunicabile și invers.

AVERTIZĂRI PRIVITOARE LA TOATE CLASIFICĂRILE

Chiar și clasificarea după perfecțiunile incomunicabile versus comunicabile este o observație umană, așa că nicio clasificare n-ar trebui acceptată fără discernământ. Toate clasificările trebuie însoțite de următoarele avertizări.

Separarea lui Dumnezeu în două. Toate clasificările perfecțiunilor lui Dumnezeu par a-L separa pe Dumnezeu în două, eliminând armonia dintre perfecțiuni, și astfel, orice fel de unitate aparentă în Dumnezeu. Această slăbiciune poate fi depășită prin a considera prima categorie de perfecțiuni (incomunicabile) ca determinând-o pe cea de-a doua (comunicabile) și invers, „astfel încât să se poată spune că Dumnezeu este unul, absolut, neschimbător și infinit în cunoașterea și înțelepciunea Lui, în bunătatea și dragostea Lui, în harul și îndurarea Lui, în dreptatea și sfințenia Lui."[20]

Separarea aspectelor negative de cele pozitive. Orice clasificare tinde să separe descrierile negative ale lui Dumnezeu de cele pozitive, deși, atunci când oamenii se gândesc la unele, le au în minte și pe celelalte. Bavinck explică:

> Dacă ele ar fi complet incomunicabile, ar fi și imposibil de cunoscut. Simplul fapt că putem să le menționăm dovedește că, într-un fel sau altul, ele au fost revelate de Dumnezeu în creație. Astfel, atributele negative au un conținut

---

20 Berkhof, *Systematic Theology*, 56.

pozitiv: deși avem nevoie de noțiunea de timp ca să dobândim conceptul eternității lui Dumnezeu, de cea a spațiului ca să ne formăm o idee a omniprezenței Lui, și de cea a creaturilor finite, schimbătoare ca să devenim conștienți de infinitudinea și imuabilitatea Sa, aceste atribute negative ne furnizează o cunoaștere pozitivă extrem de importantă despre Dumnezeu. Astfel, cu toate că nu putem înțelege eternitatea într-un sens pozitiv, a cunoaște că Dumnezeu este înălțat deasupra limitelor timpului este deosebit de important.[21]

Descrierea lui Dumnezeu la nivel esențial. Toate clasificările par a presupune că putem să-L cunoaștem pe Dumnezeu la nivelul esenței Sale, separat de relațiile Sale cu creaturile Sale. Însă Dumnezeu nu poate fi cunoscut de oameni în modul acesta. Nicio persoană, cu excepția lui Isus Cristos, nu poate cunoaște vreo caracteristică divină în perfecțiunea ei. Această slăbiciune trebuie depășită prin a vedea chiar și prima clasă de perfecțiuni, cel puțin într-un anumit fel, ca fiind asemenea caracteristicilor umane și ca fiind activă în relație cu creaturile.

Perfecțiunile incomunicabile

După aceste observații preliminare despre perfecțiunile divine și studierea lor, putem trece acum la a le defini pe baza Scripturii. În lumina faptului că perfecțiunile lui Dumnezeu sunt identice cu esența Sa, și îndeosebi pe baza implicațiilor acestui adevăr, nu trebuie să analizăm aceste perfecțiuni fără a cumpăni cu luciditate cum se integrează acestea activ (i.e., cum se completează și se delimitează reciproc). Trebuie să ne aducem aminte și că aceste perfecțiuni sunt focalizate asupra lui Dumnezeu mai înainte de oricine și de orice altceva din exteriorul Lui. Următoarele definiții ale perfecțiunilor divine sunt însoțite de adevăruri biblice pe care se bazează ele.[22]

INDEPENDENȚĂ (ASEITATE)

Dumnezeu este independent de toate lucrurile. El este în mod perfect suficient în Sine Însuși, nedepinzând pentru nimic de ceva din afara Lui și, în consecință, este ființa eternă, fundamentală, sursa vieții și a existenței pentru toate celelalte ființe.

Următoarea listă prezintă dovezile scripturale privitoare la aseitatea lui Dumnezeu:

---

21 Bavinck, *Doctrine of God*, 139.

22 Din pricina constrângerilor de spațiu, prezentarea perfecțiunilor lui Dumnezeu de aici va fi succintă. Pentru prezentări mai ample ale atributelor lui Dumnezeu, vezi Herman Bavinck, *Reformed Dogmatics*, vol. 2, God and Creation, ed. John Bolt, trans. John Vriend (Grand Rapids, MI: Baker Academic, 2004); Stephen Charnock, *The Existence and Attributes of God* (1853; repr., Grand Rapids, MI: Baker, 1996); Arthur W. Pink, *The Attributes of God* (Grand Rapids, MI: Baker, 2006).

1. Ca Iahve, Dumnezeu există prin Sine Însuși, având viață în și de la Sine Însuși (Exod 3:14; Ioan 5:26).
2. Dumnezeu exista anterior tuturor lucrurilor și numai prin El există toate lucrurile (Ps. 90:2; 1 Cor. 8:6; Apoc. 4:11).
3. Dumnezeu este Domnul a tot ce există (Deut. 10:17; Ios. 3:13).
4. El nu depinde de nimic; toate lucrurile depind de El (Rom. 11:36).
5. El este sursa tuturor lucrurilor (Deut. 32:39; Is. 45:5–7; 54:16; Ioan 5:26; 1 Cor. 8:6).
6. El face tot ce vrea (Ps. 115:3; Is. 46:10–11; 64:8; Ier. 18:6; Dan. 4:35; Rom. 9:19–21; Ef. 1:5; Apoc. 4:11).
7. Sfatul Său este fundamentul în absolut orice situație (Ps. 33:10–11; Pv. 19:21; Is. 46:10; Matt. 11:25–26; Fapt. 2:23; 4:27–28; Ef. 1:5, 9, 11).
8. El face totul pentru slava Lui (Ios. 7:9; 1 Sam. 12:22; Ps. 25:11; 31:3; 79:9; 106:8; 109:21; 143:11; Pv. 16:4; Is. 48:9; Ier. 14:7, 21; Ez. 20:9, 14, 22, 44; Dan. 9:19).
9. El n-are nevoie de nimic fiind atotsuficient (Iov 22:2–3; Fapt. 17:25).
10. El este primul și ultimul (Is. 41:4; 44:6; 48:12; Apoc. 1:8; 21:6; 22:13).
11. El este independent la nivelul minții Sale (Rom. 11:33-35), voinței Sale (Dan. 4:35; Rom. 9:19; Ef. 1:5; Apoc. 4:11), sfatului Său (Ps. 33:11; Is. 46:10), dragostei Sale (Osea 14:4) și puterii Sale (Ps. 115:3).

IMUABILITATE

Imuabilitatea lui Dumnezeu este neschimbabilitatea Sa perfectă în privința esenței, caracterului, planului și promisiunilor Sale.

Dovezi scripturale. Următoarea listă rezumă învățătura biblică despre imuabilitatea lui Dumnezeu:

1. El este în mod etern același (Ps. 102:25-27).
2. El este primul și ultimul (Is. 41:4; 43:10; 44:6; 48:12).
3. El este ceea ce este (Exod 3:14).
4. El este incoruptibil, fiind singurul care are nemurirea și rămânând întotdeauna același (Rom. 1:23; 1 Tim. 1:17; 6:15-16; Evr. 1:11-12).
5. Gândirea, scopul, voința și decretele Sale sunt neschimbătoare:
   a. El Își împlinește avertizările și promisiunile (Num. 23:19; 1 Sam. 15:29).
   b. El nu-Și schimbă darurile sau chemarea (Rom. 11:29).
   c. El nu-i alungă pe cei cu care a făcut un legământ unilateral (Rom. 11:1).
   d. El îi glorifică pe cei pe care îi precunoaște (Rom. 8:29-30).

e. El finalizează ceea ce începe (Ps. 138:8; Fil. 1:6).

f. Credincioşia Lui nu se diminuează niciodată (Pl. 3:22-23).

6. El nu Se schimbă (Mal. 3:6; Iac. 1:17).

Întrebări despre imuabilitatea lui Dumnezeu. Oamenilor li se pare că există tensiuni atunci când citesc pasaje care afirmă neschimbabilitatea lui Dumnezeu împreună cu pasaje care susţin că lui Dumnezeu Îi pare rău (Gen. 6:6; Exod 32:12; 1 Sam. 15:11, 35; Ier. 18:10; Amos 7:3, 6; Iona 3:9-10; 4:2), că Îşi schimbă planul (Gen. 18:23-32; Exod 32:10-14; Iona 3:10), Se mânie (Exod 4:14; Num. 11:1, 10; Ps. 106:40; Zah. 10:3), Se întoarce din mânia Sa (Exod 32:14; Deut. 13:17; 2 Cron. 12:12; 30:8; Ier. 18:8, 10; 26:3), Se raportează diferit la cei necredincioşi comparativ cu cei credincioşi (Pv. 11:20; 12:22), este curat cu cei curaţi, dar li se opune celor răi (Ps. 18:25–26), Se întrupează în timp (Gal. 4:4), locuieşte în biserică (1 Cor. 3:16–17; Ef. 2:19–22; Col. 1:27), îl respinge pe Israel (Rom. 11:15), le primeşte pe Neamuri după ce le-a respins ani la rând (Fapt. 11:18; Rom. 11:11–15), este mânios câteodată, dar iertător altădata (Exod 34:7; Num. 14:18; Ps. 78) şi este aproape uneori dar departe alteori (Ier. 23:23).

Pentru a soluţiona această tensiune, mulţi, printre care adepţii teismului deschis, au susţinut că Dumnezeu Îşi schimbă gândirea, scopurile şi promisiunile ca reacţie la faptele oamenilor. Ei afirmă că nu pot fi armonizate în mod drept „schimbările" lui Dumnezeu din Scriptură cu doctrina tradiţională a naturii neschimbătoare a lui Dumnezeu. Aceştia pretind că, dacă păcătoşii se întorc de la păcatul lor şi răspund cu credinţă şi dragoste faţă de Dumnezeu, la rândul Său El Se va întoarce (se va pocăi, Îşi va schimba gândirea) de la judecata pe care a intenţionat-o şi le va da binecuvântări. Tot astfel, dacă ei renunţă să se mai încreadă în El, Dumnezeu va anula toate promisiunile binecuvântării. Potrivit adepţilor teismului deschis, Dumnezeu nu ştie cum Îi vor răspunde oamenii şi aşteaptă să vadă ce vor face în fiecare clipă înainte de a alege cum să le răspundă.

Teismul deschis, dar şi alte învăţături false, conţin multe erori prin care se neagă imuabilitatea lui Dumnezeu, dar fiecare dintre acestea este respinsă văzând imuabilitatea lui Dumnezeu dintr-o perspectivă biblică adecvată. Imuabilitatea nu înseamnă că Dumnezeu este static sau inert, şi nici nu înseamnă că El nu acţionează distinct în timp sau că nu deţine sentimente adevărate. Dumnezeu este impasibil – nu în sensul că este lipsit de o simţire autentică sau că nu are sentimente, ci în sensul că emoţiile Sale sunt expresii active şi intenţionate ale dispoziţiilor Sale sfinte, şi nu (aşa cum adesea stau lucrurile cu emoţiile umane) pasiuni involuntare de care este mânat în diverse situaţii.

O bună modalitate de a înţelege aparentele schimbări ale lui Dumnezeu din Scriptură este prin a ţine cont că Dumnezeu Se revelează pe Sine din perspectiva legăturilor Sale cu oamenii. Aceştia percep doar câte un aspect al fiinţei lui

Dumnezeu. Dumnezeu nu Se schimbă niciodată, dar creaturile se schimbă și ele percep perfecțiunile și acțiunile lui Dumnezeu în conformitate cu starea lor actuală. Astfel, acțiunile lui Dumnezeu nu implică o schimbare a esenței sau a scopului.

De pildă, formularea că Dumnezeu „Se pocăiește" sau „Se schimbă" în vreun fel este un limbaj antropomorf – exprimări figurative care i se adresează omului potrivit nivelului său de înțelegere despre schimbările de dispoziții sau acțiuni. Astfel, acele percepute „schimbări" ale lui Dumnezeu sunt întotdeauna în contextul omniscienței și voii Sale eterne, de aceea nu se datorează niciodată faptului că Dumnezeu este luat prin surprindere și trebuie să Se adapteze. Ele sunt făcute în armonie cu adevărul și credincioșia Sa (vezi 1 Sam. 15:29). Toate acțiunile Sale care ar putea fi percepute drept schimbări sunt precunoscute și prestabilite din veșnicie.

INFINITATE

Infinitatea lui Dumnezeu Îi descrie natura ca transcendând (existând și acționând dincolo de) toate limitele timpului și spațiului în mod perfect. Nemărginirea lui Dumnezeu în raportare la timp este numită eternitatea sau omnitemporalitatea Sa, iar nemărginirea Sa în raportare la spațiu este numită imensitatea sau omniprezența Sa.

ETERNITATE

Dumnezeu transcende în mod perfect toate limitele timpului, astfel încât este fără început, fără sfârșit și fără o succesiune a momentelor în experiența ființei Sale și în conștientizarea de către Sine a întregii realități înconjurătoare. Cu alte cuvinte, în experimentarea Propriei persoane și a întregii realități din afara Lui, Dumnezeu nu este limitat de momente ale timpului.

Dovezi scripturale. Următoarea listă prezintă dovezi scripturale în favoarea eternității lui Dumnezeu:

1. El este primul și ultimul simultan (Is. 41:4; Apoc. 1:8).
2. El a existat dinainte de creație (Gen. 1:1; Ioan 1:1; 17:5, 24).
3. El va dăinui în veci (Ps. 102:26-27).
4. El este Dumnezeu din veșnicie în veșnicie (Ps. 90:2; 93:2).
5. Numărul anilor Săi nu poate fi descoperit (Iov 36:26).
6. O mie de ani înaintea Lui sunt ca o zi, ca urmare a experimentării Sale imediate a timpului în întregime (Ps. 90:4; 2 Pet. 3:8).
7. El este Dumnezeu veșnic (Is. 40:28).
8. El locuiește în eternitate (Is. 57:15).

9. El trăiește de-a pururea (Deut. 32:40; Apoc. 10:6; 15:7).
10. El este nemuritor și nepieritor (Rom. 1:23; 1 Tim. 6:16).
11. El a fost, este și va veni, toate acestea simultan (Exod 3:14; Apoc. 1:4, 8).
12. Scopul Său este veșnic (Ef. 3:11).
13. El este Împăratul etern (1 Tim. 1:17).
14. El a existat și a acționat „înainte de veșnicii" (2 Tim. 1:9; Tit 1:2).

Esența lui Dumnezeu „atemporală". O chestiune importantă privitoare la perfecțiunea eternității lui Dumnezeu este dacă El există numai în momentele trecătoare ale timpului sau există și în afara succesiunii momentelor acestuia. Este Dumnezeu „atemporal", acronic în viața Sa lăuntrică, sau existența Sa temporală, este numai în cadrul momentelor timpului?

Dumnezeu există în cadrul timpului întrucât interacționează cu creația Sa și cu creaturile Sale de la un moment la altul. Însă Dumnezeu trebuie să existe dincolo de timp, să fie atemporal altminteri este limitat de această entitate a timpului. Cu alte cuvinte, eternitatea lui Dumnezeu înseamnă că El este distinct de timp. Însă, El nu este complet separat de acesta; mai degrabă, El este prezent (imanent) în orice moment, controlând fiecare moment pentru scopurile și gloria Lui. Afirmația biblică, „La început Dumnezeu a creat cerurile și pământul" (Gen. 1:1) arată că Dumnezeu a existat înainte de „începutul" care a inițiat „ziua întâi" (Gen. 1:5). Dumnezeu a existat dinainte de primul moment al „zilei întâi" al întregii realități din afara Lui. Prin urmare, existența lui Dumnezeu este în afara limitelor timpului. Cu adevărat, întrucât Dumnezeu a început „începutul" prin acțiunea Sa de creare, Dumnezeu a creat și timpul și îi susține totalitatea, precum și fiecare dintre momentele care-l compun, prin puterea Sa. Dumnezeu este pe deplin prezent în fiecare moment al timpului și El cunoaște ansamblul și succesiunea momentelor acestuia. Însă Dumnezeu nu este niciodată supus timpului. În schimb, El îl folosește ca slujitor al Său pentru a-Și revela perfecțiunile.

În esența Sa, Dumnezeu există într-un „prezent" etern. El există întotdeauna în cel „dintâi" și în cel „de pe urmă" moment din cadrul timpului (Is. 41:4; cf. 44:6). Scopul lui Dumnezeu a fost să dea har mântuitor aleșilor Lui „înainte de veșnicii" (2 Tim. 1:9; Tit 1:2), de aceea a acționat înainte de primul moment al veacurilor. Dumnezeu a existat, având conștiență de Sine, în afara momentelor timpului.

Dumnezeu nu este mărginit sau condiționat de limite sau intervale de timp (vezi Ps. 90:1-4; 2 Pet. 3:8). Dumnezeu este deopotrivă începutul și sfârșitul, și rămâne astfel și după ce începutul s-a sfârșit și înainte ca sfârșitul să fi început. În esența Sa, El cuprinde atât începutul, cât și sfârșitul, și ambele sunt experimentate în mod conștient și ca realități „prezente". Întrucât expresia „Începutul și Sfârșitul" (Apoc. 21:6; 22:13) este probabil un merism (un procedeu literar care exprimă o gamă completă de elemente, dar exprimându-le doar pe acelea care marchează limitele opuse ale gamei respective), Dumnezeu controlează fiecare moment ca pe o realitate experimentată conștient și „prezentă". Dumnezeu *este*. Și El *este* dinainte ca timpul să înceapă, dinainte de primul moment al „veacuri-lor". În esența Sa, Dumnezeu nu începe niciodată să fie. El nu devine niciodată.

Argument bazat pe omnisciența lui Dumnezeu. Toate perfecțiunile lui Dumnezeu sunt conforme cu afirmația că în experiențele pe care Dumnezeu le are în ființa și conștiința Sa despre celelalte realități nu se succed etape de timp. De pildă, Dumnezeu este omniscient, sau atotcunoscător, de aceea cunoaște-rea Sa cuprinde toate evenimentele considerându-le reale în egală măsură. Prin urmare, întrucât perfecțiunile Sale sunt esența Sa, în experiența esenței Sale în ea însăși, nu există trecut, prezent sau viitor. Deși Dumnezeu experimentează succesiunea timpului (deopotrivă deoarece El a creat acea succesiune și deoarece Dumnezeu Fiul o experimentează îndeosebi prin intermediul întrupării) și deși gândirea Sa are o structură logică (incluzând premize și concluzii), totuși prin experimentarea succesiunii El nu controlează, nu mărginește și nu condiționează existența și viața Lui ca astfel El să existe doar în momentele timpului. Totul este perceput și experimentat ca un „acum etern".

Argument bazat pe imensitatea și omniprezența lui Dumnezeu. Dumnezeu transcende toate limitările spațiului. El există în afara spațiului fizic și, cu toate acestea, există în toate punctele din spațiu și experimentează fiecare punct din spațiu cu întreaga Sa ființă. De aceea, El trebuie să existe în afara momentelor timpului, altminteri este limitat la a fi prezent în cadrul spațiului așa cum există acesta într-un singur moment al timpului.

Argument bazat pe imuabilitatea lui Dumnezeu. Întrucât esența lui Dumnezeu nu se poate schimba, El nu trebuie să fie condiționat de timpul schimbător. Dacă Dumnezeu ar exista doar în cadrul fiecărui moment, ar trebui să înceapă să existe în fiecare moment succesiv – o concluzie care contrazice imuabilitatea Sa.

Argument bazat pe independența lui Dumnezeu. Întrucât esența lui Dumnezeu nu depinde de nimic pentru a exista, ci mai degrabă este izvorul întregii exis-tențe, El nu poate depinde de momentele timpului pentru a exista. Căci, dacă Dumnezeu există doar de la un moment la altul, El depinde de existența fiecărui moment.

Argument bazat pe omnipotența lui Dumnezeu. Întrucât Dumnezeu are o putere activă peste toate lucrurile, El trebuie să exercite putere în viitor și în tre-cut pentru a fi omnipotent. Dacă El există doar la momentul actual, de fapt El nu are putere peste momentele trecute și viitoare.

Imensitatea, imuabilitatea, independența, omnipotența, omniprezența și omnisciența lui Dumnezeu sunt compromise de perspectiva „momentelor succe-sive". Dacă Dumnezeu există doar de la un moment la alt moment, existența Sa de fapt se încheie cu un moment și începe cu următorul. De asemenea, El n-are niciun fel de control asupra schimbării momentelor, ci mai degrabă este condiționat de schimbarea lor. Mai mult, El nu transcende spațiul și timpul întrucât este limitat la momentul actual și la a acționa în spațiu doar așa cum există acesta în momentul actual. În final, deși El poate să cârmuiască evenimentele curente ca să se îndrepte neabătute spre finalizarea planului Său, El de fapt nu controlează în prezent evenimentele din viitor, întrucât momentele viitoare încă n-au sosit. Astfel, având în vedere cele de mai sus, este necesar să-L vedem pe Dumnezeu ca existând deopotrivă în interiorul și în exteriorul timpului. Perspectiva „succesiunii" nu corespunde divinei revelații de Sine din Scriptură.

Imensitatea și omniprezența

Dumnezeu este prezent în mod perfect în Sine Însuși, depășind toate limitele spațiului, și totuși fiind prezent în fiecare punct din spațiu cu tot ceea ce este El. Transcendența înseamnă că Dumnezeu este mai mare și independent de creație. Imensitatea se referă la faptul că Dumnezeu transcende și umple întregul spațiu. Iar omniprezența indică faptul că Dumnezeu este prezent în orice punct din spațiu, în întreaga Sa ființă.

Dovezi scripturale. Dovezile biblice în favoarea imensității și omniprezenței lui Dumnezeu sunt vizibile prin următoarele observații:

1. El este Creatorul și Proprietarul tuturor lucrurilor (Gen. 14:19, 22; Deut. 10:14; Col. 1:16; Apoc. 10:6).
2. Cerul și pământul nu-L pot cuprinde (1 Regi 8:27; 2 Cron. 2:6; Is. 66:1; Fapt. 7:48–49).
3. El umple cerul și pământul, astfel că nimic nu este ascuns de prezența Sa, și El este deopotrivă aproape și departe (Ps. 139:7–10; Ier. 23:23–24; Fapt. 17:27–28).
4. El Se manifestă pe Sine diferit în locuri diferite:
    a. El locuiește și Își are tronul în cer (Deut. 26:15; 2 Sam. 22:7; 1 Regi 8:32; Ps. 11:4; 33:13; 115:3, 16; Is. 63:15; Mat. 5:34; 6:9; Ioan 14:2; Ef. 1:20; Evr. 1:3; Apoc. 1:4–5).
    b. El Se coboară din cer (Gen. 3:8; 11:5, 7; 12:7; 15:1; 18:1; Exod 3:7–8; 19:9, 11, 18, 20; Deut. 33:2; Jud. 5:4).
    c. El locuiește în mijlocul poporului Său (Exod 20:24; 25:8; 40:34–35; Deut. 12:11; 1 Sam. 4:4; 2 Sam. 6:2; 1 Regi 8:10–11; 2 Regi 19:15).
    d. El este departe (relațional) de cei răi (Ps. 11:5; 50:16–21; 145:20).
    e. El este aproape (relațional) de cei drepți (Ps. 11:7; 51:19; Is. 57:15).
    f. Cristos este plinătatea Dumnezeirii în mod fizic (Col. 2:9).

g. Dumnezeu sălăşluieşte în biserică (Ioan 14:23; Rom. 8:9, 11; 1 Cor. 3:16; 6:19; Ef. 2:22; 3:17).

Elementele specifice ale imensităţii şi omniprezenţei. Dumnezeu transcende spaţiul. El este imens şi omniprezent în mod inerent, indiferent de existenţa timpului şi a materiei – adică El este întotdeauna prezent în Sine Însuşi. De asemenea, El este imens şi omniprezent în relaţie cu creaţia. Spaţiul este un aspect al creaţiei, aşa că nu este parte din Dumnezeu. Aceste perfecţiuni înseamnă că Dumnezeu nu este dispersat în spaţiu, ca astfel numai o parte din El să fie în fiecare loc. În egală măsură, Dumnezeu nu este legat de un singur loc. Dumnezeu este prezent în mod plenar în orice loc şi susţine spaţiul prin imensitatea Sa. Imensitatea Sa nu înseamnă că El este separat de creaţie într-un sens deist, deşi înseamnă că El este distinct şi superior creaţiei. Dumnezeu susţine ordinea creată prin a fi în întregime prezent în orice punct al spaţiului. Lucrul acesta este valabil, de pildă, deopotrivă în privinţa cerului şi a iadului (e.g., Apoc. 14:9-10), a celor drepţi şi a celor nelegiuiţi. De fapt, este mai bine să se spună că Dumnezeu este *alături* de timp şi spaţiu, mai degrabă decât că este **în** timp şi spaţiu (contrar conceptului liberal din secolul al nouăsprezecelea care-L vedea pe Dumnezeu doar ca imanent). Însă ambele exprimări sunt corecte, cu condiţia ca Dumnezeu să nu fie văzut ca *aparţinând* sau fiind limitat de timp.

Unitate: unicitate numerică

Unitatea lui Dumnezeu este unicitatea perfectă a esenţei Sale, astfel încât El nu este mai mult de o singură esenţă, neexistând decât o singură esenţă divină.

Următoarea listă prezintă dovezi scripturale în favoarea unităţii lui Dumnezeu:

1. Dumnezeu este doar o singură esenţă (Deut. 6:4; Mc. 12:29).
2. Dumnezeu este unic; există doar un singur Dumnezeu (Deut. 4:35; 32:39; Ps. 18:31; Is. 40:18; 43:10–11; 44:6; 45:5).
3. Idolii sunt zadarnici şi iluzorii, fără conţinut (Deut. 32:21; Ps. 96:5; Is. 41:29; 44:9–20; Ier. 2:5, 11; 10:14–15; 16:18; 51:17–18; Dan. 5:23; Hab. 2:19).
4. În Noul Testament, unitatea lui Dumnezeu este revelată în Isus Cristos (Ioan 17:3; Fapt. 17:24; Rom. 3:30; 1 Cor. 8:4-6; Ef. 4:5-6; 1 Tim. 2:5).

Unitate: simplitate

Simplitatea lui Dumnezeu este indivizibilitatea Sa, perfecta Sa lipsă de compoziţie. Aceasta înseamnă că fiecare şi toate perfecţiunile Sale *sunt* esenţa Sa.

Dovezi scripturale. Această perfecţiune este evidenţiată când se afirmă că

Dumnezeu este adevăr, dreptate, înțelepciune, duh, lumină, viață, dragoste și sfințenie (Ier. 10:10; 23:6; Ioan 1:4–5, 9; 4:24; 14:6; 1 Cor. 1:30; 1 Ioan 1:5; 4:8, 16). Astfel de pasaje Îl revelează pe Dumnezeu ca fiind plinătatea completă a fiecăreia dintre calitățile respective.

Compatibilitatea cu doctrina Trinității. Simplitatea lui Dumnezeu nu contrazice doctrina Trinității. Esența lui Dumnezeu nu este compusă din trei persoane. Mai degrabă, esența divină cea necompusă și nedivizată există în fiecare dintre cele trei persoane. Proprietățile personale felurite, unice fiecărei persoane, nu sunt elemente adăugate esenței divine, ci sunt doar deosebiri ale existenței personale și ale relaționării. În toate lucrările exterioare ale Trinității, fiecare persoană acționează fără a diviza esența divină.

OMNISCIENȚĂ[23]

Omnisciența lui Dumnezeu înseamnă că Dumnezeu Se cunoaște perfect pe Sine Însuși, cunoaște lucrurile existente din afara Lui și toate lucrurile care nu devin realitate într-un singur act (exercitare a energiei) etern și simplu (lipsit de părți, dar nu și de deosebiri). Trebuie să se remarce că această definiție nu spune că Dumnezeu cunoaște lucrurile care sunt „posibile", întrucât în mintea și planul eterne ale lui Dumnezeu sunt doar lucruri existente, nu lucruri posibile. El cunoaște ce s-ar fi întâmplat dacă circumstanțele ar fi fost diferite, dar întrucât în mintea și în planul Lui acele lucruri nu se vor întâmpla niciodată, nu sunt „posibilități". Numai ceea ce este în planul lui Dumnezeu este „posibil", întrucât doar conținutul planului Său va putea vreodată să devină realitate în timp.[24]

Dovezi scripturale. Lista următoare arată obiectele cunoașterii lui Dumnezeu din Scriptură:

1. Pe Sine Însuși ca triunic (Mat. 11:27; Ioan 1:18; 10:15; 1 Cor. 2:10).
2. Toate lucrurile (2 Cron. 16:9; Is. 40:13; Rom. 11:34; Evr. 4:13; 1 Ioan 3:20).
3. Toate nevoile (Mat. 6:8, 32).
4. Până și cele mai mărunte lucruri fizice (Mat. 10:30).
5. Inima omului (1 Regi 8:39; Ps. 7:9; Pv. 15:11; Ier. 11:20; 17:9–10; 20:12; Luca 16:15; Rom. 8:27; 1 Tes. 2:4; 1 Ioan 3:20).

---

23 Unii teologi, printre care Herman Bavinck, Louis Berkhof, Charles Hodge și W. G. T. Shedd, cataloghează omnisciența drept o perfecțiune comunicabilă.

24 Aici respingem toate formele de cunoaștere mediată, fie că este vorba despre concepția molinistă clasică, fie așa-numita reformulare „compatibilistă". Vezi mai jos despre „Natura cunoașterii lui Dumnezeu".

6. Gândurile și cugetările omului (Ps. 139:2; Ez. 11:5; 1 Cor. 3:20).
7. Omul în totalitatea ființei și acțiunilor sale (Psalmul 139).
8. Șeolul și Abadonul (Pv. 15:11).
9. Păcatul și nelegiuirea omului (Ps. 69:5; Ier. 16:17; 18:23; 32:19).
10. Lucrurile care, dintr-o perspectivă umană, sunt neprevăzute (1 Sam. 23:10–13; 2 Regi 13:19; Ps. 81:12–16; Ier. 26:2–7; 38:17–20; Ez. 3:4–6; Mat. 11:21).
11. Oamenii înainte de a fi zămisliți (Ps. 139:13–16; Ier. 1:5; Rom. 8:28–30; Apoc. 13:8; 17:8).
12. Lucrurile viitoare (Is. 41:22–26; 42:8–9; 43:9–12; 44:6–8; 46:9–11).
13. Zilele și limitele geografice rânduite pentru fiecare persoană (Ps. 31:15; 39:4–5; 139:7–16; Iov 14:5; Fapt. 17:26)

Prioritatea eternă a cunoașterii lui Dumnezeu. Cunoașterea lui Dumnezeu este eternă și *a priori* („din ceea ce se află înainte", i.e., pornind de la o cauză cunoscută sau asumată și ajungând la un efect corespunzător necesar), nu *a posteriori* („din ceea ce vine după", i.e., de la particularități la principii, de la efecte la cauze). Cunoașterea lui Dumnezeu precedă toate lucrurile din afara lui Dumnezeu, nefiind niciodată derivată din realitatea exterioară Lui (Rom. 8:29; 1 Cor. 2:7; Ef. 1:4-5; 2 Tim. 1:9). Cunoașterea lui Dumnezeu este de asemenea perfectă, nesporind niciodată (Is. 40:13-14; Rom. 11:34). Este categorică – definită limpede, precisă, sigură, temeinică și cuprinzătoare (Ps. 139:1-3; Evr. 4:13). Și cunoașterea lui Dumnezeu este activă în mod etern, niciodată pasivă, întrucât esența lui Dumnezeu este activă în mod etern.

Efectele cunoașterii lui Dumnezeu. Întrucât cunoașterea lui Dumnezeu este activă, ea produce efecte. Acestea sunt trecătoare în experiența omului, însă constituie o realitate prezentă permanent înaintea lui Dumnezeu – „prezentă" nu în sensul timpului, din moment ce El este lipsit de o succesiune a momentelor, ci în sensul că Dumnezeu le percepe în mod conștient și etern. Efectele majore ale cunoașterii lui Dumnezeu în timp includ crearea tărâmului fizic (Ps. 104:24; 136:5); formarea bisericii (Ef. 3:10); toate acțiunile lui Dumnezeu în timp, precum și aplicarea mântuirii (Rom. 11:33); și închinarea din partea omului (Iov 11:7-9; Ps. 139:17-18; Rom. 11:33).

Natura cunoașterii lui Dumnezeu. Sunt două aspecte ale cunoașterii lui Dumnezeu. *Cunoașterea naturală* a lui Dumnezeu este cunoașterea conștientă de Sine Însuși, în ce privește propria persoană. *Cunoașterea* Sa *liberă* este cunoașterea privitoare la (1) toate lucrurile care devin efective prin voia Sa liberă, suverană în baza decretului Său, (2) toate lucrurile care nu devin realitate și (3) modul în care

El este manifestat și în care nu este manifestat de toate lucrurile din afara Lui.

Este necesar să se facă deosebire între cunoașterea naturală a lui Dumnezeu și cunoașterea Sa liberă. Absența acestei deosebiri ar conduce la panteism întrucât ar condiționa cunoașterea de Sine a lui Dumnezeu de cunoașterea Sa privind creația. Însă, Dumnezeu este capabil să Se cunoască pe Sine perfect, independent de creația Sa.

Cu toate acestea, cunoașterea Sa naturală și cea liberă nu trebuie separate atât de drastic încât decretul Său să devină arbitrar. Dumnezeu n-a selectat arbitrar unele dintre ideile Sale ca să facă din ele lucruri efective; mai degrabă, cunoașterea Sa naturală a avut ca rezultat cunoașterea Sa liberă; cu alte cuvinte, cunoașterea perfectă de Sine a lui Dumnezeu include cunoașterea Sa privitoare la modul în care să Se reveleze pe Sine creaturilor spre gloria Sa supremă. Ghidat de acest principiu de a Se glorifica pe Sine în mod suprem, cunoașterea naturală a lui Dumnezeu generează decretul Său etern și exhaustiv, prin care El prestabilește ce are să se întâmple. Întrucât Dumnezeu este cine este, El face ceea ce face.

Oamenii Îl pot cunoaște pe Dumnezeu prin intermediul cunoașterii Sale libere, așa cum este manifestată în ordinea creată. Însă oamenii nu-L pot cunoaște pe Dumnezeu prin intermediul cunoașterii Sale naturale întrucât o astfel de cunoaștere ar însemna să Îl cunoască așa cum Dumnezeu Se cunoaște pe Sine. Într-o măsură limitată, omul poate deține cunoașterea liberă a lui Dumnezeu, însă Dumnezeu este posesorul cunoașterii Sale libere perfecte, întrucât cunoașterea Sa este infinită.

Cunoașterea lui Dumnezeu este de asemenea arhetipală. Este tiparul original pentru toate lucrurile din afara Lui.[25] Dumnezeu cunoaște universul din perspectiva ideii Sale eterne, anterior din punct de vedere logic existenței finite a acestuia în timp și spațiu. Cunoașterea lui Dumnezeu este de la Sine Însuși, independentă de orice altă sursă exterioară și astfel precedă toate lucrurile din afara Sa.

Cunoașterea pe care o deține Dumnezeu este intuitivă, inerentă și imediată, nerezultând din a observa și a judeca în momente succesive ale timpului. Totodată, ea are structură logică. Cunoașterea lui Dumnezeu vizează activitatea, nu doar capacitatea, și este simplă și simultană în exercitarea ei. El cunoaște totul în mod total dintr-o dată, nu doar un singur lucru înainte de a cunoaște un alt lucru. Cu toate acestea, El cunoaște diferențele și ordinea care există în privința tuturor lucrurilor.

Cunoașterea lui Dumnezeu este cuprinzătoare și pe deplin conștientă. Cunoașterea omului este parțială și, în cea mai mare parte, inconștientă. Cunoașterea lui Dumnezeu este „acțiune pură", niciodată pasivă (cunoaștere bazată pe învățare), așa cum este a omului, ci mai degrabă este voită în mod etern

---

25 Berkhof, *Systematic Theology*, 66.

de El. Și este imediată, nu deistă. Cu alte cuvinte, Dumnezeu nu este separat de lucrurile pe care le cunoaște. El percepe întotdeauna direct, imediat tot ceea ce cunoaște.

Precunoașterea lui Dumnezeu în Noul Testament. Pe baza istoriei verbului grecesc *proginōskō* (cuvântul din spatele conceptului nou-testamental al precunoașterii lui Dumnezeu) și a dovezilor biblice privitoare la omniscianța lui Dumnezeu, teologii extind conceptul precunoașterii pentru a cuprinde cunoașterea Sa intimă și intențională a tuturor lucrurilor dinainte ca ele să existe în timp și spațiu. Ca dovadă în sprijinul acestei precunoașteri mai generale, se pot da exemple din profeția predictivă (e.g., Is. 41:22–26; 42:9; 43:9–12; 44:7; 46:10).

Totuși, atunci când este folosit pentru a descrie precunoașterea lui Dumnezeu, verbul *proginōskō* și substantivul *prognōsis* sunt întrebuințate cu referire la cunoașterea relațională stabilită perfect de către Dumnezeu a tuturor celor aflați în planul Său de răscumpărare dinainte ca ei să fi existat în timp și spațiu. Înțeleasă în felul acesta, îndeosebi pe baza Noului Testament, precunoașterea lui Dumnezeu este soteriologică. Dumnezeu i-a precunoscut pe israeliții aleși ca popor al legământului Său (Rom. 11:2); pe Isus Cristos ca fiind răstignit și înviat (Fapt. 2:23-24; 1 Pet. 1:18-20); și pe toți creștinii ca fiind predestinați, aleși, chemați, credincioși, sfințiți, justificați și glorificați (Rom. 8:29; 1 Pet. 1:2). Precunoașterea lui Dumnezeu nu este pasivă, depinzând de a prevedea ceea ce oamenii urmează să facă. Mai degrabă, a fost hotărâtă din eternitate de Dumnezeu. Pavel a afirmat că Dumnezeu i-a „cunoscut mai dinainte" (gr. *proginōskō*) doar pe cei pe care i-a și „predestinat", i-a „chemat", i-a „justificat" și i-a „glorificat" (Rom. 8:29-30). Este important de remarcat că, în Romani 8:28, aceștia au fost „chemați după planul Său". În acest context, precunoașterea lui Dumnezeu a fost hotărâtă în mod divin, precunoscându-i doar pe cei care aveau să fie efectiv chemați în decursul timpului la credința mântuitoare în Cristos. Atunci când Noul Testament vorbește despre faptul că *Dumnezeu* cunoaște dinainte, obiectul avut în vedere sunt întotdeauna oamenii, nu evenimentele, iar acești oameni sunt întotdeauna obiectul răscumpărării Sale.[26]

---

26 Două pasaje pot fi aduse înainte ca obiecții față de această afirmație. În Faptele Apostolilor 26:5, verbul grecesc *proginōskō* este folosit cu refeire la faptul că evreii îl cunoscuseră anterior pe Pavel. În 2 Petru 3:17, verbul se referă la faptul că oamenii cunosc conținutul factual. Pe baza acestor pasaje, unii au susținut că precunoașterea lui Dumnezeu este doar o cunoaștere intelectuală, factuală privitoare la cineva sau ceva, anterioară unui moment ulterior din timp. Însă Faptele Apostolilor 26:5 și 2 Petru 3:17 vorbesc doar despre cunoașterea omenească a unui alt om, în vreme ce pasajele de mai sus iau în discuție cunoașterea de către Dumnezeu a oamenilor incluși în planul Său răscumpărător. De asemenea, este posibil ca Faptele Apostolilor 26:5 să presupună mai mult decât preștiință; să presupună o cunoaștere relațională – conducătorii evrei,

OMNIPOTENȚĂ[27]

Omnipotența lui Dumnezeu descrie abilitatea Sa de a face orice este compatibil cu natura Sa.

Dovezi scripturale. Dovezile biblice în favoarea omnipotenței lui Dumnezeu sunt vizibile prin următoarele observații:

1. Numele și titlurile lui Dumnezeu etalează puterea Sa: *el, elohim* (Dumnezeu), *el shaddai* („Dumnezeul cel Atotputernic"), *adonai,* Iahve, *Iahve-țebaot* („Domnul oștirilor"), „Puternicul lui Israel" (Is. 1:24), „Regele regilor și Domnul domnilor" (1 Tim. 6:15; Apoc. 19:16), „Domnul cel Atotputernic" (2 Cor. 6:18; cf. Apoc. 1:8; 4:8; 11:17), și „Cel binecuvântat și singur Stăpân" (1 Tim. 6:15).

2. Nimic nu este prea greu pentru Dumnezeu; nimic nu este imposibil (Gen. 18:14; Iov 42:2; Ier. 32:27; Zah. 8:6; Mat. 3:9; 19:26; 26:53; Luca 1:37; 18:27; Ef. 3:20).

3. Dumnezeu face tot ce dorește (Ps. 115:3; Is. 14:24, 27; 46:10; 55:11; Dan. 4:35).

4. Lucrările lui Dumnezeu revelează omnipotența Sa (Psalmii 8; 18; 19; 24; 29; 33; 104): creația (Geneza 1; Ps. 8:3; Is. 42:5; 44:24; 45:12, 18; 48:13; Zah. 12:1; Rom. 1:20), providența (Evr. 1:3) și răscumpărarea (Rom. 1:16; 1 Cor. 1:24).

5. Puterea Îi aparține lui Dumnezeu (Ps. 62:11; 96:7; Apoc. 4:11; 5:12; 7:12; 19:1).

Ce nu poate face Dumnezeu. Sunt lucruri despre care Scriptura spune că Dumnezeu nu poate să le facă deoarece I-ar contrazice caracterul sau voia revelată: să Se pocăiască (asemenea unui om) sau să mintă (Num. 23:19; 1 Sam. 15:29; Evr. 6:18); să Se nege pe Sine (2 Tim. 2:13); să fie ispitit (în sensul de a ceda în fața ispitei) (Iac. 1:13); sau să Se schimbe în esența, scopurile sau promisiunile Sale (Iac. 1:17; Mal. 3:16).

Diferențieri corecte în privința puterii lui Dumnezeu. Atunci când se recunosc deosebirile prezente în ce privește puterea lui Dumnezeu, trebuie să se facă deosebire între modul eronat și cel biblic de a o descrie.

în realitate, îl cunoșteau bine pe tânărul Saul din Tars. Pentru mai multe detalii despre precunoașterea lui Dumnezeu în legătură cu alegerea și mântuirea, vezi „Temelia alegerii", în cap. 7.

27 Unii teologi, printre care Herman Bavinck, Louis Berkhof, Charles Hodge și W. G. T. Shedd, cataloghează omnipotența drept o perfecțiune comunicabilă.

O diferențiere eronată. În istoria gândirii, mulți au susținut că Dumnezeu are o putere absolută în sensul că este în stare să facă orice, inclusiv să păcătuiască, să sufere, să moară, se Se preschimbe într-o piatră sau într-un animal, să transforme pâinea în trupul lui Cristos, să facă lucruri contradictorii, să schimbe trecutul și să facă din adevăr falsitate, și din falsitate adevăr. Alții au spus că Dumnezeu poate să facă numai ceea ce dorește (putere ordonată).

O diferențiere biblică. Scriptura revelează că Dumnezeu, în puterea Sa, este (tehnic vorbind) în stare să facă mai mult decât ceea ce se înfăptuiește efectiv, însă puterea Lui operează în perimetrul voii Sale și al tuturor celorlalte perfecțiuni (Gen. 18:14; Ier. 32:27; Zah. 8:6; Mat. 3:9; 19:26; 26:53; Luca 1:37; 18:27; Ef. 3:20). Astfel, deosebirea corectă în ce privește puterea lui Dumnezeu este că El deține o putere teoretic absolută de a face mai mult decât face efectiv, dar nu ceva incompatibil cu esența Sa. Singura putere divină reală este „puterea ordonată" a lui Dumnezeu, adică abilitatea Sa de a face tot ceea ce a decretat că va face. Din moment ce decretul lui Dumnezeu este rezultatul tuturor perfecțiunilor Sale, rezultă că El va face doar ceea ce a decretat că va face. Prin urmare, abilitatea Lui este limitată la ceea ce El voiește din veșnicie să facă.

PERFECȚIUNE[28]

Perfecțiunea lui Dumnezeu vorbește nu doar despre perfecțiunea Sa morală – adică faptul că El este perfect sfânt, drept și bun – ci și despre faptul că Dumnezeu este suma totală a tuturor perfecțiunilor imaginabile.

Lista de mai jos prezintă dovezi scripturale în favoarea perfecțiunii lui Dumnezeu:

1. Măreția lui Dumnezeu în totalitatea ei este dincolo de descoperirea umană (Ps. 145:3; Is. 40:28).
2. Mila lui Dumnezeu față de cei care se tem de El este mai mare decât percepția omului (Ps. 103:11).
3. Lucrarea lui Dumnezeu este perfectă prin faptul că acțiunile Lui sunt perfect adevărate și drepte (Deut. 32:4).
4. Calea lui Dumnezeu este perfectă, de aceea Cuvântul Său este perfect veridic (2 Sam. 22:31).
5. Dumnezeu este perfect din punct de vedere moral (Mat. 5:48).

Herman Bavinck ilustrează într-un mod util semnificația perfecțiunii lui Dumnezeu: „O creatură este perfectă... în ce privește soiul ei și existența ei finită, atunci când ideea care reprezintă norma pentru aceasta este pe deplin

---

28 Unii teologi, printre care Herman Bavinck, Louis Berkhof, Charles Hodge și W. G. T. Shedd, cataloghează perfecțiunea drept o perfecțiune comunicabilă.

realizată în ea. În mod similar, Dumnezeu este perfect în măsura în care ideea de Dumnezeu corespunde pe deplin ființei și naturii Sale."[29] Dumnezeu este absolut perfect, neperturbat de nimic din interiorul Său și neconstrâns de nimic din afara Sa. El este suficient în Sine Însuși în mod perfect. Ulterior, Bavinck rezumă lucrurile spunând că Dumnezeu „este suma tuturor perfecțiunilor imaginabile, cea mai înaltă perfecțiune în persoană, infinit separat de toate defectele și limitările."[30] Datorită perfecțiunii și suficienței în Sine Însuși de manieră absolută, Dumnezeu este cea mai fericită ființă care poate fi imaginată. Astfel, doctrina perfecțiunii divine presupune doctrina fericirii divine.

Perfecțiunile comunicabile

SPIRITUALITATE ȘI INVIZIBILITATE

Spiritualitatea și invizibilitatea lui Dumnezeu descriu desăvârșita Sa lipsă de materie în esența divină, astfel încât esența Sa nu poate fi percepută prin simțurile fizice.

Dovezi scripturale. Următoarea listă sumarizează învățătura biblică privitoare la spiritualitatea și invizibilitatea lui Dumnezeu:

1. Dumnezeu este etern (Ps. 90:1–2), omniprezent (Ps. 139:7–12) și invizibil (Rom. 1:20; Col. 1:15–16; 1 Tim. 1:17; Evr. 11:27; vezi și Exod 33:20).
2. Deși Dumnezeu are o formă esențială (Fil. 2:6), forma Sa nu poate fi văzută (Deut. 4:12, 15; Ioan 1:18; 5:37; 6:46; 1 Tim. 6:16; 1 Ioan 4:12, 20) întrucât nu este fizică.
3. Dumnezeu este prezent în creația Sa într-o manieră spirituală (Gen. 2:7; Iov 33:4; Ps. 33:5–6; 104:30; 139:7).
4. Isus Cristos a spus că Dumnezeu este duh (Ioan 4:24).

Cum rămâne cu speranța de a-L vedea pe Dumnezeu? Invizibilitatea lui Dumnezeu pare a contrazice speranța pe care o au credincioșii de a-L vedea pe Dumnezeu după înviere (Iov 19:26; Ps. 17:15; Mat. 5:8; 1 Ioan 3:2; Apoc. 22:4). Creștinii din trecut au numit această vedere „viziunea beatifică". Cum va fi posibil ca oamenii, chiar și după ce vor primi trupuri înviate, să poată „vedea fața" lui Dumnezeu? Răspunsul ar trebui să ia în considerare ideea potrivit căreia, chiar și în trupurile înviate, oamenii vor rămâne tot ființe umane și, în consecință, vor avea în continuare formă și capacități finite. Însă în cer și în starea eternă, credin-

---

29 Bavinck, *Reformed Dogmatics*, 2:250.

30 Bavinck, *Reformed Dogmatics*, 2:250.

cioșii nu vor avea nicio pervertire cauzată de prezența păcatului în ei, și astfel vor avea o percepție superioară a Ființei lui Dumnezeu, întrucât viziunea lor spirituală va fi superioară. Afirmațiile despre a-L vedea pe Dumnezeu față în față în viitor ar trebui interpretate ca având legătură cu o vedere spirituală considerabil superioară a revelației de Sine dumnezeiești, nu ca o vedere fizică a esenței Sale. În starea eternă, percepția spirituală pe care o va avea credinciosul cu privire la Dumnezeu va depăși ceea ce pot vedea simțurile fizice. (Pe acest subiect, vezi Ioan 14:7-9, unde Isus descrie modul în care cineva Îl poate vedea pe Dumnezeu într-o manieră mijlocită, fără a vedea fiecare aspect ce ține de El; cf. 1 Ioan 3:2). În Scriptură, „fața" lui Dumnezeu (e.g., Mat. 18:10) este un antropomorfism folosit pentru medierea exterioară de către Dumnezeu a prezenței Sale. „Fața" lui Dumnezeu nu este esența Sa.[31]

ÎNȚELEPCIUNE

Înțelepciunea lui Dumnezeu este știința Sa perfectă de a acționa cu măiestrie astfel încât să-Și îndeplinească toată buna Sa plăcere – să Se glorifice pe Sine Însuși. Definiția aceasta se bazează pe cuvântul ebraic pentru „înțelepciune", *hokmah*, care poate însemna „măiestrie".

Dovezile scripturale în sprijinul acestui atribut sunt vizibile în faptul că Dumnezeu a creat prin înțelepciunea Sa (Iov 9:4; 37–38; Ps. 19:1–7; 104:1–34; Pv. 8:22–31; Is. 40:28; Ier. 10:12) și că Dumnezeu răscumpără prin înțelepciunea Sa (Deut. 4:6–8; Rom. 11:25–33 [îndeosebi 11:33]; 16:25–27 [îndeosebi 16:27]; 1 Cor. 2:6–13; Ef. 3:10–11; Apoc. 5:12). Dumnezeu este însăși sursa înțelepciunii (Pv. 2:6; 9:10; Iac. 1:5). Mai mult, El este omnisapient, ceea ce înseamnă că este atotînțelept (Iov 12:13; Ps. 147:5; Is. 40:28; Rom. 11:33; 16:27).

ADEVĂR ȘI CREDINCIOȘIE

Adevărul și credincioșia lui Dumnezeu reprezintă concordanța perfectă a naturii Sale cu ceea ce El ar trebui să fie, cu temeinicia cuvintelor și acțiunilor Sale, și cu acuratețea cunoașterii, gândurilor și cuvintelor Sale.

Următoarea listă prezintă dovezi scripturale în favoarea acestui atribut:

1. El este singurul Dumnezeu real; astfel, El este adevărat, în contrast cu zeii falși (Deut. 32:21; Ps. 96:5; 97:7; 115:4–8; Is. 44:9–10; Ioan 14:6; 17:3; 1 Ioan 5:20).

2. El nu poate minți, nici nu Se poate pocăi asemenea unui om, adică

---

31 Pentru mai multe despre obiectul viziunii beatifice în legătură cu invizibilitatea lui Dumnezeu, vezi Michael Riccardi, "Seeking His Face: A Biblical and Theological Study of the Face of God" (teză de master, The Master's Seminary, 2015).

nu acționează astfel încât cuvântul Său să fie neadevărat (Num. 23:19; 1 Sam. 15:29).

3. El este Dumnezeul khesed-ului (evreiescul pentru „dragoste loială" și al adevărului (2 Sam. 2:6; 15:20; Ps. 40:11).

4. Toate cuvintele lui Dumnezeu sunt adevărate și credincioase (2 Sam. 7:28; Ps. 19:9; 25:10; 33:4; 111:7; 119:86, 142, 151; Dan. 4:37; Ioan 17:17; Ef. 1:13).

5. Dumnezeu abundă în adevăr (Exod 34:6).

6. Credincioșia lui Dumnezeu ajunge până la nori (Ps. 36:5).

7. Dumnezeu este o stâncă de refugiu datorită statorniciei Sale vrednice de încredere (Deut. 32:4, 15, 18, 30, 37; Ps. 18:2–3; 31:6; 36:5; 43:2–3; 54:7; 57:3; 71:22; 96:13; 143:1; 146:6; Is. 26:4).

8. Dumnezeu Își ține legămintele (Deut. 4:31; 7:9; Neem. 1:5; Ps. 40:11; Dan. 9:4).

9. Dumnezeu este credincios ca să ofere o mântuire deplină (1 Cor. 1:9; 10:13; 1 Tes. 5:24; 2 Tes. 3:3; Evr. 10:23; 11:11; 1 Ioan 1:9).

10. Toate promisiunile lui Dumnezeu în Cristos primesc răspuns prin „Da" și „Amin" (2 Cor. 1:18-20).

Dumnezeu este adevărat din punct de vedere metafizic. El este ceea ce ar trebui să fie Dumnezeu. El nu este asemenea zeilor falși, care sunt deșertăciune și minciună (Ps. 96:5; 97:7; 115:4–8; Is. 44:9–10).

Dumnezeu este adevărat din punct de vedere etic. Revelația Sa de Sine este perfect credibilă (Exod 34:6; Num. 23:19; Deut. 32:4; Ps. 25:10; 31:6; Ier. 10:8, 10; Ioan 14:6; 17:3; Rom. 3:4; Tit 1:2; Evr. 6:18; 1 Ioan 5:20–21). Aceasta înseamnă că Dumnezeu este absolut credincios (Deut. 7:9; Ps. 89:33; Is. 49:7; Pl. 3:22–23; 1 Cor. 1:9; 2 Tim. 2:13; Evr. 6:17–18; 10:23).

Dumnezeu este adevărat din punct de vedere logic. El cunoaște totul așa cum este de fapt.

BUNĂTATE

Bunătatea lui Dumnezeu constă în faptul că El este suma, sursa și standardul perfect (pentru Sine și creaturile Sale) a ceea ce este prielnic (conducând la o stare de bine), virtuos, benefic și frumos.

Dovezi scripturale. Bunătatea lui Dumnezeu este vizibilă prin următoarele dovezi luate din Biblie:

1. Nu există nimeni bun decât Dumnezeu (Mat. 5:48; Mc 10:18; Luca 18:19).

2. Toate creaturile sunt chemate să preamărească bunătatea Lui (1 Cron. 16:34; 2 Cron. 5:13; Ps. 106:1; 107:1; 118:1; 136:1; Ier. 33:11).

3. Oamenii sunt îndemnați să se încreadă în Domnul, și vor descoperi că El este bun (Ps. 34:8).

Explicarea bunătății lui Dumnezeu. Dumnezeu este binele absolut (Mc. 10:18; Luca 18:19). Ca atare, El nu Se poate mulțumi cu nimic mai prejos decât perfecțiunea absolută. Astfel, în sens suprem, El nu poate fi mulțumit decât de Sine Însuși. În consecință, atunci când Își iubește creaturile, le iubește avându-Se pe Sine în vedere în mod suprem.[32] El este în mod absolut de o bunătate perfectă.

Dumnezeu este sursa tuturor binecuvântărilor creaturilor Sale (Iac. 1:17). El este binele suprem (lat. *summum bonum*) pentru creaturile Sale – scopul corect al tuturor celor care se silesc să ajungă la adevărata bunătate.

DRAGOSTE

Dragostea perfectă a lui Dumnezeu este dârzenia Sa de a Se dărui pe Sine Însuși Sieși și altora, este afecțiunea Sa pentru Sine Însuși și pentru poporul Său. Această definiție afirmă că Dumnezeu are afecțiuni sau emoții, însă, din nou, este necesar de remarcat că afecțiunile lui Dumnezeu nu sunt pasiuni de care este mânat, ci principii active prin care Dumnezeu Își exprimă dispozițiile Sale sfinte. Dumnezeu nu este nesimțitor sau incapabil de compasiune; însă, acea înțelegere a afecțiunilor lui Dumnezeu care-L prezintă pe Dumnezeu ca fiind surprins de fluctuații emoționale, este una inferioară celei biblice.

Următoarea listă prezintă mărturia biblică privitoare la dragostea lui Dumnezeu:

1. Vechiul Testament mărturisește din abundență despre dragostea lui Dumnezeu (Deut. 4:37; 7:8, 13; 10:15; 23:5; 2 Cron. 2:11; Is. 43:4; 48:14; 63:9; Ier. 31:3; Osea 11:1, 4; 14:4; Țef. 3:17; Mal. 1:2).

2. Dumnezeu nu iubește doar oameni (Deut. 4:37; 7:8, 13; 23:5; Ps. 78:68; 146:8; Pv. 3:12; 2 Cron. 2:11; Ier. 31:3; Mal. 1:2), ci și virtuți (așa cum sunt prezentate prin viețile oamenilor), precum dreptatea și neprihănirea (Ps. 11:7; 33:5; 37:28; 45:7).

3. Dragostea lui Dumnezeu este prezentă în ultimă instanță între persoanele din Trinitate (Ioan 3:35; 5:20; 10:17; 14:31; 15:9; 17:24, 26). Faptul că această dragoste include emoțiile este văzut prin utilizarea verbului grecesc *phileō* cu referire la dragostea pe care Tatăl o are pentru Fiul (Ioan 5:20).

---

32 Vezi „Scopul final al mântuirii", în capitolul 7.

4. Dragostea lui Dumnezeu este manifestată prin jertfa lui Cristos pentru păcat (Ioan 15:13), pentru lume și pentru biserică (Ioan 3:16; Rom. 5:7–8; 8:37; 1 Ioan 4:9–10) și pentru persoane individuale (Ioan 14:23; 16:27; 17:23; Rom. 9:13; Gal. 2:20). În Ioan 16:27, dragostea lui Dumnezeu Tatăl pentru credincioși include emoții, așa cum atestă utilizarea verbului *phileō* cu referire la dragostea Tatălui.

5. Esența lui Dumnezeu este dragostea (1 Ioan 4:8, 16).

Har

Harul divin Îl descrie pe Dumnezeu ca acordând în mod perfect favoare celor care nu o pot merita deoarece L-au dat uitării și se află sub sentința condamnării Sale. Har este pur și simplu „favoare" (ebr. *khen;* gr. *charis*), astfel că în sine nu include niciun temei pentru merit sau pentru lipsa meritului. Întotdeauna, Dumnezeu Își face Lui Însuși parte de favoare înainte de orice sau oricine altcineva.

Următoarea listă sumarizează învățătura biblică privitoare la harul lui Dumnezeu:

1. Obiectul său este în principal poporul lui Dumnezeu (Gen. 6:8; Exod 33:12, 17; 34:9; Pv. 3:34).

2. Israelul a fost ales și binecuvântat de Dumnezeu datorită în exclusivitate harului lui Dumnezeu (Exod 15:13, 16; 19:4; 34:6–7; Deut. 4:37; 7:7–8; 8:14, 17–18; 9:5, 27; 33:3; Is. 35:10; 43:1, 15, 21; 54:5; 63:9; Ier. 3:4, 19; 31:9, 20; Ez. 16:60–63; Osea 8:14; 11:1).

3. Harul lui Dumnezeu este abundent (Exod 34:6; 2 Cron. 30:9; Neem. 9:17; Ps. 86:15; 103:8; 111:4; 116:5; Iona 4:2; Ioel 2:13; Zah. 12:10).

4. În Noul Testament, harul lui Dumnezeu este îndeosebi favoarea Sa gratuită, nemeritată față de păcătoși, concretizată prin oferirea mântuirii de păcat (Rom. 3:24; 5:15; 6:23; Ef. 1:6–7; 2:5, 7–8; 2 Tes. 2:16; Tit 3:7; 1 Pet. 5:10). Acesta este harul special, eficient, mântuitor, fiind distinct de harul comun, care este grija generală a lui Dumnezeu față de creația Sa. Și este favoarea dată de voia suverană a lui Dumnezeu fără a ține cont de merit sau de lipsa meritului. Dumnezeu întotdeauna dă har pentru că așa dorește El.

5. Harul lui Dumnezeu este manifestat în Isus Cristos (Ioan 1:14; 1 Pet. 1:13).

6. Darurile binecuvântărilor spirituale și pământești ale lui Dumnezeu sunt numite „har" (Rom. 6:1; 12:6–8; Ef. 4:7–12; Fil. 1:2; Col. 1:2; Iac. 4:6).

7. Harul lui Dumnezeu este nemeritat; nu lasă loc faptelor meritorii (Ioan 1:17; Rom. 4:4, 16; 6:14, 23; 11:5–6; Gal. 5:3–4; Ef. 2:7–9).

MILĂ

Mila lui Dumnezeu Îl descrie ca având în mod perfect o compasiune profundă față de creaturi (oameni), astfel încât El demonstrează o bunătate binevoitoare față de cei aflați într-o stare jalnică sau nefericită, deși nu o merită. Definiția aceasta se bazează în parte pe cuvintele folosite în textul original al Bibliei pentru „milă" (ebr. *rakhamim*; gr. *eleos, oiktirmos*). Ca și în cazul harului, această perfecțiune nu ține cont de merit sau de lipsa meritului celui căruia Dumnezeu îi face parte de milă.

Următoarea listă prezintă dovezi scripturale pentru mila lui Dumnezeu:

1. Este o perfecțiune sau un atribut al lui Dumnezeu (Exod 34:6; Deut. 4:31; 2 Cron. 30:9; Ps. 86:15; 103:8; 111:4; 112:4; 145:8).
2. Este felurită (Exod 20:6; Deut. 5:10; 2 Sam. 24:14; Neem. 9:19; Ps. 51:1–2; 57:10; 86:5; Dan. 9:9, 18).
3. Nu se sfârșește (Pl. 3:22).
4. Este o latură a afecțiunii și grijii paterne a lui Dumnezeu (Ps. 103:13).
5. Este dată păcătoșilor în urma disciplinării divine (Is. 14:1; 49:13–18; 54:8; 55:7; 60:10; Ier. 12:15; 30:18; 31:20; Osea 2:21–23; Mica 7:19).
6. Dumnezeu este numit „Părintele îndurărilor" (2 Cor. 1:3).
7. Dumnezeu Și-a arătat mila în Cristos (Luca 1:50-54).
8. Cristos a arătat mila lui Dumnezeu în viața Sa pe pământ și ca Marele Preot în ceruri (Mat. 9:36; 14:14; 20:34; Evr. 2:17).
9. Dumnezeu oferă milă asigurând mântuirea în toate aspectele ei, inclusiv susținerea vieții creștine și mântuirea finală, la revenirea lui Cristos (Rom. 9:23; 11:30; 1 Cor. 7:25; 2 Cor. 4:1; Ef. 2:4; Fil. 2:27; 1 Tim. 1:2, 13, 16; 2 Tim. 1:2, 16, 18; Evr. 4:16; 1 Pet. 1:3; 2:10; 2 Ioan 3; Iuda 2, 21).

ÎNDELUNGĂ RĂBDARE

Îndelunga răbdare a lui Dumnezeu vorbește despre faptul că este complet liniștit în Sine Însuși și față de păcătoși în pofida neascultării și nesocotirii lor continue privind avertizările Sale. Dumnezeu nu-Și „pierde cumpătul", ci mai degrabă acționează calm, cu o afecțiune adecvată, în conformitate cu eternul Său plan suveran. Liniștea nu arată că Dumnezeu ar fi lipsit de emoții, ci mai degrabă că ele nu-L copleșesc, nu-L determină să acționeze împotriva naturii Sale.

Dovezile scripturale în favoarea îndelungii răbdări a lui Dumnezeu sunt vizibile prin următoarele observații:

1. Dumnezeu este răbdător cu cei care merită pedeapsa divină (Exod 34:6;

Num. 14:18; Neem. 9:17; Ps. 86:15; 103:8–9; 145:8; Ier. 15:15; Ioel 2:13; Iona 4:2; Naum 1:3).

2. Dumnezeu a fost îndelung răbdător înainte de vremea lui Cristos (Rom. 3:25; 1 Pet. 3:20).

3. Îndelunga răbdare a lui Dumnezeu le este arătată păcătoșilor în prezent, îndeosebi prin Isus Cristos (Rom. 2:4; 9:22–23; 1 Tim. 1:16; 2 Pet. 3:9, 15).

4. Dumnezeu este răbdător prin faptul că nu răspunde de îndată strigătelor care cer răzbunarea cuvenită (Apoc. 6:9-11).

SFINȚENIE

Sfințenia lui Dumnezeu este măreția Sa inerentă și absolută, prin care Se distinge într-un mod perfect de tot ceea ce este în afara Lui și este separat de păcat de o manieră morală absolută. Această definiție este centrată pe conceptul de separare, care este evidențiat de cuvintele ebraice și grecești pentru „sfânt" (ebr. *qadosh*; gr. *hosios, hagios*). Din perspectiva informațiilor biblice, există două aspecte ale sfințeniei lui Dumnezeu:

Sfințenia maiestuoasă. Aceasta vorbește despre faptul că Dumnezeu este măreț în mod inerent și Se opune tuturor compromisurilor caracterului Său și, prin urmare, este distinct în mod transcendent de toate creaturile Sale fiind de o infinită maiestuozitate. El este unic într-un mod maiestuos. Acest sens al sfințeniei lui Dumnezeu determină toate celelalte atribute, și toate acestea determină sfințenia Sa. Această distincție transcendentă este afirmată atât de Vechiul Testament (Exod 15:11; 1 Sam. 2:2; 2 Cron. 30:27; Ps. 5:7; 22:3; 48:1; 71:22; 89:18; 97:12; 98:1; 99:3, 5, 9; 103:1; 105:3; 145:21; Pv. 30:3; Is. 5:16; 6:3; 10:20; 29:23; 43:14–15; 49:7; 54:5; 57:15; Ier. 51:5; Osea 11:9; Hab. 1:12), cât și de Noul Testament (Mc. 1:24; Luca 1:49; 4:34; Ioan 17:11; Apoc. 4:8; 6:10; 15:4).

Sfințenia etică, morală. Întrucât Dumnezeu este inerent măreț și astfel distinct într-un mod transcendent de toate celelalte din afara Lui, El este în mod indiscutabil separat de păcat, fiind perfect în plan moral și etic, urând păcatul și pretinzând puritate de la creaturile Sale morale (Lev. 11:44; 19:2; 20:26; 22:32; Ios. 24:19; Iov 34:10; Ps. 5:5; 7:11; Is. 1:12–17; Ez. 39:7; Amos 2:7; 5:21–23; Hab. 1:13; Zah. 8:17; 1 Pet. 1:15–16).

NEPRIHĂNIRE (DREPTATE)

Neprihănirea lui Dumnezeu este dreptatea Sa perfectă și absolută în și față de Sine Însuși, prevenirea oricărei încălcări a dreptății caracterului Său și descoperirea de Sine în acțiunile de stabilire a dreptății. Atât termenul ebraic din

Vechiul Testament (*tsedeqah*), cât și cel grecesc din Noul Testament (*dikaiosynē*) pentru „neprihănire" comunică sensul de conformare la un standard.

Clasificarea și dovezi scripturale. Biblia descrie două tipuri de dreptate: *Dreptatea rectorală*. Aceasta este rectitudinea lui Dumnezeu (de la lat. *rectus*, „drept") în calitate de Conducător moral, Legiuitor și Judecător al lumii – care impune legea cu promisiuni ale răsplătirii și pedepsirii (Deut. 4:8; 2 Sam. 23:3; Ps. 9:4; 99:4; 119:7, 62, 75, 106; Is. 33:22; Luca 1:6; Rom. 1:32; 2:26; 7:12; 8:4; 9:31; Iac. 4:12).

Dreptatea distributivă. Acest aspect al neprihănirii lui Dumnezeu este rectitudinea Sa în aplicarea legii, în împărțirea răsplătirii și pedepsei (1 Regi 8:32; 2 Cron. 6:23; Ps. 7:11; Is. 3:10–11; 11:4; 16:5; 31:1; Rom. 2:6; 2 Tim. 4:8; 1 Pet. 1:17). În cadrul dreptății Sale distributive se disting două categorii: dreptatea retributivă și dreptatea remunerativă. Dreptatea retributivă este aplicarea pedepsei pentru neascultare de legea Sa (2 Cron. 12:6; Ezra 9:15; Neem. 9:26–30; Ps. 129:4; Is. 5:15–16; Ier. 11:20; Ez. 28:22; 36:23; 38:16–23; 39:27; 43:8; Dan. 9:14; Hos. 10:2; Țef. 3:5; Rom. 1:32; 2:9; 12:19; 2 Tes. 1:8; Apoc. 15:3; 16:5, 7; 19:2, 11). Dreptatea remunerativă este împărțirea răsplătirii pentru ascultarea de legea Sa (Deut. 7:9, 12–13; 2 Cron. 6:14–15; Ps. 58:11; Mica 7:20; Mat. 25:21, 34; Rom. 2:7; Evr. 11:26). Dumnezeu nu este obligat să ofere răsplătiri pentru ascultare, din moment ce omul este obligat să asculte de El. Însă El le oferă cu generozitate (Iov 41:11; Luca 17:10; 1 Cor. 4:7).

Sfințenia și neprihănirea lui Dumnezeu în mântuire. Un Dumnezeu sfânt și neprihănit pretinde sfințenie și neprihănire de la oamenii care vor să se relaționeze corect la standardele Sale (Lev. 11:44; Ps. 29:2; 1 Pet. 1:15-16). Dumnezeu Se află într-o postură de opoziție absolută, esențială, față de păcat, astfel că El trebuie să judece și să pedepsească păcatul. În mântuirea păcătoșilor, sfințenia și neprihănirea lui Dumnezeu sunt revelate deoarece, în mântuire, El judecă eficient păcatul și atribuie neprihănirea oamenilor astfel încât să-i poată accepta ca sfinți, fără a-Și compromite sfințenia și neprihănirea care Îi sunt esențiale.

Dumnezeu Și-a manifestat sfințenia și neprihănirea în mântuirea din trecut a lui Israel și va face la fel în mântuirea viitoare a poporului Său. De pildă, în Ezechiel 39:21-29, Dumnezeu îl judecă și îl restaurează pe Israel pentru a-Și menține și a-Și manifesta sfințenia. În mod similar, multe pasaje arată că Dumnezeu Își manifestă sfințenia și neprihănirea prin a Se separa, a-l judeca și a-l mântui pe Israel (sfințenie: Lev. 20:26; Ps. 98:1; 99:9; 105:3; 106:47; 108:7; 111:9; Is. 10:20; 12:6; 41:14, 20; 43:3, 14; 45:11; 47:4; 49:7; 52:10; 55:5; Ez. 36:21–23; Osea 11:9; neprihănire: Neem. 9:8; Ps. 72:2; 85:13; 116:5; Is. 45:21–25; Ier. 33:15; Mal. 4:2). Sfințenia și neprihănirea lui Dumnezeu sunt manifestate în mod special în mântuirea dată prin Domnul Isus Cristos (Rom. 3:21–22, 24, 26, 30; 4:6, 25; 5:1, 9; 8:30, 33; 1 Cor. 6:11; Gal. 2:16–17; 3:24).

Gelozie

Gelozia lui Dumnezeu este protectivitatea Sa zeloasă dăruită întregii Sale avuții (El Însuși, Numele Său, gloria Sa, poporul Său, dreptul Său exclusiv de a primi închinare și ascultare supremă, teritoriul Său și cetatea Sa).

Gelozia lui Dumnezeu este vizibilă prin următoarele învățături din Scriptură:

1. Numele lui Dumnezeu este „Gelos" (Exod 34:14).
2. Dumnezeu este gelos ca să fie singurul Dumnezeu venerat și slujit (Exod 20:5; Deut. 4:24; 5:9; 6:15; 29:18–20; 32:16, 21; 1 Regi 14:22; Ps. 78:58–59; 79:1–7; 1 Cor. 10:22).
3. Dumnezeu este gelos, pretinzând să fie slujit ca Dumnezeul cel sfânt (Jos. 24:19; Iac. 4:5).
4. Dumnezeu Își pedepsește cu gelozie poporul când păcătuiește (Ps. 79:1–7; Ez. 16:42; 23:25).
5. Dumnezeu Își restaurează poporul datorită geloziei Sale (2 Regi 19:31; Is. 37:32; 63:15).
6. Dumnezeu este gelos pentru Numele Său cel sfânt și pentru gloria Sa (Ez. 39:25).
7. Pe baza geloziei Sale, Dumnezeu va instaura împărăția davidică a lui Mesia (Is. 9:6-7).
8. Dumnezeu Se răzbună cu gelozie pe dușmanii Săi (Is. 42:13; 59:16–20; Ez. 5:13; 36:5; 38:19; Naum 1:2; Țef. 3:8).
9. Dumnezeu este gelos pentru țara Canaanului și pentru Ierusalim (Ez. 36:5–38; Zah. 1:14).

Voie

Voia lui Dumnezeu este dârzenia Sa perfectă și orânduirea Sa suverană în cazul tuturor lucrurilor, voința care are de-a face deopotrivă cu Sine Însuși (incluzând decretele și acțiunile Sale) și cu creația Sa (incluzând evenimentele din istorie, precum și gândurile și acțiunile oamenilor), toate spre înălțarea gloriei Sale supreme.

Dovezi scripturale. Totul depinde de voia lui Dumnezeu:[33]

1. Creație și păstrare (Ps. 135:6; Ier. 18:6; Apoc. 4:11)
2. Stăpânire (Pv. 21:1; Dan. 4:17, 25, 32, 35)

33 Berkhof, *Systematic Theology*, 76.

3. Alegere și respingere (Rom. 9:15–16, 18; Ef. 1:11–12)
4. Suferința lui Cristos (Luca 22:42; Fapt. 2:23; 4:27–28)
5. Regenerare (Ioan 1:13; Iac. 1:18)
6. Sfințire (Fil. 2:13)
7. Suferința credincioșilor (1 Pet. 3:17)
8. Viața și destinul omului (Is. 45:9; Fapt. 18:21; Rom. 15:32; Iac. 4:15)
9. Cele mai neînsemnate lucruri (Mat. 10:29)

Voia lui Dumnezeu este independentă în mod suveran de tot ce se află în afara Lui:[34]

1. El acționează în conformitate cu buna Sa plăcere (Ps. 115:3; Pv. 21:1; Dan. 4:35).
2. El nu dă socoteală nimănui (Iov 33:13; Is. 46:10; Mat. 20:15; Rom. 9:19–20).
3. El este prezentat ca olarul, iar creaturile Sale ca lutul (Iov 10:9; 33:6; Is. 29:16; 64:8; Ier. 18:1–10; Rom. 9:19–24).
4. Națiunile sunt „mai puțin decât nimic" înaintea Lui (Is. 40:15–17).
5. Nimeni nu-L poate împiedica să facă așa cum dorește (Iov 9:2–13; 11:10; Is. 10:15; Dan. 4:35).
6. El arată milă sau împietrește exclusiv potrivit voii Sale (Rom. 9:15–18).
7. Duhul Sfânt împarte daruri spirituale așa cum voiește (1 Cor. 12:11).
8. Omul nu are dreptul de a-I cere lui Dumnezeu să-Și manifeste voia în anumite moduri (Mat. 20:13–16; Rom. 9:20–21).

Întrebare. Oare învățătura Bibliei pune înainte o problemă ce ține de aparente contradicții în cadrul voii lui Dumnezeu?[35]

1. Dumnezeu vrea ceea ce ar trebui să facă omul (Mat. 7:21; 12:50; Ioan 4:34; 7:17; Rom. 12:2), însă în egală măsură, Dumnezeu vrea ceea ce omul face (Ps. 115:3; Dan. 4:17, 25, 32, 35; Rom. 9:18–19; Ef. 1:5, 9, 11; Apoc. 4:11). Uneori, s-ar părea că voia lui Dumnezeu privitoare la om intră în conflict cu voia Sa reflectată de propriile Sale acțiuni. De pildă, El vrea ca omul să asculte, însă uneori îl împietrește în neascultare și necredință (Exod 4:21; 7:3–5; Rom. 9:17–19).
2. Dumnezeu vrea ca Avraam să-și sacrifice fiul, iar mai apoi Dumnezeu îl împiedică să-și ucidă fiul (Gen. 22:1–14).

---

34 Bavinck, *Doctrine of God*, 228-29.
35 Bavinck, *Doctrine of God*, 236.

3. Dumnezeu vrea ca Ezechia să moară, dar pe urmă îi prelungește viața cu cincisprezece ani (2 Regi 20:1–11; Is. 38:1, 5).

4. Dumnezeu vrea ca omul neprihănit să nu fie condamnat, însă Isus a fost dat ca să fie răstignit pe baza scopului stabilit și a precunoașterii lui Dumnezeu – și Dumnezeu l-a socotit pe Israel responsabil de omorârea lui Mesia (Fapt. 2:23; 3:18; 4:27–28).

5. Dumnezeu urăște păcatul și, potrivit preceptelor Lui, nu vrea să existe, dar cu toate acestea, a rânduit să existe și îl controlează prin providența Sa atentă (Exod 4:21; Ios. 11:20; 1 Sam. 2:25; 2 Sam. 16:10; Habacuc 1; Fapt. 2:23; 4:27–28; Rom. 1:24, 26, 28; 2 Tes. 2:11). Ba chiar a rânduit ca Adam și Eva să fie neascultători în grădină, iar Satan să-l chinuiască pe Iov (Iov 42:11; cf. Ef. 1:11).

6. Dumnezeu vrea mântuirea tuturor într-un sens (Ez. 18:23, 32; 33:11), însă într-altul, vrea ca unii să aibă parte de milă mântuitoare, iar alții să fie împietriți.

Soluția dată acestor aparente contradicții se găsește în distincția dintre două aspecte ale voii lui Dumnezeu: voia Sa decretivă și voia Sa preceptivă.

Voia decretivă. Unii au numit-o pe aceasta „voia secretă" a lui Dumnezeu, și totuși, deși amploarea ei deplină este ascunsă, unele dintre aspectele ei sunt revelate (e.g., profeția predictivă).

Aceasta este buna plăcere a lui Dumnezeu, sfatul sau decretul Său etern, neschimbător prin care a prestabilit toate lucrurile. Voia decretivă a lui Dumnezeu caracterizează tot ceea ce ține de esența lui Dumnezeu, astfel că este eternă, imuabilă, independentă și omnipotentă (Ps. 33:11; 115:3; Is. 36:10; Dan. 4:25, 35; Mat. 11:25–26; Rom. 9:18; Ef. 1:4; Apoc. 4:11). Aceasta nu înseamnă că El este cauza imediată sau eficientă a tuturor lucrurilor, ci că toate lucrurile există sau se întâmplă prin decretul Său etern, suveran. Voia decretivă a lui Dumnezeu face ca totul să fie sigur, însă El nu-Și constrânge creaturile să facă nimic. El stabilește alegerile libere ale oamenilor. Așa cum afirmă Mărturisirea de credință de la Westminster (3.1), „Dumnezeu, din veșnicii, a poruncit, prin sfatul înțelept și sfânt al voii Sale, de bunăvoie și neschimbător, tot ceea ce are loc: cu toate acestea, datorită acestui lucru Dumnezeu nu este nici autorul păcatului, nici nu încalcă voința creaturilor; nici nu este îndepărtată permisiunea sau întâmplarea cauzelor secundare, ci mai degrabă stabilite."

Astfel, păcatul este prezent în planul general al lui Dumnezeu. El nu aprobă neascultarea creaturilor Sale, nici nu este cauza imediată sau eficientă a păcatului (Iac. 1:13). El nu Se delectează în existența propriu-zisă a păcatului, dar îl stabilește prin decretul Său ca să îndeplinească cel mai înțelept și sfânt scop, acela de a-Și aduce glorie Lui Însuși (Rom. 5:20-21; 9:17-24).

Trebuie să se țină cont de două avertizări privitoare la voia decretivă a lui Dumnezeu. Prima susține că, ori de câte ori voia decretivă a lui Dumnezeu include un păcat, acel păcat se va produce cu siguranță, dar va fi inițiat de actul de voință al păcătosului. Iar a doua, providența meticuloasă a lui Dumnezeu include faptul că El susține diferitele procese naturale și chiar urzește (fără a-Și compromite sfințenia) împrejurările deciziei unui om de a păcătui.[36]

Voia preceptivă. Aceasta izvorăște din preceptele lui Dumnezeu găsite în lege și în Evanghelie privitoare la purtarea omului (Mat. 7:21; 12:50; Ioan 7:17; Rom. 12:2; 1 Tes. 4:3–8; 5:18; Evr. 13:21; 1 Ioan 2:17). Adesea este numită voia „revelată" sau „cunoscută" a lui Dumnezeu. Uneori, voia decretivă și cea preceptivă vor coincide, însă adesea, ca parte din voia Sa decretivă, Dumnezeu stabilește ca o creatură de-a Lui să nesocotească voia Sa preceptivă. Dumnezeu Își descoperă voia preceptivă prin intermediul poruncilor, interdicțiilor, avertizărilor, mustrărilor și judecăților din Scriptură. Voia preceptivă a lui Dumnezeu se manifestă numai într-un sens prescriptiv. Voia Sa decretivă este perfecțiunea care generează întâmplările efective. Voia preceptivă dezvăluie nu ceea ce Dumnezeu va face, ci ceea ce pretinde El de la oameni.

Dumnezeu a inclus păcatul în planul Său, interzicându-i omului să păcătuiască, dar după ce a fost înfăptuit, l-a folosit ca pe un mijloc de a-Și aduce Lui Însuși cea mai mare măsură de glorie (Gen. 50:20; Fapt. 2:23). Deopotrivă în voia Sa decretivă, cât și în cea preceptivă, Dumnezeu nu-Și găsește plăcerea în păcat, nici stabilește în mod absolut că-i va mântui pe toți oamenii (e.g., Ez. 33:11 ar trebui încadrat la voia preceptivă a lui Dumnezeu). Voia decretivă a lui Dumnezeu este îndeplinită prin mijloacele voii Sale preceptive.

Voia decretivă și cea preceptivă ale lui Dumnezeu trebuie ținute în tensiune. A nega voia Sa preceptivă înseamnă a săvârși nedreptate împotriva sfințeniei lui Dumnezeu și a ignora gravitatea păcatului, însă a nega voia decretivă a lui Dumnezeu înseamnă a tăgădui omnisciența, înțelepciunea, omnipotența și suveranitatea Sa.[37]

FERICIRE

Fericirea lui Dumnezeu vorbește despre faptul că Dumnezeu Se delectează în mod perfect cu Sine Însuși. Această definiție reflectă cuvântul grecesc

---

36 Pentru mai multe detalii despre relația dintre voia decretivă a lui Dumnezeu și problema răului, vezi „Decretul lui Dumnezeu și problema răului" și „Justificarea lui Dumnezeu", ambele în capitolul 7.

37 Pentru mai multe detalii despre aceste două aspecte ale voinței divine, vezi John Piper, "Are There Two Wills in God?," în *Still Sovereign: Contemporary Perspectives on Election, Foreknowledge, and Grace*, ed. Thomas R. Schreiner and Bruce A. Ware (Grand Rapids, MI: Baker, 2000), 107–31.

makarios, care are sensul de fericire datorat unui simțământ al unui mare privilegiu. Cuvintele acestea sunt reprezentate de latinescul *beatus*, care este termenul de la care derivăm cuvintele din limba engleză *a beatifica, beatitudine* și *binecuvântat*. Întrucât Dumnezeu este absolut perfect, suveran și neîmpiedicat în toate scopurile și lucrările Sale de a-Și glorifica Numele, El este fericit în mod suprem – este cea mai fericită ființă imaginabilă. (Pentru mai multe detalii pe această temă, vezi secțiunea „Perfecțiune" de mai sus.

Dovezile scripturale sunt vizibile în 1 Timotei, unde Dumnezeu este descris ca fiind „binecuvântatel Dumnezeu" (1 Tim. 1:11) și „Cel binecuvântat și singur Stăpân" (1 Tim. 6:15).

GLORIE

Gloria lui Dumnezeu se referă la frumusețea sublimă a totalității perfecțiunilor Sale. Este importanța și splendoarea Sa supremă. Această definiție reflectă cuvintele ebraice pentru „glorie": *kabod, hod* și *hadar*. Cuvântul *kabod* are sensul de „greutate" și, printr-o extensie figurată, „importanță". Cuvintele *hod* și *hadar* au sensul de „splendoare". Cuvântul grecesc pentru „glorie", *doxa*, are la rândul său sensul primar de „splendoare" sau „strălucire".

Cât privește dovezile scripturale, majoritatea pasajelor care se referă la gloria lui Dumnezeu vorbesc despre gloria Sa manifestată. Această manifestare își are izvorul în gloria esenței lui Dumnezeu (Ef. 3:16; Fil. 4:19; Apoc. 15:8). Dumnezeu Și-a manifestat gloria față de creație (1 Cron. 16:26–29; Ps. 29:3; 96:6; 104:1–5; 111:4; 113:4) și față de Israel (Exod 16:7, 10; 24:16; 33:18–23; Lev. 9:6, 23; Num. 14:10; 16:19; Deut. 5:24). Gloria lui Dumnezeu a umplut Cortul întâlnirii și Templul (Exod 29:43; 40:34; 1 Regi 8:11). „Splendoarea" lui Dumnezeu I-a fost arătată poporului Israel (Ez. 16:14). În ceruri, gloria manifestată a lui Dumnezeu a fost asociată cu sfințenia Lui (Is. 6:3). Pe pământ, gloria lui Dumnezeu a fost văzută sub forma unui nor (1 Regi 8:10–11; Is. 6:4) și a unui foc mistuitor (Exod 24:17; Lev. 9:24). Ulterior, Dumnezeu Și-a manifestat gloria în Cristos (Ioan 1:14; 2 Cor. 4:4–6) și în biserică (Rom. 15:7; 2 Cor. 3:18; Ef. 5:27).

Ca sumar, perfecțiunile lui Dumnezeu reprezintă esența sau caracterul Său, care transcende cu mult în măreție toate cele create. Esența lui Dumnezeu este un întreg indivizibil, astfel încât fiecare și toate perfecțiunile Sale caracterizează în mod activ ființa Sa întreagă. Perfecțiunile lui Dumnezeu trebuie privite ca fiind întotdeauna prezente activ și influențându-se reciproc fără a exista vreo ierarhie, chiar și atunci când nu toate sunt menționate într-un anumit pasaj din Scriptură. Dumnezeu, în natura Sa esențială, este cu adevărat dincolo de înțelegerea umană, și singurele reacții adecvate la studierea chiar și a aspectelor marginale ale căilor Sale (cf. Iov 26:14) sunt reverența plină de uimire, închinarea, adorarea, încrederea și slujirea.

TRINITATEA[38]

Explicare
Indicii din Vechiul Testament
Dovezi din Noul Testament
Istoria timpurie a dezvoltării teologice

Simțământul incomprehensibilității lui Dumnezeu este amplificat atunci când cel care studiază Scriptura ia în considerare realitatea că Dumnezeu este în mod etern triunic. Doctrina creștină clasică a Trinității este bine sintetizată de ceea ce este cunoscut sub denumirea de Crezul atanasian. Cu toate că îi poartă numele, nu Atanasie (295-373 d.Cr.) l-a scris; mai degrabă, pare că a fost formulat cel mai devreme în secolul al cincilea sau al șaselea d.Cr. Afirmațiile definitorii cheie sunt surprinse în următoarea sintagmă: „Ne închinăm unui singur Dumnezeu în Trinitate, și Trinității în Unitate; Fără să confundăm Persoanele; fără să divizăm Substanța."[39] Într-o exprimare simplă, doctrina Trinității prevede că Dumnezeu este în mod absolut și etern o singură esență care ființează în trei persoane distincte și aflate în ordine, fără diviziuni și fără o copiere a esenței.

Întrucât Trinitatea nu poate fi cuprinsă de mintea umană, doctrina Trinității trebuie definită pe baza unor enunțuri negative (purtând adesea numele de „teologie apofatică", sau „teologie negativă"). De pildă, expresia, „fără diviziuni și fără o copiere a esenței", folosită mai sus, este o dovadă a teologiei negative. Astfel de expresii și enunțuri sunt necesare pentru a așeza limitele cuvenite în cadrul enunțurilor pozitive, așa cum este cea de mai sus că „Dumnezeu este în mod absolut și etern o singură esență care ființează în trei persoane distincte și aflate în ordine." Acest enunț pozitiv are nevoie de limite pentru a-i împiedica pe oameni să creadă că fiecare dintre cele trei persoane deține câte o treime din esența divină (parțialism) sau că este vorba despre o esență divină deplină, care este distinctă de esențele depline, dar identică celorlalte două persoane (triteism). Dacă esența ar fi împărțită între cele trei persoane, niciuna dintre aceste persoane n-ar fi divină. Și dacă esența și-ar avea o copie în fiecare dintre cele trei persoane, atunci rezultatul ar fi existența a trei dumnezei.

38 Pentru o discuție suplimentară despre triunitatea lui Dumnezeu, vezi „Divinitate și Triunitate" în capitolul 5, „Dumnezeu Duhul Sfânt".

39 Philip Schaff, *The Creeds of Christendom*, vol. 2, *The Greek and Latin Creeds* (New York: Harper and Row, 1877), 66.

Deşi diferite erezii istorice şi secte contemporane formulează acuzaţii împotriva Trinităţii sugerând că ar fi o doctrină ilogică, derivată din filosofia umană, triunitate a lui Dumnezeu nu este nicidecum aşa ceva întrucât ea este întâi şi mai presus de orice o doctrină biblică. Chiar dacă, în ultimă instanţă, ar putea fi incomprehensibilă, nu este contrară raţiunii şi logicii, ci poate fi în mod raţional explicată, susţinută şi înţeleasă prin intermediul revelaţiei biblice. Berkhof dezvoltă această idee:

> Doctrina Trinităţii este indiscutabil o doctrină a revelaţiei. Este adevărat că raţiunea umană ar putea sugera anumite idei pentru a adeveri această doctrină, şi că uneori, pur şi simplu pe temeiuri filosofice, oamenii au abandonat ideea unei unităţi pure în Dumnezeu şi au introdus ideea unei mişcări vii şi a distingerii proprii. Şi de asemenea, este adevărat că experienţa creştină ar părea să pretindă o oarecare explicaţie de felul acesta privitoare la doctrina despre Dumnezeu. În acelaşi timp, este o doctrină pe care n-am fi cunoscut-o, nici n-am fi fost în stare să o afirmăm cu vreo doză de încredere numai pe baza experienţei, căci ea ne-a fost adusă la cunoştinţă doar pe baza revelaţiei speciale de Sine a lui Dumnezeu. De aceea, este de o importanţă covârşitoare să adunăm dovezile scripturale care o privesc.[40]

Explicare

UN DUMNEZEU SIMPLU

Există doar un singur Dumnezeu, şi El posedă o esenţă unică simplă (necompusă, indivizibilă; Deut. 6:4; Mar. 12:29; Ioan 17:3; Iac. 2:19; vezi mai sus „Unitate: unicitate numerică şi „Unitate: simplitate").

TREI PERSOANE

Acest Dumnezeu unic fiinţează etern ca trei persoane distincte (adevăr cunoscut şi drept *existenţe* şi *ipostaze*). Următoarele pasaje dezvăluie că există trei persoane divine: Matei 3:16-17; 4:1; Ioan 1:18; 3:16; 5:20-22; 14:26; 15:26; 16:13-15. Deosebirea dintre persoane este detaliată pe baza următoarei ilustrări antice, numită uneori „Scutul Trinităţii", alteori „Scutul credinţei" (cea mai timpurie atestare o datează în prima parte a secolului al treisprezecelea d.Cr.).[41]

---

40 Berkhof, *Systematic Theology*, 85.

41 „Scutul Trinităţii" (sau „Scutul credinţei") a apărut sub diferite forme începând cu prima parte a secolului al treisprezecelea. Pentru o explicare succintă a acestei ilustraţii şi un alt exemplu al acesteia, vezi Frederick Roth Webber and Ralph Adams Cram, *Church Symbolism: An Explanation of the More Important Symbols of the Old and New Testament, the Primitive, the Mediaeval and the Modern Church*, 2nd ed. (1938; repr., Whitefish, MT: Kessinger, 2010), 44–46.

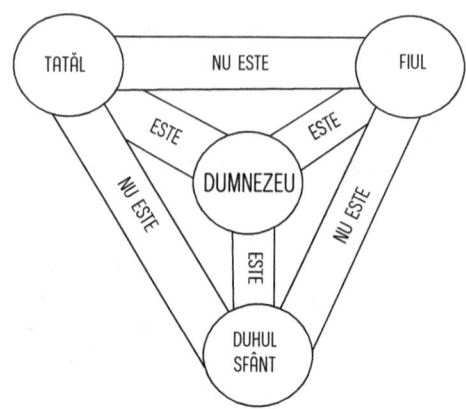

1. Tatăl este Dumnezeu.
2. Fiul este Dumnezeu.
3. Duhul Sfânt este Dumnezeu.
4. Tatăl nu este Fiul.
5. Tatăl nu este Duhul Sfânt.
6. Fiul nu este Duhul Sfânt.

CO-EGALITATE ESENȚIALĂ

Fiecare persoană a Trinității (cunoscută și sub denumirea de Dumnezeire) posedă întreaga esență simplă (nedivizată) a lui Dumnezeu. Faptul acesta înseamnă că cele trei persoane, deși distincte între ele, sunt co-egale în toate perfecțiunile esenței divine. Ele sunt *la nivel esențial* co-egale. Cu alte cuvinte, în ce privește esența lui Dumnezeu, cele trei persoane sunt egale între ele. O alte modalitate de a exprima acest lucru este că cele trei persoane sunt *la nivel ontologic* (în ce privește ființa sau esența) egale între ele.

DEOSEBIRI PERSONALE

Întrucât fiecare dintre cele trei persoane ale Trinității posedă în mod egal esența divină deplină, nedivizată, apare dilema privitoare la cum pot fi deosebite aceste persoane între ele. Cel mai bun răspuns este să apelăm chiar la Scriptură și vom observa că maniera cea mai obișnuită în care se vorbește despre persoanele Trinității este prin „Tatăl", „Fiul" și „Duhul Sfânt". Aceste denumiri, numite și moduri de existență,[42] dezvăluie proprietățile personale care deosebesc fiecare

42 Folosirea sintagmei „moduri de existență" n-ar trebui să fie confundată cu eroarea monarhianismul modalist (sau modalismul), care, pe bună dreptate, a fost respins ca

membru al Trinității de ceilalți.

Numind prima persoană a Trinității „Tată" (lat. *Pater*), Scriptura intenționează să Îi atribuie proprietatea personală a *paternității* în raportare la Fiul. Numind a doua persoană a Trinității „Fiu" (lat. *filius*), Scriptura intenționează să Îi atribuie Lui proprietatea personală a *filiației* sau a calității de fiu în raportare la Tatăl. Numind a treia persoană a Trinității „Duh" (lat. *spiritum*), Scriptura intenționează să Îi atribuie proprietatea personală a *spirației* sau a purcederii în raportare la Tatăl și la Fiul. În virtutea paternității Sale, Tatăl este nenăscut, dar Îl naște în mod etern (sau „generează", gr. *„gennaō)* pe Fiul. În virtutea filiației Sale, Fiul este născut sau generat etern de către Tatăl. În virtutea spirării Sale, Duhul purcede etern deopotrivă de la Tatăl și Fiul. Aceste concepte sunt cel mai bine rezumate în Crezul atanasian:

> Tatăl nu este făcut din nimic; nici creat, nici născut.
> Fiul este numai de la Tatăl; nu este făcut, nici creat; ci născut.
> Duhul Sfânt este de la Tatăl și de la Fiul; nici făcut, nici creat, nici născut; ci ieșit.
> Deci, există un singur Tată, nu trei Tați; un singur Fiu; nu trei Fii; un singur Duh Sfânt, nu trei Duhuri Sfinte.[43]

Aceste tipuri distincte de relaționare stabilesc o ordine precisă (lat. *taxis)* în sânul Trinității, astfel încât este cuvenit să se afirme (doar în ce privește relațiile Lor, nu și în ce privește esența, gloria sau măreția Lor) că Tatăl este primul, Fiul este al doilea și Duhul este al treilea.

Aceste acțiuni ale generării eterne și purcederii eterne sunt uneori numite *opera ad intra* sau lucrările lăuntrice ale Trinității. Cu alte cuvinte, vorbim despre acțiuni eterne din cadrul vieții lăuntrice a Trinității, care stabilesc tipul de existență personală a fiecărui membru din Dumnezeire. Ele diferă de *opera ad extra* sau lucrările exterioare, care produc efecte în afara esenței lui Dumnezeu, adică în creație. Scriptura Îi atribuie diferite lucrări dumnezeiești din economia răscumpărării unui membru specific al Trinității. Tatăl este indicat în mod special ca fiind Creatorul (1 Pet. 4:19); Fiul este evidențiat drept Răscumpărător și Mijlocitor (Rom. 3:24; Ef. 1:7; 1 Tim. 2:5); iar Duhul este identificat ca fiind agentul sfințirii (2 Tes. 2:13; 1 Pet. 1:2).[44] Prin urmare, lucrările exterioare ale

---

fiind o erezie. Vezi discuția despre modalism la secțiunea „Istoria timpurie a dezvoltării teologice".

43 Schaff, *Creeds of Christendom*, 2:67–68. Pentru mai multe detalii despre generarea eternă și purcederea eternă, vezi „Trei persoane cu relații divine: generarea eternă și purcederea eternă".

44 O altă modalitate de a exprima lucrul acesta este că *planul* răscumpărării Îi este atribuit Tatălui, *realizarea* răscumpărării Îi este atribuită Fiului, iar *aplicarea*

Trinității în cadrul economiei răscumpărării reflectă ordinea stabilită prin lucrările lăuntrice ale generării și purcederii eterne în interiorul existenței divine. În economia răscumpărării, Tatăl Îl trimite pe Fiul deoarece El Îl naște pe Fiul în mod etern. Duhul este trimis de Tatăl și de Fiul *ad extra* deoarece El purcede în mod etern de la Ei *ad intra*.

Însă, în toate aceste lucrări, toate cele trei persoane ale Trinității lucrează inseparabil împreună (cf. Ioan 14:10). Deși s-ar putea ca o persoană sau alta să fie evidențiată în dreptul unei lucrări specifice, niciuna dintre Ele nu săvârșește vreo lucrare excluzându-Le pe celelalte două, întrucât, potrivit formulei clasice, „lucrările exterioare ale Trinității sunt nedivizate" (*opera Trinitatis ad extra indivisa sunt*). Observați, de pildă, următoarele pasaje, care atribuie lucrările menționate mai sus celorlalte persoane ale Trinității:

1. Creație și păstrare
   a. Prin Fiul (Ioan 1:3, 10; Col. 1:16–17; 1 Cor. 8:6; Evr. 1:2–3, 10)
   b. Prin Duhul (Gen. 1:2; Iov 26:13; 32:8; 33:4; 34:14–15; Ps. 104:30)
2. Răscumpărare
   a. Prin Tatăl (1 Cron. 17:21; Is. 63:16; Gal. 4:4–5)
   b. Prin Duhul (Evr. 9:14; Rom. 8:11)
3. Sfințire
   a. Prin Tatăl (Ioan 17:17; 1 Tes 5:23)
   b. Prin Fiul (1 Cor. 1:30; Ef. 5:25–27)

Un mister. Trinitatea este un mister în două sensuri. Este un mister în sensul biblic, care constă în faptul că este un adevăr care a fost ascuns până când a fost revelat. Însă de asemenea este un mister în sensul că, în esența lui, este ceva suprarațional, aflat în mod suprem dincolo de înțelegerea umană. El este doar parțial inteligibil pentru om, întrucât Dumnezeu l-a revelat în Scriptură și în Isus Cristos. Însă este lipsit de orice fel de analogie în experiența umană, iar elementele sale fundamentale (trei persoane co-egale, fiecare posedând esența divină completă, simplă, și fiecare relaționându-se la celelalte două fără o subordonare ontologică) transcend rațiunea umană.

În consecință, doctrina aceasta trebuie acceptată prin credință, pe baza felului în care Dumnezeirea este revelată în Scriptură. Și trebuie articulată într-un asemenea mod încât esența lui Dumnezeu să nu fie divizată, iar distincțiile și co-egalitatea de natură dintre cele trei persoane să nu fie compromise. Doctrina Trinității necesită deopotrivă o teologie pozitivă și una negativă.

---

răscumpărării Îi este atribuită Duhului. Se poate spune și că, în economia răscumpărării, toate lucrurile sunt *de la* Tatăl, *prin* Fiul și în Duhul.

Ilustrații. Trinitatea nu are analogii perfecte în experiența umană. Teologii au încercat să găsească o ilustrație perfectă a Trinității, dar toate aceste încercări fie au divizat esența, fie au compromis distincția dintre cele trei persoane, fie au pierdut din vedere esența *personală* a lui Dumnezeu. În creație, nimic nu este în mod desăvârșit întocmai ca Trinitatea. Urmează o sinteză a acestor ilustrații, alături de menționarea deficiențelor lor:[45]

1. Ilustrații din natura neînsuflețită:
    a. Apa din izvor, pârâu și râu
    b. Ceața care se ridică, norul și ploaia
    c. Ploaie, zăpadă și gheață
    d. Rădăcina, trunchiul și ramurile unui copac
    Deficiență: nu este prezentă esența întreagă, ci este divizată sau chiar împrăștiată
2. Ilustrații din viața și mintea omului:
    a. Unitatea psihologică a memoriei, emoțiilor și voinței (analogia lui Augustin)
    b. Unitatea logică a tezei, antitezei și sintezei (analogia lui Hegel)
    c. Unitatea metafizică a subiectului, obiectului și subiectului-obiect (analogia lui Shedd)
    Deficiență: acestora le lipsește orice unitate a celor trei.
3. Ilustrații din domeniul dragostei: necesită un subiect, un obiect și unirea celor doi
    Deficiență: Această triată este compusă din două persoane (elemente concrete) și o relație (element abstract), nu din trei persoane, așa cum este cazul cu esența divină. De asemenea, dragostea nu este o esență care este deținută în mod obișnuit, ci o calitate.

Nicio ilustrație nu poate comunica pe deplin Trinitatea deoarece Trinitatea este Dumnezeu și întotdeauna transcende ordinea creată la nivel de esență, persoane și relații. Însă atât timp cât învățătorii afirmă limpede că orice analogie va fi într-o oarecare măsură inadecvată, tot va fi benefic să se folosească aceste ilustrații necorespunzătoare pentru a explica de ce și cum eșuează ele ca reprezentări adecvate ale Trinității. Înțelegând că Trinitatea *nu* este aidoma celor trei stări ale H_2O (gheață, apă și vapor), învățăcelul va învăța să respingă modalismul. Învățând că Trinitatea nu este comparabilă cu cele trei foi ale unui singur trifoi, el va evita parțialismul. Când va pricepe că Trinitatea nu este asemenea luminii și căldurii emanate de soare, va respinge arianismul.

---

45 Webber and Cram, *Church Symbolism*, 90. Vezi și comentariile lui Grudem despre inadecvarea tuturor analogiilor în *Teologie Sistematică*, p. 254-55.

Indicii în Vechiul Testament

NUMELE PLURAL ELOHIM

Numele divin ebraic *elohim*, fiind la forma plurală, lasă posibilitatea existenței unei pluralități în Dumnezeu. Însă această construcție nu impune o pluralitate divină întrucât sunt și alte motive pentru folosirea unui plural pentru a nu indica mai mult decât o singură entitate (e.g. pentru a arăta respect sau pentru a denota intensitate). Privind retrospectiv din postura clară a revelației Noului Testament, se poate considera că *elohim* este cel puțin o pregătire divină pentru revelarea ulterioară și mai detaliată a lui Dumnezeu ca triunic.

ALTE TITLURI PLURALE ALE LUI DUMNEZEU

În Eclesiastul 12:1, „Creatorul tău" traduce un participiu ebraic plural, și în Isaia 54:5: „Creatorul tău" de asemenea traduce un participiu ebraic plural. Așadar, întrucât pluralul are diferite utilizări posibile, aceste titluri nu dovedesc că Dumnezeu este mai mult decât o singură persoană, deși ele sunt compatibile și pregătesc terenul pentru revelația mai clară a Noului Testament despre Trinitate.

DUMNEZEU VORBEȘTE DESPRE SINE LA PLURAL

Dovezi suplimentare din Vechiul Testament despre faptul că Dumnezeu este mai mult decât o singură persoană se găsesc în pasaje în care Dumnezeu vorbește despre Sine folosind alte forme de plural. În Geneza 1:26, Dumnezeu spune: „Să facem om după chipul Nostru". Verbul cu pronumele plural din limba engleză traduce un verb ebraic la persoana întâi plural. Dumnezeu vorbește despre Sine și nu-i include pe îngeri, întrucât versetul 27 spune că „Dumnezeu a creat pe om după chipul Său". În Geneza 11:7, un alt verb ebraic la persoana întâi plural se referă la Dumnezeu care vorbește astfel despre Sine: „Veniți dar să Ne coborâm și să le încurăm acolo limba." Dumnezeu reacționează la decizia omului de a înălța turnul Babel ca un act de răzvrătire față de porunca divină de a se răspândi pe tot pământul. În Geneza 11, nu este indicat nimeni altul în cer decât Dumnezeu.

În Geneza 3:22, Dumnezeu întrebuințează un pronume la plural pentru a Se referi la Sine: „Iată, omul a ajuns ca unul din Noi." Rămânând consecventă cu afirmația din Geneza 1:26, cea din Geneza 3:22 se referă doar la Dumnezeu. Un alt pronume folosit la plural este aplicat de Dumnezeu Propriei Sale persoane în Isaia 6:8, unde Dumnezeu vorbește așa încât Isaia să-L poată auzi: „Pe cine să trimit și cine va merge pentru Noi?" Aici, verbul ebraic la persoana întâi singular referitor la trimiterea de către Dumnezeu este urmat de un pronume plural care se referă la Dumnezeu. Aceste pasaje arată că Dumnezeu vorbește despre Sine deopotrivă la singular și la plural. Ca și în cazul numelui *elohim*, aceste formulări la plural ar putea fi acel plural al intensității. Însă claritatea progresivă din Noul Testament privitoare la Trinitate susține ceva mai mult de atât, anume că, aceste forme de plural, analizate în combinație cu verbele și pronumele singulare pentru Dumnezeu, constituie afirmațiile lui Dumnezeu potrivit cărora El este unul singur și totuși o pluralitate.

MAI MULT DECÂT O SINGURĂ PERSOANĂ CARE ESTE „DUMNEZEU"

Însă dovezile mai solide din Vechiul Testament care atestă că Dumnezeu este mai mult decât o singură persoană provin din pasaje în care mai multe persoane sunt numite „Dumnezeu" sau „Domn". În Psalmul 45:6-7, Mesia este prezentat ca fiind „Dumnezeu" (*elohim*) și este întronat, fiind uns de „Dumnezeu" (*elohim*):

Tronul Tău, Dumnezeule, este veșnic.
Un sceptru de dreptate este sceptrul împărăției Tale.
Tu iubești dreptatea și urăști răutatea;
De aceea, Dumnezeu, Dumnezeul Tău Te-a uns
cu un untdelemn de bucurie mai presus decât pe însoțitorii Tăi.

În Epistola către Evrei 1:8-9, prin inspirația Duhului Sfânt, autorul prezice că „Dumnezeu" Îi va adresa „Fiului" cuvintele din Psalmul 45:6-7, care va fi întronat ca „Dumnezeu" de către „Dumnezeu".

Și mai important este Psalmul 110:1: „Domnul a zis Domnului meu: Șezi la dreapta Mea, până voi face pe dușmanii Tăi așternutul picioarelor Tale." În acest psalm mesianic – textul din Vechiul Testament care este cel mai citat și la care se face cel mai des aluzie în Noul Testament – Iahve Îi vorbește lui Mesia ca fiind „Domnul meu" (ebr. *adonai*). Prin inspirație, scriitorii Noului Testament Îl identifică pe Isus ca fiind „Domnul" despre care vorbește „Domnul". Isus Însuși a afirmat implicit în discuția cu fariseii că, în acest psalm, David L-a numit pe Mesia „Domn" (Mat. 22:41-45; Mc. 12:35-37; Luca 20:41-44). Isus pretindea că este divin și că David I s-a adresat ca atare. În Faptele Apostolilor 2:32-36, Petru a spus că Psalmul 110:1 s-a împlinit prin înălțarea lui Isus după înviere.

Importanța acestor pasaje pentru trinitarianism este că, în Noul Testament, Dumnezeu Duhul Sfânt a afirmat că Psalmii 45:6-7 și 110:1 au revelat că există cel puțin două persoane divine, iar una este „Fiul", care este deopotrivă *elohim* și *adonai*.

FIUL LUI IAHVE

Există câteva pasaje în Vechiul Testament care susțin că Dumnezeu are un „fiu". Psalmul 2:2, 6-7 prezice că „Unsul" lui Dumnezeu va fi întronat „peste

Sion", pe baza decretului lui Dumnezeu: „Tu ești Fiul Meu, astăzi Te-am născut." Așadar, acest „Rege" va fi întronat ca „Fiu" al lui Dumnezeu în virtutea unui decret prin care este numit „Fiul" lui Dumnezeu. Deși în Vechiul Testament, Psalmul 2:6-7 nu afirmă în și de la sine că cel denumit „Fiul Meu" este Fiul etern, divin al lui Dumnezeu, Noul Testament inspirat de Dumnezeu aplică acest pasaj persoanei lui Isus, în calitate de Fiu etern, divin (Evr. 1:1-3).

„SINGURUL" ÎN DEUTERONOM 6:4

Shema din Deuteronom 6:4 afirmă: „Ascultă, Israele! Domnul Dumnezeul nostru este singurul Domn." Acest crez evreiesc, care vorbește despre Iahve ca Dumnezeul cel adevărat și ca „singurul", îngăduie o pluralitate în privința singurului Dumnezeu. Cuvântul „singur" din Deuteronom 6:4 traduce adjectivul ebraic *ekhad*, care afirmă unitatea lui Dumnezeu, dar care poate lăsa loc unei pluralități în cadrul acelei unități. Acest cuvânt este de asemenea folosit în Geneza 2:24 cu referire la „un singur trup" pe care-l formează soțul și soția prin căsătorie. Este adevărat că, în alte utilizări, *ekhad* nu desemnează o unitate compusă. Dar dacă Deuteronom 6:4 ar fi fost menit să afirme că Dumnezeu este o singură persoană, fără îndoială că ar fi fost întrebuințat un alt cuvânt ebraic, anume *yakhid*, care are sensul de „unic, solitar" (vezi Ps. 68:6). Deuteronom 6:6 este o afirmare a monoteismului, nu a unitarianismului. Nu contrazice doctrina Trinității (vezi 1 Cor. 8:6) și chiar lasă posibilitatea ca Dumnezeu să fie mai mult decât o singură persoană.

ÎNGERUL LUI IAHVE (ÎNGERUL DOMNULUI)[46]

Vechiul Testament ne dezvăluie această persoană ca fiind una divină, pe care unele pasaje o numesc Iahve și Dumnezeu, iar altele o descriu vorbindu-I lui Iahve. Așadar, Vechiul Testament Îl prezintă pe îngerul Domnului ca fiind Iahve, și totuși distinct de Iahve.

Printre dovezile că îngerul lui Iahve a fost divin, se numără următoarele:

1. Numele său a fost folosit interschimbabil cu Numele lui Dumnezeu (Gen. 16:7, 13; 21:17, 19–20; 22:11, 14; 31:11, 13; 48:15–16; Exod 3:2, 4; Jud. 6:11, 14, 16, 20–21, 23; 13:3, 22–23).
2. Atunci când îngerul lui Iahve a făcut promisiuni, Dumnezeu a fost Cel care le-a făcut (Gen. 16:10; 22:15–17; cf. 12:2; 13:16).
3. Numele lui Iahve era în îngerul lui Iahve (Exod 23:20–21).
4. Oamenii îi ofereau jertfe îngerului lui Iahve (Gen. 22:11–13; Jud. 6:21; 13:16, 19–22).

---

46 Pentru o discuție mai amplă despre îngerul Domnului, vezi „Îngerul Domnului" în cap. 8, „Îngeri".

5. Ca înger profeţit („mesagerul") al legământului, el va fi „Domnul" (ebr. *adon*, Mal. 3:1)
6. Oamenii care l-au văzut pe îngerul lui Iahve, l-au identificat pe nume ca fiind divin (Gen. 16:11–13; Jud. 6:22–23; 13:21–22).
7. Îngerul lui Iahve poate ierta păcate (Exod 23:21; Zah. 3:3–4).
8. Îngerul lui Iahve a pretins că este „Dumnezeu" (Gen. 31:11, 13; Exod 3:2–6).

Este foarte importan pentru trinitarianism precizarea din Vechiul Testament care arată că îngerul Domnului a fost numit Iahve şi Dumnezeu, dar că era distinct de Iahve:

1. Iahve l-a trimis pe îngerul lui Iahve (Exod 23:20-23; 32:34; Num. 20:16).
2. Îngerul lui Iahve şi Iahve şi-au vorbit reciproc (Zah. 1:12-13).

Ideea acestei secţiuni este că revelaţia Vechiului Testament despre îngerul lui Iahve dovedeşte că Scripturile acestuia includ adevărul că în Dumnezeire există mai mult decât o singură persoană. Nu este de mirare că, în lumina revelaţiei mai clare a Noului Testament privitoare la triunitatea lui Dumnezeu, mulţi teologi din istoria bisericii (e.g. Iustin Martirul, Irineu, Tertulian, Clement de Alexandria, Origen, Ciprian, Ilarie de Poitiers, Vasile de Cezareea şi Jean Calvin) l-au identificat pe îngerul lui Iahve din Vechiul Testament ca fiind Isus Cristos preîntrupat. Ei au considerat că pasajele din Vechiul Testament despre îngerul lui Iahve nu contrazic, ci susţin doctrina Trinităţii.

DUHUL SFÂNT CA FIIND DIVIN

Vechiul Testament vorbeşte de asemenea despre Duhul Sfânt ca fiind divin. Pasaje din Vechiul Testament afirmă că Duhul Sfânt are perfecţiuni divine. Conform versetului 2 din Isaia 11, Duhul este izvorul înţelepciunii, puterii şi cunoaşterii divine, iar Psalmul 139:7 ne învaţă că Duhul este omniprezent. Vechiul Testament Îl descrie de asemenea pe Duhul ca fiind implicat în actul iniţial al creaţiei şi în lucrarea de păstrare a ceea ce a creat Dumnezeu (Gen. 1:2; Job 26:13; 34:14–15; Ps. 33:6; 104:30). Duhul lui Dumnezeu stăvileşte păcatul (Gen. 6:3; Is. 63:10). Indiferent de modul în care Duhul Sfânt este prezent în revelaţia Vechiului Testament, El este personal şi divin. S-ar putea susţine că nu se poate clădi o doctrină a Duhului ca fiind o persoană distinctă, divină, din asemenea pasaje ale Vechiului Testament, şi că asemenea pasaje nu sunt mai mult decât reprezentări poetice ale prezenţei lui Dumnezeu. Însă Vechiul Testament nu are o mărturie singulară; Noul Testament îl completează oferind o revelare mai plenară a doctrinei Trinităţii, inclusiv arătând că Duhul Sfânt este o persoană distinctă, divină din Dumnezeire. De asemenea, ar trebui menționat și că evreii contemporani lui Isus, îndeosebi ucenicii Săi, au părut a înțelege că Duhul Sfânt este o persoană distinctă, divină (cf. Mat. 1:20; 3:11; Luca 1:15, 35; 11:13; 12:10; Ioan 14.26; 20:22). Este limpede că aceștia fie au dedus acest concept din Vechiul Testament, fie cel puțin l-au considerat pe deplin compatibil cu el.

CUVÂNTUL LUI DUMNEZEU

Un alt aspect din Vechiul Testament care pregătește calea pentru revelația mai clară a Noului Testament privitoare la doctrina Trinității este conceptul „cuvântului" lui Dumnezeu (ebr. *dabar*). Revelația din Noul Testament privitoare la Fiul lui Dumnezeu ca fiind „Cuvântul" divin este susținută și prefigurată de următoarele adevăruri ale Vechiului Testament:

1. Dumnezeu a creat prin intermediul cuvântului Său (Gen. 1:3, 6, 9, 11, 14, 20, 22, 24; Ps. 33:6, 9; 104:7; 147:18; 148:8).
2. Dumnezeu Își arată grija providențială prin intermediul cuvântului Său (Deut. 8:3; Ps. 106:9; 147:15–18).
3. Dumnezeu mântuie prin intermediul cuvântului Său: prin cuvântul Său, Dumnezeu oferă viață (Deut. 32:47; Ps. 119:25), călăuzește (Ps. 119:105), disciplinează (Is. 9:8), Își va mântui poporul și îl va readuce în țara sa (Is. 55:10–13).
4. Cuvântul lui Dumnezeu conține puterea lui Dumnezeu: cuvântul lui Dumnezeu frânge și taie (Is. 9:8-10), mistuie asemenea focului (Ier. 5:14), distruge asemenea unui ciocan (Ier. 23.29), îndeplinește scopurile lui Dumnezeu (Isaia 55:11) și vindecă (Ps. 107:20).

ALTE INDICII DIN VECHIUL TESTAMENT

Există cel puțin încă trei fațete ale Vechiului Testament care slujesc la pregătirea terenului pentru doctrina Trinității din Noul Testament.

Înțelepciunea divină. Revelația din Vechiul Testament despre înțelepciunea lui Dumnezeu este compatibilă cu învățătura Noului Testament potrivit căreia înțelepciunea lui Dumnezeu este o persoană distinctă, divină, fiind vorba despre Cristos. Astfel, 1 Corinteni 1:24 Îl numește pe Cristos „înțelepciunea" lui Dumnezeu (cf. 1 Cor. 1:30). În Vechiul Testament, înțelepciunea lui Dumnezeu este mijlocul prin care El a creat toate lucrurile (Pv. 3:19). În Proverbe 8:22-36, înțelepciunea lui Dumnezeu este personificată în mod poetic drept posesiunea lui Dumnezeu și mijlocul Său de a oferi viață, îndrumare și har. Astfel, pasaje precum Proverbe 8 și Iov 28:12-28 descriu înțelepciunea lui Dumnezeu drept o entitate distinctă. Poate că aceste pasaje descriu înțelepciunea ca persoană prin intermediul personificării poetice, și de aceea nu o descriu literal ca fiind o persoană. Însă revelația ulterioară a lui Cristos, arătat ca fiind „înțelepciunea lui Dumnezeu", i-a determinat pe mulți părinți ai bisericii să considere că aceste pasaje descriu a doua persoană a Trinității în formă preîntrupată.

Trei entități distincte, divine. În Isaia se găsesc câteva pasaje în care acționează trei entități distincte. Isaia 61:1-2 Îl portretizează în mod profetic pe Mesia („Mine") spunând:

> Duhul Domnului Dumnezeu este peste Mine,
> căci M-a uns
> să aduc vești bune celor nenorociți:
> El M-a trimis să vindec pe cei cu inima zdrobită,
> să vestesc celor duși în captivitate libertatea,
> și prinșilor de război eliberarea;
> să vestesc anul de îndurare al Domnului
> și ziua de răzbunare a Dumnezeului nostru;
> să mângâi pe toți cei întristați.

În pasajul acesta Îi găsim pe „Domnul" (Iahve), pe „Duhul Domnului" și pe vorbitorul, care este Mesia. Editorii versiunii NKJV a Bibliei în limba engleză identifică în mod corect că în versetul 1 încep comentariile făcute de Mesia, și ele continuă până la versetul 9, ceea ce înseamnă că Mesia este Cel care spune în versetul 8, „Eu, Domnul, iubesc dreptatea". Cu alte cuvinte, Mesia este trimis de Iahve și se numește pe Sine Iahve. În acest pasaj sunt cel puțin două persoane divine și, întrucât „Duhul" este menționat, contextul de față duce mai departe pregătirea terenului pentru doctrina Trinității din Noul Testament.

Un alt pasaj de luat în considerare este Isaia 63:7-10:

> Voi vesti îndurările Domnului,
> laudele Domnului,
> după tot ce a făcut Domnul pentru noi;
> și voi vesti marea Lui bunătate față de casa lui Israel,
> pe care i-a arătat-o după îndurările Lui
> și după mulțimea bunătăților Lui.
> Căci El a zis: Negreșit, ei sunt poporul Meu,
> copii care nu vor minți.
> Și El a fost Mântuitorul lor.
> În toată strâmtorarea lor, a fost și El strâmtorat împreună cu ei,
> iar Îngerul prezenței Lui i-a mântuit;

El i-a răscumpărat în dragostea și în îndurarea Lui,
și i-a sprijinit și i-a purtat în toate zilele din vechime.
Dar ei s-au răzvrătit și au întristat pe Duhul Lui cel sfânt;
iar El li S-a făcut dușman
și a luptat împotriva lor.

Aici sunt menționați „Domnul" (Iahve), „Duhul Lui cel sfânt" și „Îngerul prezenței Lui". Cea mai bună opțiune pare a fi că ultimul este îngerul lui Iahve despre care s-a discutat anterior. Dacă așa stau lucrurile, atunci în acest context există cel puțin două persoane divine. Iar Duhul Sfânt este aici o persoană, întrucât este „întristat". Ca atare, Duhul Sfânt este de asemenea divin, întrucât întristarea pe care oamenii I-au produs-o prin răzvrătire le-a atras pedeapsa divină. Pasajul acesta ne duce un pas mai departe în pregătirea terenului pentru prezentarea completă a doctrinei Trinității din Noul Testament.

Un alt pasaj din Vechiul Testament care ar putea specifica trei persoane divine este Isaia 48:12, 16:

Ia aminte la Mine, Iacove!
Și Tu, Israele, cel chemat de Mine!
Eu sunt El; Eu sunt Cel dintâi
și Eu sunt Cel de pe urmă!

Apropiați-vă de Mine și ascultați!
De la început n-am vorbit în ascuns,
când s-au petrecut aceste lucruri am fost de față.
Și acum, Domnul Dumnezeu m-a trimis și Duhul Său.

În acest pasaj sunt cel puțin două entități divine: „Domnul Dumnezeu" și „Duhul Său" (Is. 48:16). Calitatea de persoană a Duhului nu poate fi indicată numaidecât în acest context, însă, când informațiile se combină cu cele din Isaia 63:7-10, este limpede că Duhul este o persoană divină. Totuși, nu este pe deplin clar dacă în Isaia 48:12, 16 este descrisă o a treia entitate divină. Traducerile din limba engleză nu văd unitar dacă vorbitorul din versetul 12, care este divin („Eu sunt El! Eu sunt Cel dintâi și Eu sunt Cel de pe urmă!") continuă să vorbească până la finalul versetului 16. Versiunile NASB și NKJV ale Bibliei susțin că așa stau lucrurile, aceasta fiind poziția de preferat. În această traducere, Mesia este Cel care vorbește; El este „Eu sunt" și care a fost „trimis" de „Domnul Dumnezeu" și de „Duhul Său". Într-o astfel de formulare, vorbitorul și „Domnul Dumnezeu" sunt deopotrivă persoane divine, dar și „Duhul" trebuie să fie divin, întrucât Duhul este văzut de aceste traduceri unindu-Se cu „Domnul Dumnezeu" în a-L trimite pe Mesia.[47]

Accentuarea numărului trei. În final, Vechiul Testament pune un accent deosebit pe numărul trei în diferite moduri. Este posibil ca acestea să fi fost plănuite în mod divin pentru a pregăti terenul pentru doctrina mai explicită a Trinității din Noul Testament. Unele dintre aceste moduri de accentuare sunt formule întreite, precum lauda adusă de serafimi lui Iahve, care stă pe tronul Său ceresc: „Sfânt, sfânt, sfânt" (Is. 6:3). Un al exemplu este benedicția aronică din Numeri 6:24-27:

Domnul să te binecuvânteze și să te păzească!
Domnul să facă să lumineze Fața Lui este tine și să Se îndure de tine!
Domnul să-Și înalțe Fața peste tine și să-ți dea pacea!

Potrivit observației lui Peter Toon, biserica antică a considerat că această binecuvântare întreită indică spre cele trei persoane al Trinității, îndeosebi întrucât apostolilor li s-a poruncit să boteze în „Numele" (singular) Trinității (Mat. 28:19). În Numeri 6:27, Iahve a spus că rezultatul acestei binecuvântări întreite va fi că „Numele" lui Iahve va fi așezat peste poporul Israel.[48]

O altă construcție similară este binecuvântarea întreită rostită de Iacov asupra lui Iosif și fiilor lui, în Geneza 48:15-16:

Și a binecuvântat pe Iosif și a zis:
Dumnezeul înaintea căruia au umblat părinții mei, Avraam și Isaac,
Dumnezeul care mi-a fost Păstorul de când m-am născut până în ziua aceasta,
Îngerul care m-a răscumpărat din orice rău, să binecuvânteze pe copiii aceștia!
Ei să poarte numele meu și numele părinților mei,
Avraam și Isaac,

---

47 Totuși, versiunile ESV, HCSB, NIV și RSV pun ghilimelele de încheiere a citatului înainte de ultima afirmație a versetului 16. Astfel, cuvintele „Și acum, Domnul Dumnezeu m-a trimis și Duhul Său" sunt cuvintele lui Isaia privitoare la sine ca profet. Într-o astfel de construcție, vorbitorul din versetul 12 este „Domnul Dumnezeu", și El l-a trimis pe Isaia ca profet. În plus, aceste traduceri probabil că nu înțeleg că Duhul l-a trimis de asemenea pe Isaia, ci mai degrabă că „Domnul Dumnezeu" l-a trimis pe Isaia și L-a trimis și pe Duhul. Așadar, cel puțin în acest pasaj redat prin aceste traduceri, nu este la fel de clar că Duhul este o persoană divină, deși Duhul este, cel puțin, o entitate distinctă.

48 Peter Toon, *Our Triune God: A Biblical Portrayal of the Trinity* (Wheaton, IL: Victor, 1996), 102.

și să se înmulțească foarte mult pe acest pământ.

În lumina discuției anterioare despre îngerul lui Iahve, este bine să menționăm cuvintele lui Iacov care spune că „îngerul" l-a răscumpărat și avea să I Se alăture lui „Dumnezeu" în a-i binecuvânta pe fiii lui Iosif. Întrucât perspectiva din rugăciunea lui Iacov era că doar Dumnezeu poate să-i „binecuvânteze" pe băieți, cel mai bine este să înțelegem că „îngerul" trebuie să fie o persoană distinctă, divină care I Se alătură lui Dumnezeu Tatăl în a binecuvânta.

Alte accentuări ale numărului trei pot fi văzute în următoarele pasaje: Geneza 15:9; 30:36; 40:10, 16; Exod 3:18; 19:11; 23:14; Levitic 19:23; Numeri 19:12; 22:23–41; 31:19; Ieremia 7:4 („templul Domnului" apare de trei ori). Probabil că rostirea de trei ori a unei formulări în cadrul ceremoniei închinării a fost menită să mărturisească despre Dumnezeu lui Israel ca fiind trei și totuși unu.

În lumina Noului Testament, aspectele de mai sus din Vechiul Testament pregătesc în mod progresiv terenul pentru revelarea mai clară din Noul Testament a lui Dumnezeu ca fiind triunic. Benjamin B. Warfield a prezentat o analiză utilă despre modul în care Vechiul Testament a netezit suficient de bine calea pentru o revelare mai detaliată a Trinității:

Urmarea tuturor acestor lucruri este că, din perspectiva simțământului general, cumva, în cadrul dezvoltării în Vechiul Testament a ideii despre Dumnezeu, se sugerează că Dumnezeirea nu este o simplă monadă și că, astfel, se pregătește terenul pentru revelarea ulterioară a Trinității. În cadrul doctrinei Vechiului Testament despre relația lui Dumnezeu cu revelația Sa prin Cuvântul creator și prin Duhul, pare evident că trebuie să recunoaștem cel puțin prezența în formă embrionară a distincțiilor din Dumnezeire, făcute ulterior de cunoscut în mod plenar în revelația creștină. Și parcă nu ne putem mărgini la atât. După toate cele spuse, în lumina revelației ulterioare, interpretarea trinitariană rămâne cea mai naturală abordare adoptată de scriitorii străvechi, care i-a făcut să explice cu franchețe respectivele indicii ale Trinității; neîndoielnic, așa stau lucrurile îndeosebi în privința celor care au legătură cu descrierile Îngerului lui Iehova, dar chiar și în privința formelor de exprimare întâlnite în pasaje precum: „Să facem om după chipul Nostru", din Gen. i. 26. Cu siguranță că versetul 27, „Și Dumnezeu a creat pe om după chipul Său", nu ne încurajează să înțelegem versetul precedent ca anunțând că omul avea să fie creat după chipul îngerilor. Aceasta nu este o interpretare care impune în mod nelegitim ideile din Noul Testament textului din Vechiul Testament; este pur și simplu abordarea textului Vechiului Testament sub iluminarea dată de revelația din Noul Testament ... Chiar dacă misterul Trinității nu este revelat în Vechiul Testament, el stă la baza revelației din Vechiul Testament, ieșind la iveală din când în când. Astfel, revelația despre

Dumnezeu din Vechiul Testament nu este corectată de revelația mai detaliată care îi urmează, ci este doar perfecționată, extinsă și amplificată.[49]

Dovezi din Noul Testament

Noul Testament este esențial pentru o prezentare mai clară a doctrinei Trinității. Așa cum s-a discutat anterior, diferite pasaje din Vechiul Testament deschid posibilitatea și chiar indică faptul că există mai mult decât o singură persoană divină în Dumnezeu, deși există doar un singur Dumnezeu. Însă afirmațiile din Vechiul Testament nu dezvăluie suficiente amănunte astfel încât credincioșii să deducă o doctrină trinitariană explicită despre Dumnezeu. Asemenea dovezi concludente sunt revelate în Noul Testament. Doctrina Trinității susținută de biserică apelează la Vechiul Testament pentru dovezi inspirate, însă întotdeauna s-a bazat în principal pe progresul revelației lui Dumnezeu în ansamblul ei.

Numai un singur Dumnezeu

Așa cum s-a arătat anterior în secțiunea despre perfecțiunea divină a unității, Biblia afirmă că, din punct de vedere numeric, Dumnezeu este numai unul. În Noul Testament, Isus repetă Deuteronom 6:4 în Marcu 12:29: „Domnul, Dumnezeul nostru este un singur Domn." În Ioan 17:3, Isus Îl numește pe Dumnezeu Tatăl „singurul Dumnezeu adevărat". Alte pasaje afirmă la rândul lor monoteismul: „Dumnezeu este Unul singur" (Rom. 3:30; Iac. 2:19); „nu este decât un singur Dumnezeu" (1 Cor. 8:4); și „este un singur Dumnezeu" (1 Tim. 2:5). În Romani 3:30; 1 Corinteni 8:4 și în 1 Timotei 2:5, „Dumnezeu" este Dumnezeu Tatăl, prima persoană a Trinității, însă, așa cum s-a demonstrat mai sus, Noul Testament se referă uneori la Dumnezeu Tatăl ca „Dumnezeu" pentru a sublinia că El este Dumnezeu, în timp ce argumentează că și celelalte două persoane din Trinitate sunt divine. Noul Testament articulează adevărul că există un singur Dumnezeu, dar de asemenea face referire la fiecare dintre cele trei persoane ale Trinității – Tatăl, Fiul și Duhul Sfânt – prezentându-Le ca fiind divine în ce privește numele, natura, prerogativele și lucrările.

Mai mult decât o singură persoană identificată drept Dumnezeu

În unele pasaje, vorbitorul sau scriitorul identifică două persoane drept Dumnezeu. În Ioan 5:17-18, Isus a pretins că avea aceeași autoritate de a lucra în ziua de sabat ca și „Tatăl Meu". Din pricina acestei afirmații, conducătorii evrei religioși au căutat și mai mult să-L omoare pe Isus, întrucât, în mințile

---

49 Benjamin Breckinridge Warfield, "The Biblical Doctrine of the Trinity," în *Biblical and Theological Studies*, ed. Samuel G. Craig (1952; repr., Philadelphia: Presbyterian and Reformed, 1968), 30–31.

lor, El încălcase sabatul și „zicea că Dumnezeu este Tatăl Său, făcându-Se astfel egal cu Dumnezeu" (Ioan 5:18). În Ioan 10:30, Isus a spus: „Eu și Tatăl una suntem." Din pricina acestei afirmații, conducătorii evrei au luat pietre ca să-l ucidă, acuzându-L de blasfemie, întrucât, prin faptul că spunea că era una cu Tatăl, ei considerau că Se diviniza ca de la Sine putere: „Tu, care ești om, Te faci Dumnezeu" (Ioan 10:33). Isus a mai spus și că are tot ceea ce Tatăl are (Ioan 16:15; 17:10). Dumnezeu Tatăl și Isus Cristos au lucrat împreună pentru a crea toate lucrurile (1 Cor. 8:6), harul și pacea le sunt date credincioșilor din partea lui Dumnezeu Tatăl și a Domnului Isus (1 Cor. 1:3; Ef. 1:2), iar credincioșii vor domni împreună cu Cristos pe pământ timp de o mie de ani ca preoți ai lui Dumnezeu Tatăl și ai lui Cristos (Apoc. 20:6).

Alte pasaje identifică toate cele trei persoane ale Trinității ca fiind Dumnezeu. Scriptura Le menționează pe cele trei persoane de o manieră egală și divină în privința următoarelor activități:

1. Planificarea din eternitate și asigurarea mântuirii oamenilor (Ef. 1:3–14; 2:13–18; 1 Pet. 1:2)
2. Mărturisirea despre Isus ca Fiul lui Dumnezeu și sursa vieții veșnice (1 Ioan 5:1-12)
3. Recunoașterea publică a lui Isus ca Mântuitor al lui Israel (Ioan 1:29-34)
4. Însoțirea ucenicilor lui Isus și revelarea adevărului acestora (Ioan 14:9–10, 26; 15:26; 16:7–15)
5. Revărsarea credinței, speranței și dragostei în inimile credincioșilor (Col. 1:3–8)
6. Răscumpărarea, justificarea și locuirea în sufletul credincioșilor (Gal. 3:11–14)
7. Împărțirea de daruri spirituale (1 Cor. 12:4–6)
8. Realizarea unității bisericii (Ef. 4:4–6)
9. Binecuvântarea perpetuă a credincioșilor (2 Cor. 13:14)
10. Ocrotirea celor ce cred în Cristos (2 Cor. 1:20–22)

În contextul Noului Testament, numai Dumnezeu poate oferi ceea ce se revelează că oferă Tatăl, Fiul și Duhul Sfânt pentru mântuirea eternă a celor ce cred în Cristos.

TREI PERSOANE DECLARATE CA FIIND DUMNEZEU

Tatăl este Dumnezeu. Noul Testament precizează că fiecare dintre cele trei persoane ale Trinității este „Dumnezeu". Numele „Dumnezeu" (gr. *theos*) se combină cu numele „Tată" în multe pasaje (e.g. Ioan 6:27; Rom. 15:6; 1 Cor. 8:6; 15:24; Ef. 4:6; Iac. 3:9). Și, așa cum a demonstrat Murray Harris, atunci când numele *theos* apare singur în Noul Testament cu referire la Dumnezeul adevărat, de regulă desemnează prima persoană a Trinității, pe Dumnezeu Tatăl (e.g. Iac. 1:5; 1 Pet. 3:18).[50]

Isus este Dumnezeu. Noul Testament afirmă de asemenea explicit că Isus este Dumnezeu. Cuvintele lui Isus pretind că El este divin. El susține că este Fiul lui Dumnezeu (Mat. 26:63-64; Mc. 14:61-62; Luca 22:67-71). El pretinde a fi „Eu sunt" (gr. *ego eimi*), astfel purtând Numele divin al lui Iahve din Vechiul Testament. Multe dintre aceste afirmații de tipul „Eu sunt" sunt legate de metafore, cum ar fi „Eu sunt Pâinea vieții" (Ioan 6:35, 48), „Eu sunt Lumina lumii" (Ioan 8:12), „Eu sunt ușa" (Ioan 10:9), „Eu sunt Păstorul cel bun" (Ioan 10:11, 14) și „Eu sunt învierea și viața" (Ioan 11:25). Însă multe dintre aceste afirmații sunt absolute, fiind lipsite de determinanți (e.g. Mc. 14:62; Ioan 8:24, 28, 58; 13:19; 18:5-8). Uzanța absolută din Ioan 13:19 apare în contextul în care Isus prezice că unul dintre ucenici Îl va trăda. El le spune ucenicilor Săi că rostește această afirmație astfel încât, „atunci când se va întâmpla, să credeți că Eu sunt". Cuvintele grecești din spatele acestei afirmații sunt preluate din traducerea Septuaginta a textului din Isaia 43:10, care spune: „ca să puteți cunoaște și crede și înțelege că Eu sunt." Această afirmație apare în contextul mai larg al capitolelor 40-48 din Isaia, în care Dumnezeu dovedește că El este singurul Dumnezeu adevărat, întrucât doar El poate prezice viitorul. Așadar, Isus susține că, atunci când prezicerea Sa că unul dintre ucenicii Săi Îl va trăda va ajunge să se împlinească, se va dovedi că El este Dumnezeu.

Isus mai pretinde și că Tatăl L-a trimis, și astfel a venit din cer și a avut autoritatea divină de a săvârși lucrările Tatălui (Ioan 3:13; 5:26–37; 6:31–58; 8:42; 16:28–30). Și Isus mai spune că are o relație specială cu „Tatăl Meu", pe care nimeni altul nu o are (e.g., Mat. 7:21; 10:32–33; 11:25–27; Luca 22:29; 24:49; Ioan 2:16; 5:19–23; 8:36–38; 10:29–30, 36–38; 14:2–3, 11–12, 23; 15:8–10, 15; 16:10, 26–28; 17:1–26; 20:17).

Ioan Botezătorul spune că Isus este „Acela" (Ioan 1:15, 23, 30) și „Fiul lui Dumnezeu" (Ioan 1:34). Dumnezeu Tatăl Îl numește pe Isus „Fiul Meu preaiubit" (Mat. 3:16-17; 17:5). Îngerii au anunțat că Isus este „Fiul lui Dumnezeu" (Luca 1:31-35) și „Domnul" (Luca 2:11) – în acest din urmă pasaj, „Domnul" este un nume divin deoarece i se mărturisise divinitatea în contextul apropiat (Luca 2:9, 15). În Matei 14:33, ucenicii I se închină lui Isus ca fiind „Fiul lui Dumnezeu". Petru Îl mărturisește pe Isus drept „Fiul Dumnezeului celui viu" (Mat. 16:16), iar Toma recunoaște că Isus cel înviat este „Domnul meu și Dumnezeul meu" (Ioan 20:27-29). Înainte de nașterea Sa, Isus este numit „Domnul" de către Elisabeta

---

50 Murray J. Harris, *Jesus as God: The New Testament Use of* Theos *in Reference to Jesus* (Grand Rapids, MI: Baker, 1992), 21–50.

(Luca 1:43) și de către Zaharia (Luca 1:76). Un centurion din scena răstignirii afirmă, „Cu adevărat, Omul acesta era Fiul lui Dumnezeu!" (Mc. 15:39).

Sub inspirația Duhului Sfânt, scriitorii Noului Testament afirmă că Isus este divin. Matei susține că Isus este „Dumnezeu cu noi" (Mat. 1:23). Luca îl citează pe Petru care se referă la Isus ca la „Domnul", ca o împlinire a Psalmului 110:1 (Fapt. 2:34-36) și de asemenea îl citează pe Pavel afirmând implicit divinitatea lui Isus atunci când vorbește despre „biserica lui Dumnezeu, pe care a câștigat-o cu însuși sângele Lui" (Fapt. 20:28). Pavel se referă la Cristos prin cuvintele „care este mai presus de toate lucrurile, Dumnezeu binecuvântat în veci" (Rom. 9:5). Romani 10:9 și 1 Corinteni 12:3 spun că mărturisirea de credință mântuitoare este „Isus este Domnul". În Romani 14:8-9, Pavel afirmă despre Cristos că este „Domn" – și că este „Domn, atât al celor morți, cât și al celor vii". Potrivit lui Pavel, Isus Cristos este „Domnul gloriei" (1 Cor. 2:8), și El este singurul „Domn, Isus Cristos, prin care sunt toate lucrurile, și noi prin El" (1 Cor. 8:6). Pavel proclamă că Isus a avut „chipul lui Dumnezeu", dar „S-a dezbrăcat pe Sine Însuși și a luat chip de sclav" (Fil. 2:6-7). Pavel continuă spunând că Isus S-a smerit pe Sine devenind ascultător până la punctul morții pe cruce, că Dumnezeu Tatăl „L-a înălțat" pe Isus și că, într-o zi, toți oamenii vor recunoaște că „Isus Cristos este Domnul" (Fil. 2:11). În Coloseni 2:9, Pavel declară că în Isus „locuiește trupește toată plinătatea Dumnezeirii".

Mai multe pasaje scrise de apostoli Îl numesc pe Isus „Dumnezeu" folosind o construcție gramaticală grecească pentru care gramaticianul Granville Sharp (1735-1813) a formulat o regulă (care acum îi poartă numele) și a specificat relevanța pe care o are pentru identitatea divină a lui Isus Cristos în Noul Testament. Regula stabilește că, dacă conjuncția *kai* din greacă leagă două „substantive" sau „participii" la singular, care descriu o persoană și care se află la același caz, și dacă articolul grecesc *ho* îl preced pe primul substantiv ori participiu, dar nu și pe al doilea, atunci „cel din urmă... exprimă o descriere suplimentară" a persoanei descrise de primul substantiv sau participiu.[51] Exemplele clasice ale construcției de tip Granville Sharp sunt Tit 2:13 („marelui nostru Dumnezeu și Mântuitor Isus Cristos"), 2 Petru 1:1 („Dumnezeului și Mântuitorului nostru Isus Cristos") și 2 Petru 2:20 („Domnului și Mântuitorului nostru Isus Cristos").

Potrivit lui Sharp, construcția din aceste pasaje are sensul că Isus este nu doar „Mântuitor", ci „Dumnezeu" și „Domn".

O altă modalitate prin care apostolii Îl identifică pe Isus ca Dumnezeu este prin a I se adresa cu pasaje ale Vechiului Testament care se referă la Iahve. În Ioan 12:36-41, prin inspirația Duhului, Ioan a citat Isaia 53:1 și Isaia 6:10 drept motive pentru care evreii „nu credeau" în Isus deși „făcuse atâtea semne îna-

---

51 Granville Sharp, *Remarks on the Uses of the Definitive Article in the Greek Text of the New Testament* (Philadelphia: B. B. Hopkins, 1807), 3.

intea lor" (Ioan 12:37). Ioan afirmă că necredința lor împlinește două pasaje din Vechiul Testament pe care el le-a citat. Ioan concluzionează în Ioan 12:41 că „aceste lucruri le-a spus Isaia când a văzut gloria Lui și a vorbit despre El." Termenul antecedent pentru „Lui" și „El" din acest verset este cuvântul „El" din versetul 37, care se referă la „Isus" în versetul 36. Astfel, Ioan Îl identifică pe Isus drept „Domnul" (ebr. *adonai*) din Isaia 6:1, pe care Isaia L-a văzut „șezând pe un tron", și drept „Domnul [Iahve] oștirilor" din Isaia 6:3, a cărui „glorie" umple „tot pământul". Prin urmare, Isus este „Domnul" din Isaia 6:1-3.

Și alte pasaje din Noul Testament fac referire la Isus folosind texte din Vechiul Testament care vorbesc despre Iahve. Faptele Apostolilor 2:21 și Romani 10:13 citează textul din Ioel 2:32 spre a sublinia că expresia „va chema Numele Domnului" (Iahve în Ioel 2:32) înseamnă a crede și a mărturisi că Isus este Domnul. Evrei 1:10-12 afirmă că Dumnezeu „I-a zis" cuvintele din Psalmul 102:25-27 „Fiului" (Evr. 1:8), astfel indicând că Isus este „Dumnezeul" (ebr. *el*) și „Domnul" (Iahve) despre care vorbește Psalmul 102. Și în Efeseni 4:7-8 se folosesc cuvintele din Psalmul 68:18 pentru exprima faptul că, atunci când Cristos S-a înălțat la cer, a dat daruri bisericii Sale. Însă pasajul respectiv din Vechiul Testament se referă la *Dumnezeu* care Se suie pe „muntele" Său (Psalmul 68:16) și „primește daruri" (Ps. 68:18). Așadar, citând Efeseni 4:7-8, Pavel dezvăluie că Isus era divin în momentul înălțării Sale și că a primit dreptul de a împărți daruri bisericii.

Duhul Sfânt este Dumnezeu. Noul Testament Îl identifică și pe Duhul Sfânt ca fiind divin. Titlurile Sale Îl asociază cu celelalte persoane din Trinitate: „Duhul lui Dumnezeu" (Mat. 3:16); „Duhul Domnului" (Luca 4:18); „Duhul Tatălui vostru" (Mat. 10:20); „Duhul Meu" (Fapt. 2:17-18); „Duhul lui Cristos" (Rom. 8:9); „Domnul este Duhul" (2 Cor. 3:17-18).

Sunt și alte afirmații mai explicite potrivit cărora Duhul Sfânt este Dumnezeu. În Faptele Apostolilor 5:3-4, 9, Petru spune că, mințindu-L pe Duhul Sfânt, Anania și Safira nu i-au „mințit pe oameni, ci pe Dumnezeu". În 2 Corinteni 3:17-18, Pavel afirmă, „Domnul este Duhul", și se referă la Duhul drept „Domnul, Duhul". De asemenea, Pavel spune în 1 Corinteni 3:16 că „Duhul lui Dumnezeu" locuiește în biserică deoarece biserica este „templul lui Dumnezeu". Și în Efeseni 2:22, Pavel susține că „în Duhul" biserica este zidită „împreună pentru a deveni un lăcaș al lui Dumnezeu."

Mai mult, Noul Testament pretinde că Duhul Sfânt este Cel care a rostit cuvintele din pasajele Vechiului Testament, cuvinte despre care acele pasaje pretind că vin direct de la Dumnezeu. În Faptele Apostolilor 28:25-27, Pavel spune că Duhul Sfânt a pronunțat „prin profetul Isaia" cuvintele din Isaia 6:9-10, deși în Isaia 6 „glasul Domnului" a fost cel care a rostit acele cuvinte (Is. 6:8). Aceeași corespondență între cuvintele din pasajele Noului Testament și cele din pasajele Vechiului Testament este vizibilă în următoarele perechi: Evrei 3:7-11 cu Psalmul 95:7-11; Evrei 10:15-17 cu Ieremia 31:31-34.

TREI PERSOANE CU PERFECȚIUNI DIVINE

Noul Testament descrie fiecare persoană din Trinitate ca deținând acele caracteristici care sunt perfecțiuni divine. Respectivele caracteristici sunt divine întrucât Noul Testament le enunță drept standardele după care sunt măsurate caracteristicile altor ființe. Dumnezeu Tatăl este puternic (Mat. 19:26), omniprezent (Mat. 6:4, 6), omniscient (Mat. 6.4, 6, 8; Luca 16:15), adevărat (Ioan 3:33), drept (Ioan 17:25; cf. Fapt. 10:34) și viu (Mat. 26:63; Ioan 5:26; 6:57).

Dumnezeu Fiul, întrupat ca Isus Cristos, este etern (Ioan 1:1; 8:58; 17:5; Apoc. 1:8; 21:6; 22:13), omniscient (Ioan 1:47–48; 2:24–25; 16:30; 21:17; Apoc. 2:23), omniprezent (Mat. 18:20; 28:20; Ioan 1:48–50), omnipotent (Mat. 8:26–27; 9:25; 21:19; 28:18; Mc. 5:11–15; Luca 4:38–41; 7:14–15; Ioan 2:11; 5:36; 10:25, 38; 11:43–44; Evr. 1:3; Apoc. 1:8), imuabil (Evr. 1:10–12; 13:8), iubitor (Ef. 5:2), sfânt (Luca 1:35; Ioan 8:46; Evr. 7:26–27; 1 Ioan 3:5), viață (1 Ioan 1:2; 5:20) și adevăr (Ioan 14:6).

Dumnezeu Duhul este etern (Evr. 9:14), sfânt (Ef. 4:30), omniscient (Ioan 14:26; 16:12–13; 1 Cor. 2:10–11), omnipotent (Luca 1:35, 37; 1 Cor. 12:11; Rom. 15:19), slavă (1 Pet. 4:14), viață (Rom. 8:2), adevăr (Ioan 14:17; 15:26; 16:13; 1 Ioan 4:6) și har (Evr. 10:29).

TREI PERSOANE CU PREROGATIVE DIVINE

Potrivit Noului Testament, fiecare persoană din Trinitate are prerogative divine. Acestea sunt divine deoarece Biblia Li le atribuie socotindu-le niște drepturi pe care alte ființe nu le au. Dumnezeu Tatăl are dreptul de a primi închinare (Ioan 4:23; Iac. 3:9), de a da porunci (Ioan 14:31), de a ierta păcatele (Mat. 6:14) și de a judeca (Ioan 5:30). Dumnezeu Fiul are dreptul de a primi închinare (Mat. 14:33; 28:9; Ioan 20:28; Evr. 1:6), de a da porunci (Ioan 15:12, 14), de a ierta păcatele (Mc. 2:8–12), de a judeca (Mat. 25:31–32; Ioan 5:22; Fapt. 10:42; 17:31; Rom. 14:10–11; 2 Cor. 5:10; 2 Tim. 4:1; 1 Pet. 4:1, 5; Apoc. 19:11–15; 22:12–13) și de a fi obiectul credinței (Ioan 1:12; 20:31). Dumnezeu Duhul Sfânt are dreptul de a primi închinare (Ef. 4:30; 1 Tes. 5:19; Evr. 10:29)[52], de a

---

52 Niciunul dintre pasajele enumerate mai sus nu exprimă într-o manieră afirmativă că Duhul Sfânt are prerogativa de a fi venerat ca Dumnezeu. În schimb, ele susțin că oamenii nu trebuie să-L „întristeze", să-L „stingă" și nici să-L „batjocorească" pe Duhul Sfânt. Însă, aceste enunțuri în forme negative trebuie înțelese într-o manieră pozitivă ca poruncindu-le oamenilor să facă opusul acestor acțiuni – anume, să-L as-

cunoaște lucrurile adânci ale lui Dumnezeu (1 Cor. 2:10), de a da porunci (Fapt. 8:29; 10:19–20) și de a împărți daruri (1 Cor. 12:4, 7–8, 11).

TREI PERSOANE CARE SĂVÂRȘESC ACȚIUNI DIVINE

Noul Testament specifică faptul că fiecare persoană din Trinitate săvârșește acțiuni divine. Respectivele acțiuni sunt divine deoarece Noul Testament afirmă că ele stabilesc realitatea în ansamblul ei. Dumnezeu Tatăl creează (1 Cor. 8:6), susține viața (Mat. 6:26), revelează adevărul (Mat. 16:17; Evr. 1:1–2), învie morții (Rom. 6:4) și judecă (Mat. 15:13; Fapt. 17:31). Dumnezeu Fiul creează (Ioan 1:3, 10; 1 Cor. 8:6; Ef. 3:9; Col. 1:16; Evr. 1:2), susține toate lucrurile (Col. 1:17; Evr. 1:3), revelează adevărul (Ioan 16:12–13), învie morții (Ioan 5:28–29; 10:17–18) și judecă (Ioan 5:22, 27; Fapt. 10:42; 2 Tim. 4:1). Dumnezeu Duhul Sfânt creează (Gen. 1:2; Iov 26:13; Ps. 33:6), revelează adevărul și inspiră scrierea lui (Ioan 16:13; 1 Cor. 2:12–13; 2 Pet. 1:21), învie morții (Rom. 8:11), regenerează (Ioan 3:5–6; Tit 3:5), locuiește în om (2 Tim. 1:14), conferă siguranța prin pecetluirea Sa (Ef. 1:13–14), revarsă dragostea lui Dumnezeu (Rom. 5:5) și călăuzește (Rom. 8:14).

TREI PERSOANE CARE AU RELAȚII DIVINE: GENERARE ETERNĂ ȘI PURCEDERE ETERNĂ

Așa cum s-a menționat anterior, există relații eterne între persoanele Trinității: Tatăl, Fiul lui Dumnezeu și Duhul lui Dumnezeu. Tatăl Îl naște pe Fiul în mod etern și Îl spirează[53] pe Duhul Sfânt în mod etern. Fiul este născut în mod etern din Tatăl și Îl spirează pe Duhul Sfânt în mod etern. Duhul purcede în mod etern de la Tatăl și de la Fiul.

Generarea eternă a Fiului și purcederea eternă a Duhului sunt două dintre cele mai greșit înțelese doctrine ale trinitarianismului clasic întrucât nu dispunem de analogii adecvate în existența umană care să poată fi folosite spre a explica sau ilustra terminologia. Deși Scriptura vorbește explicit despre faptul că Tatăl Îl naște pe Fiul (Ps. 2:7) și că Duhul iese de la Tatăl (Ioan 15:26), textele ei nu oferă o explicație clară și completă a însemnătății respectivelor expresii. Neîndoielnic, nașterea și suflarea sunt activități ale creaturilor, așa că limbajul propriu-zis este evident inadecvat pentru a exprima plinătatea splendorii și slavei acelor relații din sânul eternei, imuabilei și inexprimabilei Dumnezeiri. Prin urmare, cuvintele trebuie înțelese (pe cât este posibil) în lumina tuturor afirmațiilor Scripturii

---

culte, să-L onoreze și să-L venereze pe Duhul Sfânt.

53 Acesta este cuvânt unic folosit de teologi pentru a vorbi despre modalitatea prin care Duhul Sfânt „iese de la Tatăl" (Ioan 15:26). Termenul provine din latinescul *spirare*, „a sufla".

despre Tatăl, Fiul și Duhul Sfânt. (Secțiunea prezentă trebuie citită alături de cea precedentă intitulată „Deosebiri personale").

La prima vedere, generarea eternă pare un oximoron. În discursul uman normal, cuvintele *a genera* și *a naște* vorbesc despre a aduce pe cineva sau ceva în existență. Pe tărâmul uman, nașterea are loc o singură dată, la un moment definit în timp. A lega această idee de adjectivul *etern* înseamnă să o schimbi în cel mai radical mod. Și este absolut vital să se înțeleagă și să se afirme diferențele dintre a naște un copil uman și generarea eternă a Fiului lui Dumnezeu. Când spunem despre Cristos că este născut etern din Tatăl, nu vorbim despre începutul Său, căci Scriptura afirmă clar: „El era la început cu Dumnezeu. Toate lucrurile au fost făcute prin El și nimic din ce a fost făcut n-a fost făcut fără El" (Ioan 1:2-3). N-a existat niciodată o vreme când Fiul n-a existat. El este „Alfa și Omega, Cel dintâi și Cel de pe urmă, Începutul și Sfârșitul" (Apoc. 22:13).

Atunci, cum poate fi Cristos născut etern din Tatăl? Răspunsul este surprinzător de simplu. Când se folosesc cuvinte precum *naștere* sau *generare* spre a vorbi despre relația Tatălui etern cu Fiul Său (e.g. Ps. 2:7; cf. Fapt. 13:33; Evr. 1:5; 5:5), ele nu descriu începutul Său (căci n-a avut), ci stabilirea din veșnicie a relației filiale dintre prima și a doua persoană a Trinității.

Astfel, expresia descrie acțiunea eternă, necesară și de auto-diferențiere a lui Dumnezeu Tatăl prin care El generează existența personală a Fiului, și astfel Îi împărtășește Fiului întreaga esența divină (cf. Ioan 5:26).[54]

Această relație este unică; este tocmai aspectul care-L deosebește pe Fiul de Tatăl și de Duhul. Cu alte cuvinte, Duhul nu este născut; modalitatea Sa de existență este pe baza *purcederii*. Similară generării eterne, purcederea Duhului de la Tatăl și de la Fiul descrie acțiunea eternă, necesară și de auto-diferențiere a Tatălui și a Fiului prin care Ei spirează existența personală a Duhului, și astfel Îi împărtășesc întreaga esență divină.[55] Scriptura nu definește explicit diferența dintre generare și purcedere, însă terminologia aceasta se potrivește cu numele de Fiu și Duh. *Nașterea* poartă conotația de filiație (i.e., ceea ce este caracteristic calității de fiu), iar *purcederea* este o exprimare adecvată care poate fi legată de conceptele de duh sau suflare. În mod limpede, deosebirea dintre *naștere* și *purcedere* este intenționată și importantă, chiar dacă nu putem explica în totalitate în ce fel diferă cele două tipuri de existență.[56]

---

54 Berkhof, *Systematic Theology*, 94.

55 Berkhof, *Systematic Theology*, 97.

56 John Owen ridică, în mod întemeiat, o întrebare, probabil evocând versetul din Faptele Apostolilor 8:33 (cf. Is. 53:8 în Septuaginta), „Cine poate explica generarea Fiului, purcederea Duhului sau diferența dintre ele?" *On Temptation and the Mortification of Sin in Believers* (Philadelphia: Presbyterian Board of Publication, 1880), 268.

Este un fapt bine-cunoscut că Biserica Răsăriteană s-a separat de cea Apuseană din pricina întrebării dacă Duhul Sfânt purcede doar de la Tatăl sau de la Tatăl și de la Fiul (lat. *filioque*). În Ioan 15:26, Isus spune: „Duhul adevărului care iese de la Tatăl." Și în Ioan 20:22, într-una dintre arătările timpurii ale lui Isus de după înviere în fața ucenicilor, se spune că „a suflat peste ei și le-a zis: Primiți Duhul Sfânt" – care este un simbol al ideii sugerate prin limbajul folosit pentru a vorbi despre purcederea Duhului. De aceea afirmăm, alături de Biserica Apuseană, că Duhul Sfânt purcede de la Tatăl și de la Fiul. Crezul atanasian (*Quicunque Vult*) enunță relațiile din sânul Dumnezeirii în cel mai succint mod cu putință: „Tatăl nu este făcut din nimic; nici creat, nici născut. Fiul este numai de la Tatăl; nu este făcut; nici creat, ci născut. Duhul Sfânt este de la Tatăl și de la Fiul; nici făcut; nici creat; nici născut, ci ieșit."[57]

Așa cum s-a menționat anterior, aceste *opera ad intra* stabilesc o ordine precisă (lat. taxis) în sânul Dumnezeirii, astfel încât este cuvenit să se afirme (doar în ce privește relațiile Lor, nu și în ce privește esența, gloria sau măreția Lor) că Tatăl este primul, Fiul este al doilea și Duhul este al treilea. Lucrările *ad intra* ale generării eterne și purcederii eterne devin fundament pentru ordinea oglindită prin lucrările *ad extra* din economia răscumpărării. Fiul I Se supune Tatălui în economia răscumpărării (cf. Ioan 5:30; 6:38) deoarece El a fost generat în mod etern de Tatăl.[58] Duhul este trimis de Tatăl și de Fiul (cf. Ioan 14:26; 15:26) deoarece El purcede în mod etern de la Tatăl și de la Fiul. Însă nimic din toate acestea nu implică vreun rang sau vreo ierarhie la nivelul *esenței* în sânul Trinității, căci fiecare persoană posedă esența divină nedivizată. Astfel, Crezul atanasian rezumă învățătura clară a Scripturii cu o economie remarcabilă de cuvinte: „Și în această Trinitate niciunul nu stă în fața altuia sau în spatele altuia; niciunul nu este mai mare sau mai mic decât altul. Ci toate cele trei Persoane sunt co-eterne și co-egale. Așa că, în toate lucrurile, potrivit celor spuse anterior: închinarea trebuie oferită Unității în Trinitate și Trinității în Unitate."[59]

---

57 Schaff, *Creeds of Christendom*, 2:67–68.

58 Aceasta este în contrast cu învățătura unora care spun că supunerea *ad extra* a Fiului față de Tatăl este înrădăcinată într-un anumit tip de subordonare eternă funcțională (*ad intra*) a Fiului față de Tatăl. Nu pot exista relații eterne de autoritate și supunere între Tatăl și Fiul (*ad intra*) fără a fi subminată doctrina simplității divine, căci conceptul de supunere implică subjugarea voinței unei persoane de către voința unei alte persoane. Însă, întrucât facultatea voinței este un element fundamental al naturii, și întrucât natura (sau esența) divină este singulară și neîmpărțită între persoanele din Trinitate, nu poate exista supunere sau subjugare din veșnicie. Fiul întrupat poate să I Se supună Tatălui deoarece, ajungând să dețină o natură pe deplin umană, posedă o voință umană alături de voința Sa divină (cf. Luca 22:42; 1 Cor. 15:28).

59 Schaff, *Creeds of Christendom*, 2:68.

Istoria timpurie a dezvoltării teologice[60]

Ca o concluzie la studiul despre Trinitate, este important să notăm pe scurt felul în care aceasta a fost (1) observată în Scriptură și (2) articulată de biserica antică. Cuvântul *Trinitate* și alți termeni tehnici (e.g., *persoană, esență*) din cadrul doctrinei tradiționale ortodoxe a Trinității nu se găsesc în Scriptură, dar se bazează pe o exprimare biblică. Doctrina Trinității a fost articulată în mod formal de Conciliul de la Niceea (325 d.Cr.) și de Conciliul de la Constantinopol (381 d.Cr.), însă aceste concilii n-au inventat doctrina; mai degrabă, ele au formulat o dogmă (proclamare oficială) pentru a contracara ereziile predominante. În istoria bisericii din perioada ulterioară Noului Testament, afirmarea doctrinei poate fi trasată înapoi până la formulările folosite de părinții apostolici timpurii (cca. 90-150 d.Cr.). Acești bărbați – precum Clement din Roma (fl. cca. 88-99), Policarp (cca. 69-155) și Ignațiu (cca. 50-cca. 110) – au afirmat divinitatea Tatălui, a Fiului și a Duhului Sfânt fără a specula pe marginea relațiilor dintre Ele. În timpul acestei perioade, biserica a început să se confrunte cu persecuția romană, iar unii dintre părinții apostolici au murit ca martiri. De asemenea, biserica a fost nevoită să înfrunte erezia gnostică.

Următoarea perioadă din viața bisericii antice (150-300 d.Cr.) a fost martora intensificării persecuției romane și a apariției unor noi erezii, pe lângă răspândirea gnosticismului. Gnosticismul era monist și dualist, negând distincțiile reale în ce privește realitatea și tratând materia și trupul ca fiind inerent rele, nefiind create de Dumnezeu, care a fost protejat de materie printr-o serie de emanații. Gnosticii au negat întruparea lui Cristos din moment ce credeau că Dumnezeu nu S-ar uni niciodată cu materia, nici nu ar veni pe pământ. Gnosticii și-au scris niște cărți proprii care erau eronate, născocind inclusiv evanghelii false.

Alte erezii din această perioadă includeau diferite forme de monarhianism (o formă timpurie de unitarianism). Monarhianismul dinamic (adopțianist) susținea că numai Tatăl este Dumnezeu și că Isus a fost doar un om care a fost locuit de o forță divină impersonală (Logosul), fie la nașterea Sa, fie la botezul Său, fie la învierea Sa. El a avut parte de un soi de dumnezeire delegată prin intermediul acestei puteri divine lăuntrice, iar divinitatea Sa a fost limitată exclusiv la această putere și nu prevedea nicio esență divină.

Monarhianismul modalist (modalism, sabelianism și patripasianismul) susținea că Tatăl și Fiul sunt unul și același. Dumnezeu este numit Tatăl sau Fiul în

---

60 Acest rezumat istoric se bazează pe lucrările lui Gregg R. Allison, *Historical Theology: An Introduction to Christian Doctrine* (Grand Rapids, MI: Zondervan, 2011), 231–43; Louis Berkhof, *The History of Christian Doctrines* (1937; repr., Grand Rapids, MI: Baker, 1975), 83–92; John D. Hannah, *Our Legacy: The History of Christian Doctrine* (Colorado Springs: NavPress, 2001), 71–86 și a lui Robert Letham, *The Holy Trinity: In Scripture, History, Theology, and Worship* (Phillipsburg, NJ: P&R, 2004), 89–220.

funcție de timp. Născut dintr-o fecioară, este numit Fiul; celor care au crezut în El, li S-a revelat drept Tatăl. Acel Dumnezeu singular S-a metamorfozat într-o formă exterioară potrivit cu necesitatea momentului. Cu alte cuvinte, există doar un singur Dumnezeu care Se prezintă pe Sine sub diferite forme (Tatăl, Fiul sau Duhul), după cum voiește. În cadrul acestei erezii, formele de mai sus sunt moduri de manifestare, nu moduri de ființare.

Conducătorii bisericii din acea perioadă – precum Iustin Martirul (cca. 100-165), Irineu (cca 120-202), Tertulian (cca. 160 – cca. 220), Clement din Alexandria (cca. 150 – cca. 215) și Origen (cca. 184 – cca 254) – au început să scrie mai pe îndelete din postura unor apologeți și teologi spre a contracara acuzațiile false făcute de păgâni împotriva creștinilor și spre a se opune gnosticismului și monarhianismului. Acești bărbați au dezvoltat într-un mod semnificativ explicarea ortodoxă a doctrinei Trinității. Irineu a scris cinci cărți împotriva gnosticilor. Scrierile sale au fost mai amănunțite în ce privește relațiile dintre Tatăl, Fiul și Duhul Sfânt. Tertulian a inventat cuvântul latin *trinitas* pentru Dumnezeire și latinescul *persona* pentru persoane. Origen a afirmat divinitatea eternă a Fiului și s-a referit la cele trei persoane prin termenul grecesc *hypostasis*, iar la esența unică prin grecescul *ousia*. Toți apologeții au afirmat esența divină și statutul distinct de persoană al fiecărui membru al Trinității.

O problemă care s-a ivit atunci când apologeții au scris despre Trinitate a fost dezvoltarea ideii de subordinaționism ontologic. Iustin, Irineu și Tertulian au început să scrie despre generarea eternă a Fiului ca și când ar fi fost o derivare eternă. Origen a mers chiar mai departe, spunând că Fiul I-a fost „secundar lui Dumnezeu", inferior Tatălui.

Gândirea lui Origen despre Tatăl și Fiul au ajutat la pregătirea căii pentru ca învățăturile lui Arie (250-336) din Alexandria să ajungă să dobândească o oarecare acceptare – deși Arie prezenta o subordonare a Fiului în moduri străine lui Origen. Arie susținea că Isus a fost doar un om în care s-a coborât Logosul. Logosul, Fiul, a fost cea mai glorioasă și cea dintâi creație a lui Dumnezeu. Astfel, Fiul n-a fost Dumnezeu, ci o creatură.

În următoarea perioadă (300-600), cugetarea și explicarea teologică au avansat, biserica bucurându-se în final de pace, ceea ce a făcut posibilă contracararea ereziei ariene, precum și alte erezii cristologice. Persecuțiile romane au atins punctul culminant printr-o prigoană de proporții la nivelul întregului imperiu, sub împăratul Dioclețian, în prima parte a secolului al patrulea. Persecuțiile s-au încheiat odată cu împăratul Constantin, care a fost zelos în a promova biserica. În 325, Constantin a anunțat cel dintâi conciliu ecumenic, Conciliul de la Niceea, cu scopul de a reface unitatea. Prin influența lui Atanasie, secretar și viitor succesor al lui Alexandru, episcopul Alexandriei, conciliul a formulat un crez care afirma că Fiul este „Dumnezeu adevărat din Dumnezeu adevărat" și „de o ființă" (*homoousios*) cu Tatăl. Însă, au fost multe facțiuni în cadrul conciliului, inclusiv arienii, și fiecare își avea propria sa interpretare în privința grecescului *homoousios*. Pentru următorii cincizeci de ani au continuat conflictele semantice și teologice. Erezia macedoneană, derivată din arianism, susținea că Duhul Sfânt era de asemenea o ființă creată. Treptat, perspectiva alexandrină a relației Tatălui, Fiului și Duhului Sfânt a triumfat după ce reprezentații bisericilor grecești și latinești au discutat și s-au pus de acord asupra unui limbaj trinitarian comun. La Conciliul de la Constantinopol (381), formula niceeană a fost reafirmată și dezvoltată. Majoritatea știa că se afirma divinitatea plenară și egală a Fiului și a Duhului, după cum o dovedește faptul că acest conciliu a specificat că Duhul Sfânt este „Domnul și Dătătorul vieții" și trebuie „să I Se aducă închinare și să fie preamărit" în mod egal cu Tatăl și cu Fiul.

În anii următori, bisericile care și-au însușit credința dreaptă și-au asumat poziția de la Niceea și Constantinopol, acceptând doctrinele formulate de aceste concilii întrucât reflectau ceea ce ele credeau deja. Între anii 399 și 419, Augustin de Hipona a scris un amplu volum despre Trinitate pentru a explica mai în profunzime și a apăra trinitarianismul ortodox în bisericile vorbitoare de latină. La Sinodul de la Toledo din 589, bisericile vestice au făcut o schimbare formală în Crezul de la Constantinopol. Cuvântul latin *filioque* („și Fiul") a fost adăugat la finalul afirmației că Duhul Sfânt „purcede de la Tatăl", spre a se preciza că Duhul Sfânt purcede și de la Fiul. Bisericile răsăritene vorbitoare de greacă s-au opus revizuirii crezului deoarece considerau că aceasta îl modifica fără aprobarea întregii biserici și-L punea pe Fiul la același nivel cu Tatăl drept „cauză" a Trinității. Bisericile apusene au instituit schimbarea în Crezul de la Niceea-Constantinopol întrucât doreau să accentueze (împotriva arianismului) egalitatea eternă, divină a Fiului cu Tatăl. Dezacordul privitor la această modificare a fost un factor major în privința divizării permanente din anul 1054 dintre Biserica Răsăriteană și Biserica Apuseană.

În concluzie, este important de înțeles că, în mijlocul politicilor imperiale și ecleziale dintre anii 300-500, motivația fundamentală care a stat la baza intenției conducătorilor bisericii de a explica mai clar doctrina Trinității a fost interpretarea corectă a Scripturii. Ca o mărturie a influenței Scripturii stă în faptul că redactarea în greacă a Crezului de la Niceea s-a bazat pe textul din 1 Corinteni 8:6 scris tot în limba greacă, care a fost punctul nevralgic al unei părți însemnate din conflictul existent între episcopii arieni și cei ortodocși. Explicarea doctrinei Trinității s-a dezvoltat în ultimă instanță ca urmare a dezacordurilor acestor teologi asupra înțelesului Bibliei. Ulterior, principalii reformatori au reafirmat formularea a ceea ce a ajuns cunoscut drept Crezul de la Niceea-Constantinopol. Reforma a devenit o revigorare a încrederii în Biblie și a studierii acesteia în limbile ei originale. Reformatorii n-ar fi afirmat niciodată doctrina trinitariană formulată la Niceea-Constantinopol dacă n-ar fi crezut că aceasta este în armonie cu Scriptura, o convingere surprinsă prin următoarele cuvinte ale lui Martin Luther (1483-1546): „Astfel, Scriptura dovedește în mod limpede că există trei Persoane și un singur Dumnezeu. N-aș crede nici scrierile lui Augustin, nici învățătorii bisericii dacă Noul și Vechiul Testament nu ne-ar arăta lămurit această doctrină a Trinității."[61]

DECRETELE LUI DUMNEZEU

Caracteristici
Răspunsuri la obiecții

Decretele lui Dumnezeu reprezintă planul Său etern prin care, în conformitate cu voia Sa decretivă și pentru slava Sa, El a rânduit dinainte tot ce se întâmplă.[62]

Caracteristici

Următoarea listă prezintă caracteristicile majore ale decretelor lui Dumnezeu:[63]

1. Unitare: „sfatul voii Sale" (Ef. 1:11)
2. Cuprinzătoare: lucrează toate lucrurile" (Ef. 1:11), inclusiv rânduirea faptelor bune pentru poporul Său (Ef. 2:10), precum și a acțiunilor păcătoase (Pv. 16:4; Fapt. 2:23; 4:27–28), evenimente care, din perspectivă umană, sunt accidentale (Gen. 45:8; 50:20; Pv. 16:33), mijloacele și scopurile acțiunilor (Ps. 119:89–91; Ef. 1:4; 2 Tes. 2:13), dar și durata (Iov 14:5; Ps. 39:4) și locul unde trăiește o anumită persoană (Fapt. 17:26)[64]
3. Necondiționate și lipsite de influențe exterioare: „după sfatul voii Sale" (Ef. 1:11; vezi și Fapt. 2:23; Rom. 8:29-30; Ef. 2:8; 1 Pet. 1:2)
4. Eterne: „care ne-a mântuit și ne-a chemat cu o chemare sfântă, nu pentru faptele noastre, ci după hotărârea Lui și harul care ne-a fost dat în Cristos Isus, înainte de veșnicii" (2 Tim. 1:9; vezi și Ef. 1:4)
5. Eficiente: „Eu am vestit sfârșitul de la început și cu mult înainte ce nu

---

61 Martin Luther, *D. Martin Luthers Werke: Kritische Gesamtausgabe* (Weimar, Germany:, H. Böhlau, 1883), 39II:305, citat în Paul Althaus, *The Theology of Martin Luther*, trans. Robert C. Schultz (Philadelphia: Fortress, 1966), 199n1.

62 Pentru o discuție suplimentară despre decretele lui Dumnezeu, vezi „Decretele lui Dumnezeu" din cap. 7.

63 Larry D. Pettegrew, "The Doctrine of God," notițe nepublicate (Sun Valley, CA: The Master's Seminary, n.d.), 169–71.

64 Berkhof, *Systematic Theology*, 105.

este încă împlinit, zicând: Hotărârile Mele vor rămâne în picioare și Îmi voi împlini toată voia Mea" (Is. 46:10; vezi și Ps. 33:11; Pv. 19:21)

6. Imuabile: „Dar hotărârea Lui este luată, cine I se va împotrivi?" (Iov 23:13-14, vezi și Ps. 33:11; Is. 14:24; 46:10; Fapt. 2:23).

7. Rânduiesc păcatul și îi limitează efectele: „Dumnezeu i-a lăsat..." (Rom. 1:24, 26, 28; vezi și Ps. 78:29; 106:15; Fapt. 14:16; 17:30; Rom. 3:25)

8. Au un scop: să arate și să aducă laudă slavei lui Dumnezeu (Rom. 11:33–36; Ef. 1:6, 12, 14; Apoc. 4:11)

Răspunsuri la obiecții

OBIECȚIA 1: DECRETELE LUI DUMNEZEU SUNT CONTRARE CAPACITĂȚII MORALE LIBERE A OMULUI

Răspuns: Despre oameni se poate spune în mod corect că sunt liberi atât timp cât acțiunile lor sunt neconstrânse. Ființele umane sunt libere să acționeze în interiorul limitelor naturii lor. Din moment ce toți oamenii sunt păcătoși în Adam, natura lor este pervertită de păcat, iar prin urmare, nu sunt liberi să aleagă ce este drept. Cu toate acestea, ei iau decizii morale în conformitate cu propria lor gândire și și cu propriile lor dorințe. Aceste decizii izvorăsc dintr-o natură umană decăzută, care în mod fundamental se opune ascultării de Dumnezeu. Astfel, oamenii acționează liber în starea lor de păcat și nu sunt constrânși de Dumnezeu să acționeze împotriva naturii lor. Decretele lui Dumnezeu cuprind alegerile neconstrânse ale oamenilor care sunt liberi să acționeze în interiorul limitelor propriei lor naturi (cf. Gen. 50:19-20; Fapt. 2:23; 4:27-28).

OBIECȚIA 2: DECRETELE LUI DUMNEZEU DESCURAJEAZĂ FAPTELE BUNE ALE OAMENILOR

Răspuns: Decretele nu le sunt adresate oamenilor „ca o regulă de acțiune" și nu pot reprezenta o astfel de regulă deoarece conținutul decretelor este necunoscut până când se petrec evenimentele respective. Însă Dumnezeu a rânduit o normă de trăire și de credință în Biblie, astfel încât omul să aibă la dispoziție îndrumarea necesară pentru a face fapte ale neprihănirii. Din nou, omul este liber din punct de vedere al decretelor să acționeze conform gândurilor și dorințelor sale, iar Dumnezeu nu-l împiedică în mod coercitiv să facă binele. De asemenea, decretele lui Dumnezeu includ alegeri umane neîngrădite care sunt stabilite de Dumnezeu pentru împlinirea scopurile rânduite de El:

> Întrucât decretele stabilesc o corelație între mijloace și scopuri, iar scopurile sunt decretate numai ca rezultat al mijloacelor, ele încurajează efortul, nu-l descurajează. Credința puternică în faptul că, în conformitate cu decretele

divine, succesul va fi răsplata trudei, este un stimulent pentru eforturile cura-joase și perseverente.[65]

În Biblie se găsește „o distincție teologică între certitudine și constrân-gere" (vezi Fapt. 2:23).[66] Doar pentru că Dumnezeu a decretat un eveniment, făcându-l astfel sigur, nu înseamnă că El îi constrânge pe oameni să acționeze împotriva gândurilor și dorințelor lor. Atât timp cât nu există nicio constrângere în privința condițiilor care determină o persoană să acționeze într-un anumit mod, o acțiune umană poate fi stabilită de Dumnezeu și poate fi sigură în ce privește producerea ei, și totuși acea persoană poate rămâne liberă să acționeze așa cum îi place.[67]

OBIECȚIA 3: DECRETELE LUI DUMNEZEU ÎNSEAMNĂ FATALISM

Răspuns: Fatalismul este ceva impersonal, fără inteligență și lipsit de un scop final intenționat. În contrast, stabilirea suverană de către Dumnezeu a decretelor Sale reprezintă acțiunea personală a lui Dumnezeu care este, în mod desăvâr-șit, înțelepciune, omnisclență, dreptate, dragoste și har. Mai mult, unul dintre scopurile decretelor Sale este ca oamenii să fie mântuiți din păcat și să trăiască necurmat în binecuvântare eternă. Fatalismul nu lasă loc acțiunilor libere, descri-ind omenirea într-o stare de coerciție impersonală exercitată de forțe cosmice. Însă decretele lui Dumnezeu nu includ o coerciție morală. De asemenea, fatalis-mul nu conține nicio distincție între bine și rău, și niciun sens moral în univers. Însă decretele lui Dumnezeu se bazează pe dreptatea Sa eternă, perfectă, având ca rezultat trăirea credincioșilor pentru totdeauna într-o stare de bunătate morală neîntinată.

OBIECȚIA 4: DECRETELE LUI DUMNEZEU ÎL FAC PE DUMNEZEU CAUZA RĂSPUNZĂTOARE PENTRU PĂCAT

Răspuns: Trebuie să se admită că păcatul este o parte din planul etern al lui Dumnezeu, întrucât El face *toate lucrurile* în conformitate cu sfatul voii Sale (Ef. 1:11). Aceasta include cel mai mare păcat din istoria omenirii: omorârea Fiului

---

65 Berkhof, *Systematic Theology*, 107.

66 Pettegrew, "Doctrine of God," 172.

67 Aici afirmăm libertatea compatibilistă a înclinației și respingem libertatea ab-solută a indiferenței. Pentru mai multe detalii despre compatibilism, vezi mai jos „Teodiceea compatibilistă". Pentru mai multe detalii despre distincția dintre libertatea de înclinație și libertatea de a fi indiferent, vezi Bruce A. Ware, *God's Greater Glory: The Exalted God of Scripture and the Christian Faith* (Wheaton, IL: Crossway, 2004), 61–95. Am menționat în alt loc din acest volum despre punctul de dezacord cu concepția lui Ware despre „cunoașterea mediată compatibilistă", însă am găsit utilă discuția lui despre diferența dintre libertatea compatibilistă și absolută.

lui Dumnezeu (cf. Fapt. 2:22-23; 4:27-28). Dumnezeu nu numai că a permis răstignirea; El a rânduit-o în mod intenționat și înțelept și spre salvarea omenirii și spre onoarea și slava Sa. Tot astfel, El nu doar a îngăduit ca frații lui Iosif să-l vândă ca sclav în Egipt, ci *a stabilit* acțiunea lor păcătoasă pentru cele mai înțelepte și sfinte scopuri ale Sale (Gen. 45.5-8; 50:20).

Cu toate acestea, deși Dumnezeu rânduiește alegerile rele ale unor agenți morali liberi, El nu-Și atrage vinovăție sau nelegiuire pentru că El nu cauzează în mod direct sau eficace vreun rău. El face să se întâmple acțiunile rele ale omului prin intermediul unor cauze secundare, potrivit dorințelor nelegiuite ale acestuia. Dumnezeu este suveran în mod absolut, iar omul este complet răspunzător pentru acțiunile sale.[68]

CREAȚIA

Creația divină
Creaționismul prin „fiat!

Creația lui Dumnezeu este definită drept lucrarea Sa săvârșită prin Cuvântul Său și pentru slava Sa de a crea universul din nimic, astfel că starea inițială a acestuia a fost lipsită de stricăciune spirituală sau fizică. Scopul acestei discuții nu este de a expune argumente apologetice în favoarea creaționismului, ci de a rezuma doctrina biblică a lucrării creaționiste a lui Dumnezeu și de a prezenta modelul creaționismului prin „fiat" ca fiind interpretarea corectă a narațiunii biblice a creației.

Creația divină[69]

Următoarele trăsături sumarizează principalele afirmații biblice privitoare la creația divină a universului.

ÎNCEPUTUL UNIVERSULUI ȘI TIMPULUI

Universul a avut un început, și acel început a coincis cu primul moment al timpului (Gen. 1:1; Mat. 19:4, 8; Mc. 10:6; Ioan 1:1-2; 17:5; Evr. 1:10). Întrucât Dumnezeu a creat „la început", fără îndoială că începutul trebuie să includă și timpul. Dumnezeu a început să creeze în cel dintâi moment al timpului, începutul primei zile (Gen. 1:5). Geneza 1:1 evidențiază că Dumnezeu există în afara timpului și că este Creatorul acestuia.

68 Pentru aprofundare, vezi mai jos „Problema răului și teodiceea" și „Decretele lui Dumnezeu și problema răului" în cap. 7.
69 Pentru o discuție suplimentară despre creație, consultă cap. 6, „Omul și păcatul".

CREAȚIA A FOST FĂCUTĂ RAPID ȘI DIN NIMIC

Dumnezeu a creat universul în șase zile concrete a câte douăzeci și patru de ore, și El l-a făcut prin Cuvântul Său *ex nihilo* („din nimic") (Gen. 1:1; Ps. 33:6, 9; 148:5; Is. 45:18; Ioan 1:3; Fapt. 4:24; 14:15; 17:24-25; Rom. 4:17; Col. 1:16; Evr. 11:3; Apoc. 4:11; 10:6). Dumnezeu a creat cea dintâi energie fizică și materia deoarece, atunci când El Și-a început actul creației, nu exista nimic. Dumnezeu este singura cauză a începutului universului.

UNIVERSUL ESTE DISTINCT ȘI DEPENDENT DE DUMNEZEU

Universul a fost creat de Dumnezeu, este distinct de El, și totuși este dependent de El (Iov 12:10; Ps. 104:30; 139:7-10; Is. 42:5; Ier. 23:24; Fapt. 17:24-28; Ef. 4:6; Col. 1:15-17; Evr. 1:3). Dumnezeu este mai mare decât ceea ce a creat.

UNIVERSUL A FOST CREAT DE DUMNEZEUL TRIUNIC

Dumnezeul care a creat universul este Dumnezeul triunic revelat în Biblie. Dumnezeu Tatăl a inițiat lucrarea divină de creație și a coordonat-o (1 Cor. 8:6). În supunere față de Tatăl ca agent al creației Sale, Dumnezeu Fiul a creat universul (Ioan 1:3; 1 Cor. 8:6; Col. 1:15-17; Evr. 1:10). Și Duhul Sfânt de asemenea a participat la lucrarea divină de creație a universului (Gen. 1:2; Iov 26:13; 33:4; Ps. 104:30; Is. 40:12-13). Această lucrare n-a fost împărțită; mai degrabă, fiecare persoană din Trinitate a acționat în armonie cu celelalte două persoane. Dumnezeu Tatăl este văzut ca fiind sursa; Dumnezeu Fiul este văzut ca fiind intermediarul acțiunilor de creație; și Duhul Sfânt este văzut ca fiind factorul îndeplinirii acestor acțiuni. Fiecare persoană a contribuit integral și în armonie cu celelalte în acțiunile creației.

CREAȚIA LUI DUMNEZEU A FOST UN ACT LIBER

Dumnezeu a acționat liber în a crea (Ef. 1:11; Apoc. 4:11). Creația n-a fost ceva necesar esenței lui Dumnezeu. Nici chiar decretele lui Dumnezeu nu sunt esențiale pentru Dumnezeu, ci sunt mai degrabă un produs etern necesar al esenței lui Dumnezeu. Creația depinde de decretele suverane ale lui Dumnezeu, de aceea creația nu este prin ea însăși o necesitate pentru ca Dumnezeu să fie Dumnezeu. Însă creația este un rezultat necesar al însumării a tot ceea ce este Dumnezeu (perfecțiunile Sale/esența Sa).

OMUL A FOST CREAT ÎN MOD DIRECT, CULMINANT ȘI SPECIAL

Dumnezeu i-a creat pe Adam și pe Eva în mod direct și în mod special ca punctul culminant al lucrării divine de creație (Gen. 2:7, 21-23). Adam a fost creat întâi „din țărâna pământului", iar pe urmă a fost făcută Eva dintr-una din coastele lui. Ei erau persoane individuale și au fost creați în a șasea și ultima zi a creației, culminarea lucrării lui Dumnezeu de creație. Dumnezeu nu l-a creat pe om din alte ființe pe parcursul mai multor eoni de timp, ci din pământ, în a șasea zi literală a creației. Dumnezeu nu l-a creat pe om din animale moarte, ci direct din țărâna pământului, după chipul lui Dumnezeu (Gen. 1:27). Iar atunci când Dumnezeu a făcut-o pe Eva din Adam, ei au fost primii parteneri de căsătorie, acesta fiind modelul pentru toate căsătoriile (Gen. 2:24).

OMUL A FOST CREAT PENTRU A STĂPÂNI PĂMÂNTUL

Dumnezeu i-a creat pe Adam și pe Eva și le-a poruncit să stăpânească pământul (Gen. 1:27-31). Ei au fost slujitorii lui Dumnezeu desemnați să conducă pământul.

TOATE CREATURILE TREBUIAU SĂ SE REPRODUCĂ „DUPĂ SOIUL LOR"

Dumnezeu a rânduit fiecare creatură să reproducă „după soiul ei" (Gen. 1:11, 12, 21, 24, 25). Drept urmare, au fost stabilite granițe inviolabile în natura genetică a fiecărui soi.

TOATE LUCRURILE AU FOST CREATE ÎNTR-O STARE MATURĂ

Dumnezeu a creat toate lucrurile într-o stare matură, având aparența vârstei. Entitățile vii au fost create și pregătite pentru a se reproduce, inclusiv plantele (Gen. 1:12), animalele (Gen. 1.20-25) și oamenii (Gen. 1:26-30). Adam și Eva au fost creați gata pregătiți pentru a primi stăpânire peste lume. Cu adevărat, întregul univers a fost creat având toate sistemele la un nivel de funcționare matur. De pildă, stelele au fost create având deja lumina răspândită asupra pământului (Gen. 1:14-19).

UNIVERSUL A FOST CREAT „FOARTE BUN"

Dumnezeu a creat în mod complet și perfect; universul a fost „foarte bun", potrivit standardului Său de perfecțiune pentru creație (Gen. 1:31). La punctul respectiv, nu exista niciun fel de stricăciune sau de moarte. Evoluția lumii este exclusă pe baza acestei afirmații din moment ce evoluția implică decădere și moarte.

CREAȚIA A FOST MENITĂ SĂ-L GLORIFICE PE DUMNEZEU

Dumnezeu a creat spre a-Și arăta gloria (Is. 43:7; 60:21; 61:3; Ex. 36:21-22; 39:7; Luca 2:14; Rom. 9:17; 11:36; 1 Cor. 15:28; Ef. 1:5-6, 9, 12, 14; 3:9-10; Col. 1:16).[70] Dumnezeu n-ar fi putut stabili un alt scop suprem decât El Însuși întrucât El este superior tuturor celorlalte din afara Lui. Doar stabilirea gloriei

---

70 Berkhof, *Systematic Theology*, 136.

lui Dumnezeu drept scopul principal conservă independența și suveranitatea lui Dumnezeu. Mai mult, niciun alt scop suprem n-ar putea cuprinde toate lucrurile, și orice scop inferior ar fi sortit eșecului întrucât creaturile sunt finite.

Creaționismul prin „fiat"

Explicarea creației care se armonizează cel mai bine cu doctrina biblică a creației divine este *creaționismul prin fiat*, care susține că Dumnezeu a creat universul prin fiat (sau prin decret). Această perspectivă afirmă și argumentează că Dumnezeu a creat totul în șase zile literale de douăzeci și patru de ore și că l-a creat pe om după chipul lui Dumnezeu, făcându-l astfel special și distinct de toate celelalte creaturi. Faptul că Dumnezeu a creat direct prin Cuvântul Său este afirmat explicit în Scriptură (Gen. 1:1-31; 2:7; Exod 20:11; 31:17; Ps. 33:6; 148:1-6; Ioan 1:3; Col. 1:16; Evr. 1:2; 11:3; Apoc. 4:11).

Componentele esențiale ale creaționismului prin „fiat" includ următoarele teze:

1. Creația a fost înfăptuită într-un mod complet și imediat printr-un „fiat" (decret) al Creatorului personal, omniscient și omnipotent, în șase zile literale.

   a. Uzanța primară a cuvântului ebraic *yom* („zi") este cea a unei zile literale de douăzeci și patru de ore, folosită în felul acesta de peste 1.900 de ori din peste 2.200 de apariții în Vechiul Testament.

   b. Cuvântul ebraic *yom* se referă la o zi literală de douăzeci și patru de ore atunci când este însoțit de un numeral cardinal sau ordinal, ca și în Geneza 1. Acolo, numeralele ordinale sunt de asemenea articulate, ceea ce înseamnă că sunt avute în vedere zile literale.

   c. „Seara" și „dimineața" descriu în mod normal o zi de douăzeci și patru de ore.

   d. Ordinea în care cele șase zile ale creației sunt urmate de o zi de odihnă reprezintă temeiul legii sabatului (Exod 20:8-11; 31:15-17).

2. Creația a fost în mod inteligent destinată unui scop. Totul a fost plănuit în mod intenționat și creat de Dumnezeu spre a realiza scopurile Sale specifice.

3. Geneza 1:1 rezumă acțiunile lui Dumnezeu privitoare la creație, în vreme ce restul capitolului prezintă amănuntele. Geneza 1:1 expune întregul proces de creație; 1:2 descrie prima etapă a creației ca fiind „fără formă și gol"; iar 1:3-31 dezvoltă etapele ulterioare ale formării de către Dumnezeu a creației originale.

4. Organismele vii au fost create în integralitate și după „soiuri" bine definite, având o adaptabilitate înnăscută la schimbările din mediu, o

adaptabilitate în ele însele care nu transcende hotarele „soiului" lor.

5. Bărbatul și femeia au fost creați de Dumnezeu ca apogeu al creației. Au fost creați în integralitate și separat de restul creației, după chipul lui Dumnezeu, ca să aibă stăpânire peste lume (Gen. 1:26–30; 2:7, 18–25; Ps. 8:3–8; Mat. 19:4–5; Luca 3:38; Rom. 5:12–14; 1 Cor. 15:45–49; 2 Cor. 11:3; 1 Tim. 2:12–14; Iuda 14). Trupul uman a fost creat din țărâna pământului, însă sufletul/duhul a fost creat direct printr-o acțiune imediată a lui Dumnezeu. Omul are deopotrivă o parte materială și o parte imaterială.

6. Creația a fost urmată de procese de conservare.

7. Pământul este relativ tânăr – probabil are mai puțin de zece mii de ani vechime.

8. Există o descreștere considerabilă în ce privește complexitatea ordinii create odată cu derularea timpului.

9. Istoria geologică este caracterizată de o catastrofă globală post-creație. Biblia indică un potop de proporții mondiale, care a provocat o transformare atmosferică, topografică și geologică (Geneza 6-8). Potopul a constat în revărsarea de ape din ceruri sub formă de torenți, de ape de pe suprafața pământului și de sub pământ care s-au adunat și au acoperit întregul pământ fragmentându-l în ceea ce azi numim continente.

MINUNILE DIVINE[71]

Biblia definește o minune folosind diferite cuvinte care descriu „efectul de spectru" al unei minuni. Patru cuvinte ebraice diferite din Vechiul Testament dezvăluie diferitele nuanțe ale unei minuni:

1. *Pele'* conține ideea de bază a „minunăției" (Exod 15:11, Ps. 77:11)

2. *'Ot* indică un „semn" prin care se stabilește o certitudine care n-a fost prezentă anterior (Exod 4:8-9; Num. 14:22; Deut. 4:34).

3. *Geburah* înseamnă „putere" sau „tărie" (Ps. 145:4, 11-12; 150:2).

4. *Mophet* are în esență sensul de „uimire", „semn" sau „minunăție". Este folosit frecvent împreună cu *'ot*, ca și în Deuteronom 4:34; 6:22; Neemia 9:10.

---

71 Această secțiune despre minunile divine este adaptată după Richard Mayhue, *The Healing Promise: Is It Always God's Will to Heal?* (Fearn, Ross-shire, Scotland: Mentor, 1997), 164–73. Folosită cu permisiunea editurii Christian Focus. Pentru mai multe detalii despre natura temporară și funcția revelatoare a minunilor, vezi „Daruri temporare (de revelare/de confirmare) în cap. 5, „Dumnezeu Duhul Sfânt".

Noul Testament foloseşte patru termeni greceşti care corespund întocmai celor ebraici din Vechiul Testament:

1. *Teras* („uimire") descrie minunea care uluieşte sau impresionează. Natura sa extraordinară indică uluiala sau uimirea pe care o inspiră minunea. *Teras* nu apare singur în Noul Testament, ci întotdeauna este însoţit de *semeion* („semn"). Reprezintă echivalentul grecesc pentru perechea *mophet* şi *pele'* (vezi Deut. 4:34 în Septuaginta). Cristos ilustrează utilizarea acestora în Faptele Apostolilor 2:22, aşa cum fac şi apostolii în Evrei 2:4.

2. *Semeion* („semn") conduce o persoană la ceva dincolo de minunea propriu-zisă. Este valoros nu pentru ceea ce este, ci pentru aspectul spre care indică. Este echivalentul grecesc al lui *'ot* (vezi Num. 14:22 în Septuaginta).

3. *Dynamis* („putere" sau „minune") descrie puterea din spatele acţiunii şi indică spre o putere nouă şi superioară. Echivalentul său ebraic este, *geburah* (vezi Ps. 144:4 în Septuaginta).

4. *Ergon* („lucrare") este folosit de Isus în evanghelii pentru a descrie nişte lucrări deosebite pe care nimeni altcineva nu le-a înfăptuit (vezi Ioan 15:24).

Aceste elemente variate constituie o minune biblică. Prin integrarea fiecărui aspect descriptiv, o minune de la Dumnezeu poate fi definită după cum urmează:

> Un fenomen observabil înfăptuit cu putere de Dumnezeu, în mod direct sau printr-un agent autorizat (*dynamis*), care captează atenţia imediată a privitorului datorită caracterului său extraordinar (*teras*), care indică spre ceva aflat dincolo de fenomenul propriu-zis (*semeion*) şi care este o lucrare deosebită a cărei sursă nu îi poate fi atribuită altcuiva decât lui Dumnezeu (*ergon*).

Simplificând lucrurile până la nivelul semnificaţiei esenţiale, o minune poate fi descrisă drept suspendarea de către Dumnezeu a legilor naturale şi intervenţia Sa personală pentru a rearanja vieţile şi împrejurările oamenilor conform voii Sale.

Schiţa de mai jos descrie diferitele lucrări ale lui Dumnezeu. Folosirea acestor definiţii ajută la evitarea unor confuzii semantice.

I. Lucrările iniţiale ale creaţiei înfăptuite de Dumnezeu
II. Lucrările continue ale providenţei înfăptuite de Dumnezeu
   A. Supranaturale / miraculoase / imediate

1. Fără intermediul omului
2. Prin intermediul omului
B. Naturale / nemiraculoase / mediate
1. Legi explicabile / cunoscute
2. Legi inexplicabile / necunoscute

Toate lucrările menționate mai sus presupun participarea divină a lui Dumnezeu la un anumit nivel. De pildă, în ce privește vindecarea, orice recuperare fizică poate fi numită *vindecare divină*, însă nu orice vindecare poate fi catalogată drept *miraculoasă*.

Potrivit definiției biblice, minunile exclud necesitatea unor mijloace secundare și nu sunt limitate de către legile naturii. Ele presupun intervenția supranaturală a lui Dumnezeu. Minunile lui Isus n-au fost niciodată limitate; n-au fost niciodată puse la îndoială; au fost săvârșite în public; au fost depline și instantanee. Orice pretinsă *minune* de astăzi trebuie să dețină aceste calități. Din nefericire, biserica zilelor noastre tinde să banalizeze ideea de minune prin a eticheta drept *miraculos* orice lucrare din categoria celor obișnuite.

De asemenea, minunile nu generează automat spiritualitate în cei care iau parte la ele. Israeliții, care au fost eliberați din sclavia egipteană prin minuni, s-au pervertit foarte repede ajungând închinători la idoli (Exod 32), deși lucrările uluitoare ale lui Dumnezeu încă le erau proaspete în minte. Ilie a înfăptuit minuni spectaculoase din partea lui Dumnezeu, și totuși, rămășița credincioasă a lui Israel s-a împuținat atât de mult (șapte mii de oameni), încât Ilie a crezut că purta singur bătălia (1 Regi 19). După ce Isus i-a hrănit pe cei cinci mii de oameni și a vorbit despre semnificația minunii respective, mulți dintre ucenicii Săi I-au întors spatele și n-au mai mers după El (Ioan 6:66).

Astăzi se întâmplă exact opusul. Pe când martorii din primul secol ai minunilor autentice ale lui Cristos s-au îndepărtat de ele și de El (Ioan 9:13-22), creștinii din secolul douăzeci și unu par, într-un mod ciudat, atrași de niște experiențe care nici măcar nu merită să fie comparate cu minunile lui Cristos.

PROVIDENȚA DIVINĂ

Anvergură
Avertizări privitoare la „legile naturii"
Păstrarea divină a universului
Cooperarea divină cu toate evenimentele
Guvernarea divină peste toate lucrurile spre scopuri prestabilite de El

Providența divină este acțiunea lui Dumnezeu de păstrare a creației Sale, acționând prin intermediul tuturor evenimentelor din lume și conducând lucrurile din univers spre scopul pe care El le-a rânduit acestora.

Anvergură

Providența lui Dumnezeu cuprinde următoarele: universul ca întreg (Ps. 103:19; Dan. 4:35; Ef. 1:11), domeniul fizic (Iov 37:1–13; Ps. 104:14; 135:6; Mat. 5:45), animalele (Ps. 104:21, 28; Mat. 6:26; 10:29), națiunile (Iov 12:23; Ps. 22:28; 66:7; Fapt. 17:26), nașterea și viața omului (1 Sam. 1:19–20; Ps. 139:16; Is. 45:5; Gal. 1:15–16), reușitele și eșecurile omului (Ps. 75:6–7; Luca 1:52), lucrurile aparent accidentale sau neimportante (Pv. 16:33; Mat. 10:30), protejarea poporului Său (Ps. 4:8; 5:12; 63:8; 121:3; Rom. 8:28), purtarea de grijă față de poporul Său (Gen. 22:8, 14; Deut. 8:3; Fil. 4:19), răspunsul la rugăciuni (1 Sam. 1:9–19; 2 Cron. 33:13; Ps. 65:2; Mat. 7:7; Luca 18:7–8) și judecarea celor răi (Ps. 7:12–13; 11:6).[72]

O distincție importantă în studierea providenței lui Dumnezeu trebuie făcută între providența Sa generală și providența Sa specifică/specială. Providența generală a lui Dumnezeu implică stăpânirea Sa asupra întregului univers (Ps. 103:19; Dan. 2:31-45; Ef. 1:11). Providența Sa specifică/specială cuprinde stăpânirea Sa asupra detaliilor universului, inclusiv detaliile istoriei (Fapt. 2:23) și detaliile din viața fiecărui om, îndeosebi în cazul celor aleși (Ef. 1:3-12). Unii, precum adepții teismului deschis, sunt dispuși să admită că Dumnezeu dispune de o providență generală, însă neagă că deține și o providență specifică în ce privește viețile oamenilor. Însă, Romani 8:28-30 și Efeseni 1:1-12 ne arată că Dumnezeu stăpânește viețile oamenilor, îndeosebi ale celor aleși.

Avertizări privitoare la „legile naturii"

Înainte de a privi la componentele majore ale lucrărilor providențiale înfăptuite de Dumnezeu, este important de menționat că „legile naturii" nu sunt reguli pe care Dumnezeu este obligat să le respecte. Mai degrabă, legile naturii sunt ceea ce oamenii au înțeles a fi principiile și procesele normale ale universului. În urma Iluminismului din secolul al șaptesprezecea și al optsprezecea, mulți au negat posibilitatea minunilor deoarece minunile încalcă legile naturii. Ca răspuns la un asemenea argument, Scriptura afirmă că Dumnezeu este Creatorul, conducătorul și susținătorul naturii. Legile naturii sunt modalitățile normale prin care El susține universul. Totuși, aceste legi se află sub stăpânirea suve-

---

72 Philip Schaff, *History of the Christian Church* (Grand Rapids, MI: Associated Publishers & Authors, n.d.), 3:168. Vezi și John M. Frame, *Systematic Theology: An Introduction to Christian Belief* (Phillipsburg, NJ: P&R, 2013), 146–70. Frame le enumeră pe următoarele ca fiind sub controlul universal al lui Dumnezeu: lumea naturală, istoria umană, viața umană individuală, deciziile umane, păcatele, credința și mântuirea.

rană a lui Dumnezeu, așa că El deține dreptul și puterea de a le suspenda când înfăptuiește minuni. Întrucât Dumnezeu este un Dumnezeu al ordinii, modul în care cârmuiește universul este caracterizat de regularitate. Însă legile naturii n-ar trebui considerate ca fiind independente de Dumnezeu și ferind universul de interferența Sa. Mai degrabă, ele ar trebui privite ca fiind mijloacele personale pe care le-a desemnat Dumnezeu pentru funcționarea normală a universului. Și legile naturii n-ar trebui considerate ca fiind de neîncălcat atunci când generează aceleași efecte în toate condițiile. În schimb, ele ar trebui privite drept modul normal al lui Dumnezeu de a produce efecte în univers, deși adesea Dumnezeu le folosește în combinații diferite, având ca urmare efecte felurite. Astfel, o „lege" nu funcționează prin ea însăși; mai degrabă, Dumnezeu utilizează împrejurări multiple, combinând diferite „legi", după cum consideră de cuviință.

Păstrarea divină a universului[73]

Primul aspect major al providenței lui Dumnezeu este păstrarea universului. Această păstrare este lucrarea activă și permanentă a Dumnezeului triunic, prin Dumnezeu Fiul, de a păstra lucrurile pe care El le-a creat cu toate caracteristicile și dinamica atribuite.

Dumnezeu Fiul „ține [gr. *pherō*, „a ține în mod activ"] toate lucrurile prin Cuvântul puterii Lui" (Evr. 1:3). În Cristos „toate se țin prin El" [(gr. *synistēmi*, „stau laolaltă"] (Col. 1:17). Apostolul Pavel a spus că în Dumnezeu „trăim și ne mișcăm și avem ființa" (Fapt. 17:28). Iar Petru a spus că „cerurile și pământul de acum sunt păstrate prin același Cuvânt, păstrate pentru focul din ziua judecății și a pierzării oamenilor nelegiuiți" (2 Pet. 3:7). Dumnezeu a dezvăluit că El susține suflarea oamenilor și a animalelor, și dacă „Și-ar lua înapoi duhul și suflarea, tot ce este carne ar pieri și omul s-ar întoarce în țărână" (Iov 34:14-15). Și atunci când Dumnezeu ia înapoi suflarea animalelor, „ele mor și se întorc în țărâna lor" (Ps. 104:29).

Dumnezeu păstrează toate lucrurile potrivit proprietăților lor atât timp cât El dorește ca ele să existe. Dumnezeu păstrează ceea ce El a creat; El nu creează atomi, molecule și o energie nouă. Dumnezeu păstrează dinamica naturii într-o relativă stabilitate și predictibilitate, astfel încât știința și tehnologia sunt posibile. Însă Dumnezeu întotdeauna Își păstrează dreptul suveran de a suspenda ori de a curma procesele normale ale naturii. În viitor, El le va da celor din poporul Său trupuri înviate care nu vor muri niciodată, iar procesele actuale ale morții și decăderii nu vor mai exista. „Legile naturii" vor fi diferite în starea eternă (Apoc. 21:1-22:5).

---

73 Grudem, *Systematic Theology*, 316-17. Vezi și Frame, *Systematic Theology*, 174.

Cooperarea divină cu toate evenimentele[74]

Al doilea aspect major al providenței lui Dumnezeu este cooperarea Sa cu toate evenimentele. Aceasta este lucrarea lui Dumnezeu de a-și determina întreaga creație (fie acționând direct, fie rânduind-o prin cauze secundare), pe baza proprietăților specifice, să acționeze.

În Scriptură exemplele sunt din abundență. Iosif a spus că Dumnezeu, nu frații săi, L-a trimis în Egipt (Gen. 45:5-8). Domnul (Iahve) a spus că va fi cu gura lui Moise capacitându-l să vorbească pentru Dumnezeu (Exod 4:11-12). Domnul a promis să-i dea pe dușmani în mâinile lui Iosua și ale poporului Israel – israeliții erau obligați să atace, însă Domnul le-a dat o victorie mare (Ios. 11:6). Dumnezeu îndreaptă inima unui rege după cum voiește (Pv. 21:1), iar Domnul i-a îndreptat inima regelui Asiriei înspre a ajuta poporul în procesul de construire a templului (Ezra 6:22). Domnul i-a dat poporului Israel abilitatea de a acumula bogăție (Deut. 8:18). Dumnezeu lucrează în credincioși dându-le, „după bunăvoința Lui, și voința și înfăptuirea" (Fil. 2:13). Dumnezeu a poruncit evenimente rele, ca atunci când l-a determinat pe Șimei să-l blesteme pe David (2 Sam. 16:11). El a folosit Asiria pentru a-Și disciplina poporul (Is. 10:5). El „a pus" un duh de minciună în gurile profeților lui Ahab (1 Regi 22:23).

Cooperarea lui Dumnezeu cu toate evenimentele nu-L atrage pe El în păcat. Oamenii păcătuiesc în conformitate cu decretele prestabilite de către Dumnezeu, însă prin intermediul unor cauze secundare, așa că Dumnezeu nu cauzează direct și efectiv acțiunile păcătoase (Gen. 45.5-8, 50:19-20; Exod 10:1, 20; 2 Sam. 16:10-11; Is. 10:5-7; Fapt. 2:23; 4:27-28). Mai mult, adesea, Dumnezeu limitează păcatul (Iov 1:12; 2:6) sau preschimbă o acțiune păcătoasă astfel încât efectele ei să fie pozitive (Gen. 50:20; Ps. 76:10; Fapt. 3:13).

Folosirea cauzelor secundare (cauzelor indirecte) ajută la explicarea cooperării divine cu toate evenimentele. Aspectele dinamice ale naturii nu funcționează prin ele însele, ci Dumnezeu le asigură energia pentru fiecare acțiune (contra deismului). Cauzele secundare sunt reale, nefiind identice puterii lui Dumnezeu, altminteri n-ar exista niciun fel de armonizare între Cauza Primară (Dumnezeu) și cauzele secundare (lucrurile create). Dumnezeu face mai mult decât să asigure cauzelor secundare energia de a face ceva; Dumnezeu direcționează acțiunile cauzelor secundare înspre scopul intenționat de El. În felul acesta, Dumnezeu, nu omul, este în control. Desigur, Dumnezeu poate lucra și printr-o cauzare directă, dacă decide astfel.

Această cooperare nu este un sinergism cooperativ, care ar presupune o par-

---

74 Berkhof, *Systematic Theology*, 171–75; Frame, *Systematic Theology*, 180–82; Grudem, *Systematic Theology*, 317–22. Grudem susține că Dumnezeu stă în spatele acțiunilor următoare: creației neînsuflețite, animalelor, evenimentelor aparent „întâmplătoare", faptelor popoarelor și tuturor aspectelor din viețile indivizilor.

ticipare parțială atât din partea lui Dumnezeu, cât și din partea omului. Mai degrabă, ambele părți sunt pe deplin implicate în cauzarea respectivei acțiuni. În ultimă instanță, voia lui Dumnezeu stă în spatele acțiunii, și El este Cel care asigură energia. Însă omul, în calitate de cauză secundară, inițiază acțiunea în timp, ca răspuns la cauzarea directă din partea lui Dumnezeu sau ca răspuns la dorințele proprii ale omului stimulate de împrejurări. Această cooperare este inițiată de Dumnezeu și El are prioritatea în cadrul acțiunii, altminteri omul ar fi suveran și independent în acțiunile sale. Cooperarea lui Dumnezeu este din punct de vedere logic anterioară acțiunii umane și le prestabilește pe toate cele din afara lui Dumnezeu. Ordinea nu este niciodată că omul inițiază o acțiune, iar Dumnezeu i Se alătură ulterior inițierii. Dumnezeu nu asigură energia doar într-un sens general, ci asigură energia efectivă pentru îndeplinirea unor acțiuni specifice potrivit decretelor Sale.

Cooperarea lui Dumnezeu este de asemenea simultană. Niciodată și în nimic omul nu lucrează independent de Dumnezeu. Întotdeauna Dumnezeu îl însoțește pe om cu voia Sa eficace, însă fără a-l constrânge să-și încalce natura în vreo acțiune. Există o lucrare desfășurată simultan, iar acțiunea este rezultatul ambelor cauze (a lui Dumnezeu și a omului), deși în modalități diferite. Berkhof o descrie astfel: „Această activitate divină însoțește acțiunea omului la fiecare punct, însă fără a-l lipsi în vreun fel de libertatea sa. Acțiunea rămâne fapta liberă a omului, o faptă pentru care este responsabil."[75]

Guvernarea divină peste toate lucrurile spre scopuri prestabilite

Al treilea aspect major al providenței lui Dumnezeu în și peste univers este *guvernarea* Sa divină peste toate lucrurile. Această guvernare presupune stăpânirea activă continuă a lui Dumnezeu peste toate lucrurile astfel încât, prin acestea, El Își va realiza scopul suprem de a Se glorifica pe Sine Însuși.

Dumnezeu guvernează ca Împărat peste univers.[76] Tematica principală a Bibliei este domnia glorioasă a Dumnezeului triunic, de aceea punctul central este împărăția lui Dumnezeu peste întreaga creație. Dumnezeu va păstra și va exercita pentru totdeauna o stăpânire suverană în și peste toate lucrurile din univers. Dumnezeu este Împărat, dar și Tată (Mat. 11:25; Fapt. 17:24; 1 Tim.1:17; 6:15; Apoc. 1:6; 19:6).

Dumnezeu Își adaptează guvernarea în funcție de natura creaturilor. El guvernează în mod obișnuit peste domeniul fizic pe baza legilor naturii, iar peste minte, pe baza proprietăților minții. Dumnezeu guvernează într-o manieră mij-

---

75 Berkhof, *Systematic Theology*, 173.

76 Pentru o discuție extinsă despre calitatea de împărat a lui Dumnezeu, vezi „Care este tematica principală și unificatoare a Scripturii?, în cap. 1, „Introducere" și vezi cap. 10, „Viitorul"

locită peste oameni, în alegerile lor morale, pe baza „influențelor morale, precum împrejurările, motivațiile, învățătura, convingerea și exemplul", și de asemenea pe baza lucrării divine directe a Duhului Sfânt exercitată în natura lor lăuntrică.[77]

Guvernarea lui Dumnezeu cuprinde toate lucrările Sale – din trecut, prezent și viitor (Ps. 22.28-29; 103:17-19; Dan. 4:34-35; 1 Tim. 6:15). Este amănunțită, extinzându-se chiar și asupra celor mai mărunte lucruri (Mat. 10:29-31), asupra lucrurilor care, în mod obișnuit, ar putea fi atribuite hazardului (Pv. 16:33) și asupra faptelor bune și rele ale oamenilor (Fil. 2:13; Fapt. 14:16). Dumnezeu este Împăratul lui Israel, care Își va mântui și reabilita poporul (Is. 33:22), și El este Împărat peste toate națiunile, deținând autoritatea supremă peste întregul pământ (Psalmul 47).

PROBLEMA RĂULUI ȘI TEODICEEA

Teodiceea biblică
O perspectivă biblică asupra răului
Teodiceea compatibilistă
Teodiceea în evanghelizare

Unul dintre cele mai repetate argumente împotriva existenței lui Dumnezeu se bazează pe existența răului fizic și moral în lume. Întrebarea pe care și-o pun mulți necredincioși este aceasta: dacă Dumnezeu este real, bun în mod perfect și omnipotent, cum de poate exista răul? John Frame schițează clasica „problemă a răului" după cum urmează:

Premisa 1: Dacă Dumnezeu ar fi puternic în mod absolut, ar putea să prevină răul.
Premisa 2: Dacă Dumnezeu ar fi bun în mod absolut, ar dori să prevină răul.
Concluzie: Așadar, dacă Dumnezeu ar fi deopotrivă puternic și bun în mod absolut, n-ar exista răul.
Premisa 3: Însă răul există.
Concluzie: Prin urmare, nu există un Dumnezeu puternic și bun în mod absolut.[78]

Problema răului are în vedere deopotrivă răul fizic (e.g., catastrofe, boală, durere, moarte) și răul moral (păcat).

Răspunsul creștinului la problema răului se numește teodicee, care vine de la cuvintele grecești *theos* și *dikē*. Puse laolaltă, aceste cuvinte au sensul de „audiere

77 Berkhof, *Systematic Theology*, 176. Vezi și Frame, *Systematic Theology*, 172–74; Grudem, *Systematic Theology*, 331–32.

78 John M. Frame, *Apologetics to the Glory of God: An Introduction* (Phillipsburg, NJ: P&R, 1994), 150.

judiciară a lui Dumnezeu" (pentru *dikē*, vezi 2 Tes. 1:9; Iuda 7) sau de „justificare a lui Dumnezeu". Teodiceea implică o apărare a dreptății lui Dumnezeu față de acuzația că prezența răului în creație Îl prezintă ca fiind nedrept, neputincios, ambele, sau non-existent. Teodiceea afirmă că Dumnezeu este puternic și bun în mod absolut, deși, aparent, nu așa stau lucrurile, din moment ce răul este prezent în creație.

Teodiceea biblică

Singura teodicee adecvată provine din Biblie. Atunci când Dumnezeu este Cel acuzat înaintea sălii de judecată a opiniei umane, Cuvântul lui Dumnezeu asigură apărarea suficientă. Dumnezeu Își formulează Propria Sa teodicee în felul în care Se revelează pe Sine în Cuvântul Său. John Frame a expus patru principii pentru stabilirea lui Dumnezeu și a Cuvântului Său ca fiind teodiceea care constituie răspunsul legitim la problema răului.[79]

Scriptura nu presupune niciodată că Dumnezeu trebuie să-Și explice acțiunile, ci mai degrabă afirmă că El are dreptul de a fi crezut. În relatarea din Geneza 3 despre începutul răului moral și fizic, Dumnezeu nu explică originea răului în Satan, nici cum Adam și Eva au putut păcătui într-o lume perfectă. Adam a presupus că Dumnezeu greșea, însă Dumnezeu nu S-a apărat pe Sine, ci l-a condamnat pe Adam. În relatarea din Geneza 22 despre jertfirea lui Isaac, Dumnezeu nu explică felul în care porunca Sa de a-l jertfi pe Isaac se armonizează cu bunătatea Sa. Potrivit textului din Exod 33:19, Dumnezeu nu Se va supune judecății omului, ci va arăta îndurare și milă oricui voiește El, fără a fi obligat să-Și explice acțiunile.

În Iov 38-41, după ce prietenii lui Iov l-au acuzat că ar fi cauza propriei sale suferințe, și după ce Iov și-a exprimat dorința de a se apăra înaintea lui Dumnezeu, Dumnezeu este Cel care pune întrebările, afirmând că omul este incapabil să înțeleagă lucrările lui Dumnezeu prin care se împart altora binele și răul. Dumnezeu nu explică niciodată de ce a Iov a trebuit să sufere. Și cartea Iov nu explică niciodată de ce Iov a trebuit să sufere ca un răspuns la acuzațiile lui Satan. Iov a vrut să-L ia la întrebări pe Dumnezeu, însă el a fost cel luat la întrebări de Dumnezeu. În Ezechiel 18:25-30, Dumnezeu nu Se apără pe Sine în fața acuzațiilor de nedreptate formulate de Israel, ci mai degrabă îl osândește pe Israel pentru nedreptate.

În pilda lucrătorilor viei din Matei 20:1-16, stăpânul nu se apără pe sine față de acuzația de împărțire incorectă a plăților, ci inversează direcția acuzațiilor înspre acuzatorii Săi. Astfel se afirmă suveranitatea divină. Stăpânul își prezintă

---

79 Frame, *Apologetics to the Glory of God*, 171–90. Următoarele secțiuni în mare parte sintetizează principiile lui Frame despre felul în care este stabilită adevărata teodicee biblică.

cuvântul său ca fiind credibil. Perspectiva corectă evidențiază generozitatea stăpânului, nu nedreptatea sa.

În mod similar, în Romani 3:4-6, Pavel nu ridică întrebări privind corectitudinea lui Dumnezeu, ci, în schimb, mustră punerea unor astfel de întrebări afirmând drepturile pe care le are Dumnezeu ca Domn suveran. În Romani 9:15-20, Pavel afirmă dreptul suveran al lui Dumnezeu de a acționa după bunul Său plac; a-L lua la întrebări pe Dumnezeu nu este altceva decât „un răspuns obraznic". Potrivit lui Pavel, omul care se plânge de Dumnezeu este neascultător. Dumnezeu nu este obligat să-Și explice acțiunile astfel încât să satisfacă intelectul uman în ce privește problema răului. Suveranitatea lui Dumnezeu trebuie întotdeauna reafirmată. Cuvântul lui Dumnezeu este pe deplin credibil, iar Scriptura este clară: Dumnezeu este sfânt, nu nedrept.

O perspectivă biblică asupra răului

O teodicee biblică adecvată recunoaște dreptul lui Dumnezeu de a face după cum voiește, de a nu da explicații nimănui, de a-i condamna pe păcătoși pentru răul din lume și de a-i chema să-L primească pe El ca singurul remediu pentru rău. Dumnezeu este drept și bun deoarece dreptatea și bunătatea reprezintă însăși natura Sa. Dumnezeu Își apără dreptatea ajutându-i pe oameni să vadă istoria din perspectiva Sa.

În primul rând, Dumnezeu oferă o perspectivă asupra trecutului. Dumnezeu S-a apărat întotdeauna pe Sine punând capăt perioadelor de suferință umană printr-un act al harului. El l-a ridicat pe Moise ca să pună capăt unei robii de patru sute de ani. Și chiar și Moise a trebuit să aștepte patruzeci de ani pentru împlinirea chemării sale. Călătoria prin pustiu a fost o perioadă de așteptare care a culminat cu intrarea în țara promisă. Chiar și acea călătorie a avut perioade de așteptare a apei și a hranei, și toate s-au încheiat grație ocrotirii pline de îndurare a lui Dumnezeu. Alternarea între perioade de așteptare și vizite divine a continuat în cadrul ciclurilor de sclavie și eliberare din vremea judecătorilor și din vremea Regatului divizat. Întreaga perioadă a Vechiului Testament a fost una de așteptare a împlinirii legământului avraamic. În perioada Vechiului Testament, durata a presupus o dialectică între dreptate și milă, care a pus un semn de întrebare în privința consecvenței dintre dreptatea și mila lui Dumnezeu. Dreptatea a fost prezisă, dar în egală măsură Dumnezeu a promis să-Și îndeplinească promisiunile. Însă faptul acesta a evidențiat o dilemă privitoare la felul în care dreptatea și mila lui Dumnezeu ar putea fi împăcate și armonizate fără a compromite una dintre ele, sau chiar pe ambele. Dreptatea lui Dumnezeu a ridicat întrebări despre mila Sa, iar mila Sa, despre dreptatea Sa.

Isus a soluționat problema răului din Vechiul Testament prin armonizarea dreptății și milei divine. Prin moartea Sa ispășitoare, El *este* teodiceea divină, apărând la cruce deopotrivă dreptatea și mila divină (Rom. 3:26; 5:8-9, 20-21). Harul domnește prin neprihănire, care este revelată prin Evanghelia harului (Rom. 1:17). Și astfel, prin har, Dumnezeu ne determină să-I preamărim neprihănirea. Mulți sfinți din Vechiul Testament au suferit mai crunt decât oricare dintre credincioșii contemporani, și totuși au murit înainte de a fi văzut cum Dumnezeu înfrânge răul prin crucea lui Cristos. Au fost nevoiți să creadă că Dumnezeu Se va apăra pe Sine într-o bună zi. Cu cât mai mult ar trebui ca toți cei credincioși aflați sub noul legământ să aibă credință că Dumnezeu Își va apăra dreptatea Sa la revenirea lui Cristos, în conformitate cu promisiunile Sale loiale!

În al doilea rând, Dumnezeu oferă o perspectivă asupra prezentului. Scriptura ne arată că Dumnezeu a folosit întotdeauna și folosește și în prezent răul pentru a-Și împlini pentru totdeauna scopurile Sale. Soluția la problema răului trebuie să fie teocentrică, nu antropocentrică. Nu trebuie să aibă drept scop o fericire sau o libertate mai mare a omului, ci glorificarea lui Dumnezeu. Apărarea în termenii binelui superior este validă doar dacă binele superior este văzut drept ceea ce Îl glorifică pe Dumnezeu mai mult decât un bine inferior. Fericirea omului vine doar pe căi ale glorificării lui Dumnezeu: ascultare, lepădare de sine și suferință, în timp ce este anticipată gloria finală. Atunci când este atins binele superior al glorificării divine, credincioșii și întreaga creație (excepție făcând necredincioșii) vor avea parte ei înșiși de propriul lor bine superior (Rom. 8:29).

Deși nu oferă explicații exhaustive despre toate formele de rău și deși îndeamnă la răbdare în mijlocul adversităților, Scriptura prezintă câteva moduri prin care Dumnezeu folosește răul pentru înaintarea planurilor Sale: prin etalarea harului și dreptății divine (Rom. 3:26; 5:8, 20-21; 9:17), prin judecarea răului în prezent și în viitor (Mat. 23:35; Ioan 5:14); prin răscumpărarea pe baza suferințelor lui Cristos (1 Pet. 3:18); prin extinderea mărturiei Evangheliei pe baza suferințelor poporului lui Cristos (Col. 1:24); prin atenționarea necredincioșilor, captarea atenției lor și îndemnarea la o schimbare a inimii (Zah. 13:7-9; Luca 13:1-5, Ioan 9); prin disciplinarea credincioșilor (Evr. 12:3-17) și prin apărarea poporului lui Dumnezeu (Rom. 3:26).

Dumnezeu ne asigură că, întotdeauna, prin orice eveniment, scopul Său vizează gloria Sa și binele poporului Său (Rom. 8:28). Toate dovezile despre felul în care Dumnezeu folosește răul spre bine ar trebui să îi încurajeze pe cei din poporul Lui să aibă încredere că relele actuale inexplicabile sunt intenționate în mod divin spre bine.

În al treilea rând, Dumnezeu oferă o perspectivă asupra viitorului. Scriptura promite că onoarea lui Dumnezeu va fi în cele din urmă apărată, iar credincioșii vor fi pe deplin eliberați de rău. În viitor, suferința se va încheia în glorie pentru credincioși, iar prosperitatea se va încheia în judecată pentru cei nelegiuiți (Psalmul 73; Isaia 40; Matei 25; Luca 1:46-55). Atunci când omului i se pare că în prezent Dumnezeu este nedrept, el trebuie să aștepte manifestarea gloriei și judecății lui Dumnezeu (Hab. 2:2-3) și să-și aducă aminte de acțiunile Sale din trecut (Hab. 3:1-18). Odată cu finalizarea planului divin, nimeni nu se va mai îndoi de dreptatea și de îndurarea lui Dumnezeu. Nu că Dumnezeu va prezenta o teodicee teoretică finală, completă, ci, atunci când El li Se va revela tuturor odată cu a doua venire a lui Cristos, toate îndoielile se vor transforma într-o tăcere rușinată sau într-o preamărire reverențioasă. Și atunci când Cristos va domni într-o neprihănire perfectă, nu va mai exista problema răului. Dacă cineva crede în apărarea divină finală, acea persoană trebuie pur și simplu să fie încredințată că problema răului și-a găsit deja rezolvarea în mintea și în sfatul suveran ale lui Dumnezeu. Așadar, Scriptura nu răspunde la problema răului printr-o argumentație filosofică, ci printr-o reasigurare divină a apărării divine finale. Toți creștinii ar trebui să urmeze acest tipar în articularea unui tip de teodicee pentru lumea de acum.

În final, Scriptura asigură o perspectivă adecvată prin a reprezenta modalitatea prin care Dumnezeu oferă o inimă nouă credincioșilor. Prin Cuvântul lui Dumnezeu, Duhul mântuiește și transformă îndoiala în credință, coborându-i pe oameni de pe piedestalul autonomiei arogante și conducându-i spre a mulțumi pentru îndurarea lui Dumnezeu. Prin Cuvântul Său, Dumnezeu dă omului o inimă nouă prin care acesta Îl vede pe Cristos, Îl crede și Îi înalță laude (1 Cor. 2:12-13). Schimbarea de valori conferită odată cu inima cea nouă îi ridică privirile omului dincolo de relele din această viață înspre Dumnezeul care în final va curma răul, dar care în prezent îl folosește pentru scopurile Sale. Această perspectivă nouă reprezintă teodiceea creștină.

Teodiceea compatibilistă

Compatibilismul susține că, atunci când sunt definite corect, voința umană liberă și determinismul divin sunt idei complementare; adică, este posibil să fie acceptate ambele fără a avea inconsecvență logică. Compatibilismul afirmă că voința omului este liberă în limitele naturii omului. Voința umană neregenerată este liberă doar în limitele finitudinii și păcătoșeniei umane. Întrucât natura umană pervertită nu poate asculta de Dumnezeu, oamenii decăzuți sunt liberi doar să păcătuiască. Oamenii decăzuți păcătuiesc liber prin faptul că doresc să păcătuiască, și o fac fără a fi constrânși. O teodicee biblică este în armonie cu o perspectivă compatibilistă asupra libertății umane.[80] O teodicee biblică presupune nu că omul în decăderea lui are abilitatea de a asculta de Dumnezeu, ci mai degrabă că oamenii decăzuți, în natura lor stricată, aleg doar ceea ce slujește propriei lor plăceri și puteri. Următoarele principii biblice explică felul în care toate acestea pot fi adevărate:

---

80 Pettegrew, "Doctrine of God," 214–17.

1. Dumnezeu prestabilește toate evenimentele (Ef. 1:11).
2. Căderea în păcat a generat dificultăți fizice și catastrofe (Is. 45:7; Rom. 8:20–22).
3. Dumnezeu prestabilește păcatul, însă trage la răspundere pe om pentru păcatul comis (Fapt. 2:23; 4:27–28; 14:16).
4. Dumnezeu îi împietrește pe oameni în păcat (Rom. 9:18).
5. Dumnezeu nu-i ispitește niciodată pe oameni ca să păcătuiască (Iac. 1:13).
6. În Scriptură, Dumnezeu nu este niciodată învinuit pentru păcat, nici nu este prezentat ca bucurându-Se de păcatul pe care-L îngăduie (Ps. 5:4)
7. Dumnezeu nu-l constrânge niciodată pe om să păcătuiască, însă stabilește ca omul să păcătuiască liber, și astfel să fie culpabil (Iac. 1:14-15).
8. Dumnezeu deține stăpânirea peste păcatul omului, lucrând tainic prin intermediul cauzelor secundare (2 Sam. 24:1, 10; 1 Cron. 21:1).
9. Dumnezeu este glorificat în dreptatea Sa atunci când cauzează calamități și judecă păcatul (Is. 45:5-7; Ez. 28:22; Ioan 9:2-5).
10. În îndurarea Sa, Dumnezeu a asigurat mântuirea de păcat pentru toți cei care cred în Cristos (Rom. 3:24-26).

Teodiceea în evanghelizare

Atunci când creștinii interacționează cu necredincioșii, nu trebuie să creadă că-L pot apăra pe Dumnezeu prin niște principii din afara Cuvântului lui Dumnezeu. În schimb, ar trebui să exprime teodiceea scrisă sub inspirație prin a-i articula principiile. Aceste principii biblice pot fi ilustrate prin experiențe personale, însă principiile ar trebui să constituie fundamentul conversației. Bazarea teodiceei pe principii extrabibice nu reușesc să Îl prezinte pe Dumnezeu așa cum a stabilit El în Scriptură.

Biblia, fiind teodiceea lui Dumnezeu, Îi apără toate perfecțiunile prin cele revelate de El despre ce a făcut în trecut, despre ce face în prezent și despre ce va face în viitor. Atunci când cineva prezintă teodiceea lui Dumnezeu, nu trebuie să cadă în capcana de a-l îmbia pe cel nemântuit cu ceea ce acesta crede că este cel mai bine pentru fericirea lui, ci trebuie să caute să-i cheme pe oameni de la o focalizare păcătoasă asupra propriei persoane, la o pocăință umilă, supusă, și la credința în adevăratul Dumnezeu, prin Isus Cristos. Creștinul nu trebuie să-i îngăduie omului nemântuit să definească fericirea personală în termenii dorințelor umane, făcând din gândirea umană un standard pentru dreptatea și mila lui Dumnezeu.

GLORIFICAREA LUI DUMNEZEU[81]

Activități îndreptate spre Dumnezeu
Activități îndreptate spre creștini
Activități îndreptate spre necredincioși

Gloria lui Dumnezeu este predominantă în Scriptură. Unii au sugerat că *gloria* este tematica unificatoare a Bibliei. Faptul că termenul apare de peste patru sute de ori în Scriptură susține această posibilitate. Dar, din moment ce gloria lui Dumnezeu este completă, cum ar putea creștinii să-i adauge ceva? De ce Scriptura le poruncește credincioșilor să-I aducă glorie lui Dumnezeu? Textul din 2 Corinteni 3:18 explică: „Noi toți privim cu fața descoperită, ca într-o oglindă, gloria Domnului și suntem schimbați în același chip, din glorie în glorie, prin Duhul Domnului."

Prin analogie, Dumnezeu este pentru creștini ceea ce este soarele pentru lună. După cum soarele este sursa exclusivă de lumină, tot așa Dumnezeu este unica sursă de glorie; după cum luna îi reflectă lumina, tot așa creștinii reflectă gloria lui Dumnezeu. Deoarece chipul lui Dumnezeu în om a fost frânt în urma căderii în păcat, oamenii păcătoși mai mult refractă gloria lui Dumnezeu decât să o reflecte înapoi spre El. Însă, odată cu momentul mântuirii, când credincioșii încep să fie transformați după același chip, ei mai mult reflectă decât refractă gloria. În felul acesta, gloria lui Dumnezeu este tot mai mult reflectată înapoi spre El, după cum El le-a transmis-o preaiubiților Lui. Acesta este modul în care creștinii Îi pot dărui lui Dumnezeu ceva ce numai El deține în exclusivitate (Is. 42:8; 48:11).

Ce poate face cineva pentru a-L glorifica pe Dumnezeu? Pot fi identificate și explorate trei domenii distincte. Activitățile unui credincios de glorificare a lui Dumnezeu apar sub trei categorii: activități (1) îndreptate spre Dumnezeu, (2) îndreptate spre creștini și (3) îndreptate spre necredincioși.

Activități îndreptate spre Dumnezeu

Prin definiție, a fi Dumnezeu presupune a fi glorios. Numeroase titluri reflectă gloria lui Dumnezeu:

1. „Domnul slavei" (1 Cor. 2:8)
2. „Gloria minunată" (2 Pet. 1:17)
3. „Regele slavei" (Ps. 24:7-10)

---

81 Această secțiune este adaptată după Richard Mayhue, *Seeking God: The Pathway of True Spirituality* (2000; repr., Nashville: Lifeway, 2015), 228–33. Folosită cu permisiunea autorului.

4. „Duhul gloriei" (1 Pet. 4:14)

Cea mai mare parte a gloriei lui Dumnezeu care este reflectată spre El de creștini vine în urma acțiunilor de devoțiune personală și adorare îndreptate spre Dumnezeu. Mai jos sunt enumerate douăzeci de activități de închinare personală care-L glorifică pe Dumnezeu, începând de la cele care sunt îndreptate spre Dumnezeu și trecând ulterior la cele îndreptate spre creștin și spre necredincios.

1. Trăirea cu scop: „Deci, fie că mâncați, fie că beți, fie că faceți altceva, să faceți totul spre gloria lui Dumnezeu" (1 Cor. 10:31). Faimosul predicator american din secolul al optsprezecelea, Jonathan Edwards (1703-1758), a aplicat acest mod de gândire la propria sa viață luând următoarea hotărâre: „Voi face tot ceea ce consider că Îi aduce cel mai mult glorie lui Dumnezeu."[82] El a așezat imaginea vieții în rama gloriei lui Dumnezeu. Imitând acest țel, credincioșii pot deveni un răspuns la rugăciunea lui Pavel pentru filipeni (Fil. 1:9-11).

2. Mărturisirea păcatelor: „Fiule, dă glorie Domnului Dumnezeului lui Israel, mărturisește-I și spune-mi ce ai făcut, nu-mi ascunde nimic" (Ios. 7:19). Perpetuarea vieții păcatoase este un afront față de sfințenia lui Dumnezeu (Apoc. 16:9), însă mărturisirea păcatelor recunoaște sfințenia lui Dumnezeu și Îi aduce glorie.

3. Rugăciunea anticipativă: „Și orice veți cere în Numele Meu, voi face, pentru ca Tatăl să fie glorificat în Fiul" (Ioan 14:13). Rugaciunile făcute în Numele lui Cristos Îi aduc glorie Tatălui. Ar fi înțelept să începem să ne rugăm folosind cererea lui Moise: „Arată-mi, Te rog, gloria Ta!" (Exod 33:18).

4. Trăirea curată: „Fugiți de desfrânare! Orice alt păcat pe care îl face omul este afară din trup, dar cine săvârșește desfrâu păcătuiește împotriva trupului său. Sau nu știți că trupul vostru este templul Duhului Sfânt, care este în voi și pe care-l aveți de la Dumnezeu; și că voi nu sunteți ai voștri? Căci ați fost cumpărați cu un preț. Glorificați deci pe Dumnezeu în trupul vostru și în duhul vostru, care sunt ale lui Dumnezeu!" (1 Cor. 6:18-20). Trăirea în lumina caracterului sfânt al lui Dumnezeu Îl glorifică pe Dumnezeu.

5. Supunerea față de Cristos: „De aceea și Dumnezeu L-a înălțat și I-a dat un nume care este mai presus de orice nume, pentru ca în Numele lui Isus să se plece orice genunchi, al celor din ceruri, și de pe pământ, și de sub pământ, și orice limbă să mărturisească, spre gloria lui Dumnezeu Tatăl, că Isus Cristos este Domnul" (Fil. 2:9-11).

6. Laude aduse lui Dumnezeu: „Căci toate lucrurile se petrec în folosul vos-

---

82 Jonathan Edwards, "Resolutions," în *The Works of Jonathan Edwards*, vol. 16, *Letters and Personal Writings*, ed. George S. Claghorn (New Haven, CT: Yale University Press, 1998), 753.

tru, pentru ca harul, extinzându-se la tot mai mulți, să sporească mulțumirea spre gloria lui Dumnezeu" (2 Cor. 4:15). Samariteanul vindecat de lepră L-a glorificat pe Dumnezeu prin laude, la fel cum au făcut și îngerii de la nașterea lui Cristos (Luca 2:14; 17:11-19). Gurile creștinilor ar trebui să fie pline de lauda și gloria lui Dumnezeu, întreaga zi (Ps. 71:8).

7. Ascultarea de Dumnezeu: „Prin dovada acestei slujiri ei glorifică pe Dumnezeu pentru mărturisirea supunerii voastre față de Evanghelia lui Cristos și pentru generozitatea dărniciei voastre față de ei și față de toți" (2 Cor. 9:13).

8. Creșterea în credință: „El nu s-a îndoit de promisiunea lui Dumnezeu, prin necredință, ci întărit prin credință, a dat glorie lui Dumnezeu, și fiind pe deplin încredințat că ceea ce El a promis, El poate să și împlinească" (Rom. 4:20-21).

9. Suferința de dragul lui Cristos: „Și nimeni din voi să nu sufere ca ucigaș sau ca un hoț sau ca un răufăcător sau ca unul care se amestecă în treburile altuia. Dar dacă unul suferă pentru că este creștin, să nu-i fie rușine, ci să glorifice pe Dumnezeu în privința aceasta" (1 Pet. 4:15-16). Petru a știut despre ce scria, deoarece, cu mai mulți ani înainte, Cristos îi vorbise despre moartea prin care avea să-L glorifice pe Dumnezeu (Ioan 21:19).

10. Bucuria în Dumnezeu: „Lăudați-vă în Numele Lui cel sfânt; să se bucure inima celor ce caută pe Domnul!" (1 Cron. 16:10).

11. Închinarea înaintea lui Dumnezeu: „Toate popoarele, pe care le-ai făcut, vor veni și se vor închina înaintea Ta, Doamne, și vor glorifica Numele Tău" (Ps. 86:9).

12. Rodirea spirituală: „Prin aceasta este Tatăl Meu glorificat: dacă aduceți mult rod; astfel veți fi ucenicii Mei" (Ioan 15:8).

Activități îndreptate spre creștini

Viața creștină începe prin a avea o relație bună cu Dumnezeu, însă nu se limitează la atât. De la o perspectivă îndreptată în sus, ajungem acum să vorbim despre moduri prin care credincioșii Îl pot glorifica pe Dumnezeu în biserică și în relațiile dintre ei.

13. Proclamarea Cuvântului lui Dumnezeu: „Încolo, fraților, rugați-vă pentru noi, ca să se răspândească și să fie glorificat Cuvântul Domnului" (2 Tes. 3:1).

14. Slujirea poporului lui Dumnezeu: „După cum fiecare ați primit un dar, folosiți-l slujindu-vă unul pe altul, ca niște buni administratori ai harului felurit al lui Dumnezeu. Dacă vorbește cineva, să rostească cuvintele lui Dumnezeu. Dacă slujește cineva, să slujească după puterea pe care i-o dă Dumnezeu, ca în toate lucrurile să fie glorificat Dumnezeu, prin Isus Cristos, a Căruia este gloria și puterea în vecii vecilor! Amin." (1 Pet. 4:10-11).

15. Curățirea bisericii lui Cristos: „ca s-o înfățișeze înaintea Sa ca o biserică

glorioasă, fără pată, fără zbârcitură sau altceva de felul acesta, ci sfântă și fără vină" (Ef. 5:27).

16. Dărnicia jertfitoare: „Prin dovada acestei slujiri ei glorifică pe Dumnezeu pentru mărturisirea supunerii voastre față de Evanghelia lui Cristos și pentru generozitatea dărniciei voastre față de ei și față de toți" (2 Cor. 9:13).

17. Unitatea credincioșilor: „Și Eu le-am dat gloria pe care Mi-ai dat-o Tu, pentru ca ei să fie una, cum și Noi suntem una" (Ioan 17:22). Așa cum ne-a primit Cristos, tot așa trebuie să ne primim unii pe alții, pentru gloria lui Dumnezeu (Rom. 15:7).

Activități îndreptate spre necredincioși

Prima direcție este în sus, apoi spre interior, și acum urmează cea spre exterior. Aceasta închide cercul. Cineva ar putea întreba: care dintre cele trei sunt mai importante? Toate sunt la fel de importante, însă ordinea în care Îl glorificăm pe Dumnezeu este esențială. În primul rând, omul trebuie să își focalizeze atenția asupra lui Dumnezeu înainte de a sluji altora. Apoi, dacă nu se află într-o relație bună cu trupul lui Cristos, acel om nu poate spera că-i va câștiga pe cei pierduți vestindu-le Evanghelia lui Cristos.

18. Proclamarea mântuirii pentru cei pierduți: „Gloria lui este mare prin mântuirea Ta; ai pus peste el strălucire și măreție" (Ps. 21:5). Expresia „spre lauda gloriei Sale" predomină în comentariile lui Pavel despre mântuire (Ef. 1:6, 12, 14). Și astfel, glorificarea lui Dumnezeu caracterizează mântuirea lui Pavel (Gal. 1:23-24) și a lui Corneliu (Fapt. 11:18). Întrucât toți sunt lipsiți de gloria lui Dumnezeu (Rom. 3:23), a fi mântuit înseamnă a avea parte de restaurarea acelei stări a gloriei.

19. Răspândirea luminii lui Cristos: „Tot așa să lumineze și lumina voastră înaintea oamenilor, ca ei să vadă faptele voastre bune și să glorifice pe Tatăl vostru care este în ceruri" (Mat. 5:16).

20. Transmiterea Evangheliei lui Dumnezeu: „Căci toate lucrurile se petrec în folosul vostru, pentru ca harul, extinzându-se la tot mai mulți, să sporească mulțumirea spre gloria lui Dumnezeu" (2 Cor. 4:15). Aceasta s-a dovedit a fi experiența trăită de Pavel în prima sa călătorie misionară. Atunci când neevreii au auzit Evanghelia, s-au bucurat, L-au glorificat pe Dumnezeu și au crezut (Fapt. 13:48).

Icabod, care înseamnă în ebraică „fără glorie", ar fi cea mai cumplită stare imaginabilă pentru un credincios (1 Sam. 4:21). Absența gloriei lui Dumnezeu dintr-un credincios sau dintr-o biserică ar fi ceva de neimaginat. Gloria lui Dumnezeu trebuie să fie scopul suprem al fiecărui creștin.

Fie ca benedicția psalmistului și doxologia lui Pavel să fie practicate acum și întotdeauna:

Binecuvântat să fie Domnul Dumnezeul lui Israel, singurul care face minuni! Și binecuvântat să fie în veci gloriosul Lui Nume! Tot pământul să se umple de gloria Lui! Amin! Amin! (Ps. 72:18-19)

A Dumnezeului și Tatălui nostru să fie gloria în vecii vecilor! Amin. (Fil. 4.20)

Rugăciune[83]

O, Tată, cerurile vorbesc lămurit despre gloria Ta de nepătruns,
și întinderea lor declară repetat lucrarea mâinilor Tale:
„Zi de zi ea rostește acest lucru și noapte după noapte îl face cunoscut"
Vorbește despre Tine, Creatorul nostru uimitor –
și vorbirea aceasta poate fi înțeleasă de oricine.
Soarele se mișcă pe un circuit vast sub îndrumarea Ta.
Gloria Ta este etalată în tot sistemul nostru solar, și chiar dincolo de el,
de la un capăt al cerurilor până la celălalt.
Stăm în uimire față de puterea Ta de nepătruns.

Și totuși, chiar mai minunată pentru noi decât creația Ta glorioasă
este revelarea Ta în Scriptură:
Legea Ta, mărturia Ta, orânduirile Tale, poruncile și judecățile Tale,
toate sunt desăvârșite, sigure, drepte, curate și adevărate.
Cuvântul Tău transformă sufletul, ne face înțelepți,
ne aduce bucurie, ne luminează,
și toarnă neprihănire în noi.
De aceea dorim Cuvântul Tău mai mult decât aurul,
și ni se pare mai dulce decât mierea.

Scumpe Tată ceresc, toată delectarea noastră este în Tine.
Cea mai adâncă tânjire a inimilor noastre este să vedem și să celebrăm gloria Ta.
Nu vom fi cu adevărat împliniți
decât atunci când Îți vom vedea Chipul Tău în neprihănire.
Iată de ce Îți exprimăm acum dragostea noastră și ne închinăm Ție în rugăciune.

---

83 Această rugăciune este redată literal din John MacArthur, *At the Throne of Grace: A Book of Prayers* (Eugene, OR: Harvest House, 2011), 52–54. Folosită cu permisiunea editurii Harvest House.

Ne bizuim pe promisiunile Tale,
ne bucurăm de credincioșia Ta,
ne lăudăm cu bunătatea Ta,
ne punem speranța în Cuvântul Tău,
ne încredem în Fiul Tău,
și ne găsim tihna în harul Tău.

Mulțumim că ne dai prilejul să ne odihnim într-o încredere deplină.
Știm că trecutul, prezentul și viitorul sunt în grija Ta.
Mărturisim cu bucurie că planul Tău este cel mai bun,
poruncile Tale sunt drepte,
înțelepciunea Ta este fără cusur,
puterea Ta este supremă
și toate căile Tale sunt perfecte.
Tu ești plin de bunătate, ești milos, sfânt, drept și îndurător –
Ești izvorul a tot ce este cu adevărat bun.
Ne umilim în fața Ta ca Rege și Răscumpărător al nostru,
cerându-Ți ca voia Ta să se facă în noi.

Dă-ne inimi care să se încreadă în Tine fără cârtiri și șovăieli,
în legătură cu ceea ce providența Ta aduce în viețile noastre.
Revarsă peste noi îndurare și har, așa cum faci întotdeauna,
și fie să trăim într-o recunoștință necurmată.
Iar atunci când păcătuim și apucăm pe o cale a răzvrătirii,
ajută-ne degrabă să ne recunoaștem nebunia și să ne pocăim.
Apoi ia de la noi întristarea plină de jale
și înnobilează-ne inimile cu veselie.
Umple-ne inimile cu cântări sfinte de laudă.
Reînnoiește-ne ca să putem fi un far al harului Tău.
Venim cu închinare înaintea Ta, Tată, bazându-ne pe iertarea și puterea Ta
ca să putem intra în prezența Ta
și să fim primiți ca adevărați închinători.
Venim în Numele Mântuitorului nostru. Amin!

„Înțelepciunea din vecii"

Înțelepciunea din vecii
Ce-și lasă-amprenta-n univers
Tot ce-a creat cu mâna Sa
Prin al puterii Cuvânt va sta

Dumnezeu Tatăl

El știe taina-ntinsei mări
Secretul stelelor pe cer
Lumină calea aștrilor
Dând o zi nouă popoarelor.

Știință fără de egal
Ce calea dreaptă-ai însemnat
Mi-e candelă al Tău Cuvânt
Mă-nveți, mă-ndrumi prin al Tău Duh Sfânt
Și-apoi misterul grelei morți
Cel Viu să moară pentru morți
Iar cei mari rușinați să stea
Când toată slava Cristos va lua.

De-nțelepciunea-Ți onorat
Iubire-Ți cer și pace-n dar
Smerit mă-nvață să primesc
Al Providenței statornic mers
Țesut e-atunci orice necaz
În pânza harului Tău bun
Iar prin dureri aleg să spun:
„Doar voii Tale eu mă supun!"

(Jubilate – Culegere de imnuri creștine, vol. II, Oradea, 2017, nr. 169)

Bibliografie

Lucrări principale de teologie sistematică

Bancroft, Emery H. *Christian Theology: Systematic and Biblical.* 2nd ed. Grand Rapids, MI: Zondervan, 1976. 59–94.

*Berkhof, Louis. *Systematic Theology.* 4th ed. Grand Rapids, MI: Eerdmans, 1939. 19–178.

Buswell, James Oliver, Jr. *A Systematic Theology of the Christian Religion.* 2 vols. Grand Rapids, MI: Zondervan, 1962–1963. 1:27–182.

Culver, Robert Duncan. *Systematic Theology: Biblical and Historical.* Fearn, Ross-shire, Scotland: Mentor, 2005. 12–225.

Dabney, Robert Lewis. *Systematic Theology.* 1871. Reprint, Edinburgh: Banner of Truth, 1985. 5–193.

Erickson, Millard J. *Christian Theology.* Grand Rapids, MI: Baker, 1986. 263–432.

*Grudem, Wayne. *Systematic Theology: An Introduction to Biblical Doctrine.* Grand Rapids, MI: Zondervan, 1994. 141–396.

Hodge, Charles. *Systematic Theology.* 3 vols. 1871–1873. Reprint, Grand Rapids, MI: Eerdmans, 1975. 1:189–482, 535–636.

Lewis, Gordon R., and Bruce A. Demarest. *Integrative Theology.* 3 vols. Grand Rapids, MI: Zondervan, 1987–1994. 1:177–335.

Reymond, Robert L. *A New Systematic Theology of the Christian Faith.* Nashville: Thomas Nelson, 1998. 129–414.

Shedd, William G. T. *Dogmatic Theology.* 3 vols. 1889. Reprint, Minneapolis: Klock & Klock, 1979. 1:151–546; 3:89–248.

Strong, August Hopkins. *Systematic Theology: A Compendium Designed for the Use of Theological Students.* Rev. ed. New York: Revell, 1907. 52–110; 243–443.

Swindoll, Charles R., and Roy B. Zuck, eds. *Understanding Christian Theology.* Nashville: Thomas Nelson, 2003. 137–287.

*Thiessen, Henry Clarence. *Introductory Lectures in Systematic Theology.* Grand Rapids, MI: Eerdmans, 1949. 51–75, 119–88.

Turretin, Francis. *Institutes of Elenctic Theology.* 3 vols. Edited by James T. Dennison Jr. Translated by George Musgrove Giger. 1679–1685. Reprint, Phillipsburg, NJ: P&R, 1992–1997. 1:169–538.

* Le indică pe cele mai folositoare

Lucrări specifice

*Allison, Gregg R. *Historical Theology: An Introduction to Christian Doctrine.* Grand Rapids, MI: Zondervan, 2011.

Ames, William. *The Marrow of Theology.* Translated by John Dykstra Eusden. 3rd ed. 1629. Reprint, Grand Rapids, MI: Baker, 1997.

*Bavinck, Herman. *The Doctrine of God.* Translated by William Hendriksen. 1951. Reprint, Edinburgh: Banner of Truth, 2003.

Beilby, James K., and Paul R. Eddy, eds. *Divine Foreknowledge: Four Views.* Downers Grove, IL: InterVarsity Press, 2001.

Berkhof, Louis. *The History of Christian Doctrines.* 1937. Reprint, Grand Rapids, MI: Baker, 1975.

Bray, Gerald. *God Is Love: A Biblical and Systematic Theology.* Wheaton, IL: Crossway, 2012.

*Calvin, John. *Institutes of the Christian Religion.* Edited by John T. McNeill. Translated by Ford Lewis Battles. 2 vols. Library of Christian Classics. 1559. Reprint, Louisville: Westminster John Knox, 1960.

Carson, D. A. *The Gagging of God: Christianity Confronts Pluralism.* Grand Rapids, MI: Zondervan, 1996.

Charnock, Stephen. *Discourses upon the Existence and Attributes of God.* 2 vols. 1853. Reprint, Grand Rapids, MI: Baker, 1979.

Feinberg, John S. *The Many Faces of Evil: Theological Systems and the Problems of Evil.* Rev. ed. Wheaton, IL: Crossway, 2004.

———. *No One Like Him: The Doctrine of God.* Foundations of Evangelical Theology. Wheaton, IL: Crossway, 2001.

*Frame, John M. *Apologetics to the Glory of God: An Introduction.* Phillipsburg, NJ: P&R, 1994.

———. *The Doctrine of God.* A Theology of Lordship. Phillipsburg, NJ: P&R, 2002.

———. *Systematic Theology: An Introduction to Christian Belief.* Phillipsburg, NJ: P&R, 2013.

Ganssle, Gregory E., ed. *God and Time: Four Views.* Downers Grove, IL: InterVarsity Press, 2001.

Geisler, Norman L. *Creating God in the Image of Man?* Minneapolis: Bethany House, 1997.

*Hannah, John D. *Our Legacy: The History of Christian Doctrine.* Colorado Springs: NavPress, 2001.

Harris, Murray J. *Jesus as God: The New Testament Use of Theos in Reference to Jesus.* Grand Rapids, MI: Baker, 1992.

Helm, Paul. *The Providence of God*. Contours of Christian Theology. Downers Grove, IL: InterVarsity Press, 1994.

Huffman, Douglas S., and Eric L. Johnson. *God under Fire: Modern Scholarship Reinvents God*. Grand Rapids, MI: Zondervan, 2002.

*Letham, Robert. *The Holy Trinity: In Scripture, History, Theology, and Worship*. Phillipsburg, NJ: P&R, 2004.

*MacArthur, John. *The Battle for the Beginning: Creation, Evolution, and the Bible*. Rev. ed. Nashville: Thomas Nelson, 2005.

Packer, J. I. *Knowing God*. Downers Grove, IL: InterVarsity Press, 1973.

Pink, Arthur W. *The Attributes of God*. 1920. Reprint, Grand Rapids, MI: Guardian, 1975.

Piper, John, Justin Taylor, and Paul Kjoss Helseth, eds. *Beyond the Bounds: Open Theism and the Undermining of Biblical Christianity*. Wheaton, IL: Crossway, 2003.

Sexton, Jason S., ed. *Two Views on the Doctrine of the Trinity*. Counterpoint: Bible and Theology. Grand Rapids, MI: Zondervan, 2014.

Toon, Peter. *Our Triune God: A Biblical Portrayal of the Trinity*. Wheaton, IL: Victor, 1996.

*Tozer, A. W. *The Knowledge of the Holy: The Attributes of God: Their Meaning in the Christian Life*. New York: Harper & Brothers, 1961.

Ware, Bruce A. *Father, Son, and Holy Spirit: Relationships, Roles, and Relevance*. Wheaton, IL: Crossway, 2005.

*———. *God's Lesser Glory: The Diminished God of Open Theism*. Wheaton, IL: Crossway, 2000.

———. *Perspectives on the Doctrine of God: 4 Views*. Nashville: B&H Academic, 2008.

*Ware, Bruce A., and John Starke, eds. *One God in Three Persons: Unity of Essence, Distinction of Persons, Implications for Life*. Wheaton, IL: Crossway, 2015.

Warfield, Benjamin Breckinridge. *Biblical and Theological Studies*. Edited by Samuel G. Craig. 1952. Reprint, Philadelphia: Presbyterian and Reformed, 1968.

* Le indică pe cele mai folositoare

„În fața tronului de sus"

În fața tronului de sus,
Eu am un bun Apărător,
Un Mare Preot, pe Isus
La care aflu ajutor.
Săpat eu sunt pe mâna Sa
Și pe-a Lui inimă sunt scris
Iar cât în ceruri El va sta
Pârâșul meu va fi învins,
Pârâșul meu va fi învins!

Satan când mă va acuza
Spunându-mi că sunt vinovat,
Privesc la Domnul, Stânca mea
Ce-a șters pe cruce-al meu păcat.
Fiindcă Domnul a murit
Eu am ajuns neprihănit
Dreptatea s-a îndeplinit
Prin moartea Lui sunt mântuit,
Prin moartea Lui sunt mântuit!

Și iată Mielul înălțat,
Cel nepătat, neprihănit
Cuvântul viu și întrupat
E Rege-al regilor slăvit.
Unit cu El nu voi muri
Cu sânge m-a răscumpărat
Voi fi cu El în veșnicii,
Cu Domnul meu glorificat,
Cu Domnul meu glorificat!

(Jubilate – Culegere de imnuri creștine, vol. II, Oradea, 2017, nr. 213)

4

Dumnezeu Fiul

Cristologie

Subiecte majore prezentate în Capitolul 4
Cristosul preîntrupat
Cristosul întrupat
Cristosul glorificat

Mărturia biblică despre Domnul și Mântuitorul Isus Cristos este aseme-
nea unui fir stacojiu care străbate întreaga țesătură a Cuvântului scris al lui
Dumnezeu. În calitate de a doua persoană a Dumnezeirii, persoana și lucrarea
Mântuitorului constituie mărturia centrală a întregii Scripturi: „Închină-te lui
Dumnezeu! Căci mărturia lui Isus este duhul profeției" (Apoc. 19:10).

CRISTOSUL PREÎNTRUPAT

Eternitatea anterioară întrupării
Fiul etern al lui Dumnezeu
Apariții în Vechiul Testament
Activități din Vechiul Testament
Profeții din Vechiul Testament

Scriptura vorbește deopotrivă despre divinitatea și umanitatea lui Cristos. Persoana lui Cristos este pe deplin divină și pe deplin umană, un adevăr fundamental pe care biserica primară l-a apărat în permanență. Numai o descriere biblică integrală poate oferi o revelație adecvată a existenței Fiului lui Dumnezeu din eternitatea anterioară întrupării în eternitatea viitoare. O descriere cronologică a existenței celei de-a doua persoane trebuie să înceapă de la eternitatea anterioară.

Eternitatea anterioară întrupării

TRIUNITATEA

Pe parcursul Vechiului și Noului Testament, scriitorii fac referire la deosebirile dintre persoanele din Dumnezeire. Tatăl, Fiul și Duhul Sfânt apar ca persoane distincte cu roluri individuale.[1] În plus, scriitorii biblici vorbesc despre caracteristicile divine ale acestor persoane. Având înainte dovezile biblice, o minte lipsită de prejudecăți nu se poate îndoi de existența unei pluralități de persoane în Dumnezeire, fără a nega claritatea, ineranța și inspirația Scripturilor. Orice discuție corectă despre Trinitate trebuie să înceapă și să se încheie cu ceea ce afirmă Biblia.

Revelația primită de Ioan de la Dumnezeu a descris-o pe a doua persoană ca fiind „cu Dumnezeu" (Ioan 1:1), o sintagmă care indică o identitate separată în mod limpede. Mai mult, numai o persoană distinctă din Dumnezeire poate avea parte de dragostea unei alte persoane din Dumnezeire (Ioan 17:24). Identitățile Lor distincte sunt evidențiate și prin supunerea Fiului lui Dumnezeu față de Tatăl în economia răscumpărării (Fil. 2:6-7; Evr. 10:5-7; vezi „Apariții în Vechiul Testament"). De asemenea, Ele comunică una cu cealaltă și despre cealaltă: „Tatăl Meu, dacă este cu putință, lasă să treacă de la Mine paharul acesta! Totuși, nu cum voiesc Eu, ci cum voiești Tu" (Mat. 26:39). Formula trinitariană baptismală indică un raport de co-egalitate între cele trei persoane ale Trinității: „De aceea, duceți-vă și faceți ucenici din toate națiunile, botezându-i în Numele Tatălui și al Fiului și al Duhului Sfânt" (Mat. 28:19).

Pornind de la această mărturie biblică despre triunitatea lui Dumnezeu, William G. T. Shedd a identificat douăsprezece acțiuni și relații care demonstrează că o persoană din Dumnezeire poate ajunge ca, în mod personal, să experimenteze sau să facă ceva de care să beneficieze o altă persoană din Dumnezeire:

O persoană divină iubește pe o alta, Ioan 3:35; locuiește în alta, Ioan 14:10,

---

1 Acest paragraf este adaptat după William D. Barrick, "Inspiration and the Trinity," *MSJ* 24, no. 2 (2013): 185–86. Folosit cu permisiunea *MSJ*.

11; suferă din partea alteia, Zah. 13:7; O cunoaşte pe alta, Mat. 11:27; I Se adresează alteia, Evr. 1:8; este calea spre alta, Ioan 14:6; vorbeşte despre alta, Luca 3:22; O glorifică pe alta, Ioan 17:5; Se sfătuieşte cu alta, Gen. 1:26, 11:7; plănuieşte împreună cu alta, Is. 9:6; O trimite pe alta, Gen. 16:7, Ioan 14:26; O răsplăteşte pe o alta, Fil. 2:5-11, Evr. 2:9.[2]

PREEXISTENŢĂ

Ce fel de existenţă a avut Cristos anterior întrupării Sale? Cu alte cuvinte, care a fost starea preexistenţei Sale în divinitatea Sa exclusivă înainte de a Se îmbrăca în haina umanităţii? A doua persoană a Trinităţii a locuit în cer şi a coborât pe pământ din cer în momentul conceperii miraculoase a naturii Sale umane în pântecele fecioarei Maria (Mat. 1:18-25; Luca 1:26-38). El a fost trimis de prima persoană a Trinităţii (Dumnezeu Tatăl) ca rezultat al dragostei lui Dumnezeu pentru omenire: „Fiindcă atât de mult a iubit Dumnezeu lumea, că a dat pe singurul Lui Fiu născut, pentru ca oricine crede în El să nu piară, ci să aibă viaţă veşnică. Căci Dumnezeu n-a trimis pe Fiul Său în lume ca să judece lumea, ci ca lumea să fie mântuită prin El" (Ioan 3:16-17). Fiul S-a coborât din cer (Ioan 3:31) atunci când Tatăl L-a trimis (Ioan 6:38; 17:3; 1 Ioan 4:9). Sosirea Fiului pe pământ în momentul întrupării demonstrează că existenţa Sa anterioară era în cer.

A doua persoană a Trinităţii a existat înainte de crearea universului. Într-adevăr, Biblia Îl identifică drept Creator: „Toate lucrurile au fost făcute prin El şi nimic din ce a fost făcut n-a fost făcut fără El" (Ioan 1:3; vezi 1:10; 1 Cor. 8:6; Col. 1:16-17; Evr. 1:2, 10). Creatorul tuturor lucrurilor trebuie să fi existat înaintea actului Său creator – înainte de a fi existat toate cele create. Astfel, Scripturile mărturisesc că El deţinea o glorie divină „înainte de a fi lumea" (Ioan 17:5). În acea existenţă preîntrupată din sânul Dumnezeirii, a doua persoană a Trinităţii a experimentat dragostea primei persoane (Ioan 17:24). Persoanele din Dumnezeire au exercitat acest atribut divin, comunicabil între Ele pe parcursul veşniciei anterioare.

A doua persoană a Dumnezeirii este eternă în natura şi existenţa Ei. Cea mai clară afirmaţie biblică se găseşte în Ioan 1:1: „La început era Cuvântul, şi Cuvântul era cu Dumnezeu, şi Cuvântul era Dumnezeu." Pentru ca nu cumva cititorul să creadă că sintagma „la început" are în vedere doar începutul creaţiei, autorul Epistolei către Evrei contrastează în mod lămurit existenţa temporară, finită a creaţiei cu existenţa permanentă, eternă a Creatorului, Fiul lui Dumnezeu Însuşi: „Tu, Doamne, ai întemeiat la început pământul, şi cerurile sunt lucrarea mâinilor Tale. Ele vor pieri, dar Tu rămâi; şi toate se vor învechi ca o haină; şi

---

2 William G. T. Shedd, *Dogmatic Theology* (1889; repr., Minneapolis: Klock & Klock, 1979), 1:279.

le vei face sul ca pe o manta, și vor fi schimbate. Dar Tu ești Același și anii Tăi nu se vor sfârși" (Evr. 1:10-12; vezi Ps. 102:25-27). Vechiul Testament Îi descrie existența ca ducându-se „până în trecutul îndepărtat, până în vremuri străvechi" (Mica 5:2). Isaia Îi atribuie Lui titlurile „Dumnezeu puternic" și „Tatăl veșnic" și precizează că întruparea Dumnezeului-om s-a înfăptuit nu doar prin nașterea unui copil, ci și prin oferirea unui copil (Is. 9:6). Cristos a existat dintotdeauna ca Fiul lui Dumnezeu, însă a devenit un copil doar în momentul conceperii Sale miraculoase.

Fiul etern al lui Dumnezeu[3]

Existența eternă a celei de-a doua persoane ridică o întrebare privitoare la relațiile pe care le-a avut El în sânul Dumnezeirii. În calitate de a doua persoană a Trinității (sau „Cuvântul", așa cum vorbește Ioan 1:1 despre El), El a existat în eternitatea anterioară. Însă a existat El dintotdeauna în eternitatea anterioară întrupării ca *Fiu*? Au apărut două perspective majore: filiația din eternitate și filiația prin întrupare.

La prima vedere, Evrei 1:5 pare a vorbi despre nașterea de către Tatăl a Fiului ca un eveniment care are loc la un moment în timp: „Tu ești Fiul Meu; *astăzi* Te-am născut" și „Eu Îi voi fi Tată și El Îmi va fi Fiu". Versetul acesta prezintă niște concepte de o dificultate însemnată. *Nașterea* vorbește despre originea unei persoane. Mai mult, în general, fiii le sunt supuși taților lor. Prin urmare, textul pare a vorbi despre ceva incompatibil cu o relație eternă Tată-Fiu, care impune ca între persoanele Trinității să existe un raport de perfectă egalitate și eternitate. Linia de argumentație în favoarea filiației din întrupare concluzionează că *filia-ția* indică locul de supunere voluntară în care S-a coborât la întruparea Sa (vezi Ioan 5:18, Fil. 2:5-8).

Perspectiva filiației din eternitate se bazează pe observația că titlul *Fiul lui Dumnezeu*, când Îi este aplicat lui Cristos în Scriptură, pare a vorbi întotdeauna despre divinitatea Sa esențială și egalitatea Sa absolută cu Dumnezeu, nu despre subordonarea Sa voluntară. Conducătorii evrei din vremea lui Isus au înțeles această egalitate. Ioan 5:18 spune că ei au avut în plan pedeapsa capitală pentru Isus, acuzându-L de blasfemie „nu numai pentru că dezlega ziua sabatului, ci și pentru că zicea că Dumnezeu este Tatăl Său, făcându-Se astfel egal cu Dumnezeu." În cultura acestor timpuri, fiul adult al unui demnitar era conside-rat egal în statut și privilegii cu tatăl său. Același respect pretins de un rege îi era

---

3 Această secțiune este adaptată după revizuirea din 1999 de către John MacArthur a poziției sale anterioare privitoare la subiectul filiației lui Cristos, articulată cel mai clar în MacArthur, "Reexamining the Eternal Sonship of Christ," *Journal for Biblical Manhood and Womanhood* 6, no. 1 (2001): 21–23. Folosită cu permisiunea publicației *Journal for Biblical Manhood and Womanhood*.

acordat și fiului său adult. La urma urmei, fiul avea aceeași esență cu tatăl său, fiind moștenitorul tuturor drepturilor și privilegiilor tatălui său – și, pe cale de consecință, egal în orice privință importantă. Prin urmare, când Isus a fost numit „Fiul lui Dumnezeu", toți l-au înțeles în mod categoric ca fiind un titlu al divinității, declarându-L egal cu Dumnezeu și (chiar mai semnificativ) de aceeași esență cu Tatăl. Tocmai din acest motiv conducătorii evrei au considerat că titlul *Fiul lui Dumnezeu* era blasfemia supremă.

Dacă filiația lui Isus semnifică divinitatea și egalitatea Sa absolută cu Tatăl, atunci nu poate fi un titlu care să aibă legătură doar cu întruparea Sa. De fapt, chintesența a ceea ce se are în vedere prin calitatea de fiu (și, fără îndoială, aceasta ar fi inclus esența divină a lui Isus) trebuie să aibă legătură cu atributele eterne ale lui Cristos, nu doar cu umanitatea pe care Și-a asumat-o.

Nașterea despre care se vorbește în Psalmul 2 și în Evrei 1 nu este un eveniment care are loc în timp. Deși, la prima vedere, Scriptura pare a utiliza o terminologie cu accente temporale („astăzi Te-am născut"), contextul Psalmului 2:7 se referă fără echivoc la „decretul" etern al lui Dumnezeu. Este rezonabil să se concluzioneze că nașterea despre care vorbește Psalmul 2 este de asemenea ceva ce ține de eternitate, nu de un moment în timp. De aceea, limbajul temporal ar trebui înțeles în sens figurat, nu literal.

Odată cu Primul Conciliu de la Constantinopol (381), teologii ortodocși au recunoscut lucrul acesta, iar atunci când s-au referit la calitatea de fiu a lui Cristos, au folosit terminologia *generarea eternă* – care, e drept, este o expresie dificilă. În cuvintele lui Spurgeon, este „o exprimare care nu ne comunică vreo semnificație importantă; pur și simplu acoperă ignoranța noastră."[4] Și totuși, conceptul este biblic. Scriptura se referă la Cristos ca fiind „singurul născut din Tatăl" (Ioan 1:14, vezi 1:18; 3:16, 18). Cuvântul din limba greacă tradus „singurul născut" este *monogenēs*. Sensul acestuia are de-a face cu unicitatea lui Cristos. Ar putea fi redat literal astfel: „unic în felul său" – și totuși, semnifică în egală măsură că El este de aceeași esență cu Tatăl. Prin urmare, deși *monogenēs* nu presupune în mod explicit generare, este în armonie cu conceptul biblic (cf. Ps. 2:7; Ioan 5:26), întrucât tocmai generarea eternă a lui Cristos Îl face să fie Fiul unic al Tatălui.

A spune despre Cristos că este „născut" este în sine un concept dificil. Pe tărâmul creației, termenul *născut* vorbește despre originea urmașului cuiva. Nașterea unui fiu denotă conceperea sa – momentul în care vine în ființă. Astfel, unii presupun că „singurul născut" se referă la conceperea omului Isus în pântecele fecioarei Maria. Însă Matei 1:20 Îi atribuie Duhului Sfânt conceperea Cristosului întrupat, nu lui Dumnezeu Tatăl. Nașterea avută în vedere în Psalmul 2:7 și în

---

4 Charles H. Spurgeon, "Blessing for Blessing" (predica 2266), în *The Metropolitan Tabernacle Pulpit* (London: Passmore & Alabaster, 1892), 38:352.

Ioan 1:14 se referă în mod limpede la ceva mai mult decât conceperea omului Cristos în pântecele Mariei.

Într-adevăr, există o altă semnificație mai importantă a ideii de *naștere* decât doar originea urmașului cuiva. În planul lui Dumnezeu, fiecare creatură dă naștere unei seminţe „după soiul ei" (Gen. 1:11-12, 21-25). Sămânţa este caracterizată de o asemănare leită cu părintele. Faptul că un fiu este generat de tatăl garantează că fiul împărtășește aceeași natură cu a tatălui său. Însă, în divinitatea Sa, Cristos nu este o fiinţă creată (Ioan 1:1-3). N-a avut început și este la fel de atemporal ca Dumnezeu Însuși. Prin urmare, „nașterea" menţionată în Psalmul 2 și în textele înrudite n-are nimic de-a face cu originea divinităţii Sale și nici cu cea a umanităţii Sale. Însă are de-a face pe de-a-ntregul cu a împărtăși aceeași esenţă cu a Tatălui. Expresii precum „generarea eternă", „singurul Fiu născut" și altele privitoare la statutul de fiu al lui Cristos trebuie înţelese ca evidenţiind unicitatea absolută de esenţă dintre Tatăl și Fiul. Cu alte cuvinte, astfel de expresii nu sunt menite să evoce ideea procreării, ci să comunice adevărul despre unicitatea esenţială împărtășită de membrii Trinităţii.

O perspectivă a filiaţiei lui Cristos din întrupare presupune că Scriptura utilizează terminologia tată-fiu într-un mod antropomorf – adaptând adevăruri cerești insondabile la minţile noastre finite prin a le exprima în termeni umani. Însă relaţia umană tată-fiu este doar o imagine pământească a unei realităţi cerești infinit mai mari. Din punctul de vedere al perspectivei filiaţiei din eternitate, acea relaţie autentică, arhetipală tată-fiu există din eternitate în sânul Trinităţii. Toate celelalte sunt doar niște replici pământești, imperfecte deoarece sunt atașate de finitudinea umană, însă ilustrează o realitate eternă vitală.

Dacă filiaţia lui Cristos ar avea de-a face doar cu divinitatea Sa, ne-am putea întreba de ce această calitate de fiu I Se aplică doar celei de-a doua persoane din Dumnezeire, nu și celei de-a treia. La urma urmei, teologii nu vorbesc despre Duhul Sfânt numindu-L Fiul lui Dumnezeu. Și totuși, Duhul este de asemenea de aceeași esenţă cu Tatăl. Esenţa plenară, nediluată și nedivizată a lui Dumnezeu aparţine în egală măsură Tatălui, Fiului și Duhului Sfânt. Dumnezeu este o singură esenţă, însă există în trei persoane. Cele trei persoane sunt co-egale, însă rămân persoane distincte. Caracteristicile principale care deosebesc persoanele sunt cuprinse în proprietăţile sugerate de numele Tatăl, Fiul și Duhul Sfânt. Teologii au etichetat aceste proprietăţi astfel: paternitate, filiaţie și spirare. Faptul că astfel de deosebiri sunt vitale pentru modul în care înţelegem Trinitatea este evident din Scriptură. A le explica în întregime rămâne un mister. De fapt, s-ar putea ca multe aspecte ale acestor adevăruri să rămână insondabile pentru totdeauna. Totuși, această înţelegere fundamentală a relaţiilor eterne din Trinitate reprezintă cel mai bun consens al gândirii creștine de pe parcursul secolelor de istorie a bisericii. Prin urmare, doctrinele filiației din eternitate și generării eterne ale lui Cristos ar trebui afirmate, deși recunoaștem că rămân mistere pe care nu avem cum să le examinăm prea profund.[5]

De regulă, perspectiva filiației din întrupare prezintă o argumentare bazată fie pe declarații divine privitoare la Fiul în momentul nașterii Sale (Mc. 1:1; Luca 1:32, 35), la botezul Său (Mat. 3:17) sau la transfigurarea Sa (Mat. 17:5), fie pe declarații apostolice privitoare la învierea Sa (Fapt. 13:30-33; Rom. 1:4). În lumina argumentelor prezentate mai sus împotriva filiației din întrupare, declarațiile divine de la botezul și schimbarea Sa la față nu fac decât să exprime aprobarea și aprecierea Tatălui, nu desemnarea inițială a celei de-a doua persoane a Dumnezeirii în poziția și rolul de Fiu. Referința din Luca 1:35, când este înțeleasă în lumina celei din Luca 3:38, ar putea fi identificarea lui Isus ca al doilea Adam.[6] Textele care menționează filiația Sa în contextul sau în asociere cu învierea Sa nu afirmă că învierea Sa L-a „făcut" Fiul lui Dumnezeu. Mai degrabă, învierea a dezvăluit într-o manieră elocventă că El era Fiul lui Dumnezeu, nu un simplu om, și era o dovadă care atesta calitatea Sa de Fiu, nu instalarea Sa în postura de Fiu. Așa cum remarcă Schreiner cu multă abilitate, „Este crucial să se țină minte că Cel care este înălțat cu putere ca fiind Fiul lui Dumnezeu era deja Fiul."[7] Aprobarea de la botezul și schimbarea Sa la față susține o astfel de concluzie, întrucât acele ocazii au precedat învierea lui Isus, însă au declarat cu tărie calitatea Sa de fiu. Și atunci, care a fost scopul aprobărilor pline de apreciere ale Tatălui?

> Prin faptul că L-a numit pe Isus Fiul Său Preaiubit, Tatăl a declarat nu doar o relație a naturii divine, ci și o relație a iubirii divine. Ei au avut o relație de dragoste, dedicare și identificare reciprocă în toate privințele.
> Când a spus, „în care-Mi găsesc toată plăcerea", Tatăl Și-a afirmat aprobarea față de tot ce era, tot ce a spus și tot ce a făcut Fiul. Tot ce ținea de Isus era într-o armonie perfectă cu voia și planul Tatălui.[8]

Apariții în Vechiul Testament[9]

Una dintre primele ocazii când este întâlnit fenomenul de *teofanie* („o apariție a lui Dumnezeu") implică prezența lui Dumnezeu la Muntele Sinai (Exod

---

5 Pentru o discuție mai amplă despre generarea eternă a Fiului, vezi „Deosebiri personale" în cap. 3.

6 Darrell L. Bock, *Luke 1:1–9:50*, BECNT 3A (Grand Rapids, MI: Baker, 1994), 123.

7 Thomas R. Schreiner, *Romans*, BECNT 6 (Grand Rapids, MI: Baker, 1998), 42.

8 John MacArthur, *Matthew 16–23*, MNTC (Chicago: Moody Press, 1988), 68.

9 Această secțiune este adaptată după William D. Barrick, "Inspiration and the Trinity," *MSJ* 24, no. 2 (2013): 182–84. Folosită cu permisiunea *MSJ*.

19). Alte exemple de manifestări divine se ivesc odată cu lucrarea „îngerului Domnului [Iahve]", în pasaje precum următoarele:

1. Geneza 16:7-13: în acest pasaj, naratorul (Moise, nu Hagar) Îl identifică pe mesagerul lui Iahve ca fiind Iahve: „Și ea a chemat Numele Domnului care-i vorbise" (16:13).
2. Exod 3:2-4: ulterior în istorie, mesagerul lui Iahve i Se arată lui Moise într-un rug aprins la Muntele Horeb, în deșertul Sinai. Naratorul (din nou, Moise) afirmă că „Dumnezeu l-a chemat din mijlocul rugului" (3:4).
3. Judecători 6:11-23: scriitorul cărții Judecători (nu Ghedeon, nici mesa-gerul lui Iahve) spune că „Domnul S-a uitat spre el și a zis..." (6:14).

Asemenea apariții par a avea o trăsătură comună: toate, așa cum subliniază James Borland, „îi revelează destinatarului, cel puțin într-o manieră parțială, ceva despre [Dumnezeu] Însuși, sau despre voia Lui."[10] Oare se identifică persoana divină din astfel de apariții ca fiind Fiul preîntrupat al lui Dumnezeu (i.e., o cristofanie)? Borland definește aceste apariții drept „manifestări nesolicitate, intermitente și temporare, vizibile și audibile ale lui Dumnezeu Fiul în formă umană, prin care Dumnezeu a transmis ceva unor anumite ființe umane lucide de pe pământ, înainte de nașterea lui Isus Cristos."[11] Atunci când relatarea biblică îl asociază pe „îngerul Domnului" cu o teofanie, termenul „mesager" ar putea fi o traducere mai bună decât „înger", întrucât titlul respectiv denotă func-ția sau slujba unui individ, nu natura sa. Mai mult, Scriptura vorbește despre el ca fiind de fapt Dumnezeu. El poartă numele „Domnul", vorbește ca și Dumnezeu și etalează autoritate și atribute divine. Însă cel mai important aspect este că el primește închinare (Mat. 2:2, 11; 14:33; 28:9, 17). Dat fiind ceea ce Ioan 1:18 afirmă despre Fiul – „Nimeni n-a văzut vreodată pe Dumnezeu; singurul Fiu născut, care este în sânul Tatălui, Acela L-a făcut cunoscut" – cu siguranță că în cazul aparițiilor lui Dumnezeu în Vechiul Testament a fost vorba despre Fiul, nu despre Tatăl. În greacă, formularea „L-a făcut cunoscut" (*exēgeomai*) este redată prin cuvântul de la care obținem verbul *a exegeta* și substantivul înrudit al acestuia, *exegeză*. Literal, Fiul lui Dumnezeu L-a „exegetat" pe Tatăl pentru omenire.[12]

Activități din Vechiul Testament

Lucrările din Vechiul Testament ale celei de-a doua persoane din Dumnezeire

10 James A. Borland, *Christ in the Old Testament: Old Testament Appearances of Christ in Human Form*, rev. ed. (Fearn, Ross-shire, Scotland: Mentor, 1999), 24.

11 Borland, *Christ in the Old Testament*, 17.

12 Pentru o discuție mai amplă despre îngerul Domnului, vezi „Îngerul Domnului" în cap. 8, „Îngeri".

includ creația, providența, revelația și judecata. Acestea sunt acțiuni ale divinității și demonstrează că această Persoană este Dumnezeu. Lucrările lui Isus din Noul Testament (e.g., învierea) sunt comparabile cu cele care Îi sunt atribuite în Vechiul Testament și pe care le suplimentează într-un mod semnificativ.

CREAȚIE

În mod evident, această lucrare a celei de-a doua persoane din Dumnezeire are loc în starea Sa preîntrupată. Referirile din Vechiul Testament la Creator sau Ziditor nu separă persoana divină care înfăptuiește creația de celelalte persoane ale Dumnezeirii. Însă Noul Testament face în mod indistructibil această distincție:

Toate lucrurile au fost făcute prin El și nimic din ce a fost făcut n-a fost făcut fără El. (Ioan 1:3)

El era în lume și lumea a fost făcută prin El, dar lumea nu L-a cunoscut. (Ioan 1:10)

Pentru că prin El au fost create toate lucrurile, cele care sunt în ceruri și cele care sunt pe pământ, cele văzute și cele nevăzute, fie tronuri, fie domnii, fie stăpâniri, fie autorități. Toate lucrurile au fost create prin El și pentru El. (Col. 1:16)

În aceste zile mai de pe urmă ne-a vorbit prin Fiul, pe care L-a numit moștenitor al tuturor lucrurilor și prin care a creat tot universul. (Evr. 1:2)

Tu, Doamne, ai întemeiat la început pământul, și cerurile sunt lucrarea mâinilor Tale. (Evr. 1:10)

Titlul „Cuvânt" dat Fiului (Ioan 1:1) afirmă că Dumnezeu a creat toate lucrurile prin cuvântul Său rostit − El a vorbit aducând toate lucrurile în existență (vezi repetarea sintagmei „Dumnezeu a zis" în Gen. 1:3, 6, 9, 11, 14, 20, 24 și afirmațiile directe din Ps. 33:6 din Vechiul Testament, precum și Evr. 11:3 din Noul Testament). Deși toate cele trei persoane al Dumnezeirii au luat parte într-un anumit mod la actul de creație, Scripturile Îl identifică pe Fiul lui Dumnezeu ca aducând totul în ființă prin vorbirea Sa.

PROVIDENȚĂ

Providența presupune grija lui Dumnezeu față de întreaga Sa creație. Include ducerea la îndeplinire a tuturor decretelor Sale cu scopul ca El să poată fi în cele din urmă glorificat în tot ce a făcut − adică, în aplicarea planurilor împărăției

Sale și de răscumpărării Sale în toate detaliile lor. Întrucât Trinitatea a acționat împreună pentru a crea omul după chipul lui Dumnezeu („Să facem om după chipul Nostru, după asemănarea Noastră", Gen. 1:26), Fiul lui Dumnezeu, Cristosul preîntrupat, a participat la inițierea planului împărăției. Atunci când, după potop, omenirea s-a răzvrătit împotriva lui Dumnezeu, din nou Trinitatea (incluzându-L pe Fiul) a intervenit în istoria lumii pentru a influența rezultatul (împărțind limbile omenirii și împrăștiindu-i pe toată fața pământului) și pentru a Se asigura că planul divin avea să continue să se desfășoare în lume, sub cârmuirea tuturor celor trei persoane ale Dumnezeirii (Gen. 11:7).

Fiul lui Dumnezeu, Mesia, acționează personal și direct, intervenind în istoria lumii pentru a așeza pe pământ împărăția lui Dumnezeu (vezi Dan. 2:31-46; Mat. 23:37-25:46; Apoc. 11:15). Cristos a fost implicat în respingerea Israelului necredincios și în întemeierea bisericii – și urmează să Se implice în mântuirea poporului Israel (Rom. 11:13-36). Cristos lucrează, de asemenea, la răscumpărarea oamenilor și la întărirea lor în orice lucrare bună (2 Tes. 2). Mai mult, Cristos a continuat să susțină creația, sprijinind-o și direcționând-o în a-și îndeplini rolul ei în legătură cu planurile împărăției lui Dumnezeu (Evr. 1:3) – asigurând concomitent păstrarea tuturor lucrurilor, potrivit textului din Coloseni 1:17. Și El a direcționat implementarea planului lui Dumnezeu în omenire.

Un aspect semnificativ al providenței lui Dumnezeu are de-a face cu bunătatea Lui. În Vechiul Testament, bunătatea lui Dumnezeu reiese din acțiunile Celui care pare să fie a doua persoană a Dumnezeirii. Psalmul 23 vorbește despre Iahve ca păstor – unul care manifestă grijă și care împlinește nevoile. Bunătatea Lui însoțește poporul Său în toate zilele vieții (Ps. 23:6). Isus S-a identificat pe Sine ca fiind acel păstor (Ioan 10:11, „Păstorul cel bun"). În mod similar, Faptele Apostolilor 14:17 este descrisă bunătatea lui Dumnezeu evidențiind că „v-a făcut bine și v-a dat ploi din cer și timpuri roditoare, v-a dat hrană din belșug și v-a umplut inimile de bucurie." De-a lungul tuturor secolelor, lucrarea de mântuire a omenirii a fost lucrarea Fiului lui Dumnezeu, a Cărui bunătate s-a arătat chiar prin acțiunea de a asigura iertarea de păcate:

> Dar când bunătatea și dragostea lui Dumnezeu, Mântuitorul nostru, s-au arătat față de oameni, El ne-a mântuit, nu pe baza faptelor făcute de noi în dreptate, ci pentru îndurarea Lui, prin spălarea nașterii din nou și prin înnoirea de la Duhul Sfânt, pe care L-a turnat din belșug peste noi, prin Isus Cristos, Mântuitorul nostru; ca, fiind justificați prin harul Lui, să devenim moștenitori potrivit cu speranța vieții veșnice. (Tit 3:4-7)

REVELAȚIE[13]

Termenul *inspirație* descrie lucrarea lui Dumnezeu de a oferi omenirii o reve-

13 Această secțiune este adaptată după William D. Barrick, "Inspiration and the Trinity," *MSJ* 24, no. 2 (2013): 180–85. Folosită cu permisiunea *MSJ.*

lație scrisă. Textul biblic cheie în ce privește inspirația este 2 Timotei 3:16: „Toată Scriptura este insuflată [inspirată] de Dumnezeu și de folos..." Formularea „insuflată de Dumnezeu" exprimă un singur cuvânt din greacă, și acel cuvânt este un adjectiv care determină substantivul „Scriptură". De fapt, Scriptura, nu scriitorii, posedă calitatea de a fi „inspirată" sau „insuflată de Dumnezeu" – după cum „de folos" este în egală măsură o calitate a Scripturii, nu a scriitorilor. Ideea comunicată de cuvântul tradus prin „insuflată de Dumnezeu" este că Scripturile își datorează „originea și conținutul suflării divine, Duhului lui Dumnezeu."[14] Astfel, prin lucrarea de direcționare făcută de Duhul lui Dumnezeu, Pavel îi scrie lui Timotei că inspirația are de-a face în mod direct cu înscripturarea (scrierea Scripturii).

Fiecare persoană divină a Dumnezeirii a fost implicată deopotrivă ca autor și subiect al Scripturilor. A doua persoană a Dumnezeirii a împlinit un rol vital în producerea Bibliei. Scriitorii Vechiului Testament vorbesc adesea despre arătarea lui Dumnezeu printr-o anumită manifestare față de poporul Său, în vederea eliberării acestuia, a cârmuirii sau a comunicării cu el (vezi „Apariții în Vechiul Testament"). Aceste teofanii le revelează celor care i-au parte la ele ceva despre Dumnezeu sau despre voia Sa. Întrucât aceste evenimente constau din apariții ale Fiului lui Dumnezeu, ele dezvăluie rolul celei de-a doua persoane din Dumnezeire în oferirea de revelație care duce la realizarea Scripturii. Isus Însuși confirmă că Tatăl Și-a trimis cuvântul prin mesagerul Său:

Căci Eu n-am vorbit de la Mine Însuși, ci Tatăl, care M-a trimis, El Însuși Mi-a poruncit ce să spun și ce să vorbesc. (Ioan 12:49)

Nu crezi că Eu sunt în Tatăl și Tatăl este în Mine? Cuvintele pe care vi le spune Eu, nu le spun de la Mine, ci Tatăl, care locuiește în Mine, El face lucrările. (Ioan 14:10)

Am făcut cunoscut Numele Tău oamenilor pe care Mi i-ai dat din lume. AI Tăi erau și Tu Mi i-ai dat; și ei au păzit cuvântul Tău. Acum au cunoscut că toate pe care Mi le-ai dat sunt de la Tine. Căci lor le-am dat cuvintele pe care Mi le-ai dat Tu; și ei le-au primit și au știut cu adevărat că am ieșit de la Tine; și au crezut că Tu M-ai trimis. (Ioan 17:6-8)

Eu le-am dat cuvântul Tău; și lumea i-a urât pentru că ei nu sunt din lume, după cum Eu nu sunt din lume. (Ioan 17:14)

Fiul lui Dumnezeu apare deopotrivă în Vechiul și în Noul Testament ca acela

---

14 William Hendriksen, *Exposition of the Pastoral Epistles*, NTC (Grand Rapids, MI: Baker, 1957), 302.

care îi vorbește poporului lui Dumnezeu. Astfel, Biblia revelează că purtătorul de cuvânt divin este Însuși Fiul lui Dumnezeu, tocmai Cel pe care apostolul Ioan, în introducerea evangheliei sale, Îl descrie drept „Cuvântul": „La început era Cuvântul, și Cuvântul era cu Dumnezeu, și Cuvântul era Dumnezeu" (Ioan 1:1). Dumnezeul care vorbește este a doua persoană a Dumnezeirii, Cristosul preîntrupat – același care, în Geneza 1, a adus în existență prin vorbirea Sa universul și tot ce conține el (vezi Ioan 1:2-3, 10). Atunci când Dumnezeu le-a făcut parte profeților de revelație, adesea, Fiul lui Dumnezeu a fost prezent în mod personal.

Geneza 15:1-16 consemnează maniera în care „Cuvântul Domnului a venit la Avram" (15:1). Chiar l-a dus pe Avram afară din cortul său pentru a-i arăta personal stelele (15:5). Apoi, Domnul i S-a arătat printr-un „fum ca dintr-un cuptor și o flacără de foc" (15:17), trecând printre bucățile de jertfe pe care Avram le pregătise. Similaritatea fumului și focului cu stâlpul de nor din timpul zilei și cu cel de foc din timpul nopții, prezente la exodul poporului Israel din Egipt, este semnificativă, îndeosebi în acest context, care conține profeția despre evenimentele prin care Dumnezeu îl va elibera pe Israel din Egipt (15:13-14). Aceste apariții individuale ale unei persoane din Dumnezeire atestă rolul „îngerului Domnului", a Cristosului preîntrupat într-o teofanie. Întâlnirea lui Moise cu Dumnezeu de la rugul aprins la Muntele Sinai (Exod 3:1-12) reprezintă o altă ocazie în care „îngerul Domnului" (Exod 3:2; vezi Fapt. 7:30, 35) a oferit revelație prin intermediul prezenței sale personale. Alte întâmplări de felul acesta sunt consemnate în Judecători 6:11-18, Isaia 6 (vezi Ioan 12:41) și Ieremia 1:4-10.

De asemenea, Duhul joacă un rol cheie în consemnarea de către profeți a acelor revelații. În consecință, Tatăl Își trimite mesagerul (Fiul Său preîntrupat) la poporul Său cu mesajul divin, iar Duhul Sfânt conduce înscripturarea acelui mesaj. Deși această participare trinitariană la inspirație pare a reprezenta cu fidelitate rolul esențial deținut de fiecare persoană, încă rămân câteva părți ale revelației și inspirației în care rolurile Lor se suprapun. De pildă, David spune: „Duhul Domnului vorbește prin mine și Cuvântul Lui este pe limba mea" (2 Sam. 23:2).

JUDECATĂ

Fiul lui Dumnezeu, în calitate de Fiul al Omului (un titlu mesianic din Dan. 7.13), îi va judeca pe cei nelegiuiți, dar și pe cei neprihăniți: „Când va veni Fiul Omului în gloria Sa și cu El toți sfinții îngeri, atunci El va ședea pe tronul gloriei Sale... Apoi va zice celor de la stânga Lui: Plecați de la Mine, blestemaților, în focul cel veșnic, pregătit pentru diavolul și îngerii lui!" (Mat. 25:31, 41). Evanghelia lui Ioan explică desemnarea Fiului lui Dumnezeu ca Judecător al tuturor: „Căci Tatăl nu judecă pe nimeni, ci toată judecata a dat-o Fiului pentru ca toți să onoreze pe Fiul cum onorează pe Tatăl. Cine nu onorează pe Fiul nu onorează nici pe Tatăl, care L-a trimis" (Ioan 5:22-23). Autoritatea de a judeca se bazează pe faptul că El este Fiul Omului (Ioan 5:27). Cine ar fi mai potrivit decât acea persoană din Dumnezeire care este cu adevărat om și care a experimentat viața ca om într-o lume decăzută și a rămas nevinovată, fără păcat? Fiul lui Dumnezeu a venit în lumea aceasta ca să fie Fiul Omului și să aplice judecata (Ioan 9:39). Astfel, Petru afirmă că Isus le-a poruncit ucenicilor Lui să predice și să mărturisească poporului „că El a fost hotărât de Dumnezeu să fie Judecătorul celor vii și al celor morți" (Fapt. 10:42). Apostolul Pavel confirmă desemnarea lui Isus ca Judecător declarând că, „potrivit Evangheliei mele, Dumnezeu va judeca lucrurile ascunse ale oamenilor, prin Isus Cristos" (Rom. 2:16).

Pe de altă parte, Isus afirmă că, la prima Sa venire, El nu i-a judecat pe cei care n-au ascultat cuvintele Lui, pentru că, spune El, „Eu n-am venit să judec lumea, ci ca să mântuiesc lumea" (Ioan 12:47). Însă, „în ziua de apoi", la a doua venire, cuvintele lui Isus îi vor judeca pe cei care-L resping și care nu dau ascultare cuvintelor Sale. Isus n-a vorbit pe baza Propriei Sale autorități, ci Tatăl I-a poruncit lui Isus ce să vorbească (Ioan 12:49). Întrucât El este una cu Tatăl, judecata Sa este întotdeauna dreaptă (Ioan 5:30) și corectă. De aceea, Tatăl „poruncește tuturor oamenilor de pretutindeni să se pocăiască, pentru că a hotărât o zi în care va judeca lumea după dreptate, prin Omul pe care L-a rânduit și despre care a dat tuturor o dovadă prin faptul că L-a înviat din morți" (Fapt. 17:30-31). Prin rostirea enunțului „fiat", Cel care este Cuvântul lui Dumnezeu aduce toate lucrurile în ființă și de asemenea pronunță judecata – El este Domn, la început în calitate de Creator, apoi Domn în calitate de Mântuitor, iar la final Domn în calitate de Judecător.

Pe lângă judecarea celor nelegiuiți, Isus le va administra și credincioșilor o judecată a evaluării cu scopul de a-i răsplăti: „Căci toți trebuie să ne înfățișăm înaintea scaunului de judecată al lui Cristos, pentru ca fiecare să-și primească răsplata după binele sau răul pe care-l va fi făcut când trăia în trup" (2 Cor. 5:10). În altă parte, Pavel vorbește despre faptul că el însuși va sta înaintea judecății lui Cristos: „De acum mă așteaptă coroana dreptății, pe care mi-o va da în ziua aceea Domnul, Judecătorul cel drept; și nu numai mie, ci și tuturor celor ce vor fi iubit venirea Lui" (2 Tim. 4:8).

Profeții din Vechiul Testament

Un motiv bine întemeiat pentru a cerceta Vechiul Testament în privința profețiilor privitoare la Cristos este că Isus Însuși a afirmat că profeții au vorbit despre El: „Cercetați Scripturile; pentru că socotiți că în ele aveți viața veșnică; și tocmai ele mărturisesc despre Mine" (Ioan 5:39). După răstignirea și învierea Lui, Isus le-a explicat Scripturile („de la Moise și de la toți profeții", Luca 24:27) cu privire la Sine, spunând: „Acestea sunt cuvintele pe care vi le spuneam când eram încă cu voi, că trebuie să se împlinească tot ce este scris despre Mine în Legea lui Moise, și în Profeți, și în Psalmi" (Luca 24:44). Aceasta este singura dată în Scriptură când Psalmii sunt puși laolaltă cu Legea și Profeții cu referire la Mesia. În tabelul 4.1 sunt identificați psalmii pe care Isus i-ar fi putut include în învățătura pe care le-a dat-o ucenicilor pe drumul spre Emaus.

Tabelul 4.1 Cristos în Psalmi (Luca 24:44)*

Psalmi	Citare în Noul Testament	Semnificație
2:1-12	Fapt. 4:25-26; 13:33; Evr. 1:5; 5:5	Întrupare, răstignire, înviere
8:3-8	1 Cor. 15:27-28; Ef. 1:22; Evr. 2:5-10	Creație
16:8-11	Fapt. 2:24-31; 13:35-37	Moarte, înviere
22:1-31	Mat. 27:35-46; Ioan 19:23-24; Evr. 2:12; 5:5	Întrupare, răstignire, înviere
40:6-8	Evr. 10:5-9	Întrupare
41:9	Ioan 13:18, 21	Trădare
45:6-7	Evr. 1:8-9	Divinitate
68:18	Ef. 4:8	Înălțare, întronare
69:20-21, 25	Mat. 27:34, 48; Fapt. 1:15-20	Trădare, răstignire
72:6-17	-	Domnia milenară
78:1-2, 15	Mat. 13:35; 1 Cor. 10:4	Teofanie, lucrarea pământească de învățătură
89:3-37	Fapt. 2:30	Domnia milenară
102:25-27	Evr. 1:10-12	Creație, eternitate
109:6-19	Fapt. 1:15-20	Trădare
110:1-7	Mat. 22:43-45; Fapt. 2:33-35, Evr. 1:13; 5:6-10; 6:20; 7:24	Divinitate, înălțare, preoție cerească, domnie milenară
118:22-23	Mat. 21:42; Mc. 12:10-11; Luca 20:17; Fapt. 4:8-12; 1 Pet. 2:7	Respingere ca Mântuitor
132:12-18	Fapt. 2:30	Domnia milenară

* Reprodus din John MacArthur, ed., *The MacArthur Study Bible: English Standard Version* (Wheaton, IL: Crossway, 2010), 835. Tabelele și notele din *The MacArthur Study Bible: English Standard Version* provin din *The MacArthur Study Bible*, copyright © 1997 by Thomas Nelson. Folosit cu permisiunea editurii Thomas Nelson. www.thomasnelson.com.

Evreii au citit Biblia ebraică atât de aplicat, de profund și asiduu, încât mulți au ajuns să înțeleagă că profețiile ei sunt predicții directe despre Mesia care avea să vină. După ce Filip a fost chemat la slujire din postura de ucenic al lui Isus (Ioan 1:43), l-a căutat pe Natanael ca să-l informeze că Isus din Nazaret era cu adevărat cel despre care scriseseră Moise și profeții (Ioan 1:45). Cu toate acestea, este necesar ca la acest punct să menționăm acea tendință periculoasă de a-L identifica pe Domnul Isus Cristos în orice text al Vechiului Testament. Practica aceasta nesocotește adevăratele profeții, respinge hermeneutica esențială a intenției auctoriale, ruinează exegeza și expunerea autentice și face ca Vechiul Testament să devină complet lipsit de sens pentru primii cititori evrei. O asemenea abordare nu este una duhovnicească, ci mai degrabă reprezintă un atac la adresa semnificației divine a Vechiului Testament.

Așadar, care sunt profețiile din Vechiul Testament privitoare la Cristos? Ce a revelat Vechiul Testament cu privire la venirea și lucrarea lui Cristos? Tabelul 4.2 prezintă 120 dintre respectivele profeții din Vechiul Testament. Un studiu al profețiilor din Vechiul Testament ar constitui în sine un volum de mari dimensiuni.[15] Totuși, câteva exemple cheie vor fi suficiente pentru ceea ce își propune prezentul volum.

Tabelul 4.2 Profeții mesianice din Vechiul Testament*

Profeția	Referințele din Vechiul Testament	Împlinirea din Noul Testament
Sămânța femeii	Gen. 3:15	Gal. 4:4; Evr. 2:14
Prin fiii lui Noe	Gen. 9:27	Luca 3:36
Sămânța lui Avraam	Gen. 12:3	Mat. 1:1; Gal. 3:8, 16
Binecuvântare prin Avraam	Gen. 12:3; 28:14	Gal. 3:8, 16; Evr. 6:14
Sămânța lui Isaac	Gen. 17:19; 21:12	Rom. 9:7; Evr. 11:18
Binecuvântare pentru națiuni	Gen. 18:18; 22:18; 26:4	Gal. 3:8
Din seminția lui Iuda	Gen. 49:10	Apoc. 5:5
Niciun os frânt	Exod 12:46	Ioan 19:36
Binecuvântarea întâiului născut	Exod 13:2	Luca 2:23
Niciun os frânt	Num. 9:12	Ioan 19:36
Șarpe în pustiu	Num. 21:8-9	Ioan 3:14-15
O stea din Iacov	Num. 24:17-19	Mat. 2:2; Luca 1:33, 78; Apoc. 22:16

15 De pildă, vezi Ernst Wilhelm Hengstenberg, *Christology of the Old Testament and a Commentary on the Messianic Predictions*, Kregel Reprint Library (1847; repr., Grand Rapids, MI: Kregel, 1970).

Rege al regilor, Domn al domnilor	Deut. 10:17	1 Tim. 6:15; Apoc. 17:14; 19:16
Ca profet	Deut. 18:15, 18-19	Ioan 6:14; 7:40; Fapt. 3:22-23
Blestemat pe lemn	Deut. 21:23	Gal. 3:13
Tronul lui David înteme-iat pe veci	2 Sam. 7:12-13, 16, 25-26; 1 Cron. 17:11-14, 23-27; 2 Cron. 21:7	Mat. 19:28; 25:31; Mc. 12:37; Luca 1:32; Fapt. 2:30; 13:22-23; Rom. 1:3; 2 Tim. 2:8; Evr. 1:5, 8; 8:1; 12:2; Apoc. 22:1
Un Răscumpărător promis	Iov 19:25-27	Ioan 5:28-29; Gal. 4:4-5; Ef. 1:7, 11, 14
Declarat ca fiind Fiul lui Dumnezeu	Ps. 2:1-12	Mat. 3:17; Mc. 1:11; Fapt. 4:25-26; 13:33; Evr. 1:5; 5:5; Apoc. 2:26-27; 19:15-16
Învierea Sa	Ps. 16:8-10	Fapt. 2:27; 13:35; 26:23
Batjocorit şi insultat	Ps. 22:7-8	Mat. 27:39-43, 45-49
Mâinile şi picioarele străpunse	Ps. 22:16	Mat. 27:31, 35-36
Soldaţii trăgând la sorţi pentru haina Sa	Ps. 22:18	Mc. 15:20, 24-25; Luca 23:34; Ioan 19:23-24
Acuzat de martori falşi	Ps. 27:12	Mat. 26:59-60; Mc. 14:57-58
Încredinţarea duhului Său	Ps. 31:5	Luca 23:46
Niciun os frânt	Ps. 34:20	Ioan 19:36
Acuzat de martori falşi	Ps. 35:11	Mat. 26:59-61; Mc. 14:57-58
Urât fără motiv	Ps. 35:19	Ioan 15:24-25
Prieteni care stau la distanţă	Ps. 38:11	Mat. 27:55; Mc. 15:40; Luca 23:49
Venit să facă voia Tatălui	Ps. 40:6-8	Evr. 10:5-9
Trădat de un prieten	Ps. 41:9	Mat. 26:47-50; Mc. 14:17-21; Luca 22:21-23; Ioan 13:18-19
Cunoscut pentru nepri-hănire	Ps. 45:6-7	Evr. 1:8-9
Învierea Sa	Ps. 49:15	Mc. 16:6
Trădat de un prieten	Ps. 55:12-14	Ioan 13:18
Înălţarea Sa	Ps. 68:18	Ef. 4:8
Urât fără motiv	Ps. 69:4	Ioan 15:25

Rănit de reproşuri	Ps. 69:9	Rom. 15:3
I S-a dat să bea fiere şi oţet	Ps. 69:21	Mat. 27:34, 48; Mc. 15:23; Luca 23:36; Ioan 19:29
Înălţat de Dumnezeu	Ps. 72:1-19	Mat. 2:2; Fil. 2:9-11; Evr. 1-8
Vorbeşte în pilde	Ps. 78:2	Mat. 13:34-35
Sămânţa lui David înălţată	Ps. 89:3-4, 19, 27-29, 35-37	Luca 1:32; Fapt. 2:30; 13:23; Rom. 1:3; 2 Tim. 2:8
Fiul lui Dumnezeu vine în glorie	Ps. 102:16	Luca 21:27; Apoc. 12:5-10
Rămâne acelaşi	Ps. 102:24-27	Evr. 1:10-12
Se roagă pentru vrăjma-şii Lui	Ps. 109:4	Luca 23:34
Un înlocuitor pentru Iuda	Ps. 109:7-8	Fapt. 1:16-26
Un preot ca Melhisedec	Ps. 110:1-7	Mat. 22:41-45; 26:64; Mc. 12:35-37; 16:19; Fapt. 7:56; Ef. 1:20; Evr. 1:3; 2:8; 5:6; 6:20; 7:21; 8:1; 10:11-13; 12:2
Piatra unghiulară	Ps. 118:22-23	Mat. 21:42; Mc. 12:10-11; Luca 20:7; Ioan 1:11; Fapt. 4:11; Ef. 2:20; 1 Pet. 2:4
Regele care vine în Nu-mele Domnului	Ps. 118:26	Mat. 21:9; 23:39; Mc. 11:9; Luca 13:35; 19:38; Ioan 12:13
Sămânţa lui David care domneşte	Ps. 132:11; vezi 2 Sam. 7:12-13, 16, 25-26, 29	Mat. 1:1
Declarat ca fiind Fiul lui Dumnezeu	Pv. 30:4	Mat. 3:17; Mc. 14:61-62; Luca 1:35; Ioan 3:13; 9:35-38; Rom. 1:2-4; 2 Pet. 1:17
Pocăinţă pentru naţiuni	Is. 2:2-4	Luca 24:47
Împietrirea inimilor	Is. 6:9-10	Mat. 13:14-15; Ioan 12:39-40; Fapt. 28:25-27
Născut din fecioară	Is. 7:14	Mat. 1:22-23
Dumnezeu cu noi	Is. 7:14	Mat. 1:23
O piatră de poticnire	Is. 8:14-15	Rom. 9:33; 1 Pet. 2:8
Lumina din întuneric	Is. 9:1-2	Mat. 4:14-16; Luca 2:32

Plin de înțelepciune și putere	Is. 11:1-10	Luca 2:52; 1 Cor. 1:30
Domnește pe tronul lui David	Is. 16:4-5	Luca 1:31-33
Deține cheia lui David	Is. 22:21-25	Apoc. 3:7
Moartea este înghițită de biruință	Is. 25:8	1 Cor. 15:54
O piatră în Sion	Is. 28:16	Rom. 9:33; 1 Pet. 2:6
Surzii aud și orbii văd	Is. 29:18	Mat. 11:5; Ioan 9:39
Vindecare pentru nevoiași	Is. 35:5-6	Mat. 9:30; 11:5; 12:22; 20:34; 21:14; Mc. 7:30; Ioan 5:9
Pregătirea căii Domnului	Is. 40:3-5	Mat. 3:3; Mc. 1:3; Luca 3:4-5; Ioan 1:23
Păstorul moare pentru oile Sale	Is. 40:11	Ioan 10:11; Evr. 13:20; 1 Pet. 2:24-25
Robul umil	Is. 42:1-6	Mat. 12:17-21
O lumină pentru neevrei	Is. 49:6	Luca 2:32; Fapt. 3:47; 2 Cor. 6:2
Biciuit și lovit	Is. 50:6	Mat. 26:67; 27:26, 30; Mc. 14:65; 15:15, 19; Luca 22:63-65; Ioan 19:1
Respins de poporul Său	Is. 52:13-53:12	Mat. 27:1-2; Luca 23:1-25
Cuvântul Său n-a fost crezut	Is. 53:1	Ioan 12:37-38
O suferință ispășitoare	Is. 53:4-5, 11-12	Mat. 8:17; Ioan 11:49-52; Fapt. 10:43; 13:38-39; Rom. 5:18-19; 1 Cor. 15:3; Ef. 1:7; 1 Pet. 2:24; 1 Ioan 1:7
Tăcut în fața acuzaților	Is. 53:7	Mat. 27:12-14; Mc. 15:3-4; Fapt. 8:28-35; 1 Pet. 2:23
Nicio înșelăciune în gura Lui	Is. 53:9	1 Pet. 2:22
Îngropat cu cel bogat	Is. 53:9	Mat. 27:57-60
Răstignit cu cei nelegiuiți	Is. 53:12	Mat. 27:38; Mc. 15:27 [-28]; Luca 23:32-34, 39-41; Ioan 19:18
Conducător și comandant	Is. 55:4	Evr. 5:31; Apoc. 1:5

Îi cheamă pe cei care nu sunt Israel	Is. 55:5	Ioan 10:16; Rom. 9:25-26
Eliberator care vine din Sion	Is. 59:20-21	Rom. 11:26-27
Naţiunile umblă în lumina Lui	Is. 60:1-3	Luca 2:32
Uns de Duhul	Is. 61:1	Luca 4:18; Fapt. 10:38
Uns să predice eliberarea	Is. 61:1-2	Luca 4:17-19
Numit cu un nume nou	Is. 62:1-4, 12	Apoc. 2:17; 3:12
Veşminte înmuiate în sânge	Is. 63:1-3	Apoc. 19:13
Moştenirea celor aleşi	Is. 65:9	Rom. 11:5, 7
Ceruri noi şi un pământ nou	Is. 65:17-25	2 Pet. 3:13; Apoc. 21:1
Domnul, dreptatea noastră	Ier. 23:5-6	1 Cor. 1:30; Fil. 3:9
Născut ca Rege	Ier. 30:9	Ioan 18:37; Apoc. 1:5
Masacrul copiilor	Ier. 31:15	Mat. 2:17-18
Zămislit de Duhul Sfânt	Ier. 31:22	Mat. 1:20; Luca 1:35
Un nou legământ	Ier. 31:31-34	Mat. 26:27-29; Mc. 14:22-24; Luca 22:15-20; 1 Cor. 11:25; Evr. 8:8-12; 10:15-17; 12:24; 13:20
O casă duhovnicească	Ier. 33:15-17	Ioan 2:19-21; Ef. 2:20-21; 1 Pet. 2:5
Un pom sădit de Dumnezeu	Ez. 17:22-24	Mat. 13:31-32
Înălţarea celor umili	Ez. 21:26-27	Luca 1:52
Păstorul cel bun	Ez. 34:23-24	Ioan 10:11
O piatră tăiată, dar nu de mâini omeneşti	Dan. 2:34-35	Fapt. 4:10-12
Împărăţia Sa triumfătoare	Dan. 2:44-45	Luca 1:33; 1 Cor. 15:24; Apoc. 11:15
Fiul Omului venind pe nori cu slavă	Dan. 7:13-14	Mat. 24:30; 25:31; 26:64; Mc. 14:61-62; Fapt. 1:9-11; Apoc. 1:7
Împărăţia pentru sfinţi	Dan. 7:27	Luca 1:33; 1 Cor. 15:24; Apoc. 11:15
Vremea morţii Sale	Dan. 9:24-27	Mat. 24:15-21; Luca 3:1

Restaurarea Israelului	Osea 3:5	Rom. 11:25-27
Fuga în Egipt	Osea 11:1	Mat. 2:15
Promisiunea Duhului	Ioel 2:28-32	Fapt. 2:17-21; Rom. 15:13
Întunecarea soarelui	Amos 8:9	Mat. 24:29; Fapt. 2:20; Apoc. 6:12
Restaurarea sanctua-rului	Amos 9:11-12	Fapt. 15:16-18
Readunarea Israelului	Mica 2:12-13	Ioan 10:14, 26
Aşezarea împărăţiei	Mica 4:1-8	Luca 1:33
Născut în Betleem	Mica 5:2	Mat. 2:1; Luca 2:4, 10-11
Pământul plin de cunoaşterea slavei Domnului	Hab. 2:14	Apoc. 21:23-26
Mielul aşezat pe tron	Zah. 2:10-13	Apoc. 5:13; 21:24; 22:1-5
O preoţie sfântă	Zah. 3:8	1 Pet. 2:5
Un Mare Preot ceresc	Zah. 6:12-13	Evr. 4:14; 8:1-2
Regele revine	Zah. 9:9	Mat. 21:5
Intrarea triumfătoare	Zah. 9:9	Mat. 21:4-5; Mc. 11:9-10; Luca 19:38; Ioan 12:13-15
Vândut pentru arginţi	Zah. 11:12-13	Mat. 26:14-15
Banii care cumpără ţarina olarului	Zah. 11:12-13	Mat. 27:9-10
Străpungerea trupului Său	Zah. 12:10	Ioan 19:34, 37
Păstorul bătut, oile împrăştiate	Zah. 13:7	Mat. 26:31; Ioan 16:32
Precedat de un mesager	Mal. 3:1	Mat. 11:10; Mc. 1:2; Luca 7:27
Curăţirea păcatelor noastre	Mal. 3:3	Evr. 1:3
Lumina lumii	Mal. 4:2-3	Luca 1:78; Ioan 1:9; 12:46; 2 Pet. 1:19; Apoc. 2:28; 22:16
Venirea lui Ilie	Mal. 4:5-6	Mat. 11:14; 17:10-12

*Tabelul acesta a fost reprodus cu mici modificări din Ralph P. Martin, „Messiah", în *Holman Bible Dictionary*, rev. ed., ed. Chad Brand et al. (Nashville: Holman Bible, 2003), 1112-14. Folosit cu permisiunea editurii Holman Bible.

MESIA ESTE SĂMÂNȚA FEMEII (GEN. 3:15)

Verdictul lui Dumnezeu asupra șarpelui nu s-a încheiat cu blestemul din Geneza 3:14, cel al târârii pe pântece. Cuvintele lui Dumnezeu au continuat astfel: „Dușmănie voi pune între tine și femeie, și între sămânța ta și Sămânța ei" (Gen. 3:15). Efectele fizice, trupești ale blestemului avea o semnificație individuală. Înstrăinarea față de alte creaturi vii însemna mult mai mult. Șarpele urma nu doar să se târască pe pântece toată viața sa, ci și să intre într-un soi de luptă cu Eva și cu sămânța ei. Lupta aceasta avea să dureze mai mult decât existența șarpelui. Avea să implice și sămânța lui.

Ce se are în vedere prin sintagma „sămânța ta"? Unii au sugerat că este o figură de stil care se referă la oamenii răi. Ei consideră că Geneza 3:15 descrie un conflict între oamenii buni și oamenii răi. Alții, în schimb, cred că sensul este mult mai amplu de atât. Aceștia sunt de părere că există o împărăție a răului peste care domnește Satan. El a fost cel care l-a împuternicit pe șarpe și care, în ultimă instanță, a fost responsabil pentru cele întâmplate. Noul Testament confirmă o astfel de interpretare în Romani 16:20, „Dumnezeul păcii va zdrobi în curând pe Satan sub picioarele voastre", și în Apocalipsa 12:9, „Și balaurul cel mare, șarpele cel vechi, numit diavolul și Satan, acela care înșală întreaga lume".

Această interpretare afirmă de asemenea că Dumnezeu a avut în vedere și sămânța femeii într-un sens amplu. Ea se referă la o împărăție a binelui peste care, în final, un anumit descendent al femeii va ajunge să stăpânească. Acea persoană viitoare îl va învinge în cele din urmă pe Satan și va stinge conflictul dintre cele două împărății: „El îți va zdrobi capul și tu îi vei zdrobi călcâiul" (Gen. 3:15). Ca și în situația când Isus i Se adresează lui Satan prin intermediul lui Petru, în Matei 16:23, Dumnezeu i S-a adresat lui Satan prin intermediul șarpelui. Satan va lovi în călcâiul seminței femeii. Atacul va genera vătămare, dar nu înfrângere. Dar sămânța femeii va face mai mult decât să-l atace pe Satan – El îi va zdrobi capul. Zdrobirea capului simbolizează înfrângerea totală. Scriitorii Noului Testament au înțeles că sămânța femeii este Mesia (vezi Mat. 1:23; Gal. 4:4; 1 Tim. 2:15; Evr. 2:14; 1 Ioan 3:8). O astfel de interpretare face ca acest verset să reprezinte cea dintâi profeție mesianică din Scriptură.

Restul Scripturii este un ecou al textului din Geneza 3:15, menționând cele două elemente cruciale, *capul* și *călcâiul* (Ps. 22.16; Luca 24:39-40; Apoc. 13:3). Un schelet recuperat de la o răstignire datată cel puțin în secolul întâi oferă dovezi că torționarii romani înfigeau piroanele astfel încât victimele să nu se poată desprinde și să scape. Picioarele erau străpunse prin structura de sub gleznă într-un loc aflat foarte aproape de călcâi – ori fiecare picior era străpuns dintr-o parte cu câte un piron înfipt în bârna verticală, ori partea inferioară a corpului era răsucită într-o parte pentru ca ambele picioare să fie străpunse cu un singur piron.[16]

Șarpele (reprezentantul lui Satan) a înșelat-o pe Eva. De aceea, o femeie avea să fie mama celui din urmă biruitor asupra lui Satan. În mijlocul pronunțării pedepsei asupra șarpelui, Moise consemnează o notă de speranță, o licărire a îndurării și harului lui Dumnezeu. Conflictul de veacuri, care a început odată cu căderea omului în păcat, va avea un final. Iată de ce unii erudiți ai Bibliei au numit Geneza 3:15 *protoevangelium* („prima Evanghelie"), întrucât este cea mai timpurie profeție care promite un viitor eliberator.

MESIA ESTE FIUL LUI DUMNEZEU (PSALMUL 2)

Mulți erudiți ai Bibliei consideră că Psalmul 2 este doar o referire la unul dintre regii davidici, nu o profeție mesianică. Însă, Noul Testament consideră acest psalm ca fiind profetic și mesianic, citându-l de optsprezece ori (de șapte ori în evanghelii, de cinci ori în Apocalipsa, de trei ori în Evrei, de două ori în Faptele Apostolilor și o dată în Filipeni). Versetele 1-2 prezintă o răzvrătire mondială împotriva Domnului și regelui său, Unsul Domnului. În versetele 4-6, El îl confirmă pe regele Său ales peste națiuni, iar în versetele 7-9 Dumnezeu confirmă că regele Său este totodată Fiul Său. În continuare, invită lumea să-L contemple pe Fiul Său și să-I arate o ascultare deplină (2:10-12). Niciun rege istoric al lui Iuda din linia davidică nu a împlinit vreodată aspectele prezentate în acest psalm. Psalmistul Îl descrie pe Fiul lui Dumnezeu ca exercitând o stăpânire și o judecată de proporții universale. Într-adevăr, Dumnezeu cere ca liderii lumii să manifeste slujire duhovnicească față de Fiul Său, precum și teamă dovedită prin supunerea față de El. Binecuvântarea spirituală le va reveni celor care „se adăpostesc" în Fiul lui Dumnezeu – ceva ce n-a fost niciodată promis în cazul supunerii față de un rege uman. Similaritatea dintre această persoană și acțiunile ei prezentate în Psalmul 2 cu cele prezentate în Isaia 9:6 indică faptul că este vorba despre aceeași persoană.

REFERIRI TRINITARIENE LA MESIA

Mai multe pasaje din cartea Isaia identifică trei persoane distincte, divine:

- Isaia 42:1: „Servul Meu", „Îl" și Duhul Meu"
- Isaia 48:16: „Domnul Dumnezeu", „m-a trimis" și „Duhul Său"
- Isaia 61:1: „Domnul", „Mine" și „Duhul Domnului"
- Isaia 63:7-10: „Domnul", „Îngerul prezenței Lui" și Duhul Lui cel sfânt"

---

16 Vezi Peter Connolly, *Living in the Time of Jesus of Nazareth: From Herod the Great to Masada* (Bnei Brak, Israel: Steimatzky, 1983), 51; Matti Friedman, "In a Stone Box, the Only Trace of Crucifixion," *The Times of Israel*, March 26, 2012, http:// www .times of israel .com /in -a -stone -box -a -rare -trace -of -crucifixion/.

În aceste texte, Robul Domnului va fi trimis de Domnul, iar Domnul Îl va împuternici făcându-I parte de Duhul Său. Isus confirmă că Isaia 61:1 vorbește despre El ca Rob al Domnului (Luca 4:17-21). Urmele unei asemenea vorbiri specifice privitoare la persoane distincte ale Dumnezeirii pot fi descoperite mult mai timpuriu în texte din Vechiul Testament care se referă la mai multe persoane divine. Următoarele reprezintă doar o exemplificare sumară:

- Geneza 1:1-2: Dumnezeu și Duhul lui Dumnezeu
- Geneza 19:24: două persoane numite Iahve („Domnul"), una în ceruri, iar cealaltă pe pământ (vezi 18:17, 22-33)
- Iosua 5:13-15: „Căpetenie a oștirii Domnului" și Însuși „Domnul"

Mesia este mijlocitorul între Dumnezeu și om (Iov 33:23-28)

Prin identificarea lui Isus ca Dumnezeul-om care slujește în calitate de mijlocitor între Dumnezeu și omenire (1 Tim. 2:5) apostolul Pavel face o legătură cu revelația din cea mai veche carte din Vechiul Testament. Iov a recunoscut că Dumnezeu este atât de drept sau de neprihănit încât omul nu poate fi drept înaintea prezenței Sale (Iov 9:2). Întrebarea viza nu felul în care o persoană ar putea fi îndreptățită, ci cum ar putea avea calitatea de a fi dreaptă. Oamenii sunt păcătoși înaintea unui Dumnezeu sfânt. Ei nu pot avea niciun fel de relație cu Dumnezeul lor cel drept și sfânt. Există doar o singură cale prin care o persoană poate ajunge să comunice eficient cu Dumnezeu – prin intermediul unui mijlocitor. Asupra lui Iov plana un viitor deznădăjduit dacă nu intervenea cineva în locul său (Iov 33:24-28). „Groapa" era destinul său. În cele din urmă, moartea avea să-l ia, iar apoi trebuia să se înfățișeze înaintea Dumnezeului sfânt. Deja, în Iov 19:25, el își exprimase convingerea că Răscumpărătorul său este viu și că se va arăta la final pe pământ. Cine este acesta și cum de se califică să fie Răscumpărătorul lui Iov?

Răscumpărătorul-Mijlocitor al lui Iov trebuie să fie deopotrivă Dumnezeu și om (Iov 9:32-33; 16:21). Potrivit textului din Iov 33:23, acela este un „înger" („mesager"), un „mijlocitor" și „unul din miile"(cu sensul de „unic în felul său", așa cum utilizează și Noul Testament termenul *monogenēs*, „singurul născut", în texte precum Ioan 1:14, 18; 3:16; 1 Ioan 4:9). Acest Mijlocitor poate să afirme ce este drept (Iov 33:33) și-l poate scăpa pe Iov de groapă printr-o „răscumpărare" pe care El o deține (Iov 33:24). Restul descrierii acestui Răscumpărător-Mijlocitor din cartea Iov include următoarele aspecte:

1. Este martorul credincios din ceruri (Iov 16:19; vezi Apoc. 1:5)
2. Deține o consemnare cerească (Iov 16:19; vezi Evr. 9:16, 24)

3. Este un răscumpărător (Iov 9:25; 33:24, 28; vezi Gen. 48:16; Gal. 3:8-22)
4. Este un mijlocitor (Iov 33:23; vezi 1 Tim. 2:5-6)
5. Este cel unic (Iov 33:23; vezi Ioan 3:16)
6. Este cel care curăță păcatul (Iov 9:30-31; vezi 1 Ioan 1:5-2:2)
7. Este vindecătorul (Iov 33:25; vezi Iac. 5:16; 1 Pet. 2:24)
8. Este dătătorul unei cântări (Iov 33:27; vezi Ef. 5:18-19; Col. 3:16)

MESIA ESTE PROFET, PREOT ȘI REGE

Promisiunea privitoare la slujba profetică a lui Mesia apare întâi în Deuteronom 18, în revelația referitoare la profetul „mai mare decât Moise" (Deut. 18:15-22). Profeții asemenea lui Moise (și alți profeți care i-au urmat de la Iosua până la Maleahi) au îndeplinit un rol mediator. Poporul Israel nu se putea apropia și nici nu putea rezista prezenței glorioase a Domnului. La fel, revelația Sa rostită le-a depășit abilitatea de a păstra, răspândi și asculta în mod corect ceea ce Domnul le pretindea. Deuteronom 5:23-27 descrie această stare de lucruri în ce privește prezența divină și cuvântul divin. Israel a avut nevoie de un mijlocitor care putea acționa în locul său pentru a comunica cu Dumnezeu și a le transmite cuvintele Lui. Această lucrare de mijlocire s-a perpetuat fiind necesară și pentru generațiile ulterioare față de care Dumnezeu Și-a încheiat legămintele Sale.

Revelația și aplicarea legământului impun un reprezentant divin, un mare profet. În Faptele Apostolilor 3:22-23, apostolul Petru a declarat că Mesia a împlinit profeția din Deuteronom 18:15-22. Ștefan a afirmat și el împlinirea acelei profeții și L-a asociat pe Marele Profet cu teofania de la rugul aprins (Fapt. 7:35-38; vezi Exod 3:2). Evreii din primul secol au înțeles profeția lui Moise ca o referire la Mesia al lor (Ioan 1:21, 25), iar poporul din Ierusalim L-a recunoscut pe Isus ca fiind un profet (Mat. 21:11; vezi Luca 7:16; 24:19). Isus Însuși Și-a identificat Propria slujbă profetică atunci când a afirmat că trebuie să moară în Ierusalim, „fiindcă nu se poate ca un profet să piară afară din Ierusalim" (Luca 13:33).

În viitor, acea slujbă profetică, acea mare preoție și acea regalitate peste poporul lui Dumnezeu se vor combina într-o *singură* persoană. Vechiul Testament a anunțat că această persoană va purta și titlul de „Vlăstar" (Is. 4:2; 11:1; Ier. 23:5-6; 33:14-22; Zah. 3:8; 6:12). Zaharia 6:12-13 a revelat în mod specific că acest Mesia-Preot-Rege va zidi templul despre care a profețit Hagai (Hag. 2:1-9). Tabelul 4.3 prezintă compilația realizată de Walter C. Kaiser a acestor referințe din Vechiul Testament privitoare la „Vlăstar", comparându-le cu accentele individuale prezente în cele patru evanghelii din Noul Testament[17]

---

17 Walter C. Kaiser Jr. and Tiberius Rata, *Jeremiah and Lamentations*, EEC (Bellingham, WA: Lexham, în curs de apariție). Folosit cu permisiunea editurii Lexham Press.

Tabelul 4.3 „Vlăstarul" din perspectiva evangheliilor

Titlul mesianic	Evangheliile
„lui David un Vlăstar drept; El va domni ca Rege" (Ier. 23:5; 33:15)	Evanghelia după Matei: dimensiunea regală
„Servul Meu, Vlăstarul" (Zah. 3:8)	Evanghelia după Marcu: dimensiunea slujitorească
„bărbatul al cărui nume este Vlăstarul" (Zah. 6:12)	Evanghelia după Luca: dimensiunea umană
„Vlăstarul Domnului" (Is. 4:2)	Evanghelia după Ioan: dimensiunea divină

Desigur, viitorul Mare Preot este Domnul Isus Cristos Însuşi. Evrei 5:5-6 spune: „Tot aşa nici Cristos nu S-a înălţat pe Sine ca să devină Mare Preot, ci a fost înălţat de Cel care I-a zis: Tu eşti Fiul Meu, astăzi Te-am născut. Şi, cum zice iarăşi în alt loc: Tu eşti preot în veci, după rânduiala lui Melhisedec." Mai apoi, în Evrei 7:14, scriitorul evidenţiază că David şi urmaşii lui sunt din seminţia lui Iuda: „Căci este adeverit că Domnul nostru S-a ridicat din Iuda, seminţie despre care Moise n-a zis nimic cu privire la preoţie." Marea preoţie a lui Isus este superioară oricărei alte preoţii pe care a eavut-o Israelul, iar statutul Său regal este etern (vezi Psalmul 110). Mesia este divin, este măreţul Preot-Rege care va veni.

Astfel, regalitatea şi preoţia mesianică se desfăşoară de-a lungul revelaţiei biblice şi al istoriei lui Israel până când ajung să se îmbine în Mesia, în profeţiile lui Zaharia. Isus Şi-a jertfit Propriul sânge într-o manieră preoţească şi a potolit mânia Dumnezeului Atotputernic, care fusese stârnită de păcatele poporului Său. Apoi Isus a înviat triumfător din mormânt spre a Se aşeza pe tronul etern, de pe care va conduce întregul univers pentru totdeauna, invitând întreaga omenire să vină şi să-şi plece genunchiul în semn de credinţă şi supunere înaintea Sa, recunoscându-L ca marele Preot-Rege. Afirmarea întronării prezente a lui Isus facilitează vizibil înţelegerea corectă a lucrărilor Sale prezente şi viitoare în chestiunile de pe întregul glob. Astăzi, Isus stă pe tronul lui David care a fost promis Fiului celui mai glorios al lui David, în 2 Samuel 7:13-16 (cf. Apoc. 3:21). Astăzi, Isus este Împărat peste împărăţia universală a lui Dumnezeu. În viitor, El va reveni ca să stea pe tronul lui David (Mat. 25:31) şi va domni timp de o mie de ani ca Împărat davidic peste ceea ce a fost denumit în mod felurit ca fiind „împărăţia mesianică", „împărăţia intermediară" sau „împărăţia milenară" (Apoc. 20:1-6). Vechiul şi Noul Testament dezvăluie diferenţele dintre aceste două domnii distincte (eternă vs. de o mie de ani), care au roluri distincte (rege

ceresc vs. rege pământesc) şi scopuri distincte (împlinirea programului împără-
ţiei lui Dumnezeu de la creaţie încoace vs. împlinirea legămintelor cu Israelul).[18]

CRISTOSUL ÎNTRUPAT

Întruparea
Învăţături
Minuni
Arestarea şi judecarea
Moartea şi ispăşirea
Învierea şi înălţarea

Întruparea

DIVINITATEA

Isus a fost Dumnezeul-om – în mod adevărat şi pe deplin Dumnezeu, şi
tot aşa, în mod adevărat şi pe deplin uman. În întrupare, El Şi-a manifestat în
exterior esenţa Sa divină interioară (gr. *morphē*, „formă", Fil. 2:6). Cristos era
posesorul gloriei divine (Ioan 17:5; vezi Is. 42:8). Astfel, scriitorul cărţii Evrei
proclamă cu toată intensitatea că El a fost reprezentarea exactă a Divinităţii: „El,
care este oglindirea gloriei Lui şi întipărirea Fiinţei Lui şi care ţine toate lucrurile
prin cuvântul puterii Lui"(Evr. 1:3; vezi Col. 1:15). În calitatea Sa de Dumnezeu,
El este beneficiarul vrednic al închinării: „Şi iarăşi, când aduce în lume pe Cel
întâi-născut, zice: Toţi îngerii lui Dumnezeu să I Se închine"(Evr. 1:6; vezi Mat.
2:2; 14:33; Fil. 2:10-11). Doxologiile din Noul Testament Îi atribuie lui Cristos
glorie într-o manieră care aminteşte de doxologia găsită în Vechiul Testament în
1 Cronici 29:10-11:

> Binecuvântat să fii Tu, Domnul Dumnezeul lui Israel, Tatăl nostru, din veci
> în veci! A Ta, Doamne, este mărirea, puterea şi gloria, biruinţa şi măreţia; căci
> tot ce este în cer şi pe pământ este al Tău; al Tău, Doamne, este regatul, şi Tu
> Te înalţi ca un stăpân peste orice. (1 Cron. 29:10-11)

> Şi Dumnezeul păcii, care prin sângele legământului celui veşnic a sculat
> dintre cei morţi pe Domnul nostru Isus, Marele Păstor al oilor, să vă facă
> desăvârşiţi în orice lucru bun ca să faceţi voia Lui, lucrând în voi ce este plăcut

---

18 Alva J. McClain's *The Greatness of the Kingdom: An Inductive Study of the Kingdom
of God* (Chicago: Moody Press, 1968) formulează aceste argumente mai convingător
şi mai amplu decât orice alt volum de teologie creştină. Vezi şi Paul N. Benware,
Understanding End Times Prophecy: A Comprehensive Approach (Chicago: Moody Press,
1995), 135–45, 279–89.

înaintea Lui, prin Isus Cristos, a căruia să fie gloria în vecii vecilor! Amin. (Evr. 13:20-21)

...ca în toate lucrurile să fie glorificat Dumnezeu, prin Isus Cristos, a căruia este gloria și puterea în vecii vecilor! Amin. (1 Pet. 4:11)

Ci creșteți în harul și în cunoașterea Domnului și Mântuitorului nostru Isus Cristos. A Lui să fie gloria acum și în ziua veșniciei! Amin. (2 Pet. 3:18)

Vrednic ești, Doamne, să primești gloria, cinstea și puterea, pentru că Tu ai creat toate lucrurile și prin voia Ta ele există și au fost create! (Apoc. 4:11)

Vrednic ești Tu să iei cartea și să-i rupi sigiliile, căci ai fost înjunghiat și ne-ai răscumpărat pentru Dumnezeu, cu sângele Tău, din orice seminție, de orice limbă, din orice popor și de orice neam. Ai făcut din noi regi și preoți pentru Dumnezeul nostru, și noi vom domni pe pământ. (Apoc. 5:9-10)

Cu alte cuvinte, Cristos trebuie venerat cu o închinare egală cu cea acordată lui Dumnezeu în Vechiul Testament. A doua persoană a Trinității n-a fost doar „cu Dumnezeu" la creație, ci El Însuși a fost Dumnezeu (Ioan 1:1-3). Prin crearea universului, a doua persoană a îndeplinit lucrarea pe care numai Dumnezeu putea să o îndeplinească (observați că termenul ebraic *bara'*, „a crea", Îl are doar pe Dumnezeu ca subiect).

Rugăciunea adresată lui Isus Cristos constituie o altă dovadă a divinității Sale. Isus Și-a învățat ucenicii să I se roage Lui (Ioan 14:14; 15:16; 16:23-24). Faptele Apostolilor 1:24-25 consemnează că ucenicii s-au rugat adresându-I-se lui Cristos pentru călăuzire în alegerea înlocuitorului pentru Iuda Iscarioteanul. Ștefan a rostit în rugăciune față de Cristos două cereri: „Doamne Isuse, primește duhul meu!" și „Doamne, nu le ține în seamă păcatul acesta!" (Fapt. 7:59-60). În Damasc, Anania l-a îndemnat pe Saul să fie botezat și să cheme Numele lui Isus (Fapt. 22:16). Ulterior, apostolul Pavel a scris că „Oricine va chema Numele Domnului va fi mântuit" (Rom. 10:13; vezi 1 Cor. 1:2). De asemenea, Pavel a apelat la Cristos ca să îndepărteze de la el pe acel „mesager al lui Satan" (2 Cor. 12:7-8). În plus, Noul Testament se încheie cu o rugăciune adresată lui Cristos: „Vino, Doamne Isuse!" (Apoc. 22:20).

Închinarea nu se rezumă la rugăciune; ea implică și laudă. Efeseni 5:18-20 menționează subiectul vorbirii „între voi cu psalmi, și cântări de laudă, și cântări spirituale, cântând și aducând laudă Domnului din toată inima" (Ef. 5:19). Contextul face distincție între „Dumnezeu Tatăl" și „Domnul nostru Isus Cristos" (Ef. 5:20; vezi și 5:21), făcându-L pe Cristos principalul referent al cuvântului „Domnul". La fel, cântarea de laudă din Apocalipsa 5:9-10 se focalizează asupra Domnului Isus, care a plătit prețul răscumpărării prin sângele Său. Două imnuri biblice din biserica primară înalță laude lui Isus pentru ce este El și pentru ceea ce a făcut El: Filipeni 2:6-11 și 1 Timotei 3:16. Aceste crezuri în formă de imnuri se concentrează asupra cristologiei. Chiar și Vechiul Testament conține imnuri cristologice sub forma psalmilor mesianici, cum ar fi Psalmul 2, 22, 24, 45, 72 și 110. Astfel, până și evreii pre-creștini au cântat laude către și despre Mesia în antica Psaltire, cartea de cântări a Israelului.

Recunoașterea divinității de către un credincios este un concept cheie concretizat în ceea ce Scriptura numește „frica de Domnul" (2 Cron. 19:9; Ps. 111:10; vezi Deut. 6.2; 8:6; 10:12). De asemenea, Isus Cristos este obiectul unei astfel de temeri (Col. 3:22-24; vezi Ef. 5:21, „în frica lui Dumnezeu"; „în frica lui Cristos"), și acea teamă evlavioasă reprezintă o secțiune cheie din „cântarea Mielului" (Apoc. 15:3):

> Cine nu se va teme de Tine, Doamne,
> și cine nu va glorifica Numele Tău?
> Căci numai Tu ești sfânt
> și toate națiunile vor veni
> și se vor închina înaintea Ta,
> pentru că judecățile Tale au fost arătate! (Apoc. 15:4).

Tot așa, a doua persoană a Dumnezeirii etalează și exercită pe deplin toate caracteristicile și atributele lui Dumnezeu. Tabelul 4.4 oferă exemple ale asemănării ample a lui Isus Cristos cu Dumnezeu.

Potrivit scriitorilor Noului Testament, Isus este „chipul Dumnezeului celui nevăzut" (Col. 1:15; vezi 2 Cor. 4:4; Evr. 1:3). De aceea, oricine L-a văzut pe Cristos a putut spune că L-a văzut pe Tatăl (Ioan 12:45; 14:7-10). Cu alte cuvinte, atributele și caracteristicile Tatălui sălășluiesc și în persoana Fiului Său.

Tabelul 4.4 Asemănarea divină a lui Isus

Caracteristici sau atribute divine	Referințe biblice
Eternitate	Mica 5:2; Ioan 1:1; 8:58; Col. 1:17
Glorie	Mat. 16:27; 24:30; Luca 9:32; Ioan 17.5
Har	Ioan 1:14, 16-17; Rom. 1:7; 16:20
Sfințenie	Luca 4:34; Ioan 6:69; Evr. 7:26
Imuabilitate	Evr. 1:10-12 (cf. Ps. 102:25-27); 13:8
Viață	Ioan 1:4; 5:21; 11:25; 14:6; Fapt. 3:15; Apoc. 1:18

Dragoste	Mc. 10:21; Ioan 11:3, 5; 14:21, 31; 15:9-11
Milă	Mc. 5.19; 1 Tim. 1:2; Evr. 2:17
Omnipotență	1 Cor. 1:23-24; Evr. 1:2-3
Omniprezență	Mat. 18.20; Ef. 4:10
Omniscienţă	Ioan 1:47-49; 21:17; Fapt. 1:24; 1 Cor. 4:5
Neprihănire	Fapt. 3:14; 7:52; 22:14; 2 Pet. 1:1
Existență prin Sine Însuşi (aseitate)	Ioan 1:1-3; Col. 1:16-17; Apoc. 1:8, 17-18
Suveranitate	Ef. 1:21; Col. 2:10; 1 Pet. 3:22
Adevăr	Ioan 1:14, 17; 14:6; Ef. 4:21

Biblia menționează diferite titluri aparținând Fiului lui Dumnezeu. Însă, multe dintre cele aflate pe lista lui James Large[19], care pretinde că a identificat 280 de titluri şi simboluri ale lui Cristos în Biblie, sunt doar nişte simboluri şi uneori sunt titluri subiective, tipologice sau figurate (e.g., „Aaron" ca o imagine umană a rolurilor marelui preot împlinite în Cristos, sau „partea de moştenire" ca o referire la faptul că cel credincios Îl are pe Cristos drept moştenire). Pentru atingerea scopurilor cristologiei, o enumerare mai corectă teologic ar putea fi împărțită prin prisma unei selectări mai atente a numelor referitoare la divinitatea lui Isus, respectiv a numelor referitoare la umanitatea Sa. Astfel, titlurile care au mai mult de-a face cu divinitatea Lui sunt enumerate aici, iar titlurile asociate în mod corespunzător cu umanitatea Lui vor fi enumerate când se va ajunge la subiectul respectiv .

* „Căpetenia oştirii Domnului" (Ios. 5:14–15)
* „Minunat" (Jud. 13:18)
* „Domnul oştirilor [sau al armatelor]" (Ps. 24:10; Is. 6:3, 5 cu Ioan 12:41; Is. 24:23; Iac. 5:4)
* „Domnul" sau *adonai* (Ps. 110:1 cu Mat. 22:41–45; Rom. 10:9–10; Fil. 2:9–11)
* „Înţelepciune"/„Înţelepciunea lui Dumnezeu" (Proverbe 8; Luca 11:49; 1 Cor. 1:24)
* „Emanuel" sau „Dumnezeu cu noi" (Is. 7:14; Mat. 1:23)
* „Tatăl veşnic" (Is. 9:6)
* „Dumnezeu puternic" (Is. 9:6)
* „Minunat Sfătuitor" (Is. 9:6)

---

19 James Large, *Concise Names of Christ* (1888; repr., Chattanooga, TN: AMG, 2009). Vezi şi also David F. Wells, *The Person of Christ: A Biblical and Historical Analysis of the Incarnation*, Foundations for Faith (Westchester, IL: Crossway, 1984), 67–81.

- „Dumnezeul" sau Iahve (Is. 40:3 cu Mc. 1:3; Ioel 2:32 cu Rom. 10:13)
- „Creator" (al lui Israel, Is. 43:15; al sufletelor, 1 Pet. 4:19; și al tuturor lucrurilor, fiind presupus acest titlu, Ioan 1:3; Col. 1:16; Evr. 1:2)
- „Brațul Domnului" (Is. 53:1)
- „Cel ce va face spărtura" (Mica 2:13)
- „Îngerul [mesagerul] Domnului" (vezi Zah. 1:11–21, unde 1:20 Îl identifică pe înger drept Iahve, în vreme ce 1:12–13 Îl arată rugându-I-Se lui Iahve ca unei persoane distincte)
- „Mirele" (Mat. 9:15)
- „Fiul lui Dumnezeu" (Mc. 1:1; Ioan 3:18; 5:25; Rom. 1:4; Ef. 4:13; Apoc. 2:18)
- „Sfântul lui Dumnezeu" (Mc. 1:24; Ioan 6:69; Fapt. 3:14; Apoc. 3:7)
- „Fiul Celui Preaînalt" (Luca 1:32)
- „Cuvântul" (Ioan 1:1)
- „Singurul născut" (*monogenēs* = cel unic; Ioan 1:14, 18; 3:16, 18; 1 Ioan 4:9)
- „Eu sunt" (Ioan 6:35; 8:12; 10:7, 11; 11:25; 14:6; 15:1; cf. „Eu sunt", Exod 3:13–14)
- „Păstorul" (Ioan 10:14; 1 Pet. 2:25; 5:4; vezi Ps. 23:1)
- „Viața" (Ioan 14:6)
- „Adevărul" (Ioan 14:6)
- „Calea" (Ioan 14:6)
- „Dumnezeu" (Ioan 20:28; Rom. 9:5)
- „Autorul vieții" (Fapt. 3:15)
- „Puterea lui Dumnezeu" (1 Cor. 1:24)
- „Domnul gloriei" (1 Cor. 2:8)
- „Capul bisericii" (Ef. 4:15; 5:23)
- „Fericitul și singurul Suveran" (1 Tim. 6:15)
- „Regele regilor" (1 Tim. 6:15; Apoc. 17:14; 19:16; vezi Dan. 4:37)
- „Domnul domnilor" (1 Tim. 6:15; Apoc. 17:14; 19:16)
- „Mântuitor" (Tit 2:13; 2 Pet. 1:1)
- „Inițiatorul mântuirii" (Evr. 2:10)
- „Autorul unei mântuiri veșnice" (Evr. 5:9)
- „Autorul și Desăvârșirea credinței noastre" (Evr. 12:2)
- „Cel Atotputernic" (Apoc. 1:8)
- „Alfa și Omega" (Apoc. 1:8)
- „Domnul Dumnezeu" (Apoc. 1:8)
- „Cel dintâi și Cel de pe urmă" (Apoc. 1:17; 2:8)
- „Cel adevărat" (Apoc. 3:7)
- „Cel Credincios și Cel Adevărat" (Apoc. 19:11)

• „Începutul și Sfârșitul" (Apoc. 21:6)

Kenoza[20]

În întruparea Sa, Cristos a renunțat de bunăvoie la exercitarea independentă a atributelor Sale divine în detrimentul voii Tatălui Său ceresc. Fundamentul biblic al acestui fapt se găsește în Filipeni 2:5-7

> Să aveți în voi gândul acesta, care era și în Cristos Isus: Care, măcar că avea chipul lui Dumnezeu, totuși n-a socotit ca un lucru de apucat să fie deopotrivă cu Dumnezeu, ci S-a dezbrăcat pe Sine Însuși și a luat chip de sclav, făcându-Se asemenea oamenilor.

Pornind de la termenul grecesc pentru „S-a dezbrăcat pe Sine", *kenoō*, teologii au decis să numească acest concept „kenoză" sau „dezbrăcat". Apostolul Pavel face referire la un act voluntar care implică întruparea prin care Fiul lui Dumnezeu a luat asupra Sa chipul unui rob (gr. *doulos*). Propoziția „deși exista în chip de Dumnezeu" (Fil. 2:6) vorbește despre starea preexistentă a lui Cristos, precum și despre smerirea Sa.

Afirmația că El „exista în chip [gr. *morphē*] de Dumnezeu" (Fil. 2:6) trebuie înțeleasă ca o referire la realitatea divinității lui Cristos, tot așa cum „luând chip [gr. *morphē*] de sclav" (Fil. 2:7) vorbește despre realitatea robiei Sale. „Chip" (*morphē*) nu înseamnă că Cristos a devenit un rob doar la nivel de aparență, și nici că a fost Dumnezeu numai din perspectiva înfățișării exterioare. Pavel nu folosește aici cuvântul grecesc pentru „ființă". În schimb, apostolul întrebuințează un alt termen care accentuează esența naturii unei persoane – condiția sau starea sa continuă. El folosește de asemenea cuvântul grecesc pentru „chip" care denotă în mod specific caracterul esențial, neschimbător pe care-l are ceva – ce este în și prin sine însuși. Gândirea lui Cristos „este revelată prin două acțiuni sublime de renunțare la Sine, una descrisă drept *kenōsis*, cealaltă *tapeinōsis*. În cazul celei dintâi, El „S-a dezbrăcat pe Sine" coborându-Se de la nivelul de Dumnezeu la cel al umanității; în cazul celei de-a doua, „S-a smerit pe Sine" coborându-Se de la nivelul umanității la cel al morții.[21]

De ce anume „S-a dezbrăcat pe Sine" Fiul preîntrupat odată cu întruparea

---

20 Porțiuni din această secțiune sunt adaptate după John MacArthur, *Philippians*, MNTC (Chicago: Moody Press, 2001), 122–28 (folosite cu permisiunea editurii Moody Publishers) și după Mike Riccardi, "On the Incarnation: Avoiding Heresy and Pursuing Humility," *The Cripplegate* (blog), iunie 7, 2013, http:// the cripple gate .com /on -the -incarnation -avoiding -heresy -and -pursuing -humility/ (folosite cu permisiunea autorului).

21 Alva J. McClain, "The Doctrine of the Kenosis in Philippians 2:5–8," *MSJ* 9, no. 1 (1998): 90.

Sa? Întrebarea aceasta a primit câteva răspunsuri nefericite pe baza a ceea ce a ajuns să fie cunoscută drept teologia kenotică. Numită potrivit „dezbrăcări" care este afirmată prin termenul *kenōsis*, teologii kenotici au înțeles eronat acest concept și au indicat că Isus Cristos S-a dezbrăcat pe Sine de un anumit aspect al divinității Sale odată cu întruparea Sa. În anumite forme, această învățătură greșită pretinde că Cristos Și-a păstrat ceea ce ei numesc atributele Sale esențiale ale dumnezeirii (e.g., sfințenia, harul), dar a renunțat la ceea ce ei numesc atributele Sale relative (e.g., omnisciență, imuabilitate).

Însă, prin definiție este imposibil ca Dumnezeul etern, imuabil să înceteze să existe ca Dumnezeu. Acest adevăr privitor la Domnul Isus este confirmat pe tot parcursul Noului Testament. Chiar și în starea Sa de umilință, Domnul Isus a putut spune: „Eu și Tatăl una suntem" (Ioan 10:30). Departe de a fi o exprimare metaforică a unității la nivelul scopului sau al planului, aceasta a fost o afirmație metafizică despre esența pe care Fiul o împărtășește cu Tatăl. Evreii au înțeles limpede lucrul acesta, întrucât au încercat să-L lapideze pe Isus pentru blasfemie: „Tu, care ești om, Te faci Dumnezeu" (Ioan 10:33). Chiar și ca om, El a putut pretinde în mod legitim că a-L vedea pe El echivala cu a-L vedea pe Tatăl (Ioan 14:9), a putut declara că avea toată autoritatea peste toți oamenii (Ioan 17:2) și a primit închinarea ucenicilor Săi (Ioan 20:28). Pe Muntele Transfigurării, divinitatea întrupată a Fiului a fost revelată vizibil, atunci când a dat jos vălul umanității Sale, ca să spunem așa, și a lăsat ca arătarea esenței Sale divine să strălucească cu putere (Mat. 17:2; vezi „Schimbarea la față"). Prin urmare, este limpede că Fiul nu S-a dezbrăcat pe Sine de divinitatea Sa sau de atributele Sale divine odată cu întruparea Sa.

Dar atunci rămâne întrebarea de ce anume S-a dezbrăcat pe Sine? O astfel de întrebare pare a înțelege în mod eronat limbajul folosit de Pavel în Filipeni 2. Deși verbul *kenoō* înseamnă „a dezbrăca", în Noul Testament este folosit în mod exclusiv într-un sens metaforic. Nu înseamnă niciodată „a vărsa", ca și când Isus Și-ar fi vărsat atributele Sale divine din El Însuși. Dacă aceasta ar fi fost intenția lui Pavel, el ar fi folosit cuvântul *ekcheō* (e.g., Luca 22:20; Ioan 2:15; Tit 3:6). În schimb, *kenoō* înseamnă „a desființa", „a anula" sau „a lăsa fără efect". Pavel întrebuințează termenul în felul acesta în Romani 4:14, unde spune: „Căci dacă moștenitori *sunt* cei ce se țin de Lege, credința este degeaba [*kekenōtai*], și promisiunea este desființată". Nu ne întrebăm: de ce anume a fost dezbrăcată credința? În schimb, Pavel intenționează să spună că, dacă neprihănirea ar putea veni prin Lege, credința ar fi anulată – ar fi de prisos. Tot astfel, este greșită întrebarea: de ce anume S-a dezbrăcat Cristos pe Sine? Cristos Însuși este obiectul acestei dezbrăcări; El S-a anulat *pe Sine Însuși*. Versiunea King James a Bibliei traduce sintagma astfel: El „S-a făcut pe Sine lipsit de importanță" (Fil. 2:7).

Restul versetului ne spune cum anume S-a anulat Cristos pe Sine Însuși odată cu întruparea Sa: „a luat chip de sclav, făcându-Se asemenea oamenilor"(Fil. 2:7). Cristos S-a făcut pe Sine Însuși lipsit de importanță tocmai prin îmbrăcarea cu natura umană. S-a dezbrăcat pe Sine nu prin vărsarea unor părți din divinitatea Sa, ci prin a-Și adăuga o umanitate deplină și autentică. Dezbrăcarea Lui a fost una a adăugării, nu a scăderii. Dacă ar fi renunțat sau Și-ar fi lăsat deoparte atributele Sale divine, atunci așa ceva sugerează că El a încetat să fie Dumnezeu – însă o astfel de idee ar fi în opoziție cu modul în care Biblia Îl descrie ca fiind în mod deplin și autentic Dumnezeu (vezi „Divinitatea"). Dar chiar și odată cu îmbrăcarea naturii umane, Fiul lui Dumnezeu Și-a păstrat în mod plenar natura, atributele și prerogativele Sale divine.

Și atunci, la ce se referă această smerire? Pentru a putea fi un Mare Preot milos și credincios, El a trebuit să devină asemenea fraților Săi în toate privințele (Evr. 2:17). De aceea, deși Fiul lui Dumnezeu a avut în mod plenar o natură, atribute și prerogative divine, El nu le-a exprimat în mod plenar. Acestea au fost acoperite. Din când în când le-a exprimat, așa cum s-a întâmplat atunci când a citit gândurile oamenilor (Mat. 9:4) și a înfăptuit miracole divine (e.g., Luca 5:3-10). Însă Stăpânul S-a supus pe Sine Însuși de bunăvoie unei vieți de rob (Fil. 2:7; cf. 2 Cor.8:9). El a renunțat la gloriile preîntrupării de la care a venit. A lăsat închinarea sfinților și a îngerilor pentru a fi disprețuit și respins de oameni (Is. 53:3), acceptând să fie înțeles greșit, tăgăduit, pus la îndoială, acuzat pe nedrept și să aibă parte de tot felul de insulte și persecuții. Fiind Fiul lui Dumnezeu, a avut dreptul de a-Și exercita prerogativele divine după bunul Său plac. Însă, fiind Robul suferind al lui Iahve, S-a supus voinței Tatălui în toate lucrurile (Ioan 5:19, 30). Astfel, deși l-a cunoscut pe Natanael încă dinainte de a-l întâlni (Ioan 1:47) și chiar i-a cunoscut pe toți oamenii (Ioan 2:25), în umilința întrupării Sale n-a cunoscut ceasul reîntoarcerii Sale (Mat. 24:36). Gloria Sa divină a continuat să fie prezentă, deși a fost temporar ascunsă de faptul că El avea chipul unui rob. Deși a fost cu adevărat uman, a rămas pe deplin divin.

O conceptualizare a kenozei care face imposibilă afirmația conform căreia Cristos este „deopotrivă cu Dumnezeu"(Fil. 2:6) nu este în armonie cu Scriptura. Deși fiind egal cu Dumnezeu, Fiul lui Dumnezeu S-a supus de bunăvoie umanității și morții. Și a procedat astfel din postura unuia care avea o voință suverană, liberă, sfântă și iubitoare, care a acceptat ca aceasta să-i fie limitată de alegerea de a asculta de Tatăl. Scopurile acestei atitudini au vizat împlinirea planului de răscumpărare și glorificarea Dumnezeirii.

NAȘTEREA DIN FECIOARĂ

Anunțul despre „sămânța" victorioasă a femeii din Geneza 3:15 precizează că respectiva persoană nu avea să fie sămânța unui bărbat (vezi Gal. 4:4). Astfel, chiar prima profeție mesianică îndreaptă atenția asupra femeii, spre deosebire de

Genealogia din Geneza 5, care enumeră doar tați. Prin omiterea oricărei legături cu Adam, Dumnezeu sugerează că sămânța promisă nu va fi părtașă la păcatul lui Adam. După cum primul Adam L-a avut ca tată pe Dumnezeu (vezi Luca 3:38, „Adam, fiul lui Dumnezeu"), tot așa și al doilea Adam, Isus Cristos, L-a avut ca tată pe Dumnezeu, neavând un tată uman (Mat. 1:18-20). Matei scoate în relief această alăturare a primului și a celui de-al doilea Adam prin modul în care își începe Evanghelia: „Cartea genealogiei lui Isus Cristos..." (Mat. 1:1). Este formularea care se mai găsește doar în Geneza 5:1: „Aceasta este cartea generațiilor [sau genealogia] lui Adam." Într-o manieră uluitoare, această exprimare introduce

1. o nouă carte a revelației – Evanghelia după Matei drept carte introductivă a Noului Testament;
2. un nou mesaj – vestea bună privitoare la Isus Mesia și Mântuitorul care este „Dumnezeu cu noi" (Emanuel; Mat. 1:1, 23);
3. o nouă creație – un băiat născut dintr-o fecioară (Mat. 1:18-23); și
4. un nou început – o nouă *geneză* (termenul grecesc pentru „naștere" în Mat. 1:18)

În timpul domniei regelui Ahaz, regele lui Iuda, profetul Isaia a primit o descoperire din partea lui Dumnezeu pe care trebuia să o comunice regelui: „De aceea, Domnul Însuși vă va da un semn: Iată, fecioara va rămâne însărcinată și va naște un Fiu, și-I va pune numele Emanuel" (Is. 7:14). Conform textului din Matei 1:22-23, această profeție s-a împlinit prin zămislirea miraculoasă a lui Isus în pântecele fecioarei Maria. Unii obiectează față de această interpretare, insistând asupra identificării „fecioarei" ca fiind soția lui Isaia sau o altă tânără din vremea aceea. Însă contextul indică spre acuratețea comentariului făcut de Dumnezeu Însuși în Noul Testament:

1. În contextul imediat, capitolele 1-2 din Isaia profețesc judecata divină împotriva Israelului și pacea ulterioară, pe care Mesia o va aduce asupra națiunii și a lumii întregi.
2. Isaia nu menționează nicio împlinire contemporană lui specifică – el lasă acea „fecioară" neidentificată.
3. Întrucât Ahaz refuză să ceară un semn pentru sine și vremea sa (Is. 7:10-12), Dumnezeu vestește un semn pentru „casa lui David", unul care nu se limitează la Ahaz sau la vremea sa (Is. 7:13-14).
4. Cuvântul „fecioara" (ebr. *'almah*) se referă la o tânără care n-a avut relații intime cu un bărbat (vezi Gen. 24:43; Exod 2:8; C.c. 1:3). Sugestia că *betulah* este cuvântul ebraic corect pentru „fecioară" pare a fi contrazisă de

folosirea termenului în Geneza 24:16, care adaugă că „niciun bărbat nu avusese legături cu ea", precizare care face ca termenul *betulah* („fecioară") să se refere la o fată virgină. Termenul '*almah* nu necesită o astfel de precizare. Septuaginta, traducerea Vechiului Testament din ebraică în limba greacă, folosește termenul ebraic prin *parthenos*, identic celui care apare în Noul Testament la Matei 1:23.

Care este importanța doctrinei conceperii într-o fecioară și a nașterii lui Isus? În primul rând, integritatea consemnării din evanghelii privitoare la Isus se bazează într-o manieră covârșitoare pe adevărul despre nașterea din fecioară. Dacă Matei și Luca sunt necredibili în relatările lor potrivit cărora sarcina Mariei s-a produs fără aportul unui bărbat, atunci tot ce relatează ei despre Isus devine suspect. Oamenii de știință pot pretinde că o concepere într-o fecioară este imposibilă, însă dovezile din evanghelii rămân autentice și credibile în lumina mărturiei solide a scriitorilor Noului Testament privitoare la natura umană fără păcat a lui Isus. Cu alte cuvinte, falsitatea privitoare la pretenția biblică despre nașterea din fecioară ar compromite drastic ineranța și infailibilitatea Scripturii. Mai mult, întrucât autorul suprem al Scripturii este Dumnezeu Însuși, o astfel de compromitere constituie un atac asupra veridicității și credibilității lui Dumnezeu.

În al doilea rând, nașterea din fecioară deschide posibilitatea preexistenței persoanei și naturii divine. Fiul etern al lui Dumnezeu a existat înainte de zămislirea miraculoasă în pântecele Mariei. Procesul uman de concepere ar fi generat nu doar un trup, o a doua persoană, și o natură umane. Isus, ca Dumnezeul-om, este o singură persoană cu două naturi. Isaia a spus-o atât de bine: „Căci un Copil ni s-a născut, un Fiu ni s-a dat" (Is. 9.6). Fiul lui Dumnezeu exista deja – ca persoană divină. O adăugare a unei a doua persoane a lui Isus ar fi dus inevitabil la existența a patru persoane în Dumnezeire, în loc să Le păstreze pe cele trei. Și acea a patra persoană, deși era o ființă umană fără păcat, ar fi fost inferioară celorlalte trei persoane din pricina finitudinii naturii sale. Umanitatea lui Isus nu este eternă – ea a avut un început. (Vezi „Umanitatea" pentru o discuție suplimentară despre unitatea dintre natura divină și cea umană în persoana lui Isus.)

În al treilea rând, fără o concepere într-o fecioară, nu poate fi garantată natura lui Isus fără păcat. Descendenții lui Adam sunt păcătoși deoarece Adam a păcătuit; descendenții lui Adam mor (Rom. 3:23; 5:12-19; 6:23; vezi Ps. 51:5). Moartea poate surveni înainte ca un prunc să cunoască diferența dintre bine și rău și înainte ca acel micuț să fie capabil să înțeleagă Evanghelia mântuirii prin Isus Cristos. Moartea unui copil impune doctrina păcatului original, căci nu există moarte dacă nu există păcat. Isus cel fără păcat a putut experimenta moartea trupului Său uman după ce Dumnezeu a pus asupra Lui tot păcatul și vinovăția celor aleși (2 Cor. 5:21).

În al patrulea rând, eliminarea învățăturii despre nașterea din fecioară i-ar periclita lui Isus întreaga viață și lucrare, precum și doctrinele care le însoțesc. Aici includem nașterea Sa deopotrivă ca Dumnezeu adevărat și ca om adevărat, viața Sa fără păcat, lucrările Sale miraculoase, învățătura Sa plină de adevăr, jertfirea Sa benevolă în locul păcătoșilor, învierea Sa trupească, înălțarea Sa trupească și revenirea Sa viitoare. Dacă o singură doctrină din cadrul învățăturii biblice despre Isus s-ar prăbuși, toate cele privitoare la El din consemnările Noului Testament ar ajunge sub semnul întrebării.

În final, zămislirea lui Isus într-o fecioară și nașterea dintr-o fecioară ar trebui să fie parte din mărturisirea de credință a creștinului. Nașterea lui Isus I-a dat un trup de carne. Duhul lui anticrist neagă că Isus a venit în trup (1 Ioan 4:1-3; 2 Ioan 7). Mărturisirea credinciosului afirmă că Isus S-a îmbrăcat cu un trup de carne și sânge (Evr. 2:14) pentru a ridica păcatul (1 Ioan 3:5). Această mărturisire apare de la primul vers al imnului creștin timpuriu citat de Pavel în 1 Timotei 3:16: „Dumnezeu a fost arătat în trup".

UMANITATEA

Biblia menționează multe titluri diferite pentru Isus în umanitatea Sa. Titlurile referitoare la divinitatea Sa sunt enumerate mai sus (vezi secțiunea „Divinitatea"). Numele aruncă lumină asupra persoanei lui Isus, asupra lucrării lui Isus și asupra modului în care oamenii Îl identifică și se relaționează la El.

- „Sămânța femeii" (Gen. 3:15; Gal. 4:4)
- „Șilo" (Gen. 49:10)
- „Răscumpărătorul" (Iov 19:25-27; Gal. 3:13)
- „Mesia" sau „Unsul" (ebr.) și „Cristos" (gr.) (Ps. 2:2; Ioan 1:41; 4:25; Fapt. 18:28)
- „Vlăstarul" (Is. 4:2; Ier. 23:5; 33:15; Zah. 3:8; 6:12)
- „Robul" (Is. 52:13; Fapt. 4:27)
- „Cel dorit de toate neamurile" (Hag. 2:7)
- „Soarele dreptății" (Mal. 4:2)
- „Isus" (Mat. 1:21)
- „Nazarinean" (Mat. 2:23)
- „Fiul lui David" (Mat. 12:23; 21:9; Mc. 12:35-37; Rom. 1:1-4)
- „Fiul Omului" (Mc. 2:10; Ioan 12:34; Fapt. 7:56; Apoc. 1:13; vezi Dan. 7:13)
- „Cel Ales" (Luca 9:35; cf. Mat. 12:18; 1 Pet. 1:20)

- „Mielul lui Dumnezeu"/„Mielul" (Ioan 1:29; Apoc. 5:6, 8, 12, 13)
- „Învățătorul" (Ioan 3:2)
- „Ajutorul" (Ioan 14:16, în mod implicit)
- „Isus Cristos" (Fapt. 2:38; 3:6)
- „Conducător" (Fapt. 5:31)
- „Cel întâi-născut" sau Cel proeminent (Rom. 8:29; Col. 1:15; Evr. 1:6)
- „Ultimul Adam" (1 Cor. 15:45-49; cf. Rom. 5:14; 1 Cor. 15:21-22)
- „Piatra din capul unghiului" (Ef. 2:20; 1 Pet. 2:4)
- „Mijlocitor" (1 Tim. 2:5-6)
- „Frate" (Evr. 2:11-12, în mod implicit)
- „Apostolul" (Evr. 3:1)
- „Marele Preot" (Evr. 3:1)
- „Dătătorul Legii și Judecătorul" (Iac. 4:12; vezi Mat. 28:18)
- „Luceafărul de dimineață" (2 Pet. 1:19)
- „Apărător" (1 Ioan 2:1)
- „Martorul credincios" (Apoc. 1:5; 3:14)
- „Cel ce este Amin" (Apoc. 3:14)
- „Începutul creației lui Dumnezeu" (Apoc. 3:14)
- „Leul din seminția lui Iuda" (Apoc. 5:5)
- „Rădăcina lui David" (Apoc. 5:5)
- „Luceafărul strălucitor de dimineață" (Apoc. 22:16)

Unirea hipostatică. În anul 325 d. Cr., Conciliul de la Niceea a afirmat revelația Scripturii care prevede că Isus este Dumnezeu adevărat. Ulterior, în 451 d.Cr., Conciliul de la Calcedon a consimțit că Isus era simultan uman și divin, ceea ce presupunea o „unire hipostatică" a celor două naturi, ele fiind inconfundabile, neschimbătoare, indivizibile și inseparabile.[22] Crezul Apostolic (sec. al V-lea d.Cr.) afirmă: „Cred în... Isus Cristos, singurul Lui Fiu și Domnul nostru; care a fost zămislit de Duhul Sfânt, născut din fecioara Maria." Cu alte cuvinte, unirea hipostatică cuprinde cele două naturi ale lui Cristos aflate într-o singură persoană teantropică (Dumnezeu-om). Această unire păstrează divinitatea lui Cristos într-o stare nediminuată și umanitatea Sa într-o stare neînălțată.

---

22 Este utilă reproducerea aici în integralitate a definiției calcedoniene a unirii hipostatice: „Noi dar, urmând exemplul sfinților părinți, toți într-un singur gând, îi învățăm pe oameni să mărturisească unul și același Fiu, Domnul nostru Isus Cristos, cu aceeași perfecțiune în Dumnezeire și cu aceeași perfecțiune în umanitate; cu adevărat Dumnezeu și cu adevărat om, cu trup și cu suflet înțelepte; consubstanțial cu Tatăl în ce privește Dumnezeirea, și consubstanțial cu noi în ce privește Umanitatea; în toate lucrurile ca noi, dar fără păcat; născut din Tatăl înainte de veacuri în ce privește Dumnezeirea, iar în zilele de pe urmă, pentru noi și pentru mântuirea noastră, născut din Fecioara Maria, Mama lui Dumnezeu, în ce privește Umanitatea; unul și același

Unirea hipostatică este distinctă de nașterea din fecioară și de întrupare. Întruparea se referă la întregul concept al arătării lui Dumnezeu în trup uman. Nașterea din fecioară constituie mijlocul prin care s-a realizat întruparea. Așa cum a explicat cândva Charles Feinberg, „Unirea hipostatică este ceea ce întruparea a generat și a adus în existență."[23] Unirea hipostatică diferă de teofanii prin faptul că acestea din urmă au fost multiple, temporare, în vreme ce existența celor două naturi în Cristos în urma întrupării Sale este eternă. El este acum și pentru totdeauna Dumnezeul-om.

Cu toate că natura umană pe care Fiul lui Dumnezeu a primit-o în întrupare Îi dă posibilitatea de a experimenta umanitatea, El nu există sub forma a două persoane. El este o singură persoană cu două naturi – cea divină și cea umană. Divinitatea lui Cristos cauzează individualizarea (implicând caracterul și personalitatea) naturii Sale umane. Dumnezeu Tatăl a pregătit trupul uman fizic al lui Cristos (Evr. 10:5-7; vezi Ps. 40:6-8) pentru întrupare astfel încât Fiul Său să Îi poată îndeplini voia de Tată. Fiecare natură își are propria ei voință. În Ioan 17:24 iese la iveală voința divină a lui Cristos prin relația Sa trinitariană cu Tatăl, anterioară întemeierii lumii. Însă în grădina Ghețimani, Isus Își conformează voința Sa umană voinței Tatălui (Mat. 26:39). Această dualitate în interiorul unei singure persoane poate fi văzută de asemenea în primii ani ai tinereții lui Isus când Și-a uimit învățătorii la templu cu înțelepciunea și cunoașterea Scripturilor atunci când vorbea din natura Sa divină, dar mai apoi Și-a supus voința Sa umană dorințelor părinților Săi (Luca 2:47, 51-52). Această chestiune n-a fost una a duelării personalităților, ci a manifestării a două naturi distincte, dar perfecte.

Umanitatea presupune nu doar întâlnirea, ci și trăirea experiențelor de care are parte omenirea. De la începutul vieții Sale întrupate și până la finalul călătoriei Sale pământești, Isus a experimentat nașterea (Mat. 2:1), creșterea (Luca 2:40), oboseala (Ioan 4:6), somnul (Mc. 4:38), foamea (Mat. 4:2; 21:18), setea (Ioan 4:7; 19:28), mânia (Mc. 3:5), întristarea (Mat. 26:37), plânsul (Luca 19:41; Ioan 11:35), compasiunea (Mat. 9:36), dragostea (Mc. 10:21; Ioan 11:3, 5, 36), bucuria (Luca 10:21; Ioan 15:11), ispitirea (Mat. 4:1; Evr. 4:15), rugăciunea

---

Cristos, Fiu, Domn, Singur-născut, să fie recunoscut în două naturi, inconfundabile, neschimbătoare, indivizibile, inseparabile; deosebirea dintre naturi fiind îndepărtată prin unirea lor, dar păstrându-se proprietatea fiecărei naturi, și unindu-se într-o singură Persoană și într-o singură Subzistență, neputând fi divizat sau separat în două persoane, ci unul și același Fiu, și singurul născut, Dumnezeu Cuvântul, Domnul Isus Cristos, așa cum au declarat de la început despre El profeții, și ne-a învățat Domnul Isus Cristos Însuși, și cum ne-a transmis mai departe Crezul sfinților Părinți." Philip Schaff, *The Creeds of Christendom*, vol. 2, *The Greek and Latin Creeds* (New York: Harper and Row, 1877), 62–63.

23 Charles Lee Feinberg, "The Hypostatic Union," *BSac* 92, no. 367 (1935): 262.

(Mat. 14:23; Evr. 5:7), suferința (Mat. 16:21; Luca 22:44; Evr. 2:18) și moartea (Mc. 15:37–39; Luca 23:44–46; Ioan 12:24, 33; Rom. 5:6, 8; Fil. 2:8). La fel, El a experimentat întâi ceea ce toți oamenii vor ajunge în cele din urmă să experimenteze: învierea (Mat. 17:9; Ioan 2:22; 21:14; Fapt. 3:15; 1 Cor. 15:20). Cu adevărat, Isus a fost în mod autentic și complet uman – precum și în mod autentic și complet Dumnezeu (vezi secțiunea „Divinitatea" de mai sus).

Autorul Epistolei către Evrei a scris cel mai succint și mai frumos despre necesitatea umanității lui Cristos și despre măreața binecuvântare de care are parte omenirea datorită umanității Sale: „De aceea, trebuia să se asemene frații Lui în toate lucrurile, ca să poată fi , în lucrurile privitoare la Dumnezeu, un Mare Preot milos și credincios, ca să facă propițierea (ispășirea) pentru păcatele poporului. Căci prin faptul că El Însuși a suferit, fiind ispitit, poate să vină în ajutorul celor ce sunt ispitiți" (Evr. 2:17-18). El este „Isus din Nazaret, Om adeverit de Dumnezeu înaintea voastră" (Fapt. 2:22). El este „un singur Mijlocitor între Dumnezeu și oameni: Omul Cristos Isus" (1 Tim. 2:5). Da, „iată Omul!" (Ioan 19:5).

În legătură cu acest mister uluitor al unirii hipostatice a celor două naturi ale lui Cristos, John Walvoord observă că, „deși atributele unei naturi nu îi sunt niciodată atribuite celeilalte, atributele ambelor naturi îi sunt atribuite în mod corespunzător persoanei Sale."[24] Faptul acesta cere ca toți cititorii Scripturii să discearnă în mod cuvenit așa-numita comunicare a proprietăților (lat. *communicatio idiomatum*) în cele consemnate în Biblie pentru a înțelege corect cine este Isus și ce a realizat El. Cu alte cuvinte, tot ce poate fi spus despre una dintre naturile lui Cristos poate fi spus în mod corect despre Cristos la nivelul întregii persoane. De pildă, comentariul lui Pavel din Faptele Apostolilor 20:28 nu înseamnă că natura divină conține sânge, deoarece Dumnezeu este duh (cf. Ioan 4:24). Însă, întrucât „sângele" este o particularitate a naturii umane a lui Cristos, iar „Dumnezeu" este o particularitate a naturii Sale divine, Pavel poate afirma că Dumnezeu a cumpărat biserica plătind prețul Propriului Său sânge. Proprietățile ambelor naturi pot fi afirmate în dreptul persoanei singulare a lui Cristos. Walvoord menționează în mod util șapte clasificări, rezumate mai jos, pe baza cărora se poate face deosebire între referirile biblice la naturile și persoana lui Cristos:[25]

1. Referiri biblice privitoare la întreaga persoană a lui Cristos, în care sunt esențiale ambele naturi:

    Căci un Copil ni S-a născut, un Fiu ni S-a dat, iar domnia va fi pe umă-

---

24 John F. Walvoord, *Jesus Christ Our Lord* (Chicago: Moody Press, 1969), 116.
25 Walvoord, *Jesus Christ Our Lord*, 117–18.

rul Lui; și Îl vor numi: Minunat, Sfătuitor, Dumnezeu Puternic, Tatăl veșnic, Prinț al păcii.

Creșterea domniei si a păcii lui nu va avea sfârșit peste tronul lui David și regatul lui; ca să-l întărească și să-l sprijine prin judecată și dreptate, de acum și până în vecie.

Râvna Domnului oștirilor va face aceasta. (Is. 9:6-9).

Și ea va naște un Fiu și Îi vei pune numele ISUS, pentru că El va mântui pe poporul Său de păcatele lor. (Mat. 1:21)

Astfel, fiindcă avem un Mare Preot însemnat, care a străbătut cerurile, pe Isus, Fiul lui Dumnezeu, să rămânem tari în mărturisirea noastră. (Evr. 4:14)

2. Referiri la întreaga persoană, însă atributele sunt valabile cu privire la divinitatea Sa:

Dar Isus nu Se încredea în ei, pentru că îi cunoștea pe toți; și n-avea nevoie să I se mărturisească despre om, căci El Însuși știa ce era în om. (Ioan 2:24-25)

Și nimeni nu s-a suit în cer, decât Cel ce S-a coborât din cer, Fiul Omului, care este în cer. (Ioan 3:13)

Dar Isus le-a răspuns: Tatăl Meu lucrează până acum; și Eu lucrez. (Ioan 5:17)

3. Referiri la întreaga persoană, însă atributele sunt valabile cu privire la umanitatea Sa:

Atunci Isus a fost dus de Duhul în pustiu, ca să fie ispitit de diavolul. Și după ce a postit patruzeci de zile și patruzeci de nopți, a flămânzit. (Mat. 4:1-2)

Și a născut pe Fiul ei Cel întâi-născut, și L-a înfășat în scutece, și L-a culcat într-o iesle, pentru că în casa de găzduire nu era loc pentru ei. (Luca 2:7)

Iar pruncul creștea și Se întărea în duh; era plin de înțelepciune; și harul lui Dumnezeu era peste El. (Luca 2:40)

Acolo se afla fântâna lui Iacov. Isus, aşadar, fiind obosit de călătorie, S-a aşezat lângă fântână. Era cam pe la ceasul al şaselea. (Ioan 4:6)

4. O aparentă contrazicere în anumite referiri care descriu întreaga persoană prin intermediul unui atribut al naturii Sale divine, dar care au legătură cu natura Sa umană:

Luaţi seama la voi înşivă şi la toată turma peste care v-a pus Duhul Sfânt supraveghetori, ca să păstoriţi biserica lui Dumnezeu [atribut divin], pe care a câştigat-o cu însuşi sângele Lui [atribut uman]. (Fapt. 20:28)

Şi când L-am văzut, am căzut la picioarele Lui ca mort. Dar El Şi-a pus mâna dreaptă peste mine, zicându-mi: Nu te teme! Eu sunt Cel dintâi şi Cel de pe urmă, Cel viu [atribut divin]. Am fost mort [atribut uman], şi iată că sunt viu în vecii vecilor. Şi Eu ţin cheile morţii şi ale Locuinţei Morţilor. (Apoc. 1:17-18)

5. O aparentă contrazicere în referiri care descriu întreaga persoană prin intermediul unui atribut al naturii Sale umane, dar care au legătură cu natura Sa divină:

Dar dacă aţi vedea pe Fiul Omului [atribut uman] suindu-Se unde era mai înainte [atribut divin]? (Ioan 6:62)

Ai cărora sunt patriarhii, şi de la care, în ce priveşte trupul [atribut uman], a venit Cristos care este mai presus de toate lucrurile, Dumnezeu binecuvântat [atribut divin] în veci. Amin. (Rom. 9:5)

6. Referiri care descriu întreaga persoană prin prisma divinităţii Sale, dar care au legătură cu ambele Sale naturi:

Şi Isus i-a zis: Adevărat îţi spun că astăzi vei fi cu Mine în rai. (Luca 23:43)

Şi Isus a luat pâinile şi, după ce a mulţumit pentru ele, le-a împărţit ucenicilor, iar ucenicii le-au împărţit celor ce şedeau jos; tot la fel le-a dat şi din peşti atât cât au dorit. (Ioan 6:11)

Dar Isus, care ştia în Sine că ucenicii Săi cârteau împotriva acestor cuvinte, le-a zis: Vorbirea aceasta vă face să vă poticniți? (Ioan 6:61)

Căci voi ați murit și viața voastră este ascunsă cu Cristos în Dumnezeu. Când Se va arăta Cristos, viața voastră, atunci vă veți arăta și voi împreună cu El în glorie. (Col. 3:3-4)

7. Referiri care descriu întreaga persoană prin prisma umanității Sale, dar care au legătură cu ambele Sale naturi:

Și pe la ceasul al nouălea, Isus a strigat cu glas tare, zicând: Eli, Eli, Lama Sabactani, care înseamnă: Dumnezeul Meu, Dumnezeul Meu, pentru ce M-ai părăsit? (Mat. 27:46; Dumnezeu nu-L poate părăsi ori abandona pe Dumnezeu. Cristos stă pe cruce cu întreaga Sa persoană, și totuși Tatăl Îl abandonează temporar în ce privește umanitatea Sa. În calitate de Dumnezeul-om, Isus moare în ce privește umanitatea Sa, întrucât natura divină nu poate muri.)

Și I-a dat autoritatea să judece, întrucât El este Fiul Omului. (Ioan 5:27)

Astfel, o teologie biblică a persoanei și naturilor lui Cristos trebuie să se bazeze pe o citire atentă a Scripturilor, îmbinată cu o recunoaștere a limitelor înțelegerii noastre. Cititorul cu discernământ va acorda o atenție sporită fiecărui amănunt al textului biblic pentru a-l putea interpreta corect în ce privește înțelegerea teologică a cine este și ce a făcut Isus Cristos, precum și ce face și ce va face El.

Împrejurarea în care Cristos Și-a limitat auto-cunoașterea. Marcu 13:32 aduce în atenția cititorilor o chestiune privitoare la cunoașterea auto-limitată a lui Cristos: „Dar despre ziua aceea și ceasul acela, nu știe nimeni: nici îngerii care sunt în cer, nici Fiul, ci numai Tatăl." Isus a rostit aceste cuvinte în timpul întrupării Sale (numită și smerirea Sa). După învierea Sa, textul din Faptele Apostolilor 1:6-7 pare a indica faptul că Isus a știut vremea restaurării împărăției lui Israel, dar a refuzat să le-o descopere atunci ucenicilor Săi. Limitarea cunoașterii lui Cristos în ce privește vremea reașezării tuturor lucrurilor nu înseamnă că declarațiile Sale despre istoricitatea evenimentelor din Vechiul Testament sau despre paternitatea mozaică a Pentateuhului trebuie la rândul lor reconsiderate. La urma urmei, El S-a bazat deplin pe Vechiul Testament, considerându-L Cuvântul lui Dumnezeu, iar umanitatea Sa putea să deducă toate acele informații direct din Scripturi. Cu toate acestea, chiar și în timpul întrupării Sale, ca Dumnezeu Fiul, Isus a rămas omniscient (cf. Ioan 16:30). Cunoașterea Sa limitată din împrejurarea de mai sus este un rezultat al cedării voluntare a folosirii Sale independente a atributelor divine (vezi „Kenoza").

ÎNVĂȚĂTURI ERONATE

Conceptele eronate privitoare la Isus se nasc dintr-o citire neglijentă și fără discernământ a Bibliei. De aceea, din cauza unei asemenea atitudini de nepăsare, îmbinată cu natura decăzută a omului și cu ostilitatea necredincioșilor, persoana lui Cristos a fost ținta atacurilor încă de la bun început. În biserica primară, ereziile privitoare la natura și persoana lui Cristos s-au ivit chiar din primul secol și au contestat învățătura cristologică sănătoasă a credincioșilor biblici. Așa cum se întâmplă și cu banii contrafăcuți, cea mai bună strategie pentru identificarea falsității constă în focalizarea asupra adevărului. Studierea învățăturilor Scripturii despre Isus Cristos dă în vileag erezia celor care încearcă să nege adevărurile biblice sau să ofere un Cristos contrafăcut. Merită să acordăm atenție unei prezentări succinte a principalelor erezii cristologice (tabelul 4.5 prezintă un sumar al acestor erezii).

Ebionismul. Una dintre cele mai timpurii erezii care au infectat biserica insista asupra umanității lui Cristos până la punctul excluderii divinității Sale întrucât adepții ei negau preexistența lui Cristos – o poziție influențată de învățăturile iudaice din primul secol. Această erezie a devenit cunoscută drept ebionism. Pentru ebioniți, Isus a fost un om de seamă, un profet al lui Dumnezeu, unul care a fost înzestrat cu Duhul lui Dumnezeu și înălțat la nivelul de regalitate după moartea Sa. Unii dintre ebioniți au acceptat zămislirea miraculoasă a lui Isus, dar alții au respins-o.

Pe la începutul secolului al cincilea, această învățătură părăsise biserica. Probabil, unii adepți se întorseseră la iudaism, în vreme ce alții capitulaseră înaintea perspectivei biblice (sau probabil înaintea altei perspective populare a vremii) și au rămas în biserică. Deși biserica s-a debarasat de această învățătură, învățătura islamică despre Isus este în esență cea a ebioniților, așa cum observă Heick: „Sincretismul religios vizibil în cadrul acestei mișcări a avut o importanță istorică atât de mare încât a contribuit la originea și creșterea mahomedanismului ca a treia cea mai mare religie monoteistă din lume."[26]

Gnosticismul. Fiind o mișcare cu rădăcini care au precedat biserica Noului Testament, gnosticismul a asimilat treptat elemente creștine. Ea consta dintr-o sectă eclectică din secolul al doilea care combina filozofie greacă, dualism persan, învățătură iudaică, elemente ale religiilor orientale ale misterelor și creștinism. Doctrina principală a gnosticismului relua conceptul lui Platon care prevedea

---

26 Otto W. Heick, *A History of Christian Thought* (Philadelphia: Fortress, 1965), 1:67.

că materia este rea, iar spiritul este bun. Susținătorii lui credeau că o serie de emanații veniseră de la Dumnezeu. Aceste emanații au fost numite *eoni*, și fiecare dintre ei au devenit în mod progresiv mai multă materie și mai puțin duh – astfel mai rele și mai puțin bune. Întrucât Iahve al Vechiului Testament a fost creatorul tuturor lucrurilor (doar un alt eon), gnosticismul l-a etichetat drept Demiurg. Demiurgul era o ființă cerească supusă alteia, unui eon mai mare, Ființei Supreme. În calitate de creator și cârmuitor al lumii fizice, Demiurgul a fost descris de gnostici drept antagonic la ceea ce este spiritual. În gândirea gnosticilor, Cristos a fost fie o fantasmă care părea că s-a înfățișat într-un trup (vezi „Docetismul" mai jos), fie un eon care s-a unit cu Isus cândva între botezul Său și moartea Sa pe cruce. Conceptul gnostic al mântuirii a constat dintr-o *gnosis* (sau cunoaștere) specială, dată prin Cristos doar elitelor, în urma unui proces intelectual.

Adopționismul/Modalismul. Unii din biserica primară au acceptat o învățătură potrivit căreia Dumnezeu l-a adoptat (de aici și termenul de *adopționism*) pe omul Isus ca fiu al Său, cândva după nașterea acestuia – fie la momentul botezului, fie la cel al învierii. Artemon a fost adesea asociat cu această erezie, însă puține se cunosc despre el. Pavel din Samosata (secolul al treilea d.Cr.) și Teodot tăbăcarul (fl. cca. 190 d.Cr.) au răspândit poziția adopționistă. Adopționiștii pot fi considerați ca alcătuind unul dintre grupurile monarhianiste, cei care neagă Trinitatea și care vorbesc despre singurul Dumnezeu care este singurul conducător sau monarh. Monarhianismul sublinia natura unică a lui Dumnezeu – o perspectivă unitariană. Adepții lui considerau cele trei persoane ale Dumnezeirii ca fiind doar trei modalități diferite de manifestare a existenței și lucrării unice a lui Dumnezeu. Întrucât nu credeau că Tatăl și Fiul sunt persoane distincte, ei vorbeau despre patripasianism – noțiunea potrivit căreia Dumnezeu Tatăl a murit pe crucea de la Calvar. Sabelius a devenit un apărător al mișcării modalismului la începutul secolului al treilea și, deși a fost excomunicat în 217 d.Cr., mișcarea începută prin conducerea sa a devenit cunoscută drept sabelianism.

Docetismul. Docetiștii și-a luat numele de la termenul grecesc *dokeō*, care înseamnă „a părea" sau „a apărea". Grupul acesta și-a însușit poziția de la extrema opusă adopționiștilor și a insistat asupra divinității lui Cristos, respingând umanitatea Sa. Pentru docetiști, existența materială este rea în mod inerent – aceasta este poziția propusă de Platon. De aceea, a fost imposibil pentru Fiul curat și sfânt al lui Dumnezeu să Se îmbrace cu carne păcătoasă. Ei au crezut că Fiul lui Dumnezeu S-a arătat pe pământ ca o fantasmă, ca un fel de teofanie. Isus n-a avut un trup uman și n-a putut suferi, nici n-a putut muri de o moarte reală.

Valentin (fl. cca. 136-cca. 165 d.Cr.) a devenit o personalitate de frunte în cadrul acestei mișcări eretice. Irineu (cca. 120-202 d.Cr.) i s-a opus lui Valentin, scriind o lucrare în patru volume împotriva erorilor docetismului. Marcion (cca. 85-160 d.Cr.) a fost un alt membru faimos al sectei docetismului, iar Tertulian (cca. 160-220 d.Cr.), prin intermediul scrisului, s-a războit cu învățăturile lui Marcion (207-208 d.Cr.). Ignațiu, unul dintre părinții bisericii (cca. 50-110 d.Cr.), episcop de Alexandria, a insistat asupra folosirii termenilor „real" și „adevărat" ca descrieri ale naturilor divină și umană ale lui Cristos, în contrast cu folosirea de către docetiști a cuvintelor „aparent" pentru a se referi la umanitatea lui Cristos.

Arianismul. Următoarea erezie care a atacat persoana și lucrarea lui Cristos s-a născut din învățăturile lui Arie (250-336 d.Cr.), un prezbiter al bisericii din Alexandria, Egipt. El și adepții lui au presupus că supunerea temporară a Fiului față de voința Tatălui, în planul de răscumpărare, însemna o inegalitate eternă între Tatăl și Fiul. Arienii Îl considerau pe Cristos ca fiind doar o ființă creată, deși a fost cea dintâi și cea mai mare dintre toate cele create. Cristos nu a fost de o esență *identică* cu Dumnezeu, ci de o esență *similară*. Astfel, L-au poziționat pe Cristos într-un punct intermediar între Dumnezeu și om, fiind o creatură care trebuie venerată datorită autorității delegate de Dumnezeu.

Conciliile de la Niceea (325 d.Cr.) și de la Constantinopol (381 d.Cr.) au reacționat la această erezie. Dezbaterea s-a concentrat pe prezența sau absența unei litere *iota* („i") dintr-un singur cuvânt grecesc: *homoiousia* („esență similară") sau *homoousia* („esență identică"). Diferența dintre acești termeni se rezuma la întrebarea dacă Cristos a fost cu adevărat Dumnezeu, iar cei prezenți, pe baza Scripturii, și-au afirmat convingerea potrivit căreia Cristos a fost în mod adevărat și deplin Dumnezeu și om. Atanasie (295-373 d.Cr.), care ulterior a devenit episcop de Alexandria, s-a ridicat în apărarea mărturiei biblice privitoare la divinitatea autentică a lui Isus Cristos. Conciliile au avut ca rezultat afirmația care concluziona că Isus Cristos că este „Dumnezeu din Dumnezeu, Lumină din Lumină, Însuși Dumnezeu din Însuși Dumnezeu, născut, nu făcut, fiind de aceeași substanță cu Tatăl."

Apolinarianismul. Următoarea eroare care s-a ivit în biserica primelor secole afirma divinitatea reală a lui Cristos, însă nega umanitatea Sa deplină. Apolinariștii – numiți după Apolinarie (cca. 315-cca. 392 d.Cr.), episcop de Laodiceea) – au crezut despre Cristos că a avut un trup real și un suflet nemuritor sensibil, însă negau în privința Lui existența unei minți umane autentice (sau a unui suflet rațional). De fapt, ei credeau despre Cristos că era Dumnezeu deghizat în trup uman. De aceea, ei au atribuit toate slăbiciunile umane ale lui

Isus divinității Lui – aspecte precum neștiința, suferința, ascultarea și închinarea. În realitate, Apolinarie fusese și el infectat de dualismul lui Platon, care afirmase că spiritul este bun, dar trupul este rău. Apolinarie a susținut că Cristos, dacă era Dumnezeu, Cristos nu putea avea un trup uman.

Conciliul de la Constantinopol a condamnat în anul 381 d.Cr. învățăturile apolinariene socotindu-le eretice, iar Conciliul de la Calcedon a procedat la fel în anul 451 d.Cr. Cei din biserica primară care i-au răspuns lui Apolinarie au subliniat că acesta nu era îndreptățit să identifice conflictul dintre voința divină și voința umană a lui Isus într-un text precum Luca 22:42. De asemenea, întrucât păcatul afectează trupul, voința și mintea, o lucrare completă de răscumpărare săvârșită de Cristos impunea ca mintea Lui să fie implicată în răscumpărarea minții credinciosului. Incontestabil, este de neconceput să ne imaginăm o ființă umană autentică lipsită de minte.

Nestorianismul. O divizare semnificativă s-a produs în biserica primelor secole din cauza învățăturilor false ale lui Nestorie de Constantinopol (cca. 381-451 d.Cr.). Acesta I-a atribuit lui Cristos o personalitate dublă – două persoane și două naturi, nu o persoană și două naturi. Nestorie a înțeles în mod corect că Maria n-a conceput natura divină a lui Cristos, însă el, drept urmare, a propus ideea că Isus a fost un om deificat. El a comparat relația lui Isus cu Tatăl ca fiind, în esență, întocmai cu relația unui credincios cu Cristos.

Unii istorici susțin că Nestorie a dobândit o reputație rea din partea celor care i-au înțeles greșit învățătura potrivit căreia impasibilitatea Logosului și uma-nitatea deplină a lui Isus trebuie protejate. Până și Martin Luther l-a apărat pe Nestorie de acuzația că el ar fi susținut că Cristos ar trebui divizat în două persoane sau ipostaze.[27] Nichols explică faptul că Nestorie „a accentuat atât de mult umanitatea și divinitatea lui Cristos că a fost foarte aproape de a spune că cele două naturi sunt atât de distincte în Cristos încât El este o persoană divizată, o persoană umană și una divină, Cristos fiind doi „El", și nu doar două naturi."[28] După condamnarea sa în cadrul conciliilor ținute la Efes (431 d.Cr.) și Calcedon (451 d.Cr.), Nestorie a ținut să precizeze că a fost înțeles greșit și că dintotdeauna poziția lui a prevăzut despre Cristos că a existat în două naturi și o singură persoană. Astfel, este posibil ca Nestorie să nu fi aderat la sistemul doctrinar eronat care a ajuns cunoscut drept nestorianism. Însă probabil că a accentuat excesiv cele două naturi ale lui Cristos așa încât a minimalizat unitatea lui Cristos într-o singură persoană, astfel atrăgându-și pe bună dreptate vehe-mența lui Chiril, episcop al Alexandriei, precum și mustrarea Conciliilor de la

---

27 Heick, *A History of Christian Thought*, 1:180.

28 Stephen J. Nichols, *For us and for our Salvation: The Doctrine of Christ in the Early Church* (Wheaton, IL: Crossway, 2007), 105.

Efes și Calcedon. Este limpede că toți credincioșii cereau ca doctrinele privitoare la Domnul Isus Cristos să fie precise.

Eutihianismul. Învățătura apolinarianismului a generat o altă controversă numită monofizitism (credința într-o „singură natură") sau eutihianism, referirea fiind la întemeietorul ei, Eutihie din Constantinopol (cca. 378-454 d.Cr.). Eutihie a susținut că divinitatea și umanitatea lui Cristos au fost lipsite de distincție – cele două au fost contopite într-o a treia natură care nu era nici Dumnezeu, nici om, ci ceva intermediar. Întrucât Isus a avut o singură viață, o singură minte și o singură voință, este logic că a avut o singură natură într-o singură persoană. Varianta de eutihianism care s-a focalizat asupra unei singure voințe a devenit cunoscută drept monotelism. Conciliul de la Calcedon a condamnat eutihianismul în anul 451 d.Cr., iar Conciliul al Treilea de la Constantinopol a condamnat monotelismul în 680 d.Cr.

*Tabelul 4.5 Concilii ale bisericii din primele secole**

Conciliul	Data	Problematica
Niceea	325 d.Cr.	A apărat divinitatea lui Cristos; s-a opus arianismului
Constantinopol I	381 d.Cr.	A apărat divinitatea lui Cristos; s-a opus arianismului și apolinarianismului
Efes	431 d.Cr.	A apărat cele două naturi ale lui Cristos; s-a opus nestorianismului
Calcedon	451 d.Cr.	A apărat cele două naturi ale lui Cristos; s-a opus apolinarianismului, nestorianismului și eutihianismului/monofizitismului
Constantinopol II	553 d.Cr.	A apărat cele două naturi ale lui Cristos; s-a opus eutihianismului/monofizitismului
Constantinopol III	680-681 d.Cr.	A apărat cele două naturi ale lui Cristos; s-a opus monotelismului
Niceea II	787 d.Cr.	A apărat folosirea icoanelor

* Adaptat după tabelul din Nichols, *For Us and for Our Salvation*, 56. Folosit cu permisiunea editurii Crossway, o lucrare de publicare aparținând editurii Good News Publishers, Wheaton, IL 60187, www .crossway .org.

BOTEZUL[29]

Dumnezeu l-a ales pe premergătorul profețit al lui Mesia ca să-L boteze pe Isus în apa râului Iordan (Mc. 1:1-10; Ioan 1:19-31; Fapt. 19:4). Scopul botezului a fost să reveleze prezența personală a lui Mesia ca împlinire a profețiilor din

29 Secțiune adaptată după MacArthur, *MacArthur Study Bible: English Standard Version*, 1364. Folosită cu permisiunea editurii Thomas Nelson.

Vechiul Testament. Ioan Botezătorul a asociat acea revelare a lui Mesia cu identificarea lui Cristos drept „Mielul lui Dumnezeu, care ridică păcatul lumii" (Ioan 1:29). Întrucât tatăl lui Ioan era preot (Luca 1:5), Ioan a fost „preotul și profetul desemnat de Dumnezeu și rânduit de Dumnezeu" care să-L boteze pe Isus.[30]

De ce a fost botezat Isus? Potrivit explicației lui Isus, „Așa se cade să împlinim toată dreptatea" (Mat. 3:15). Supunându-Se botezului lui Ioan, Cristos a ascultat de voia lui Dumnezeu și S-a identificat pe Sine cu păcătoșii. În ultimă instanță, El avea să le poarte păcatele astfel încât dreptatea Sa perfectă să le poată fi atribuită (2 Cor. 5:21). Acest act de ascultare exprimat prin botez a exemplificat o parte necesară din viața neprihănită pe care El a trăit-o pentru a le fi imputată credincioșilor. Acest prim eveniment public din lucrarea lui Isus a comunicat semnificații profunde:

1. A prefigurat importanța botezului creștin.
2. A marcat prima Sa identificare publică cu cei ale căror păcate avea să le poarte (Is. 53:11; 1 Pet. 3:18).
3. A afirmat public mesianitatea Sa prin mărturia dată direct din cer (Mat. 3:17, care a combinat limbajul mesianic din Ps. 2:7 cu cel din Is. 42:1).[31]

ISPITIREA

După ce Ioan L-a botezat pe Isus (Mat. 3:13-17), Duhul Sfânt L-a condus pe Isus în pustiu, unde a fost ispitit de Satan (Mat. 4:1-11). Duhul Sfânt a jucat un rol semnificativ în viața și lucrarea lui Isus. Duhul a fost factorul conceperii lui Isus în pântecele Mariei (Mat. 1:20); L-a uns și L-a împuternicit pe Isus în lucrarea Sa (Mat. 12:28; Luca 4:18-19; vezi Is. 61:1); și de asemenea a fost factorul activ în învierea lui Isus (Rom. 8:11). Implicarea Duhului în conducerea lui Isus într-o astfel de situație în care a fost ispitit de Satan demonstrează că ispitirea a fost în conformitate cu scopul suveran al lui Dumnezeu în cadrul planului de răscumpărare.

Ispitele lui Satan L-au atacat pe Isus la punctul umanității Sale, întrucât Dumnezeu (și, prin urmare, natura divină a lui Isus) „nu poate fi ispitit" (Iac. 1:13). De fapt, niciodată Dumnezeu nu acționează nici măcar din postura de factor care ispitește pe cineva să facă rău. Însă, atunci când este în conformitate cu scopurile Sale suverane, El Se folosește de demoni, de Satan și de oameni ca să ispitească (Iov 1-2; Luca 22:31-32; 2 Cor. 12:7-10). Potrivit categoriilor enumerate în 1 Ioan 2:16, Satan L-a ispitit pe Isus cu foametea, aceasta fiind parte din „pofta cărnii" (Mat. 4:2-3; 1 Ioan 2:16), cu îndemnul de a-L ispiti

30 Lewis Sperry Chafer, *Systematic Theology* (1948; repr., Dallas, TX: Dallas Seminary Press, 1969), 5:59.

31 Pentru mai multe detalii despre importanța botezului lui Isus, vezi „Ascultarea lui Cristos" din cap. 7.

pe Dumnezeu ca o etalare a categoriei „lăudăroșenia vieții" (Mat. 4:5-6; 1 Ioan 2:16) și cu deținerea împărățiilor lumii cu toată gloria lor pentru a împlini „pofta ochilor" (Mat. 4:8-9; 1 Ioan 2:16). În această perioadă specifică de ispitire și pe tot parcursul vieții Sale, Isus a fost ispitit „în toate lucrurile... ca și noi, dar fără păcat" (Evr. 4:15). Isus a putut fi ispitit, dar n-a putut păcătui.

De-a lungul vremii, unii s-au întrebat dacă Cristos a fost capabil să păcătuiască în gând sau în faptă. Au fost oferite două răspunsuri principale la această întrebare, care au fost redate prin două expresii latine.[32] Expresia latină care descrie impecabilitatea lui Isus este *non posse peccare* („incapabil să păcătuiască"). Acest concept este în contrast cu *posse non peccare* („capabil să nu păcătuiască"), care presupune că Isus ar fi putut păcătui, dar S-a ferit să facă astfel. Ca să nu fie niciun dubiu, *pecabilitatea* și *impecabilitatea* nu sunt sinonime pentru *păcătoșenie* și *nepăcătoșenie*. Primul termen nu presupune existența unei naturi păcătoase. Ambele perspective admit că Isus n-a păcătuit (1 Ioan 3:5).

Poziția pecabilității afirmă despre Cristos că ar fi putut păcătui, deși n-a făcut-o. De departe, aceasta este perspectiva minoritară în rândul teologilor de astăzi. Argumentele sunt următoarele:

1. *Umanitatea deplină a lui Cristos:* dacă Cristos, în întruparea Sa, a îmbrăcat o umanitate deplină cu toate atributele ei, cu siguranță că El a avut abilitatea de a păcătui întrucât, prin ea însăși, natura umană decăzută este capabilă de a păcătui, așa cum o demonstrează căderea în păcat a lui Adam și a Evei (Gen. 3:1-6).

2. *Capacitatea lui Cristos de a fi ispitit:* Cristos a fost ispitit în toate privințele ca și ceilalți (Evr. 4:15). El a răbdat numeroase ispite pe parcursul vieții Sale (Mat. 4:1-11), iar capacitatea de a fi ispitit presupune capacitatea de a păcătui. Argumentul acesta este cel la care recurg cel mai frecvent susținătorii poziției pecabilității.

3. *Voința liberă a lui Cristos*: faptul că, asemenea lui Adam înainte de cădere, Cristos a avut o voință liberă presupune pecabilitate.

Adepții poziției pecabilității consideră că mizele în această dispută sunt foarte ridicate, fiind în joc îndeosebi realitatea umanității lui Cristos, a ispitirii Sale și a unei preoții cu adevărat pline de compasiune. Ei susțin că toate acestea sunt compromise în eventualitatea în care Cristos a fost lipsit de capacitatea de a păcătui.

---

32 Următoarea prezentare succintă a celor două perspective este adaptată după Michael McGhee Canham, "*Potuit Non Peccare* or *Non Potuit Peccare*: Evangelicals, Hermeneutics, and the Impeccability Debate," *MSJ* 11, no. 1 (2000): 93–114. Folosită cu permisiunea *MSJ*.

Totuși, Scriptura susține poziția impecabilității lui Cristos. Perspectiva impecabilității afirmă despre Cristos că a fost incapabil să păcătuiască. De departe, aceasta este perspectiva majorității teologilor evanghelici din trecut și din prezent. Argumentele în favoarea acesteia sunt următoarele:

1. *Divinitatea lui Cristos:* întrucât Cristos este Dumnezeu și întrucât Dumnezeu nu poate păcătui (Iacov 1:13), rezultă că nici Cristos nu putea să păcătuiască. Din moment ce „plata păcatului este moartea" (Rom. 6:23), Dumnezeu ar trebui să moară dacă ar păcătui – însă Dumnezeu nu poate muri și, implicit, nu poate păcătui.

2. *Decretele lui Dumnezeu:* întrucât Dumnezeu a decretat ca planul de răscumpărare să fie realizat prin Isus Cristos, rezultă că Isus Cristos nu ar fi putut să păcătuiască deoarece, dacă ar fi păcătuit, planul de răscumpărare ar fi eșuat.

3. *Atributele divine ale lui Cristos:* unii susținători ai poziției impecabilității își bazează poziția pe *imuabilitatea lui Cristos* (vezi Evr. 13:8). Argumentul merge astfel: în eventualitatea în care Cristos ar fi putut păcătui pe când era pe pământ, rezultă că El ar putea păcătui și în prezent. Întrucât El nu poate păcătui în vremea de acum, și întrucât este imuabil, rezultă că El nu putea să păcătuiască pe când era pe pământ. Alte atribute la care se face referire sunt omnipotența (abilitatea de a păcătui implică neputință, însă Cristos n-a fost caracterizat de neputință) și omniscienţa (Ioan 5:25). Cineva ar putea replica prin a susține că argumentele bazate pe atributele divinității lui Cristos sunt neconcludente pentru chestiunea pecabilității deoarece, potrivit kenozei, Cristos a renunțat de bunăvoie la exercitarea independentă a atributelor Sale divine în detrimentul voii Tatălui Său ceresc (vezi „Kenoza"). Astfel, deși impecabilitatea ar putea fi presupusă de fiecare dintre aceste atribute divine de sine stătătoare, Cristos le-a exercitat întotdeauna în subordonare față de voința Tatălui Său. Și Tatăl nu I-ar porunci niciodată Fiului să-Și restricționeze atributele Sale dându-I astfel posibilitatea de a încălca voia Sa de Tată.

4. *Relația trinitariană a lui Cristos:* Fiind „plin de Duh Sfânt" (Luca 4:1), Isus nu putea falimenta în clipele ispitirilor. Duhul Sfânt nu putea să falimenteze în ceea ce a fost trimis să facă pentru Isus.

Deși Cristos nu putea să păcătuiască, ispitele cu care S-a confruntat au fost autentice – autenticitatea acestora n-a depins de capacitatea Sa de a reacționa. Cu adevărat, întrucât El nu a cedat niciodată ispitelor, a trebuit să rabde forța deplină a acestora. Astfel, pentru Isus, ispitirea a fost mai reală și mai puternică decât pentru oricare altă ființă umană. O comparație între ispitirea lui Adam și cea a lui Isus evidențiază diferențe majore și face victoria lui Isus și mai remarcabilă:

1. Adam s-a confruntat cu ispita în cel mai bun context posibil, în grădina Eden; Isus S-a confruntat cu ispita într-un mediu sterp, în pustiul Iudeii.
2. Adam a trăit în perfecțiunea lumii anterioare căderii în păcat; Isus a trăit într-o lume profund stricată și căzută în păcat.
3. Adam a cedat în fața primei ispite cu care s-a confruntat; Isus S-a confruntat cu ispite repetate pe tot parcursul vieții și lucrării Sale pământești (Evr. 4:15), dar n-a cedat niciodată în fața acestora.
4. Adam a pășit în vremea ispitirii hrănindu-se în mod adecvat dintr-o grădină încântătoare, plină de roade și apă proaspătă; Isus a fost slăbit ce cele patruzeci de zile de post care au precedat ispitirea Sa în pustiu.
5. Consecințele căderii lui Adam în păcat au fost letale pentru întreaga rasă umană; consecințele biruinței lui Isus asupra ispitei I-au dat posibilitatea de a reuși să ducă la îndeplinire planul de răscumpărare.

DEPENDENȚA DE DUHUL SFÂNT

Relatarea despre ispitirea lui Isus aduce în discuție chestiunea relației și a dependenței lui Isus de Duhul Sfânt. Câteva profeții din Vechiul Testament au prezis că Mesia avea să fie dependent de Duhul Sfânt.

Și Duhul Domnului Se va odihni peste El,
duh de înțelepciune și de pricepere,
duh de sfătuire și de tărie,
duh de cunoștință și de frică de Domnul.
Și plăcerea Lui va fi frica de Domnul. (Is. 11:2-3)

Iată-L pe Servul Meu, pe care Îl sprijin,
Alesul Meu, în care își găsește plăcerea sufletul Meu!
Am pus Duhul Meu peste El;
El va vesti popoarelor judecata. (Is. 42:1)

Duhul Domnului Dumnezeu este peste Mine,
căci Domnul M-a uns
să aduc vești bune celor nenorociți;
El M-a trimis să vindec pe cei cu inima zdrobită
să vestesc celor duși în captivitate libertatea,
și prinșilor de război eliberarea;
să vestesc anul de îndurare al Domnului

și ziua de răzbunare a Dumnezeului nostru;
să mângâi pe toți cei întristați:
să dau celor întristați din Sion
frumusețe în loc de cenușă,
untdelemnul bucuriei în locul plânsului,
haina laudei în locul duhului apăsat,
ca să fie numiți terebinți ai dreptății,
un răsad al Domnului, ca El să fie glorificat. (Is. 61:1-3)

Dependența lui Cristos de Duhul Sfânt poate fi văzută la zămislirea Sa (Mat. 1:20), la botezul Său (Mat. 3:16-17) și la ispitirea Sa în pustiu (Mat. 4.1). Ioan scrie despre Cristos că „vorbește cuvintele lui Dumnezeu, pentru că Dumnezeu nu-I dă Duhul cu măsură" (Ioan 3:34). Într-adevăr, Cristos S-a bazat pe Duhul pentru putere în lucrarea Sa (Luca 4:14) și îndeosebi în predicarea Sa (Luca 4:17-22, împlinind Is. 61:1-2; Mat. 12:15-21, împlinind Is. 42:1-3). Cristos, „prin Duhul Sfânt", le-a dat porunci apostolilor Săi aleși (Fapt. 1:2) și El a scos „afară demonii cu Duhul lui Dumnezeu" (Mat. 12:28). Atunci când a vindecat, Isus a făcut-o prin puterea Duhului (Fapt. 10:38).

La finalul călătoriei Sale pământești, Isus S-a dăruit pe Sine ca o jertfă pe cruce prin Duhul: „cu cât mai mult sângele lui Cristos, care, prin Duhul cel veșnic, S-a adus pe Sine Însuși jertfă fără pată lui Dumnezeu, nu va curăța conștiința voastră de faptele moarte, ca să slujiți Dumnezeului celui viu!" (Evr. 9:14). Duhul Sfânt L-a întărit pe Isus ca să poată îndura orele de încercare de dinainte și din timpul răstignirii – agoniile lăuntrice din Ghețimani, umilirea suportată în fața lui Pilat și a lui Irod, biciuirea și cununa de spini, drumul spre Golgota și răstignirea. Duhul L-a păzit pe Isus la nivel fizic și nu numai, ajutându-L să rămână fidel scopului de a Se oferi pe Sine pe cruce ca jertfă substitutivă pentru păcătoși, în supunere față de voia Tatălui. Decizia pe care trebuia să o ia Cristos, deși ajutat de Duhul, a fost totuși la latitudinea Lui: „De aceea Tatăl Mă iubește, pentru că Îmi dau viața, ca iarăși s-o iau. Nimeni nu o ia de la Mine, ci o dau Eu de la Mine. Am autoritatea s-o dau și am autoritatea s-o iau iarăși. Aceasta este porunca pe care am primit-o de la Tatăl Meu" (Ioan 10:17-18).

În învierea lui Cristos din morți, toate cele trei persoane ale Dumnezeirii au avut un anumit rol. Tatăl și Duhul au fost implicați: „Dacă Duhul Celui care L-a înviat pe Isus din morți locuiește în voi, El, Cel care L-a înviat pe Cristos din morți, va da viață și trupurilor voastre muritoare prin Duhul Său care locuiește în voi" (Rom. 8:11). Și pasajul citat anterior (Ioan 10:17-18; vezi și 2:19-22) demonstrează implicarea Fiului în Propria Sa înviere.

De la concepție și până la înviere și, prin implicație, chiar până la glorificare, Isus a fost susținut de Duhul Sfânt. Aceasta susținere nu admite existența vreunei slăbiciuni, ci vorbește despre faptul că, în starea Sa de supunere față de Tatăl (îndeosebi în întruparea Sa), Duhul L-a capacitat ca, în natura Sa umană, să înfăptuiască pe deplin răscumpărarea și toate celelalte aspecte ale misiunii Sale de pe pământ. Această smerire a fost confirmată atunci când conducătorii evrei au stabilit că Isus era de sorginte satanică, iar El, în loc să-I acuze că-L blasfemiau pe El, I-a învinovățit de faptul că vorbeau împotriva Duhului (Mat. 12:30-32).

Schimbarea la față

Înainte ca Isus să înceapă seria evenimentelor care aveau să ducă spre răstignirea, moartea, îngroparea, învierea și înălțarea Lui la cer, a vrut să-Și asigure ucenicii că avea să revină și să-Și așeze împărăția. Evenimentul cunoscut drept schimbarea la față a lui Isus le-a făcut parte ucenicilor de acea asigurare. Focalizarea asupra împărăției în lucrarea lui Isus a ajuns la un punct de cotitură marcat în Matei 16:21: „De atunci încolo, Isus a început să arate ucenicilor Săi că El trebuie să meargă la Ierusalim și să sufere multe lucruri din partea bătrânilor, și a preoților celor mai de seamă, și a cărturarilor; și să fie omorât, și a treia zi să învie". Isus S-a supus schimbării la față nu ca să-Și dovedească divinitatea, nici ca să-Și descopere slava cerească sau ca să profețească despre moartea și învierea Sa care aveau să se petreacă. Mai degrabă, El a intenționat acest eveniment pentru a oferi o previzualizare a gloriei pe care o va etala odată cu revenirea Sa pentru a-Și așeza împărăția. El a prezentat acest adevăr în Matei 16:28: „Adevărat vă spun că sunt unii din cei ce stau aici care nu vor gusta moartea până nu vor vedea pe Fiul Omului venind în împărăția Sa." Ulterior, Petru a vorbit despre schimbarea la față atunci când a scris:

> Căci nu lăudându-ne după niște basme meșteșugit alcătuite v-am făcut cunoscute puterea și venirea Domnului nostru Isus Cristos, ci am fost martori oculari ai măreției Lui. Căci El a primit de la Dumnezeu Tatăl onoare și glorie, atunci când, din gloria minunată, s-a auzit deasupra Lui un glas care zicea: „Acesta este Fiul Meu preaiubit în care Îmi găsesc plăcerea. Și noi am auzit acest glas venind din cer, când eram cu El pe muntele cel sfânt. (2 Pet. 1:16-18).

Lumina strălucitoare a înfățișării lui Cristos de pe munte („fața Lui a strălucit ca soarele și hainele Lui s-au făcut albe ca lumina", Mat. 17:2) a prevestit slava pe care o va avea „Fiul Omului venind pe norii cerului cu putere și cu glorie mare" (Mat. 24:30). Apostolul Ioan a descris o vedenie similară a gloriei lui Cristos, în Apocalipsa 1:14-16:

> Capul și părul Lui erau albe ca lâna albă, ca zăpada; și ochii Lui erau ca para

focului; și picioarele Lui erau ca un bronz șlefuit, parcă ar fi fost arse în cuptor; și glasul Lui era ca vuietul unor ape multe. În mâna dreaptă ținea șapte stele; din gura Lui ieșea o sabie ascuțită cu două tăișuri; și fața Lui era ca soarele când strălucește în puterea lui.

Vedenia aceasta conține multe similarități cu descrierea Regelui Isus făcută în Apocalipsa 19:11-16, care vine să judece:

Apoi am văzut cerul deschis și iată, un cal alb! Și cel care ședea pe el era numit Cel Credincios și Cel Adevărat, și El judecă și Se luptă cu dreptate. Și ochii Lui erau ca o flacără de foc și pe capul Lui erau multe cununi. El avea scris un nume, pe care nimeni nu-l știa, decât El singur. Și era îmbrăcat cu o haină muiată în sânge. Numele Lui este Cuvântul lui Dumnezeu. Și oștile din cer Îl urmau călare pe cai albi, îmbrăcate cu in subțire, alb și curat. Și din gura Lui ieșea o sabie ascuțită, ca să lovească Neamurile cu ea; și El Însuși le va păstori cu un toiag de fier. Și va călca în picioare teascul vinului mâniei aprinse a Dumnezeului Celui Atotputernic. Și pe haina Sa și pe coapsă avea scris un nume: Rege al regilor și Domn al domnilor.

Gloria lui Dumnezeu este manifestată cel mai plenar și cel mai clar în Domnul Isus Cristos (Evr. 1:1-3). De aceea, apostolul Pavel L-a numit „Domnul gloriei" (1 Cor. 2:8), iar în 2 Corinteni 4:3-6 a spus:

Și dacă Evanghelia noastră este acoperită, este acoperită pentru cei ce sunt pe calea pierzării, a căror minte necredincioasă a orbit-o dumnezeul veacului acestuia, ca lumina Evangheliei gloriei lui Cristos, care este chipul lui Dumnezeu, să nu strălucească peste ei. Căci noi nu ne predicăm pe noi înșine, ci pe Cristos Isus Domnul, iar noi înșine suntem servii voștri pentru Isus. Căci Dumnezeu, care a zis: Să lumineze lumina din întuneric, a strălucit în inimile noastre, ca să facem să strălucească lumina cunoașterii gloriei lui Dumnezeu pe fața lui Isus Cristos.

Evenimentul schimbării la față a demonstrat în modul cel mai puternic și mai dramatic că Isus era adevărata glorie a lui Dumnezeu, deși într-o manieră voalată cât timp a umblat în trup uman pe acest pământ. Cele două veniri ale lui Cristos, prima în umilință, îmbrăcat în trup uman, iar a doua în glorie, îmbrăcat în lumină, sunt cele două tematici majore ale profețiilor biblice.

Cei doi însoțitori ai lui Isus cu ocazia schimbării la față, Moise și Ilie (Mat. 17:3), ar putea simboliza două categorii ale acelor sfinți care intră în împărăție – cei care au murit și cei care nu au murit, ci sunt transformați la răpire. Însă, o identificare mai sigură a semnificației lor vine din vedenia din Zaharia 4. În acea vedenie, sfeșnicul din aur (menorah) și cei doi măslini îi oferă siguranță lui Zorobabel că va fi împuternicit divin pentru sarcina reconstruirii templului. Dumnezeu îi dezvăluie de asemenea că îi va pune la dispoziție Duhul Său și o putere nemărginită (Zah. 4:6), chiar până la momentul gloriei viitoare a împărăției și a templului lui Mesia. Cei doi măslini „sunt cei doi unși, care stau înaintea Domnului întregului pământ" (Zah. 4:4). În scena schimbării la față, Isus este Domnul întregului pământ, iar Moise și Ilie sunt cei doi unși care Îi stau alături. Ulterior, Ioan îi identifică pe aceiași doi măslini ca fiind doi martori care profețesc timp de 1.260 de zile în timpul necazului (Apoc. 11:3-4). Minunile pe care le săvârșesc ei (Apoc. 11:5-6) par a confirma că cei doi ar putea fi Moise și Ilie:

> Deși este imposibil să-i identificăm pe cei doi martori într-un mod indubitabil, câteva observații sugerează că aceștia ar putea fi Moise și Ilie: 1) asemenea lui Moise, ei lovesc pământul cu plăgi și, asemenea lui Ilie, au puterea să împiedice ploaia; 2) așteptarea din tradiția iudaică era ca, deopotrivă, Moise (cf. Deut. 18:15-18) și Ilie (cf. Mal. 4:5-6) să revină în viitor (cf. Ioan 1:21); 3) deopotrivă, Moise și Ilie au fost prezenți la schimbarea la față, care a fost o previzualizare a celei de-a doua veniri a lui Cristos; 4) deopotrivă ,Moise și Ilie au folosit mijloace supranaturale pentru a stârni pocăință; 5) Ilie a fost luat la cer fiind încă în viață, iar Dumnezeu a îngropat trupul lui Moise undeva unde să nu fie găsit; și 6) durata secetei provocate de cei doi martori (trei ani și jumătate; cf. Apoc. 11:3) este identică celei provocate de Ilie (Iac. 5:17).[33]

Învățături

Învățăturile lui Isus ne dezvăluie că El a fost un învățător strălucit și un povestitor strălucit care deținea o cunoaștere și o înțelepciune superioară oricărei alte persoane. În orice împrejurare și față de orice ascultător, Isus a etalat măiestrie în comunicare. Întrucât oamenii învață în mod diferit, El a întrebuințat o varietate de metode. A. B. Bruce vorbește despre provocarea cu care s-a confruntat Isus dând învățătură celor doisprezece ucenici:

> Umilii pescari din Galileea aveau multe de învățat până să se ridice la acele standarde înalte; atât de multe, încât perioada de pregătire pentru lucrarea lor apostolică, chiar dacă am socoti-o de la începuturile lucrării lui Cristos, pare mult prea scurtă. Nu încape îndoială că erau niște bărbați evlavioși, care își dovediseră deja sinceritatea devotamentului prin renunțarea la tot de dragul Stăpânului. Însă, la momentul chemării lor, erau uluitor de ignoranți, înguști la minte, superstițioși, plini de prejudecăți iudaice, concepții greșite și animozități. Aveau multe lucruri rele de care să se dezvețe, precum și multe lucruri bune pe care să le învețe, și erau greoi deopotrivă în ce privea învățul și dez-

---

33 MacArthur, *MacArthur Study Bible: English Standard Version*, 1955.

vățul. Vechile idei, care dominau deja mințile lor, au îngreunat comunicarea unor noi adevăruri religioase. Inimile acestor bărbați erau cu adevărat sincere, iar solul naturii lor spirituale era potrivit pentru a genera un seceriș bogat; însă era unul tare, și necesita o muncă laborioasă de desțelenire înainte de a putea rodi.[34]

Faptul că, în urma modelării lor de către Isus, ei au deschis drumul predicării Evangheliei după înviere, au scris două dintre cele patru evanghelii (Matei și Ioan) și mai multe epistole ale Noului Testament (1 și 2 Petru și 1, 2 și 3 Ioan), alături de cartea Apocalipsa, demonstrează că pregătirea lor de către Stăpânul a fost încununată de succes. Probabil că Petru l-a influențat pe autorul Evangheliei după Marcu, extinzându-și astfel implicarea, deși indirect, în ce privește scrierea Noului Testament.

ISUS CA ÎNVĂȚĂTOR STRĂLUCIT

Evangheliile ne dezvăluie mai multe amănunte importante despre Isus ca învățător strălucit. Mai jos se găsesc câteva observații care pot fi făcute pe baza textelor biblice:[35]

1. Isus n-a fost un învățător „profesionist" plătit: „Dar voi să nu vă numiți Rabbi, fiindcă Unul singur este Învățătorul vostru" (Mat. 23:8).
2. Isus Și-a ales învățăceii (chiar și pe cel care avea să-L trădeze): „Nu vorbesc despre voi toți; îi cunosc pe aceia pe care i-am ales, dar trebuie să se împlinească Scriptura, care zice: Cel ce mănâncă pâine cu Mine și-a ridicat călcâiul împotriva Mea" (Ioan 13:18).
3. Isus nu S-a limitat la un loc specific sau la un cadru unic; a dat învățături în templu (Mat. 21:12-13), în sinagogă (Mc. 1:21), pe un munte (Mat. 5:1), în bărcile unor pescari (Luca 5:1-11), la o nuntă (Ioan 2:1-11), la o înmormântare (Luca 7:11-17), la o fântână (Ioan 4:1-26) și în multe alte contexte.
4. Isus a deținut o autoritate unică: „El îi învăța ca unul care avea autoritate, nu ca și cărturarii" (Mat. 7:29).
5. Programa de învățare îi aparținea lui Isus, deși se desfășura potrivit îndrumărilor Tatălui: „nu fac nimic de la Mine Însumi, ci vorbesc după cum M-a învățat Tatăl" (Ioan 8:28).

---

34 Alexander Balmain Bruce, *The Training of the Twelve; Or, Passages out of the Gospels, Exhibiting the Twelve Disciples of Jesus under Discipline for the Apostleship*, 4th ed. (New York: A. C. Armstrong and Son, 1889), 14.

35 Ideile care urmează redau aproape tot conținutul lucrării lui Clifford A. Wilson, *Jesus the Teacher* (Melbourne: Hill of Content, 1974), fiind omise câteva exemple din prezentarea sa.

6. Isus Și-a înțeles discipolii:

a. Le-a cunoscut capacitățile în mod deplin și acurat: „Tu ești învățătorul lui Israel și nu înțelegi lucrurile acestea?" (Ioan 3:10) și „Mai am să vă spun multe lucruri, dar acum nu le puteți purta" (Ioan 16:12).

b. A folosit repetiția în mod eficient, învățându-i pe alții multe pilde privitoare la împărăție, care reiau aceleași lecții în Matei 13, sau repetând cele spuse cu referire la Duhul Sfânt ca „Mângâietor" (Ioan 14:16, 26; 15:26; 16:7).

c. I-a provocat pe discipolii harnici, dându-le unora, într-un cadru restrâns, explicații în legătură cu pildele (Mat. 13:36-43) și acordând o atenție specială lui Petru, Ioan și Iacov, la schimbarea Sa la față (Luca 9:28-36) și în grădina Ghețimani (Mat. 26:37-38).

d. S-a asigurat că ceilalți se raportează așa cum se cuvine la El, după cum este limpede din învățătura pe care o dă femeii samaritence, în Ioan 4:1-26.

e. A stabilit și a păstrat o relație bună între învățăceii Săi: „Aceasta este porunca Mea: să vă iubiți unii pe alții, cum v-am iubit Eu. Nimeni nu are o dragoste mai mare decât aceasta, și anume să-și dea cineva viața pentru prietenii Săi" (Ioan 15:12-13).

7. Calitățile și abilitățile personale ale lui Isus au ținut clasa sub control:

a. A avut o abilitate extraordinară de a păstra interesul și atenția învățăceilor Lui: „Mulțimea cea mare Îl asculta cu plăcere" (Mc. 12:37); și „După trei zile, L-au găsit în templu, șezând în mijlocul învățătorilor, ascultându-i și punându-le întrebări. Și toți cei care-L auzeau rămâneau uimiți de priceperea și răspunsurile Lui" (Luca 2:46-47).

b. A dovedit o măsură însemnată de răbdare, stăpânire de Sine și disciplină personală, așa cum s-a văzut în tăcerea Sa înaintea acuzatorilor, batjocoritorilor și prigonitorilor Săi (Mat. 26:63; 27:11-14, Luca 23:9).

c. A păstrat o atitudine demnă: „Atunci a venit Isus din Galileea la Iordan, la Ioan, ca să fie botezat de el. Dar Ioan Îl oprea, zicând: Eu am nevoie să fiu botezat de Tine, și Tu vii la mine? Dar răspunzând, Isus i-a zis: Lasă-Mă acum, căci așa se cade să împlinim toată dreptatea. Atunci el L-a lăsat" (Mat. 3:13-15).

d. A avut o abilitate supranaturală de a conduce: „Atunci Isus le-a spus pe față: Lazăr a murit. Și Mă bucur că n-am fost acolo, pentru voi, ca să credeți. Dar haideți să mergem la el. Atunci Toma, zis Geamăn, a zis celorlalți ucenici: Haideți să mergem și noi să murim cu El!" (Ioan 11:14-16).

e. A corectat înțelegerea greșită, ca atunci când le-a explicat ucenicilor Săi că n-au reușit să se gândească la o hrană superioară celei fizice (Ioan 4:31-38).

f. Și-a folosit eficient privirea întoarsă spre Petru, atunci când acest uce-
nic s-a lepădat de Cristos pentru a treia oară (Luca 22:61).

g. Când era necesar, putea să adreseze mustrări tăioase: „Dar El S-a
întors și a zis lui Petru: Înapoia Mea, Satano! Tu ești o piatră de poticnire
pentru Mine, căci gândurile tale nu sunt la lucrurile lui Dumnezeu, ci la
lucrurile oamenilor" (Mat. 16:23).

h. A avertizat cu privire la consecințe: „Căci vă spun că, dacă dreptatea
voastră nu va întrece pe cea a cărturarilor și a fariseilor, cu niciun chip nu
veți intra în împărăția cerurilor" (Mat. 5:20).

i. A exemplificat o trăire neînfricată pe baza unor convingeri biblice, ca
atunci când i-a scos din templu pe schimbătorii de bani (Mat. 21:12-13)
și când l-a izgonit pe Iuda dintre ucenici (Ioan 13:27-30).

8. Isus a folosit o varietate de metode literare și comunicaționale în învă-
țătura Sa:

a. A utilizat diferite procedee și stiluri lingvistice pentru o comunicare
eficientă, inclusiv simbolul (Mat. 5:13), paralelismul sinonimic (Mat.
12:30), paralelismul antitetic (Mat. 10:39), metafora (Mat. 15:26),
hiperbola (Mat. 5:29-30), pilda (Mat. 13) și proverbul (Luca 4:23). În
limba originală (greacă) apar și alte procedee care fac învățătura lui Isus
de neuitat. Asonanța și aliterația sunt două dintre procedeele lingvis-
tice care nu pot fi întotdeauna reproduse în unele traduceri. Matei 7:2
reprezintă doar un singur exemplu: „Căci cu ce judecată judecați, vei fi
judecați; și cu ce măsură măsurați, vi se va măsura." În greacă (așa cum se
vede și în trad. din lb. rom., n.tr.), niște triplete culminante memorabile
fixează afirmația în mintea audienței lui Isus: *en hō gar krimati krinete
krithēsesthe, kai en hō metrō metreite metrēthēsetai humin.*

b. A întrebuințat mijloace vizuale: „Și El le-a spus o parabolă: Priviți
la smochin și la toți copacii. Când înfrunzesc, îi vedeți, și voi singuri
cunoașteți că de acum vara este aproape" (Luca 21:29-30).

c. A utilizat ineditul, ca atunci când a trimis pe cineva să găsească o
monedă în gura unui pește, cu care El și alții să poată plăti taxele de la
templu (Mat. 17:24-27).

d. A transformat lucrurile din jur în auxiliare vizuale: „Nu ziceți voi: Mai
sunt încă patru luni și vine secerișul? Iată, Eu vă spun: Ridicați-vă ochii
și priviți câmpiile, căci sunt deja albe pentru seceriș" (Ioan 4:35).

e. A folosit minunile ca auxiliare vizuale, ca atunci când a uscat smochi-
nul, în Matei 21:18-22.

f. Isus S-a folosit de Sine Însuși ca auxiliar vizual: „Veniți la Mine toți
cei trudiți și împovărați și Eu vă voi da odihnă. Luați jugul Meu asupra
voastră și învățați de la Mine, căci Eu sunt blând și smerit cu inima; și

veți găsi odihnă pentru sufletele voastre. Căci jugul Meu este bun și sarcina Mea este ușoară" (Mat. 11:28-30).

9. Isus a folosit întrebările ca metodă didactică:

a. Întrebările Sale au fost un mijloc de începere a unei conversații: „Isus i-a zis: Femeie, de ce plângi? Pe cine cauți?" (Ioan 20:15).

b. Întrebările Sale au stârnit interesul și au direcționat gândirea: „Ce este mai ușor a zice: Păcatele îți sunt iertate sau a zice: Ridică-te și umblă?" (Luca 5:23).

c. El i-a pus pe alții la încercare prin întrebări de analiză: „El le-a zis: Dar voi, cine ziceți că sunt?" (Mat. 16:15).

d. A folosit întrebări puse de învățăceii Lui: „Atunci a venit Petru la El și a zis: Doamne, de câte ori să iert pe fratele meu când va păcătui împotriva Mea? Până la șapte ori?" (Mat. 18:21).

Isus a fost cu adevărat acel profet mai mare decât Moise (Deut. 18:15-22; Ioan 1:17; Evr. 3:3), Învățătorul profetic (Is. 30:20; Mat. 26:18; Ioan 13:13) și Păstorul înțelept mai mare decât Solomon (Ecl. 12:11; Mat. 12:42). Aceste trei descrieri ale lucrării de învățare a lui Mesia izvorăsc din fiecare dintre cele trei secțiuni majore ale Bibliei evreiești: Legea, Profeții și Scrierile. Cu adevărat, Isus a împlinit cele anunțate de Vechiul Testament cu privire la Mesia – având nu doar postura de Profet, Preot și Rege (vezi „Profeții din Vechiul Testament"), ci și cea de Învățător.

PILDELE LUI ISUS

Evreii din vremurile antice foloseau în mod uzual pildele ca metodă didactică. Pilda este formată dintr-o analogie amplă, dar care îmbracă forma unei povestiri ingenios de simplă și adesea succintă, luată din viața de zi cu zi. Isus a excelat în folosirea pildelor. Pildele Sale „rezumă profunzimea clară, puternică a mesajului Său și a stilului Său de învățare."[36] Spunând acestea, am vrea să subliniem că, totuși, există exegeți care înțeleg și prezintă eronat metoda și semnificația pildelor lui Isus.

În primul rând, Isus n-a vorbit în pilde doar pentru a-Și face învățătura accesibilă mulțimilor.[37] Încă de la începutul lucrării Sale, Isus a folosit multe analogii vizuale (vezi Mat. 5:13-16), ale căror semnificații erau destul de clare în contextul învățăturii Sale. Pildele necesitau explicații suplimentare (vezi Mat. 13:36),

---

36 John MacArthur, *Parables: The Mysteries of God's Kingdom Revealed through the Stories Jesus Told* (Nashville: Thomas Nelson, 2015), xiii.

37 Paragraful acesta este adaptat după MacArthur, *MacArthur Study Bible: English Standard Version*, 1382. Folosit cu permisiunea editurii Thomas Nelson.

și Isus le-a folosit pentru a ascunde adevărul de necredincioși, ca o formă de judecată, iar în același timp clarificându-l ucenicilor Săi (Mat. 13:11-12). La un moment dat în lucrarea Sa din Galileea, El a început să le vorbească mulțimilor numai în pilde (Mat. 13:34). Ascunzând adevărul în fața celor necredincioși, Isus a dat simultan dovadă de condamnare și de îndurare. A fost o dovadă de condamnare deoarece îi ținea în întunericul pe care-l iubeau (vezi Ioan 3:19), dar a fost și o dovadă de îndurare deoarece ei respinseseră lumina, așa că orice expunere suplimentară la adevăr n-ar fi făcut decât să le sporească osânda eternă.

În al doilea rând, Isus a folosit pilde nu pentru că ele s-au dovedit a fi o metodă de învățare superioară discursurilor didactice sau îndemnurilor date prin predici. De fapt, cele patru evanghelii consemnează mai multe discursuri (cel puțin patruzeci și cinci[38]) decât pilde (treizeci și nouă, potrivit tabelului 4.6).

Isus a folosit o varietate de metode pentru a prezenta adevărul propozițional. Dând învățătură El nu a recurs la povestiri alegorice cu semnificații ascunse, complexe. Interpretarea pildelor lui Isus ar trebui să vizeze ideea principală, naturală. Elementele mai puțin importante din prezentarea unei pilde nu trebuie înțelese ca încapsulând o anumită semnificație simbolică sau spirituală. Atunci când simbolistica unei pilde tinde să fie mai complexă, de regulă, Isus le explică ascultătorilor Săi elementele simbolice, astfel încât aceștia să nu treacă cu vederea ideea principală.[39]

Tabelul 4.6 Pildele lui Isus*

Pilda	Matei	Marcu	Luca
1. Lumina pusă sub obroc	5:14-16	4:21-22	8:16-17; 11:33-36
2. Înțeleptul zidește pe stâncă, iar nebunul pe nisip	7:24-27		
3. Petice noi la o haină veche	9:16	2:21	
4. Vin nou în burdufuri vechi	9:17	2:22	
5. Semănătorul	13:3-23	4:2-20	
6. Neghina	13:24-30		
7. Bobul de muștar	13:31-32	4:30-32	
8. Aluatul	13:33		
9. Comoara ascunsă	13:44		

---

38 Vezi tabelul din W. Graham Scroggie, *A Guide to the Gospels* (Old Tappan, NJ: Revell, n.d.), 556–57.

39 MacArthur, *Parables*, chaps. 1–3.

10. Mărgăritarul de mare preț	13:45-46		
11. Năvodul	13:47-50		
12. Oaia pierdută	18:12-14		
13. Robul neiertător	18:23-35		
14. Lucrătorii din vie	20:1-16		
15. Cei doi fii	21:28-32		
16. Arendașii cei răi	21:33-45	12:1-12	
17. Ospățul de nuntă	22:2-14		
18. Smochinul	24:32-44	13:28-32	
19. Fecioarele înțelepte și cele neînțelepte	25:1-13		
20. Talanții	25:14-30		
21. Sămânța care crește		4:26-29	
22. Stăpânul în călătorie		13:33-37	
23. Creditorul și cei doi datornici			7:41-43
24. Samariteanul cel bun			10:30-37
25. Prietenul aflat la ananghie			11:5-13
26. Bogatul nebun			12:16-21
27. Robii veghetori			12:35-40
28. Robul cel bun și robul cel rău			12:42-48
29. Smochinul neroditor			13:6-9
30. Ospățul cel mare			14:16-24
31. Zidirea unui turn și regele care pornește la război			14:25-33
32. Banul pierdut			15:8-10
33. Fiul pierdut			15:11-32
34. Ispravnicul necinstit			16:1-13
35. Bogatul și Lazăr			16:19-31
36. Robii nevrednici			17:7-10
37. Văduva insistentă			18:1-8
38. Fariseii și vameșii			18:9-14
39. Cele zece mine			19:11-27

*Adaptat după MacArthur, *MacArthur Study Bible: English Standard Version*, 1383. Folosit cu permisiunea editurii Thomas Nelson.

CARACTERISTICI ALE ÎNVĂȚĂTURII LUI ISUS

O privire asupra lucrării didactice înfăptuite de Isus ne dezvăluie principalele ei caracteristici:[40]

1. *Originalitate:* lucrarea lui Isus a fost mai mult decât un ecou al învățăturii profeților și înțelepților din Vechiul Testament. El a spus lucruri pe care Moise și profeții nu le-au spus – cel puțin nu cu claritatea cu care El le-a rostit. De șase ori în Predica de pe munte Isus a spus: „Ați auzit că s-a zis… dar Eu vă spun" (Mat. 5:21-22, 27-28, 31-32, 33-34, 38-39, 43-44).

2. *Simplitate:* învățăturile Sale au fost simple deoarece El a folosit limbajul obișnuit și a vorbit în contextul trăirii zilnice. Învățătura Lui a fost directă și fără ocolișuri: „Și când postiți, nu fiți posomorâți ca fățarnicii. Căci ei își sluțesc fețele ca să se arate oamenilor că postesc" (Mat. 6:16).

3. *Profunzime:* înțelepciunea lui Isus i-a uimit și i-a uluit pe ascultătorii Săi (Mat. 13:54; Mc. 6:2; Luca 2:47). Înțelepciunea Sa a depășit-o pe cea a înțelepților din Vechiul Testament. Nu este de mirare că se spune despre El, că „înțelepciunea a fost justificată de către toți copiii ei" (Luca 7:35), și „aici este Unul mai mare decât Solomon" (Mat. 12:42).

4. *Vizualitate:* unele dintre sursele descrierilor vizuale folosite de Isus în învățătura Sa includ fenomenele naturale (fulgere, cutremure, furtuni, lumină, apus), animale (boi, oi, câini, lupi, păsări, șerpi), plante (flori sălbatice, spini, semințe), agricultură (arat, măslini, viță de vie, grâne), comerț (croitori, pescari, negustori, constructori) și contexte sociale familiare (nunți, ospitalitate, sărbători, trezirea copiilor, ora de culcare a familiei). Isus a fost un observator perspicace al vieții umane împreună cu toate provocările, durerile și bucuriile ei.

5. *Aplicabilitate:* accentul pus, deopotrivă în pilde și în discursuri, este pe acțiune, pe a face ceva: „Așadar, este voie a face bine în zilele de sabat" (Mat. 12:12); „Căci pe săraci îi aveți totdeauna cu voi și oricând voiți puteți să le faceți bine, dar pe Mine nu Mă aveți totdeauna" (Mc. 14:7); „Mama Mea și frații Mei sunt aceștia: cei care aud Cuvântul lui Dumnezeu și îl împlinesc" (Luca 8:21); „Să faceți aceasta în amintirea Mea!" (Luca 22:19); și „Cel ce crede în Mine va face și el lucrările pe care le fac Eu" (Ioan 14:12).

6. *Autoritate:* când Isus a dat învățătură, El a făcut-o cu autoritate, nu cu bănuieli sau încercări de a avea dreptate: „Căci El îi învăța ca unul care avea autoritate, și nu ca și cărturarii" (Mat. 7:29). Când Isus a scos demoni,

---

40 Această listă este adaptată după W. Graham Scroggie, *The Unfolding Drama of Redemption: The Bible as a Whole* (1953–1970; repr., Grand Rapids, MI: Kregel, 1994), 2:143–46 (domeniu public).

Şi-a demonstrat autoritatea divină, iar oamenii au recunoscut-o: „Şi toţi erau înmărmuriţi, aşa că se întrebau între ei, zicând: Ce este aceasta? Ce învăţătură nouă este aceasta? Căci El porunceşte cu autoritate chiar şi duhurilor necurate şi ele Îl ascultă!" (Marcu 1:27). Atunci când Isus dădea învăţătură în sinagoga din Capernaum, oamenii „erau uimiţi de învăţătura Lui, deoarece cuvântul Lui era cu autoritate" (Luca 4:32).

7. *Finalitate:* în anumite privinţe, această caracteristică a învăţăturii Domnului ţine de autoritatea Sa. Urmările pe care le prevede El sunt inevitabile şi sigure: „Pe cel ce Mă respinge şi nu primeşte cuvintele Mele, are cine-l judeca: Cuvântul pe care l-am spus Eu, acela îl va judeca în ziua de apoi" (Ioan 12:48).

Ca învăţător strălucit, Isus a abordat întrebări dificile, a dovedit compasiune şi înţelegere faţă de învăţăceii Săi, Şi-a redus la tăcere criticii şi perturbatorii, iar ascultătorii Săi le-a îndreptat mereu atenţia spre revelaţia divină. A dialogat cu cei educaţi şi cu cei needucaţi, cu cei bogaţi şi cu cei săraci, cu cei eminenţi şi cu cei proscrişi, cu cei tineri şi cu cei vârstnici. El a fost întruparea Învăţătorului divin: „Şi Domnul îţi va da pâine în necaz şi apă în strâmtorare. Învăţătorii tăi nu se vor mai ascunde, ci ochii tăi vor vedea pe învăţătorii tăi" (Is. 30:20; traducerea folosită în lb. engl. redă termenul din urmă la singular, „Învăţătorul", n.tr.)

Minuni

Isus Şi-a demonstrat divinitatea şi rolul de Mesia prin intermediul numeroaselor minuni pe care le-a săvârşit în timpul lucrării Sale pământeşti (Mat. 11:4-5). O minune reprezintă o acţiune a puterii lui Dumnezeu prin care El intervine în lumea fizică suspendând şi contrazicând legea naturală. Cu alte cuvinte, o minune este un eveniment supranatural în cadrul lumii naturale. Profeţii şi apostolii au înfăptuit la rândul lor minuni, însă le-au săvârşit pe baza unei puteri din afara lor (Exod 14:13; Ios. 3:5; Fapt. 3:12). Minunile lui Isus s-au produs pe baza puterii Sale inerente (Ioan 10:25, 37-38; 15:24). Deşi evangheliile consemnează doar treizeci şi şapte de minuni, care sunt enumerate în tabelul 4.7, acelea reprezintă izbucnirea puterii Sale divine (Mat. 4:23-24; Ioan 20:30-31).

Tabelul 4.7 Minunile lui Isus*

Minunea	Matei	Marcu	Luca	Ioan
1. Curăţirea unui lepros	8:2-4	1:40-45	5:12-14	
2. Vindecarea robului unui centurion (de paralizie)	8:5-13		7:1-10	

3. Vindecarea soacrei lui Petru	8:14-15	1:30-31	4:38-39	
4. Vindecarea celor bolnavi, în Capernaum	8:16	1:32-34	4:40	
5. Potolirea furtunii	8:23-27	4:35-41	8:22-25	
6. Demonii care intră într-o turmă de porci	8:28-34	5:1-20	8:26-39	
7. Vindecarea unui paralitic	9:2-7	2:3-12	5:18-26	
8. Învierea fiicei lui Iair	9:18-19, 23-25	5:22-24, 35-43	8:41-42, 49-56	
9. Vindecarea femeii cu hemoragie	9:20-22	5:25-34	8:43-48	
10. Vindecarea celor doi orbi	9:27-31			
11. Eliberarea celui mut posedat demonic	9:32-33			
12. Vindecarea unei mâini uscate	12:9-14	3:1-6	6:6-11	
13. Eliberarea celui mut, orb și posedat demonic	12:22		11:14	
14. Hrănirea celor cinci mii de oameni	14:13-21	6:30-44	9:10-17	6:1-15
15. Umblarea pe ape	14:22-33	6:45-52		6:16-21
16. Vindecarea fiicei unei femei canaanite	15:22-28	7:25-30		
17. Hrănirea celor patru mii	15:32-39	8:1-10		
18. Vindecarea băiatului demonizat	17:14-20	9:14-29	9:37-43	
19. Plătirea taxelor cu cele două drahme găsite în gura peștelui	17:24-27			
20. Vindecarea celor doi orbi	20:29-34	10:46-52	18:35-43	
21. Uscarea smochinului	21:18-19	11:12-14, 20-25		
22. Alungarea unui duh necurat		1:23-28	4:33-37	
23. Vindecarea unui surdo-mut		7:31-37		
24. Vindecarea unui orb la Betesda		8:22-26		

25. Scăparea de mulțimea ostilă			4:28-30	
26. Prinderea peștilor			5:1-11	
27. Învierea fiului unei văduve din Nain			7:11-17	
28. Vindecarea femeii neputincioase și gârbovite			13:10-17	
29. Vindecarea bolnavului de dropică			14:1-6	
30. Curățirea celor zece leproși			17:11-19	
31. Refacerea urechii unui rob			22:50-51	
32. Transformarea apei în vin				2:1-11
33. Vindecarea fiului unui slujbaș împărătesc (de febră)				4:46-54
34. Vindecarea unui om necăjit din Betesda				5:1-9
35. Vindecarea orbului din naștere				9:1-7
36. Învierea lui Lazăr				11:1-44
37. A doua pescuire miraculoasă				21:1-8

*Adaptat după MacArthur, *MacArthur Study Bible: English Standard Version*, 1423. Folosit cu permisiunea editurii Thomas Nelson.

Minunile săvârșite de Isus au avut uneori ca efect credința (Ioan 2:11; 9:30-33; 11:45), iar alteori disponibilitatea ascultătorilor lui Isus de a-I auzi învățăturile (Mc. 12:37; Luca 5:15). Totuși, majoritatea oamenilor L-au respins pe Isus în pofida minunilor Sale. Minunile nu-i conving neapărat pe oameni să creadă în Domnul sau în mesajul Evangheliei Sale (Mat. 13:58; Luca 16:31; Ioan 2:23-25; 12:37; 15:24). Cei care I-au respins (și care o fac și în prezent) minunile vor fi judecați aspru (Mat. 10:1-15; Luca 10:1-15).

Minunile lui Isus Cristos demonstrează divinitatea Sa, originea Sa supranaturală, puterea Sa de Creator și autoritatea Sa de Dumnezeu suveran peste întreaga creație. Lucrarea Sa a înfruntat concepția anti-supranaturală despre lume din vremea Sa și, în egală măsură, înfruntă lumea actuală care, în orbirea ei, s-a vândut pe sine naturalismului uniform al oamenilor de știință seculari. „Este imposibil să înlături elementele supranaturale din viața și lucrarea lui Isus, așa cum au încercat criticii anti-supranaturaliști. Omul istoric Isus din Nazaret și

Cristosul divin sunt legați într-un mod inseparabil, întrucât sunt una și aceeași persoană. Isus a fost și este Dumnezeul-om."[41]

Nunta din Cana a reprezentat prilejul pentru prima și cea mai mare exemplificare a puterii făcătoare de minuni, pe care a etalat-o Isus în decursul lucrării Sale (Ioan 2:1-11). Isus le-a poruncit slujitorilor să umple cu apă niște vase mari de piatră (Ioan 2:7), așa că le-au umplut până la revărsare. Cantitatea mare de apă (450-580 litri) avea să constituie o cantitate abundentă de vin pentru restul celebrării de la nuntă. Transformarea apei în vin a fost instantanee – slujitorii l-au împărțit imediat oaspeților. Minunea a constat din transformarea unei ape proaspete într-un vin care putea fi produs doar din rodul unor struguri proaspeți. Procesul normal de fermentare, sau de îmbătrânire a vinului, s-a produs instantaneu. Isus a demonstrat că era același Creator care a făcut instantaneu creaturi vii mature dintr-un pământ lipsit de viață, în timpul celor șase zile ale creației (Gen. 1:1-31). Pentru consecvență, negarea creării instantanee din Geneza 1 trebuie să atragă negarea minunii prin care Isus a creat vinul la nunta din Cana. Respingerea minunii Sale din Cana duce la respingerea lui Isus ca Dumnezeul-om și Răscumpărător.

Arestarea și judecarea

Ce relevanță au arestarea și judecarea lui Isus pentru doctrina biblică despre Cristos? Oare asemenea considerații nu se potrivesc mai bine în cadrul unui studiu despre viața istorică a lui Cristos? Apostolul Pavel îi reamintește lui Timotei că „toată Scriptura este insuflată de Dumnezeu și de folos ca să învețe, să mustre, să îndrepte, să instruiască în dreptate, pentru ca omul lui Dumnezeu să fie pregătit, complet echipat pentru orice lucrare bună" (2 Tim. 3:16-17). Prin urmare, relatările biblice despre arestarea și judecarea lui Isus nu sunt simple informații istorice, ci reprezintă dovezi explicite ale mesianității Sale.

ARESTAREA LUI ISUS

Descrierea profetică a unui Mesia acuzat și dus la judecată a presupus ceva ce seamănă cu arestarea (Is. 53:8), și El Însuși a anunțat dinainte că avea să fie arestat (Mat. 17:22; 20:18). O astfel de împlinire a unei relevații anterioare demonstrează autenticitatea afirmațiilor lui Isus prin care pretindea că este Mesia. Concomitent, arestarea Sa pune în contrast omenirea decăzută (urmașii primului Adam) cu al doilea Adam, cel nevinovat și neprihănit (Rom. 5:17-19). Mai presus de toate, arestarea Sa dezvăluie planul desăvârșit al lui Dumnezeu și ascultarea benevolă a lui Cristos de acel plan, indiferent de consecințele din plan personal (Mat. 26:39; Fapt. 2:23).

Judecarea lui Isus evidențiază integritatea Sa ireproșabilă, ascultarea Sa per-

41 John MacArthur, *John 1–11*, MNTC (Chicago: Moody Press, 2006), 76.

fectă și nedreptatea stridentă care a prevalat, dintr-o perspectivă strict umană, în comparație cu asprimea lui Dumnezeu, dintr-o perspectivă divină. Înainte de judecarea Lui, conducătorii evrei conspiraseră deja ca să-L „prindă pe Isus prin viclenie și să-L omoare" (Mat. 26:4). Conducătorii religioși fuseseră deranjați de acuzațiile de ipocrizie din partea lui Isus (Mat. 21:45; 23:1-36) astfel că intenția lor era să scape de El, să-L asasineze. Frica lor de oameni, în rândul cărora Isus era foarte popular, i-a împiedicat să urmeze calea unei asasinări publice (Mat. 21:46). Conducătorii au fost atât de convinși că Isus era un profet fals și un hulitor încât au acceptat de bunăvoie să-și asume răspunderea pentru moartea Lui (Mat. 27:25).

Dacă doar evreii ar fi răspunzători pentru moartea lui Isus, atunci acea vinovăție nu s-ar aplica tuturor oamenilor. De aceea, a fost nevoie ca și neevreii să ia parte la executarea Sa, pentru ca toți să fie făcuți răspunzători. Așa cum au scos în evidență Boice și Ryken, „un rege idumean numit Irod L-a dat pe Isus în mâinile romanilor. Un guvernator roman numit Ponțiu Pilat a ordonat crucificarea lui Isus. Niște soldați romani au dus la îndeplinire ordinele lui Pilat, pironindu-L pe Isus pe o cruce din lemn și atârnându-L acolo ca să moară. Evreii L-au judecat pe Isus, dar, în final, neevreii L-au omorât."[42] Mărturia biblică este găsită în rugăciunea credincioșilor care așteptau eliberarea lui Petru și a lui Ioan din închisoare: „În adevăr, împotriva Pruncului Tău celui Sfânt, Isus, pe Care L-ai uns Tu, s-au strâns împreună Irod, Pontius Pilat cu Neamurile și cu popoarele lui Israel" (Fapt. 4:27).

De asemenea, în aceeași rugăciune este menționată și dimensiunea divină a arestării, judecării și răstignirii lui Isus, potrivit căreia aceștia s-au adunat „ca să facă tot ce hotărâseră mai dinainte mâna Ta și sfatul Tău" (Fapt. 4:28). Potrivit celor profețite de Isaia, „Domnul a găsit cu cale să-L zdrobească prin suferință" (Is. 53:10). Cu adevărat, totul s-a desfășurat în conformitate cu planul întocmit înainte de creație de Domnul omniscient:

> … știind că ați fost răscumpărați, nu cu lucruri pieritoare, cu argint sau cu aur, din felul vostru deșert de viață moștenit de la părinții voștri, ci cu sângele scump al lui Cristos, Mielul fără cusur și fără pată. El a fost hotărât înainte de întemeierea lumii, dar a fost arătat la sfârșitul vremurilor pentru voi, care prin El credeți în Dumnezeu, care L-a înviat dintre cei morți și I-a dat glorie, încât credința și speranța voastră să fie în Dumnezeu. (1 Pet. 1:18-21)

Dumnezeu nu are un „plan B", ci totul se desfășoară și în prezent pe baza singurului Său plan privitor la răscumpărare și la împărăția Sa.

---

42 James Montgomery Boice and Philip Graham Ryken, *Jesus on Trial* (Wheaton, IL: Crossway, 2002), 26.

Pe lângă faptul că „ştia tot ce urma să I se întâmple" (Ioan 18:4), Isus, la vremea arestării Sale, a prezentat dovezi suplimentare exterioare ale divinităţii Sale. I-a întrebat pe cei din grupul de soldaţi şi delegaţi ai marelui preot pe cine căutau, iar ei au răspuns: „Pe Isus din Nazaret" (Ioan 18:3-5). De îndată ce S-a prezentat spunând, „Eu sunt, ei s-au dat înapoi şi au căzut la pământ" (Ioan 18:5-6). De ce au reacţionat aşa? Nu este lipsit de raţiune să presupunem că paşii lor făcuţi înapoi s-ar fi putut datora fricii avute faţă de Isus, dată fiind reputaţia Sa de făcător de minuni. Dar de ce să cadă cu toţii la pământ? Este posibil ca puterea cuvântului şi a prezenţei Sale să Se fi datorat modului în care le-a răspuns zicând: „Eu sunt". Declaraţia revelării de Sine a fost pur şi simplu „Eu sunt", adică acelaşi titlu al divinităţii dezvăluit lui Moise la rugul aprins, în Exod 3:14. Aceasta este cea din urmă prezentare de Sine rostită de Isus în timpul lucrării Sale pământeşti (vezi „Afirmaţiile *Eu sunt*" de mai jos pentru o enumerare a tuturor acestor declaraţii din Evanghelia după Ioan; afirmaţii similare apar doar de trei ori în celelalte evanghelii: Mat. 22:32; Mc. 6:50; 14:62). Puterea cuvintelor rostite de Cristos i-a făcut pe acei soldaţi şi pe acei delegaţi să cadă la pământ în faţa Lui. Ba chiar şi trădătorul Său, Iuda, a căzut la pământ.

Afirmaţiile „Eu sunt"*

De douăzeci şi trei de ori găsim afirmaţiile pline de semnificaţie ale Domnului nostru de tipul „Eu sunt" (*egō eimi*) în textul grecesc al acestei evanghelii (Ioan 4:26; 6:20, 35, 41, 48, 51; 8:12, 18, 24, 28, 58; 10:7, 9, 11, 14; 11:25; 13:19; 14:6; 15:1, 5; 18:5, 6, 8). În câteva dintre aceste referinţe, El alătură afirmaţiei „Eu sunt" şapte metafore care exprimă relaţia Sa mântuitoare cu lumea:

„Eu sunt Pâinea vieţii" (Ioan 6:35, 41, 48, 51).

„Eu sunt Lumina lumii" (Ioan 8:12).

„Eu sunt Uşa oilor" (Ioan 10:7, 9).

„Eu sunt Păstorul cel bun" (Ioan 10:11, 14).

„Eu sunt învierea şi viaţa" (Ioan 11:25).

„Eu sunt calea, adevărul şi viaţa" (Ioan 14:6).

„Eu sunt adevărata viţă" (Ioan 15:1, 5).

---

*Adaptat după MacArthur, *MacArthur Study Bible: English Standard Version*, 1550. Folosit cu permisiunea editurii Thomas Nelson.

Ca şi când acel incident ar fi fost insuficient ca să dovedească lămurit că Isus este cu adevărat Dumnezeu, a urmat un altul care a statornicit acest adevăr. Atunci când Petru şi-a scos sabia şi i-a tăiat urechea lui Malhu, robul marelui preot (Ioan 18:10), Isus a reataşat-o miraculos la capul robului Malhu (Luca

22:51). Pe lângă această minune fizică de vindecare, Isus a spus: „Crezi că n-aş putea să rog acum pe Tatăl Meu, şi El Mi-ar pune de îndată la îndemână mai mult de douăsprezece legiuni de îngeri? Dar cum se vor împlini Scripturile, care zic că aşa trebuie să se întâmple?" (Mat. 26:53-54). Dumnezeu Însuşi rânduise mai dinainte cele mai neînsemnate amănunte ale modului în care Isus avea să moară (Fapt. 2:23; 4:27-28). De aceea, moartea era gestul desăvârşit al supunerii faţă de voia Tatălui. În toată această desfăşurare de lucruri, Isus deţinea controlul absolut (vezi Ioan 10:17:18). Aceste întâmplări din timpul arestării Sale etalează suveranitatea Sa divină şi împlinirea voită a profeţiilor din Vechiul Testament privitoare la El.

JUDECAREA LUI ISUS

Sinedriul. Aşa cum reiese limpede din relatările evangheliilor despre procesele lui Isus,

> El a fost interogat în două faze generale: prima, înaintea autorităţilor religioase (Sinedriul evreiesc), iar a doua, înaintea autorităţilor politice seculare (Roma, reprezentată de guvernatorul Ponţiu Pilat). Fiecare dintre aceste faze avea trei părţi: interogatoriul preliminar, învinuirea formală şi condamnarea formală. Niciunul dintre evanghelişti nu oferă o relatare cuprinzătoare a tuturor detaliilor şi etapelor acestor procese. O imagine completă necesită combinarea materialului găsit în toate cele patru evanghelii.[43]

În intervalul dintre Vechiul şi Noul Testament, autorităţile evreieşti au consacrat Marele Sinedriu din Ierusalim drept cea mai înaltă instanţă din Israel.[44] A fost urmat modelul stabilit de consiliul de bătrâni convocat de Moise în Numeri 11:16: „Şi Domnul a zis lui Moise: Adună-Mi şaptezeci de bărbaţi dintre bătrânii lui Israel, pe care-i cunoşti că sunt bătrânii poporului şi căpeteniile lui, şi adu-i înaintea cortului întâlnirii, ca să stea acolo cu tine." Acei şaptezeci de bătrâni plus Moise alcătuiau un consiliu de şaptezeci şi unu de bătrâni a căror responsabilitate era să-i conducă pe israeliţi în pustiu.

Întrucât consiliul de bătrâni din vremea lui Moise a slujit ca model pentru Sinedriu, acest consiliu număra, la rândul lui, şaptezeci şi unu de membri – fiind compus din douăzeci şi patru de mari preoţi (capii celor douăzeci şi patru de grupări; vezi 1 Cron. 24:4) şi alţi patruzeci şi şase de bătrâni aleşi din rândul cărturarilor, fariseilor şi saducheilor. Marele preot avea deopotrivă rolul de con-

---

43 John MacArthur, *One Perfect Life: The Complete Story of the Lord Jesus* (Nashville: Thomas Nelson, 2012), 437n*a*.

44 Următoarea descriere a Marelui Sinedriu şi a sistemului de judecată aferent acestuia este adaptată după John MacArthur, *The Murder of Jesus: A Study of How Jesus Died* (Nashville: Thomas Nelson, 2004), 102–5. Folosită cu permisiunea editurii Thomas

ducător și membru cu drept de vot al Sinedriului, astfel ajungându-se la numărul șaptezeci și unu. (Numărul impar garanta că se puteau lua decizii pe baza unui vot majoritar.)

În vremea Domnului Isus, Sinedriul devenise un organism corupt și motivat politic. Oamenii puteau plăti pentru o întrevedere cu consiliul, cu favori politice sau, uneori, chiar și cu bani. Favoritismul și partizanatul erau practici răspândite, iar utilitatea politică determina cine urca sau cobora treptele puterii în cadrul Sinedriului. Roma exercita un control absolut asupra liniei preoțești a marelui preot, întrucât Roma putea desemna sau destitui un mare preot. Atât marele preot, cât și preoții cei mai de seamă ai templului erau saduchei, care se opuneau fățiș elementelor supranaturale din Vechiul Testament. Din pricina tensiunilor politice care clocoteau între diferite facțiuni ale Sinedriului, cetățeni din Israel, Roma și Irod, Sinedriul lua adesea decizii motivate politic. De fapt, exceptând evidenta lor animozitate religioasă față de învățătura lui Cristos, motivul pentru care au dus la îndeplinire arestarea și răstignirea lui Cristos a fost pur și simplu utilitatea politică, în sensul de a-i liniști pe romani (vezi Ioan 11:47-53).

Principii ale dreptății. În pofida corupției răspândite pretutindeni, regulile privitoare la dovezi și principiile privitoare la imparțialitate, care fuseseră stabilite sub conducerea lui Moise, încă guvernau sistemul de justiție. Acele reguli cereau existența a doi martori pentru a se putea stabili vinovăția. Acuzatul avea dreptul la un proces public și la o apărare, inclusiv dreptul de a solicita martori și de a prezenta probe. Pentru a împiedica pe cineva să depună o mărturie falsă împotriva unui acuzat, legea lui Moise institua principiul unei pedepse acordate pentru mărturie falsă care era echivalentă cu pedeapsa pentru un inculpat vinovat (Deut. 19:16-19). De aceea, dacă cineva depunea o mărturie falsă împotriva unei persoane acuzate de o fărădelege capitală, și martorului mincinos i se putea da pedeapsa cu moartea.

Tradiția rabinică a adăugat o altă restricție în privința cazurilor încheiate prin pedeapsa cu moartea. Consiliul trebuia să țină o zi întreagă de post între comunicarea sentinței și executarea vinovatului. O astfel de cerință nu doar că prevenea procesele și execuțiile pripite, ci și scotea din evidențe pe timpul sărbătorilor cazurile capitale. După ziua obligatorie de post, membrii consiliului erau consultați din nou pentru a se vedea dacă și-au schimbat opiniile. În felul acesta, verdictul celor care afirmau vinovăția putea fi inversat, dar nu și al celor care afirmaseră nevinovăția.

Toate aceste principii fuseseră stabilite pentru a se garanta procese caracterizate deopotrivă de corectitudine și compasiune. Pentru a păstra imparțialitatea, consiliul putea examina doar acele cazuri în care acuzațiile fuseseră formulate de

Nelson. www .thomas nelson .com.

o terță parte. Dacă niște membri ai consiliului formulaseră acuzațiile împotriva celui învinuit, întregul consiliu era descalificat în ce privește examinarea cazului respectiv. Toți martorii trebuiau să ofere o mărturie precisă, consecventă privitoare la data, timpul și localizarea evenimentului pus în discuție. Ni li se permitea femeilor, copiilor, sclavilor și celor incapabili mintal să depună mărturie. De asemenea, persoanele cu un caracter îndoielnic erau descalificate de la statutul de martor. Consiliul trebuia să presupună că învinuitul era nevinovat până când se ajungea la un verdict oficial de vinovăție. Procesele penale nu trebuiau convocate în timpul nopții, iar dacă un proces era deja în desfășurare la lăsarea întunericului, întrunirea instanței se întrerupea până în ziua următoare.

Aproape toate aceste reglementări au fost încălcate pe față în cazul procesului lui Cristos. Anchetarea Sa a fost nedreaptă și ilegală aproape efectiv prin prisma fiecărui principiu de jurisprudență cunoscut la vremea respectivă. Caiafa, marele preot, și Sinedriul au transformat întrunirea lor într-o parodie de proces, scopul prestabilit fiind uciderea lui Isus. Procesul pe care I l-au impus a fost o acțiune amplă și voită de nedreptate, fiind cea mai mare încălcare a dreptății din istoria lumii. Diferitele procese ale lui Isus care au condus spre executarea Lui sunt sintetizate în tabelul 4.8 și explicate în cele ce urmează.

Tabelul 4.8 Procesele lui Isus*

Procese	Pasaje scripturale	Focalizare teologică
PROCESE RELIGIOASE		
Înaintea lui Ana – o audiere preliminară despre ucenicii și învățătura lui Isus	Ioan 18:12-14, 19-23	Învățătură generală
Înaintea lui Caiafa și a Sinedriului – prima audiere formală, Isus fiind considerat vinovat pentru blasfemie și socotit ca meritând moartea	Mat. 26:57-25:2 (vezi și Mc. 14:53-15:1; Luca 22:54-23:1; Ioan 18:24)	Divinitatea lui Isus
PROCESE CIVILE		
Înaintea lui Ponțiu Pilat, guvernatorul roman – în cadrul acestei înfățișări, evreii Îl acuză pe Isus de revoltă, mai degrabă decât de blasfemie, însă Pilat îl declară nevinovat	Ioan 18:28-38 (vezi și Mat. 27:2, 11-14; Mc. 15:1-5; Luca 23:1-5)	Umanitatea și regalitatea lui Isus

Înaintea lui Irod Antipa, tetrarhul Galileii – în cadrul acestei înfățișări se pare că Irod conclu-zionează, ca și Pilat, că Isus a fost nevinovat în privința acuzației de revoltă	Luca 23:6-12	Umanitatea și divinitatea lui Isus
Înaintea lui Ponțiu Pilat, guvernatorul roman – cu ocazia acestei înfățișări, Pilat acceptă cererea evreilor și-L condamnă pe Isus la moarte	Ioan 18:39-19:16 (vezi și Mat. 27:15-26; Mc. 15:6-15; Luca 23:13-25)	

*Adaptat după John MacArthur, *The MacArthur Bible Commentary: Unleashing God's Truth, One Verse at a Time* (Nashville: Thomas Nelson, 2005), 1330. Copyright © 2005 by John MacArthur. Folosit cu permisiunea editurii Thomas Nelson. www .thomas nelson .com.

Procesele religioase. Isus a fost dus întâi la Ana, înaintea căruia avea să aibă parte de primul Său proces legal (Ioan 18:12-14). Ana, socrul lui Caiafa, deținuse rolul de mare preot între anii 6-15 d.Cr. (până când predecesorul lui Pilat l-a destituit din slujba sa preoțească). El a continuat să exercite o influență însem-nată asupra ocupantului respectivei funcții, chiar și după încetarea mandatului său, cel mai probabil pentru că evreii încă îl vedeau ca adevăratul mare preot și pentru că cinci dintre fiii săi și ginerele său, Caiafa, deținuseră această poziție la momente diferite. Judecata desfășurată înaintea lui Ana consta dintr-o exami-nare preliminară (Ioan 18:12-14, 19-23), probabil pentru a da timp Sinedriului să se strângă în grabă. Ana I-a pus întrebări lui Isus despre ucenicii Săi și des-pre învățătura Sa. Isus i-a răspuns preotului că avea nevoie de martori pentru a formula o învinuire împotriva Lui. Unul dintre slujbași care stătea în apropiere, L-a lovit pe Isus pentru că-l mustrase pe Ana. Atunci când Isus a evidențiat că toți știau că avea dreptate în legătură cu necesitatea existenței unui martor, nimeni nu I-a răspuns deoarece oponenții Săi evrei nu aveau nicio intenție să-I asigure un proces corect (Ioan 11:47-57). Ana L-a retrimis înaintea lui Caiafa și a Sinedriului (Ioan 18:24).

Apoi a urmat o întrevedere cu Sinedriul, Caiafa prezidând acel consiliu for-mal (Mat. 26:57-27:2). Prefectul roman, Valerius Gratus, îl desemnase pe Caiafa drept mare preot în anul 18 d.Cr. Caiafa a rămas în slujbă până în anul 36 d.Cr. când a fost înlăturat de romani, alături de Ponțiu Pilat. El a ocupat un loc de frunte în cadrul acestui prim proces formal și în cadrul condamnării lui Isus. Marii preoți (care în marea lor majoritate erau saduchei) și fariseii s-au adunat în locuința lui Caiafa „și s-au sfătuit cum să prindă pe Isus prin viclenie și să-L omoare" (Mat. 26:3-4). Cu această ocazie, s-au strâns ca să-L învinuiască. Deși au căutat mulți martori falși, aceia n-au reușit să se pună de acord într-o manieră substanțială care să justifice continuarea procesului. Isus Și-a păstrat tăcerea din moment ce respectivii martori n-au avut nimic substanțial să spună împotriva Sa – El n-a considerat că trebuia să Se apere față de un asemenea spectacol nereușit. În final, Caiafa l-a cerut să spună explicit dacă era cu adevărat „Cristosul, Fiul lui Dumnezeu" (Mat. 26:63). Isus a confirmat această identificare, recurgând la Psalmul 110:1 și la Daniel 7:13, pe care avea să le împlinească. După aceste cuvinte, Caiafa și-a rupt hainele și L-a declarat pe Isus vinovat de blasfemie, iar consiliul și-a exprimat concluzia cerându-I executarea. Strict vorbind, cuvintele lui Isus nu au reprezentat o blasfemie sau o rostire sfidătoare și ireverențioasă față de Dumnezeu – El a afirmat adevărul în privința divinității Sale. Pe urmă, cei aflați împrejurul lui Isus au început să-L scuipe și să-L lovească, cerându-I să-Și exercite pretinsa divinitate prin a-I identifica cu frivolitate pe cei care-L loviseră pe ascuns. Însă, Isus nu Și-a folosit niciodată în mod ușuratic puterile divinității Sale și nu le-a întrebuințat pentru a-Și preveni suferința și moartea când I se împlinise vremea (deși le-a exercitat pentru a-Și preveni uciderea prematură, cum s-a întâmplat în Nazaret, Luca 4:28-30).

Procesele civile. Procesele religioase s-au încheiat. Al treilea proces s-a desfășurat înaintea guvernatorului roman Ponțiu Pilat, declanșând etapa civilă din procesele lui Isus (Ioan 18:28-38). Atunci când Pilat a întrebat autoritățile evreiești pentru ce acuzație să-L judece, ei n-au menționat blasfemia. Au indicat că nu aveau nicio autoritate să-L execute, deoarece peste ei era în vigoare legea romană privitoare la delictele capitale. Mai apoi, au mințit în mod voit acuzându-L pe Isus că le-a spus oamenilor să nu plătească bir Cezarului (Luca 23:3; vezi 20:20-25) și că S-a pretins a fi rege – cu alte cuvinte L-au acuzat de revoltă, nu de blasfemie. Pilat s-a concentrat asupra celei de-a doua acuzații și L-a întrebat pe Isus dacă era „Regele iudeilor" (Ioan 18:33). Isus a răspuns afirmând că împărăția Lui nu este „din lumea aceasta" (Ioan 18:36). Ulterior, a evidențiat că împărăția lui Mesia nu Și-a avut originea în eforturile oamenilor, ci în Însuși Fiul Omului, a Cărui venire puternică și decisivă a avut ca scop înfrângerea păcatul din viețile celor din poporul Său. Când va veni pentru a doua oară, El va supune sistemul nelegiuit al lumii și va așeza forma pământească temporară a împărăției Sale. Însă, pentru vremea respectivă, împărăția Lui nu prezenta nicio amenințare fizică sau politică pentru Israel sau pentru Roma.

Isus n-a negat că era rege, dar a indicat un scop superior al venirii Sale: „ca să mărturisesc despre adevăr" (Ioan 18:37). Pentru un evreu, afirmația lui Isus despre venirea Sa „în lume" ar fi fost înțeleasă ca o altă modalitate de a pretinde divinitatea. Însă Pilat era roman, nu evreu, așa că a omis acest detaliu fin.

Insistențele lui Pilat au continuat cu o întrebare despre adevărul rostit de Isus. Evangheliile nu ne dezvăluie dacă Isus i-a dat vreun răspuns. Poate că Pilat n-a așteptat un răspuns, din moment ce luase deja o decizie în mintea sa: nu găsise în Isus nicio vină vrednică de moarte (Ioan 18:38). Evreii și-au reiterat acuzațiile și cererea ca Isus să fie omorât, însă Isus a rămas în tăcere, spre uimirea lui Pilat (Mat. 27:12-14). Este posibil ca Isus să fi rămas tăcut pentru că a vrut să împlinească o profeție (Is. 42:1-2; 53:7) sau pentru că Pilat L-a declarat nevinovat (Luca 23:4; Ioan 18:38) – sau din ambele rațiuni.

Al patrulea proces al lui Isus a continuat pe tărâmul politic cu înfățișarea Sa înaintea lui Irod Antipa (Luca 23:6-12).[45] În pofida încercărilor disperate ale conducătorilor evrei de a-L acuza pe Isus, lui Pilat i-a fost suficient să se convingă că nu era un insurgent. Însă, ferocitatea poporului l-a făcut să se teamă de posibilitatea disculpării lui Isus. A fost ușurat să audă că Isus era galileean, întrucât aceasta i-a permis să Îl trimită la Irod (Luca 23:5-6). Irod Antipa era unul dintre conducătorii evrei desemnat de Roma peste patru districte din Israel. Antipa era tetrarhul Galileii, locul de origine al lui Isus. Irod venise la Ierusalim pentru sărbători, iar Pilat a prins prilejul să se eschiveze de la o dilemă politică prin a-L trimite pe Isus rivalului său.

Nimeni n-a fost mai curios sau mai dornic să-L vadă pe Isus decât Irod Antipa, un membru al dinastiei irodiene. El îl omorâse pe Ioan Botezătorul cu un an sau doi înainte (Mat. 14:1-12). Lucrarea lui Isus a cuprins întreaga regiune a Galileii, însă Scriptura nu menționează niciodată că El ar fi vizitat vreodată Tiberiada, capitala lui Irod Antipa. Este posibil ca Isus să Se fi ținut în mod intenționat la distanță de Irod. Existau zvonuri că Irod căuta să-L omoare și pe Isus. Deși este limpede că Isus n-a fost intimidat de Irod, El știa că trebuia să moară în Ierusalim ca să se împlinească Scripturile (Luca 13:31-33).

Cât de diferit trebuie să fi arătat Cristos, în acele împrejurări, de puternicul și profeticul făcător de minuni pe care se aștepta Irod să-L întâlnească! Chipul Îi era deja rănit de-a binelea și se umflase ca urmare a maltratării de care avusese parte. Părul Său vâlvoi era plin de scuipat și sânge uscat. Obosit și slăbit fizic în urma unei nopți nedormite, a stat înaintea lui Irod legat și sub pază, asemenea unui răufăcător obișnuit. Irod L-a văzut pe Isus în deplina Sa umanitate, care i-a tăinuit divinitatea în fața ochilor săi orbi spiritual. Isus a refuzat să facă vreo minune în fața lui Irod, care i-ar fi putut dezvălui că Isus era mai mult decât un om. Irod „I-a pus întrebări în multe cuvinte, dar Isus nu i-a răspuns nimic" (Luca 23:9). Cristos încă era în mâinile Sinedriului, iar membrii acestuia stăteau în apropierea Lui, strigându-I cu vehemență acuze și învinuiri (Luca 23:10).

---

45 Următoarea descriere a înfățișării lui Isus înaintea lui Irod Antipa este adaptată după MacArthur, *Murder of Jesus*, 176-78. Folosită cu permisiunea editurii Thomas Nelson. www .thomas nelson .com.

Însă Isus a refuzat să rostească chiar și un singur cuvânt (vezi Mat. 27:14) – n-a recurs la niciun fel de invective la adresa acuzatorilor Săi și nici n-a spus nimic în apărarea Sa (1 Pet. 2:23).

Totuși, doar în fața lui Irod a rămas într-o tăcere deplină și netulburată. Oare de ce? În primul rând, Irod n-avea nicio jurisdicție legitimă în Ierusalim. Dacă Irod ar fi intenționat să stabilească o anumită sentință în acest caz, Isus ar fi trebuit întâi să fie dus înapoi în Galileea și judecat acolo. De aceea, Isus n-avea niciun fel de obligație legală de a-i răspunde cumva. Însă este posibil să fi existat și un alt motiv pentru tăcerea lui Isus. Felul în care Irod s-a purtat cu predecesorul lui Isus, Ioan Botezătorul, a arătat limpede raportarea acestuia la adevărul lui Cristos. Dacă Isus i-ar fi răspuns, ar fi echivalat cu a da câinilor lucrurile sfinte sau cu a arunca mărgăritare înaintea porcilor. Irod era deja decis să se întoarcă și să-L sfâșie pe Cristos (vezi Mat. 7:6). Tăcerea a fost singurul răspuns adecvat în astfel de împrejurări.

După puțin timp, Irod s-a săturat să-I mai pună întrebări lui Isus și s-a hotărât să-L ia în derâdere: „Și Irod, cu ostașii lui, bătându-și joc de El și disprețuindu-L, L-a îmbrăcat într-o haină strălucitoare și L-a trimis înapoi la Pilat" (Luca 23:11). Luca adaugă o precizare istorică: „Și în ziua aceea Irod și Pilat s-au împrietenit, căci înainte era dușmănie între ei" (Luca 23:12). A fost vorba despre o alianță nelegiuită, o prietenie bazată pe un singur lucru pe care-l aveau în comun: raportarea lor lașă și disprețuitoare la Cristos. Deopotrivă, Irod și Pilat știau că Isus nu reprezenta o amenințare imediată pentru interesele lor politice. Înfățișarea și conduita Lui erau grăitoare pentru ei. Cum era posibil ca un asemenea om, aparent pasiv, liniștit, fragil – care Se putea lăuda doar cu statutul de învățător și cu cel de vindecător – să constituie o amenințare politică pentru cineva? Pentru Irod era limpede, așa cum fusese și pentru Pilat, că acuzațiile Sinedriului erau fabricate și rău intenționate. Dar Irod li s-a alăturat cu bucurie. L-a îmbrăcat pe Isus într-o mantie strălucitoare, iar apoi, el și forțele sale de securitate L-au supus disprețului în fața unei mulțimi tot mai mari de privitori.

Irod Antipa L-a retrimis pe Isus la Pilat pentru procesul final (Mat. 27:15-26; Mc. 15:6-15; Luca 23:13-25; Ioan 18:39-19:16). Pilat a anunțat că, atât Irod, cât și el, L-au găsit pe Isus nevinovat de toate acuzațiile de revoltă formulate de evrei (Luca 23:13-16). Guvernatorul roman a încercat să-I dea drumul lui Isus oferindu-le varianta ca El să fie acel prizonier pe care de regulă îl elibera cu ocazia Paștelui, dar evreii n-au fost de acord, cerând în schimb ca Baraba să fie cel slobozit (Mat. 27:18-22). Pilat i-a întrebat pe evrei: „Dar ce rău a făcut?" (Mat. 27:23), însă ei au insistat cu crucificarea lui Isus. După ce și-a spălat mâinile ca semn al nevinovăției sale, Pilat a declarat că evreii erau cei vinovați de sângele acestui om nevinovat (Mat. 27:24). Gesturile finale ale lui Pilat în această dramă au fost să-l elibereze pe Baraba, să pună ca Isus să fie biciuit și apoi să-L dea în mâinile călăilor romani pentru a fi răstignit (Mat. 27:26). Nedreptatea cruntă săvârșită caracterului nevinovat și nepătat al lui Cristos, Fiul Omului, i-a făcut vinovați pe toți participanții la procesul Său.

EXECUTAREA LUI ISUS[46]

Suferința premergătoare răstignirii. Soldații romani n-aveau nicio idee cine era Cel pe care-L torturau. Din perspectiva lor, ei pur și simplu răstigneau un alt răufăcător, la ordinele lui Pilat, comandantul lor suprem. Ordinele acestuia prevedeau biciuirea și crucificarea lui Isus, dar disprețul crud revărsat din plin asupra Lui dezvăluiau nelegiuirea inimilor lor. Atunci când L-au dus pe Isus înapoi în pretoriu, L-au transformat în mod intenționat într-un spectacol pentru amuzamentul mulțimii batjocoritoare. Zarva produsă a stârnit curiozitatea întregii garnizoane.

Cohorta (șase sute de soldați) staționa la Fortăreața Antonio (care se ridica deasupra muntele templului dinspre nord). Era o unitate de elită, ale cărei atribuții erau să fie în slujba guvernatorului și să mențină pacea, care era atât de fragilă în cea mai volatilă regiune a Imperiului Roman. Întrucât evreii erau scutiți de serviciul militar, e foarte posibil că toți acești soldați erau galileeni. Probabil, presupuneau că Isus merita ridiculizarea și chinul pe care le revărsau asupra Lui. Întemnițații romani condamnați erau considerați vrednici de asemenea abuzuri, atât timp cât nu erau omorâți înainte ca sentința crucificării să fi fost executată.

Isus fusese deja maltratat și bătut în mod repetat, chiar înainte de a ajunge pe mâna lui Pilat, așa că, fără îndoială, fața Lui era deja vânătă și sângerândă. Cu siguranță că, după biciuire, spatele Său devenise o suprafață de răni deschise și mușchi cuprinși de tremur, iar mantia cu care L-au îmbrăcat nu făcea decât să intensifice durerea acestor răni. L-au dezbrăcat de hainele Sale, mai puțin de mantia pe care I-au făcut-o. Probabil că mantia fusese o tunică veche – probabil o haină la care renunțase unul dintre soldați. Matei spune că mantia era stacojie (Mat. 27:28), dar Marcu și Ioan o descriu ca fiind „de purpură" (Mc. 15:17, Ioan 19:2) – sugerând că era o tunică puternic decolorată. Probabil că fusese obiectul vestimentar cel mai apropiat de culoarea purpurie (care semnifica regalitate) pe care l-au putut găsi soldații.

Este vădit că scopul lor era să-și bată joc cât de mult puteau de pretenția Sa că era rege. Tocmai de aceea I-au făcut și o cunună de spini. Cezarul purta o cunună de lauri drept coroană; spinii reprezentau o caricatură brutală a acelei coroane. Fără îndoială că au pus cei mai lungi și mai ascuțiți spini pe care i-au putut găsi. Până în ziua de azi, în Ierusalim cresc multe tipuri de spini – unii având ghimpi ascuțiți de 5 cm, care pătrundeau adânc în capul Său atunci când

46 Următoarea descriere a suferinței și răstignirii lui Isus este adaptată după MacArthur, *Murder of Jesus*, 190-206. Folosită cu permisiunea editurii Thomas Nelson. www .thomas nelson .com.

ceilalți Îi apăsau coroana. Trestia din mâna Sa, menită să reprezinte un sceptru, era o altă încercare de a lua în derâdere pretenția regalității Sale.

Este posibil ca tăcerea lui Isus să-i fi convins că era doar un lunatic, astfel că și-au dovedit disprețul total față de El simulând tipul de venerare pe care cineva îl exprima înaintea unei figuri regale, plecându-se la picioarele Lui, dar spunând „Plecăciune, Regele iudeilor!" pe un ton sarcastic. Apoi, așa cum făcuseră și preoții evrei, L-au scuipat, iar unul dintre ei I-a luat trestia din mână și a folosit-o pentru a-L lovi în mod repetat peste cap. Acea trestie, deși era un sceptru fragil, era suficient de fermă pentru a-I provoca o durere intensă la nivelul capului Său deja vătămat. Apostolul Ioan consemnează și că ei L-au lovit cu mâinile (Ioan 19:3) – probabil pălmuindu-L în timp ce Îl batjocoreau și mai mult. Însă Isus a persistat în starea de tăcere. „Când era batjocorit, nu răspundea cu batjocuri; și, când era chinuit, nu amenința, ci Se încredința Celui care judecă drept. Isus știa că aceste lucruri erau parte din planul Tatălui pentru El, de aceea le-a îndurat binevoitor și răbdător. A răbdat batjocura, biciuirea, umilirea și rușinea:

> Mi-am dat spatele înaintea celor ce Mă loveau,
> și obrajii înaintea celor ce Îmi smulgeau barba;
> nu Mi-am ascuns fața
> de insulte și de scuipări.
> Dar Domnul Dumnezeu M-a ajutat;
> de aceea nu M-am rușinat,
> de aceea Mi-am făcut fața ca o cremene,
> știind că nu voi fi dat de rușine. (Is. 50:6-7)

„Și după ce L-au batjocorit, L-au dezbrăcat de haina stacojie și L-au îmbrăcat cu hainele Lui, și L-au dus să-L crucifice" (Mat. 27:31). De regulă, victimele crucificării erau obligate să poarte în jurul gâtului o pancartă pe care era scrisă fărădelegea pentru care erau condamnate. Aceasta era parte din rușinea care le era aplicată victimelor crucificării (vezi Evr. 12:2; 13:13). Ele erau obligate să meargă pe străzi, în cadrul unei procesiuni publice, scopul fiind maximalizarea umilinței din acest spectacol. De asemenea, erau constrânse să-și poarte propria cruce până la locul de execuție. O cruce romană suficient de mare pentru răstignirea unui adult putea cântări până la 90 kg – o sarcină extrem de greu de dus în orice împrejurări. Însă, pentru cineva cu o stare fragilizată brutal ca a lui Isus, era efectiv imposibil să tragă după sine o asemenea povară, de la pretoriu până la locul răstignirii, dincolo de zidurile Ierusalimului. De fapt, Matei consemnează că Isus a avut nevoie de ajutor ca să-Și poarte crucea: „Pe când ieșeau din cetate, au găsit un om din Cirene, numit Simon, pe care l-au silit să ducă crucea lui Isus" (Mat. 27:32).

Ultimul mesaj public al lui Isus a fost rostit pe drumul spre Calvar. Iată cum îl descrie Luca:

Și după El mergea o mare mulțime de popor și de femei care se văitau și Îl plângeau. Dar întorcându-Se spre ele, Isus a zis: Fiice ale Ierusalimului, nu Mă plângeți pe Mine, ci plângeți pentru voi însevă și pentru copiii voștri. Căci iată, vin zile în care vor zice: Binecuvântate sunt cele sterpe și pântecele care n-au născut și sânii care n-au alăptat! Atunci vor începe să zică munților: Cădeți peste noi! Și dealurilor: Acoperiți-ne! Căci dacă lemnului verde îi fac ei aceste lucruri, ce se va face celui uscat? (Luca 23:27-31)

Un fragment din acest mesaj face trimitere la Osea 10:8: „Și vor zice munților: Acoperiți-ne! Și dealurilor: Cădeți peste noi!" Era o avertizare drastică privitoare la dezastrul care avea să urmeze. Întrucât în acea cultură nașterea era înțeleasă drept cea mai mare binecuvântare pe care Dumnezeu i-o putea da unei femei, doar cea mai cumplită formă de plagă sau cel mai mare dezastru putea să determine o afirmație atât de cumplită: „Binecuvântate sunt cele sterpe și pântecele care n-au născut și sânii care n-au alăptat!" (Luca 23:29).

Lemnul verde reprezenta o vreme de abundență și binecuvântare, iar cel uscat era echivalentul vremurilor rele. Isus spunea că, dacă o tragedie ca aceasta se putea petrece în vremuri bune, ce avea să se abată asupra poporului în vremuri potrivnice? Dacă romanii au răstignit pe cineva despre care au recunoscut că era nevinovat, ce aveau să facă națiunii evreiești în vremea răzvrătirii ei? Cristos Se referea la evenimentele care urmau să aibă loc la mai puțin de o generație mai târziu, în anul 70 d.Cr., când armata romană urma să asedieze Ierusalimul, distrugând total templul și omorând mii și mii de evrei – pe mulți prin răstignire. Cristos a vorbit atunci despre holocaustul care avea să se producă (vezi Luca 19:41-44). Conștientizarea acelei catastrofe iminente – și certitudinea că unii dintre acei oameni și copiii lor urmau să îndure acea suferință – continua să apese greu asupra minții Sale în timp ce Își croia drum spre răstignire.

În mentalitatea evreilor, crucificarea era considerată într-un mod aparte o modalitate groaznică de a muri. Era similară spânzurării de un lemn pe care Moise a descris-o în Deuteronom 21:22-23: „Dacă cineva a făcut un păcat care merită pedeapsa cu moartea, este condamnat la moarte și tu-l vei spânzura de un lemn, trupul lui să nu rămână peste noapte pe lemn, ci să-l îngropi în aceeași zi (căci cel spânzurat este blestemat înaintea lui Dumnezeu)." Legea mozaică cerea de asemenea ca toate execuțiile să fie înfăptuite în afara zidurilor cetății (Num. 15:35; vezi Evr. 13:12). Romanii aveau o concepție ușor diferită. Ei se asigurau că toate răstignirile se petreceau în vecinătatea unor artere principale pentru a stârni teamă făcând din persoana condamnată un exemplu public pentru toți trecătorii. De aceea, crucificarea lui Isus a avut loc în afara cetății, însă într-o zonă intens circulată și aleasă atent pentru a-L transforma într-un spectacol public.

Matei scrie: „Și când au ajuns la un loc numit Golgota, care înseamnă Locul Căpățânii, I-au dat să bea oțet amestecat cu fiere; dar, când l-a gustat, n-a vrut să-l bea" (Mat. 27:33-34). Marcu 15:23 spune că substanța amară era smirnă, care acționează asemenea unui narcotic slab. Este posibil ca soldații să I-l fi oferit datorită efectului său de amorțire, chiar înainte de a-I bate piroanele în trup. Isus l-a vărsat pentru că n-a vrut ca simțurile să-I fie amorțite. El mersese la cruce ca să fie un purtător al păcatului, și avea să simtă efectul plenar al păcatului pe care urma să-l poarte; El avea să îndure măsura deplină a durerii acestuia. Inima Lui era decisă să împlinească voia Tatălui, și n-a vrut să-Și anestezieze simțurile înainte de a-Și duce la bun sfârșit toată lucrarea.

Oțetul și fierea au împlinit o profeție mesianică din Psalmul 69:19-21:

> Tu cunoști ocara mea,
> și rușinea mea, și batjocura mea:
> dușmanii mei sunt toți înaintea Ta.
> Disprețul mi-a frânt inima
> și sunt copleșit de apăsare;
> Am căutat pe cineva să aibă milă de mine, dar n-a fost nimeni;
> și mângâietori, dar n-am găsit niciunul.
> Mi-au dat și fiere de mâncare,
> și în setea mea, mi-au dat să beau oțet.

Răstignirea. Rușinea intensă a răstignirii era însoțită de o durere fizică la fel de intensă, dar chiar și într-o asemenea suferință inegalabilă, Cristos a rostit cuvinte pline de har și de adevăr. Urmează să explorăm aceste chestiuni rândurile care urmează.

Profeții privitoare la răstignire. Așa cum s-a discutat anterior, „capul" și „călcâiul" celor doi protagoniști din Geneza 3:15 prefigurează amănunte importante despre conflictul dintre sămânța lui Satan și sămânța femeii. Promisiunea privitoare la urmașul („sămânța") victorios al femeii presupunea rănirea călcâiului Său. Psalmul 22:16 extinde această imagine incluzând mâinile, și făcând referire la rănile suferite în ceea ce pare a fi o execuție, răni care corespund metodei răstignirii din primul secol: „Mi-au străpuns mâinile și picioarele." Septuaginta, versiunea în limba greacă, susține această traducere cu aproape două sute de ani înainte de Cristos. Alternativ, textul ebraic ar putea fi redat astfel: „Ca un leu, mâinile și picioarele mele."

Însă, chiar și o astfel de redare lasă posibilitatea unor vătămări pe care le-ar fi putut cauza un leu prin mușcare și zgâriere – ambele acțiuni puteau „străpunge" mâinile şi picioarele. Luca 24:39-40 confirmă că răstignirea lui Isus I-a provocat răni în mâini şi în picioare: „Uitaţi-vă la mâinile şi la picioarele Mele, căci Eu sunt; pipăiţi-Mă şi vedeţi, căci un duh n-are carne şi oase, cum vedeţi că am Eu. Şi după ce a zis aceste cuvinte, le-a arătat mâinile şi picioarele Sale." Faptul că Psalmul 22:16 consemnează o profeţie privitoare la executarea lui Mesia devine destul de limpede atunci când sunt remarcate paralele repetate dintre evenimentele adiacente crucificării lui Isus, aşa cum sunt descrise în evanghelii, şi evenimentele prezentate în Psalmul 22. Tabelul 4.9 identifică aceste paralele.

Tabelul 4.9 Cronologia răstignirii lui Cristos*

Ora	Text din Noul Testament	Eveniment	Psalmul 22
9 a.m.	Luca 23:26	Isus este dus spre Calvar.	
	Luca 23:33	Isus este răstignit.	Ps. 22:16
10 a.m.	Luca 23:34a	Isus Se roagă: „Tată, iartă-i!"	
	Luca 23:34b	Soldaţii îşi împart hainele lui Isus.	Ps. 22:18
	Mat. 27:39-43	Oamenii „îşi băteau joc, dând din cap"	Ps. 22:6-8
	Luca 23:35	Preoţii cei mai de seamă şi conducătorii Îl batjocoresc spunând: „Pe alţii i-a salvat..."	Ps. 22:12-13
	Luca 23:39	Un tâlhar Îl ocărăşte: „Mântuieşte-Te pe Tine Însuţi şi pe noi!"	
11 a.m.	Luca 23:40, 42	Celălalt tâlhar Îl imploră: „Doamne, adu-Ţi aminte de mine..."	
	Luca 23:43	Isus îl asigură pe tâlhar: „Astăzi vei fi cu Mine în rai".	
	Ioan 19:26-27	Isus spune: „Femeie, iată fiul tău!"	
Amiază	Luca 23:44	Întunericul acoperă ţara timp de trei ceasuri.	
1 p.m.	Mat. 27:46	Isus strigă: „Dumnezeul Meu, Dumnezeul Meu, pentru ce M-ai părăsit?"	Ps. 22:1
	Ioan 19:28	Isus spune: „Mi-e sete!"	Ps. 22:14-15
2 p.m.	Ioan 19:30	Isus declară: „S-a sfârşit!"	Ps. 22:31
	Luca 23:46	Isus Se roagă: „Tată, în mâinile Tale Îmi încredinţez duhul!"	Ps. 22:19-21

3 p.m.	Mat. 27:51	Se produce un cutremur, iar per-deaua templului se rupe în două.	
	Mat. 27:52	Se deschid mormintele.	
	Mat. 27:54	Un centurion exclamă: „Cu adevărat, Acesta a fost Fiul lui Dumnezeu!"	
	Luca 23:48	Mulțimea este martoră la su-ferințele lui Isus și se bate cu pumnii în piept.	
	Ioan 19:31-32	Soldații frâng picioarele celor doi tâlhari.	
	Ioan 19:34	Un soldat străpunge coasta lui Isus cu o suliță.	
	Mat. 27:57-60	Isus este îngropat.	Ps. 22:15
6 p.m.		Începe sabatul.	

* Adaptat după William D. Barrick, "Messianic Trilogy: Part One: Psalm 22—The Suffering Messiah," în *Psalms, Hymns, and Spiritual Songs: The Master Musician's Melodies* (notițe de curs nepublicate, Placerita Baptist Church, 2004), 5; disponibile pe http:// drbarrick .org /files / study notes /Psalms /Ps _022 .pdf. Tabel folosit cu permisiunea autorului.

Metoda și efectele răstignirii. Răstignirea era o formă de execuție pe care romanii o învățaseră de la persani, care dezvoltaseră o metodă de crucificare a victimelor prin tragerea în țeapă în vârful unei prăjini, astfel ridicându-le dea-supra pământului, unde erau lăsate să moară. În vremea lui Cristos, răstignirea devenise deja metoda preferată de execuție în tot Imperiul Roman, și îndeosebi în Iudeea, unde era folosită în mod regulat pentru a-i da ca exemplu în public pe insurgenți și rebeli.

Procesul exact folosit în cazul răstignirii lui Isus are o anumită doză de supo-ziții. Niciuna dintre relatările din evanghelii nu ne oferă o descriere amănunțită a metodei folosite în cazul Lui. După răstignirea lui Isus, Toma le-a spus celorlalți ucenici: „Dacă nu voi vedea în mâinile Lui semnul cuielor și dacă nu voi pune degetul meu în semnul cuielor și nu voi pune mâna mea în coasta Lui, nu voi crede" (Ioan 20:25). De pe urma acestei remarci, știm despre Cristos că a fost pironit pe cruce, nu doar legat cu anumite fâșii de piele.

Cuiele trebuiau să treacă prin încheieturi (nu prin palme) deoarece nici ten-doanele și nici structura osoasă de la nivelul palmelor nu puteau susține greutatea trupului. Cuiele din palme nu ar fi făcut decât să sfâșie carnea dintre oase.[47] De regulă, cuiele trecute prin încheieturi zdrobeau oasele carpiene și rupeau liga-

47 Vezi Erich H. Kiehl, *The Passion of Our Lord* (Grand Rapids, MI: Baker, 1990), 126–31, pentru o descriere a răstignirii romane.

mentele carpiene, însă structura încheieturii mâinii era suficient de tare pentru a susține greutatea corpului. Atunci când pironul străpungea încheietura, de regulă provoca vătămări severe în privința capacității senzorial-motorie a nervului median, generând o durere intensă la ambele brațe. Scheletele recuperate de la răstignirile din primul secol furnizează dovezi că picioarele au fost străpunse pe la nivelul structurii aflate între osul gleznei și cel al călcâiului. Acest amănunt coincide cu descrierea din Geneza 3:15 despre vătămarea experimentată de sămânța femeii la nivelul „călcâiului".

După ce victima era pironită, câțiva soldați ridicau ușor crucea și, cu mare atenție, împingeau piciorul acesteia într-o gaură adâncă săpată anume. Crucea cădea în acea gaură lovindu-se brusc și făcând ca toată greutatea victimei să ajungă dintr-o dată să fie suportată de cuiele înfipte în încheieturi și în picioare. Aceasta genera în tot corpul durerea sfâșietoare a smulgerii oaselor, întrucât articulațiile principale erau deodată răsucite din poziția lor firească. Probabil că la așa ceva s-a referit Cristos în mod profetic în Psalmul 22, care spune: „Sunt turnat ca apa și toate oasele mi se despart; mi s-a făcut inima ca și ceara și se topește înăuntrul meu" (22:14).

În mod normal, moartea survenea în urma unei sufocări lente. Trupul victimei atârna într-un asemenea mod încât diafragma era drastic comprimată. Pentru a putea expira, cel răstignit trebuia să se ridice împingându-se în picioare, astfel încât diafragma să aibă loc să se miște. În cele din urmă, epuizarea, durerea intensă ori atrofierea mușchilor lăsau victima incapabilă de a face așa ceva, și sfârșea prin a muri din lipsă de oxigen. Odată ce puterea sau sensibilitatea picioarelor dispăreau, victima devenea neputincioasă, nu își putea împinge picioarele ca să poată respira, iar moartea survenea rapid. Iată de ce, uneori, pentru a grăbi acest proces, romanii rupeau picioarele răstigniților sub genunchi (vezi Ioan 19:31).

Disprețul manifestat de membrii Sinedriului fusese o încercare disperată de a se convinge pe ei înșiși și pe toți ceilalți martori că Isus nu era Mesia lui Israel. Potrivit convingerii lor, Mesia nu putea fi înfrânt. Faptul că Isus murea atârnând pe lemn, într-o asemenea stare deznădăjduită, era o dovadă, cel puțin în ochii lor, că El nu era cine pretindea că era. De aceea, s-au delectat cu propriul lor triumf, s-au încurajat singuri și și-au dovedit aroganța în mijlocul mulțimii de privitori spunându-le tuturor, dar nimănui în mod explicit că, „Pe alții i-a salvat, iar pe Sine nu Se poate salva! Dacă este El Regele lui Israel, să Se coboare acum de pe cruce și Îl vom crede! S-a încrezut în Dumnezeu: să-L scape acum, dacă-L vrea. Căci a zis: Eu sunt Fiul lui Dumnezeu!" (Mat. 27:42-43). Dacă ar fi fost tipul de conducători spirituali care ar fi trebuit să fie, și-ar fi dat seama că vorbele lor erau o împlinire aproape literală a profeției din Psalmul 22:8.

Aceștia erau conducătorii spirituali în Israel. Se ocupau în totalitate de lucrurile religioase, dar nu se ocupau deloc cu lucrurile lui Dumnezeu. Prin urmare, ei au fost cei mai vinovați dintre toți cei care au luat parte la umilirea lui Cristos. Deși pretindeau că stăteau pe scaunul lui Moise (Mat. 23:2), nu-l credeau pe Moise (Ioan 5:46). Deși pretindeau că erau purtătorii de cuvânt ai lui Dumnezeu, în realitate erau fiii lui Satan (Ioan 8:44).

Ca întotdeauna, Isus nu i-a batjocorit pe cei care L-au batjocorit. În schimb, singurele Sale cuvinte referitoare la persecutorii Săi, atunci când atârna pe cruce, s-au concretizat într-o rugăminte blândă adresată lui Dumnezeu în beneficiul lor (Luca 23:34). El Se dusese la cruce într-un mod voit, conștient și deplin ascultător de Dumnezeu – spre a muri pentru păcatele altora. Deși maltratarea și chinul pe care oamenii I le-au pricinuit reprezentau o agonie dincolo de capacitatea lor de înțelegere, ele erau nimic în comparație cu mânia lui Dumnezeu împotriva păcatului, pe care El l-a purtat în locul lor.

Cele șapte ziceri de pe cruce ale lui Cristos. Pe când atârna pe crucea de pe Calvar, Cristos a luat cuvântul de șapte ori (vezi tabelul 4.9). Strigătele Sale de pe cruce au atins coarda sufletului credincioșilor de-a lungul veacurilor. Ultimele cuvinte rostite de o persoană înainte de moarte au dobândit adesea un loc de cinste în viețile celor dragi. Cele ieșite de pe buzele lui Cristos sunt de o bogăție inegalabilă. Cele șapte ziceri ar putea fi prezentate în următorul format[48]:

1. O implorare a iertării: „Tată, iartă-i, căci nu știu ce fac!" (Luca 23:34).
2. O promisiune a mântuirii: „Adevărat îți spun că astăzi vei fi cu Mine în rai" (Luca 23:43)
3. O grijă specială față de mama Sa: „Femeie, iată fiul tău!... Iată mama ta!" (Ioan 19:26-27).
4. O întrebare adresată Tatălui: „Dumnezeul Meu, Dumnezeul Meu, pentru ce M-ai părăsit?" (Mat. 27:46).
5. O cerere de alinare: „Mi-e sete!" (Ioan 19:28)
6. O proclamare a biruinței: „S-a sfârșit!" (Ioan 19:30)
7. O rugăciune de final: „Tată, în mâinile Tale Îmi încredințez duhul" (Luca 23:46).

Cele șapte ziceri de pe cruce ale lui Isus sunt încărcate cu profunde semnificații teologice, care îi ajută pe credincioși să înțeleagă mai bine persoana Sa, caracterul Său, suferința Sa și lucrarea Sa răscumpărătoare.

1. O implorare a iertării: „Tată, iartă-i, căci nu știu ce fac!" (Luca 23:34).

Iertarea divină constă în faptul că Dumnezeu refuză să le dea păcătoșilor

---

48 MacArthur, *Murder of Jesus*, 209–24.

pedeapsa dreaptă pe care o merită pentru păcatele lor comise împotriva Lui. Isus a suferit o violență nemiloasă din partea oamenilor nelegiuiți înainte și în timpul răstignirii Sale. A fost perfect îndreptățită să ceară pedeapsa pentru fărădelegile săvârșite împotriva Lui. Însă, Isus a renunțat de bunăvoie la acel drept și a ales să ierte necondiționat. I-a iertat deoarece, în divinitatea Sa, a știut foarte bine că nu înțelegeau pe deplin cine era El și ce făceau ei.

În calitate de Dumnezeul-om, iertarea lui Cristos provine dintr-o natură umană duioasă și miloasă îmbinată cu putere divină, neprihănire, sfințenie, îndurare și har izvorâte din divinitatea Sa (vezi Exod 34:6-7). Acest strigăt după iertare dezvăluie natura neabătută a planului suveran al lui Dumnezeu de a oferi un Mântuitor a Cărui jertfă avea să plătească iertarea imposibil de asigurat de sângele taurilor și al țapilor (Evr. 10:3; vezi Mat. 26:28, Evr. 9:22). Astfel, cele dintâi cuvinte ale lui Isus de pe cruce evidențiază ceea ce El venise să realizeze: „răscumpărarea, prin sângele Lui, iertarea păcatelor" (Col. 1:14), pentru cei care se vor pocăi (Rom. 2:4).

2. O promisiune a mântuirii: „Adevărat îți spun că astăzi vei fi cu Mine în rai" (Luca 23:43)

A doua zicere de pe cruce a venit ca un răspuns la o rugăminte din inimă făcută de unul dintre tâlharii răstigniți alături de Isus:

Și unul dintre tâlharii crucificați își bătea joc de El, zicând: Dacă ești Tu Cristosul, mântuiește-Te pe Tine Însuți și pe noi! Dar celălalt, răspunzând, l-a mustrat, zicând: Nu te temi tu de Dumnezeu, tu care ești sub aceeași condamnare? Pentru noi este drept, căci noi primim răsplata cuvenită pentru faptele noastre, dar Omul acesta n-a făcut nimic rău. Și el a zis lui Isus: Doamne, adu-Ți aminte de Mine, când vei veni în împărăția Ta! Și Isus i-a zis: Adevărat îți spun că astăzi vei fi cu Mine în rai. (Luca 23:39-42)

Din nou, ca și în cazul primei ziceri, Isus a acționat din postura Sa de Dumnezeul-om, etalând atributele ambelor naturi prin intermediul duioșiei și compasiunii Sale, precum și a omniscienței Sale divine. El știa că vorbele acestui om erau expresia unei inimi care se pocăise cu adevărat, fiind copleșită de propriul păcat și dorind mila și iertarea Mântuitorului. Promisiunea de aici revelează divinitatea lui Cristos prin faptul că numai Dumnezeu poate cunoaște starea inimii și destinul final al oricărui individ. Relatarea din evanghelie indică faptul că Isus a murit înaintea celor doi tâlhari – atunci când călăii le-au frânt picioarele celor doi bărbați, au descoperit că Isus Își dăduse deja suflarea (Ioan 19:31-34). De aceea, Isus i-a făcut această făgăduință tâlharului care se pocăise, știind că va ajunge înaintea lui în cer și îl va întâmpina la sosire. Isus a fost pus în numărul celor nelegiuiți astfel încât unii păcătoși, precum acel tâlhar, să poată fi puși în numărul celor răscumpărați.

3. O grijă specială față de mama Sa: „Femeie, iată fiul tău!... Iată mama ta!" (Ioan 19:26-27).

Una dintre cele mai impresionante întâmplări din timpul răstignirii lui Isus este aceea în care Isus Se adresează mamei care Îi dăduse natura Sa umană (Is. 49:1). Profeția lui Simeon ajunsese la împlinirea ei amară:

> Și Simeon i-a binecuvântat și a zis Mariei, mama Lui: Iată, copilul acesta este rânduit spre prăbușirea și ridicarea multora în Israel și ca un semn care va stârni împotrivire. Chiar sufletul tău va fi străpuns de o sabie, ca să se descopere gândurile multor inimi. (Luca 2:34-35)

În afirmația lui Isus de aici, fiul Mariei Și-a îndreptat întreaga Sa atenție spre persoana ei și spre nevoia ei de a fi îngrijită. Mântuitorul a lăsat în seama lui Ioan, ucenicul cel mai apropiat de inima Sa, responsabilitatea de a se îngriji de cea mai dragă persoană pământească – mama Sa. Prin acest gest, Omul perfect a demonstrat împlinirea poruncii de a-ți onora părinții (Exod 20:12; Ef. 6:2-3). El le-a lăsat ucenicilor Săi un exemplu superb a ceea ce a vrut să spună când i-a învățat să-și stabilească drept prioritate îngrijirea părinților înainte de a oferi daruri lui Dumnezeu:

> Dar voi de ce călcați porunca lui Dumnezeu prin tradiția voastră? Căci Dumnezeu a poruncit, zicând: Onorează pe tatăl tău și pe mama ta; și cine va vorbi de rău pe tatăl său sau pe mama sa să fie pedepsit cu moartea. Dar voi ziceți: Cine va zice tatălui său sau mamei sale: Orice ți-ar putea folosi din avutul meu este pus deoparte pentru Dumnezeu, și astfel nu mai trebuie să onoreze pe tatăl său sau pe mama sa. Și ați desființat astfel porunca lui Dumnezeu prin tradiția voastră. Fățarnicilor! (Mat. 15:3-7)

Cu toate că Isus Și-a dat viața în întregime ca jertfă înaintea Tatălui Său ceresc, Și-a dat osteneala să nu facă zadarnic Cuvântul lui Dumnezeu eșuând în a-Și onora corespunzător mama, ceea ce presupunea să o îngrijească în ultimii ei ani de viață. Înainte ca jertfa Sa să se încheie, S-a ocupat de mama Sa așa cum ar fi trebuit – un gest stringent întrucât tăcerea Scripturii cu privire la Iosif pare a evidenția că el murise deja, iar Maria rămăsese văduvă.

4. O întrebare adresată Tatălui: „Dumnezeul Meu, Dumnezeul Meu, pentru ce M-ai părăsit?" (Mat. 27:46).

Niciun om nu poate înțelege pe deplin semnificația acestui strigăt ieșit de pe buzele lui Isus. În acesta este cuprins misterul unirii hipostatice (vezi „Umanitatea"). Prezența întunericului (Mat. 27:45) simboliza deopotrivă pierderea luminii părtășiei și realitatea abandonării.

Pe parcursul acestei experiențe, Tatăl și Fiul n-au fost separați la nivelul ființei Lor sau al esenței Lor. Unitatea Trinității a rămas intactă. Întunericul de trei ore s-a instalat din cauza mâniei omniprezentului Tată care a acționat cu credincioșie ca să ducă la îndeplinire jertfa perfectă, substitutivă a lui Cristos.

Unii comentatori ai Bibliei au concluzionat că, la punctul acesta, Isus doar recita cuvintele din Psalmul 22:1. Însă, ținând cont că Psalmul 22 este o profeție amplă despre răstignire, psalmul prezintă de fapt o anticipare profetică a strigătului din inima lui Isus din vremea când avea să poarte pe cruce păcatele celor aleși. De aceea, rostirea Sa nu ar trebui înțeleasă doar ca o simplă recitare a psalmului sau ca o identificare cu suferințele umane ale psalmistului.[49]

Durerile fizice ale răstignirii au fost neînsemnate în comparație cu mânia Tatălui revărsată asupra lui Isus. În anticiparea acestui eveniment, sudoarea lui Isus s-a prefăcut în sânge în grădina Ghețimani (Luca 22:44). Toate spaimele omenirii privitoare la ororile iadului au fost conștientizate de Isus atunci când a primit plata cuvenită pentru păcatele tuturor celor care vor crede în El. În acea perioadă de întunecime, cumva imposibil de înțeles, Tatăl L-a abandonat. „Deși, fără îndoială, n-a existat nicio întrerupere a dragostei Tatălui pentru El *ca Fiu*, Dumnezeu Și-a întors fața de la El și L-a abandonat *ca Substitut al nostru*."[50]

Această dimensiune substitutivă a morții lui Cristos nu se bazează doar pe moartea Sa fizică. Cristos a trebuit să poarte revărsarea mâniei totale a lui Dumnezeu împotriva păcatului pentru ca dreptatea să fie satisfăcută complet. Prin urmare, adevărata ispășire substitutivă presupunea o experimentare dureroasă a înstrăinării de Tatăl, exprimată de Cristos prin întrebarea venită din adâncul inimii și consemnată în Matei 27:46: „Dumnezeul Meu, Dumnezeul Meu, pentru ce M-ai părăsit?" Deși temporară, agonia experimentată de Cristos când a absorbit mânia Tatălui a fost echivalentul integral al iadului.[51]

---

49 MacArthur, *Murder of Jesus*, 218.

50 MacArthur, *Murder of Jesus*, 221.

51 Trebuie să se facă deosebire între această învățătură și doctrinele eretice ale unor conducători carismatici care susțin că, pe cruce, Isus a devenit efectiv un păcătos, sau că a intrat în mod literal în iad pentru a îndura o pedeapsă suplimentară. În schimb, în calitate de substitut al nostru, Isus a purtat chiar pedeapsa cuvenită poporului Său: mânia Tatălui în toată plinătatea ei. În vreme ce mânia revărsată asupra păcătoșilor în iad este eternă, Isus, datorită vredniciei și valorii persoanei Sale, a putut potoli mânia

Aceasta este suferința pe care Isus a anticipat-o în grădina Ghețimani, când S-a rugat: „Lasă să treacă de la Mine paharul acesta" (Mat. 26:39). „Paharul" se referă la cea mai mare suferință dintre toate ale desăvârșitului și neîntinatului Dumnezeu-om – mânia lui Dumnezeu revărsată asupra Lui atunci când a fost făcut jertfă pentru păcat. Adesea, în Vechiul Testament, paharul este un simbol al mâniei divine împotriva păcatului (Is. 51:17, 22; Ier. 25:15-17, 27-29; Pl. 4:21-22; Ez. 23:31-34; Hab. 2:16). Cristos avea „să poarte păcatele multora" (Evr. 9:28), iar plinătatea mâniei divine avea să cadă asupra Lui (Is. 53:10-11; 2 Cor. 5:21). Acesta a fost prețul păcatului pe care l-a purtat și pe care l-a achitat integral. Strigătul Său de tânguire din Matei 27:46 a reflectat amărăciunea extremă a paharului mâniei pe care urma să-L primească în scurt timp.

Astfel, suferința lui Isus a inclus separarea Sa temporară de Tatăl (prezentată prin cele trei ore de întuneric de pe cruce), în timp ce experimenta plinătatea mâniei divine înainte de moartea Sa fizică. Cea de-a șaptea zicere de pe cruce, „Tată, în mâinile Tale Îmi încredințez duhul!" (Luca 23:46) impune o astfel de cronologie, întrucât demonstrează refacerea părtășiei eterne, având în vedere că separarea temporară se sfârșise. O astfel de succesiune corespunde experienței celor pentru care a murit Isus – cu toții sunt morți spiritual înainte de a muri fizic. Cristos a obținut întâi biruința asupra morții spirituale cât încă era pe cruce. Trei zile mai târziu, avea să fie biruitor asupra morții fizice și eterne atunci când avea să învieze din morți.

5. O cerere de alinare: „Mi-e sete!" (Ioan 19:28)

A cincea zicere de pe cruce a lui Isus este redată în textul grecesc printr-un singur cuvânt. Ea dezvăluie latura umană a experienței – o sete fizică generată de o epuizare intensă și de o agonie fizică. Însă această zicere concisă scoate la iveală ceva mai mult decât doar umanitatea Sa; evidențiază cunoașterea Scripturilor și hotărârea Sa de a împlini tot ceea ce Scripturile au spus despre El. Psalmistul scrisese următoarele: „În setea mea, mi-au dat să beau oțet" (Ps. 69:21). Ioan a subliniat că afirmația lui Isus a fost rostită „ca să fie împlinită Scriptura" (Ioan 19:28). Și Însuși Isus a descris setea drept o caracteristică a celor nelegiuiți în experiența lor de după moarte (Luca 16:24). Din nou, lucrarea lui Cristos de pe cruce nu poate fi înțeleasă și apreciată pe deplin separat de existența unui iad etern.

6. O proclamare a biruinței: „S-a sfârșit!" (Ioan 19:30)

A șasea zicere de pe cruce a lui Isus, ca și cea precedentă, este redată în limba

---

infinită a lui Dumnezeu în doar trei ore de suferință. În sensul acesta, El a purtat povara integrală a fiecărui blestem și a fiecărei pedepse meritate de păcatele noastre.

greacă printr-un singur cuvânt: *Tetelestai!* Strigătul Său era triumfător și cu o semnificație bogată întrucât acest cuvânt implică faptul că starea de încheiere va continua. Isus nu S-a referit la sfârșitul vieții Sale pământești; ci a vrut să spună că finalizase lucrarea pe care Tatăl I-o încredințase. De fapt, afirmația din Psalmul 22:31 sună astfel: „căci El a făcut această lucrare" – tot un singur cuvânt în ebraică. Isus a celebrat cel mai mare triumf din istoria universului deoarece lucrarea Sa ispășitoare fusese încheiată. Toate profețiile din Scriptură privitoare la lucrarea răscumpărătoare a lui Mesia fuseseră împlinite, iar dreptatea lui Dumnezeu fusese satisfăcută. Prețul eliberării de păcat fusese plătit integral; iar plata păcatului fusese achitată pentru totdeauna pentru toți aleșii lui Dumnezeu din toată istoria. Tot ce mai rămăsese pentru Cristos de făcut era să moară ca să poată învia din morți. Nimic nu poate fi adăugat lucrării de mântuire, finalizate magistral de Domnul Isus Cristos.

7.   O rugăciune de final: „Tată, în mâinile Tale Îmi încredințez duhul" (Luca 23:46).

Cristos I-a adresat Tatălui ultima Sa zicere de pe cruce, la fel cum făcuse cu prima („Tată, iartă-i, căci nu știu ce fac!", Luca 23:34) și cu a patra („Dumnezeul Meu, Dumnezeul Meu, pentru ce M-ai părăsit?" Mat. 27:46). Acestea trei erau niște rugăciuni – rugăciunile Fiului Omului. În umanitatea Sa, Isus a trăit ca un om al rugăciunii, și a murit ca un om al rugăciunii (vezi Mat. 14:23; 19:13; 26:36-44; Evr. 5:7).

Cristos a murit așa cum niciun om n-a murit vreodată. Dintr-o anumită perspectivă, El a fost omorât de mâinile celor nelegiuiți (Fapt. 2:23). Dintr-o altă perspectivă, Tatăl a fost Cel care L-a trimis la cruce și care L-a zdrobit prin suferință (Is. 53:10). Însă, dintr-o altă perspectivă, nimeni nu I-a luat viața lui Isus. El Însuși Și-a dat-o de bunăvoie pentru cei pe care I-a iubit dezinteresat și jertfitor.

De aceea Tatăl Mă iubește, pentru că Îmi dau viața, ca iarăși s-o iau. Nimeni nu o ia de la Mine, ci o dau Eu de la Mine. Am autoritatea s-o dau și am autoritatea s-o iau iarăși. Aceasta este porunca pe care am primit-o de la Tatăl Meu. (Ioan 10:17-18).

Când a suflat pentru ultima dată, n-a existat niciun fel de luptă frenetică cu călăii Săi. Nimeni dintre cei prezenți n-a remarcat vreo agonie sau frenezie a morții. Pășirea Sa către moarte fusese o acțiune deliberată a Propriei Sale voințe suverane. „Plecându-Și capul, Și-a dat duhul" (Ioan 19:30). În simplitate, în tăcere, în supunere, El Și-a dat viața în mod voit, deținând pe deplin controlul asupra morții Sale.

Moartea și ispășirea

Cele șapte ziceri de pe cruce prezintă moartea lui Isus ca o experiență în care El a pășit de bunăvoie și din toată inima. Modul în care a murit își are propria semnificație; dar de ce a murit are o importanță infinit mai mare. Realitatea biblică este că moartea Lui a fost necesară, fiind stabilită dinainte de întemeierea pământului și constituind o necesitate pentru mântuirea păcătoșilor.

MOARTEA LUI CRISTOS

Teologia creștină se concentrează asupra lucrării mântuitoare a lui Cristos compusă din moartea Sa substitutivă și învierea Sa din morți. Aceste două adevăruri alcătuiesc miezul mesajului Evangheliei în ce privește mântuirea. Apostolul Pavel a scris:

> Vă fac cunoscută, fraților, Evanghelia pe care v-am predicat-o, pe care ați și primit-o, în care și stați și prin care sunteți mântuiți, dacă o țineți așa cum v-am predicat-o; altfel, degeaba ați crezut. Căci v-am învățat înainte de toate ceea ce am primit și eu: că Cristos a murit pentru păcatele noastre, după Scripturi; că a fost îngropat și că a înviat a treia zi, după Scripturi; și că S-a arătat lui Chifa, apoi celor doisprezece. (1 Cor. 15:1-5)

Aceste două elemente majore ale Evangheliei apar și în apărarea lui Pavel în fața lui Agripa: „Am stat neclintit până în ziua aceasta mărturisind celor mici și celor mari, fără să spun nimic altceva afară de lucrurile despre care au spus profeții și Moise că se vor întâmpla, că Cristos trebuie să sufere și că, după ce va fi Cel dintâi care va învia din morți, va vesti lumină poporului și Neamurilor" (Fapt. 26:22-23).

Apostolul Petru, vorbind despre „mântuirea sufletelor voastre" (1 Pet. 1:9), a schițat aceeași lucrare în două părți a lui Cristos despre care adeverește cu Evanghelia:

> În privința acestei mântuiri, profeții care au profețit despre harul care vă era păstrat vouă au căutat și au cercetat cu atenție, cercetând pe cine sau ce timp anume avea în vedere Duhul lui Cristos, care era în ei, când vestea mai dinainte suferințele lui Cristos și gloriile care aveau să urmeze. Lor le-a fost descoperit că nu pentru ei înșiși, ci pentru noi spuneau ei lucrurile care acum v-au fost vestite prin cei care v-au predicat Evanghelia, prin Duhul Sfânt trimis din cer; lucruri la care îngerii doresc să privească. (1 Pet. 1:10-12)

Ar trebui menționat că sintagma „cercetând pe cine sau ce timp" (1 Pet. 1:11) ar putea fi înțeleasă și în sensul de „cercetând ce timp sau ce natură a timpului", făcând ca, dintre toate aspectele necunoscute ale împlinirii mesianice, doar vremea petrecerii lor să rămână necunoscută.[52] Profeții au înțeles că vorbeau despre Mesia. Profeții din Vechiul Testament au revelat persoana lui Mesia prin intermediul unei serii de profeții care-L puneau în legătură cu linia genealogică a lui Avraam (Gen. 12:3; vezi Gal. 3:8), cu poporul Israel (Num. 24:17; vezi Mat. 2:2; Apoc. 22:16), cu semința lui Iuda (Gen. 49:10; vezi Mat. 1:2-3; 2:6; Evr. 7:14), cu comunitatea din Efrata, din orașul Betleem (Mica 5:2; vezi Mat. 2:5-6; Luca 2:11), cu nașterea din fecioară (Is. 7:14; vezi Mat. 1:23) și cu o lucrare desfășurată în Galileea Neamurilor (Is. 9:1-2; vezi Mat. 4:12-16). Isaia 53 oferă o profeție detaliată despre lucrarea, respingerea, judecarea, moartea, învierea și înălțarea lui Mesia.

ISPĂȘIREA ÎNFĂPTUITĂ DE CRISTOS

Revelația din Vechiul Testament despre jertfe.[53] Substituirea penală înseamnă că Isus Cristos S-a dat pe Sine la suferință și la moarte purtând pedeapsa integrală pentru păcat în locul tuturor păcătoșilor mântuiți de Dumnezeu. El a pregătit omenirea pentru jertfa ispășitoare, substitutivă a lui Cristos oferind instrucțiuni timpurii despre jertfe. Vechiul Testament prezintă douăsprezece principii fundamentale privitoare la jertfele animaliere:

1. Numai credincioșii trebuie să aducă jertfe în Vechiul Testament – credincioși care ar trebui să dovedească faptul că au fost învățați și că sunt ascultători (i.e., să etaleze o învățătură dreaptă și o purtare dreaptă.) În Levitic 1:2–3 și 2:1 se vorbește despre credincioși israeliți, în vreme ce în Levitic 17:8 și 22:18, 25 se vorbește despre credincioși dintre străini (cf. Num. 15:14–16; Is. 56:6–8).

2. Jertfele din Vechiul Testament ar trebui să fie o demonstrare exterioară a unei credințe vitale. În absența credinței, jertfele sunt inutile (Evr. 11:4; vezi 1 Sam. 15:22–23; Ps. 51:15–19; Is. 1:11–15; Mica 6:6–8).

3. Jertfele din Vechiul Testament nu înlătură păcatul și nici nu iartă păcatele. Jertfele levitice nu includ resurse pentru înlăturarea sau anihilarea naturii păcătoase a unui persoane. Jertfele animaliere sunt insuficiente pentru a ispăși în mod deplin și final păcatele ființelor umane – numai o viață umană poate face ispășire pe deplin pentru o viață umană (cf. Lev. 1:3 cu Ps. 49:5–9; vezi Gal. 3:10–14; Evr. 10:1–18; 1 Pet. 1:18–19).

4. Jertfele din Vechiul Testament nu elimină pedeapsa temporală pentru păcat, îndeosebi păcatul voit, sfidător. Multe păcate cer pedeapsa capitală – nicio jertfă animalică nu poate ajuta în cazul unui asemenea tip de

---

52 Thomas R. Schreiner, *1, 2 Peter, Jude*, NAC 37 (Nashville: Broadman, 2003), 73–74.

53 Această secțiune este adaptată după William D. Barrick, "Penal Substitution in the Old Testament," *MSJ* 20, no. 2 (2009): 2, 6–8. Folosită cu permisiunea *MSJ*.

păcat (Lev. 24:10-23; Num. 15:30). Păcatul premeditat, deliberat impune moartea păcătosului. De aceea, din cauza tiparului păcatului voluntar, intenționat, fiecare individ se află sub sentința morții, și din cauza universalității păcatului, moartea domnește, așa cum dovedesc genealogiile care consemnează respectivele morți (Gen. 5:5, 8, 11, 14, 17, 20, 27, 31). Persoană după persoană au ca epitaf sintagma repetitivă „a murit" (vezi și Gen. 11:32; 23:2; 35:19; 50:26). Aceasta ridică o pereche de întrebări cuvenite: Oare chiar nu există o jertfă pentru păcatul intenționat? Și oare nu există iertare pentru o asemenea răzvrătire intenționată?

5. Jertfele din Vechiul Testament au ca obiectiv suprem părtășia cu Dumnezeu. Ele exprimă în exterior iertarea de păcate, care a adus o reconciliere cuvenită cu Dumnezeul lui Israel care-Și ține legământul (Exod 29:42-43; 30:36). Potrivit lui John Oswalt,

Deși pedeapsa temporală pentru păcat este gravă și nu trebuie înlăturată, nu este nici pe departe la fel de gravă pe cât este pedeapsa spirituală: înstrăinarea de Dumnezeu. Iată ce avea în vedere întregul sistem al jertfelor: deschiderea posibilității pentru oamenii păcătoși de a avea părtășie cu un Dumnezeu sfânt. Jertfele nu diminuează efectele temporale ale păcatului, dar atunci ce rol au? Ele au în vedere efectele spirituale ale păcatului; se ocupă de adevărul conform căruia sufletul care păcătuiește trebuie să moară (și nu doar fizic; Ez. 18:4, 20), și că nu există iertare pentru păcat fără vărsare de sânge (Lev. 17:11; Evr. 9:22).[54]

6. Jertfele din Vechiul Testament afirmă, subliniază și evidențiază păcatul și consecințele lui (Rom. 3:19–20; 5:20; 7:5–11; Gal. 3:21–22).

7. Jertfele din Vechiul Testament afirmă, subliniază și evidențiază sfințenia, neprihănirea, dragostea, harul, mila și suveranitatea lui Dumnezeu (Ps. 119:62; Neem. 9:13; Mat. 23:23; Rom. 7:12). Combinarea acestor două afirmații despre păcat și caracterul lui Dumnezeu exprimă funcția duală a jertfelor din Vechiul Testament. Pe de o parte, păcatul este în esență „teofugal" – adică duce omenirea *departe de Dumnezeu*.[55] Pe de altă parte, jertfa, care prin vărsarea de sânge expune natura și consecințele îngrozitoare ale păcatului, este teocentrică, întorcînd atenția păcătoșilor *către Dumnezeu*. Oamenii încep să vadă efectele propriului păcat asupra relației cu Dumnezeu. Păcatul lor este vrăjmășie față de Dumnezeu, înstrăinându-i de Dumnezeu și dovedindu-le răzvrătirea

---

54 John N. Oswalt, *The Book of Isaiah: Chapters 40–66*, NICOT (Grand Rapids, MI: Eerdmans, 1998), 385.

55 Norman H. Snaith, *The Distinctive Ideas of the Old Testament* (New York: Schocken, 1964), 60.

față de autoritatea și caracterul divin. Jertfele lor potolesc mânia dreaptă a lui Dumnezeu și îi împacă cu El.

8. Jertfele din Vechiul Testament demonstrează că legislația mozaică nu îi oferă credinciosului din Vechiul Testament o intrare liberă la Dumnezeu (Evr. 9:8-10).

9. Jertfele din Vechiul Testament demonstrează că dorința lui Dumnezeu privind ofrandele (darurile) poporului Său era să nu treacă peste posibilitățile lor normale. Toate cele jertfite (bovine, ovine, caprine, porumbei; făină, untdelemn, vin și tămâie) sunt disponibile numaidecât pentru israelitul de rând. Dumnezeu nu cere ca poporul Lui să aducă ceva exotic sau care să depășească mijloacele sale uzuale. El nu le cere să cheltuiască până la punctul strâmtorării sau ruinei financiare (vezi 1 Cor. 16:2; 2 Cor. 8-9).

10. Jertfele din Vechiul Testament subliniază lucrarea preoției (Lev. 1:9; 2:8; 4:20; 6:6; Evr. 5–10; 1 Pet. 2:5).

11. Jertfele din Vechiul Testament implică recunoașterea legământului lui Dumnezeu cu poporul Său (Lev. 2:13; Ps. 50:5, 16).

12. Dumnezeu poruncește jertfele în Vechiul Testament în parte pentru a susține preoțimea. Comunitatea legământului le asigură celor care slujesc lucrurile necesare (Lev. 7:34–35; Neem. 13:5; Mal. 3:8–10).

Rezumând, aceste douăsprezece principii oferă dovezi că jertfele aveau de-a face întâi de toate cu închinarea colectivă. Ele sunt colective în sensul că cei credincioși din Vechiul Testament aduc ofrande în mod public la sanctuar, unde preoții iau parte la ritualurile asociate acestora. Chiar dacă beneficiile de pe urma jertfelor ar putea fi de factură personală sau individuală, nu se poate vorbi despre o jertfă privată. Ar putea părea că mielul pascal era ceva privat întrucât implica o singură familie, însă trecătorii puteau vedea sângele pus pe stâlpii ușii de la intrarea într-o casă – iar mielul putea fi împărțit cu un vecin (Exod 12:4). Jertfele din Vechiul Testament sunt mărturisitoare întrucât demonstrează credința și pocăința față de Iahve și ascultarea de orânduirile și legile Lui. Prin aducerea de jertfe, credinciosul din Vechiul Testament se identifică pe sine în plan exterior cu Dumnezeul legământului și cu poporul legământului Său. Expresia exterioară ar trebui să fie rezultatul credinței autentice. Însă, atunci când credința inițiatoare este absentă , jertfa este inutilă – este doar un gest fără conținut, lipsit de o valoare spirituală (i.e., este o mărturisire falsă). Dumnezeu urăște o jertfă falsă și nu o poate accepta ca închinare autentică (vezi 1 Sam. 15:22; Ps. 50:7-15; Is. 1:13-15).

Având aceste principii în minte, cititorul poate cumpăni felul în care Vechiul Testament abordează jertfele substitutive penale. Berbecul pus la dispoziție de „îngerul [mesagerul] Domnului" în locul lui Isaac, în Geneza 22:1-14, ilustrează oferirea unui vieți ca substitut. Eugene Merrill, în lucrarea sa despre teologia

Vechiului Testament, prezintă o analiză excelentă, afirmând că însăși moartea lui Isaac „a fost întruchipată printr-un substitut, un animal a cărui moarte efectivă a asigurat împlinirea deplină a cerințelor lui Dumnezeu."[56]

Revelația din Vechiul Testament despre jertfa substitutivă a lui Cristos.[57] Diferitele jertfe descrise și poruncite în cartea Levitic i-au oferit lui Israel instrucțiunile lui Dumnezeu privitoare la natura jertfelor și a contribuit la a-l pregăti pentru necesitatea jertfei substitutive pentru păcat înfăptuită de Mesia. Tabelul 4.10 identifică unele dintre lecțiile pe care Dumnezeu a intenționat ca poporul Lui să le învețe din jertfele Vechiului Testament. Tabelul 4.11 compară jertfa lui Isus Cristos cu jertfele aduse sub legislația mozaică.

Pentru a înțelege relația dintre sistemul de jertfe al Vechiului Testament și persoana lui Mesia, trebuie analizate îndeaproape câteva texte cheie. Cele mai importante dintre acestea sunt Exod 12 (sărbătoarea Paștelui), Levitic 16 (Ziua Ispășirii) și, probabil, cel mai important dintre toate, Isaia 52:13-53:12. Paștele și Ziua Ispășirii reprezintă două dintre sărbătorile religioase de seamă din calendarul lui Israel, toate însă introducând concepte privitoare la persoana și lucrarea lui Mesia (vezi tabelul 4.12).

Tabelul 4.10 Cristos în jertfele levitice*

Jertfa	Pasaj scriptural	Beneficiul dat de Cristos	Caracterul lui Cristos
Arde-rea-de-tot	Lev. 1:3-17; 6:8-13	Ispășire	Natura neîntinată a lui Cristos
Jertfa de mâncare	Lev. 2:1-16; 6:14-23	Dedicare/con-sacrare	Cristos a fost pe deplin devotat planului Tatălui
Jertfa de pace	Lev. 3:1-17; 7:11-36	Reconciliere/părtășie	Cristos a fost într-o relație de pace cu Dumnezeu
Jertfa pentru păcat	Lev. 4:1-5:13; 6:24-30	Potolirea mâniei lui Dumnezeu	Moartea substitutivă a lui Cristos
Jertfa pentru vină	Lev. 5:14-6:7; 7:1-10	Pocăință	Cristos a plătit prețul întreg al răscumpărării

* *Adaptat după* MacArthur, *MacArthur Study Bible: English Standard Version*, 156. Folosit cu permisiunea editurii Thomas Nelson.

---

56 Eugene Merrill, *Everlasting Dominion: A Theology of the Old Testament* (Nashville: Broadman, 2006), 236.

57 Secțiunea aceasta, cu excepția tabelelor, este adaptată după William D. Barrick, "Penal Substitution in the Old Testament," *MSJ* 20, no. 2 (2009): 8–21. Folosită cu permisiunea *MSJ*.

Tabelul 4.11 Compararea jertfelor din Vechiul Testament cu jertfa lui Cristos*

Levitic	Pasaj scriptural	Evrei
Vechiul legământ (temporar)	Evr. 7:22; 8:6, 13; 10:20	Noul legământ (permanent)
Promisiuni arhaice	Evr. 8:6-13	Promisiuni superioare
O umbră	Evr. 8:5; 9:23-24; 10:1	Realitatea
Preoția aronică (mulți)	Evr. 6.19-7:25	Preoția melhisedecă (unul)
Preoțime păcătoasă	Evr. 7:26-27; 9:7	Preot nepătat
Preoție limitată de moarte	Evr. 7:16-17, 23-24	Preoție veșnică
Jertfe zilnice	Evr. 7:27; 9:12, 25-26; 10:9-10, 12	O jertfă o dată pentru totdeauna
Jertfe animaliere	Evr. 9:11-15, 26; 10:4-10, 19	Jertfa Fiului lui Dumnezeu
Jertfe necontenite	Evr. 10:11-14, 18	Nu mai e nevoie de jertfe
O ispășire o dată pe an	Evr. 7:25; 9:12, 15; 10:1-4, 12	O ispășire eternă

*Reprodus din MacArthur, MacArthur Study Bible: English Standard Version, 158. Folosit cu permisiunea editurii Thomas Nelson.

Tabelul 4.12 Cristos împlinește sărbătorile lui Israel*

Sărbătorile (Levitic 23)	Împlinirea în Cristos
Paștele (martie/aprilie)	Moartea lui Cristos (1 Cor. 5:7)
Azimelor (martie/aprilie)	Neprihănirea lui Cristos (1 Cor. 5:8)
Primele roade (martie/aprilie)	Învierea lui Cristos (1 Cor. 15:23)
Cincizecimea (mai/iunie)	Revărsarea Duhului lui Cristos (Fapt. 1:5; 2:4)
Sărbătoarea Trâmbițelor (septembrie/octombrie)	Readunarea Israelului de către Cristos (Mat. 24:31)
Ispășirea (septembrie/octombrie)	Jertfa substitutivă a lui Cristos (Rom. 11:26)
Sărbătoarea Corturilor (septembrie/octombrie)	Odihna și reîntâlnirea cu Cristos (Zah. 14:16-19)

*Reprodus din MacArthur, MacArthur Study Bible: English Standard Version, 186. Folosit cu permisiunea editurii Thomas Nelson.

Exod 12: Paștele. Odată cu încheierea urgiilor și chiar înainte de ieșirea lui Israel din Egipt, Dumnezeu a instituit Paștele, sărbătoare în cadrul căreia mielul pascal constituia o jertfă substitutivă pentru întâii născuți ai israeliților. În Exod 12:3, Domnul i-a dat lui Moise instrucțiuni privitoare la jertfirea mielului pascal: „Fiecare om să ia un miel, după casa părintelui lui, un miel pentru fiecare familie." Expresia „pentru fiecare familie" ar putea sugera substituire. De fapt, se pare că jertfa previne pedeapsa cu moartea pentru cei care sunt într-o familie – îndeosebi pentru întâii născuți. Deși mielul semnifică substituire, textul nu precizează că sângele face ispășire sau alungă vina pentru păcat; ci doar protejează și ocrotește o familie de acea judecată temporală.

În Exod 12:12, Domnul spune că va aplica judecata atunci când va trece prin țara Egiptului. Israeliții care vor urma îndrumările și vor unge sângele mielului înjunghiat pe stâlpii de la ușile caselor lor vor scăpa de judecată (Exod 12:13, 23, 27). Iar israeliții ascultători chiar vor fi scăpați de moarte (Exod 12:30). Ce au făcut israeliții să merite moartea? De ce aveau să fie israeliții pasibili de moarte și judecată asemenea egiptenilor? Există două pasaje care ne ajută explicându-ne starea de lucruri. Exod 12:12 indică faptul că moartea întâilor-născuți din Egipt a adus judecata asupra zeilor egiptenilor. Ezechiel 20:4-10 ne dezvăluie că israeliții s-au închinat la idoli cât timp au fost în Egipt (îndeosebi 20:7-8), o realitate confirmată în Iosua 24:14: „Acum deci temeți-vă de Domnul și slujiți-I cu sinceritate și cu credincioșie. Îndepărtați dumnezeii cărora le-au slujit părinții voștri dincolo de Râu și în Egipt, și slujiți Domnului." Într-adevăr, idolatria israeliților din Egipt L-a determinat pe Domnul să răspundă cu mânie și să-Și verse judecata asupra lor (Ez. 20:8). Ca și egiptenii, israeliții ajung sub osânda morții. Ce surpriză se dovedește aceasta pentru israeliți, care se aflaseră într-o situație confortabilă în cazul desfășurării anterioare a celor nouă urgii – atâta vreme cât doar egiptenii erau cei care avuseseră de suferit. Însă israeliții păcătuiseră ca și egiptenii și, prin urmare, prin intermediul celei-de-a zecea urgii, Dumnezeu scoate la iveală păcatele poporului Său, precum și soluția pusă la dispoziție pentru izbăvirea lor. Judecățile lui Iahve asupra zeilor Egiptului dovedesc că numai El poate izbăvi pe cineva de sub pedeapsa păcatului. Psalmul 49 afirmă același adevăr, dar scoate în relief incapacitatea omenirii de a realiza o astfel de izbăvire – numai Dumnezeu poate oferi prețul de „răscumpărare" cerut de El (Ps. 49:7-9, 15). Așa cum subliniază Merrill în legătură cu Psalmul 49:14-15, „Această licărire a imortalității, dacă nu chiar a învierii, marchează un punct înalt în revelația Vechiului Testament privitoare la subiectul stării celui neprihănit după moarte și în viața de apoi."[58]

Prin faptul că a pus la dispoziție jertfa pascală, Domnul S-a îndurat să-i cruțe pe israeliții vinovați, prin intermediul sângelui sacrificial al animalelor, și Și-a apărat Propria sfințenie împlinindu-Și promisiunile de a-Și izbăvi poporul din Egipt (Exod 12:12-13; vezi Lev. 22:32-33). Potrivit lui Leon Morris,

---

58 Merrill, *Everlasting Dominion*, 588.

„Simbolismul evident este că a avut loc o moarte, iar această moarte substituie moartea întâiului născut."[59] Bruce Waltke încuviințează, descriind mielul pascal ca fiind „deopotrivă substitutiv și ispășitor. Acesta *stinge* mânia lui Dumnezeu împotriva oamenilor păcătoși întrucât *satisface* sfințenia lui Dumnezeu."[60] Din nou, este evident că mânia divină față de păcătoși are de-a face cu aspectul pedepsei din cadrul substituirii penale. Noul Testament confirmă natura substitutivă a jertfei pascale. În 1 Corinteni 5:7, Pavel, cel puțin, construiește o analogie între natura substitutivă a mielului pascal și moartea jertfitoare a lui Cristos pe cruce. Astfel, nu este nicio surpriză să afli că Isus a fost crucificat în timpul Paștelui (Mat. 26:2).

Levitic 16: Ziua Ispășirii.. Merrill Unger prezintă următoarea privire de ansamblu asupra primelor trei cărți ale Torei: „Geneza este cartea începuturilor, Exodul este cartea răscumpărării, iar Levitic este cartea ispășirii și a umblării în sfințenie. În Geneza ni se prezintă ruinarea omului; în Exod, răscumpărarea omului; în Levitic, curățirea, închinarea și slujirea omului."[61] Levitic nu vorbește doar despre curățirea păcătoșilor și pregătirea pentru închinare. Cartea arată modalitatea prin care oamenii păcătoși pot intra în prezența Dumnezeului celui sfânt. Levitic abordează relația spirituală a omului cu Dumnezeu prin intermediul ritualurilor jertfelor care prefigurează moartea ispășitoare a lui Cristos. Unii se referă la Levitic ca fiind patul germinativ al teologiei Noului Testament. Pe de o parte, tematica sfințeniei din Levitic dezvăluie vestea rea că sfințenia lui Dumnezeu nu poate să le permită oamenilor păcătoși intrarea în prezența Sa. Pe de altă parte, însă, Leviticul prezintă vestea bună că Dumnezeu asigură un mijloc pentru păcătoși prin care să fie acceptați și să intre în prezența Sa, adică prin intermediul jertfelor.

Dintre toate jertfele și sărbătorile, Ziua Ispășirii le întrece pe toate celelalte în ce privește semnificația ei referitoare la relația cu Iahve. Cadrul istoric al cărții Levitic este găsit în judecata lui Dumnezeu asupra preoților Nadab și Abihu (Lev. 10:1-20) – o reamintire puternică a sfințeniei lui Dumnezeu și a incompatibilității ei cu păcătoșenia umană. Astfel, accentul cade pe necesitatea ispășirii chiar și pentru păcatele preoților. Dacă preoții se întinează, atunci nu pot mijloci între popor și Dumnezeu. Fără mijlocitori, israeliții păcătoși nu se pot apropia de prezența lui Dumnezeu, iar prezența lui Dumnezeu nu poate continua să locuiască în mijlocul lor.

„Țapul ispășitor" (Lev. 16:8-10) simbolizează înlăturarea păcatului din pre-

59 Leon Morris, *The Apostolic Preaching of the Cross*, 3rd ed. (Grand Rapids, MI: Eerdmans, 1965), 117.

60 Bruce K. Waltke, *An Old Testament Theology: An Exegetical, Canonical, and Thematic Approach*, with Charles Yu (Grand Rapids, MI: Zondervan, 2007), 382.

61 Merrill F. Unger, *The New Unger's Bible Handbook*, rev. ed., rev. Gary N. Larson (Chicago: Moody Press, 1984), 85.

zenţa gloriei lui Dumnezeu aflată în mijlocul poporului Său (vezi Ps. 103:12; Mica 7:19). Sintagma „ţapul ispăşitor" (urmând traducerea făcută de William Tyndale a termenului ebraic *'azazel*) nu mai este menţionată nici în Vechiul Testament, nici în Noul Testament. În Ziua Ispăşirii, deopotrivă ţapul ispăşitor şi celălalt ţap erau suficienţi ca o jertfă pentru păcat (Lev. 16:5). Unii comentatori văd o aluzie la ţapul ispăşitor din Isaia 53:6 şi Evrei 13:12.[62] *'Azazel* este cel mai probabil o referire generală la pustiul în care era alungat ţapul respectiv. Pot fi aduse argumente întemeiate pentru înţelegerea termenului ebraic în sensul de „îndepărtare."[63] Oricare ar fi sensul, natura esenţială a ritualului nu suferă modificări substanţiale.

Descrierea punerii mâinilor pe capul ţapului (Lev. 16:21-22) este o imagine pentru transferarea păcatelor lui Israel asupra ţapului viu. Acesta slujea drept substitut al păcătoşilor – condamnat să moară în pustiu, izolat de Israel. Ţapul ispăşitor poartă cu sine „toate fărădelegile"israeliţilor (Lev. 16:22). În plus, Levitic 16:24, 29-34 indică faptul că întregul ritual asigură ispăşirea pentru păcatele preoţilor, precum şi pentru cele ale poporului. Snaith, discutând despre opiniile rabinului Ishmael, menţionează că „în toate situaţiile de păcat intenţionat, Ziua Ispăşirii se combină în măsură maximală cu pocăinţa pentru a suspenda pedeapsa, însă nu este niciodată în sine eficace nici chiar pentru aceasta, cu atât mai puţin pentru a face ispăşire."[64] Într-un anumit sens, rabinul Ishmael are dreptate. Pavel a scris că, pe Isus Cristos, Dumnezeu „L-a rânduit să fie propiţiere (ispăşire) prin credinţa în sângele Lui, ca să-Şi arate dreptatea Lui, căci în îndelunga Sa răbdare Dumnezeu trecuse cu vederea păcatele săvârşite înainte" (Rom. 3:25). Ziua Ispăşirii a anticipat jertfa ispăşitoare a lui Mesia prin sângele Său. Astfel, plănuind-o exact în acelaşi mod (vezi Evr. 9:26; 1 Pet. 1:18-21; Apoc. 13:8), Dumnezeu a putut suspenda pedeapsa în lumina înlăturării finale, depline, prin ispăşirea desăvârşită şi completă realizată de Cristos. Suspendarea pedepsei temporale li se aplică în mod egal credinciosului şi necredinciosului din interiorul Israelului, întrucât „perioada harului" cuprinde beneficiile vremelnice ale substituirii distante, în comparaţie cu aplicarea permanentă şi plenară a substituirii apropiate, în urma morţii lui Cristos.

Oare ritualul din Ziua Ispăşirii indică în mod explicit sau implicit aspectul penal al substituirii? Cuvântul ebraic pentru „răscumpărare" (*koper*) reprezintă conceptul de „substitut" întrucât descrie acel mijloc prin care nelegiuirea sau vinovăţia este transferată şi, prin urmare, eliminată. Termenul poartă această semnificaţie în următoarele situaţii:

---

62 E.g., Mark F. Rooker, *Leviticus*, NAC 3A (Nashville: Broadman, 2000), 221, 226.

63 Allen P. Ross, *Holiness to the Lord: A Guide to the Exposition of the Book of Leviticus* (Grand Rapids, MI: Baker Academic, 2002), 319.

64 Snaith, *Distinctive Ideas*, 68.

- legea privitoare la numărătoare în care răscumpărarea previne pedeapsa dată prin urgie atunci când legea este încălcată (Exod 30:12-16)
- legi privitoare la omucidere în care moartea este pedeapsa pentru respectiva fărădelege (Num. 35:31-33; Deut. 21:1-9)
- chestiunea păzirii sfințeniei sanctuarului de către leviți pentru a preveni mânia, urgia și moartea congregației (Num. 1:53; 8:19; 18:22-23; compară-le pe acestea cu situația lui Fineas din 25:11; Ps. 106:30-31)
- incapacitatea Babilonului de a se răscumpăra pe sine de sub judecata divină (Is. 47:11; vezi Ps. 49:7-9)
- semnificația ispășitoare a sângelui jertfei (Lev. 17:11)

Astfel, folosirea termenului *koper* ca „răscumpărare" are de-a face explicit deopotrivă cu substituirea și cu pedeapsa.

În cartea Levitic, Ziua Ispășirii reprezintă ritualul central din cadrul sistemului de jertfe. Ea subliniază, mai mult decât orice alt ritual iudaic, sfințenia lui Dumnezeu și păcătoșenia poporului Său. Pentru Israel, Ziua Ispășirii asigura o curățire sau o purificare simbolică astfel încât cei din popor să poată avea acces la închinarea înainte lui Iahve. De aceea, Ziua Ispășirii asigură un simbol al adevăratei ispășiri făcute de Domnul Isus Cristos (Evrei 8-10). Ideea centrală a cărții Evrei (vezi Evr. 8:1) este într-un contrast direct cu ideea centrală din legea mozaică (vezi Evr. 9:8). Pe scurt, Ziua Ispășirii *a ispășit* păcatele națiunii, *a curățit* sanctuarul de întinarea cauzată de acele păcate și le-a înlăturat din comunitate într-un mod temporal și temporar, astfel încât Dumnezeu i-a primit închinarea. Aici nu era vorba despre mântuirea personală, care a fost dintotdeauna numai prin credință (Rom. 4:13).

Isaia 52:13-53:12: Jertfa Robului suferind. În acest text se găsește cu adevărat cea dintâi Evanghelie, urmată de alte patru în Noul Testament. Cu șapte sute de ani înainte, el revelează viața și lucrarea singurei Jertfe adevărate și desăvârșite, care efectiv a înlăturat păcatele. Isaia descrie întâi suferințele Robului lui Iahve, însă este vorba despre niște suspine și dureri îndurate pe nedrept, pentru cei păcătoși. Faptul acesta identifică suferințele Robului ca fiind substitutive: „Dar El suferințele noastre le-a purtat și durerile noastre le-a luat asupra Lui" (Is. 53:4). Imaginea substituirii din Isaia 53:6 – „Domnul a făcut să cadă asupra Lui nelegiuirea noastră a tuturor" – este preluată tocmai din Levitic 16. Elementele ispășitoare ale suferințelor lui Cristos care au precedat moartea Lui sunt strâns legate de elementele substitutive din Isaia 52:13-53:12. În al doilea rând, limbajul din Isaia 53 include în mod evident aspectul penal (vezi 53:5, „străpuns... zdrobit... pedeapsa... rănile"). În al treilea rând, referințe cheie din Noul Testament conțin un aparent ecou al textului din Isaia 53, precum ar fi Matei 26:28: „Căci acesta este sângele Meu, sângele noului legământ care se varsă pentru mulți, spre iertarea păcatelor" (vezi și Rom. 8:3; Gal. 1:4; Evr. 5:3; 10:8, 18, 26; 13:11; 1 Pet. 3:18; 1 Ioan 2:2; 4:10).

Robul lui Iahve a purtat de bunăvoie pedeapsa pentru nelegiuirile „multora". Moartea Lui jertfitoare nu s-a produs în urma unui abuz sau a unei acțiuni de constrângere. În schimb, El a decis, a acceptat și S-a supus în mod voit suferințelor Sale. Isaia 53:10 („Își va da viața ca jertfă pentru vină") și 53:12 („S-a dat pe Sine Însuși la moarte") subliniază aceeași idee în ce privește jertfa voită a Robului. Eugene Merrill afirmă că profetul a înțeles bine lucrurile pe care le scria:

> Reflectând asupra persoanei și experienței Sale, a devenit limpede pentru profet că acest Rob al Domnului avea să sufere ispășitor pentru noi, adică pentru Israel și, prin extensie, pentru întreaga lume (v4-6)... Dar cel mai remarcabil a fost că, ceea ce El avea să facă era într-o armonie deplină cu voia lui Dumnezeu, Cel care, prin moartea și învierea ulterioară a Robului (menționată implicit în v10b-11a), avea să-i îndreptățească pe păcătoși pe baza rolului substitutiv al Robului (v11b). Apoi, în cele din urmă, la vremea lui Dumnezeu, El va domni triumfător, întrucât a câștigat biruința asupra păcatului și a morții (v12).[65]

Cu adevărat, Robul lui Iahve îndeplinește toate cerințele pentru a fi o jertfă substitutivă: (1) S-a identificat cu păcătoșii condamnați („pentru păcatele poporului meu", Is. 53:8), (2) a fost nevinovat și lipsit de vreo întinare sau pată care să pângărească jertfa Sa („nicio nelegiuire... nicio înșelăciune", Is. 53:9; „Cel Drept", 53:11), și (3) a fost plăcut în ochii lui Iahve („Domnul a găsit cu cale să-L zdrobească", 53:10).

În cadrul ritualului din Ziua Ispășirii, țapul ispășitor nu putea fi înjunghiat ca o jertfă întrucât el purta păcatele lui Israel, ceea ce-l făcea necurat. Dacă Robul Domnului ar fi fost un simplu om (profetul însuși sau poporul Israel), urma să se ivească aceeași problemă. Acesta este un motiv pentru care oamenii păcătoși nu pot servi drept răscumpărare sau preț de ispășire pentru altcineva (vezi Ps. 49:7-9). Asemenea adevăruri revelate fac necesar ca Robul lui Iahve din Isaia 53 să fie cineva care să nu poată fi întinat nici măcar prin purtarea sau ducerea păcatelor multora – cu alte cuvinte, trebuie să fie o persoană din Dumnezeire. Moartea lui Cristos corespunde ritualului cu țapul ispășitor întrucât Isus (1) a purtat păcatele poporului (2 Cor. 5:21; vezi Gal. 3:13; Evr. 9:28; 1 Pet. 2:24) și (2) a murit în afara taberei (Evr. 13:12; vezi Mat. 21:39; Luca 20:15; Ioan 19:17).

Trebuie de asemenea remarcat că expresia „prin constrângere și judecată" (sau „dreptate", Is. 53:8) se referă la dimensiunea judiciară a pedepsei pe care Robul a purtat-o. Traducerile variază în ce privește versetul „după ce Își va da viața ca jertfă pentru vină" (53:10). Robul Domnului devine o jertfă pentru vină, un

---

65 Merrill, *Everlasting Dominion*, 514.

sacrificiu care poartă păcatul și prin care se impută dreptatea. Oare de ce profetul identifică jertfa Robului lui Iahve ca fiind o jertfă pentru vină (*'asham*)? Poate să fie o referire generală la orice jertfă de înlăturare a păcatului. David Baron face deosebire între jertfa pentru vină și jertfa pentru păcat în felul următor: „În vreme ce jertfa pentru păcat viza starea păcătoasă a celui ce o aducea, jertfa pentru nelegiuire a fost rânduită să rezolve *nelegiuirile efective*, rodul stării păcătoase. Jertfa pentru păcat așeza înainte ispășirea, jertfa pentru nelegiuire așeza înainte achitarea."[66] Achitarea se referă la faptul că Isus Cristos a plătit pentru cei aleși orice datorie a păcatului avută față de Dumnezeu. Jertfa pentru vină cuprinde atât păcatul neintenționat (Lev. 5:15-19), cât și pe cel intenționat (precum furtul sau înșelăciunea, Lev. 6:1-5, 19:20-22). Întrucât majoritatea jertfelor se ocupă doar de păcatul neintenționat, orice jertfă ispășitoare eficientă trebuie în ultimă instanță să aibă o arie de cuprindere care să treacă dincolo acele jertfe aduse pentru a asigura îndepărtarea păcatelor intenționate. Aceasta răspunde la întrebarea anterioară referitoare la disponibilitatea unei jertfe pentru păcatul intenționat. Da, jertfa perfectă a Robului se ocupă de păcatul intenționat și asigură iertare pentru răzvrătirea plănuită. În plus, jertfa pentru vină mai degrabă sfințește, decât să curețe; ea contribuie la consacrarea din nou a lui Israel ca popor sfânt, redăruind acest popor țării sale și Dumnezeului său. Jertfa perfectă pentru vină adusă de Rob împlinește aceste nevoi – nevoi neîmplinite prin sistemul levitic.

Motyer sintetizează versetul 11 scoțând în evidență șase elemente distincte ale lucrării ispășitoare a Robului lui Iahve:

> Isaia 53:11 este una dintre cele mai ample prezentări ale teologiei ispășirii care au fost scrise vreodată. (i) Robul cunoaște nevoile care trebuie împlinite și știe ce trebuie făcut. (ii) În calitate de Robul Meu „Cel Drept", El a fost deopotrivă plăcut întru totul Dumnezeului ofensat de păcatele noastre și rânduit de El pentru această sarcină. (iii) Fiind drept, El este lipsit de orice pângărire a păcatului nostru. (iv) El S-a identificat pe Sine în mod personal cu păcatul și nevoia noastră. (v) Pronumele accentuat „El" subliniază dedicarea Sa personală față de acest rol. (vi) El îndeplinește această sarcină pe deplin. Dintr-o perspectivă negativă, prin purtarea nelegiuirii; dintr-o perspectivă pozitivă, prin asigurarea neprihănirii.[67]

De aceea, n-ar trebui să fie nicio îndoială că jertfa Robului a fost ispășitoare și substitutivă (substituire penală – purtarea pedepsei păcatului). Jertfa Lui a fost singura jertfă autentică și satisfăcătoare adusă lui Dumnezeu.

---

66 David Baron, *The Servant of Jehovah: The Sufferings of the Messiah and the Glory That Should Follow* (1920; repr., Minneapolis: James Family, 1978), 121.

67 J. Alec Motyer, *The Prophecy of Isaiah: An Introduction and Commentary* (Downers Grove, IL: InterVarsity Press, 1993), 442.

Scriitorii Noului Testament au înțeles corect intenția clară a profetului, având toate motivele să interpreteze acest text ca având o legătură mesianică directă. Drept exemplu, observați paralela dintre pasajele despre Rob din Isaia și din Marcu 10:43-45: Robul suferind al lui Iahve (Is. 52:13) este „servul tuturor"(Mc. 10:44; cf. Is. 53:6, „a tuturor"), care este „mare" (Mc. 10:43) pentru că avea să fie „înălțat, va fi ridicat și va ajunge foarte sus" (Is. 52:13). Ca „Rob", S-a dat pe Sine Însuși (lit., „sufletul Său") ca o jertfă pentru vină (Is. 53:10) – un echivalent direct pentru „să-Și dea viața [lit. sufletul] ca răscumpărare" (Mc. 10:45). Amploarea jertfei pentru vină/răscumpărare adusă de Rob a trecut cu mult peste acoperirea pedepsei, cuprinzând deopotrivă păcatul intenționat și neintenționat în locul „multora" (Mc. 10:45; Is. 52:14-15; 53:12).

Lucrarea ispășitoare a lui Cristos a înfăptuit mântuirea pentru cei aleși. Isus Cristos este Mântuitor – „În nimeni altul nu este mântuire, căci nu este sub cer niciun alt nume dat oamenilor, în care trebuie să fim mântuiți" (Fapt. 4:12; vezi 2 Tim. 1:10; Tit 2:13). Sângele Său curăță de păcat (Evr. 13:12; 1 Ioan 1:7). El este Mijlocitorul noului legământ (Evr. 12:24). Ca Mântuitor, Cristos le dă viață credincioșilor în prezent (2 Cor. 4:10; 2 Tim. 1:1) și El Însuși este modelul pentru învierea viitoare a credincioșilor (2 Cor. 4:14; 1 Tes. 4:14). Prin lucrarea Sa ispășitoare, Cristos este Păstorul care oferă credincioșilor posibilitatea de a face fapte bune (Evr. 13:20-21). El este Cel în care biserica este așezată și binecuvântată (Ef. 2:13).

Învierea și înălțarea

Fără învierea lui Cristos, moartea Sa jertfitoare nu poate asigura temeiul pentru mântuirea din păcat (1 Cor. 15:13-19). De aceea, nicio analiză a învățăturii biblice despre lucrarea lui Cristos nu se poate încheia cu moartea Sa ispășitoare.

REVELAȚIA DIN VECHIUL TESTAMENT DESPRE ÎNVIEREA LUI CRISTOS

Din moment ce, deopotrivă, Isus și scriitorii Noului Testament afirmă că aspectele semnificative ale lucrării Sale au fost deja revelate prin profeții din Vechiul Testament (Luca 24:25-27, 44-47; Fapt. 2:25-32; 1 Cor. 15:3-4), este important să analizăm dovezile textuale care susțin afirmația lor. Un factor care constituie o provocare în a identifica învierea lui Cristos în Vechiul Testament se ivește din modul în care scriitorii Noului Testament tind să se refere la învierea Sa indirect, prin a vorbi despre „gloria" Sa. De pildă, Petru lămurește că profeții din Vechiul Testament cercetau „pe cine sau ce timp anume avea în vedere Duhul lui Cristos, care era în ei, când vestea mai dinainte suferințele lui Cristos și gloriile care aveau să urmeze" (1 Pet. 1:11). Etalarea gloriei lui Cristos este cel mai frecvent asociată cu a doua Sa venire, nu cu învierea Sa. Dar fără o înviere din morți, Cristosul crucificat nu poate reveni în glorie: „Nu trebuia să sufere

Cristosul aceste lucruri și să intre în gloria Sa?" (Luca 24:26; vezi și Mat. 16:27; 24:30; 25:31; Mc. 10:37; Luca 9:26; Ioan 17:5).

Apostolul Pavel corelează învierea lui Isus cu gloria divină – „după cum Cristos a înviat din morți, prin gloria Tatălui" (Rom. 6:4) – ceea ce explică suplimentar asocierea dintre glorie și înviere în gândirea profeților și apostolilor. De fapt, el folosește o analogie privitoare la glorie în prezentarea învierii din 1 Corinteni 15:40-41: „Tot așa, sunt trupuri cerești și trupuri pământești; dar alta este strălucirea trupurilor cerești și alta a celor pământești. Una este strălucirea soarelui, alta strălucirea lunii și alta strălucirea stelelor; căci o stea se deosebește în strălucire de altă stea." Trupul învierii este unul care „învie în glorie" (1 Cor. 15:43), iar învierea credinciosului are parte de aceeași glorie: „Când Se va arăta Cristos, viața voastră, atunci vă veți arăta și voi împreună cu El în glorie" (Col. 3:4).

De aceea, atunci când cercetează Vechiul Testament pentru a găsi referiri la învierea lui Mesia, cititorii trebuie să acorde o atenție cuvenită referirilor la gloria Sa. Astfel, Psalmul 24 vorbește despre Mesia în rolul Său de „Rege al gloriei" (24:7-10), când are să vină pentru a domni ca Rege în Ierusalim. În vremea aceea, „luna va roși și soarele se va rușina; căci Domnul oștirilor va domni pe Muntele Sion și în Ierusalim, strălucind cu glorie în fața bătrânilor Lui" (Is. 24:23).

Conform lui Ezechiel, gloria lui Iahve s-a îndepărtat de templu și de cetate rămânând pentru scurtă vreme pe muntele aflat la est de cetate: „Și gloria Domnului s-a înălțat din mijlocul cetății și s-a așezat pe muntele de la estul cetății" (Ez. 11:23). În vremea viitorului templu milenar, gloria lui Iahve va reintra în templu din aceeași direcție – de la est:

> Și iată, gloria Dumnezeului lui Israel venea de la est. Și glasul Său era ca vuietul unor ape multe, și pământul strălucea de gloria Sa. Și vedenia aceasta semăna cu vedenia pe care am avut-o când am venit să nimicesc cetatea; și vedeniile acestea semănau cu aceea pe care am avut-o lângă râul Chebar. Și am căzut cu fața la pământ. Și gloria Domnului a intrat în casă pe drumul porții dinspre est. Și Duhul m-a ridicat și m-a dus în curtea interioară. Și iată, gloria Domnului a umplut casa. (Ez. 43:2-5)

Zaharia detaliază această profeție specificând Muntele Măslinilor drept locul de la estul cetății și pe Mesia ca fiind cel însoțit de glorie divină: „În ziua aceea picioarele Lui vor sta pe Muntele Măslinilor, care este în fața Ierusalimului, spre est; și Muntele Măslinilor se va despica în două, spre est și spre vest, formând o vale foarte mare: și jumătate din munte se va deplasa spre nord, iar cealaltă jumătate din el spre sud" (Zah. 14:4). Această imagine se potrivește întocmai cu vestea dată de îngeri în momentul înălțării lui Isus la cer de pe Muntele Măslinilor, care a urmat învierii Sale din morți: „Bărbați galileeni, de ce stați și vă uitați spre cer? Acest Isus, care a fost luat în cer de la voi, va veni în același fel cum L-ați văzut mergând în cer" (Fapt. 1:11).

Câteva referiri din Vechiul Testament la învierea lui Mesia apar în cărțile Iov și Psalmi. Pasajul cel mai de seamă din Iov spune următoarele:

> Dar știu că Răscumpărătorul meu este viu,
> și în cele din urmă Se va ridica pe pământ.
> Și chiar dacă mi se va nimici pielea,
> tot în carne Îl voi vedea pe Dumnezeu.
> Eu însumi Îl voi privi;
> ochii mei Îl vor vedea și nu ai altuia. (Iov 19:25-27)

Întrucât Iov vorbește despre certitudinea de a-L vedea pe Răscumpărătorul său după moartea Sa (menționată implicit prin nimicirea pielii sale), și întrucât Îl va vedea pe pământ, referirea temporală implicită nu poate fi decât la a doua venire a lui Mesia.

Un alt text important este Psalmul 16:10:

> Căci nu vei lăsa sufletul meu în locuința morților,
> nu vei îngădui ca preaiubitul Tău să vadă putrezirea.

Atât Petru, cât și Pavel discută despre acest text mai târziu. În Faptele Apostolilor 2:22-31, Petru spune:

> Bărbați israeliți, ascultați cuvintele acestea! Pe Isus din Nazaret, Om adeverit de Dumnezeu înaintea voastră prin lucrări pline de putere, minuni și semne, pe care le-a făcut Dumnezeu prin El în mijlocul vostru, după cum voi înșivă știți, pe Acesta, dat în mâinile voastre după planul hotărât și după preștiința lui Dumnezeu, voi L-ați luat și L-ați dat la moarte crucificându-L prin mâna celor fără de lege; pe care Dumnezeu L-a înviat, dezlegându-L de durerile morții, pentru că nu era posibil să fie ținut de ea. Căci David zice despre El:

> Eu vedeam totdeauna pe Domnul înaintea mea,
> pentru că El este la dreapta mea, ca să nu mă clatin.
> De aceea, mi se bucură inima și mi se înveselește limba;
> chiar și trupul mi se va odihni în speranță,
> căci nu-mi vei lăsa sufletul în Hades,
> nici nu vei lăsa ca Sfântul Tău să vadă putrezirea.
> Mi-ai făcut cunoscute căile vieții
> și Mă vei umple de bucurie cu prezența Ta.

Cât despre patriarhul David, să-mi fie permis, fraților, să vă spun pe față că a murit și a fost îngropat; și mormântul lui este în mijlocul nostru până în ziua de azi. Deci, fiindcă David era un profet și știa că Dumnezeu i-a promis cu jurământ că din rodul coapselor lui, în ce privește carnea, va ridica pe Cristos, ca să stea pe tronul lui, văzând aceasta mai dinainte, a vorbit despre învierea lui Cristos când a zis că sufletul Lui nu va fi lăsat în Hades, nici trupul Lui nu va vedea putrezirea.

Când analizează Psalmul 16:10, Pavel explică în mod similar (Fapt. 13:34-37):

Și că L-a înviat dintre cei morți, ca să nu Se mai întoarcă în putrezire, a spus-o astfel:
Vă voi da promisiunile sfinte și sigure ale lui David.
De aceea, mai zice și în alt psalm:
Nu vei lăsa ca Sfântul Tău să vadă putrezirea.
Căci David, după ce a slujit generației sale după voia lui Dumnezeu, a adormit și a fost adăugat la părinții lui, și a văzut putrezirea.

Astfel, potrivit afirmațiilor lui Pavel, învierea lui Cristos era o condiție obligatorie pentru a ocupa într-o zi tronul lui David pe pământ:
În plus, Petru citează Psalmul 110:1 imediat după exegeza sa asupra Psalmului 16:10:

Dumnezeu a înviat pe acest Isus și noi toți suntem martori ai acestui lucru. Așadar, fiind înălțat prin dreapta lui Dumnezeu și primind de la Tatăl promisiunea Duhului Sfânt, El a turnat ceea ce vedeți și auziți voi acum. Căci David nu s-a suit în ceruri, ci el însuși zice:

Domnul a zis Domnului meu:
Șezi la dreapta Mea,
până voi pune pe dușmanii Tăi ca așternut al picioarelor Tale. (Fapt. 2:32-35)

Cu alte cuvinte, chiar faptul că Mesia Își ocupă locul la dreapta Tatălui dovedește că a înviat din morți. Înălțarea Sa (echivalentă cu gloria Sa) implică faptul că El nu mai este în mormânt. Întrucât David nu stă la dreapta Tatălui, este evident pentru Petru că David nu vorbea despre sine, ci despre viitorul său urmaș, Fiul glorios al lui David. Isus folosise deja Psalmul 110:1 pentru a le dezvălui fariseilor că El era cu adevărat Domnul (Mat. 22:41-46), așa că Petru nu face decât să spună mai departe ce L-a învățat Isus.

ELATAREA DIN NOUL TESTAMENT DESPRE ÎNVIEREA LUI CRISTOS

Isus Însuși a anunțat dinainte că urma să învieze din morți:

Și pe când coborau de pe munte, Isus le-a poruncit, zicând: Să nu spuneți nimănui de viziunea aceasta, până când Fiul Omului va învia din morți. (Mat. 17:9).

Atunci a luat cu Sine pe cei doisprezece și le-a zis: Iată, ne suim la Ierusalim și toate cele scrise prin profeți despre Fiul Omului vor fi împlinite; căci El va fi dat în mâna Neamurilor, și va fi batjocorit, și va fi defăimat, și va fi scuipat; și după ce Îl vor biciui, Îl vor omorî; și a treia zi El va învia. (Luca 18:31-33)

Isus a răspuns și le-a zis: Dărâmați templul acesta și în trei zile îl voi ridica. Atunci iudeii au zis: templul acesta s-a ridicat în patruzeci și șase de ani și Tu îl vei ridica în trei zile? Dar El vorbea despre templul trupului Său. De aceea, când a înviat El dintre cei morți, ucenicii Lui și-au amintit că le spusese aceste cuvinte; și ei au crezut Scriptura și cuvântul pe care-l spusese Isus. (Ioan 2:19-22)

Toți cei patru evangheliști consemnează unanim că Isus a înviat din morți în prima zi a săptămânii (Mat. 28:1-10; Mc. 16:1-11; Luca 24:1-12; Ioan 20:1-10). Tabelul 4.13 prezintă arătările lui Cristos după înviere.

Tabelul 4.13 Arătările lui Cristos după înviere

Arătarea	Matei	Marcu	Luca	Ioan	Faptele Apostolilor	1 Corinteni
Mariei Magdalena la mormânt		16:9-11		20:11-18		
Celorlalte femei pe drum	28:9-10		24:9-11			
Celor doi ucenici pe drumul spre Emaus		16:12-13	24:13-32			
Lui Petru			24:34			
Celor zece ucenici adunați			24:36-43	20:19-25		
Celor unsprezece ucenici adunați la un lac		16:14		20:26-31		15:5b

Celor șapte ucenici la pescuit			21:1-23		
Celor unsprezece ucenici în Galileea	28:16-20	16:15-18			
La peste cinci sute de frați adunați					15:6
Lui Iacov, fratele Său					15:7a
Tuturor apostolilor		24:44-49		1:4-8	15:7b
Tuturor ucenicilor la înălțarea Sa	16:9	24:50-53		1:4-11	
Lui Pavel pe drumul spre Damasc				9:1-6; 18:9-10; 22:6-11; 26:12-18	15:8
Lui Pavel când era întemnițat în Ierusalim				23:11	

ÎNVĂȚĂTURA DIN NOUL TESTAMENT DESPRE ÎNVIEREA LUI CRISTOS

Atunci când Isus a înviat din morți, El a experimentat o înviere trupească care a afectat întreaga Sa umanitate. Trupul Său înviat I-a permis să digere hrana: „și fiindcă ei, de bucurie, încă nu credeau și se mirau, El le-a zis: Aveți aici ceva de mâncare? Și ei I-au dat o bucată de pește fript și un fagure de miere. Și El le-a luat și le-a mâncat în fața lor" (Luca 24:41-43; vezi Fapt. 10:41). Alte ființe umane, care erau încă în trupul lor muritor, au putut să atingă trupul lui Isus: „Iată, Isus le-a întâmpinat, zicând: Bucurați-vă! Ele s-au apropiat, I-au cuprins picioarele și I s-au închinat" (Mat. 28:9; vezi Luca 24:38-40; Ioan 20:17). Rănile pe care I le-a provocat răstignirea au rămas și au fost vizibile în trupul Său înviat, așa cum a mărturisit Toma, ucenicul neîncrezător:

Așa că ceilalți ucenici i-au zis: Am văzut pe Domnul. Dar el le-a zis: Dacă nu voi vedea în mâinile Lui semnul cuielor și dacă nu voi pune degetul meu în semnul cuielor și nu voi pune mâna mea în coasta Lui, nu voi crede. Și după opt zile, ucenicii lui Isus erau înăuntru; și Toma era cu ei. Când ușile erau încuiate, a venit Isus și a stat în mijlocul lor, și a zis: Pace vouă! Apoi a zis lui Toma: Adu-ți degetul aici și uită-te la mâinile Mele; și adu-ți mâna și pune-o în coasta Mea și nu fi necredincios, ci credincios. Și Toma a răspuns și I-a zis: Domnul meu și Dumnezeul meu! Isus i-a zis: Toma, pentru că M-ai văzut, ai crezut. Ferice de cei ce n-au văzut și au crezut. (Ioan 20:25-29)

Isus va fi pentru totdeauna pe deplin Dumnezeu și pe deplin om. El este ultimul Adam, Capul bisericii și Capul reprezentativ al întregii omeniri răscumpărate. Această realitate a umanității Sale permanente este la fel de importantă pentru realizarea răscumpărării pe cât este divinitatea Sa eternă. Cristos a trebuit să fie om ca să-i reprezinte pe credincioși, în a trăi o viață sfântă pe pământ, care să le poată fi imputată lor și ca să poată fi pentru ei jertfa substitutivă de pe cruce. De asemenea, a trebuit să fie conducătorul lor prin moartea urmată de înviere.

Învierea lui Cristos a atins următoarele rezultate cuprinzătoare și glorioase:

1. Împlinirea profețiilor din Vechiul Testament (vezi „Revelația din Vechiul Testament despre învierea lui Cristos")
2. Împlinirea predicțiilor lui Isus (vezi „Relatarea din Noul Testament despre învierea lui Cristos")
3. Confirmarea divinității Fiului (Rom. 1:4)
4. Proslăvirea Tatălui, etalând perfecțiunile Sale (Fapt. 2:23–24; Rom. 6:4)
5. Perfecțiunea ascultării lui Isus de voia Tatălui Său (Ioan 10:17–18)
6. Dovada că Tatăl a acceptat lucrarea ispășitoare a lui Cristos în moartea Sa jertfitoare pe cruce (Rom. 4:25)
7. Asigurarea regenerării celor aleși (1 Pet. 1:3)
8. Certitudinea că cei credincioși nu vor pieri din cauza păcatelor lor (1 Cor. 15:17–18)
9. Garantarea îndreptățirii credincioșilor și asigurarea că ei nu vor fi niciodată condamnați de Dumnezeu (Rom. 8:1–11, 31–34)
10. Deschiderea căii pentru trimiterea Duhului Sfânt care să locuiască în credincioși și care să alcătuiască din ei biserica, trupul lui Cristos (Ioan 16:7)
11. Proclamarea lui Cristos drept Cap al bisericii și Stăpân al creației (Ef. 1:19–23; Col. 1:15–19)
12. Instituirea modelului de putere a lui Dumnezeu urmat de învierea spirituală a credincioșilor din moartea spirituală cauzată de nelegiuirile lor (Ef. 1:19–20; 2:1–6)
13. Motivație pentru o trăire duhovnicească, întrucât credincioșii sunt deja așezați cu Cristos în ceruri și sunt asigurați că vor fi cu El în glorie (Ef. 2:5–6; Col. 3:1–4)
14. Generarea unei slujiri obligatorii, valide și roditoare pentru Cristos (Rom. 7:4; 1 Cor. 15:14, 58)

15. Încurajarea de a stabili ziua întâi a săptămânii pentru închinarea față de Cristos și slujirea Lui în adunări locale (Mat. 28:1; Ioan 20:19; Fapt. 20:7; 1 Cor. 16:2)

16. Așezarea unei temelii de nezdruncinat în ce privește speranța (o așteptare plină de încredere), așteptând ca Dumnezeu să-Și îndeplinească toate promisiunile Sale (Rom. 8:23–25; 1 Cor. 15:19–20; 1 Pet. 1:3)

17. Garantarea unei viitoare vieți a învierii pentru toți credincioșii (Ioan 5:26–29; 14:19; Rom. 4:25; 6:5–10; 1 Cor. 15:20, 23)

18. Confirmarea împlinirii viitoare a legământului davidic (Fapt. 2:29–36; 13:34–37)

19. Garanția că Isus Cristos va judeca lumea (Ioan 5:24–30; Fapt. 17:31)

20. Glorificarea și înălțarea Fiului în gloria pe care o împărtășise anterior cu Tatăl (Ioan 17:5; Fil. 2:8–9; 1 Pet. 1:10–11, 20–21)

Nu există niciun eveniment mai glorios în istoria răscumpărării decât învierea lui Cristos, deoarece ea finalizează și validează moartea Sa jertfitoare și face să înainteze planul împărăției cu un Rege care trăiește veșnic. Învierea trebuie crezută pentru ca cineva să poată experimenta mântuirea (Rom. 10:9-10).

ÎNĂLȚAREA CRISTOSULUI ÎNVIAT

Scriptura ne învață despre Cristos că S-a înălțat iarăși la cer pentru a sta la dreapta Tatălui Său, iar această învățătură este esențială deoarece este asociată cu superioritatea Fiului lui Dumnezeu:

El, care este oglindirea gloriei Lui și întipărirea Ființei Lui și care ține toate lucrurile prin cuvântul puterii Lui, a făcut prin El Însuși curățarea păcatelor noastre și s-a așezat la dreapta Măririi în locurile preaînalte, ajungând cu atât mai presus de îngeri, cu cât a moștenit un Nume mult mai minunat decât al lor.

Căci, căruia dintre îngeri a zis El vreodată:
Tu ești Fiul Meu;
astăzi Te-am născut?

Și iarăși:
Eu Îi voi fi Tată
și El Îmi va fi Fiul?

Și iarăși, când aduce în lume pe Cel întâi-născut, zice:
Toți îngerii lui Dumnezeu să I se închine!

Și despre îngeri zice:
Care face pe îngerii Lui duhuri
și servii Lui o flacără de foc;

dar Fiului I-a zis:
Tronul Tău, Dumnezeule, este în veci de veci;
un sceptru al dreptății este sceptrul domniei Tale;
Tu ai iubit dreptatea și ai urât nelegiuirea:
de aceea, Dumnezeule, Dumnezeul Tău Te-a uns
cu untdelemn de bucurie mai presus de tovarășii Tăi. (Evr. 1:3-9)

Ucenicii au auzit de la Isus că urma să Se înalțe la Tatăl Său:

Încă puțin și nu Mă veți mai vedea; și apoi încă puțin și Mă veți vedea, pentru
că Mă duc la Tatăl. Atunci unii din ucenicii Lui au zis între ei: Ce este aceasta
ce ne spune: Încă puțin și nu Mă veți mai vedea și: Apoi încă puțin și Mă
veți vedea și: Pentru că Mă duc la Tatăl? (Ioan 16:16-17; vezi 7:33-34; 8:21;
14:19, 28-29).

Isus Și-a împlinit afirmațiile, îndepărtându-Se fizic de pământ și înălțân-
du-Se la ceruri de pe Muntele Măslinilor (Fapt. 1:9-11). Tatăl L-a primit în
gloria Sa (1 Tim. 3:16), iar Cristos este acum așezat pe tronul Tatălui (Apoc
3:21), la dreapta Sa (Fapt. 5:31; Ef. 1:19-20), stând pe tronul împărăției uni-
versale și eterne a lui Dumnezeu (Mc. 16:19; Fapt. 5:31; 7:55-56; Ef. 1:19-20).
Așezarea Sa pe tronul Tatălui mărturisește despre realitatea lucrării Sale de răs-
cumpărare, dusă la îndeplinire cu sfințenie (Evr. 10:12-13; 12:2).

Înălțarea lui Cristos a fost confirmată de vedeniile lui Ștefan (Fapt. 7:55-56),
Pavel (Fapt. 9:3-5; 22:6-8; 26:13-15) și Ioan (Apoc. 4:1; 5:6). În privința lui
Pavel, înălțarea lui Isus l-a marcat într-o manieră durabilă și a fost un element
esențial în cadrul experienței mântuirii sale – Mesia cel viu, cel înviat, cel înălțat
i-a vorbit din ceruri.

CRISTOSUL GLORIFICAT[68]

Mijlocitor ceresc
Răpirea
Scaunul de judecată
Domnia milenară
Judecata de la marele tron alb
Eternitatea viitoare

---

68 Pentru o discuție mai amplă despre aceste teme, vezi cap. 10, „Viitorul".

Mijlocitor ceresc

În prezent, Cristos lucrează în gloria-I cerească, mijlocind pentru poporul Său. El S-a înălțat la dreapta Tatălui, unde mijlocește în calitate de apărător și Mare Preot al credincioșilor (Rom. 8:34; Evr. 7:25; 9:24; 1 Ioan 2:1). Acolo, Mântuitorul „mijlocește pentru noi" (Rom. 8:34), slujind ca Mare Preot al tuturor credincioșilor: „Iar esența celor spuse este că avem un Mare Preot, care S-a așezat la dreapta tronului Măririi, în ceruri, ca slujitor al sanctuarului și al adevăratului cort, care a fost ridicat de Domnul și nu de un om" (Evr. 8:1-2). Astfel, speranța evlaviosului Iov a fost îndeplinită: „Iată, chiar acum, martorul meu este în cer, apărătorul meu este în locurile înalte" (Iov 16:19). Un exemplu strălucit al mijlocirii Sale preoțești pentru ai Săi este găsit în rugăciunea adresată Tatălui, consemnată în Ioan 17.

Răpirea

Toate aspectele privitoare la slujirea post-înviere a lui Cristos au de-a face cu lucrarea Sa viitoare. Biserica Sa adevărată, care este trupul Său, îi așteaptă chemarea de a merge să se înfățișeze înaintea Sa. Această chemare a fost numită „răpirea" bisericii, semnificând o strângere în ceruri a credincioșilor morți și vii. Prima Epistolă a lui Pavel către Tesaloniceni descrie răpirea:

> Nu vrem, fraților, să fiți în necunoștință despre cei ce au adormit, ca să nu vă întristați ca și ceilalți, care n-au speranță. Căci dacă credem că Isus a murit și a înviat, credem și că Dumnezeu va aduce înapoi cu Isus pe cei ce au adormit în El. Căci aceasta vă spunem prin cuvântul Domnului: că noi cei vii, care rămânem până la venirea Domnului, nu o vom lua înaintea celor adormiți. Căci Însuși Domnul, cu un strigăt, cu glasul unui arhanghel și cu trâmbița lui Dumnezeu, Se va coborî din cer și întâi vor învia cei morți în Cristos. Apoi, noi, cei vii, care vom fi rămas, vom fi răpiți [gr. *harpazō*; lat. *repiemur*, de la *raptus*] toți împreună cu ei, în nori, ca să întâmpinăm pe Domnul în văzduh; și astfel vom fi totdeauna cu Domnul. Mângâiați-vă unul pe altul cu aceste cuvinte. (1 Tes. 4:13-18).

Așa cum Isus a murit și a înviat, tot așa se va întâmpla și cu cei care au murit în Cristos (1 Cor. 15:51-58; 1 Tes. 4:14). Nu există nicio judecată care să aibă legătură cu acest eveniment; el este destinat credincioșilor. Această strângere iminentă, divină a credincioșilor la cer este un eveniment neînsoțit de semne și este următorul în planul de răscumpărare.

Cei care sunt vii și cei care au murit vor experimenta strângerea de către Domnul în ceruri în trupuri glorificate. Aparent, tesalonicenii cunoșteau temeinic cele privitoare la judecata din ziua Domnului (1 Tes. 5:1-2), dar nu și cele privitoare la evenimentul precedent – răpirea bisericii. Până când Pavel a primit-o ca revelație din partea lui Dumnezeu dată lui, singura aluzie anterioară putea fi găsită în învățătura lui Isus, din Ioan 14:1-3. Întrucât Pavel nu cunoștea orarul lui Dumnezeu în legătură cu acest eveniment, a trăit și a vorbit ca și când se putea petrece în timpul vieții sale. Ca toți creștinii din primul veac, și el credea că evenimentul acesta era iminent (Rom. 13:11; 1 Cor. 6:14; 10:11; 16:22; Fil. 3:20-21; 1 Tim. 6:14, Tit 2:13).

Expresia „căci Însuși Domnul... Se va coborî" (1 Tes. 4:16) împlinește promisiunea făcută de Isus în Ioan 14:1-3. Până atunci, El va rămâne în ceruri (1 Tes. 1:10; Evr. 1:1-3). Întâi vor învia credincioșii care au murit (1 Tes. 4:16; 1 Cor. 15:52). Apoi cei vii la momentul răpirii li se vor alătura celor morți, care întâi vor învia, și cu toții vor întâmpina „pe Domnul în văzduh" (1 Tes. 4:17).

Scaunul de judecată[69]

Domnul Isus Cristos este Cel prin care Dumnezeu va judeca toate popoarele (Ioan 5:22-23). El îi va judeca pe credincioși înaintea a ceea ce este numit scaunul de judecată al lui Cristos: „Căci toți trebuie să ne înfățișăm înaintea scaunului de judecată al lui Cristos, pentru ca fiecare să-și primească răsplata după binele sau răul pe care-l va fi făcut când trăia în trup" (2 Cor. 5:10). O comparație între acest text și 1 Corinteni 3:10-15 arată că lemnul, fânul și trestia desemnează ceva zadarnic, mai degrabă decât ceva păcătos, și astfel nu va rezista testului valorilor eterne. Scaunul de judecată descrie motivația cea mai profundă și scopul cel mai înalt al credinciosului în ce privește onorarea lui Dumnezeu – conștientizarea că, în mod inevitabil și în ultimă instanță, fiecare creștin este răspunzător în fața Lui.

Sintagma „scaunul de judecată" se referă în mod metaforic la locul unde va sta Domnul pentru a evalua viețile credincioșilor, cu scopul de a le dărui răsplătiri eterne. Scaunul (*bēma*) era o platformă înălțată, unde mergeau sportivii greci (de exemplu, în cadrul Jocurilor Olimpice) ca să-și primească premiile și cununile. Termenul este de asemenea folosit în Noul Testament pentru a face referire la locul de judecată, ca atunci când Isus a stat înaintea lui Ponțiu Pilat (Mat. 27:19; Ioan 19:13), însă Pavel îl folosește alături de analogia din sport. Corintul avea o astfel de platformă, unde erau conferite, deopotrivă, răsplătiri sportive și verdicte legale (Fapt. 18:12-16), așa că cei din Corint au înțeles referirea folosită de Pavel. Cristos va judeca acțiunile înfăptuite în timpul slujirii pământești a credinciosului. Acestea nu includ păcatele, întrucât pedeapsa pentru ele a fost achitată pe deplin la cruce (Ef. 1:7). Pavel se referea la toate acele activități săvârșite de credincioși în timpul vieții lor care au legătură cu răsplata și lauda eternă din partea

---

69 Această secțiune este adaptată după MacArthur, *MacArthur Study Bible: English Standard Version*, 1723. Folosită cu permisiunea editurii Thomas Nelson.

Domnului. Ceea ce creștinii fac pentru gloria Sa, în trupurilor lor vremelnice, va avea, din perspectiva lui Dumnezeu, un impact etern.

A doua venire

Termenul din limba greacă *parousia* (Mat. 24:3, 27, 37, 39; 2 Tes. 2:8; Iac. 5:7-8) înseamnă literal „prezența". În Noul Testament, acest termen descrie vizita, sosirea unor persoane importante. Astfel, cuvânt indică spre o „venire" unică și distinctă. Scriitorii Noului Testament folosesc acest termen pentru a desemna a doua venire a lui Cristos (este de asemenea utilizat pentru a face referire la răpire în 1 Tes. 2:19; 3:13; 4:15; 5:23). Un alt substantiv grecesc, *apokalypsis* (1 Cor. 1:7; 2 Tes. 1:7; 1 Pet. 1:7, 13; 4:13), care înseamnă „a descoperi sau a devoala", descrie de asemenea revelația celei de-a doua veniri a lui Cristos. Această reîntoarcere glorioasă Îl va dezvălui pe Cristos ca Rege al întregii umanități.

Isus va reveni pe pământ cu putere și glorie divină pentru a-i judeca pe locuitorii vii ai pământului (Mat. 24:30; 25:31-46; Luca 9:26; vezi Dan. 7:13; Tit 2:!3; 2 Pet. 3:12; Iuda 14; Apoc. 1:7). Profeții din Vechiul Testament vorbesc adesea despre judecata viitoare a lui Dumnezeu. Unul dintre profeți, Țefania, descrie explicit judecata lui Dumnezeu prezentându-L pe Mesia drept „Cel Atotputernic", care va aduce mântuire pe pământ (Țef. 3:17). Cristos Însuși a făcut aluzii la Țefania (Țef. 1:3 în Mat. 13:41; Țef. 1:15 în Mat. 24:29), realizând corelări suplimentare între profețiile acestuia și revenirea Sa glorioasă pe pământ.

Tatăl I-a dat deja Fiului toată autoritatea pentru aplicarea judecății: „și I-a dat autoritatea să judece, întrucât El este Fiul Omului" (Ioan 5:27; vezi Mat. 25:31-32). Având această sarcină în minte, Dumnezeu a inclus în revelația Sa scrisă un final măreț care se focalizează pe judecata finală. Ceea ce cartea finală a Bibliei, Apocalipsa, revelează sau dezvăluie sunt trăsăturile revenirii lui Cristos în gloria Sa.

Domnia milenară[70]

După ce va reveni cu biserica Sa răpită și glorificată, Cristos Își va așeza împărăția Sa milenară pe pământ (Fapt. 1:9-11; 1 Tes. 4:13-18; Apoc. 20:1-6). Apocalipsa 20 menționează de șase ori împărăția lui Cristos care va dăinui o mie de ani. Nu există niciun motiv pentru a nu lua aceste referiri în sensul unei perioade literale de o mie de ani, în care Isus Cristos va domni pe pământ, împlinind deopotrivă numeroasele profeții din Vechiul Testament (2 Sam. 7:12-16; Psalmul 2; Is. 11:6-12; Amos 9:8-15; Mica 4:1-8; Zah. 14:1-11) și învățătura Sa (Mat. 24:29-31, 36-44).

---

70 Această secțiune este adaptată după William D. Barrick, "The Kingdom of God in the Old Testament," *MSJ* 23, no. 2 (2012): 179–80, 184. Folosită cu permisiunea *MSJ*.

Pe plan social, Cristos va pune capăt războaielor și va așeza pacea (Is. 9:7; Mica 4:3-4). Dreptatea va prevala în toate categoriile și rasele omenirii (Ps. 72:4; Is. 65:21-22), și va repara nedreptățile sociale (Ps. 72:16; Is. 61:4). Cristos va învăța omenirea să stabilească relații sănătoase, de pildă, prin felul Său blând de a-i trata pe cei oprimați și suferinzi (Is. 42:3) sau prin vindecarea relațiilor dintre părinți și copii (Mal. 4:6).

În domeniul politic, Cristos Își va asuma postura de conducător internațional absolut (Ps. 2:8-10; Is. 2:2-4) și Își va stabili capitala mondială la Ierusalim (Ier. 3:17). În împărăția Sa, Cristos va pune capăt animozităților popoarelor față de evrei (Zah. 8:13, 23). Ca o inversare a blestemului de la Babel, limba nu va mai fi o barieră pentru interacțiunile și relațiile dintre oameni (Is. 19:18; Țef. 3:9).

În domeniul eclezial, Cristos va domni ca Preot-Rege peste Israel și peste comunitatea mondială (Ps. 110:4; Zah. 6:12-13). În împărăția mesianică, Israel va deveni conducătorul religios al lumii (Exod 19:6; Is. 61:6, 9), iar capitala religioasă a lumii va fi Ierusalimul (Zah. 14:16-17). Drept urmare, templul din Ierusalim va constitui punctul focal al închinării (Ez. 40-48; Hag. 2:6-9).

Căderea în păcat a perturbat funcționarea perfectă a creației lui Dumnezeu și mandatul pe care îl avea omul în interiorul acestei creații. Din pricina neascultării sale, Adam n-a mai putut exercita vice-regența sa în maniera intenționată de Dumnezeu. Orice exercitare a acelei stăpâniri originale a devenit și continuă să fie incompletă și imperfectă. Psalmistul face referire la acest rol înalt și nobil în Psalmul 8:3-9:

Când privesc cerurile, lucrarea mâinilor Tale –
luna și stelele pe care le-ai întemeiat, îmi zic:
Ce este omul, ca să Te gândești la el?
Și fiul omului ca să iei seamă la el?

L-ai făcut cu puțin mai prejos decât Dumnezeu
și l-ai încoronat cu glorie și cu onoare.
L-ai făcut stăpân peste lucrările mâinilor Tale,
toate le-ai pus sub picioarele lui:
oile și boii laolaltă,
fiarele câmpului, de asemenea,
păsările cerului și peștii mării,
tot ce străbate cărările mărilor.

Doamne, Dumnezeul nostru,
cât de minunat este Numele Tău pe întreg pământul!

Prin aceste cuvinte, psalmistul prezintă starea ideală a omenirii, nu realitatea actuală – viitorul stabilit pentru împărăția lui Dumnezeu, nu trecut și prezentul întunecate. Desigur, Isus Cristos, ca „Fiul Omului" cel suprem (Ps. 8:4), Își va îndeplini rolul ca singurul reprezentant perfect al rasei umane. Evrei 2:5-14 ne dezvăluie că „încă nu vedem că toate îi sunt supuse" lui Cristos (2:8), întrucât împărăția Sa mijlocită nu a fost așezată încă. La final, chiar și actualul prinț stăpânitor al acestei lumi, Satan (Ioan 12:31; Ef. 2:2), se va așeza sub domnia și puterea împărăției lui Cristos. Cât timp Satan stăpânește ca prinț al acestei lumi, înseamnă că împărăția lui Cristos n-a fost încă așezată. De aceea, Isus Și-a învă-țat ucenicii să se roage: „Vie împărăția Ta!" (Mat. 6:10). „Amin. Vino, Doamne Isuse!" (Apoc. 22:20).

Judecata de la marele tron alb

După împărăția milenară, Cristos îi va judeca pe necredincioșii morți la marele tron alb (Apoc. 20:11-15). În calitate de Mijlocitor între Dumnezeu și oameni (1 Tim. 2:5), Cap al trupului Său, biserica (Ef. 1:22; 5:23; Col. 1:18) și Regele universal care vine să domnească stând pe tronul lui David (Is. 9:6-7; Ez. 37:24-28; Luca 1:32-33), Cristos va fi Judecătorul final al tuturor celor care nu și-au pus încrederea în El ca Domn și Mântuitor (Mat. 25:14-46; Fapt. 17:30-31).

Eternitatea viitoare

La finalul istoriei acestei lumi, Dumnezeu îi va aduna pe credincioși în împărăția milenară, versetul 10 din Efeseni 1 numește „împlinirea vremurilor", în sensul de încheiere a istoriei (vezi Apoc. 20:1-6). După aceea, Dumnezeu va uni toate lucrurile cu Sine, în cerul nou și pe pământul nou pe care le va crea (Apoc. 21:1-5). Noua stare eternă va fi unită pe deplin sub domnia lui Cristos:

> Căci El a pus toate lucrurile sub picioarele Lui. Dar când zice că toate lucru-rile I-au fost supuse, se înțelege că aceasta nu-L include pe Cel ce I-a supus totul. Și când toate lucrurile Îi vor fi supuse, atunci chiar și Fiul Se va supune Celui ce I-a supus toate lucrurile, pentru ca Dumnezeu să fie totul în toți. (1 Cor. 15:27-28)

Paradisul din veșnicie ne este astfel revelat ca o împărăție magnifică în care, deopotrivă, cerul și pământul vor fi unite într-o glorie care întrece limitele imagi-nației umane și hotarele dimensiunilor umane. Însă adevărata glorie a eternității viitoare constă în faptul că toți credincioșii vor locui în prezența Domnului Isus Cristos. Vor avea părtășie cu Domnul Însuși în ceruri, o comuniune glorioasă cu Dumnezeu în Cristos, care este desăvârșirea fericirii. După cum credincioșii își primesc harul din partea Mielului, tot așa își vor primi și gloria din partea Lui. Omul Cristos Isus va fi punctul central al gloriei divine din ceruri, care se va răspândi către toți sfinții. Scriptura exprimă fericirea cerească prin a fi cu Cristos: „Adevărat îți spun că astăzi vei fi cu Mine în rai" (Luca 23:43). Această bucurie pare a fi una pe care și Cristos Însuși Și-o dorește și pe care o va experimenta: „Tată, vreau ca acolo unde sunt Eu, să fie împreună cu Mine și aceia pe care Mi i-ai dat Tu, ca ei să vadă gloria Mea, pe care Tu Mi-ai dat-o; căci Tu M-ai iubit înainte de întemeierea lumii" (Ioan 17:24). Apostolul Pavel, vorbind despre răpirea iminentă a bisericii, sintetizează semnificația acestui eveniment în următoarele cuvinte: „și astfel vom fi totdeauna cu Domnul. Mângâiați-vă deci unul pe altul cu aceste cuvinte" (1 Tes. 4:17-18).

Într-adevăr, atunci când Scriptura vorbește despre Dumnezeu și despre Miel (Mântuitorul înjunghiat), ne dezvăluie că o asemenea comuniune cu Cristos este esența fericirii sfinților din cer: „pentru că Mielul, care stă în mijlocul tronului, va fi Păstorul lor, îi va duce la izvoarele de ape vii, și Dumnezeu va șterge orice lacrimă din ochii lor" (Apoc. 7:17). De asemenea, „Iată, cortul lui Dumnezeu este cu oamenii; și El va locui cu ei și ei vor fi poporul Lui, și Dumnezeu Însuși va fi cu ei și va fi Dumnezeul lor. Și Dumnezeu va șterge orice lacrimă din ochii lor; și moarte nu va mai fi; nici tristețe, nici durere, nici plâns, pentru că lucrurile dintâi au trecut" (Apoc. 21:3-4). Cuvântul tradus prin „cort" aici este folosit uneori pentru a desemna trupul lui Cristos (Ioan 1:14). În final, apostolul Ioan declară: „În cetate n-am văzut niciun templu, fiindcă Domnul Dumnezeul Cel Atotputernic și Mielul sunt templul ei. Și cetatea n-are nevoie nici de soare, nici de lună, ca s-o lumineze, căci o luminează gloria lui Dumnezeu și Mielul este Lumina ei" (Apoc. 21:22-23).

Rugăciune[71]

Dumnezeul nostru îndurător, Îți mulțumim pentru Apărătorul nostru ceresc,
Isus Cristos Cel Neprihănit, a Cărui moarte pe cruce
a făcut ispășire pentru păcatele noastre –
împlinind perfect toate cerințele dreptății Tale sfinte.
El este Cel care ne-a cumpărat ducându-ne
dintr-o stare de vinovăție într-una de iertare,
din întuneric la lumină,
dintr-o stare a răzvrătirii într-una a dragostei Tale,
din moarte la viață.

---

71 Această rugăciune este redată literal din John MacArthur, *At the Throne of Grace: A Book of Prayers* (Eugene, OR: Harvest House, 2011), 20-22. Folosită cu permisiunea editurii Harvest House.

El ne-a eliberat din această lume rea, ducându-ne în împărăția Ta glorioasă.
Te lăudăm pentru minunăția dragostei Tale în Isus Cristos!
Îți mulțumim că L-ai trimis pe Fiul Tău, pe Cel întrupat,
care a fost disprețuit, respins, bătut, batjocorit și răstignit –
toate acestea cu scopul de a ispăși păcatul nostru.

În El, dragostea Ta a întrecut toate celelalte tipuri de dragoste.
Mila Ta se extinde, dincolo de orice înțelegere asupra păcătoșilor
oferindu-ne o iertare completă și permanentă a păcatelor noastre
prin credința în Isus Cristos.
De aceea, tânjim să Te iubim cu o dragoste ca a Ta.
Știm că nu este posibil aceasta, de aceea, alături de apostolul Petru
te implorăm să ne cercetezi inimile, căci știi că Te iubim cu adevărat
în pofida felului în care stau lucrurile adesea.
Inimile noastre sunt de prea multe ori ca de piatră; Îți cerem
să le topești cu harul Tău.
Lăuntrul nostru este adesea străjuit și încuiat, ca și când Te-am putea ține
  afară
și de aceea facem ce voim.
Ajută-ne să deschidem ușa și să aruncăm cheia! Domnește peste viețile noastre.

Ne închinăm Ție, Tată, pentru măreața Ta dragoste și darul lui Isus Cristos
Singurul Tău Fiu, Cel care este Dumnezeu Fiul.
Te lăudăm pe Tine, Doamne Isuse, pentru darul uluitor al mântuirii
pe care ni l-ai pus la dispoziție.
Te adorăm pe Tine, Duh binecuvântat, pentru că ne-ai revelat adevărul
  Evangheliei
și pentru că ai transformat inimile noastre în locuința Ta.
Tată ceresc, fie ca în noi Fiul Tău să vadă rodul
chinului sufletului Său și să Se bucure.
Desparte-ne de toate lucrurile în care ne încredem în mod greșit
și învață-ne să ne bizuim numai pe El.
Nu ne lăsa să fim vreodată împietriți față de măreția uluitoare a darului
  mântuirii.
Fă să urmărim sfințirea – o sfințenie mereu crescândă
cu toată puterea noastră!

Doamne Isuse, Cel ce ești Stăpân, Răscumpărător, Mântuitor,
ia în stăpânire fiecare parte din viețile noastre –
Căci sunt alte Tale de drept, prin prețul plătit.

Sfințește orice abilitate.

Umple-ne inimile cu speranță.

Fă să fugim de multele ispite care ne urmăresc necontenit
și să dăm morții păcatele care continuă să ne lovească.

Scoate orice ipocrizie din noi.

Ajută-ne să ne încredem în Tine în ceasul încercării.

Ocrotește-ne atunci când cei răi ne urmăresc.

Și izbăvește-ne de răul din această lume.

Scumpe Tată al luminilor, în care nu este nici schimbare, nici umbră de
mutare,
mărturisim că numai Tu ești dătătorul oricărui dar bun și desăvârșit,
și ne-ai dat atât de multe lucruri bune,
ne-ai încununat cu atât de multe de care să ne bucurăm.
Și pasajul [1 Ioan 2:1-19] ne aduce aminte că
cel mai mare dar dintre toate este Fiul Tău, Isus Cristos,
care Și-a sacrificat Propria viață
ca noi să fim eliberați din robia păcatului.
Umple-ne inimile cu recunoștință, și fie ca inimile noastre
să reflecte o mulțumire debordantă
pentru ca toți cei care vor vedea să Te poată onora.
În Numele lui Isus Cristos ne rugăm. Amin.

„Ce oceane de iubire"

Ce oceane de iubire
Se revarsă ne-ncetat
Spre întreaga omenire
Din al vieții Prinț 'junghiat
Cum să uiți așa iubire?
Cum să te oprești din cânt?
Al Lui Nume-i nemurire
Cunoscut va fi oricând

Muntele crucificării
Din belșug izvoare-a dat
Curg prin porțile-ndurării
Sfinți torenți de har bogat
Dragostea și îndurarea
Din înalt s-au revărsat
Pacea sfântă și dreptatea
Lumea rea au sărutat.

Vreau să Te cinstesc cu viața
Și iubirea să Ți-o-nchin
Să-Ți doresc Împărăția
Ființa mea să-Ți fie imn!
Slava Tu-mi vei fi în totul
Nu mai vreau lumesc să fiu
Liber sunt, sfințit prin Duhul
Și-Ți port Numele ca fiu!

Adevărul Tău mi-e cale
Merg prin Duh și prin Cuvânt
Harul Tău mi-ajunge-n toate
Doamne, Te urmez crezând.
Tu reverși din plinătatea-Ți
Dragoste, puteri cerești,
Din belșug, fără măsură
Ca de El să m-alipești!

(Jubilate – Culegere de imnuri creștine, vol. II, Oradea, 2017, nr. 244)

BIBLIOGRAFIE

Lucrări principale de teologie sistematică

Bancroft, Emery H. *Christian Theology: Systematic and Biblical*. 2nd ed. Grand Rapids, MI: Zondervan, 1976. 95–156.

Berkhof, Louis. *Systematic Theology*. 4th ed. Grand Rapids, MI: Eerdmans, 1939. 305–412.

Buswell, James Oliver, Jr. *A Systematic Theology of the Christian Religion*. 2 vols. Grand Rapids, MI: Zondervan, 1962–1963. 2:17–69.

Culver, Robert Duncan. *Systematic Theology: Biblical and Historical*. Fearn, Ross-shire, Scotland: Mentor, 2005. 419–638.

Dabney, Robert Lewis. *Systematic Theology*. 1871. Reprint, Edinburgh: Banner of Truth, 1985. 182–93, 500–553.

Erickson, Millard J. *Christian Theology*. Grand Rapids, MI: Baker, 1986. 661–841.

*Grudem, Wayne. *Systematic Theology: An Introduction to Biblical Doctrine*. Grand Rapids, MI: Zondervan, 1994. 529–633.

Hodge, Charles. *Systematic Theology*. 3 vols. 1871–1873. Reprint, Grand Rapids, MI: Eerdmans, 1975. 1:483–521; 2:378–638.

Lewis, Gordon R., and Bruce A. Demarest. *Integrative Theology*. 3 vols. Grand Rapids, MI: Zondervan, 1987–1994. 2:251–496.

Reymond, Robert L. *A New Systematic Theology of the Christian Faith*. Nashville: Thomas Nelson, 1998. 545–801.

*Shedd, William G. T. *Dogmatic Theology*. 3 vols. 1889. Reprint, Minneapolis: Klock & Klock, 1979. 2A:261–349; 3:378–400.

Strong, August Hopkins. *Systematic Theology: A Compendium Designed for the Use of Theological Students*. Rev. ed. New York: Revell, 1907. 669–776.

Swindoll, Charles R., and Roy B. Zuck, eds. *Understanding Christian Theology*. Nashville: Thomas Nelson, 2003. 291–387.

Thiessen, Henry Clarence. *Introductory Lectures in Systematic Theology*. Grand Rapids, MI: Eerdmans, 1949. 283–340.

Turretin, Francis. *Institutes of Elenctic Theology*. 3 vols. Edited by James T. Dennison Jr. Translated by George Musgrove Giger. 1679–1685. Reprint, Phillipsburg, NJ: P&R, 1992–1997. 1:282–302; 2:271–449.

* Le indică pe cele mai folositoare

Lucrări specifice

Banks, William L. *The Day Satan Met Jesus: The Temptation of Christ—Cast, Action and Effects of the Wilderness Drama*. Chicago: Moody Press, 1973.

Beilby, James K., and Paul R. Eddy, eds. *The Historical Jesus: Five Views*. Downers Grove, IL: IVP Academic, 2009.

*Berkouwer, G. C. *The Person of Christ*. Studies in Dogmatics. 1954. Reprint, Grand Rapids, MI: Eerdmans, 1975.

Boettner, Loraine. "The Person of Christ." In *Studies in Theology*, 140–351. 12th ed. N.p.: Presbyterian & Reformed, 1974.

*Boice, James Montgomery, and Philip Graham Ryken. *Jesus on Trial*. Wheaton, IL: Crossway, 2002.

*Borland, James A. *Christ in the Old Testament: Old Testament Appearances of Christ in Human Form*. Rev. ed. Fearn, Ross-shire, Scotland: Mentor, 1999.

*Bowman, Robert M., Jr., and J. Ed Komoszewski. *Putting Jesus in His Place: The Case for the Deity of Christ*. Grand Rapids, MI: Kregel, 2007.

Charnock, Stephen. *Christ Crucified: The Once-for-All Sacrifice*. 1830. Reprint, Fearn, Ross-shire, Scotland: Christian Focus, 2012.

*Feinberg, Charles Lee. *Is the Virgin Birth in the Old Testament?* Whittier, CA: Emeth, 1967.

Gaffin, Richard B., Jr. *The Centrality of the Resurrection: A Study in Paul's Soteriology*. Grand Rapids, MI: Baker, 1978.

Geisler, Norman L., and F. David Farnell, eds. *The Jesus Quest: The Danger from Within*. [Maitland, FL?]: Xulon, 2014.

*Gromacki, Robert Glenn. *The Virgin Birth: Doctrine of Deity*. Nashville: Thomas Nelson, 1974.

*Heick, Otto W. *A History of Christian Thought*. 2 vols. Philadelphia: Fortress, 1965.

*Hengstenberg, Ernst Wilhelm. *Christology of the Old Testament and a Commentary on the Messianic Predictions*. Kregel Reprint Library. 1847. Reprint, Grand Rapids, MI: Kregel, 1970.

Janowski, Bernd, and Peter Stuhlmacher, eds. *The Suffering Servant: Isaiah 53 in Jewish and Christian Sources*. Grand Rapids, MI: Eerdmans, 2004.

Kiehl, Erich H. *The Passion of Our Lord*. Grand Rapids, MI: Baker, 1990.

*Lawlor, George L. *When God Became Man*. Chicago: Moody Press, 1978.

MacArthur, John. *The Jesus You Can't Ignore: What You Must Learn from the Bold Confrontations of Christ*. Nashville: Thomas Nelson, 2008.

*———. *The Murder of Jesus: A Study of How Jesus Died*. Nashville: Word, 2000.

*———. *One Perfect Life: The Complete Story of the Lord Jesus*. Nashville: Thomas Nelson, 2012.

———. *Our Sufficiency in Christ.* Dallas: Word, 1991.

*———. *Parables: The Mysteries of God's Kingdom Revealed through the Stories Jesus Told.* Nashville: Thomas Nelson, 2015.

———. *The Upper Room: Jesus' Parting Promises for Troubled Hearts.* [The Woodlands, TX]: Kress Biblical Resources, 2014.

MacArthur, John, and Richard Mayhue. *Christ's Prophetic Plans: A Futuristic Premillennial Primer.* Chicago: Moody Publishers, 2012.

*McClain, Alva J. "The Doctrine of the Kenosis in Philippians 2:5–8." *The Master's Seminary Journal* 9, no. 1 (1998): 85–96.

*Nichols, Stephen J. *For Us and for Our Salvation: The Doctrine of Christ in the Early Church.* Wheaton, IL: Crossway, 2007.

*Pentecost, J. Dwight. *The Words and Works of Jesus Christ: A Study of the Life of Christ.* Grand Rapids, MI: Zondervan, 1981.

Rydelnik, Michael. *The Messianic Hope: Is the Hebrew Bible Really Messianic?* NAC Studies in Bible and Theology 9. Nashville: B&H Academic, 2010.

Ryrie, Charles Caldwell. *Biblical Theology of the New Testament.* 1959. Reprint, Chicago: Moody Press, 1973.

*Scroggie, W. Graham. *A Guide to the Gospels.* Old Tappan, NJ: Revell, n.d.

———. *The Unfolding Drama of Redemption: The Bible as a Whole.* 3 vols. 1953–1970. Reprint, Grand Rapids, MI: Zondervan, 1976.

Thomas, Robert L., and F. David Farnell, eds. *The Jesus Crisis: The Inroads of Historical Criticism into Evangelical Scholarship.* Grand Rapids, MI: Kregel, 1998.

*Walvoord, John F. *Jesus Christ Our Lord.* Chicago: Moody Press, 1969.

*Warfield, Benjamin B. *The Person and Work of Christ.* Edited by Samuel G. Craig. Philadelphia: Presbyterian & Reformed, 1950.

*Wells, David F. *The Person of Christ: A Biblical and Historical Analysis of the Incarnation.* Foundations for Faith. Westchester, IL: Crossway, 1984.

*Wilson, Clifford A. *Jesus the Teacher.* Melbourne: Hill of Content, 1974.

Wilson, William Riley. *The Execution of Jesus: A Judicial, Literary and Historical Investigation.* New York: Scribner, 1970.

* Le indică pe cele mai folositoare

The Master's Academy International
www.tmai.org
publishing@tmai.org

www.ingramcontent.com/pod-product-compliance
Lightning Source LLC
Chambersburg PA
CBHW061132120626
46546CB00005B/1754